シュテルン
ドイツ憲法 I
総論・統治 編

編 訳
赤坂正浩・片山智彦・川又伸彦・小山 剛・高田 篤

信山社
SHINZANSHA

Klaus Stern
Das Staatsrecht der Bundesrepublik Deutschland
Band I
Grundbegriffe und Grundlagen des Staatsrechts,
Strukturprinzipien der Verfassung.
Copyright © 1984, C. H. Beck'sche Verlagsbuchhandlung München

Klaus Stern
Das Staatsrecht der Bundesrepublik Deutschland
Band II
Staatsorgane, Staatsfunktionen,
Finanz- und Haushaltsverfassung,
Notstandsverfassung.
Copyright © 1980, C. H. Beck'sche Verlagsbuchhandlung München

Japanese translation published by arrangement with C. H. Beck'sche
Verlagsbuchhandlung München

日本語版への序文

　拙著『ドイツ連邦共和国国法学』の第Ⅰ巻は，30年以上も前の1977年に出版されました。その当時には，それから5年ほどのうちに日本の法学者の皆さんとの親しい交流がはじまり，やがては多くの日本の大学における学術講演のために10回も日本へ旅することになるなどとは，夢想だにしませんでした。このような交流を通じて，あらゆる法分野のなかでも，とりわけ憲法，行政法分野の多くの日本の法学者の皆さんと私の間に，信頼に満ちた協力関係が構築されました。こういった次第ですから，そのなかの数名の方々より，数巻からなる拙著『ドイツ連邦共和国国法学』の主要な部分を信山社のご協力を得て訳出しようという計画が私に持ち込まれました際にも，それほど驚きはしませんでした。この企画は私にとってまことに名誉なことであり，大変喜んでお受けすることにしました。

　赤坂正浩教授（神戸大学），井上典之教授（神戸大学），片山智彦教授（福井県立大学），川又伸彦教授（埼玉大学），小山剛教授（慶應義塾大学），宮地基教授（明治学院大学），棟居快行教授（大阪大学），鈴木秀美教授（大阪大学），高田篤教授（大阪大学）が編者となり，多数の訳者の皆さんとともに，手間を惜しまず，膨大な時間を費やして，拙著の中から，日本にとってとくに重要であり，かつ日本の法律家にとってとくに興味深い部分として，憲法裁判権および政党法を含む統治機構の基本原理，ならびに基本権総論の部分を訳出してくださいました。

　日独の憲法にとって多くの共通点のあるこれらのテーマにつきまして，本書に収められました拙著の訳出部分が，日本の立憲政治の理論と実践にとって基本的な素材を提供するものであることを，私は確信しております。今回の邦訳によりまして，日本の憲法学が，これまでドイツ語版に寄せてこられた以上の関心を，本書にお寄せくださることを念じております。さらに，ドイツと日本の研究者が，学問的にも，人間的にも交流をさらに広げ，深めることを願うものであります。私が栄えある日本学士院客員にしていただいて間もないこの時期に，本書が世に

出ますことは，私にとっても大変幸いなことです。

　こうして拙著を日本語で読者のみなさんにお目にかけることが可能となったのも，日本側の編者，訳者の方々，そして信山社の関係各位の大変なご尽力のおかげです。本書が，基本権，法治国原理と議会制民主主義，さらには日独両国民の相互理解の進展にとりまして，いささかでも寄与できますことを，心より願っております。

　　　2009 年春，ケルンにて

クラウス・シュテルン

訳者はしがき

　本訳書（第Ⅰ巻『総論・統治』，第Ⅱ巻『基本権』）の原著である『ドイツ連邦共和国国法学』（Das Staatsrecht der Bundesrepublik Deutschland）は，第Ⅰ巻（国法の基本概念，憲法の構成原理・1977年＝第2版1984年），第Ⅱ巻（国家機関，国家作用，財政・予算，緊急事態憲法・1980年），第Ⅲ巻（基本権総論）第1分冊（1988年），第2分冊（1994年），第Ⅴ巻（ドイツ憲法史・1999年），第Ⅳ巻（基本権各論）第1分冊（2006年）がそれぞれ1000ページを超える大著として刊行され，なお未完という，まさに戦後ドイツ憲法学の一大エンツィクロペディーである。この恐竜のような著作をライフワークとし，なお精力的に執筆を続けるクラウス・シュテルン教授（Prof. Dr. Dr. h. c. mult. Klaus Stern）は，1932年生まれであり，長くケルン大学公法講座を率いてこられた，戦後ドイツの代表的な憲法学者の一人である。

　本書は，内容の水準が高いにもかかわらず明晰であることや，基本的に単独の著者による（第Ⅲ巻，第Ⅳ巻の一部はケルン大学ミヒャエル・ザックス Michael Sachs 教授，デュッセルドルフ大学ヨハネス・ディートライン Johannes Dietlein 教授による）体系的理論的論述などで，今日なお圧倒的な存在感を有している。ドイツの大学図書館では，黒表紙に金文字の Stern Staatsrecht 全巻が「憲法・国法学」コーナーに鎮座し，学生が自習や国家試験対策のために頻繁に手にとる「基本書」の地位を維持してきた。

　本訳書は，「シュテルン国法学」を導き手としてドイツ憲法学研究に分け入った中堅・若手研究者による，浩瀚な原著の抄訳である。訳出対象は，現代の日本に紹介するに値するとして編訳者から提案し，原著者にもご相談して確定した項目からなる。翻訳を著者にご快諾いただいたのが今世紀はじめのことであったから，著者の精励ぶりと翻訳の遅延を比べると恥じ入るほかないが，「班長」として第Ⅰ巻は赤坂，川又，小山，高田，第Ⅱ巻は井上，鈴木，棟居がそれぞれ若手中堅の数名の分担訳の調整をし，「アンカー」として第Ⅰ巻は片山，第Ⅱ巻は宮地が専門用語の訳語統一など全体の仕上げに協力した。なお，原著が引用している基本法や諸法律の規定の一部には，原著刊行後に改正されたものもあるが，本

訳書では原著のまま訳出していることをここでお断りしておく。

　個人的感想で恐縮だが，この作業を通じて，憲法学が歴史や政治現象を概念の力で整序してゆこうとする雄渾な営みである（べき）ことを，改めて痛感した。またその営みは，真理のヴェールを剥ぐ作業として（原著者の名にふさわしく）はじめから天空に帰属するものではなく，苛烈ともいえるような学説・判例批判のレンガの積み上げの結果として，まさに星に手が届こうかという高みにまで達しうるものであることを，今回の作業を通じて教えられた。

　最後に，圧倒的な高みの上からたえずわれわれを励まして下さったシュテルン先生ご本人はもとより，「翻訳料」なしでの訳書出版を許諾して下さったＣ．Ｈ．ベック社に厚く御礼申し上げる。さらに，この時代にこうしたチャレンジングな出版をお引き受け下さった信山社の袖山貴氏，企画段階から（編）訳者らを見守り，鍛錬の機会を確保しつづけて下さった同社の渡辺左近氏，そして，編訳者の不規則でわがままな振る舞いにもめげることなく，最後まで厄介な校正作業を貫徹して下さった同社の柴田尚到氏，新婚にもかかわらず，お盆返上で編訳者を補助して下さった同社の鳥本裕子氏，そして編訳者らを辛抱強く支えてくれた多くの訳者諸氏（いずれも分担個所は明示している）に，厚く御礼申し上げる。

　2009年7月

第Ⅰ巻・第Ⅱ巻編訳者を代表して　棟　居　快　行

第Ⅰ巻訳者はしがき

　本巻には，憲法総論・統治にかかわる合計11の項が収められている。„Das Staatsrecht" の記念すべき第Ⅰ巻，第Ⅱ巻からの抜粋である。

　1932年1月にニュルンベルクに生まれたシュテルン教授は，エアランゲンとミュンヘンで法律学を学び，ミュンヘン大学のマウンツ教授のもとで博士論文（1956年），教授資格論文（1961年）を執筆した。博士論文「連邦憲法裁判所の法律解釈および解釈の諸原則」に示されるように，シュテルン教授の憲法研究者としての始まりは，連邦憲法裁判所という憲法機関の研究であった。その意味で，本巻は，シュテルン憲法学の原形を伝えるものでもある。

　わが国では，ドイツ憲法学に対する関心が，基本権に偏重している印象があるため，本巻の意義について，次のことを付言しておきたい。
　法治国家原理のように普遍性を持つものや，社会国家原理のように日本国憲法と密接にかかわる基本原理についても，とくに近年，十分な関心が向けられてきたとは言い難い。しかし，わが国でも，主観的権利（主観法）と客観法の区別に注意が喚起されつつある。「権利」に対する侵害として観念しがたい（あるいは，観念されてこなかった）事案について，法治国家原理はいかなる論証の可能性を与えるのか。また，権利論的構成の限界が露呈しつつある生存権についても，社会国家原理という客観原理が与える広がりを，もう一度，吟味する必要があろう。これは，環境保護（基本法20a条）という現代的課題の憲法的構成にもかかわる。
　また，統治には，一定不変の形態が存在するわけではない。連邦制や憲法裁判所など，日本とは異なる原理・制度がある。議院内閣制や地方自治についても，共通点と同時に，日独の顕著な差異を確認することができる。憲法上の仕組みに何の疑問も抱かない安定した時代であれば，そのような原理や制度は，異国の話として終わってしまおう。しかし，司法制度改革であれ，道州制であれ，現在の仕組みの閉塞感から制度の改革が模索・試行される時代にあっては，ドイツにおける経験や理論的錬成から学ぶことはきわめて多いはずである。

シュテルン教授は，1969 年にケルン大学法学部長，1971 年に同大学学長に就任するなど，すでに 30 歳代で要職を歴任した。„Das Staatsrecht" には，行政職から研究者に復帰する宣言という意味もある。スイスの別荘からほど遠くない距離に，ルッツェルン湖が大きく湾曲している地点がある。ワーグナーが「指輪」を構想した場所である。20 数年前にシュテルン教授の案内でそこに立った時から，編訳者の一人には，„Das Staatsrecht" と雄大な湖水，そして，「指輪」が 1 つの風景として結びついている。

　基本権編と並んで，本巻がわが国の憲法学の共有財産となることを願ってやまない。

　　　2009 年 7 月

　　　　　　　　　　　　　　　　　　　　　第 I 巻編訳者を代表して　小　山　　剛

目　次

第1章　国法の基本概念と憲法上の基本命題
第1節　国法の基本概念

第2節　憲法の基礎

§ 4　憲　　法 ……………………………………………………………1
　　Ⅰ．憲法の特徴 (1)
　　Ⅱ．憲法命題の種類 (10)
　　Ⅲ．憲法の解釈 (20)

第3節　憲法の観点における領土と国籍

第4節　国家を構成する制度の憲法上の内容形成

§ 12　地方自治 …………………………………………………………35
　　Ⅰ．自治の概念，本質および形態 (35)
　　Ⅱ．地方自治の憲法保障 (41)
　　Ⅲ．地方自治の新次元 (57)

§ 13　政　　党 …………………………………………………………63
　　Ⅰ．歴史的展開 (63)
　　Ⅱ．国法と政党 (67)
　　Ⅲ．政党の概念，成立，解散，内部秩序，資金調達 (71)
　　Ⅳ．政党の憲法上の地位 (88)

第5節　憲法と国際法の関係

第2章　構成原理
第1節　基本法における憲法の基本秩序の決定

§16 自由で民主的な基本秩序 …………………………………………103
　Ⅰ. 概念の成立，意味および目標（103）
　Ⅱ. 自由で民主的な基本秩序の解釈（107）

第2節　基本法20条および28条の構成原理

§18 民主制原理 ………………………………………………………………119
　Ⅰ. 概念と基礎（119）
　Ⅱ. 基本法の民主制原理（130）
　Ⅲ. 民主制原理の拡張をめぐる諸問題（157）

§20 法治国家原理 ……………………………………………………………163
　Ⅰ. 法治国家の成立と歴史的展開（163）
　Ⅱ. 基本法による法治国家原理の採用（173）
　Ⅲ. 法治国家原理の概念（178）
　Ⅳ. 法治国家原理の構成要素（185）
　Ⅴ. 法治国家原則と他の憲法原理の結合の概要（250）

§21 社会国家原理 ……………………………………………………………257
　Ⅰ. 成立と展開（257）
　Ⅱ. 概念と次元（268）
　Ⅲ. 法的性質と適用範囲（282）
　Ⅳ. 制　約（285）
　Ⅴ. 社会的基本価値と基本権（295）

第3節　議院内閣制

§22 議院内閣制の基礎と形成 ………………………………………………299
　Ⅰ. 歴史的展開（299）
　Ⅱ. 概念，本質および要素（307）
　Ⅲ. 基本法における議院内閣制の構想と形成（326）
　Ⅳ. 議院内閣制の将来の展望（362）

第3章　機関

第1節　憲法制定権力

第2節　憲法機関

§ 32　連邦憲法裁判所 ……………………………………………367

　　Ⅰ．連邦憲法裁判所の設立（367）

　　Ⅱ．連邦憲法裁判所の法的地位（380）

　　Ⅲ．連邦憲法裁判所の組織（387）

　　Ⅳ．連邦憲法裁判所の構成（396）

　　Ⅴ．連邦憲法裁判所裁判官の法的地位（408）

第3節　その他の最上級国家機関

第4章　作用

第1節　基本問題

§ 36　作用の分割と分配：権力分立原理 ……………………………413

　　Ⅰ．国家権力の分割および抑制の原理の発展（413）

　　Ⅱ．権力の分立から作用の分離へ（421）

　　Ⅲ．権力分立原理の基本思想としての権力の制限・権力の統制・合理的な権限分配（425）

　　Ⅳ．基本法による作用の分配の主要な原理（429）

　　Ⅴ．権力制限の新たな形態（443）

第2節　国家の主要作用

§ 44　憲　法　裁　判 ……………………………………………453

　　Ⅰ．憲法裁判の形態，概念および本質（453）

　　Ⅱ．憲法裁判の機能と意義（464）

　　Ⅲ．憲法裁判の歴史的基盤（478）

　　Ⅳ．権限および手続の種類（487）

　　Ⅴ．連邦憲法裁判所における手続の諸原則（538）

第5章　財政制度と予算制度

第1節　基本問題

第2節　財政制度
第3節　予算制度

第6章　緊急事態憲法
第1節　基本問題
第2節　立法上の緊急事態
第3節　対外的緊急事態
第4節　国内的緊急事態
第5節　抵抗権

原著目次
INHALTSÜBERSICHT

(＊本書抄訳個所)

BAND I:

Grundbegriffe und Grundlagen des Staatsrechts,
Strukturprinzipien der Verfassung

1. Kapitel.
Staatsrechtliche Grundbegriffe und verfassungsrechtliche Grundaussagen

1. Abschnitt. Staatsrechtliche Grundbegriffe

§ 1 *Das Staatsrecht*
　Ⅰ. Öffentliches Recht und Privatrecht
　Ⅱ. Begriff des Staatsrechts
　Ⅲ. Staatsrecht und Verfassungsrecht
　Ⅳ. Bundes- und Landesstaatsrecht
　Ⅴ. Staatsrecht als „politisches" Recht

§ 2 *Die Staatsrechtswissenschaft*
　Ⅰ. Die Staatswissenschaft
　Ⅱ. Die Staatsrechtswissenschaft
　Ⅲ. Die Allgemeine Staatslehre
　Ⅳ. Die Wissenschaft von der Politik

2. Abschnitt. Verfassungsrechtliche Grundlagen

§ 3 *Die Verfassung*
　Ⅰ. Geschichte der Verfassung
　Ⅱ. Begriff der Verfassung
　Ⅲ. Sinn, Inhalt und Funktion der Verfassung
　Ⅳ. Krise der Verfassung und Stärkung ihrer normativen Kraft

§ 4 *Das Verfassungsrecht**
　Ⅰ. Die Eigentümlichkeiten des Verfassungsrechts

Ⅱ. Die Arten der Verfassungsrechtssätze
　　　Ⅲ. Die Auslegung des Verfassungsrechts
　§ 5 *Verfassunggebung und Verfassungsänderung*
　　　Ⅰ. Die verfassunggebende Gewalt
　　　Ⅱ. Die verfassungsändernde Gewalt
　　　Ⅲ. Die verfahrensrechtlichen Schranken der verfassungsändernden Gewalt
　　　Ⅳ. Die materiellen Schranken der verfassungsändernden Gewalt
　§ 6 *Der Schutz der Verfassung*
　　　Ⅰ. Grundlagen, Begriff und Entwicklung des Schutzes der Verfassung
　　　Ⅱ. Vorkehrungen und Einrichtungen zum Schutz der Verfassung
　　　Ⅲ. Der Verfassungsschutz und seine Einrichtungen
　　　Ⅳ. Die Verwirkung von Grundrechten
　　　Ⅴ. Das Verbot von politischen Parteien und von Vereinigungen
　　　Ⅵ. Der administrative Verfassungsschutz

3. **Abschnitt. Staatsgebiet und Staatsangehörigkeit in ihrer verfassungsrechtlichen Ausprägung**

　§ 7 *Das Staatsgebiet*
　　　Ⅰ. Das Staatsgebiet im allgemeinen
　　　Ⅱ. Das deutsche Staatsgebiet
　　　Ⅲ. Die Neugliederung des Bundesgebietes
　　　Ⅳ. Die Gebietsänderung gegenüber anderen Staaten
　§ 8 *Die Staatsangehörigkeit*
　　　Ⅰ. Die Staatsangehörigkeit im allgemeinen
　　　Ⅱ. Die Regelung der deutschen Staatsangehörigkeit
　　　Ⅲ. Zur Rechtsstellung von Ausländern

4. **Abschnitt. Verfassungsrechtliche Ausgestaltung staatsformender Institute**

　§ 9 *Symbole und Selbstdarstellung des Staates*
　　　Ⅰ. Die staatlichen Symbole im allgemeinen
　　　Ⅱ. Die staatlichen Symbole der Bundesrepublik Deutschland
　　　Ⅲ. Die Selbstdarstellung des Staates und die Staatspflege
　§ 10 *Grundlagen des Wahlrechts*
　　　Ⅰ. Das Wahlsystem
　　　Ⅱ. Das Wahlsystem der Bundesrepublik Deutschland und das grundgesetzliche Wahlrecht

Ⅲ. Grundlagen des Wahlrechts außerhalb des Grundgesetzes

§ 11 *Der öffentliche Dienst*
   Ⅰ. Das öffentliche Dienstrecht als Staatsrecht
   Ⅱ. Begriff und Wesen des öffentlichen Dienstes
   Ⅲ. Der öffentliche Dienst im Grundgesetz
   Ⅳ. Das Berufsbeamtentum
   Ⅴ. Amtshaftung und Staatshaftung

§ 12 *Die kommunale Selbstverwaltung**
   Ⅰ. Begriff, Wesen und Formen der Selbstverwaltung
   Ⅱ. Die Verfassungsgarantie der kommunalen Selbstverwaltung
   Ⅲ. Neue Dimensionen Kommunaler Selbstverwaltung

§ 13 *Die politischen Parteien**
   Ⅰ. Geschichtliche Entwicklung
   Ⅱ. Staatsrecht und politische Parteien
   Ⅲ. Begriff, Entstehung, Auflösung, innere Ordnung und Finanzierung der politischen Parteien
   Ⅳ. Die verfassungsrechtliche Stellung der politischen Parteien

5. Abschnitt. Verfassungsrechtliche Bezüge zum internationalen Recht

§ 14 *Die Einbindung des Völkerrechts in das innerstaatliche Recht*
   Ⅰ. Die grundgesetzlichen Bezüge zum Völkerrecht
   Ⅱ. Die völkerrechtliche Inkorporationsregel des Art. 25 GG
   Ⅲ. Die Bestimmung der allgemeinen Regeln des Völkerrechts durch das Bundesverfassungsgericht

§ 15 *Die supranationale Option des Grundgesetzes*
   Ⅰ. Auftrag und Ziel des Art. 24 GG
   Ⅱ. Die verfassungsrechtliche Deutung des Art. 24 Abs. 1 GG
   Ⅲ. Die Qualität des supranationalen Rechts und sein Verhältnis zum nationalen Recht
   Ⅳ. Die verteidigungspolitische Integration

2. Kapitel. Strukturprinzipien

1. Abschnitt. Die Verfassungsgrundordnungsentscheidung des Grundgesetzes

§ 16 *Die freiheitliche demokratische Grundordnung**
   Ⅰ. Entstehung, Sinn und Ziel des Begriffes

II. Die Interpretation der freiheitlichen demokratischen Grundordnung

2. Abschnitt. Die Strukturprinzipien der Artikel 20 und 28 GG

§ 17 Das republikanische Prinzip
    I. Der Begriff Republik
    II. Die Entscheidung für die republikanische Staatsform

§ 18 Das demokratische Prinzip*
    I. Begriff und Grundlagen
    II. Das demokratische Prinzip des Grundgesetzes
    III. Die Problematik der Ausdehnung des demokratischen Prinzips

§ 19 Das bundesstaatliche Prinzip
    I. Begriff, Theorie, Abgrenzung und historische Grundlagen des Bundesstaates
    II. Sinn und Rechtfertigung des bundesstaatlichen Prinzips
    III. Die Ausprägung des bundesstaatlichen Prinzips im Grundgesetz
    IV. Moderne Gestaltungsformen des bundesstaatlichen Prinzips

§ 20 Das rechtsstaatliche Prinzip*
    I. Entstehung une geschichtliche Entwicklung des Rechtsstaates
    II. Die Entscheidung des Grundgesetzes für das rechtsstaatliche Prinzip
    III. Der Begriff des Rechtsstaatsprinzips
    IV. Die Bestandteile des rechtsstaatlichen Prinzips
    V. Zusammenschau des Rechtsstaatsgrundsatzes mit anderen Verfassungsprinzipien

§ 21 Das sozialstaatliche Prinzip*
    I. Entstehung und Entwicklung
    II. Begriff und Dimension
    III. Rechtsnatur und Adressatenkreis
    IV. Schranken
    V. Soziale Grundwerte und Grundrechte

3. Abschnitt. Das parlamentarische Regierungssystem

§ 22 Grundlagen und Ausgestaltung des parlamentarischen Regierungssystems*
    I. Geschichtliche Entwicklung
    II. Begriff, Wesen und Elemente
    III. Anlage und Ausgestaltung des parlamentarischen Regierungssystems im Grundgesetz
    IV. Zukunftsperspektiven des parlamentarischen Regierungssystems

§ 23 Neue Frontstellung: Regierungs- und Oppositionsfraktion
    I. Die Gliederung des Parlaments

II. Parlamentsmehrheit und Parlamentsminderheit
III. Stellung und Funktion der Opposition

§ 24 *Status und Mandat des Abgeordneten*
I. Stellung und Amt des Abgeordneten
II. Die Rechte des Abgeordneten
III. Die Pflichten des Abgeordneten
IV. Das freie Mandat

BAND II:
Organe, Funktionen, Finanz- und Haushaltsverfassung, Notstandsverfassung

3. Kapitel. Organe

1. Abschnitt. Der pouvoir constituant

§ 25 *Das Volk*
I. Der Begriff Volk
II. Die Stellung des Volkes im Grundgesetz
III. Das Selbstbestimmungsrecht des Deutschen Volkes

2. Abschnitt. Die Verfassungsorgane

§ 26 *Der Deutsche Bundestag*
I. Rechtsstellung
II. Aufgaben und Befugnisse
III. Konstituierung und Autonomie des Bundestages
IV. Die Organe des Bundestages, insbesondere die Ausschüsse

§ 27 *Der Bundesrat*
I. Modelle und Entstehungsbedingungen
II. Rechtsstellung, Eigenart und politische Bedeutung des Bundesrates
III. Repräsentation und Zusammensetzung des Bundesrates
IV. Aufgaben und Befugnisse des Bundesrates
V. Organisation und Geschäftsgang des Bundesrates
VI. Die Rechtsstellung der Bundesratsmitglieder

§ 28 *Der Gemeinsame Ausschuß*
I. Verfassungsorganqualität und Rechtsstellung des Gemeinsamen Ausschusses
II. Die Zusammensetzung des Gemeinsamen Ausschusses
III. Aufgaben und Befugnisse des Gemeinsamen Ausschusses

§ 29 *Die Bundesversammlung*

I. Rechtsstellung und Zusammensetzung
  II. Die Wahlfunktion der Bundesversammlung

§ 30 Der Bundespräsident
  I. Über Amt und Funktion des Staatsoberhauptes
  II. Die rechtliche Stellung des Bundespräsidenten nach dem Grundgesetz
  III. Aufgaben und Befugnisse des Bundespräsidenten

§ 31 Die Bundesregierung
  I. Die Bundesregierung – der organisatorisch-institutionelle Begriff
  II. Rechtliche Stellung und Zusammensetzung der Bundesregierung
  III. Bildung und Amtsdauer der Bundesregierung
  IV. Die Organisations- und Strukturprinzipien für die Bundesregierung

§ 32 Das Bundesverfassungsgericht*
  I. Die Errichtung des Bundesverfassungsgerichts
  II. Die rechtliche Stellung des Bundesverfassungsgerichts
  III. Die Organisation des Bundesverfassungsgerichts
  IV. Die Besetzung des Bundesverfassungsgerichts
  V. Die Rechtsstellung der Bundesverfassungsrichter

3. Abschnitt. Weitere oberste Staatsorgane

§ 33 Die Bundesgerichte
  I. Die Gerichte als Organe der rechtsprechenden Gewalt
  II. Die obersten Bundesgerichte
  III. Die sonstigen Bundesgerichte
  IV. Die Berufung der Richter der obersten Bundesgerichte
  V. Richterwahl in den Ländern

§ 34 Der Bundesrechnungshof
  I. Die Entstehung und Entwicklung der Rechnungsprüfung
  II. Die verfassungsrechtliche Gewährleistung des Bundesrechnungshofes und der Rechunugsprüfung
  III. Die Aufgaben des Bundesrechnungshofes
  IV. Der Rechtsstatus des Bundesrechnungshofes
  V. Die Bedeutung der Finanzkontrolle im Verfassungssystem

§ 35 Die Bundesbank
  I. Der Rechtsstatus der Bundesbank
  II. Errichtung und Bestand der Bundesbank nach Art. 88 GG
  III. Die Aufgaben und Befugnisse der Bundesbank
  IV. Die Organisation der Bundesbank
  V. Die staatsrechtliche Grundfrage: Die Unabhängigkeit der Bundesbank und ihr

Verhältnis zu den Organen der Staatsführung

4. Kapitel. Funktionen

1. Abschnitt. Grundfragen

§ 36 *Funktionenverteilung und Funktionenzuordnung*
*Das Gewaltenteilungsprinzip**
   I. Die Entwicklung des Prinzips der Teilung und Hemmung staatlicher Gewalten
   II. Von der Gewaltenteilung zur Funktionentrennung
   III. Machtbegrenzung, Machtkontrolle und rationale Kompetenzordnung als Grundgedanken des Gewaltenteilungsprinzips
   IV. Die Hauptprinzipien der Funktionenzuordnung des Grundgesetzes
   V. Neue Formen der Machtbegrenzung

2. Abschnitt. Die staatlichen Hauptfunktionen

§ 37 *Die Gesetzgebung*
   I. Zum Begriff des Gesetzes
   II. Die Gesetzgebung des Bundes
   III. Das Gesetzgebungsverfahren
   IV. Größe und Not der Gesetzgebung

§ 38 *Die Verordnungsgebung*
   I. Geschichte und Begriff der Verordnung
   II. Rang und Arten der Rechtsverordnungen
   III. Rechtsgrundlage und Verfahren der Verordnungsgebung

§ 39 *Die Regierung*
   I. Begriff und geschichtliche Entwicklung
   II. Regierungstätigkeit und Regierungsakte
   III. Die Abgrenzung der Regierung von der Verwaltung

§ 40 *Die Planung*
   I. Begriff und Antriebskräfte der Planung
   II. Die Ebenen, Arten, Phasen, Formen und Wirkungen der Planung
   III. Die funktionelle Zuordnung der Planung
   IV. Planungsschranken und Planungsrechtsschutz

§ 41 *Die Verwaltung*
   I. Begriff und Aufgabe der Verwaltung
   II. Geschichtliche Entwicklung der Verwaltung
   III. Rechtswesentliche Bestimmungsfaktoren der gegenwärtigen Verwaltung

    IV. Grundsätze des Aufbaus der Verwaltung nach dem Grundgesetz
    V. Die landeseigene Verwaltung der Bundesgesetze
    VI. Die Bundesauftragsverwaltung
    VII. Die Bundesverwaltung
    VIII. Die Gemeinschaftsaufgaben

§ 42 *Die militärische Verteidigung*
    I. Verfassungsrechtliche Einordnung und staatsfunktionelle Eigenart der militärischen Verteidigung
    II. Entstehung und Konzeption der grundgesetzlichen Wehrverfassung
    III. Der Einsatz der Streitkräfte zur Verteidigung
    IV. Die Führung der Streitkräfte
    V. Die Stellung des Soldaten in den Streitkräften

§ 43 *Die Rechtsprechung*
    I. Begriff und Eigenart der Rechtsprechung
    II. Die verfassungsrechtliche Ausprägung der Stellung des Richters
    III. Die verfassungsrechtlichen Grundlagen der Gerichtsverfassung

§ 44 *Die Verfassungsgerichtsbarkeit**
    I. Erscheinungsformen, Begriff und Wesen der Verfassungsgerichtsbarkeit
    II. Funktion und Bedeutung der Verfassungsgerichtsbarkeit
    III. Geschichtliche Grundlagen der Verfassungsgerichtsbarkeit
    IV. Zuständigkeiten und Verfahrensarten
    V. Die Grundsätze des Verfahrens vor dem Bundesverfassungsgericht

5. Kapitel. Finanz- und Haushaltsverfassungsrecht

1. Abschnitt. Grundfragen

§ 45 *Entwicklung und Bedeutung der Finanz- und Haushaltsverfassung*
    I. Gliederung und Grundanliegen des Abschnitts X des Grundgesetzes
    II. Der Begriff der Finanz- und Haushaltsverfassung
    III. Die Entwicklung des Finanz- und Haushaltsverfassungsrechts in Deutschland
    IV. Der Haushalt als Steuerungsinstrument

2. Abschnitt. Das Finanzverfassungsrecht

§ 46 *Die Steuergesetzgebungshoheit*
    I. Steuerhoheit – Begriff und Schranken
    II. Die Aufteilung der Steuergesetzgebungshoheit zwischen Bund und Ländern
    III. Die Kommunale Steuersatzungshoheit

§ 47 Die Verteilung des Finanzmassen
  I. Begriff und Entwicklung von Lastenverteilung und Finanzausgleich
  II. Die Lastenverteilungsregelung des Grundgesetzes
  III. Die Verteilung der Einnahmen

§ 48 Die Finanzverwaltung
  I. Entstehung und Sonderstellung
  II. Die Finanzverwaltung des Bundes
  III. Die Finanzverwaltung der Länder

3. Abschnitt. Das Haushaltsverfassungsrecht

§ 49 Der Haushaltsplan
  I. Entstehung und Begriff
  II. Ökonomisch-politische Funktion des Haushaltsplanes
  III. Rechtsnatur und Rechtswirkungen des Haushaltsplanes
  IV. Der Haushaltskreislauf

§ 50 Die verfassungsrechtlichen Grundsätze der Haushaltswirtschaft
  I. Die Entwicklung von Haushaltsgrundsätzen
  II. Bedeutung und Ziel der Haushaltsgrundsätze
  III. Die Haushaltsgrundsätze und ihr Inhalt

§ 51 Staatsvermögen und Staatsschulden
  I. Das Vermögen des Staates
  II. Die Schulden des Staates
  III. Die Begrenzung der staatlichen Kreditaufnahme

6. Kapitel. Notstandsverfassungsrecht

1. Abschnitt. Grundfragen

§ 52 Notwendigkeit, Entwicklung und Problematik eines Notstandsrechts
  I. Begriff und Tatbestand des Notstandes
  II. Die Notwendigkeit einer rechtlichen Regelung des Notstandes
  III. Das Recht des Notstandes in Deutschland bis zur Grundgesetzesänderung von 1968
  IV. Die Einfügung des Notstandsverfassungsrechts in das Grundgesetz
  V. Das ungeschriebene Notrecht
  VI. Die einfachen Notstandsgesetze
  VII. Die Grundrechte im Notstand
  VIII. Die rechtsprechende Gewalt im Notstand

2. Abschnitt. Der Gesetzgebungsnotstand

§ 53 Die Regelung des Gesetzgebungsnotstandes
　Ⅰ. Begriff und Entstehungsgeschichte des Gesetzgebungsnotstandes
　Ⅱ. Die Voraussetzungen für die Erklärung des Gesetzgebungsnotstandes
　Ⅲ. Das Gesetzgebungsverfahren nach erklärtem Gesetzgebungsnotstand
　Ⅳ. Die Grenzen des Gesetzgebungsnotstandes

3. Abschnitt. Der äußere Notstand

§ 54 Der Verteidigungsfall
　Ⅰ. Die Entstehungsgeschichte der Regelungen für den Verteidigungsfall
　Ⅱ. Der Begriff des Verteidigungsfalles
　Ⅲ. Die Feststellung und Verkündung des Verteidigungsfalles
　Ⅳ. Die Feststellungsfiktion nach Art. 115a Abs. 4 GG
　Ⅴ. Die Folgen des Eintritts des Verteidigungsfalles

§ 55 Spannungsfall, Zustimmungsfall und Bündnisklausel
　Ⅰ. Der Spannungsfall und die Bündnisklausel als Formen des äußeren Notstandes
　Ⅱ. Der Spannungsfall des Art. 80a Abs. 1 GG
　Ⅲ. Der Zustimmungsfall nach Art. 80a Abs. 1 GG
　Ⅳ. Die Bündnisklausel des Art. 80a Abs. 3 GG
　Ⅴ. Die Rechtswirkungen des Spannungsfalles, der Zustimmung und der Bündnisklausel

4. Abschnitt. Der innere Notstand

§ 56 Die Regelung des inneren Notstandes
　Ⅰ. Begriff und Arten des inneren Notstandes
　Ⅱ. Die Regelung des Katastrophennotstandes
　Ⅲ. Die Regelung des inneren Notstandes im engeren Sinne
　Ⅳ. Der Einsatz der Bundeswehr im inneren Notstand

5. Abschnitt. Das Widerstandsrecht

§ 57 Die Regelung des Widerstandsrechts
　Ⅰ. Die Idee des Widerstandsrechts – geschichtliche Entwicklung und Begründung
　Ⅱ. Entstehungsgeschichte und Motive der Einfügung des Art. 20 Abs. 4 in das Grundgesetz
　Ⅲ. Das positivierte Widerstandsrecht des Art. 20 Abs. 4 GG

翻訳者紹介
(五十音順，＊は編訳者)

＊赤坂正浩（あかさか・まさひろ）　神戸大学大学院法学研究科教授
　鵜澤　剛（うざわ・たけし）　立教大学法学部助教
　大石和彦（おおいし・かずひこ）筑波大学大学院ビジネス科学研究科法曹専攻教授
＊片山智彦（かたやま・ともひこ）　福井県立大学学術教養センター准教授
＊川又伸彦（かわまた・のぶひこ）　埼玉大学経済学部教授
　神橋一彦（かんばし・かずひこ）　立教大学法学部教授
　駒林良則（こまばやし・よしのり）　立命館大学法学部教授
＊小山　剛（こやま・ごう）　慶應義塾大学大学院法務研究科教授
　須賀博志（すが・ひろし）　京都産業大学法学部准教授
＊高田　篤（たかだ・あつし）　大阪大学大学院法学研究科教授
　玉蟲由樹（たまむし・ゆうき）　福岡大学法学部准教授
　丸山敦裕（まるやま・あつひろ）　甲南大学大学院法学研究科法務専攻准教授
　亘理　興（わたり・こう）　弁護士（ベルリン弁護士会所属）

翻訳・編集分担

§4	———小山 編	§21	———小山・川又 編
I	小山		亘理
II	鵜澤		
III	川又	§22	———小山 編
§12	———小山 編		川又
	駒林	§32	———赤坂 編
§13	———高田 編		神橋
	丸山	§36	———赤坂 編
§16	———高田 編		赤坂
	片山	§44	———赤坂 編
		I	玉蟲
§18	———高田 編	II, III, IV 1-5	大石
	須賀	IV 6-10, V	玉蟲
§20	———高田 編	本巻全体の訳語統一と索引の作成	
	丸山		———片山

Übersetzerverzeichnis
(＊ Herausgeber)

＊Masahiro AKASAKA, Professor an der Universität Kobe
Kazuhiko KAMBASHI, Dr. iur., Professor an der Rikkyo-Universität (Tokyo)
＊Tomohiko KATAYAMA, Dr. iur., Professor an der Präfektur-Universität Fukui
＊Nobuhiko KAWAMATA, Professor an der Universität Saitama
Yoshinori KOMABAYASHI, Dr. iur., Professor an der Ritsumeikan-Universität (Kyoto)
＊Go KOYAMA, Dr. iur., Professor an der Keio-Universität (Tokyo)
Atsuhiro MARUYAMA, Professor an der Konan-Universität (Kobe)
Kazuhiko OISHI, Professor an der Universität Tsukuba
Hiroshi SUGA, Professor an der Kyoto-Sangyo-Universität (Kyoto)
＊Atsushi TAKADA, Dr. iur., Professor an der Universität Osaka
Yuki TAMAMUSHI, Professor an der Fukuoka-Universität (Fukuoka)
Takeshi UZAWA, Assistant Professor an der Rikkyo-Universität (Tokyo)
Ko WATARI, Dipl.-Jur., Rechtsanwältin in Berlin

Arbeitsteilungsverzeichnis

§ 4—Herausgegeben von Koyama
  I   Übersetzt von Koyama
  II   Übersetzt von Uzawa
  III Übersetzt von Kawamata

§ 12—Herausgegeben von Koyama
      Übersetzt von Komabayashi

§ 13—Herausgegeben von Takada
      Übersetzt von Maruyama

§ 16—Herausgegeben von Takada
      Übersetzt von Katayama

§ 18—Herausgegeben von Takada
      Übersetzt von Suga

§ 20—Herausgegeben von Takada
      Übersetzt von Maruyama

§ 21—Herausgegeben von Koyama und Kawamata
      Übersetzt von Watari

§ 22—Herausgegeben von Koyama
      Übersetzt von Kawamata

§ 32—Herausgegeben von Akasaka
      Übersetzt von Kambashi

§ 36—Herausgegeben von Akasaka
      Übersetzt von Akasaka

§ 44—Herausgegeben von Akasaka
  I   Übersetzt von Tamamushi
  II, III, IV 1–5 Übersetzt von Oishi
  IV 6–10, V   &␉bsp;Übersetzt von Tamamushi

Verbesserung der terminologischen Einheitlichkeit und Erstellung des japanischen Sachverzeichnisses—Katayama

凡　例

1．本書は，*Klaus Stern*, Das Staatsrecht der Bundesrepublik Deutschland, BandⅠ: Grundbegriffe und Grunglagen des Staatsrechts, Strukturprinzipien der Verfassung, C. H. Beck, 1984. および *Klaus Stern*, Das Staatsrecht der Bundesrepublik Deutschland, BandⅡ: Staatsorgane, Staatsfunktionen, Finanz- und Haushaltsverfassung, Notstandsverfassung, C. H. Beck, 1980. を抄訳したものである。

2．原著脚注は一律省略した。

3．現在の状況が原著の記述内容と変更になっている場合や，原文の省略を補う場合などには適宜，[　]で補足説明を付した。

4．原著で斜体となっているものには傍点を付した（ただし，人名は除く）。

5．§は全巻を通じての通し番号である。

6．相互参照は，本書で訳出していない部分も含め，原著のとおりに表記した。ただし，§の場合は oben（前掲），unten（後掲）を省略した。

7．BVerfGE は連邦憲法裁判所判例集の略号であり，それに続く**，***は**巻***頁を意味する。ドイツでは判例を特定する際，原則として年月日ではなく判例集の掲載巻頁を用いている。

第1章　国法学上の基本概念と憲法上の基本命題
　第2節　憲法の基礎

§4　憲　法

Ⅰ．憲法の特徴

1．憲法の固有の基質

　憲法は，法共同体にとって，最高位の法的基本秩序である。憲法は，憲法と呼ばれる法命題の総体であり，国法の一部分である。

　憲法は，原則として，成文化された，実定的な法である。その限りで，憲法は，他の実定法規範と異なるものではない。とはいえ，その特徴と特殊性が強調されなければならない。H．クリューガーは，固有の「基質」と述べている。これは，とりわけ，この規範システムの生成と高位性（2-3），ならびに，様式と性質（4-6）という特殊性の中に示されるものである。この規範システムにおいて，国法一般について指摘した特徴（§1Ⅲ）がまさに示されるのである。

2．憲法を生成する規範

　通常の法律が憲法から導かれて成立し——憲法は法律の生成規範であり，拘束規範である——，命令が法律から導かれて成立するのとは異なり，憲法の実定化された生成規範が何であるかという問いは，極めて論争的である。

　　a）　H．ケルゼンの根本規範とH．ナヴィアスキーの国家基底規範

　H．ケルゼンは，「根本規範」，始原的規範，根源規範の中に，憲法の妥当性が導出される源泉を見出した。H．ナヴィアスキーは，「国家基底規範」について語っている。国家基底規範を構成する1つは，改正を含めた憲法の発布に関する規定を定めたものである。さらに，ナヴィアスキーによれば，国家基底規範は

「憲法の内容に関する，一定の最高位の実質的な，したがって第一次的には政治的な諸原則を確定する。このことから，法的な方法ではこの基本原則をまったく変更しえないことが帰結される」。この意味における国家基底規範となるのは，疑いなく，基本法79条であろう。さらに，基本法146条もまた，新しい憲法が「ドイツ国民の自由な決定によって」定められねばならないと要求する点において，国家基底規範となろう。国家基底規範は，したがって，憲法にとっての妥当の前提であり，憲法にとっての生成規範となる。ケルゼンにとっての始原的規範が仮定的性格であったのとは異なり，ナヴィアスキーにとっての国家基底規範は，これを超えるものである。彼にとって国家基底規範は，同時に，カール・シュミットと結びついて，憲法が所与とする政治的統一体の態様と形式に関する全体的決断であり，それは，憲法に先行し，あるいは，憲法とともに決定される。始原的規範あるいは国家基底規範は，この学説に従えば，憲法に対する生成規範であり，授権であるとされる。

b） 憲法制定権力の意思行為

とはいえ，2つの規範は，思考の産物であり，したがって，仮定的なものである。これらの規範は，憲法の成立を規範論的に説明するものであり，現実に説明するものではない。何よりも，根本規範・国家基底規範の内容は不明確であり，何でもその内容となりうる。憲法は，憲法制定権力の政治的意思を通じて創造される。誰がこの意思を述べ，この意思がいかにして規範となり，この意思がどの限りで拘束を受けるのかについては，別の個所で説明した（§5ⅠおよびBd.Ⅱ§25Ⅱ2）。ここでは，憲法制定権力の決定によって憲法は法規範となるのだということの確認でとどめたい。

3．a） 実定化された最高位の法としての憲法—法秩序の段階構造—違憲の場合の他の法規範の無効性

憲法は，国家における実定化された最高位の法である。（§3Ⅲ2c）。

他のすべての法命題は，憲法に劣後し，抵触が生じた場合には，憲法に譲歩しなければならない。最高位の法規範であるとの要求は，憲法の本質および意義から生ずる。このような性質は，同時に基本法1条3項，20条2項，82条1項（「この基本法の規定に従って成立した法律」）で明示的に命じられている。このこと

から，いわゆる法秩序の段階構造の理論が導き出される。これは，法規範は無秩序に併存しているのではなく，その都度の下位の段階は上位の段階によって授権され，あるいは，別言すれば，上位の段階にその妥当根拠を見出さねばならないことにより，相互に秩序づけられ，段階づけられた関係に立つことを意味する。法実務において中心となる法命題については，次の三段階の規範序列が明らかとなる。憲法，法律，命令という序列である。この段階構造には，さらに，国際法（基本法25条，59条2項），超国家法（基本法24条），慣習法，自治体の規則，憲法機関および労働協約当事者のような，授権を受けたその他の組織の制定する規則が組み入れられなければならない。これらの法規範を考慮するならば，段階秩序は，著しく細分化し，難問化する。原則は，下位の段階のいかなる法規範もより高位の法規範に抵触してはならないということである。抵触が生じた場合には，当初より（ex tunc），当然に（ipso jure）無効という法的効果が生じる。その規範によって意図された法的効果は発生しない。憲法裁判所の裁判では，もとより，この原則が破られることが次第に多くなっているが，疑念がまったくないわけではない。

b) 憲法裁判による無効性の検証

この無効性の検証は，憲法裁判権が行う（Bd. II § 44）。憲法裁判は，憲法問題について最終的な決定を下し，憲法の制裁を保証するための制度である。とはいえ，このことは，その他すべての国家機関が憲法を尊重しなくてよいという意味ではない。とりわけ，裁判所は，憲法を解釈し，適用する。憲法裁判は，どのような形態でそれが制度化されていようとも，憲法をそれが直接に保護すべき法益としている点で際立つのである。憲法裁判が存在しない場合であっても，憲法は，その法規範としての性格を喪失するわけではない——国際法もまた，制裁の可能性が弱いにもかかわらず，法であり続けている（§ 14 II 4）。しかし，貫徹可能性は，憲法を適用する諸機関の（自発的な）尊重に依存することになる。

4．完結した，最終的規律ではないものとしての憲法——形式的意味の憲法と実質的意味の憲法

憲法制定権力によって生み出された憲法は，完結した，最終的な規律を呈示するものではない。憲法は，通常，法共同体の秩序にとって基本的なこと，重要な

ことのみを含んでいる。憲法は，自覚的に，補充と充塡を考えているのである。このことは，次の2つの点に示される。まず，憲法自身が，しばしば，「詳細」を規律する執行的規範を指示している(a)。第2に，憲法は，その構想上，とくに具体化(b)を要する概念や言い回しを用いている。このことから，憲法の適用に対する，重要な帰結が生じる。憲法の適用は，憲法を，18世紀末や19世紀の偉大な法典や，あるいは，——社会法典の編纂のような——現在の努力をモデルとした，いわば完全に完結した法典として理解される制定法であると考えてはならないということである。もっとも，「古典的法典」もまた無欠性および完全性という理想を断念せざるを得なかったのであり，この評価に従い，ある法領域についての包括的で体系的な規律が法典であると理解されている。このことからすれば，基本法について，法典という性格を否認すべきではない。このことに，とくに基本法79条1項2文が明記するような，形式的憲法の統一性という思考が結びついている。このような制度にもかかわらず，形式的意味の憲法，すなわち，基本法で定められた憲法に対して，単純法律および（議会の）議事規則が補完する。それらは，実質的には（＝対象，内容において）憲法を含むものであるが，形式的には憲法に含まれていないものである。その際に，何が実質的意味の憲法に属するのかについて，争いがある。

a） 最上級国家機関の選挙権

まずはじめに，選挙法を挙げなければならない。基本法は，38条でいくつかの選挙原則を定めるのみであり，詳細を連邦選挙法にゆだねている。連邦選挙法は，選挙制度という重要な問題についても決定する（§10）。選挙制度の変更は，連邦共和国の統治システムを根底から変えうるものであり，そのため，この題材は，正当にも憲法に付属せしめられている。憲法機関である連邦憲法裁判所も，基本法では，控え目な内容形成しか行われていない。その機構および手続の規律は，基本法94条2項により，（単純）連邦法律にゆだねられている。これについてありうる構造規定もまた，その基本決定については，（実質的）憲法に含めるのが適当であると思われる。同じことは，——その帰結の射程は狭いが——連邦大統領の選挙についても言うことができる。基本法54条は，原則をあげるにとどまる。基本法54条7項により，そのほかは，連邦法律がこの選挙について規律する。これとは異なり，連邦首相の選挙は，基本法63条で最終的に規律されて

いる。一方，政党（基本法21条3項），議員の歳費（基本法48条3項3文），特定の委員会（基本法45 c条，53 a条），国防受託者（基本法45 b条）については，あるいは基本法で下された規律以上に，憲法を見出すことができるかもしれない。これらすべての場合において，憲法問題，あるいはいずれにせよ憲法機関またはその部分の設立が問題となっている。そこでは，憲法の負担軽減から，基本的事項でないものについては法律にその規律が任されているのである。その対象からして，この法律は，実質的憲法に含まれる。いくつかの事例では，それどころか，単純法律の立法者による追加的あるいは補充的な憲法制定が行われていると見ることができる。そのことがこれまでのところ形式的憲法によって要請されているのは，次のものである。基本法21条3項，38条3項，41条3項，45 b条2文，45 c条2項，48条3項2文，54条7項，94条2項。

b） 実質的な憲法制定または下位の組織領域のための法定立

これとは区別されなければならないのが，その規律の対象からしても，該当する制度からしても，実質的には憲法ではなく，下位の領域における国家の組織にかかわる法律の制定の授権である。下位の組織領域に対する立法行為の指示は，第8章の連邦法律の執行と連邦行政，共同任務，裁判，財政制度に見ることができる。立法者の形成の自由は，ここでは，本質的に広い。ここでは，憲法上の本質的事項を詳細に形成することではなく，憲法により与えられた限界の中で独自の政治的決定を下すためである。前者の場合には，立法は，模写的で具体化的な実質的憲法制定であり，第2の領域では，独自の法定立なのである。とはいえ，基本法114条2項3文や115条1項3文が示すように，境界は流動的である。

c） 議事規則または憲法機関の職務規則

実質的憲法は，さらに，憲法機関の自律的な議事規則または職務規則にも見ることができる。通常，その根拠は基本法の規定にある。連邦議会についての基本法40条1項2文，連邦参議院についての基本法53条3項2文，合同委員会についての53 a条1項4文，連邦政府についての65条4文，両院協議会についての77条2項2文である。1975年10月1日に，連邦憲法裁判所規則が発効した。連邦憲法裁判所は，上位法による明文の授権がないままに，この規則を，1975年7月7日の合同部の決定により，自ら制定した。このような事態の正当化は，そ

の憲法機関としての性格から行われ，（新たに制定された）連邦憲法裁判所法30条2項3文によって確認された。さらに，連邦省の共通職務規則（連邦省共通職務規則ⅠおよびⅡ）もここに挙げることができる。

5．政治的な法としての憲法

すでに述べたように，国法は，政治的なるものに対する法である（§1Ⅴ）。このことは，国法の中核である憲法に，とりわけ当てはまる。「憲法を他の法秩序から区別する基準となるのは，常にその対象の『政治的性格』である」。この特徴付けで重要なのは，その対象，すなわち題材が憲法の政治的性格を刻印するということである。これと区別されなければならないのが，次のようなきわめて問題のある憲法の理解である。それは，政治的目的設定や願望に従って憲法を解釈してよい，という理解である。政治的法としての憲法は，憲法の中に政治機関の権能，形態，制度ならびに手続メカニズム・決定メカニズムが規律されており(a)，憲法の中に基本的な政治的構成原理が含まれており(b)，憲法の中に，政治権力に規準と限界を与える原理的価値決定が規範化されている(c)，ということを意味するのである。

a）最上級の国家機関を構成し，権限を画定し，相互の関係を定めること—政治的意思形成・判断形成の規範化

各機関を構成し，権限の境界を定め，相互の作用を定めること，ならびに連邦とラントの関係を定めることは，（連邦国家的）憲法の組織法上の規律の，重点テーマである。これらの規定では，政治的意思形成・判断形成を規範的に把握し，法的秩序の中に組み込むことが重要である。その際，これによって政治的意思というものが否定されるのではなく，政治的意思は当然のものとして前提とされる。政治的意思は，規範的に形づけられるだけである。

b）憲法上の構成原理

憲法は，構成原理，とくに基本法20条，28条を通じて国家の形態および構造を規律する。それは，共和国，民主制，連邦国家，法治国家，社会国家である。明文で挙げられてはいないが，基本法は議院内閣制を信奉している。なぜなら，政府は議会の信任に依存しており，議会は政府を召還しうるためである。

c） 憲法上の価値原理・秩序原理

　基本権，そして，自由で民主的な基本秩序および社会的法治国家原理への信奉の中に，法秩序・社会秩序を形成する国家権力に限界を設定し，あるいは，特定の目標を指示する価値原理・秩序原理が規範化されている。

6．実定化された法としての憲法

　ヨーロッパ大陸とアメリカにおける立憲主義の特徴は，記述された（形式の整った）憲法に重きを置くことである。憲法は，成文法でなければならない。

　a） 不文の憲法と憲法慣習法

　これと並んで，不文の憲法および憲法慣習法が存在しうるのかが問題となる。基本法が発効した直後，この問題は，1951年ドイツ国法学者大会のテーマとなり，E．フォン・ヒッペルとA．ヴォイクトによる報告が行われた。この問題は，争いを残して終わっている。H．フーバーは，のちに，同じテーマについての考察を，次の言葉で締めくくっている。「以上のことから，不文の憲法について，統一的な概念は存在しないことが明らかとなった。むしろそれは，憲法および憲法典にかかわる，まさに多数の問題，途方もない射程を表示した表現にすぎない。この射程は，本書では示唆しうるにすぎないが，倫理学から社会学，自然法から成果のある権力秩序に至り，憲法の変更から憲法の変遷を経て誤った憲法解釈に至るものである。とりわけ，この射程は，規範的憲法概念と社会学的憲法概念を包含しているが，実は2つの概念は同一ではないのか，すなわち，多くの個所で交錯するのではないかという問いが繰り返される。しかし，問題の所在をもう少し厳密に確定しようとするなら，おそらくは，次のように言わねばならないだろう。問題となっているのは，いまもなお，法の力によって樹立された憲法の安定性と，その弾力性とのあいだの調整である」。つまり，政治的プロセスを，硬直化させることなしに，永続的に考えられた法的規律に服せしめるということこそが，まさに Verfassung およびその法の特殊性なのであり，憲法の領域における不文法という問いに，他の法領域におけるそれよりも，一段と重要な意味を与えるのである。他の法領域においては，国際法をさておけば，慣習法は副次的な意味にとどめられている（§14 II 4 a α）。

b） 連邦憲法裁判所によって創造された「法」——憲法上の規範の総覧と体系性

不文の憲法の領域においては，とりわけ連邦憲法裁判所によって創造された「法」とどのように区別するのかが問われなければならない。連邦憲法裁判所の1953年7月1日の判決では，この問題が，不明瞭な形で呈示されている。裁判所は，一方において「記述された憲法の諸条文（Sätze）」と述べ，これと並んで，他方において「憲法制定者は特別な法規定で具体化してはいないが，これを拘束する，内的に結合した，憲法に適合した全体像を刻印する一般的諸原則および指導理念」と述べ，これに，たとえば法治国家原理を含めている。記述された法に含まれるのは，さらに，個々の規範の総覧，すなわち，その体系性から——これについては，学説が大きく貢献するものである——取り出しうるものであり，連邦制原理に関する法規定から連邦に友好的なラントの行態がその例である。これらはいまだ，実定憲法の解釈および具体化の範囲に属する。とはいえ，そのような具体化をともなう解釈は，非常に広範に拡張されており（後掲Ⅲ4，7，8e），憲法慣習法という問いや不文の憲法という問いは，原理的に解消してはいないとしても，全体として和らげられている。連邦憲法裁判所は，幾度か，憲法慣習法について語っているが，これまでのところ，はっきりした態度表明を行っていない。

c） 不文の憲法の承認に対する限定的な前提条件

不文の憲法という問題は，それゆえ，ドイツ国法学のテーマとして残り続けている。この問題は，先にaで述べたように，いくつもの憲法固有の様相を提示する。その様相について，とくにトムシャットが考えるような明確なノーも，かつて支配的であった見解が考えていたような無制約のイエスも正しいとは言えない。基本法が包括的な規律を志向しており（§3Ⅲ3a，5c），79条1項1文が憲法の補充を憲法条文の追加という形で行うよう求めている（§5Ⅲ2a）ことから，基本法が不文の憲法に対してその構想上，まさになじまないとみなすのは，まったくもって正しいことである。それでもなお，基本法の支配下におけるこのような法制度の妥当を，完全に排除することはできず，厳格な条件でのみ認めうるとできるにとどまるのである。その際，憲法に反した不文の憲法と，憲法内での不文の憲法を区別することが適切である。

α）　明確な規範意味および規範目的に反する憲法実践が許されないこと

　「記述された憲法の機能にかんがみれば，不文の憲法を援用することによって記述された憲法を飛び越えるのは不可能である」。その限りで，あるいは憲法変遷が生ずるとしても，廃止的に作用することはできない（§4Ⅲ2b）。法的拘束力があるかのごとくふるまう国家機関による恒常的な憲法実務といえども，明確な規範意味および規範目的の前では，実定憲法を無効とするような法命題として認めることはできない。

　β）　憲法内における憲法内容の確定は許されること

　憲法内における不文の憲法については，そこまでの抑制は必要ではない。憲法典の中で定められた憲法は，欠欹なきものではない（前掲Ⅰ4および§3Ⅲ3a）。部分的には，それどころか，意識的に「開かれて」記述されており，充塡，補充，継続形成に余地を与えている。これについては，憲法にとっても，裁判官による法の継続形成が可能である。そのような法の継続形成は，憲法慣習法へと濃縮することがある。たとえば，連邦参議院に出席する1名の議員が収税府全体のために投票することは，今日では許されるとみなされている（Bd.Ⅱ§27Ⅲ2）。あるいは，法律に対する連邦大統領の権利保護的な審査権限も，法的に確立しているとみなされる（Bd.Ⅱ§30Ⅲ4aβ）。国家実務と法としての承認は，この場合には，合致する。その際，憲法の領域ではわずかな数のプレーヤーに帰することから，慣習法の一般的な前提条件に，同じだけの意義を認めなくてもよい。前掲の事例においては，基本法51条3項2文および82条1項の規範意味が，特定の理解しかできないほどに明瞭なものではなかった。記述された憲法の基礎から離れてはいない。そのような事例はほかにもある。このようなことに照らして，連邦憲法裁判所は，「このような状況下の条項（clausula rebus sic stantibus）」を繰り返し，「連邦憲法の不文の構成部分」であると呼んだのである。「緊急事態の完全な条文化」（Bd.Ⅱ§52Ⅳ3）にもかかわらず，不文法への依拠が許される緊急状態というものが存在しうる。通例，これらの場合には，憲法内における「憲法の内容の固定化」が行われることになる。そのような取扱いが争いなく規範生成的となるのは，もとより，連邦憲法裁判所によって確認されたのちのことである。この意味において，次の原理が妥当する。「憲法の番人」による承認なしには不文の憲法は存在しない。

II．憲法命題の種類

1．憲法の統一性—憲法命題は同じ種類，同じランクか？

憲法は一方では実質的意味の憲法に属する法的題材のすべてを法典化していないこともあるし，他方ではその規律のすべてが実質的意味の憲法を内容としているわけではないこともあるが，それでも，基本法の諸規定は，全体としては，疑いなく，国家の基本秩序であるべしという中心的機能を果たしている。基本法の諸規定は一個の体系，一個の全体，一個の包括的なるものであり，このことは，たとえ内容形成が欠缺なく成し遂げられなかったとしても，それどころか完結的に成し遂げられなかったとしても，変ることはない。これと密接に関連するのが無矛盾性の要請であり，これはとりわけ解釈の中においても考慮を払われるべきものである。しばしばこの問題領域の全体は憲法の統一性なる呼称のもとで主題化される。これは，諸々の憲法規範が，序列，種類および重要性において一様に並立しているかのような印象を与えるかもしれない。たしかに基本法はヴァイマル憲法になお固有のものであったプログラム規定と拘束力のある法規範との区別を克服している。憲法の諸命題はすべて拘束力のある法命題であるが，しかしそれにもかかわらず，これらは同種かつ同列というわけではない。この点を明らかにするのは基本法79条3項である。しかしこの点にはまた，一定の憲法命題はそこに含まれている規範的言明の超実定性を理由として上位のランクを有するといえるかどうか，という問題が結びついている——これは，制憲者は超実定的な法に拘束されているかどうかという問題とは区別されるべきである（2）。

憲法命題のさまざまな種類に応じた分類は，憲法規範の内容とはたらき方をより明確化しようと努めてきた憲法学の諸認識に依拠している（3）。

2．基本法79条3項

a）特定の法命題および法原則の高次のランク

基本法79条3項は，基本法の改正につき，連邦の諸ラントへの編成，立法に際しての諸ラントの原則的協力，または1条および20条にうたわれている基本原則に触れるような改正が許されない旨を明らかにしている。これにより同条項は，特定の規範，原則および制憲者の決定を，——どのような多数派でもって行

動するかにかかわりなく——憲法改正権者の介入から永続的に遠ざけている。このことに，すべての憲法命題の同列性なるテーゼは（もはや）合致せず，かくして，すでに前世紀の半ばにK．フォン・ロテックやK．ヴェルカーが掲げていた要求が実現される。これらの法命題または法原則は，1段階高いランクを有する。なぜならそれらは，たとえどのような多数派が有権的機関としてこれに賛意を表明するにせよ，憲法内在的な手段をもってしては触れることができないからである。す・べ・て・の関係者の総意でさえ十分でないのである。

　α）　カール・シュミットの憲法理論の受容

　基本法79条3項が依拠している考え方は，とりわけカール・シュミットの憲法理論において，憲法と憲法律の区別およびそこから導かれる憲法制定と憲法律制定の区別によって，その理論上最も特徴的な刻印が与えられたそれである。カール・シュミットは憲法制定行為と憲法律とを区別する。憲法はそれ自体としては何らかの個別的規律を知るものではなく，1回限りの決断によって「政治的統一体の全体をその特別の存在形式の点について」規定するものであるのに対し，憲法律は憲法の基礎の上にはじめて妥当し，憲法を前提とするものである。「憲法と憲法律の区別が可能であるのは，しかし，憲法の本質が1つの法律または規範の中には含まれていないためにほかならない。すべての規律の前には憲法制定権力の担い手の基本的政治的決断が存在するのである」。

　カール・シュミットにおいて，そこから導かれるのは以下のことである。「憲法に基づき憲法律的規律に関して行われる一切の事柄，および憲法律的規律に基づき憲法律的権限の枠内で行われる一切の事柄は，制憲権の行為とは本質的に異なる性格のものである」。「とりわけ憲法律に基づいて付与され規律されている，憲法律的規定を変更すなわち改正する権能を，制憲権または『憲法制定権力（pouvoir constituant）』と呼ぶのは正しくない。憲法律を変更または改正する権能（たとえばヴァイマル憲法76条による）もまた，すべての憲法律的権能と同様，法律上規律された権限であり，すなわち原則的に限定されたものである。この権能は，それが拠って立つところの憲法律的規律の枠を打ち破ることはできない」。シュミットにおいて，ここから生じるのは憲法改正権能の限界である。「憲法律的規律によって付与された『憲法を改正する』権能，これの意味するところは，一または複数の憲法律的規律を他の憲法律的規律でもって置き換えることができるが，それは一個の全体としての憲法の同一性および連続性が維持されたままであると

いう前提のもとでのみのことだということである。それゆえ憲法改正の権能は，憲法を改めずに憲法律的規定を変更，追補，補充，削除等を行う権能のみを含むもので，新たな憲法を制定する権能を含むものではない」。

β) 基本法79条3項による実定法化—特定の憲法構成部分の堅固さ

この区別を基本法79条3項はヴァイマル憲法76条から離脱するかたちで取り上げ，それは実定法となった。同様のことはすでに1814年5月17日のノルウェー憲法が行っている。同憲法の112条1項3文によれば，憲法改正は「決して憲法の基本原則に違反するものであってはならず，単にこの憲法の精神を変更しないような個々の規定の修正を行うことができるにすぎない…」。

1970年12月15日の連邦憲法裁判所の判決によれば，基本法79条3項は，「憲法改正権者に対する制約として，憲法改正法律という形式的にはまったく合法な方法で，現行の憲法秩序が本質的・根本的に除去され，全体主義体制の事後的正当化のために濫用されることを妨げるという意味をもつ。それゆえこの規定は，そこで掲げられている諸原則の根本的放棄を禁ずるものである。それが一般的には考慮され，特別な状況についてのみその特質に応じて明らかに合理的な理由に基づいて修正されているにすぎないときは，原則は『原則として』，そもそも『触れ』られていない。これらの原則に『触れてはならない』という定式は，それゆえ，基本法19条2項が基本権はいかなる場合においても『その本質的内実において侵害』されてはならないとしているときに用いられている定式以上に厳格な意味をもつものではない」。

したがって，特定の憲法の構成要素はより高められた「安定性」をもつ。

γ) 公式に保障された不可侵性

このような，公式に保障された不可侵性は，基本法79条3項自体にもかかわるものである。これは「規範論理」の要請であり，なぜなら，さもなくば，基本法79条3項はみずからの廃止によって空転し，その意味および目的を奪われてしまうからである。基本法79条3項の不可侵性についても明示的に規律する必要があるということを要求するとすれば，それは過剰であるばかりか理にかなわぬことであって，なぜならそのような規定もまたそれ自体として廃止されうるからである。

δ) 全ドイツの制憲者および新たな憲法制定権力の非拘束

基本法79条3項は基本法146条にいう全ドイツの制憲者および新たに現れる

憲法制定権力（pouvoir constituant）を拘束するものではない。
　ε）　例外規定としての基本法79条3項——憲法の中核の空洞化に対する保護
　けれども，連邦憲法裁判所が以下のように説示しているのには，疑問の余地があるいうべきである。すなわち「基本法79条3項に結びつけられている憲法改正権者の拘束に関する制約は，解釈にあたっては，ここで問題となっている例外規定［基本法79条3項］が，憲法改正法律による基本的憲法原則の体系内在的な修正まで改正権者に禁止するものと解されてはならないものである以上，よりいっそう厳粛なものと受け止められなければならない」という説示である。基本法79条3項が阻止しようとしている憲法の中核の掘り崩しの危険は，これによって再び現実のものとなる。
　ζ）　「違憲の憲法規範」
　基本法79条3項に対する違反は当該憲法命題を無効とするということは，それゆえ，「違憲の憲法規範」の一例である（O. バッホフ）。この憲法違反についても連邦憲法裁判所が裁定する。

　b）　制憲者の上位の法的価値への拘束
　1953年12月18日の判決において，連邦憲法裁判所は，制憲者が，正義という最も外側の限界を超えることがありうるということを，思考上は不可能なことではないとしつつ，そのような違反は「自由で民主的な制憲者」に関してはわずかで「実際には不可能」にほとんど等しいとした。したがって，連邦憲法裁判所は，法理論上は，一定の優越せる法的価値への制憲者の拘束を承認している。

　c）　基本法79条3項を超える制憲者に対する制約：基本法79条1項1文の
　　　憲法改正についての特別多数の要求——基本法1条および20条の原則の濃
　　　縮性
　しかし，このような拘束にもかかわらず，制憲者が基本法79条3項を超えて憲法改正権者に対する制約を設定しているかどうかということは問題とされねばならない。この点は疑いの余地がありうるところで，なぜなら憲法制定権力は確信をもって基本法79条3項において特定の基本原則に関しそのような制約を引くに至ったのであり，その他については明示的に不可侵とは宣言しようとしなかったからである。

いずれにせよ，——いま述べたように——基本法79条3項の内容を超えて，同条項それ自体が変更不能である。K．ヘッセはさらに基本法79条1項および2項の特別多数要求についても——もちろん正面切って実定化されたものではないが——憲法改正から除かれるものとしている。連邦憲法裁判所の見解によれば，憲法命題の中には，「基本的な，憲法にも先行する法の表現であるため，表現が制憲者自身を拘束し，また，このようなランクを有さない他の憲法規範をこれらに違反するという理由で無効としうるものがある」。いま立てられた問いの解答は，基本法1条および20条の「諸原則」は内容豊かなものだということの中にある。たとえば基本法20条の民主制原則として考えられているのは価値に拘束され，抵抗する用意のある民主制であって，相対主義的な民主制ではない。さらにまた，基本権の領域でも，憲法改正には一定の限界が引かれている。

3．憲法命題の組織法と実体法への分類

第一の大まかな分類として，憲法命題は組織法的なものと実体法的なものに分類することができる。

これに応じて，ヴァイマル憲法は2つの主要部分を知っていた。第1部はとりわけ国家およびその機関の組織および手続に費やされており，それゆえ組織規定，統治機構（instrument of government）であったのに対し，第2部はとりわけ市民との関係を扱い，それによって国家活動のプログラムおよび限界を規定し，それゆえ実体法的性格をもった。

基本法は複数の章に分かれているが，——ヴァイマル憲法とは異なり——第1章で実体法的部分，すなわち Bd．ⅢおよびⅣで叙述されるような基本権，制度的保障，および実質的秩序原理から始められている。その他の章は，第2章において構造的諸原理の取扱いが示されていたり，たとえば裁判の章において基本権あるいは少なくとも基本権に等しい権利の規律が行われていたりするように，組織法に使われるわけではないが，主として組織法である。

この2分類を超えて，以下のとおりのさらに詳細な憲法命題の類型化をなすことができる。

a）権限規範

これは，特定の国家機関に権能を付与するか，あるいは複数の国家機関のあい

だの権限範囲を確定する法命題のことである。これに属するものとしては，たとえば第2章から第4章までの諸規定の大部分があるが，しかしまた，たとえば基本法111条，112条，113条もそうである。また，とりわけ第2章および個別的には第7章ないし第10章がそうであるように，連邦とラントに高権を配分する規定も権限規範である。

ところで，この法規範を単に権能を配分するという意味においてのみ理解するのは，もちろん誤りである。権限規範はしばしば実体的内容をも含んでおり，たとえば立法に対して，当該事項の総体を規律する動因を与える。それゆえ，活動の授権およびこの権能の行使に関する義務は，まさに隣り合わせなのである。

b）　機関創設規範

権限規範と密接な関係にあるのが，機関の創設について規律する法命題である。たいていの場合，機関の創設とその権限の定めは，たとえば基本法45条ないし45条のcにおけるように，同じ1個の規定の中で行われている。しかし，基本法63, 54条や基本法95, 96条におけるように，機関創設規範が，機関の存在およびその地位が選挙または他の機関の有権的決定によって選定された機関担当者によって占められるべきことだけを規律していることもしばしばである。

c）　手続規範，たとえば第9章における連邦の裁判所の裁判官の選任に関するもの

国家機関の手続に関する規定は，たいていの場合，きわめて重要な場合についてのみ憲法に取り入れられている。通常，こうした規定は単純法律の中か，国家の最上級機関の職務規則の中に見出されるものである。基本法は，連邦首相の選任と解任の手続（基本法63, 67, 68条），法律の成立に関する手続のきわめて重要な部分（基本法76ないし78条，82条），さらに違憲と考えられる法律に関して裁判所によってなされる連邦憲法裁判所への移送の手続（基本法100条1項），あるいは予算法の領域に関する特定の手続（基本法110条3項，113条），および［連邦領域の］新編成（基本法29条）について規律しているが，しばしば実施のために法律を要求している。

d) 改正規範

憲法改正または補充に関する法命題は特別な種類の手続規範である。これらは改正規範と呼ばれる。基本法では憲法改正法律の制定に関するきわめて重要な規定が立法に関する章の中に入れられている。これは一般の立法手続に関する規律に対する特別法（lex specialis）である。

基本法 146 条は——ドイツの法状況によって条件づけられた——まったく特別な種類の廃止規範である。この条項は基本法をその有効期間に関して全ドイツの憲法制定の留保のもとに置くものである。

e) 標準規定

実体法的規定へのある種の移行過程をなすものとして，連邦国家原理の枠組みにおいて，権限の境界確定を内容とするのではなく，ラントに対する義務づけや連邦による保障を内容とするような法命題がある。これらは標準規定（Normativbestimmung）と呼ばれている。これに数えられるのは，ヴァイマル憲法 17 条や今日では基本法 28 条である。広い意味では，これらは，基本法 21 条，33 条，37 条，91 条と共に，連邦憲法のラント憲法の領域への侵入規定に属する。

f) 基本権規範

これまで列挙してきた種類の憲法命題に対立するのは，特定の法的地位または自由という地位への介入の不作為を求めるものにせよ，政治的意思形成への参加を求めるものにせよ，国家による給付の保障を求めるものにせよ，しかしまた同時に特定の私法上の制度や一定の価値決定の保障を求めるものにせよ（詳細は Bd. III），個々人の主観的権利を保障する憲法命題である。a）から e）までに挙げた憲法命題が，国家の支配の組織および手続方法を規定するものであるのに対し，基本権規範によって確保されるのは，通常，市民の特定の広い意味における実質的法的地位である。この区別は，基本権の中にさらに特定の事物領域の客観化や制度化，および特定の実質的秩序や価値決定の固定を認める場合であっても，依然として維持される。基本権規範は国家活動に対する行態規定や，国家と市民の関係の秩序づけに対する限界づけ規範であるにとどまる。その基本的志向のゆえに，それは，通常，国家の支配を組織化する機能を有しない。

基本法では，基本権規範は主として第 1 章（1 ないし 19 条）に見出されるが，

他の個所，たとえば基本法33条の1ないし3項，38条1項1文および2文，そして第9章（基本法101条以下）にも見られる。

　g）制度的保障

基本権規範は定義からして主観的権利を保障するものであるが，さらに制度を保障することがある。純粋な制度的保障規範は，地方自治行政（基本法28条2項），職業官吏制（基本法33条5項），私立学校（基本法7条4項），教会の自主決定権（基本法140条）のように，私法上の制度または公法上の制度を確保する。それが私法的種類の法制度のためのものであれば制度保障（Institutgarantie）と呼ばれ，それが公法上の制度を保障しているときには制度的保障（institutionelle Garantie）と呼ばれる。

制度的保障規範は，たとえば，法に拘束され，人的にも客観的にも独立した裁判官によってのみ行使されうる裁判権に対するそれのように（基本法92条および97条），国家作用の担い手またはその機関担当者に対し，特定の要求を立てる規定と密接な関連にある。これにより，裁判は作用として規範的に確定される，すなわち裁判権は特定の基準が充足されるときにはじめて保障されたことになる。

すでに概略を述べたように（f），基本権規範と制度的保障規範の区別は，もはや，「発見者」であるカール・シュミットによって考えられていたような截然たるかたちで維持することはできない。シュミットによる截然たる区別が意味するところは以下のとおりである。すなわち，「制度体保障はその本質上限定されている。これが成立するのは国家の内部においてだけであり，原理的に無限定な自由領域なる観念に依拠するものではなく，法的に承認された制度体にかかわるものであって，この制度体はそれ自体常に何らかの輪郭を描かれたもの，範囲を限定されたものであり，たとえその課題が個別的に特定されておらず一定の『活動領域の普遍性』を認められているとしても，特定の課題，特定の目的に奉仕するものである」。近時の学説は，基本権規範の中に認められるのはただそこから導かれる主観的権利だけではないという認識に到達している。婚姻および家族の保護（基本法6条），学校と親の［教育に関する］権利（基本法7条），所有権（基本法14条），プレスの自由（基本法5条1項），学問の自由（基本法5条3項），団結の自由（基本法9条）は，たしかにどちらかといえば主観法的地位を付与することによってもたらされるものである。しかし，同時にまた，特定の制度の保障を

通じた制度体の保全も行われているのである。基本法33条5項および基本法28条2項は，当該制度を保障するほかにも，受益者に対し，この制度がその核心において侵されないことを求める権利を裁判上実現可能な権利として保障している。こうした規定がその類型上固定化規範（Verankerungsnorm）とされることは稀ではない。

　h）　国家構造規範および国家目標規範

　実体的基本秩序を定めるのは基本権規範および制度的保障規範だけではない。基礎的な憲法原理や国家目標規定を内容とする法命題によっても定められる。とりわけ第2章で扱われているような構成原理，すなわち自由で民主的な基本秩序，共和制，民主制，連邦国家，法治国家，議院内閣制がそれである。これらは組織的部分に属するが，――少なくとも自由で民主的な基本秩序，法治国家，および社会国家については――すぐれて，国家活動そのものに対する基本原則または指針に属する。とくに連邦憲法裁判所の判例はいま挙げた憲法原理から数多くの実体的帰結を導いており，ショイナーが定式化したように，「規範的に拘束力のあるものになっている」。これにより，こうした規範は広い範囲で「実体法的」規律の領域へと入り込んでいる。基本法109条2項にいう経済全体の均衡を考慮すべきこと，基本法25条にいう国際法との親和性，基本法24条の［国際的］統合に関する決定，ならびに前文，基本法23条2項および146条にいう平和と再統一に向けた表明もまたこの範疇に属する。これらで扱われているのは，通常，すでに定められた方針指示的な憲法原則，憲法上の指令（§3 Ⅲ 3 b β, γ および10 b）である。

　i）　憲法委託規範

　憲法は，立法者に，特定の事物領域の規律であれ，特定の制度の創設であれ，特定の活動のための委託を与えることもある。そのような――大部分は立法に関する――委託は義務とともに授与されるが，この義務のもつ力は，当該憲法命題が時間的限界を定めているかどうか，あるいは構成要件の個別的な定式化により明確な内容的決定を行っているかどうかによりさまざまである。最も厳格なものとしては，たとえば男女同権を樹立すべき旨の委託があった（基本法3条2項，117条1項）。期限の定めはないが法的に拘束力のある委託として理解されるべき

ものとしては，基本法6条4項および5項や，(1976年8月23日の改正までの) 基本法29条1項，あるいは［ドイツの］再統一の要請がある。そこまで厳格でないものとしては，たとえば基本法4条3項2文，21条3項，131条による委託などがあった。憲法委託のすべての場合において，これらの拘束には制裁が欠けており，その貫徹は問題とならないことが判明した。連邦憲法裁判所は繰り返しこれに取り組んできた。

k） その他の実体法的または組織法的規範

憲法の規範はこれまでの憲法命題の範疇でもってはいまだ論じ尽くせない。憲法は，これ以外にもなお，上述の主要な範疇にあてはめるのは困難というほかないような規定を含んでいる。それは，たとえば基本法34条のように，実体法的性格を有することもあれば，基本法35条，36条のように，組織法的性格を有することもある。基本法31条，123ないし129条のように，法の創設や廃止に関するものもあり，基本法130条ないし135a条のように，法秩序の移行に関するものもあり，基本法22条のように，象徴を規律することもある。そして最後に，基本法27条，120条，120a条のように，法技術的な個別的規範を表すこともあれば，基本法122条，136条のように，経過規定であることもある。これらの規定は統一的に分類することができない。連邦と構成国（ラント，カントン，ステイト）との関係を権限の境界確定の問題を超えて規律せねばならない連邦国家の憲法は，こうした規定をとくに多く知っている。基本法ではそれはラントに対する連邦の関係に関するものであったり，連邦に対するラントの関係に関するものであったりするが，それは，たとえば基本法91a条，91b条，104a条，106条以下，138条，142条，あるいは基本法7条や140条のように，双方の行為を内容的に調整することによるのである。またとくに，基本法91条1項，93条1項4号のように，ラント相互の関係にも適用される。これらは連邦制的統合規範と呼ぶことのできるものであり，そこから，連邦憲法裁判所は，正当にも，連邦寄りのまたはラント寄りの態度の原理を導き出している。

III. 憲法の解釈

1. 法解釈学における特別な問題としての憲法解釈

憲法は，法命題からなっている。これを理解し，具体的事件に適用できるようにするためには，解釈が常に必要である。この必要性は，憲法規範と，すべての法規範とで共通である。しかし，憲法の意義，ランクおよび固有の性質は，法解釈学における憲法解釈に特別の重要性を与える。このことは，用いるべき解釈手段——これは，法ドグマーティク一般に妥当するものと常に同じである——に起因するというよりは，解釈されるべき規範の体系，機能および性質に起因する。「我々は，解釈しているのが憲法であるということを，決して忘れてはならない」。憲法解釈の特性は，とりわけR．スメントが強調し，それ以来，これについて，数多くの文献——それ以前に，法学の解釈論一般に対してなされたのと同じように豊富である——が，力を注いできた。憲法解釈の問題は，まさに，法学における解釈の主要問題となったのである。

a) 解釈学

法学は，固有の法学的方法，すなわち法適用によって活動しており，法適用の中心は解釈（Hermeneutik, Auslegung, Interpretation）の学である。法解釈において問題となるのは，学問的レベル以前の正義感情に基づく主観的な正当性判断というような単なる意見ではなく，法の認識，法の意味の理解のための，学問的-客観的で，批判的で，そして検証可能な基準である。法律を解釈するというのは，法規定の意味を探り，理解することである。

α) 立法者の客観的意思の決定的役割

法命題の意味内容の解明は，法解釈学を当初から支配していた問題，すなわち，法律は「立法者の意思」によって解釈するべきか（主観説），「法律の意思」によって解釈するべきか（客観説）という問題に直面する。この2つの説は，いずれも一方のみでは不十分である。両者は結び付けられなければならない。

法律が立法者の子であることは否定できないが，この子は未来に生きていく子であり，しかもそれはこの創造者の意思によってである。というのは，立法者は，その規範が時を超えて適用されることを理解しているはずだからである。これに

対応するように，連邦憲法裁判所は，次のように述べている。「法規定の解釈にとって決め手となるのは，法規定から導かれる客観的意思であり，それは，法規定の文言と法規範のおかれている意味連関とから明らかとなるのである」。ここには，かの著名な言葉，すなわち，法律はその創造者より聡明であることができるのであり，むしろ聡明でなければならない，があてはまる。

β）　さまざまな解釈手段——すべての解釈手段の結合

解釈の目的を明らかにするために，法学は複数の解釈手段を展開してきており，これらは段階的に用いられる。サヴィニーの理論に基づく4つの解釈方法は，連邦憲法裁判所も——とくに理由を示すことなく——採用しているが，より精緻化する必要がある。それによれば，次のような解釈がある。

- 文法的解釈。これは文言解釈とも呼ばれる。この解釈は，文言の意味を検討する。
- 論理的解釈。この解釈は，個々の文言の概念内容や，テキストの意味を追求する。
- 体系的解釈。この解釈は，法秩序ないし法律の体系によって解釈する。これは，法律あるいは法秩序の全体における，法制度や法規定の連関と位置とに関連する。
- 歴史的解釈。この解釈は，法命題を，その歴史性や歴史的位置づけにおいて探求する。したがって，制定史研究と密接に結びついている。
- 沿革的解釈。この解釈は，法案審議の過程における準備作業，立案，制定の動機，討議，要するに立法資料を研究する。
- 比較法的解釈。この解釈は，別の法秩序の同様の規定を考慮に入れるもので，つまり比較法的に検討する。この解釈は，いうまでもなく，国法においては注意を払ってのみ用いるべきであり，いずれのばあいも一定の統制作用を果たす位置付けである。
- 目的論的解釈。これは，規定の最終的決定的な価値原理や目的原理を解明しようとする，多次元的な方法である。この解釈は，法の理性，規定の目的を検討する。

これらの解釈手段は，組み合わせられるべきである。どの解釈手段も，絶対化されてはならない。正しい結果は，すべての解釈手段を順次に用いて法律の意味を追求して得られた結果なのである。

解釈の理論は，際限がない。ここでは，本質的な結論を定式化するにとどめる。詳細な理由づけは，解釈論一般の文献で行われているが，これには，文献は新しいものが付け加えられている。

b）　R．スメントの精神科学的解釈方法

R．スメントが憲法解釈の特殊性としたのは，2つの要素である。すなわち，1つは憲法の「政治的」性格であり，もう1つは「憲法以外の法関係を規律するときには，無数にある事例について，できる限り標準的な適正化を目的として抽象的に規範化するのに対して，憲法においては，ただ一つの具体的な生活現実の個別的な法則が問題となっているということ」である。つまり，スメントにとっては，憲法においては統合の法則が問題となっているのである。スメントにとって，ここから帰結されるのは，特別な解釈方法であり，彼はこれを「精神科学的」と呼んでいる。スメントの考察に関しては，この名称はそれほど重要ではない。この名称によってもたらされるものはわずかであり，解釈に際して注意を払わないわけにいかない憲法の特徴を際立たせるというよりも，誤解のきっかけを与えるものである。

c）　憲法命題の解釈の特殊性

憲法命題の解釈は，次の特殊性に注意しなければならない。
- 憲法命題は，国家生活と共同体生活の組織的および実質的な基本秩序を形成する（2）。
- 憲法命題は，しばしば広範で，不確定で，不完全に定式化されている（3）。
- 憲法命題は，政治的事象を決定する（4）。
- 憲法命題は，憲法より下位の法問題の裁判に対する帰結を含んでいる（5）。
- 憲法命題の解釈は，最終的拘束力をもって，特別な種類の裁判権にゆだねられている（6）。

これらの特殊性を度外視すれば，一般的な解釈の基本原則が妥当する。連邦憲法裁判所は，――まさに憲法の領域においても――立法者の客観的意思が決め手となることを絶えず宣言しており，その意思は，法規定の文言と規定がおかれている意味連関とから明らかになるとしている。このような客観的意思を探るために，連邦憲法裁判所は，明示的に，すでに（前掲のaで）述べたような「伝統的

な解釈ルール」に依拠している。

2．憲法の「秩序付ける性格」―終わりのない規範目標

憲法は，多様な政治的社会的生活の基本秩序である。憲法は，「秩序付ける性格」を有しており，これは体系性以上のものである。憲法は，秩序付け，安定化させ，自由を保障し，生活現実に対する指針を与えようとし，また「市民の意識に浸透する」統合と代表のプログラム（H．クリューガー）であろうとする。憲法は，過去の経験をもとにし，現在において決定し，未来に向けて規範化する。このため，憲法の規範目標には終わりがないが，その規範要請には終わりがあり，そして必然的に不完全である。したがって，憲法における指針を示す基本原則や価値決定は，政治過程にとって，また共同体にとって特別な意義を有する。憲法解釈は，解釈される対象が憲法制定権力の行為であるということを，つねにはっきりと示さなければならない。憲法制定権力の行為は，通常の法律の正当性要素よりもより高度の正当性要素を有するのである。

3．広範で白紙に近い憲法― 一般条項―規範の具体化としての解釈

先に挙げた憲法の意義から明らかになることは，憲法の規範が対象を詳細に規律できるのはまれであり，必然的に広範で白紙に近い形で定式化せざるを得ないということである。たとえば，自由で民主的な基本秩序，憲法的秩序，経済全体のバランスといった一般条項や，ほとんどすべての国家構成原理（第2章）は，まさに憲法にとっては典型的な定式化である。基本法22条「連邦国旗は，黒＝赤＝金色である」というような規定は，むしろまれである。それよりは基本法20条1項と28条1項の構造規定や目標規定のほうが，憲法の中核的構成要素を形成する。「全ドイツ国民は，自由な自己決定によってドイツの統一と自由とを完成することを，引き続き要請されている」（基本法前文）［ここに引用されている前文は，1990年8月31日に調印された統一条約第4条によって変更される以前の西ドイツ時代のもの］，「すべての人は法律の前に平等である」（基本法3条1項），「連邦大臣は，連邦首相の提案に基づき，連邦大統領によって任免される」（基本法64条1項）というような法命題は，短く理解しやすい。しかし，これらの規定は，その内容も容易に把握できるだろうか？　文言だけでは多くの疑問に答えることができない。文言は，しばしば過少に評価されるのも事実であるが，け

れども，一定の結論を内容として確定するという意味で，前文，平等条項，そして基本法20条1項と28条1項の憲法基本原則の意味内容と射程が，およそ，古典的な解釈手段で導かれるかは疑わしい。憲法においては，しばしば，目標の実現は，解釈的な行為ではなく，国家機関の政治的意思によってなされる。K．ヘッセは，これに対応して，憲法の解釈と「現実化」（実効化すること）とを区別している。しかし，限界は流動的である。解釈行為はいずれも，抽象から具象への過程である。そのかぎりで，解釈は，つねに解釈手段による規範の具体化なのである。

4．憲法の対象の政治性

憲法は，政治的活動，政治的意思形成を規律する，すなわち連邦首相の選挙，立法への連邦参議院の協働，連邦とラントとの管轄権である。このため，規範解釈の結論に，政治勢力によって採られた措置の実効性は左右される。ここから，「政治的なもの」の憲法解釈への強い影響力が導かれる。この影響力は，法の対象の「政治的」性格に対応している。であるから，憲法解釈は，政治的現実を見失ってはならないのであり，もとより，あまりに性急に問題が国法を超えたところにあると宣言してもならない。

5．憲法の全法秩序への影響

憲法は，法共同体にとっての基本原則を決定している。とりわけ，基本権において，憲法はすべての法領域に影響を及ぼしている。憲法は，共同体生活の形成に関して指針を示す決定を有している。その決定の解明は，たとえば，基本法1条の人間の尊厳や12条の職業の自由の解釈や展開と具体化によってもたらされる。解釈と実現とは，しばしば重なり合う。まさに憲法の価値決定との関連付けは，とりわけ連邦憲法裁判所によって用いられる憲法解釈に対する激しい攻撃を引き起こし，伝統的で，主に実証主義的に製調された解釈方法への回帰が求められるようになった。しかし，そのような要求の主張は，すべての国家機関による実現へとゆだねられた指導原則としての基本権規範の性格を見過ごしている。基本権の内容が志向性を有していることは，解釈においても考慮されなければならない。

6．連邦憲法裁判所による憲法解釈の基本的意義

　憲法の解釈は，法命題を適用すべき裁判所と官庁のすべてに課されている。しかし，ほとんどすべての憲法問題が，何らかの形で連邦憲法裁判所に持ち込まれうるので，連邦憲法裁判所の解釈は，連邦憲法裁判所法31条の定める，すべての憲法機関，裁判所，官庁に対する憲法裁判所の判決の効力に鑑みると，基本的な意義を有している。憲法裁判所は，憲法について，最終的拘束力をもって，したがって有権的に決定する。これは，憲法裁判権を有しない国においては異なる。それらの国においては，決め手となる憲法規範の解明は，他の憲法機関（議会，大統領）によってなされる。であるから，基本法の解釈については，連邦憲法裁判所の裁判が決定的な意義を有している。このため，連邦憲法裁判所の裁判には，特別な程度の注意が払われなければならない。学問の任務は，連邦憲法裁判所の裁判を分析し，批判的統制的に検討することである。しかし，C．E．ヒューズの繰り返し引用される言葉「憲法とは，裁判官が言ったところのものである」は，D．メルテンが正当にも述べたように，厳密な限定がない限り誇張のままであって，受け入れることはできない。

7．憲法規範の解釈は他の法律の解釈と同置されてはならない―連邦憲法裁判所の裁判実務における法発見原理の統一性？―解釈方法論の再検討の必要性

　これまで述べてきた特殊性を考察すると，憲法の解釈が，その他の法律の解釈と単純には同一視できないことが明らかとなる。たしかに，憲法解釈においても，規定の理解が問題となっている。そして，たしかに，憲法解釈においても，法概念や法命題を，解釈の手段によって，学問的に確立された検証可能な手続で解明することが問題となっている。規範の「意思」――より適切には，意味――が探求されるべきである。このことについては，連邦憲法裁判所も疑っていない。しかし，何がこの意味か，そしてそれはどのような方法で最終的に拘束力をもって明らかにされるべきか，については，一致がない。まさに連邦憲法裁判所の裁判も，方法論について動揺を見せている。法発見の統一的な原則は，裁判の実務において，簡単には看て取ることができない。とりわけ辛らつな批判は，F．ミュラーが憲法裁判所の方法論の全体像について行ったものである。すなわち，「自らの行為によって果たされ，また法治国家においては果たされなければならない，解釈学的，方法論的な説明責任という観点からみたとき，憲法裁判所の方法論は，

方向性のないプラグマティズムを露呈しているが，このプラグマティズムは大雑把で，無批判に受け継がれすぎてしまった——その排他性において法実証主義的な——解釈方法を告白するものであり，しかし実践的にその解釈のルールが当てはまらない事案においては，理由を付すことなしにルール違反をやっている」。この批判は厳しすぎる。彼の批判は，裁判所の活動が必然的に（学問的ではなく）事案に拘束されたものであることを見過ごしている。同時に，判例には裁判所の解釈方法論上の分別も表明されていよう。そこでは，一方で，一般的には法定立の作用および特別には憲法定立，他方で，裁判の作用および憲法裁判が，サヴィニーによる古典的な法学解釈の創設以来，異なった位置づけを与えられていることを無視できない。

8. 憲法解釈についての合意が得られた諸原理

一定の根本的な方法論上の論争にもかかわらず，憲法解釈のいくつかの原理は，本質的に合意されている。

a） 統一体としての憲法——矛盾なき統一体ではない

憲法命題は，それのみを分離して解釈してはならない。憲法は，1つの統一体を形成しているのである。連邦憲法裁判所は，このことを繰り返し強調している。連邦憲法裁判所は，すでに，最初の重要な判決において，次のように述べている。「憲法の1つの規定は，他から切り離して考察してはならず，それのみによって解釈してはならない。憲法の1つの規定は，他の規定との意味連関のもとにある，というのは，憲法は，内的な統一体を表しているからである」。後に，このことはより強調される。「もっとも重要な解釈原理は，1つの論理的-目的論的意味形成としての憲法の統一である」。そして，ついに，連邦憲法裁判所は，親権と国の教育高権とを分けずに同格とすることで，基本法7条と6条2項の関係で自らの活動方法を例証したのである。憲法を統一体とみる考えは，憲法が，偶然に相互に並べられた法命題の集合体ではなく，国家生活と共同体生活の秩序の完結した全体であることを企図する1つのコンセプト，1つの理念に支えられているということを前提とする。制憲者がこういった全体性を追求したのであるから，その意思の表れである法命題は，そのような全体性追求という視点のもとに解釈されなければならない。統一の理念が破綻や矛盾なしには実現されえないというこ

とは，緊張状態，妥協，矛盾が反映されている法秩序においても憲法秩序においても，本質的なことに属する。このため，F. オッセンビュールは，憲法の統一性という理念が，単なる解釈の指針であるとみなした。彼によれば，この指針は「当然に存する緊張関係を適切な程度へと導く，すなわち，基本法の相互に対立する原理や規範をその意義と重要性において認識し，重なり合う作用領域をそれぞれ限定することで2つの重ならない領域へと分けるという，裁判と学説にとっての任務を有するものである」。憲法の統一性という解釈規準の第一の目標は，個々の憲法命題を適用するときに生じうる矛盾を調整することである。最も知られているのは，基本法21条と38条1項との関係，および21条と33条との関係である。その際，これらの規範のランクの違いを問題とするのは，きわめて不幸なことであった。政治的な用語法においてはそのような表現が許容されうるとしても，法論理的には，ランクの違いは格の異なる規範間，すなわち，憲法と通常法律とのあいだ，あるいは形式的意味の法律と命令とのあいだ，あるいは——おなじレベルでは——たとえば基本法79条3項に基づいて，明文でより高度のランクを与えられている規範についてのみいうべきであろう。連邦憲法裁判所が，同じ憲法法律の規範のランクの違いを，いかに遠慮がちに扱っているかは，基本法10条2項が上位の憲法原理に矛盾しているがゆえに無効である，ということを否定した裁判に示されている。まさに基本法21条の領域においても，連邦憲法裁判所は，想定されうる緊張関係を，優越を承認することによってではなく，2つの規範領域を，「憲法の統一性」という意味において，いずれかの規範を下位におくことなしに最良の効果を与えるという要請によって解決したのであった。これによれば，問題となっているのは，規定における矛盾と緊張——それが真正のものであれ，避けられるものであれ——を認識すること，そして法規範の効力と射程について相互に境界を画すことである。であるから，基本法33条と21条や21条と38条という，同じレベルにある規範にランクの違いをつけるようなことを性急にするべきではない。憲法規範が（見かけ上）衝突しているときは，全体的な考察，すなわち憲法の統一性に立ち返る必要がある。この基盤のもとで，（見かけ上の）矛盾の調和が追求されなければならない。

b） 憲法命題における緊張関係の調和—「疑わしきは自由の有利に」の規準による解釈？

　緊張関係にある憲法命題は，「調和」されなければならないのであり，相互に整合されなければならない。憲法が自らランク付けを行っていない限り，いかなる法益も，他の保護された価値を犠牲にして「優越」するものとみなされてはならない。憲法の統一性から，憲法命題の「最良化」あるいは「調和」という任務が導かれるのであり，これは，ある法命題に境界は画すがその効力をまったく否定することはないような調整をもたらすべきである。連邦憲法裁判所は「弱い規範は，論理的，体系的に必要とされる範囲でのみ後退させられうる。その実質的な基本価値内容は，いかなる場合でも尊重されなければならない」としている。これに対して，ヘッセは，やや異なる仕方で問題をみている。「したがって，境界画定は，そのつどの具体的事例において比例していなければならない。境界画定は，2つの法益を整合させるのに必要な限度を超えてなされてはならない」。しかし，比例した境界画定とは衡量問題であり，利益衡量あるいは価値衡量なしには解決されない。このような衡量は，問題がないわけではない，というのは，それは主観性から自由ではないからである。しかし，このような衡量は，慎重に，しかも合理的に検証可能な方法で，憲法の基本的決定に依拠してなされる場合には，許されるのであり，また要請される。法益の衡量のない法秩序は，何処にもありえない。連邦憲法裁判所が，「すべての憲法規定は，基本法の基本原則および価値秩序と合致しているものとして解釈されなければならない」というとき，連邦憲法裁判所は，そのことを正しくみている。また，同様のことを，連邦憲法裁判所は以前にも述べている。「……紛争は，いずれの憲法規定が具体的に決定するべき問題にとって最も重要であるか，を探求することによってのみ解決される」。

　しかし，たとえば「疑わしきは自由の有利に（in dubio pro libertate）」という規準によって生じるような，利益衡量を1つの方向へ向けて行うことは支持できない。G．ウーバーは，方向付けられた利益衡量を基本法12条1項の解釈に関してのみ新たに行ったのであるが，これをP．シュナイダーは一般化した。W．マイホーファーは，ついにそのような利益衡量を政治的な指針にまで高め，安全よりも自由が優越することを認めた。そのような規準は，解釈手段としても政治的な指導目標としても，認めることのできない一般化である。いったい誰が自由に

賛成しないというのか？　ところが，自由のコストについては，何も述べられていないままである。しかし，自由は安全なしにはありえない。だから，政治的には，自由は安全と対になってのみ存する。憲法解釈においては，基本権規定のいたるところに定められたさまざまな法律の留保で示されているような，区別が必要である。「自由と共同体保護の必要性」との関係は，制憲者によって正当にも多様に形成されたのであり，このために，この関係は，個々の憲法性命題をみるだけで，一般化を要せずに，正しく理解されうるのである。この関係は，一般的な解釈原理としては，なんら手助けとならない。アメリカ合衆国連邦最高裁判所の「優越的自由のドクトリン」も，普遍的に妥当するものではない。

基本法1条3項においてすべての基本権が拘束力をもつ法規範であると宣言されて以来，ヴァイマル憲法時代にR．トーマによって打ち立てられた基本権効力最大化の原則，連邦憲法裁判所は初期の段階でなおこれを引き合いに出していたが，この原則は，その正当性を失った。

　c）　憲法の統一形成的効果—連邦忠誠—機関忠誠—司法の自己抑制

権限を配分する憲法規範，あるいは機関に権限を授権する憲法規範は，憲法の統一形成的（統合）効果を考慮して解釈しなければならない。

このため，連邦憲法裁判所は，連邦とラントとの関係を，分割の関係としてではなく，——連邦忠誠の原理によって結びつけられた——相互的な調整，協調，情報，配慮，協働をねらった関係であるとみなしている。

連邦とラントとの関係に関して，連邦憲法裁判所の判例で確立して妥当すべきとされていることは，国家機関相互の活動に関しても妥当しなければならない。その限りで，相互的な機関忠誠が取り入れられなければならない。国家機関は，憲法上の権限を，責任をもって，誠実に，時間的な急迫性や圧力から自由に行使しうるように，相互に活動しなければならない。意外性の効果とか不意打ちといったことは，流儀に反するのみならず，憲法違反である。これについての典型例は，1967年のザールラント放送法第二次改正である。基本条約や1976年の共同決定法をめぐる憲法裁判所手続に際して一定の役割を果たした随伴状況は，「憲法の番人」に対する侮辱といわなければならない。

このような領域には，立法者と政府，すなわち政治を形成する機関に対する憲法裁判権の関係も含まれる。連邦憲法裁判所は，1973年7月31日の判決におい

て，文言上明らかに「司法の自己抑制の原則」を強調し，これは自らに「課せられている」と述べた。しかし，この原則が意味するのは「連邦憲法裁判所の……権限を縮減することや弱体化することではなく，『政治を行うこと』，すなわち憲法によって創設されまた限界を画されている自由な政治的形成の領域への介入を断念することである。つまり，この原則が目指しているのは，憲法によって他の憲法機関に保障された，自由な政治的形成の領域を確保することである」。しかし，このようなアメリカ方式の受容は，これが憲法裁判権の権限と機能の限界について指示以上のものになろうとすると，問題がないわけではない。ともあれ，この原則は「権限節約」の特許状ではない。

　d）　憲法適合的解釈─前提と限界─問題

　法律は，それが憲法と調和した解釈も成り立ちうるとき，原則として憲法適合的解釈の意味において理解されなければならない。このような憲法適合的解釈の原則を，連邦憲法裁判所は非常に早い段階で打ち立てた。すなわち「法律は，それが憲法と調和させて解釈することができるときは，無効と宣言されてはならない。というのは，このことが，法律が基本法に合致しているという推定にとってプラスであるというのみならず，その推定において表現されている原理が，疑わしい場合も法律の憲法適合的解釈を要請するからである」。連邦憲法裁判所は，広範囲でこの判例を維持している。憲法適合的解釈が限界を迎えるのは，憲法適合的解釈が法律の文言や明らかに認識できる立法者の意思と矛盾するようなとき，あるいは立法者の目標を本質的なところで見誤るか変更してしまうようなとき，あるいは法律に本来の意味と対立するような意味を与えてしまうようなとき，要するに立法者が意図したところに代えて新たなあるいは別の規律をしてしまうようなときである。

　憲法適合的解釈は，憲法指向的解釈，すなわち全法秩序に対する憲法の意味から導かれる解釈と区別する必要がある。憲法指向的解釈は，すべての法適用機関に課されている。これに対して，憲法適合的解釈は，憲法裁判所が規範審査手続において用いる特別の道具である。憲法適合的解釈は，「規範統制手続における付随的な要素である」。ヘッセは，憲法適合的解釈の指導理念を，「基本法の価値秩序の尊重」にみるのではなく，法律が憲法と調和させて解釈されること，また基本法以前に制定された法が基本法に適合させられなければならないことを要請

する「法秩序の統一」にみている。連邦憲法裁判所がきわめて頻繁に用いている，まさにこの手法において，連邦憲法裁判所が立法よりも司法にかかわっているといえるかどうか疑わしい。確かなことは，規範統制という制度とそこに含まれている憲法適合的解釈が，憲法上争いのある法律の解釈に持続的に影響を与えているということである。

　しかし，憲法適合的解釈は，多くの内容をもって——ドイツの憲法裁判所にとどまることなく——用いられており，原理としては争いがない。問題となるのは，その限界のみである。H．ジーモンは，連邦憲法裁判所の判例から次のような要件と限界とを引き出して示している。

－「すべての憲法適合的解釈は，いうまでもなく，次のことを前提としている。すなわち，それぞれの場合の法律はそもそも解釈が可能だということである。一義的な内容の法律は，憲法に合致するかしないかである。そのような法律では，合致か否かの中間に位置する憲法適合的解釈はおよそ問題とならない」。
－憲法適合的解釈は，「裁判が憲法自体の解釈と適用にのみ依存しているときは，なんら役割を有しない」。
－憲法適合的解釈が，「さらに意味をもたないのは，それとは逆に，考えられるいかなる解釈によっても規範が憲法違反となるときである」。
－憲法規範は，通常法律が基盤としている規準によって解釈されてはならない。それは，憲法の法律適合的解釈となってしまうであろう。

　このような限界を尊重したとしても，憲法適合的解釈という制度は，問題がないわけではない。立法権と憲法裁判所とのあいだ，憲法裁判所と一般の裁判所（専門裁判所）とのあいだにおける，機能の交錯は避けることができない。方向性としては，憲法適合的解釈を用いることを謙抑し，不自然な形で法律を維持するよりはむしろ法律を（部分的に）無効とすることが望ましいであろう。そのため，たとえばヘッセは，多くの判決が限界を超えるものであるとしている。

e） 憲法上の指導原理の具体化―トポス的手法―解釈者の固有の価値実現の危険―「前法的全体像」―「背景にある憲法原理」―「理性的で公正に考える者」すべてのコンセンサス―前法学的効果―「予備的解釈者」と「憲法解釈者の開かれた社会」―憲法解釈の機能―法的限界―制憲者のコンセプト―憲法の意味変遷

憲法上の指導原則は，解釈による具体化に頼らざるを得ない。法治国家，民主主義，社会国家性，連邦国家性，自由で民主的な基本秩序，経済全体のバランスというような憲法原理は，古典的な解釈手段のみによっては解明されない。これらは補足的に次のようなものを要請する，すなわち，制憲者によってこれらの原理に籠められた理念の展開と拡充，つまり一般的なものの具体化である。そこには，単なる解釈を超えた，何らかの創造的なるものがあり，それは何らかの創造的精神なしにはおよそ考えられず，したがってモンテスキューの「法のことばを語る口」を超えるものである。このことは，連邦憲法裁判所が，基本法20条，28条1項，19条4項，103条に定められていることを超えて，法治国家性を具体化している方法を見れば明らかとなる（§20）。

同じことは，やはり［原著の］第2章で示すことになるが，民主主義，連邦国家性，および社会国家性にも当てはまる。具体化の過程を，ヘッセは次のように述べている。すなわち，「規範的に制御され限定された，すなわち規範的に拘束された『トポス的な』手法において，指導的な視点が発見され，また検証されなければならないのであり，この視点は，創造（inventio）という方法で探究され，意見の賛否いずれの判断にも使用され，そして決定を可能な限り明快で説得力あるように理由づけるものである（topoi）」。法命題とそれにおいて規律された現実との密接な相互関係も次第に確認されており，個別には，憲法解釈を，それと関わる現実の一部と整合させることも求められてもいる。このような具体化の方法は，憲法解釈の最も争いのある領域に属する，というのは，このような具体化の方法において，解釈者の固有の価値を実現するという危険が最も大きいからである。客観化の試みは，さまざまになされている。

－ ナヴィアスキーと彼に従うバイエルン憲法裁判所は，「前法的な全体像」を考慮することを要請する。

－ フォン・ヒッペルは，「背景にある憲法原理」の考慮を求める。

－ エームケは，「『理性的で公正に考える者』すべてのコンセンサス」の考慮を求

め，そのような者には，「とりわけ法学者と裁判官，そして——より統制的な機能において——共同体全体」が含まれるとする。
- クリーレは，成り立ちうる規範仮説の実現に際しての前法学的な効果を考慮することを求める。

 ヘーベルレは，「市民，集団，国家機関および大衆」を「『解釈の』生産勢力」と表現したが，彼は，この勢力を，少なくとも「憲法解釈者の開かれた社会」における「予備的解釈者」として受け入れようとしている。「公開のプロセス」としての憲法解釈という観念を経由して，最終的に，彼は，憲法自体のプロセス的解明および制定へといたる。

 しばらく前から，憲法解釈の機能法的限界や，一般言語学的-科学哲学的な端緒も強調されるようになってきている。

 しかし，これまで挙げてきた視点は，問題がないわけではない。それらが有しているのは，間接的な正統化である。憲法を特徴づけている理念の世界には，憲法の意義も憲法についての現在の学問的な見解も含まれる。しかし，決め手となるのは，制憲者自身のコンセプトのみである。このコンセプトは，具体化の手続においても，すべての解釈手段の助けを借りて解明されなければならない。いずれの具体化も，このコンセプトに向けられなければならない。

 このことは，とりわけ，解釈の理論を名乗っているが，その意味するところは，憲法の1つの規範あるいは憲法全体の意味変遷であるものに当てはまる。解釈の理論というラベルのもとで，基本法に全体的な意味の変遷を強いる試みがなされる。そのような試みは，許される解釈と具体化の限界を超えるものである。

第1章　国法の基本概念と憲法上の基本命題
　第4節　国家を構成する制度の憲法上の内容形成

§ 12　地 方 自 治

Ⅰ．自治の概念，本質および形態

1．自治は基本法のなかでわずかの個所でしか触れられていない

　自治は，自明な概念としても先験的な概念としても存在するのではない。それは具体的な制度と常に結びつけて使用されねばならない。また，自治についての統一的な法は存在しない。多くの自治法規はあるが，たいていは国家行政の法規と結びついている。

　基本法自身わずかの個所で自治の理念に注目しているにすぎない。基本法が自治について明確に言及しているのは，28条2項2文のゲマインデおよびゲマインデ連合に関するものがあるにすぎない。ともかく，ヴァイマル憲法137条3項に由来する基本法4条および140条（教会および宗教団体），同5条1項2文（放送の自由），同87条2項（社会保障主体），さらには同87条3項の公法上の新たな連邦直轄団体および営造物の設置のための権能が，自治と関連するとみることができる。

　また基本法88条も，連邦銀行の自律性がその中核として保障されているとみるべきであるなら，かかる方向性にあるものとして挙げることができる（これについてはBd.Ⅱ，§ 35 Ⅴ 2）。

　a）　国家内部の組織形態としての自治

　自治は，その基本形態において，直接的な国家行政領域から，一定程度自立した公法上の法人を，最小限の独自性と自己決定の保障の下で分離させるという意味において，分権という国家内部の組織形態を指す。

b) 職業的あるいは経済的な性格をもつ自治

自治は，国家の領域以外でもとくに職業組織，経済組織，手工業者組織，経営者および労働者組織といった職業的あるいは経済的性格をもつ結合体に関しても存在するのであって，そうした組織は基本法2条1項および9条により保障された活動の自由および結社の自由の枠内で根拠付けられる。ここでの自治は，基本法9条3項の特別の任務を除けば，職業上，社会上および経済上の領域での共通の利益の実現が問題となる。その限りでこれを社会的あるいは機能的自治と呼ぶことができよう。

2．自治の歴史的淵源——地方権，分権，ゲノッセンシャフト，地方政府

自治の理念は，多くの歴史的な淵源に依るものであるが，主としてゲノッセンシャフトあるいはローカルガバメントに由来する次のような観念が自治の展開を担ってきたとみなされている。

- 地方権（pouvoir municipal）の理論

　　この理論は，フランス革命の制憲議会で展開され，後にベルギー憲法の31条および108条に結実した。

　　地方権は国家権力から自立した権力の一部であるとされてきた。この理論はドイツでは19世初めにゲマインデ制が有する「基本権」へと変容した。固有の活動領域と〔国から〕委任された活動領域との区別はフランス革命期の地方権に由来するものである。

- ナポレオン時代の中央集権に対抗した分権の理論
- 官僚制を阻止する手段としてのゲノッセンシャフトの理論

これについて大きく尽力したのはライヒスフライヘル・カール・フォン・ウント・ツム・シュタイン（1757－1831）であった。彼によると，選挙で選ばれた代表者によるすべての階層からなる国民代表制は，国民を，自己統治のためにすなわち国民の共同による形成のために，陶治するものである。

- R．フォン・グナイスト（1816-1895）がドイツにとって有益であるとしたイギリスの地方政府（Local Government）の理論

　　グナイストによれば，地方政府は，決して国家行政に対抗する自律的自治行政ではなく，国家の職権においてかつ法律の範囲内において，社会の責任の下での自己統治という形式による国家と社会の媒介項であるという。

3．固有の事項の執行としての自治―国民の行政への参加

　自治は，理論面では，公共団体がその固有の事項を完全に処理する権利として捉えられる場合と，行政遂行への名誉職を通じての国民参加という意味での政治的原理として捉えられる場合とがあった。多くの人々にとって，自治は「国家による監督の再是正」であった。

　19世紀の自治は，ゲマインデに最も強く体現した。ライヒスフライヘル・フォン・ウント・ツム・シュタインの1808年11月19日のプロイセン都市条令とその後のいくつかの地方自治法はその法的根拠を与えた。ゲマインデ行政は，国家の行政ではなく，社会の行政つまり市民階級の手にあるものといわれた。しかし，19世紀中葉になると，こうした自治の政治的概念は，その支配的地位を失った。つまり，自治は，権利能力ある団体による事務処理という側面で捉えるものとなり，この種の自治は法的意味における自治と呼ばれることとなった（法律上の自治）。それ以来，自治は，「下級国家機関あるいは公行政主体によって，限定列挙的あるいは包括的に委託され，または配分された固有の公的事項が，自律的に即ち指図を受けることなく処理されること」を意味することとなるのである。

4．一般的な行政形態としての自治

　このような新しい自治概念は，地方自治の領域にだけ用いるのでなく分権的な性質をもつ一般的な行政形態にも使用することを可能にした。この概念は，地域的なレベルの他に人的レベルあるいは機能的レベルにも転用され，そのために顕著な拡大を経験することになった。このため，自治をもつ人的団体の数は数え切れない。それでも，次の諸領域を挙示することはゆるされるだろう。

　a）　社会保険

　まず社会保険の領域に見られるようになった。社会保険は1881年11月17日の皇帝の布告によって公法上の強制保険（健康保険，災害保険，年金保険，失業保険，倒産未払保険）として法律上導入された。社会保険の担い手は，一般的に公法上団体として組織されており，1976年12月23日の社会法典――社会保険の共通規定――により，自治の権利を有している。場合によっては，営造物という法形式が選択されることもある。

b) 手工業者団体，商工会議所および職能団体

1897年7月26日の法律によって，手工業者団体は公共団体に移行した。今日では手工業者法で定められている。手工業者の組合は自治権を有する公法上の団体である。手工業会議所も同様である。

職能的自治の領域においては，今日さらに，商工会議所も挙げることができる。それらも同様に自治権をもつ公法上の団体である。また，農民に加えて医療従事者やさらには法曹関係者も自治を有する公法上の団体を結成している。

c) 大学の自治

以上のような古い伝統があるものとして，大学やその他の高等研究機関の（学問の）自治がある。この自治は，近時の法律でも認められているが，それによってたしかに限界づけられている。

d) 放送局の自治

独自の機関による自治の新しい仕組みとなるのが，1945年に創立された公法上の放送局である。

e) 学校と職業教育における自治的傾向

最近の自治の傾向は，とりわけ学校と職業教育の領域にみられるのであるが，これに対しては，国家の包括的責任という明確な限定が示されている。

5．国家行政の基礎としての地方自治制度

こうした自治思想の拡大傾向があるにもかかわらず，地方自治は，常にその中核であり続けている。地方制度は，ともかくもそれを基礎にして国家行政全体が構築されているのである。地方制度は国家のあり方の基礎を成している。ドイツでは，分権化した国家が現実の国家の普通の状態であったためか，統一された国家というものは国家学および国法学において永らく学問上の典型ではなかった。このような国家の制度に地方自治制度も属する。地方自治制度は国法学上そして後には憲法上の基盤の1つである。

Ⅰ．自治の概念，本質および形態　39

6．間接的国家行政あるいは第三の行政形態としての自治

　自治が間接的国家行政であるか否かについて，いまだ争いがある。この議論を提起したのはフォルストホフであったが，彼は，自治は究極的に国家行政に由来し国家の支配権によって賦与されたものであることを強調した。間接国家行政が直接国家行政から区別されるのは，それが国家と並ぶ権利能力ある主体によって執行される行政である，という点にあるとする。これとは異なる見解があるがそれは，自治を直接的国家行政でもなく間接的国家行政でもない第三の行政形態である，とする（Bd.Ⅱ,§41 Ⅳ 10 c）。この考えは，自治を国家から伝来したものではなく「初源的」に固有なものと解している。この見方からすれば，固有の事項を自己の責任で処理することが強調されることになる。この論争はあくまで理論的性格のものであって，実質的な実践的な結論がこの論争から生まれるわけではない。双方の見解とも，自治が，国家規範に統制されうることや少なくとも法規遵守を監視する国家監督には原則的に服することを認めている。このような制約は，国家事務または国家で処理されるべき事務を，国家のなかに組み込まれた制度体が処理するという場合には，自治に付随するものとみられている。

7．a）　自己責任による自己決定としての自治—垂直的権力分立形態としての自治—民主制原理形態における自治

　自治は「その本質や目的からすると，当該固有の事柄についてその当事者が主体的に活動すること」を意味する。自治の理念は，不当にも永い間国家行政への対抗という反国家的側面を押し付けられてきた。このことは，とくに，自治理念が1779年にドイツ語圏で革命前のフランスの地方の自由の理念と結びついて定着した後は，あてはまる。すなわち，当時の地方自治は絶対主義に対抗するものであり，絶対主義国家の権力的な要求を神聖ローマ帝国内の都市やその都市同盟のゲマインデの自由が広く阻止したのであった。より正確にいえば，自治の本質は「治められること」つまり「官治（Fremdverwaltung）」に対抗することであり，そして，自治は，「自由の要請と行政との間の対立関係を緩和しかつ解消」せんとするひとつの行政形態——ここではどんな行政事務が処理されるのかは不問とするが——として認められたということになろう。この意味での自治は，反国家的な含意を薄めている。このような経緯から，行政執行するときの自己責任による自己決定という面が強調されるようになる。こうして，自治は，行政という全

体主題に完全に埋め込まれ,行政活動の遂行についての1つの特別な手段として理解されるようになる。自治は,分権を意味し,加えて共同による決定を保障するようになった。自治を通じて,行政事務は当事者に可能な限り近接することとなり,同時に当事者は当事者自らの事柄について関心をもつことになる。このことで高次の行政団体特に国家には負担軽減となる。こうして,自治は,同時に垂直的権力分立に貢献することとなり（Bd.Ⅱ§36 Ⅴ 3 c），また,自治機関がゲマインデやゲマインデ連合において国民から選出される（基本法28条1項2文）という場合には,民主制原理（§18 Ⅱ 7）にも貢献することとなる。こうしたことから,自治は,憲法制度としての自治の承認（後掲Ⅱ）と並んで,本質的に国法学との関連性があるのである。

b） 国家と社会の関係における自治の意義

自治は行政という主題にのみ結びつくというのではない。自治は,歴史的にもまた本質的にも,国家と社会との根本的な関係たる全体関係の中で存在している。とくに,自由主義や立憲主義の時代においては,市民による自治とりわけ地方自治は,自由な社会の基本権として捉えられていた。立憲主義の憲法,とくに1849年帝国憲法184条もこの意味で自治を捉えていた。ヴァイマル憲法127条も地方自治を基本権の個所に位置づけた。個人が不可譲の権利をもつのであれば,この権利が地域や個人を基礎とする共同体に否認されるものではない,とされた。共同体にも「地域の集団的利益を満足させるための主観的公権なるもの」が帰属するとされた。この延長線上で,とくにゲマインデに対して,自然法的観念から引き継がれたものとして,基本権としてのゲマインデの自由が承認されるようになった（1831年のベルギー憲法31条および108条,フランクフルト憲法184条）。ただし,基本権としてのゲマインデの自由は,国家から自由な領域というものを保障するのではなく,国家の監督,すなわち「国家後見」からの自由に向けられた。かかるゲマインデの自由と並行して,組織形成の自由という思想が,もっぱら結社の自由に支えられて,職業,経済的事業,文化および労働といった地方自治以外の共同的利益を社会の専門集団によって自己決定的に整序させるために,登場したのである。自治は,社会における自由を包括的に要請するようになった。もっとも,これは,次の2つの傾向のために抵抗がなかったわけではない。すなわち,一方で,国家は,公共の利益の立場からそれほど多くの領域を自治の独自性

に開放したのではなかったし，他方で，個人の自由は，自治的組織に対しても，とりわけ強制加入がある場合には，保護されねばならなかった。

c）最も発展した自治形態としての地方自治

自治理念は，その最も明確な実現性を地方自治に見出した。これは，旧来のドイツの自治の伝統からドイツにだけあてはまるというのではなく，ヨーロッパや世界の広い地域にもあてはまるのである。地方自治は，他の自治領域に対して主導的である。他の自治領域で不十分なところが明らかになったときは，地方自治における原則が類推適用されることになる。それは，長い歴史的な慣行なだけではない。むしろ，地方自治が法的にみても最も強力に発展した自治の形であるためである。地方自治に対しては国制も多いに注意を払ってきた。ヴァイマル憲法という雛型に従って，基本法も地方自治に対して相応の規範を採用した。加えて，各ラント憲法では，基本法と同様かそれ以上に充実した保障規定が置かれたのである（後掲Ⅱ6a）。

Ⅱ．地方自治の憲法保障

1．国家体制の組織部分への地方自治の定礎

1945年以降，各ラント憲法がその条文にゲマインデの自治の保障を採用したとき，各ラント憲法は，まだ手がつけられていない法的かつ政治的な制度を当該規定の対象とした。こうした対応は議会評議会にはみられない。なぜならヘレンキームゼー会議はこの点についてはいかなる提案も同評議会に提示していなかったからである。同評議会は独自に対応したのであって，同評議会では基本法28条2項の元となる規定の条文は直ちに確定され，実際にもその後わずかな点が変更されたにすぎない。

基本法は，旧来的な，すなわち1849年のフランクフルト憲法で基礎づけられたような，国家に対置する社会の領域に，ゲマインデとゲマインデ連合を位置づけることには与しなかった。また，基本法は，地方権も受容しなかった。地方自治の保障規範は，国家体制の組織部分に定められた。したがって，地方自治は，国家のなかに置かれ，国家に対する基本権ではない。このことは，地方自治に憲法上特別な保障領域が確保されることを排除するものではなく，ゲマインデおよ

びゲマインデ連合も，R．スメントがヴァイマル憲法で主張したような単なる「国家のための技術的なサポート制度」にすぎないと評価されてはならない。地方自治体はゲマインデとゲマインデ連合から成り立っているが，地方自治体における「段階」の存在は，都市ラント以外のラントでは，基本法により憲法上必須であると解されている。地方自治は，今日，もはやゲノッセンシャフト的制度あるいは社会に根ざす反国家的制度ではなく，民主制と垂直的な機能（権力）分立によって，正当化され，分権化され，そのために国家を負担軽減する。加えて地方自治は，自律を涵養する行政形態であって，かかる行政形態は，国家行政と地方行政とに二分されて編成された国家構造にあって，公的事項を自己責任によって処理するためのものである。地方自治は，権力分割的また権力均衡的性質をもつために，民主的な自由秩序のための重要な基礎である。

2．一般条項としての基本法28条—財政制度上の保障規範—権利保護保障

地方自治の憲法保障に該当する条項は，基本法28条1項2文と一般条項である同28条2項の他に，1956年12月24日および1969年5月21日の基本法改正による同法106条および107条の財政制度上の保障規範や，1969年1月29日の基本法改正法律による同法93条1項4b号の憲法裁判所による権利保護保障である。これらの規範およびこれと同程度かまたは部分的には上回る各ラント憲法の保障は，判例や学説が展開してきた解釈によって，地方自治に対して，ヴァイマル憲法とは異なるかなり強力な保障を付与したのであるが，憲法政策上の多くの要望が憲法改正論議のなかでとりわけ自治体連合組織から提案されてきたにもかかわらず実現されないままになっている。ともかくも，基本法115c条3項は，ゲマインデおよびゲマインデ連合の「生存能力」が憲法制定権者にとって重要な財産であることを承認している。

3．a） 地方自治の民主制的構造の要請

基本法28条1項2文に基づき，地方自治体においても民主制的構造が存在しなければならず，同条項によって，原則として代表制的性格をもつ民主制が，地方公共団体に分与され下から上まで確立したことになる。こうして，地方自治と民主制は互いに結びついている。民主制は下から上まで構築されねばならず（バイエルン憲法11条4項），民主制は「分節化」される。ゲマインデと郡は国民代表

の議会をもたねばならない。広域の地方公共団体であるゲマインデ連合が民主的代表議会をもつことは必須というわけではない。代表議会をもつこともできるし，実際にも存在している。すなわち，県議会（Bezirkstag），地域連合議会（Landschaftsverbandsversammlung）である。他方，バーデン-ヴュルテンベルクゲマインデ法 59 条以下のゲマインデ連合すなわち行政共同体と，シュレースヴィヒ-ホルシュタインのアムトは，固有の直接選挙による国民代表議会をもつことを必要とされていない。代表議会が，他の機関と比較して，権限配分の点で形だけの存在にすぎないというようなことは許されない。代表議会には重要な参与権能が帰属しなければならない。

他の機関が，たとえば，市町村長や郡長が国民から選出されることも，多くラントでは認められている。市の区やゲマインデの地区のような下部団体組織は，これに国家権力についての独自の行使が委ねられるときに限り，すべての権力の源泉たる国民としての市民全体に基因する正当性を必要とする。

b） 地方公共団体の編成原理の表明としての自治

基本法 28 条 1 項 2 文は，上から下までの民主制の構築の表明であるだけでなく，同時に，連邦，各ラントそして都市ラント以外のラントでのゲマインデと郡という地方公共団体についての編成のあり方の表明でもある。このような編成原理を多くのラント憲法が再言している。

ゲマインデと郡は国家としての特性をもたない地方公共団体である。これらは各ラントのなかに位置づけられ，基本法 20 条 2 項 2 文の意味における執行権の一部である。

c） 区域改革

1960 年代および 1970 年代において，ドイツ連邦共和国の都市ラント以外のラントにおいて包括的な区域改革が実施され，ゲマインデと郡の数は廃止や合併により著しく減少した。こうした「行政の新構築」（F. ヴァーゲナー）は，旧来の区域構造を現在の空間・行政・経済の発達に合わせることを目ざして，とくに小規模すぎて給付能力のない自治体を解消するために進められた。とりわけ，公行政の給付能力は改善されるべきであったし（「行政効率」），ラント内の地域生活環境も平準化されるべきであったが，その結果地方制度の住民との接近性は保障さ

れなくなった。郡はその数がほぼ半分の 235 に，ゲマインデはほぼ 3 分の 2 になり約 8500 余に，それぞれ減少した。地方議員の数は，3 分の 1 以上減り，15000 人足らずとなった。この改革について，賛否両方から激しい議論がなされた。合併等の措置が数多く，憲法裁判所に提起された（後掲 4 c）。こうした措置がしばしば無理に行われたことが，今では認定されている。当時の改革への政治的高揚は，むしろ冷静な判断を後退させた。にもかかわらず，変更を考えるものはいない。市民と行政は，熱狂的にならず新しいものに適応するものである。徐々に上から下への権限移譲に注目が集まっている。

4．地方自治の主要な内容

地方自治は，基本法 28 条 2 項により憲法上最も重要な保障を獲得している。この規定は明らかにヴァイマル憲法 127 条の文言を上回っている。蓋し，この規定は，地方自治を形成するもののなかでの内容面での主たるメルクマールを，たとえ憲法上不確定概念であるにせよ，条文中に採用しようとしたのであるから。ともかくも，「地域共同体」と「自己責任」という表現が地方自治理念の最も重要な標識を明確にしているのである。これらの表現は，憲法裁判所の判断で具体化しなければならなかったような他の憲法上の概念（たとえば，基本法 33 条 5 項の「職業官吏制度の伝統的原則」）ほど「つかみどころのない」ものでも「実質の希薄な」ものでもない。これについては，多くの判決が下されており，基本法 93 条 1 項 4 b 号および連邦憲法裁判所法 91 条という補充性条項があるので，連邦憲法裁判所よりも各ラント憲法裁判所の方が積極的である。

a）地方自治の制度的保障および主観的法的地位

基本法 28 条 2 項が地方自治の制度的保障とみなされることについては一致したものとなっている。このように性格づけることは，1920 年代の終わり頃のヴァイマル共和国の地方自治に対してすでに見出されていたのであるが，憲法体系上の位置づけが変わったにもかかわらず，こうした性格づけが承認されている。このような［制度的保障という］法的カテゴリーを採用したことは，それによって憲法上保護された法制度を廃止することや実質的に形骸化することに対する保護となる。立法者は保障された制度を法形成することを許されるものの，それは限界の中で認められるものである。保障内容に関して，制度廃止を禁ずることが

一見明白なのに比べて，立法者による侵害が，単に形成し，特徴づけ，具体化し，構造化し，修正しそれ故に許容される侵害と，実質的に形骸化させてしまう侵害とをいかに区別するかはかなり難しいことになる。そこで，これについては「本質的内容」あるいは「核心領域」という概念を用いてその限界を画することが広く採用されている（後掲 d δ）。

制度的保障は，純粋に主観的な権利と単なる客観法としての保障との中間に位置する。制度的保障は，制度それ自体を保障するが，さらに，客観的な制度保障により権限を付与された者に対し，保障領域への侵害の防止のための主観的な法的地位をも保障するのである。このために，行政裁判所および憲法裁判所への出訴という救済手段を行使することができる。

b） 制度的保障の要素；制度としての権利主体保障，客観的な法制度保障，主観的な法的地位保障

制度的保障は，次のように3つの側面があると理解することができる。

- ゲマインデとゲマインデ連合の制度としての権利主体保障であるが，これは基本法28条2項が同法28条1項2文および同条3項と結びついて，同時に国家組織上の構造原理として承認されるものである（ゲマインデおよびゲマインデ連合という制度の保障）。
- 地方自治の客観的な法制度保障（自己責任に基づいて地方の事務を処理することの保障）。
- 権利主体保障および法制度保障への侵害がある場合，ゲマインデおよびゲマインデ連合の主観的な法的地位保障（保障された権利への侵害の際の権利保護）。

連邦および各ラントの憲法裁判所の裁判では，地方自治の制度保障について，通常では以上のような分類を採用することなく，単純に判決を下している。

c） 個々の保障ではなく制度としての保障にすぎない——公共の福祉を理由にしてのみ区域変更や地位変更はできる

制度的保障という特徴から導き出せるのは，ゲマインデおよびゲマインデ連合は個々に保障されるのではなく，単に制度として保障されるということである。ゲマインデとゲマインデ連合という組織形態は存在しなければならない。しかし，個々の団体がその廃止に対して保障されるのではない。

いかなる場合であっても、ゲマインデとゲマインデ連合なる制度は存在しなければならない。28条1項2文で郡に言及されているため、制度として保障されるべきものとして制憲者の念頭にあったのはこの団体［郡］であるということには多数の支持がある。郡が存在するのであれば、他の（広域の）ゲマインデ連合は制度としては保障されない。

とはいえ、個々の地方公共団体が、その区域やその地位の変更に対して保護されないわけではない。区域改革での措置としてのゲマインデや郡の廃止や合併、さらにはそれらの効力を争って、憲法裁判所に多くの訴訟が提起され、訴訟の前後さらには訴訟中にもかかわらず、膨大な論文がこれを取り扱った。バーデン-ヴュルテンベルク、バイエルン、ブレーメン、ノルトライン-ヴェストファーレン、ラインラントそしてザールラントの各ラントではラントの憲法裁判所が、また他のラントでは連邦憲法裁判所が、実質的に一致した統制基準を展開した。裁判所の審査の前提要件は、区域変更あるいは地位の変更は公共の福祉を理由としてのみ行うことが許される、ということであった。これに違反するとして扱われるのは、通常、以下の場合である。

- 適宜でかつ十分な聴聞が実施されなかったとき。
- 立法者が主要な事実を不適切あるいは不完全にしか告知せず、かつそれに基づいて決定したとき。
- 立法者の決定がすべての公共の福祉の理由あるいは規律のメリットおよびデメリットを包括的にかつ追行可能な方法で衡量した結果であると言い切れないとき。
- 新しい区域編成の目標がこれまでの状態に比べて劣後するとき。
- 新しい区域編成の目的が相当性を欠くときあるいは目的達成のための当該措置が必ずしも十分とはいえないとき。
- 法律による新しい区域編成措置によって区域編成対象となった地方公共団体およびその住民に生じる損失に比べて当該措置で得られる利益が釣り合っていないとき（いわゆる損益分析）。
- 法治国家における恣意禁止を規準とする、区域改革上の実体的正当性および制度としての正当性の要請を顧慮していないとき。
- 立法者のした目的イメージ、実体的衡量、価値づけおよび予測に、明らかに誤りがあるかあるいは容易に反論を加えることができるとき、または憲法上の価

値秩序に違背するとき。

d）基本法 28 条 2 項の重点としての客観的法制度保障

基本法 28 条 2 項の制度的保障の中心は，権利主体保障にあるのではなく，客観的法制度保障にある。

同項 1 文によれば，ゲマインデに対し，地域共同体のすべての事項を包括する事務領域が保障される――機能面――（α）だけでなく，この領域での独自の責任による事務執行のための権能も保障される――制度面――（β）。ところで，立法者は以上の両側面について，法形成をなすことが許されている――法律の留保――（γ）とはいえ，それは本質的内容ないしは核心領域という限界を超えられない――核心領域の保護――（δ）。

基本法 28 条 2 項の第 1 文を修正した第 2 文の文言が示すように，ゲマインデ連合の事務領域は必ずしもゲマインデと同じように包括的に保護されるのではない（ε）。また，両者の事務領域間の画定も問題の多いところである（ζ）。

制度的保障の本質からすると（前掲 a），基本法 28 条 2 項で保障されている侵害に対する保護も，限定的な範囲でしか絶対的であるといえない。しかし，それにもかかわらず，地方公共団体にはその区域内で，その特性に応じて，独自の政策のための能力や行政展開能力さらには住民の福祉のための多様な公的事務の執行のための能力が保持されるべきであって，地方自治の保障は地方公共団体のかかる理念像を憲法上保障するのである。地方自治保障は，実在する地方自治の実体の基礎となる存立を「分権的発意および決定の中心」として保障するのである。

α）ゲマインデの活動領域の普遍性

基本法が選択した「地域の共同体のすべての事項」という定式は，すでにプロイセン上級行政裁判所によって特徴づけられたゲマインデの活動領域の普遍性という原則を採用したものである。これによって，制限列挙的（たとえば，バイエルン憲法 83 条 1 項「特段の」）ではなく，ゲマインデそれぞれに異なるものの生存配慮という広い分野から選びとられた「広汎で多様な活動領域」が保障されるのである。なお基本法 28 条 2 項 1 文は，しかし，ゲマインデに委任された国家の事務（受託事務）を保護するものではない。この国家事務は，官治行政に関わるものである。かかる国家事務に，バーデン-ヴュルテンベルク，ヘッセン，ノルトライン-ヴェストファーレン，そしてシュレースヴィヒ-ホルシュタインの各ラン

トにみられる,指図に基づいて事務処理をする義務的な事務も含まれるかについては争いがある。

　上記の保障は[事務の]地域的要素というものに関わる。地域の共同体に根ざすかあるいは地域の共同体と特別な関わりのある(公的な)事務が問題となるのである。こうした事務に個別具体的にはいかなるものが属するのかは,簡単には確定しえないし,またそれは時代や仕組みの変遷にも委ねられる。地域的性格であることを確定するには歴史的展開がその役割を果たすが,それだけで決定しうるものではない。当該事務がドイツのゲマインデの像を特徴づけているかどうか,言い換えれば,ゲマインデに典型的なものであるかどうかが決定的であるといえよう。広域的事項は保護されない。しかし,広域的事務と地域的事務との区別はきわめて難しく,ゲマインデから次第に乖離していくという[事務の]「変遷プロセス」にも影響される。このことは,とりわけ計画策定事務に妥当する。

　　β) 自己責任:領域高権,人事高権,財政高権,計画高権,組織高権,課税高権,法定立高権および財政の自律

　自己責任によるゲマインデの事務処理というものが,ゲマインデに保障される。自己責任によるというのは,「国家の指図や後見を受けることなく,事務を法秩序の基準に則って合目的的と思われる」方法で処理することを指す。伝統的に自己責任性は,以下のような諸々の高権の束として発展してきた。

- 領域高権。これは区域内で高権を行使する権能を包含する。
- 人事高権。これは,服務上の監督および懲戒権といった使用者としての属性の他,とくにゲマインデの公務員を選考し,任命し,昇格させ,さらには免職する権能,すなわち人事の権能を包含する。
- 財政高権。これは法律で定められた予算の範囲内において自己責任による収入および支出の管理をする権能を包含する。
- 計画高権。これは土地における建築その他の利用に関して,ゲマインデ区域での拘束力のある計画に基づいた自己責任的秩序形成を,連邦建設法1条,2条1項1文,5条1項,8条1項1文,および都市建設促進法1条1項,8条1項1文,54条1項1文に基づく諸原則によって確定する権能である。
- 組織高権。これは,固有の組織の創設と組織内部の形成の権能を包含する。
- 課税高権。これは,事務処理に必要な負担をゲマインデの住民に賦課する権能を包含する。もっとも,かかる権能は,法治国家原理に基づき法律による授権

を必要とする。しかし，この権能が地方税である場合には，強い制約を受ける。(Bd.Ⅱ，§46章Ⅲ)
- 法定立高権。これは条例制定（Bd.Ⅱ，§37Ⅱ2ｇ）の権能とともに——法律による授権に基づいて——法規命令（Bd.Ⅱ，§38）を制定する権能を包含する。
- 財政の自律。これは，財政高権と法定立高権が結合することにより，たとえば，あるゲマインデ連合が規範定立によって自らの財政を運営する権限がある場合（たとえば，郡割当金の割合 Kreisumlagesätze について）に，生じるものである。

地方の事務処理手段としての上記の「諸高権」が，地域性に根ざすものではなく立法者によって振り分けられたような事務にも及ぶのかについては疑問の余地がある。いかなる場合であっても，こうした高権に対する法律による侵害は，その質的妥当性が要求される。

γ）法律の留保

ゲマインデの自治の機能面だけでなく制度面も法律により制約される（「法律の範囲内において」）。基本法28条2項にいう法律とは，すべての法規範を指し，それが憲法規範であっても，議会制定法であっても，また，憲法上認められた授権に基づく法規命令でもさらには慣習法でもよい。連邦とラントとの権限配分の結果，かかる法規範のほとんどは自治領域に権限を有するラント法であり，それが制約を課しているのである。さらに連邦法制定者も，憲法上の権限秩序の範囲内である限り，自治領域について規範制定する権限がある。法律の留保は，とくに，法律に基づかない侵害から地方自治を保護するものである。法律の留保は，さらに，自治との関係とは別の理由で憲法違反となるような法律上の侵害からも地方自治を保護することになろう。自治を制約する規範は，いかなる観点からみても合憲でなければならない。この場合，［立法］権限面からの規律の他に，法治国家原理が，公共の福祉の要請，過剰侵害禁止さらに信頼保護という3つの効果という形で関わってくる。これらの諸原則は，法治国家としての拘束をうける立法すべてが従うべき要請である。これに違反すれば，当該立法による侵害は，地方自治の核心領域を侵すか否かを問題とすることなく，違憲となる。

δ）ゲマインデの自治の核心領域の無条件の保護

基本法28条2項1文は，ゲマインデの自治の核心領域を法律によるいかなる縮減からも保護する。制度的保障の本質に由来するこの原理については争いがなく，とくに，連邦憲法裁判所および各ラント憲法裁判所の判決でも承認されてい

る。しかし，さらに言えば，核心領域（本質的内容）を確定すること自体は，保護に関係する2つの事項，すなわち自治の事務についても自己責任についても，困難なものである。判決は，これまで一般抽象的な確定を避けてきた。これに対して学説は，侵害しえない最小限な部分を定義づけるべく努力を払ってきた。私は，いくつかの批判があることを承知しつつも1964年に公刊した［コンメンタールの］改訂の叙述を修正せずに従前のままとしている。すなわち，本質内容は制度に必須なものであるが，これは，当該制度の構造や典型を改変することなしには当該制度から切り離すことのできないものである。したがって，地方自治を必須的かつ本質的に（単に偶発的-付随的でない）特徴づけ，制度の典型を決定するような構成要素が保護されるのである。それ故，地方自治に典型的な現象型態が保障されることになるが，この定式化は広く支持されてきた。それにもかかわらず，かかる典型的な現象形態というものを詳細に究明しかつ定着させることはきわめて困難な作業である。これについて次の2つのアプローチ手法が提起され，裁判実務でも適用されている。

- 実体的アプローチ。これは侵害の後になお何が残余しているかを吟味することである。
- 歴史的アプローチ。これは地方自治の歴史的発展と，その歴史上さまざまに生成してきた形象を追究することである。

　提起された2つのアプローチ手法が地方自治を必ずしも十分に保護できるものではない。前者のアプローチは純粋に量的なものであり，後者のほうはもっぱら統計的で歴史的な観点を重視するものである。両方のアプローチとも，地方自治に対する現実の多くの脅威には対処しえない。地方自治は国家行政とまったく同様に扱われてはならない。つまり，地方自治は，独自の政治的行政的な目的を実現するための制度である。地方自治は，それ自体が維持されねばならない。それゆえ，定性的理解が重要でなければならない。こうした理解にとって歴史と従来からの固有の形成領域が役割を担う。立法による侵害は，それが当該領域において，地方自治の理想像を表象しかつ典型を決定づけている構成要素を喪失してしまう程に，歴史的に生成された地方自治の実体を毀損することになるか否かが審査されねばならない。

　ε）　ゲマインデ連合の自治

　基本法28条2項1文とは異なり，ゲマインデ連合の自治権は，同法28条2項

2文に基づいて，法律による事務領域の範囲内で法律の定めに従う限りで保障される。したがって，ゲマインデ連合の活動領域は，全権限的（普遍的）に保障されるのではなく，法律によって形成されるのである。この場合，立法者は，一般条項という形で事務を配分してもよく，あるいは制限列挙的でもさらにはその両方でもよい。したがって，仮に立法者がゲマインデ連合から事務をすべて奪ってしまったならば，それは制度的保障の本質に違反する行為となろう。ゲマインデ連合に自治事務が配分されている限り，ゲマインデ連合にその自己責任による処理が憲法上保障されることはゲマインデと同様である。郡の行政が委任事務を扱う場合にラントの一般的下級行政庁となることは，憲法上問題にはならない。

　ζ）ゲマインデの自治とゲマインデ連合の自治の衝突

　基本法28条2項という枠組みの中で，ゲマインデの自治とゲマインデ連合の自治とのあいだの衝突が起きる可能性がある。ゲマインデには地域の共同体のすべての事柄が保障されるのに対して（前掲α），ゲマインデ連合にはその事務範囲の基準というものが憲法上明記されていない。それでも，ゲマインデ連合という団体の性格から一定の内容は導出できよう。ゲマインデの活動の普遍性の保障は，基本法28条2項1文によるゲマインデ自治がゲマインデ連合の自治に対して優位することを認めざるを得ない。後者は地域的事柄が補完的に配分されるにすぎない。かかる補完性原理は，郡とゲマインデのあいだについて地方自治法で定着しているのであるが，実際には区域改革前までは厳格に扱われたわけではない。基本法28条2項1文は，ゲマインデの活動領域についてはそれを，ゲマインデ連合へ対抗するものとしても保障しているのである。この規定は「全方位的防禦」を認めるものである。すなわち，この規定は，国家に対してだけでなく，地方のあいだでも効力を有するのである。しかし他方で，ゲマインデの保護は，広域的な（地方の）事項には及ばない。広域的事項はゲマインデ連合の専有領域である。ゲマインデ連合は，ゲマインデの能力では処理しえないような事務も処理しなければならない。給付能力のある郡所属ゲマインデと給付能力の劣る郡所属ゲマインデとの間での負担調整を講じること（いわゆる郡の調整機能）も特例的に郡に帰属する。もちろん，こうした事務は，それが法律によって形成されることに鑑みれば，憲法上は限定的な範囲で保護されるにすぎない（前掲ε）。

5. ゲマインデ寄りの態度の原則

基本法28条2項およびそれに相当するラント憲法条項は、さらに、国家とゲマインデの関係において作用する「ゲマインデ寄りの態度」という規準が妥当するための根拠となる。連邦忠誠原則との一定の類似性や連邦寄りの態度と同義となる法規があるにもかかわらず、「ゲマインデ忠誠」の要請は、結局、基本法28条2項にしか位置づけることはできない。なぜなら、地方公共団体の特別の憲法上の保護規範だけが、配慮義務の一般規範を導き出すための十分な担い手となれるからである。もともと、ゲマインデ寄りの態度という原則は、とくに国家に許認可が留保される場合に、ゲマインデと国家の執行権との関係において構想された。その間にゲマインデ忠誠の原則がこれを凌ぐようになり、国-地方関係全般に影響するようになった。本来、ゲマインデ寄りの態度は、国家の形成の自由や国家の作用の自由を制限することを通じて、地方自治の強化を図ろうとするものである。国家がゲマインデに対峙する場合に、それが立法的作用であろうと行政的作用であろうと、また監督的であろうと自己関与的作用であろうとまったく関係なしに、国家は、ゲマインデの固有の利益を十分に配慮したという意味での最小限の融和と妥協を行うことを続けてきた。地方公共団体との交渉手法や手続の問題も、ゲマインデ忠誠を判断規準として評価される。

6. a) 地方自治に対する連邦憲法上の最小限の保障

基本法28条2項は、地方自治について、連邦憲法としての最小限の保障を認めたものである。ラント憲法はこの保障を上回ることができる。なぜなら、各ラントは地方自治法制定権限を有し、かつゲマインデやゲマインデ連合はラントの組織の一部であるから、一部のラント憲法の規定（バーデン-ヴュルテンベルク憲法71－76条、バイエルン憲法10－12条、83条、ベルリン憲法50条以下、ブレーメン憲法144, 145条、ヘッセン憲法137, 138条、ニーダーザクセン憲法44, 45条、ノルトライン-ヴェストファーレン憲法78, 79条、ラインラント-プファルツ憲法49, 50, 78条、ザールラント憲法117条以下、シュレースヴィヒ-ホルシュタイン憲法3条1項、39条以下）は、とくに財政制度上の保障について基本法を上回っている。そうした拡充した保障は基本法と対立するものではない。基本法は、別の側面でそのままになっている保障を補う。もちろん、ラント憲法上の保障は、連邦法に反することはできない。

b) 基本法28条3項に基づく連邦の保障

連邦は，基本法28条3項を通じて，同法28条2項を尊重することをラントに対して保障させようとしてきた。ゲマインデとゲマインデ連合はこれを依り所とすることができ，連邦の介入について，場合によっては裁判で主張することができる（§19 Ⅲ 6 a）。

7．財政制度におけるゲマインデの地位

ゲマインデとゲマインデ連合の財政制度上の地位は，1956年12月24日および1969年5月12日の基本法改正の後，強化された（Bd.Ⅱ，§45 Ⅲ 7 c，§46 Ⅲ，§47 Ⅲ b）。ゲマインデとゲマインデ連合は，基本法によって，多くの面で，財政連合および租税連合（Finanz- und Steuerverbund）に結び付けられている。しかし，地方自治体の財政上の措置を講じることは一般にラント立法者の任務となっている（a-i）。ともあれ，財政制度上の保障とも結びついた基本法28条2項から十分な財政上の措置を求める確立した法的請求権をどの程度引き出すことができるかが，地方財政にとっては依然として重要なのである（k）。

a) 対物税保障

基本法106条6項により，ゲマインデに対物税（営業税と土地税）の収入が認められている（いわゆる対物税保障）。同様に，地方消費税と地方奢侈税の収入もゲマインデに帰属するが，ラント法の基準に従ってゲマインデ連合にも帰属する。同時に，ゲマインデは，対物税の税率を確定する権利をもつ。しかし，連邦と各ラントは連邦法によって営業税収入に対する納付金を通じて関与することができるので，これは対物税保障を一定程度破ることを意味する。この納付金は，ゲマインデが所得税収入に関与できることとの調整を図るためのものといわれている。

しかし，連邦立法制定者は，対物税税率の上限を確定することができる。対物税の固定額あるいは一定額は保障されない（Bd.Ⅱ，§47 Ⅲ 3 b β）。

b) 所得税収入からの割当て

基本法106条5項により，ゲマインデは1969年［5月12日］の財政改革法以降，所得税収入からの割当て分を獲得する。ゲマインデは，これによって，初めて連邦と各ラントとのあいだの租税連合に参入した。ゲマインデの割当て分は，

住民の所得税実績を基礎として，各ラントからゲマインデへ配分される。その限りで，各ラントは「金の使者（Geldboten）」にすぎない。連邦は，憲法上関与することが義務づけられている。連邦は，さらに，ゲマインデの割当て分となる税率を設定することを決定できる。この可能性によって，1969年9月8日のゲマインデ財政改革法（Gemeindefinanzreformgesetz）は利用されなくなった。同法によって，ゲマインデは，給与所得税と控除後の所得税収入の14％：1980年1月1日以降は15％（1979年の租税改正法13条をうけた1978年11月30日のゲマインデ財政改革法1条）を獲得した。

ゲマインデ連合は所得税収入には関与しない。憲法改革予備調査委員会は郡に対して変更を提案した。

c） 共同税収入からの割当て

共同税の全体収入のうちのラント割当て分（所得税を除く，基本法106条3項）から，ゲマインデとゲマインデ連合に対して，ラントの立法で決定するパーセンテージの分が交付される。交付することをラント立法者は義務づけられているが，パーセンテージはラント立法者の裁量である。

d） その他のラント税からの割当て

ラントの税について，ラントの立法でラントの税収のゲマインデとゲマインデ連合の分与を決定するか否か，またそれをどの程度にするのかについては，ラント立法の裁量である（基本法106条7項2文）。この点，車両税，石油税さらに固定資産税の収入へのそれぞれ異なる分与が予定されている。

e） 特別負担調整

基本法106条8項によって，個々のラント，ゲマインデおよびゲマインデ連合に有利になるように，いわゆる特別負担調整が導入されている。すなわち，この制度は，連邦が直接に過大な支出あるいは過少収入（特別負担）を惹起させるような特別な施設を設けるよう指示した場合に，かかる負担を地元に負わせることが望めないときは，連邦にかかる特別の負担を引き受けるよう義務づけるものである。これには，たとえば，兵舎の費用が該当する。この規定に疑問の余地がないわけではない。

Ⅱ. 地方自治の憲法保障　55

　f）　水平的財政調整

　各ラント間の水平的財政調整の仕組みにおいて，基本法107条2項によって，ゲマインデとゲマインデ連合の財政力と財政需要は，ばらつきのある各ラントの財政力を評価する際に「考慮」されねばならない。

　g）　中期財政計画および国の景気政策

　財政安定化法と結びついた1967年6月8日および1971年8月30日に改正された基本法109条によって，ゲマインデおよびゲマインデ連合は，中期財政計画や国の景気政策にも関係づけられる。財政安定化法19条および20条に基づき，ゲマインデとゲマインデ連合の信用引受は法規命令によって制限されうる。

　h）　連邦による財政援助

　基本法104a条4項〔現在は104b条に替わる〕によって，連邦は，ゲマインデおよびゲマインデ連合のなす特別の重要な投資について，一定の条件の下で財政援助を行うことができ，さらに，都市建設促進法および1972年6月29日の病院財政化法に基づきゲマインデに対して連邦補助金を支給する。

　i）　ラントからの贈与金

　ゲマインデとゲマインデ連合には，財政調整法の範囲内でラントからの贈与金が送られる。

　k）　ゲマインデおよびゲマインデ連合への適切な財政措置

　基本法28条2項が，ゲマインデとゲマインデ連合に対して，適切な財政上の措置をも保障していることは，一般に承認されている。少なくとも，財政安定化法24条によってなされた，連邦，ラント，および自治体の事務の対等性の確認の後では，このことについて疑いをはさむことはできないであろう。しかしながら，これまでのところ，適切な財政措置のための手法およびその程度について具体化することは避けられている。各ラントが財政上の措置をどう具体化するかは依然として各ラントに委ねられたままである。具体化を行う際の裁量は，少なくとも資金調達方式に関しては，広いものとなっている。ただし，基本法28条3項，106条5項2文および同6項に依拠するならば，連邦は，財政上の措置を講

じる義務を負う者として完全に除外されてはならないであろう。結局，不十分な財政措置が講じられたとしても，具体的なあるいは積算可能な要求を主張することはきわめて困難であろうと思われる。それでも，法律上保障されるべき財政上の措置が不十分であるという確認はなしうる。いずれにせよ，ゲマインデとゲマインデ連合が自らの憲法上あるいは法律上義務づけられた事務を処理しえなくなった場合が，この事態に該当する。

8．a） 地方自治体の憲法異議

基本法28条2項は，憲法裁判所による特別の救済手段によって保護される。すなわち，基本法93条1項4b号および連邦憲法裁判所法91条に基づく地方自治体の憲法異議である。この制度の要件については Bd.Ⅱ，§44 Ⅳ 9 b で述べる。地方自治体の憲法異議の制度の本質は，訴えの対象の面でも期間についても限定された異議申立権によるある種の規範統制手続とみるべきである。蓋し，ゲマインデとゲマインデ連合の自治権を侵害する可能性のある法規範のみを審査することができるにすぎないからである。もっとも，出訴が認められた憲法異議では，それ以外の憲法規定違反も審査基準として持ち出される傾向になってきているが，ともあれ，それは，当該憲法規定が憲法上の地方自治のあり方の決定にまさに関わっている場合である。さらに，審査基準をすべての憲法規定にまで拡大すること，言い換えると，すべてにわたって合憲である法律だけが地方自治を制限することが憲法上許されているのだという有益な議論も存在している。

b） 基本法93条1項4a号および連邦憲法裁判所法90条以下に基づく個人の憲法異議は認められない

ゲマインデとゲマインデ連合に基本法93条1項4a号および連邦憲法裁判所法90条以下に基づく個人のための憲法異議は保障されない。自治体が基本権を援用することは，その徹底性において必ずしも疑問の余地がないとはいえない連邦憲法裁判所の判決により，公的事務の処理の領域以外でも否定されている。

c） 主観的権利の侵害

ただし，憲法保障は，ゲマインデとゲマインデ連合に対し，かかる保障の制度的性格にもかかわらず，ゲマインデとゲマインデ連合が行政裁判所の手続を利用

できるという主観的な権利を認めている。つまり、ゲマインデとゲマインデ連合には、行政裁判所法42条2項の意味における出訴資格がある。

Ⅲ. 地方自治の新次元

1. 地方自治の新定義

　近時の地方自治の実態分析は、地方自治制度の崩壊が徐々に進行していることを確認する結果となっている。多くの学説の見解がまったく一致しているように、W. ブリューメルも、1977年のバーゼルでの国法学者大会における報告のなかで、地方自治を取り巻く状況が常に変化することによって基本法28条2項の憲法条文と現実とのあいだに不一致があることに注目していた。これを補う形で、R. グラーヴェルトも、トータルな保障内容であるにもかかわらず、この憲法規範が実際には地方自治に高権としての機能をもたせず、いわゆる中核事務のうちのどれひとつも無傷のままではない、と断言した。

　こうした批判的見解はほかにも容易に挙げることができる。1930年代にならって、地方自治の危険が主張されることもまれではない。また、伝統的形式での地方自治を時代遅れと捉える少数の見解もある。いずれの場合も、地方自治を新しく規定する（Neubestimmung）という試みが提示されたといえる。これについては以下の2つの理論が注目された。

　a）　機能的自治理解

　W. ロタースなどは、旧来の自治の理解を解体し、「現代的な」機能的自治理解に席を譲ることを支持した。彼らの努力は「基本法28条2項に内在する不安定さを解消し、現代の憲法行政法構造という前提条件の下での地方自治の保障を新たに定式化する」という試みに関するものである。地方自治と国家行政は、対立するのではなく、むしろ、公的事務を共同して、ただし機能に応じて分業的に組織化して処理することによって、相互に補完しうるとした。このためには、地域的事務と広域的事務を区別する――これは実際にもまったく成功していないのであるが――ことが問題なのではなく、ゲマインデとラントと連邦がいわば共管的な共同事務を処理しているとするのである。こうした状況の下ではゲマインデの自己責任による決定に、高次元の決定プロセスへの参加が代替するという。

この状況では，自己責任が関われる分野を見出すことはほとんど無理であろう。自己責任は時流に合った共同責任へと受け継がれることになる。こうして，地域計画への一段と強力な参加が結論として導かれ，さらには立法への参与までも導かれるという。

この見解で問題となるのは，F.-L.クネマイヤーが正しく断言しているように，分権化した基礎的行政主体によって成り立つ中央集権的単一国家にとって適するであろうコンパクトな行政学的モデルである。しかしかかるモデルは基本法が意図した秩序と一致しない。すなわち，この見解では連邦国家的編成も，基本法28条2項で明確に保障されたゲマインデの自己責任も顧みられていないのである。この見解が主張しているような本規定の不安定さは，存在していないし，あるいは想定された仕方において存在しない。この規定は「古典的」な解釈において無理なく認められるものである。規定の位置からしても，それは積極的に論証されうるものである。むしろ，この憲法規範は，機能的な自治に対しても制度的自治に対しても増大しつつある損害については，その代償を促すのである。広域化しつつある事項についてもあるいは分業化して処理すべき事項についても，各々の地域共同体との関連性に応じて，現実にはゲマインデに参加権あるいは聴聞権が認められている。「ゲマインデの活動による給付という貢献が政治・行政上の決定プロセスに集約されるなら，自治保障が参与保障あるいは協働保障に縮減されるなら，そして自己責任が余計なものとみえるなら，こうしたときは，基本法28条2項が解釈可能性のために提供している枠が失われることになる」。地方自治への法律による強度の制限を補塡することが単なる参加権に縮減されてはならない。重要なのは参加とともに自己決定である。

b）　地方自治を組織上の編成原理にすぎないとするブルマイスターの理論

同様のアプローチで，J．ブルマイスターは，——別の結論を導いたとはいえ——議論を進めている。彼は，憲法理論と憲法現実のあいだの深刻な矛盾を認識することから始めて，伝統的な自治理解を，基本法28条2項の文言に結びつけられた憲法理論上の新構想によって克服しようという目標を設定した。彼は，古典的自治理論の特徴的な基本テーゼ，とくに，地域的事項と広域的事項との区別，さらに，これに対応するゲマインデの活動領域を地方の固有行政と国家的官治行政とに分けることを——彼はこれを「異なる構造をもった憲法状況の遺物」と見

なしたが——を否定し「自治体を国家の行政装置に組み入れ，また，国家の機能とゲマインデの（非国家的な）任務とのあいだの質的な対立を克服することによって，かかる遺物は根絶された」とした。その結果，ブルマイスターは，基本法 28 条 2 項を，「したがって，地方の独占的権限たる事務カタログの所在という意味での，『地域的な』事務の基盤となるものの保障でもなく，また，ゲマインデの権限を地方の領域での唯一有意義な事務に限定することでもない」と捉えている。むしろ，地方自治は単なる国家組織上の構成原理であるとみるべきだとし，こうした場合にあっては，ゲマインデはすべての国家の事務の最下位の「執行機関」に位置づけられるとする。基本法 28 条 2 項に定める法律による規律の留保は，大綱法のような枠の留保として義務づけられることを根拠にして，ゲマインデには，結局すべての事務が国家によって配分されるのであり，そのために，「固有の」事務としてゲマインデにその遂行が委ねられる国家の行政事務というものが類型上存在しているとする。この見方からすると，地方自治の保障は，もはやゲマインデの権限保障ないしは機能保障を含むものではない。こうした理解に基づいて行政法上および憲法上の手続におけるゲマインデの地位も新しい意義を有する。さらに，連邦には地方自治領域についての多数の立法権限が承認されているのであるが，その理由として，ブルマイスターは，ゲマインデ組織法とゲマインデの活動権限とを区別して，前者の規律に限り各ラントに留保されるべきであり，後者の権限は基本法 70 条以下の事務管轄上決定された権限配分に従って判断すべきである，とする。

　以上の新しい方向性に対しても，それが憲法条文を十分に遵守したことにはならないとする反論がなされている。憲法条文は，枠であり且つ枠であり続ける。その枠の中で，地方自治の新しい内容や次元というものも展開しなければならない。憲法保障の「古典的」解釈が，前掲Ⅱ4で述べたように，地方自治をその実体面で保障することにはふさわしくないということが明らかになったといわれているが，実証はされていない。伝統的理論は，憲法裁判所の裁判においてまさに注目すべき威力を示した。

2．自由で民主的な基本秩序の酵素としての自治

　以上に述べた新しい自治理論の構想とは無関係に，実際の地方自治は，多くの点で，自らの活力や能力を不当に狭めざるを得ない状況にある。ベルリンでの第

53回ドイツ法律家大会がその地方自治法部会における決議で記した前文は，現在の状況の中心的論点を扱っている。すなわち，「地方自治に不可欠な活動及び展開の余地を維持することは，これに向けられた国家と社会のすべての当事者の政治的立場を顧慮しないのであれば，また，これに対応する鋭敏な問題意識をもたないのであれば，困難である」。地方自治は，我々の自由で民主主義的な基本秩序の「特別な酵素」のようなものである。地方自治は，組織面では分権を保障し，実体としては地域への市民の参加を保障する。地方自治は，慣れ親しんだ地域の紐帯となり，それぞれの故郷を守り，一体感をつくりあげ，創造的な発意を刺激することができ，官僚主義的な疎遠さや匿名性に対抗するのである。このような長所が認められるならば，以下に述べることは許されよう。

a） 地方自治への立法統制の増加

地方自治への立法統制が増加しつつあることは，地方の自己決定の範囲を減らすことにつながる立法依存行政という状況へ，地方自治を不可避的に追いやっている。地方自治が以前は広く法律に縛られない行政というものの原型であったのであるなら，そうした地方自治の性格づけやそれと結びついた地方自治の実質的内容は，今日失われたように思われる。このことは，（指図による執行という）義務的事務や委任事務の増加にも表れており，また，たとえば，情報処理本部や，目的組合として創立される貯蓄銀行のような，個々の自治体の自律を制限することにつながる共同施設の設立にも表れている。その限りでは，明らかに［自治への］抑制が働いているというべきであろう。これは，法律や行政規則だけでなく超国家的な措置に対しても同様に妥当する。かかる経緯については，すでに触れた第53回法律家大会で指摘されていた。

b） 機能改革の必要性

例外なく規模が拡大し，そのために能力も向上した地方公共団体をもたらした区域改革の後，強化された行政能力に見合う権限を地方公共団体に付与することが必要となっている。機能改革はこうした目的を果たすものでなければならず，部分的にはすでに開始されている。

c） ゲマインデおよびゲマインデ連合の参加権能の拡充

最後に，国家の決定過程へのゲマインデおよびゲマインデ連合の参加権能が拡充している。参加権能は，これまで，連邦議会の議事規則（連邦議会議事規則69条5項，66条2項）や，連邦省共通職務規則（1976年10月15日の変更後の連邦省共通職務規則25条，40条3項2文）で実現している。すなわち，これらの参加権能は，地方自治の利益に抵触する法律がつくられる場合に，自治体連合組織にする聴聞権を制度化したものである。

さらに，以下のものへの参加が保障されている。
- 地域開発計画
- ゲマインデにおける交通環境改善のための合同委員会
- 道路建設計画調整委員会
- ドイツ都市開発評議会（都市建設促進法89条）
- 建築法規のための委員会（国土計画法9条）
- 景気委員会（経済安定化法18条）
- 財政計画委員会（予算原則法）
- 集積化活動（経済安定化法3条）

3．連邦の地方自治への影響可能性—ラントの組織法としての地方自治法

地方自治法に対する連邦権限がないのにもかかわらず，連邦は，実体法を通じて，地方自治へ多様に影響を及ぼす可能性を有する。連邦の行政法がゲマインデやゲマインデ連合により広く執行されていることを正当であるとすれば，それは，地方自治がもはや連邦の手の届かないものでもなく，連邦の決定から自由でもないことを示している。たしかに，連邦参議院は，基本法84条1項および85条1項により，［ラントの］官庁の設置と行政手続に関係する場合に限って影響を及ぼすこととなっている。しかし，実体法ではそれ以上に，連邦は統制を及ぼしているのである。

とはいえ，その他の点で地方自治法を形づくるのはラント法である。地方自治法は本来組織法である。すなわち，地方組織法，地方経済法，財政・予算法，国家監督法さらに地方自治体の事務の共同処理を含むゲマインデ連合の法より成る。地方自治に関するこうしたラントの権限は維持されねばならない。

第1章　国法の基本概念と憲法上の基本命題
　第4節　国家を構成する制度の憲法上の内容形成

§ 13　政　党

Ⅰ．歴史的展開

1．政党と代表

　絶対主義国家には，政党は存在しなかった。国家における諸決定は，国王とその参事会および参事員らによって下されていた。絶対主義国家の理念からして，絶対主義国家は，諸政党に否定的に対峙することが余儀なくされるものであった。なぜなら，諸政党は国家の意思統一にとって危険な存在であったからである。たとえば，S．プーフェンドルフは，政府当局は「市民が利益集団を結成しないよう」注意を払わねばならない，と論じている。現在および近年の全体主義国家は，必然的に同様の態度をとらざるを得なかった。全体主義国家が甘受し得るのは，たった1つの国家政党だけである。たとえ全体主義国家がその外見上の姿を理由として自らを多党制であると標榜したところで，ここでの諸政党は見解の多様性（プリュラリズム）を具現したものとなっておらず，1つの政治的方向に拘束されたものなのである。「諸政党は，代表……が問題となる場面においてにしか，その居場所を有しない」。諸政党が有効に存在する場所は，市民による直接的な意思形成がもはや行われなくなった国家だったのである。それゆえ，自らの目標を達成するために指導者や指導的集団に群がるようにしてできあがった諸政党，あるいは，少なくとも政治的集合体の数々というものは，すでにギリシャの数々の都市国家や帝政前ローマの時代において確認されるのであって，これは，ペリクレス，アルキビアデス，グラックス兄弟，スラ，ポンペイウス，カエサル，アントニウスや彼らの支持者らが指摘しているとおりである。諸党派や諸会派は，中世の諸都市にも存在するものであった。とはいえ，近代政党制発展のきっかけと

なったのは，17世紀後半の政治哲学上の啓蒙運動だったのである。

2．イギリスにおける政党制の発祥—当初たいていのヨーロッパ諸国では多党制であった

人口規模の拡大や国家業務の複雑化が原因であるとされているが，国民全員による国務の従事がもはやこれ以上不可能となるや，一般意思は代表制的につくりあげられることを余儀なくされた。国民代表が理論的に基礎づけられたのは，フランス革命の際が基本的には初めてである。立法会議は，シェイエスに依拠して，「その全構成員の自然的意思を通じてではなく，代表制的につくりあげられた一般意思を通じて」執り行われた。ただ，シェイエスの立場は，イギリス憲法への感銘，すなわち議会制と諸政党の発祥国を，全面的に後ろ盾とするものであった。イギリスにおいて政党が誕生したのは1688年の名誉革命前であり，それは，国王の特権に反対するホイッグ党と賛成のトーリー党（実はこれらは通称である）であった。H. St. コマジャーが，政党は「それ自体，偉大なるアメリカの発明の一つ」であると考える限りで，これは正鵠を射ていない。いずれにせよ，アメリカ合衆国の成立は緩やかな形態での二大政党制をともなうものであった。一方の側にはフェデラリストがおり，そして他方の側には，ジェファーソンに指導され後にデモクラットと呼ばれたリパブリカンが存在した。ヨーロッパ大陸では，諸政党は比較的長い時間をかけて形成されていった。フランス革命はジャコバン派とジロンド派という「クラブ」を生み出した。ドイツにおいて諸政党をつくり出すきっかけをはじめてもたらしたのは，1848年革命であった。この時期以降に自由党や保守党が生じ，その後は中央党のようなカトリックを標榜する諸政党，1875年以降にはドイツ社会主義労働者党，1890年以降にはドイツ社会民主党，第一次世界大戦後には，最終的にドイツ共産党と国家社会主義ドイツ労働者党が生じた。これらの諸政党はたび重なる分裂を経験したが，にもかかわらず，諸政党の基本図式は今日でもなお健在である。ごく最近では，あまりに単純化が過ぎるが，いわゆる保守的な政党か進歩的な政党かのどちらかに還元するということがときおりなされる。イギリスやアメリカ合衆国とは対照的に，大半のヨーロッパ諸国では，当初より複数政党制から多党制に至るまでのものが存在していた。——現在でもなおこれらのものが存続している状況にあるが，もちろん今日では，よりいっそう分極化の進んだ多党制（たとえばフランス，イタリア，オランダ，スイ

ス）や，比較的分極化の乏しい多党制（たとえばドイツ）などさまざまなものが存在しており，一部のものは拡散傾向を示し，一部のものは収斂傾向を示している。各国の諸政党の歴史は，ある程度の同時進行性はあるが，独自性を有したものである。伝統的な区別の基準――王制的／共和制的，自由主義的／教権主義的，集権主義的／連邦主義的――に代わって，現在では他の諸要因に着目することがしばしばである。こうした諸要因は，たいていの場合，社会政治的に条件付けられるが，イデオロギー的に条件付けられることも珍しくはない。とはいえ，ほぼすべての諸政党――諸々の幹部党を度外視すれば――は，あらゆる国民層に開かれている国民政党であると認められることに価値を置くものである。

3．会派の形成

代表制それ自体だけでは，まだ必然的に諸政党がもたらされるわけではなかった。最初にもたらされたのは，代議士つまり国民に代わって単独で行動する議員であった。しかしながら，全体利益や全体的信条の数々は議員のあいだでつくり出されていたというのが，実際のところであった。彼らは諸々のクラブや「会派」を結成した。有権者の数が増加するにつれて，とくに普通選挙権導入後ともなると，代表という職務を包括的かつ実効的に全うすることは個々の議員にとってよりいっそう困難になった。そこで，数々の信条共同体や利益共同体，選挙戦共同体が生み出されることとなった。これらが諸々の政党として定着したのである。直接民主制を理想としたルソーでさえ，次のように解さざるを得なかった。すなわち，言葉の厳格な意味において，真の直接民主制はこれまで一度も存在したことはなく，今後も決して存在することはない，と。ここには大勢の民衆から国民意思をいかにして創出するかという問題があるばかりか，理念や計画を定式化しこれらを整備された手続の中で実現しようと努めるのは，常に一部の積極的で目的志向的な国民だけなのである。そうなると，政党への関与を余儀なくされたり，少なくとも，そして遅くとも，投票行為の際には政党への関与を余儀なくされたりするか，そうでなくとも，同様に，国民意思がこうした諸政党によって陪臣化されるのである。ツィッペリウスは，このことに関して民主主義イデオロギーの立場から，代表制とは「やむを得ない国家形態，すなわち，一定の必要性やある種の諸利益のためではあるが，万人の等しき協力的参与という理想に至らぬままである政治体制」であると考えた。

4. 議会制民主主義体制における政党

代表制，ならびに，代表制が普通選挙や平等選挙（§10 I 1, II 3 a, b）を通じてもたらした，国民代表や議会，その後の議会制民主主義といったものの創出により，諸政党は必要不可欠のものとなった。ここでは，増加し続ける有権者と共同体についての決定の任を受けた者とを結びつける紐帯が一方では必要とされ，他方では，共同体内に存在する諸利益と諸見解が明確なものとなるようにするために，これらが何らかの形式で組織化される必要があった。この２つの必要性によって，諸々の政策綱領と政策目標設定とを備えた集合体というものが，あらゆる民主制の本質的要素となった。政党は，非常に広い範囲で，政治領域にとっての中心的な社会の組織原理となったのである。R．バジョットは「政党政治は代表政治の絶対不可欠な原理である」と確認したが，これを出発点とした場合，（本質的な）民主制とは政党国家のことであるとする認識は，社会学，政治学，国法学の共有財産である。このことは，国民により選ばれた一人の大統領が統治作用を行使する国家にあっても，根本的には否定され得ない。大統領であっても通常はある政党から出馬し，これを後ろ盾にしている。もちろん，政党が政治的野心をもった唯一の社会構成体というわけではない。諸政党と並んで数多くの諸団体が影響力を及ぼしている。しかしながら，諸政党こそがやはり政治的意思形成の際に決定的な役割を果たす団体である。国家権力の中枢，つまり議会および政府は，彼らが握っているのである。政党の影響力は官僚機構（§11 IV 3 c）や裁判権（Bd. II, §43 II 4 b γ）に対してさえも及んでいる。とはいえ，官僚機構と裁判権はともに，数々の制度的な予防措置と法的拘束性によりながら，原理的には党派的拘束を受けない機関として内容形成されているのである。制度的な備えがある場合には（§7 III 3, §22 IV 2 d, Bd. II, §25 II 1, §26 I 1 c α），プレビシット的決定手法の数々さえもが諸政党の敵対者へと発展することが，場合によってはあり得る。しかし，自由主義的な議会制（および大統領制）民主主義においては，諸政党が憲法現実において最も強い決定能力を有する者であることに，原則として変わりはない。政党とは「本来的に運動的かつ指導的な要素」である。政党は，「国民の政治的意思形成の予備形成」に決定的に関与するものである。憲法に関しては，ここからさまざまな推論が導かれる。

II. 国法と政党

1. 国法の消極姿勢

　国法は，長い間，政党に注意を向けてこなかった。1920年代までは，G.イェリネックが著した一般国家学第3（最終）版（1913年）における彼の立場が典型的だったといい得る。それによれば，「国家秩序においては，実際のところ政党の概念自体は何らの地位も有していない。すなわち，たとえ諸政党が国家秩序への影響力を与えられることとなろうとも，諸政党は多数派や少数派としてしか考慮され得ないのである」，とされる。諸政党は，ほとんどが政治的，歴史的，心理学的および社会学的な諸観点の下で扱われるばかりであった。それどころか，G.イェリネックは，政党の生態は驚くべき予測不可能な諸要素を数多く示すものであるため，それについての学問的な取扱いの多くはおよそ高所からの視点を欠いている，と考えてさえいた。H.プロイスは，1928年でもなお，「憲法および諸法律は自らの実効性の前提条件，つまり政党制には一切言及しない，というしきたりが，依然として支配している」，と記述していた。さらに，G.ラートブルフは，「我々の憲法が隠蔽してきた部分（partie honteuse）」について語らなければならない，と確信していた。こうしたことからすれば，1871年ドイツ帝国憲法が帝国諸邦の憲法と同様に，政党に関して一言も言及していないとしても，そして，ヴァイマル憲法がその130条1項において，公務員は全体の奉仕者であって一党派の奉仕者ではない，といった具合に，「特徴的なことに，きわめて拒絶的で消極的な姿勢を示すような表し方でしか」政党に言及していないとしても，何ら驚くことではない。

2. 若干の論者に見る例外：R.シュミット，ナヴィアスキー，ケルロイター，トリーペル

　これと反対の見解は散発的にしか表にでてこなかった。R.シュミットはその非常に少ないうちの1人で，彼は1901年に自らが公表した一般国家学の第1巻第4章で，政党のために1つの節を割いている。そこで，彼は，「国家や国法をつくりあげる社会生活上の諸勢力に関する」問い，つまり，政党をどのようなものとみなすのかという問いに対して，「これまでの国家学の大部分は，まったく

役に立たなかった」と確認していた。「政党活動は国家活動と密接不可分である」と彼が確認したのが的確な将来予測であったことは、証明済である。そこからいくと、たとえばシュミットが認識していたように、「常に形を変えながら諸勢力の交代の下で更新される諸政党間の争いは、何か有益なものなのか、それとも有害なものでしかないのか」などという問いは、的外れなものである。というのも、このような争いはある程度自明であったり必然的であったりするものだからであり、また、党派利害の対立は、国家が正常な状態を保つためには、たとえば社会的利害と個人的利害の諸領域が衝突すること自体がすべての国家活動の原動力となっているのと同じように、ある程度所与のものとして甘受されざるを得ないからである。シュミットはすでに、党派分裂、党派利己主義、党派教条主義の危険を認識していた。このような諸属性こそが、民主主義的な基本姿勢を欠いたヴァイマル共和国を破滅へと導き、第三共和政下のフランスとイタリアを破滅寸前へと導いたのである。

　もちろん、R. シュミットの考えは、国法学においてまだ定着し得るものではなかった。20世紀になってはじめて、諸政党およびそれらの憲法生活上の意義に対する学問的態度に変化がおとずれた。状況を打開したのは、とりわけH. ナヴィアスキー、O. ケルロイター、H. トリーペルならびにG. ラートブルフによる諸業績であった。ここでは、トリーペルは、[諸政党の] 発展過程を適切にも次のように要約した。「歴史的にみれば、諸政党に対する国家の態度は4段階で推移するものであった。敵視の段階があって、その次に無視の段階があったといえる。この段階に引き続いて承認および合法化の時期があり、そして最後に、憲法編入の時代がこれに続くことになるだろう。ただし、この憲法編入の存在と性質については、今のところまだ疑問の状態にある」。憲法編入に向けた第一歩が踏み出されたのは議事規則においてであり、その最初のものはラント議会の議事規則においてであった。憲法上では、第一次世界大戦後のテューリンゲンのものが初めてである。ただ、何といっても特筆されるべきは選挙法上のものである。

3．ラートブルフに見る憲法への政党国家の浸透

　その後、ラートブルフによる諸々の説明は、明らかに憲法への政党国家の浸透という方向へと進んでいった。彼にとって、諸政党に対する憲法の拒絶的態度は放棄されねばならないとの理屈は、筋が通ったものでしかなかった。というのも、

政治的および社会的現実に照らした場合，とりわけ諸々の選挙の場合には，有権者団「に加え，彼らを代表する諸政党もまた，その限りで」「創設機関」であることを前提とせざるを得ないからである。そうであるなら，憲法は，国家権力の由来，議員の地位，議員連合の形成という3つの点で，諸政党に対する立場を明らかにする必要があったかもしれない。

しかしながら，このようにしていたら，政党は過度に強調され，また，国家と国民が抑え込まれることになっていたであろう。基本法は正当にもこのような道を辿ることはしなかったのであり，そして，たしかに，不可避ということで21条1項1文に規定を挿入することに決めたが，それでもやはり，それは控えめなものであった。すなわち，政党は国民の意思形成に協力する，といった具合にである。

4．a) 1947年バーデン憲法

実定国法上の変更がもたらされたのは，多くの者が考えるように，基本法21条においてが初めてだったわけではない。1947年5月22日バーデン憲法が初めてである。この憲法は政党のために4つの条項を割くものであった。

118条

政党は，党綱領において，かつ，その行動を通じて，民主制国家の諸原則への支持を表明する場合に限り，これを自由に結成することができる。政党の禁止は，当該政党がこの義務に違反しない限り，許されない。疑いのある場合，ラント政府または党の申立てに基づき，国事裁判所がこれを決定する。

ラント議会の候補者推薦は，選挙権を有する支持者が少なくとも3万人いることを証明できる政党，または，諸公共団体の前回選挙で投じられた票の総計で4％を候補者名簿上で結合できた政党のみが，これを行うことができる。

国家市民的諸自由を否定する目的，または，国民，国家もしくは憲法に対抗しての暴力行使といった目的を追求する政党，選挙集団またはその他いかなる種類の結社の結成も，禁止される。これらの結成に関与する者は，選挙または投票することを許されない。これらの要件の存否については，ラント政府の申立てに基づき国事裁判所が決定する。

119条

いかなる国民も，自由に，ある党への支持を表明し，かつ，その構成員となることができる。

党，または，他の政治的，社会政策的もしくは宗教的な目的を追求する結社への加入

は，暴力，脅迫またはその他の威嚇によって，強要されてはならない。

120条

　政党は，政治活動の形成および国家の運営に連帯責任を有することを自覚しなければならず，これは，政党がラント政府の構成に参与しているか，または，ラント政府に反対の立場をとっているかを問わず，等しく妥当する。

　政党が政府の構成に関与する場合には，政党は党の利益を超えてラントの利益を提供すべき義務を負う。当該政党は，新たな多数派が形成されたならば即座にこの責任の移譲に応じる用意がなければならない。

　政党が政府に反対の立場である場合，当該政党は，政府および政府の構成に関与する党の活動を観察し，かつ，必要のある場合にはこれを批判する責務を有する。当該政党による批判は，客観的かつ支援的，建設的でなければならない。当該政党は，しかるべき場合には政府における連帯責任の承継に応じる用意がなければならない。

121条

　党もしくは党の指導者に無条件の服従を約束すること，または，このような約束を要求することは，これを禁止する。離党は，党規に従い，何時でも可能でなければならない。いかなる議員も，演説，行動，投票，選挙の際には，自己の信念と良心に従うものとする。

　すでにヴァイマル共和国の選挙法では，「有権者団体」および「有権者グループ」と並んで，立候補者の所属することのできる「政党」についても規定されていた。

　　b）　基本法21条

　さらに，連邦レベルで，政党に憲法上の位置づけを与えたのは基本法21条であった。政党は「超憲法的現象」から「憲法的制度の地位へと」高められたのである。その限りで，憲法は，政治活動の現実と代表制システムとが描きだしてきたものをあとづけるものとなっている。要するに，ここでは民主制が，多少なりとも強力な形で政党国家的に刻印づけられているのである。このような点で，基本法21条は，憲法現実を規範的に記述し，かつ，――諸限界の枠内で――これを規律しようとするものであり，つまるところ，政党の活動と内部秩序に関する諸要求を定めようとするものである。しかしながら，［政党を］憲法上承認したからといって，他の言及されていない集団が政治的意思形成に対して影響力をもたないということが帰結されるわけではない。この憲法化は，独占を合法化した

ものでもなければ，法定したものでもない。諸政党は，国民と国家との媒介者として，また選挙戦組織として，中心的な地位を占めるだけである。諸政党は，党とのつながりのない個人候補者を，ほぼ例外なく排除してきた。この点，1969年連邦議会選挙の際にボン選挙区から出馬した元市長のW. ダニエルス博士は，おそらく最後の例外であろう。

加えて，基本法は，諸政党の政治的関与協力権を「中核規定」において明文で定めた，世界で初めての憲法である。1947年イタリア憲法49条は，これほどは行き届いていなかった。基本法を模倣しているのは，1961年5月27日トルコ共和国憲法56条3項である。しかも，この条項と57条はよりいっそう詳細なものとなっている。同様のことは，憲法規定として公布された1975年7月2日施行の政党の任務，資金調達および選挙宣伝に関するオーストリア連邦法（BGBl. Nr. 404）Ⅰ条についてもいえる。若干控えめとなっているのは，1958年9月28日フランス憲法（4条）である。1976年4月2日ポルトガル新憲法（47条）と1978年スペイン憲法（6条）は，基本法21条と同様，諸政党の主たる機能を，国民の意思形成の際の協力と見ている。ここでは，さらに，諸政党は「政治参加の主たる道具」または「政治権力の形成に向かう」参加者であると特徴づけられている。

もっとも，政党の憲法上の地位が十分明確になるに至るまでには，連邦憲法裁判所による思い切った判例に加え，基本法21条3項で要請されながらも長きにわたり成立を待たされた1967年7月24日施行の政党法が必要であった。

Ⅲ．政党の概念，成立，解散，内部秩序，資金調達

1．政党法の概念規定

基本法は，政党の概念を定めることはしなかった。しかし，基本法で想定されているのが，とりわけ19世紀において西欧の議会制民主主義国家で形づくられたような党の原型，すなわち，有権者から票を獲得するためや国家権力に参入するために，他の集団と競い合いながらこれに尽力する人々からなる社会結社であることは，明らかである。市民全体で政権をめざして戦い抜くのに代わり，諸政党が政権をめざして戦い抜くのである。なお，［政党を］概念規定するための諸基準は，憲法上，立法者の手にゆだねられている。1967年7月24日施行の政党

法2条1項は、以下のように規定する：

> 「政党とは、継続的または長期間、連邦またはラントの領域のために政治的意思形成に影響を及ぼし、かつ、ドイツ連邦議会またはラント議会における国民の代表に協力することを意欲する市民からなる結社が、事実関係の全体像、とくにその組織の規模および安定性、その構成員の数および公共におけるプレゼンスからして、この目的設定の真剣さを十分に保証する場合のものをいう。政党の構成員となることができるのは、自然人のみである」。

これに関して、連邦憲法裁判所が説明したところによれば、かつて連邦憲法裁判所は類似する概念要素をすでに使用しており、それ以来、このような概念規定は基本法の政党概念にふさわしいものとなっている。学説も同様に、こうした政党概念に賛同している。

a) 政党の法形式

結社は、一定の組織的安定性を有したものであることを要する。結社がいかなる法形式で組織されたものであるかは、問題ではない。通常、政党は民法上の権利能力なき社団である。

別段、これが組織の安定性にとって最善の団体の組織形態というわけではない。組織の安定性にとってなお標準的なあり方は、伝統的なやり方での団体結成であり、これは政党に対してかつて制限的で抑圧的だった社団法である。

有権者団体、行動のための連合、選挙同盟またはそれに類するものは、長期間継続的に整備された安定的な組織をもつものではないので、政党とはいえない。

b) 選挙準備および議会制的代表―市議会政党

基本法21条1項1文からすれば、諸政党は政治的意思形成に影響力を行使するものでなければならない。それゆえ、政党は、とりわけ選挙準備組織としても存在する。「政党は、基本法21条1項1文によって政党に与えられ、政党法1条〔1項〕2文により『公的な』と性格づけられた任務を、国民を代表する諸機関に民主的正統性を付与する行為としての実際の選挙に向けて準備をすることにより、担っているのである（政党法1条2項、2条も参照せよ）。政党法はこれを次のように具体化し、ここでは、連邦議会やラント議会において議会制的代表となろ

うと努める意思を有することが要求されているのである。それゆえ，議院外的な作用のみを意欲する結社は，政党法の埒外のものとされる。

　それゆえ，自らの設定する目標が基本的には自己の構成員の諸利益を確保することにある経済団体，職業団体，労働組合およびその他の利益団体は，それらが政治的影響力を行使したりその行使を意欲する場合であっても，政党ではない。政党は，6年間独自の立候補者を擁立せず表舞台に出てこない場合には，政党としての地位を失うことがある（政党法2条2項）。

　外国人に対しては，政党法2条3項が障壁を設けている。外国人が指導部内もしくは構成員数において多数派となっていたり，政治結社の本部がドイツ連邦共和国（西ベルリンを含む）の国外に存在していたりする場合には，その結社は同様に，もはや政党法の意味での政党ではない。

　政党の承認にあたっては，議席を獲得することは必要ではない。5％条項により議席獲得に失敗することが恒常化している党であっても，政党であることにはかわりない。

　いわゆる市議会政党，すなわち単に地方議会への協力を目指すだけの選挙集団は，今日，法律上は政党と見なされない。ただ，このような決断が正しかったのかは疑問であろう。ザイフェルトは，政党には国家との関連性が不可欠であるとして，市議会政党の排除を理由づける。それでも，市議会政党が基本法28条2項による保護を受けるものであり，その限りで，この条項は基本法21条とのバランスをとるものだといえる。

c）組織の安定性

　政党による議席の獲得が必要とされていない以上，政党という地位のあまりにも安易な取得や悪用的な取得ができてしまうことを防ぐためには，別途の調整をすることが必要となる。政党という地位が与えられるのは，とくに組織の規模および安定性，構成員数ならびに公共におけるプレゼンスといった実際上の諸関係が，国民の政治的意思形成に協力することに真摯に尽力することを十分に保証するものである場合に限られる。もっとも，こういったことの要求は，とくに新たに結成された党の場合には，厳格に行うことができない。連邦憲法裁判所は，当時構成員が400人だったヨーロッパ党を政党として承認したことがある。これとは対照的に，1928年ドイツ帝国期の国事裁判所は，ドイツ独立社会民主党が

1928年3月20日の帝国議会選挙で2953票しか獲得しなかったこと理由に，彼らの政党資格を否認したのである。

　政党に関するこのような「全体像」を満たすための基準は，とりわけ諸機関（政党法8条）および下部組織（政党法7条），綱領および党則（政党法6条1項，2項）を備える団体であるか，端的にいうならば，政治的影響力の獲得を目指す政治的組織であることを外部に明確に示すものであるか，である。その集合体が政党を名乗っているかどうかは決定的ではない。

　d）　政党の特権および特別の義務

　政党たる性質をもつことにより，他の諸々の社団と比べ数多くの特権がもたらされることになる。

- 結党時における社団法上の優遇（政党法37条）
- 連邦憲法裁判所によってのみの禁止（基本法21条2項は，社団法3条以下と結びついた基本法9条2項に対抗するものである）
- 権利能力に左右されることのない政党の能動的および受動的訴訟能力（政党法3条）
- 民法12条と比べて強化された名称保護（政党法4条）
- 政党法5条に基づく特別の平等取扱い
- 公的財源からの資金援助（政党法18条以下）
- 税制上の諸々の優遇措置（所得税法10b条2項，法人税法9条3b号）。

　他方，こうした政党の地位には，党内組織に関する特別の義務の数々や，資金の出所に関して公的に報告する義務がともなうこととなる（基本法21条1項3文・4文。政党法6条以下，23条以下）。これらの義務は他の結社法規には見られないものである。もっとも，その公表はというと，その「中核的な意義」にもかかわらず，大ざっぱに行われているのが実態である（後掲7a）。

2．a）　結党の自由

　基本法21条1項2文によれば，政党の結成は自由である。結党の自由は，多元的民主制の基本的前提である。政党法はその37条において，ある権利能力を有する社団が社団法上許容されないまたは禁止されている場合に行政官庁はこの社団の社団登記簿への記載に対して異議申立てを行うことができるとする民法

61–63条の適用を，明文で除外している。そうなると，形式審査の可能性（民法56–60条）が残るのは，党がおよそ権利能力を有する社団の形式でこれを組織しようとする場合だけである。国家による許可は予定されてはいないし，それは許されないことでもあろう。政党法6条3項に基づく報告義務は，確実な履行を求めるものではないが，制裁なきものというわけでもないのである。

b) 解党

解党は，政党資格の喪失によるか，または，政党法9条3項，6条2項11号，15条1項に基づく党員総会の決定によって，行うことができる。解党と法律上同視しうるものに，他党との合併がある。

c) 政党禁止

より重要なのは，もっぱら連邦憲法裁判所によってなされる政党禁止による解党である。こうした道具を［連邦憲法裁判所に］授けたことに対しては，ときおり疑義が向けられたり，あるいは，この道具の使用は不適切であると評されたりした。自由主義的で価値充足的な民主制のためには，こうした見解は反論されなければならない。民主制は，自己破壊に対してもその身を守る義務を負っているのである（§6, §16 I 2）。

3．政党の内部秩序

諸政党の内部秩序は，一部は法律上で，一部は党則（党規）によって定められている。基本法21条，政党法，そして，わずかではあるが民法も，所定の強行法規を構成している。この強行法規の枠内で，諸政党の内部規律法規を定めることは自由である。国家の法規もこの内部規律法規も，主として，政治的影響力の行使，とくに議会の選挙への参加，といった政党の目的や民主的な内部組織に見合うよう，定められている。このことは，党規に関する強行規定（政党法6条，10条3項）や，支部，諸機関，党大会，党員の地位に関する諸細則（政党法7条以下）において，とりわけ明瞭となる。法律上および党規上のこうした基本秩序準則は，「党の憲法」をなしている。このような基本秩序準則と並んでいわゆる付随規程があり，具体的には，執務，選挙，栄誉，仲裁に関する各規程（政党法14条4項），財務および寄付の各規程（政党法9条3項）といったものがある。これ

らのどこまでが同じく党の憲法にあたるかは、そのそれぞれ規律の意義による。

a) 党則

党則とは、社団の社則と同様、最高機関すなわち党員総会ないし代表者総会（党大会）による議決を経た（政党法9条1項、3項）、適用範囲を当該党員とする客観的な法規のことである。あらゆる機関のする諸々の決議と行動は、党則の枠内に収まるものでなければならない。強行的な諸規定に反する場合、これらの決議および行動は無効である。ただし、無効についての終局的な拘束力を有する判断は、諸々の国家の裁判所か仲裁裁判所（政党法14条1項）のどちらかだけが、出訴に基づいて、これを行うことができる。党則の改正は、党員総会の議決を経なければならず、通常、その議決は特別多数を必要とする。しかし、党則でこれと別の定めをおくこともできる。

一支部のために公布される党則というものも存在しうる。ただ、この党則は、支部よりも高次の連合体が定めた党則の下位に位置することとなる。

党則の内容に関する強行的な定めは、政党法6条2項と10条3項にある。ここでの列挙は限定列挙である。なお、党は自由な決定権を有するが、しかし、国家の法規に違反することは許されない。

b) 党綱領

党綱領（政党法6条1項1文）は同じく強行的なものであるが、これは内部規律法規ではなく、党の目的を具体化したものであり、党の政治的目標設定を表現したものでしかない。したがって、党綱領の改正では、党則の改正に妥当する諸条件は必要とされない。それゆえ、諸政党は基本綱領や活動および選挙綱領をしばしば変更するのである。

4．政党の内部秩序における民主制の諸原則の要請

基本法21条1項3文は、基本法20条1項、28条1項の民主制原理を国外や地方自治体以外の領域にも通用力をもたせている基本法上唯一の規定である。基本法21条1項3文は、党内秩序はこれに合致していなければならないとして、民主制の諸原則のみに言及するだけなので、ここでは、原理的あるいは図式的な画一化は排除されており、そして、党の機能ならびに党内意思形成の自律性に配

慮して，活動の余地が十分につくり出されているのである。K．H．ザイフェルトは，おおむね支配的見解に依拠しつつ，この要求を次のように要約している。

「それゆえ，民主的内部秩序を求める憲法命令の意義は，民主制的とみなされている諸々の既成政党の組織形態を省察するだけで明らかにされ得るものではない。同様に基本法 21 条 1 項 3 文についても，高度に発展した国家の民主制の政党への援用を命じたものであると理解することは容易ではない。通常，諸政党は，国家レベルの民主制のような大規模で費用のかかる装置までは備えていなくてもかまわない。しかし，党内議会は恒常的な行為能力をもってはいないため，個別の民主制的な諸要請は，やはり補充的に国家の範囲を超えて行われざるを得ない。たとえば党執行部の役職任期の場合がそうである。基本的に，基本法 21 条 1 項 3 文は，国家を想定したモデルに従って理解される必要はまったくなく，結社を模範としつつ政党の特殊性に即した意味で理解されなければならない」。

以上まとめると，要するにある程度であれば，国家レベルの民主制の要請から借用したものを修正することは，許されているのである。とりわけ注意を払うべきは，政党の内部組織は同時に多かれ少なかれ数々の政治家のパーソナリティによって刻印されかつ形成されるものであり，これを党則によって無理やり型にはめることなどいずれにせよできないという点である。その限りで，ここで問題となり得るのは大枠の部分だけであって，これは政党や政治気質に応じてさまざまな形で補われることとなる。一人ないし複数の指導者を中心に据えている党と，地方との関係に重きを置いている党と比較することは，困難である。それに，政党という組織体は変化せずにはいられないものでもある。このことは，［政党の内部組織に対して］いかなる要求を行う場合も留意されなければならない。加えて，「舞台裏」を覗くための視界が常に開けているとは限らない。党則が行動する人々の政治活動を阻むことができるほど厳格なものであることなど，まずあり得ない。だとすれば，ここで問題となり得るのは常に，若干の本質的な諸原則が貫徹されているかだけとなるが，その場合，この原則はやはり放棄し得ないものとして存在するのである。

a） 下から上への意思形成

民主的な組織が命ずるものは，下から上への意思形成であって，その逆ではな

い。それゆえ，党員ないしその代表者による直接的な党総会（政党法8条1項）は，最高機関なのである（政党法9条1項1文）。他のいかなる機関の創設も，この最高機関に基づき，定期的に繰り返し実施される投票によりなされなければならない（政党法9条3-5項，11条1項）。執行部の役員選出は秘密選挙でなければならない（政党法15条2項）。「指導者原理」，あるいは，執行部の「独裁制類似」の地位は，これらと相容れない。それゆえ，政党法11条1項は，2年ごとの役員選挙と，同僚として位置づけられた執行部を要求しているのである。ただし，ここでは以下のことを考慮しないわけにはいかない。すなわち，少なくとも連邦議会選挙における人物人民投票の性質の高まりに鑑みれば，指導者のパーソナリティの強調が有権者には求められており，いかなる政党もこれを無視することができなくなっている，ということである。

b) 党大会

党員またはその代表者による党大会ないし中央大会は，大会の構成に関して，党則に適合するよう定められなければならない（政党法13条1文）。これらの大会は，基本秩序決定と党綱領の議決に関して権限を有するものでなければならない（政党法9条3項）。

c) 党員の平等な投票権および発案権

意思形成は，全党員に対して平等な投票権および発案権が予定されたものでなければならない（政党法10条2項，15条1項・3項）。党構成法や団体構成法が定める構成員としての諸権利には，民主的意思形成の本質的要素として，党内の意思決定に先立ち議案を述べたり，情報提供を求めたりできる党員の権利も含まれている。執行部は，報告と説明を行わなければならない。

d) 党員の法的地位

党員の法的地位は，政党法10条に適合するよう，平等保障の原則に従って党則上で規律されねばならず，また，党員個人による影響力行使の可能性が確保されていなければならない（政党法7条1項3文）。党と党員との関係において諸基本権が適用されるかは疑わしい。これは否定されなければならないであろう。なぜなら，党は公権力の担い手ではないからである。民主制原理との関わりを有す

るいくつかの基本権の諸原理が影響を及ぼし得るのは、せいぜいのところ政党の運営に関してくらいである。ここから、党内的な自由と党内的な協力の問題が生じてくるのである。少なくとも党員採用義務が肯定されることはあり得ない。政治活動に関して諸政党が有する寡占的地位が理由なき採用拒否を正当化することは、もちろん許されないであろう。しかしながら、諸政党にもその（政治的）アイデンティティを保持する権利はある。それゆえ、恣意的でない選抜であれば、それは違法とはならない。懲戒処分や除名処分も無制限には許されておらず、党に重大な被害をもたらす行為態様に限られる（政党法10条3-5条）。権利保護は諸々の仲裁裁判所を介して行われるが、この裁判所は一定の諸要求を満たさなければならない（政党法14条、とくに4項）。仲裁裁判所の諸裁定は民事訴訟法1041条と結びついた1048条を経て国家の諸裁判所で再審査が可能であるが、これは、党の仲裁裁判所が民事訴訟法1025条以下の意味での真正の仲裁裁判所（Bd.Ⅱ、§43 Ⅲ 3）に該当するかどうかが問題となっている場合に限られる。

党員資格は自然人に限定される（政党法2条1項2文）。［党への］団体加入は許される。党員資格をドイツ人に限定することは、憲法上命じられてはいない（§8 Ⅲ 3）。

e）民主制の欠如？

K.H.ザイフェルトは、いくつかの点において民主制の欠如を確認する。ただ、彼によってなされた補足的な提言が決定的であるかは、私には疑わしいように思われる。政党とは、第一義的には政党自身のためにではなく、諸々の政治目標の達成、すなわち、選挙での判断を根拠に国家統治権を獲得したり、これに影響力を及ぼしたりすることのために、組織されたものなのである。

5．政党の連邦制的区分

政党法7条1項1文によれば、党は地域支部に分けて組織されていなければならない。つまり、政党法は、連邦規模の統一モデルには反対の意を表明しているのである。政党法は、ここでも、国家構造と同様に連邦制的区分を予定している。ラント政党としてバイエルン共和国のみをカバーしているキリスト教社会同盟を除けば、ラント支部への区分はおきまりの作法となっており、これは以上の趣旨に適うものである。ラント全域には及んでいない支部が、ラント支部に取って代

わることは可能である（政党法7条2項）。このようにして，政党が全体主義的に一体として結合することは否定されているのである。下部組織は，通常，地区支部，郡支部（下位支部），町村支部といった具合に連なるものである。

この領域的区分と並び，通常は，作業部会や審議会といった特定の任務を担う諸組織への機能的区分がなされる。さらに，党組織の内部には，特定領域に関する専門グループや作業グループがある。

6．選挙のための候補者擁立

政党の最も重要な活動の1つである国会議員選挙や地方議会議員選挙の候補者擁立は，「あらゆる政党の内部秩序の構成要素であり，それゆえ，同時に民主制の諸原則に合致したものでなければならない」。こうした候補者擁立プロセスが有する意義は，近年ますます大きくなっている。なぜなら，60年代以降，選挙区立候補者や名簿立候補者として議席を獲得してきたのは，もっぱら政党からの候補者だけだったからである。現に，地方議会議員選挙においても，政党無所属の者は減少してきている。こうしたことを受けて，政党法17条，連邦選挙法18条以下は，候補者の擁立と公認候補者名簿の提出について規定を置いている。これらの諸規定は，ほぼすべてが民主制の諸原則に適った手続規準の整備に向けられたものである。ただ，これらの規定には実質的な諸基準が存在せず，実際それを規範化するのは無理なことでもある。なぜなら，それを規定するのは，党員の案件でしかないからである。ここにはさまざまな不足が認められ，それゆえに，候補者擁立を改善するための考察が熱心に行われている。この点，憲法改革予備調査委員会は，アメリカ合衆国を手本にして直接予選（予備選挙）という発想を取り入れることはしないで，バイエルン選挙法を手本にして，各政党の党員が有する候補者擁立への影響力を強化すること，ならびに，名簿候補者の順位に対する有権者の影響力行使を候補者順位入れ替え選挙によって可能にすることを強調した（いわゆる限定的オープンリスト）。つまり，憲法改革予備調査委員会の提案に従った場合，候補者名簿は，硬直的に存在するものではもはやなく，有権者を通じ有権者の選好に応じて変更され得るものなのである。なお，ここでは異党派連記投票や重複投票を通じて選好決定を補充的に行うことも可能であり，こういったものは，たとえばバイエルンおよびバーデン-ヴュルテンベルクの地方議会議員選挙法で予定されている。

選挙法は，諸政党に対して強力な地位を与えたが，だからといって独占的地位を与えたわけではない。というのも，有権者個人や無党派有権者団であっても候補者を推薦することができるからである（連邦選挙法18条, 20条3項）。ただし，有権者個人や無党派有権者団に対しては，より厳格な要求が課されることとなる（署名の定足数！）。

a） 秘密投票

連邦選挙法は，国政選挙の候補者擁立に関して，基本的には，秘密投票で選挙が施行されることを要求するにとどめた。その他の点については，党則で定めるよう指示されている（連邦選挙法21条3項，5項）。ザイフェルトは，これを，基本法21条の憲法委託の不履行だとみなす。その理由はとりわけ，これでは連邦選挙法，ラント選挙法，地方選挙法は「暫定的解決」としてのみ公布されたに過ぎなくなってしまうからだという。ただ，連邦選挙法21条の詳細な規律に鑑みた場合，この見解に追従することはできない。

b） 党役員会の異議申立権

連邦選挙法の規定によれば，政党の候補者は，選挙区においてであれ，あるいは名簿上であれ（連邦選挙法27条5項），彼が党員総会ないし代表者総会の秘密選挙で選出された場合に限って，［候補者としての］指名を受けることができる（連邦選挙法21条1項，2項，3項）。代表者総会の代表者もまた，秘密選挙で選出されるものでなければならない。党役員会は，単に異議申立権をもつに過ぎないが，この権利の行使により再選挙が行われることとなる。ただし，この場合，この再選挙は終局的なものである（連邦選挙法21条4項）。代表者の選出，党員総会ないし代表者総会の召集および定足数，ならびに候補者選出手続についての詳細は，各政党の党則で定められる（連邦選挙法21条5項）。この選出には議事録の作成が必要とされ，そして議事録は選挙区選挙管理委員長に提出されなければならない（連邦選挙法21条6項）。これらの諸規定に対する法違反があるときは，その推薦は修正されるか，または却下されることとなる（連邦選挙法25条，26条，28条）。

7. a）資金調達の公表および透明性

基本法21条1項4文によれば，諸政党はその資金の出所を公表しなければならない。これにより，憲法は諸政党の諸財源をはっきりとその視界の中に入れることとなったが，ただし，ここでは公表するということにその重点が置かれている。諸政党がどのように資金調達を行えばよいのかという問題については，態度が明らかにされていないのである。基本法が予定しているのは，──どのような経路のものであれ──流入する資金についての情報提供の確保だけである。この規定は，意外にも，遅れてから憲法への編入がなされた。これは，1949年5月5日に中央委員会の第四読会でJ．ブロックマン議員（中央党）によりに提案されたが，その時点では否決され，総会の第二読会ではじめて可決され，そして，その第三読会では編纂上の修正を加えられながらも維持された。すなわち，諸政党が闇に隠れている用益者から財政支援を受けること（そして，場合によっては，それを通じて従属的になってしまうこと）など，あってよいはずはないのである。むしろ有権者は，「諸政党における政策決定の力学について情報提供されるべきであるし，また，政策綱領と，資金援助による政党への影響力行使を企図する者の行動との間に，重なり合う部分があるかどうかについて，審査が可能であるべきである」。もちろん，このような影響力に対してどう対処すべきかは，諸政党自身に委ねられたままである。これは正当であろう。というのも，このような影響力行使が資金経路においてだけでなされるものではないことは，想像がつく，あるいは，実際にそうだからである。しかも，これ以外の依存関係のほうがより深刻であろう。憲法上，問題とされるのは資金調達の透明性だけである。基本法21条1項4文には，資金調達の許容性ばかりか，その種類および方法についての言及も含まれていない。また，資金の利用についても取り上げられてはいない。これにより明らかなのは，この規定は，政党の資金調達という複雑かつ論争的なテーマについてあまり語ることができていない，ということである（b）。とはいえ，公表義務は，無価値でもなければ疑問視されるものでもない。公表義務は中核的意義を有しているのである。正当にも，これらの義務を政党法が23条以下で具体化しているが，期待どおりの透明性が疑いなく実現されたことは──少なくとも実務上は──存在しなかった。

α）決算報告書

決算報告書は，会計監査人による監査に服し，毎年，次年度の9月30日まで

にドイツ連邦議会議長の下に提出され，かつ，連邦官報上で公表されなければならない。決算報告書は，すべてを網羅した収入報告書という性格を有しており，ここでは，個々のラント支部に区分し別々に記載されていることを要する。決算報告書は，個々の収入の種類（党費，寄付，信用貸し等）に応じて，詳細に区分されていなければならない（政党法 24 条 2 項）。収入の概念は網羅的に内容形成されているため（政党法 26 条，27 条），いずれの収入の分類に依拠すべきかは明らかとなっている。

　β) 寄付

　決算報告書において，寄付はとくに重要な役どころを占める。寄付は，寄付者の氏名および住所ならびに寄付の総額を明記の上，決算報告書に記載されることを要するが，これは，寄付の総評価額が暦年で 20,000 DM［西ドイツマルク］を超過する場合に限られる（政党法 25 条）。氏名の公表は，秘密選挙や寄付者の人格権とは矛盾しない。評価額によるアプローチは，是認しうるものである。なぜならば，比較的少額の寄付の場合，影響力の行使を白日の下にさらすというこの規定の目的が果たされることは，事実上あり得ないからである。疑問なのは，「匿名」と表記された寄付明細書や支援団体からの白地明細書を容認している実施状況である。これは，寄付者に関する情報の開示が政党において可能である限りで，立法目的に適合しない。

　b) 政党の資金調達

　財政報告よりもはるかに大きな重要性をもつに至ったのは，諸政党の資金調達の種類および範囲に関する問題であり，しかもこれは，財政資金を必要とする諸政党自身の視点からみて重要であるだけではなく，自由で民主的な秩序ならびにそこでの諸政党が有する機能にとっても重要なのである。それゆえに，政党の資金調達というテーマは，連邦憲法裁判所の判決実務を含めた憲法学の，政治学の，そして，時として激しく火花を散らす一般世論上の議論の，スタンダードな題目となっている。連邦大統領により設置された専門家委員会は，1983 年 4 月 18 日に，政党資金援助の新秩序に関する報告書を提出し，そこでは，諸政党への任務適合的な資金援助を保障し，かつ，諸政党の資金調達の重点を国家から市民へと移すべきとする提案がなされた。ただ，多面にわたる委員会からの諸提言にもかかわらず，市民への透明性，任務適合性，競争中立性といった政党資金援助の諸

課題が速やかに解決されることは，あまり期待できない。連邦やラントの諸々の議会や政府を支配する者たちが抱える権力獲得および権力保持といった死活の諸問題は，とてつもなく重要なのである。このような党略的活動の成否は，少なくとも諸政党の目線からすれば，まさにどれだけの財政資金を駆使できるかに決定的に左右されるのである。同様のことは，諸政党の公共におけるプレゼンスにも当てはまる。結局のところ，諸政党は，政党という組織それ自体のため，そして，諸政党が有する国政上の諸々の任務を遂行するために，確実な諸財源を必要とするのである。国家および社会の諸領域において諸政党が有する並々ならぬ意義を考慮した場合，政党資金援助という課題は「寄付金の問題よりもはるかに重大な事柄（である）と予想される」，ということが明らかとなる。こうした結果として，憲法や税法，経済法，そして（残念ながら）刑事法までをも対象とするこのテーマの複雑性が生じるのであるが，このテーマについて，本§では，憲法上の基本的諸問題の観点でのみ関心を向けることができるにすぎない。ここで中心的な位置を占めるのは，国家財政による政党への資金援助，ならびに，この資金援助の際に存在する諸制限，すなわち，政治的意思形成過程における市民の国家からの自由や機会均等，平等な配分参加に関しての諸制限である。

　a）　国家財政からの一般的政党資金援助の不適法性

　連邦憲法裁判所は，当初，選挙のためという理由に加え，憲法現実において政党が占める中心的な地位それ自体を理由として，政党が国家からの財政資金を自由に運用することは許される，と解していた。こうした解釈の憲法上の手がかりは，基本法21条1項を根拠に，政党を「憲法機関」と格付けることにあった（後掲Ⅳ1および2）。このような見解を，連邦憲法裁判所は1966年に放棄した上で，次のように判示した。「1965年連邦予算法で定められた政党資金援助に対する規律は，原則として国家から自由な政治的見解および政治的意思の形成という憲法命令（基本法20条2項，21条1項1文）と相容れず，さらに，政党という構成体を自力で活動する国家から独立した集団であると定め，そこに憲法的効力を認めた基本法21条1項とも相容れないため，無効である」。こうして，国家財政からの一般的政党資金援助は禁止されることとなったのである。政党はこれ以降，連邦憲法裁判所の判例上，再び国家統治機構の活動圏から脇へ追いやられ，そして，社会の領域に分類されることがより鮮明にされた。これは，以後の諸判決においていっそう明確に示されることとなった（後掲Ⅳ2）。それによれば，諸々の

政党の任務それ自体に仕える国家の（共同）資金調達は，とりわけ政党の国家からの自由を害することになり，なにより，意思形成過程を国民から国家へと展開させるのではなく，その真逆のものにしてしまうことになる，という。国家による一般的政党資金援助がなされることにより，いわゆる政党の自由はどうしても決定的な影響を受けてしまうというのである。こうした連邦憲法裁判所の立場変更に対しては賛否両論があった。今日では，これは確立した判例となっている。

　β) 限定的な選挙戦経費補償

　しかしながら連邦憲法裁判所は，限定的な選挙戦経費補償については，これを容認した。「とはいえ，これが憲法上正当化され得るのは，政党の自由と機会均等との両原則の遵守の下で適切な選挙戦の必要経費が政党に対して塡補される場合である」。しかし，これは同時に以下のようなことも意味している。すなわち，「立法者がそのような選挙戦経費の補償を規定すべきかどうか」は「憲法政策の」問題である，と。議会選挙の実施は「公的任務」とみなされ，「この任務の遂行は［憲法により］創設された諸々の国家機関の義務である。諸々の国家機関は，必要な諸条件をつくり出し，かつ，選挙という事象にとって不可欠な諸制度と手段を利用可能にすることを要するのである」。

　立法者はこれを踏まえ，1967年7月24日施行の政党法18条以下で，「適切な選挙戦の必要経費」を選挙戦経費総額でみて，当初は有権者あたり2.50 DM，1974年以降は3.50 DMの額とする規定を置いた。選挙戦経費の分配は各政党の第二票の得票率に応じたものでなければならず，これは政党が第二票につき少なくとも0.5％の票を獲得した場合に限られる。また，政党無所属の選挙区立候補者であっても得票率に応じた分を受け取るが，これは選挙区で投じられた票の少なくとも10％を彼らが獲得した場合に限られる。分割前払いとすることも可能である。この補償は，連邦議会議長の職権により命じられる。これらの諸原則は，ヨーロッパ議会選挙に対しても妥当する（ヨーロッパ選挙法28条）。諸ラントには，連邦議会選挙やヨーロッパ議会選挙でなされてきたのと同様の方法でラント議会選挙を行う権限が与えられている。

　以上の法律上の諸原則は，諸々の小政党や政党無所属の立候補者に対して貫かれていた連邦憲法裁判所の諸判決を，部分的にではあるが踏襲するものでもあった。

　この諸原則は，あらゆる憲法上の疑義を，今日でもまだ乗り越えてはいない。

とりわけその理由としては，事前になされる分割前払いは，年中ずっと選挙戦があると想定しない限り，──少なくとも一時的には──一般的な職務資金援助を許すものになってしまう，ということが挙げられる。とくに「適切な選挙戦の必要経費」という判断基準はあまりにも不明確であり，これではほぼ全額について給付決定されかねない。この規定の導入以降，選挙戦経費補償として全政党は連邦予算から合計で 10 億 DM 以上を受け取っており，これは選挙年の度に増加傾向にある（1981 年は約 4 千万 DM）。ここに際限なきスパイラルがつくり出されてしまった嫌いがあることは否定できない。加えて，諸政党は議会内でいわば自らの利益のために決定を行っており，しかも，いかなる財政統制も実際上は存在していない。連邦会計検査院が審査するのは，ただ，連邦議会議長が中間管理職として選挙戦経費を適法に補償したかどうかだけなのである（政党法 21 条 2 項）。とはいえ，「これよりも優れた」解決は見当たらない。連邦憲法裁判所も，基本的には「義務に見合った立法者の裁量」があることを指摘しており，以下の注意点に極めて慎重に光を当てているにすぎない。すなわち，「諸政党の財政需要がその全活動について完全に公的資金から賄われる場合であれ，あるいはその大部分が公的資金から賄われるだけの場合であれ，このような公的資金からの財政需要の充足により，諸政党が国家機関の領域に組み込まれることなどたしかにないであろう。しかし，これにより，諸政党が国家による事前配慮に身を委ねることにはなるかもしれない。これは，基本法 21 条で規定されているような諸政党の機能および地位とは相容れないであろう」。

γ) 国家による間接的資金援助の諸形態

諸政党への国家による間接的資金援助は，各政党に近いそれぞれの財団に対してなされる政治的教育活動支援という形で行われ，この支援は，とりわけ内務省や外務省，連邦経済協力省の各連邦大臣の予算から賄われる。

連邦予算からの連邦議会会派への諸々の支出さえもが，このような資金援助に分類されることがある。いずれにせよ，この支出の 1982 年分は 4840 万 DM にのぼった。

この 2 つのいずれの場合であれ，予算財源のみが頼りなのである。

政府の広報活動を通じた偽装的政党資金援助には，非常に高いハードルが用意された。政府の広報活動が選挙宣伝となることは，とくに許されないことである（§22 10 Ⅱ b θ）。

δ) 寄付による収入—寄付に関する税の取扱い

党費や公職者特別費，党資産の運用収益，起債と並んで，諸政党への寄付は，顕著な収入可能性をつくり出すものである。寄付は，なくてはならないものであるし，また，諸政党が社会領域に帰属するものであることを考えれば，これは憲法上でも許容されないものではない。諸外国でも，寄付は馴染みのあるものである。寄付は，意見の闘いにおいて個人が行う政治参加の1つである。寄付行為は，基本法2条1項および9条1項の観点でも，ならびに，基本法20条2項2文，33条1項，38条に基づく政治的意思形成への配分参加権の観点でも，看取し得るものである。基本法21条1項の政党の自由では，寄付行為が前提とされている。政党内部への影響力の金銭による買収を諸政党がどのようにして阻止するかは，諸政党自身に任されたままである（前掲αの前のa）。ややもすれば起こりうるように特定諸政党に有利になっても，国家自体が諸政党間の競争に対して影響力行使を控えているあいだは，基本法3条1項の観点で非難されることはない。「基本法は，政党への寄付による財政的支援を周知の許された利益主張の形態として原則的に容認しているので，たとえば政党の社会学的構造の違いから寄付の獲得見込みに差異があるとしても，立法者はこれを均一化するよう授権されてもいなければ，義務づけられてもいない。憲法が命じていたのは，このようにして財政支援を受けた分の資金を明示し，寄付が比較的多額の場合には寄付者の氏名についても明示するということだけなのである（前掲 a β）。

寄付という事象は，法律上の規定，とくに税法上の規定によって優遇ないし冷遇がつくり出されたり容認されたりするようになって，ようやく憲法上意味をもつようになる。このような場合にとりわけ関係してくるのは，全政党の機会均等の要請と政治的意思形成過程への市民の平等な配分参加の要請である。これらの諸要請に関して，連邦憲法裁判所は，1955年所得税法10 b条（BGBl. I 1954, S. 441）および1955年法人税法11条5項（BGBl. I 1954, S. 467）にいう「国家政策上の目的」でなされた寄付による税の減免について大まかな考察を行った際に，このような諸規定は，寄付者が高額所得者によるものである場合や寄付が多額に及ぶ場合に平等に反する諸利益を与え，かつ特定の諸政党を優遇するものであるとして，この諸要請に対する違反を認めた。しかしながら，連邦憲法裁判所は，たとえば諸政党のための所得税および法人税の免除に関してのような，諸政党への寄付に関するあらゆる課税控除を違憲と見なしたわけではない。立法者が注意

しなければならないのは、ある規律が、「特定の政党ないし政党団を真に重大な優遇または冷遇をもたらしたり、寄付の受領につき現に事実上存在している獲得見込みの不平等を激化させたりしない（してはならない）」ということだけである。このような「間接的政党資金援助」という形態に関して、立法者が絶対的に「公平」かつ「平等」な分配を保障することは不可能である。このような観点の下、寄付の際の税制上の優遇に関しては、独身者ならば 600 DM までの寄付、既婚者ならば 1200 DM までの寄付（1977 年所得税法 10 b 条 2 項および 1977 年法人税法 9 条 3 b 号）であれば合憲である旨が明文でもって言明された。同様のことは、独身者の場合には 1800 DM、既婚者の場合には 3600 DM に課税控除額を引き上げることについてもいえる（1981 年所得税法 10 b 条 2 項、1981 年法人税法 9 条 3 b 号）。ここでも、やはり最高限度の線引きは困難であろう。

　ε）公共の用に供する組織としての政党

　諸政党の財政が逼迫していることに鑑み、次のような提案がなされている。すなわち、それぞれ所得の 5 ％と 10 ％の課税控除を認めている所得税法 10 b 条と法人税法 5 条 1 項 9 号にいう公共の用に供する組織と、政党とを同様に扱うこととする、という提案である。この提案の中に、連邦憲法裁判所が政党助成裁判の冒頭で、この規定は高額所得者を優遇するものであるため不適法であると宣言した、例の規定への回帰を、見てとることができるかもしれない。しかしながら、こうした憲法上の疑念がこの提案の実現を思いとどまらせることになっているのではなく、諸政党が公共の用に供する組織という範疇に分類されることが、そうさせているのであろう。公共の用に供するというのは、利己性とは反対のことを意味している。およそ諸政党に寄付をする者は、当該政党の諸目的の達成を手助けするため、そして、それによって間接的に自己の目的を促進するために、これを行っているのである。諸政党が主張しているのは、第一義的には、一部の者の諸利益である。

IV. 政党の憲法上の地位

1. 憲法制度としての政党

　ヴァイマル共和国の末期にさしかかる頃、G. ラートブルフは、ドイツの憲法体系における諸政党の地位について、以下のように要約した。「民主主義イデオ

ロギーは政党国家［の承認］という問題に対してノーの立場をとり，社会学的な現実はこれに対して声を大にしてイエスと答えるが，他方，民主制を備える国法はイエスとノーとの間にある曖昧な中間的立場をとる」。基本法と呼ばれる国法は，このような中間的立場から離れ，イエスの立場をとることを決断した。基本法 21 条 1 項は，諸政党を憲法制度の地位へと引き上げるものなのである。こうした歩みは，実社会に対応するためにやむを得ず生じただけではない。同時にこの歩みは，政治のプロセスとこのプロセス内での政党の機能を憲法に反映させるという意義をもっているのである。民主制の採用を決定（基本法 20 条 1 項，28 条 1 項）したことで，次のことを認識せざるを得なくなった。すなわち，国民は，個別意思の総和としても，理念型的な統一体としても，国家の前に現れ，国民意思を創り出すことなどできず，この国民意思の中には，明示的に表明された，多元主義の下で成立する諸々の見解，利害関心，努力が数多く存在している（前掲 I 4，§18 II 5 f.），ということである。多元主義の基本原理とは，いかなる見解であっても，自己のものについてだけ絶対的な真理や正当性が具備されていると主張することはできない，とするものである。ここから必然的に，同じ見解や利害を主張するための集団形成が生ずるのである。ここでは，諸政党は「意見集約の場」という機能を有し，現に存在する政治的諸見解を組織化しかつ構造化するが，しかし諸政党それ自体でも政治的諸見解を形成し，その諸見解を政治のプロセスに持ち込むのである。諸政党は，基本法 21 条 1 項 1 文が謳うように，世論および「国民の政治的意思形成」の中心的なファクターである。比較的大きな人的共同体では，組織的な中間的形成作業なしに意思形成することはほとんど不可能であり，だからこそ，諸政党は民主制においてどうしても必要なのである。諸政党は，民主制においては，市民と諸国家機関のあいだの「中間結合（諸）組織となるのであって，選挙での投票から次の選挙での投票までの期間中にあっても市民の意思を実現し得る媒介者（ら）となるのである」。政党間の政権闘争はやむを得ないものであり，とくに選挙戦での政党間対立は不可避ものであるが，にもかかわらず，全体利益に奉仕する諸政党の統合能力および統合必要性が見落とされることはあってはならない。これらのおかげで，自由な民主制が成り立っているのである。こうした事情に鑑みて，基本法は 21 条において，諸政党を伴う代表民主制（多党制）に賛成の意を表明したのである。「これは，すでに長期間存在している政治的実態の成文憲法による単なる承認以上のものであり，いうな

れば，諸政党の制度的な存在保障であり，かつ，近代民主制では慣例となっていた政党による影響力行使の保障であるが，ただ，これは，憲法の全体構造という点で，基本法21条1項1文から演繹することのできるすべてでもある」。

2．国家機関としての政党か，それとも国家・社会的領域における中間構成体としての政党か

連邦憲法裁判所は，当初，それ以前は動揺していたその裁判実務において，政党の憲法への編入を理由に，政党は「憲法機関の役割」を果たすとの結論を引き出した。こうした言い回しは，とりわけライプホルツに帰着するものである。しかしながら，これを厳格に徹底すると，政党を維持することは不可能であるし，それに，そうなると政党は憲法からじかに諸権利を授けられているということになる上，だからこそ政党は国家機関なのである，との帰結に至りかねないからである。連邦憲法裁判所は，こうした見解とは一線を画している。

「政党は，しかしながら最高国家機関に属するものではない（BVerfGE 1, 208 [225], BVerfGE 13, 54 [81, 95] も参照）。むしろ政党は，自由に結成された，社会的・政治的領域に根を下ろしている団体であって（BVerfGE 1, 208 [224]；3, 383 [393]），国民の政治的意思形成に協力したり，制度化された国家性の領域に影響を及ぼすのに適したものである……。さらに政党は，諸個人と国家との間の中間結合組織であり，(Hesse, VVDStRL Heft 17 [1959], S. 19)，選挙から次の選挙までの期間中でも市民の意思を実現し得る道具であり，国民の『拡声器』である（BVerfGE 1, 208 [224]）。政党は，政府を支持する限りで，国民と政権との結びつきをつくり出し，かつ，その結びつきを維持するものである。政党が少数派である場合には，政党は，政治上の対抗軸を構成し，これを実効性あるものとする。政党は媒介者として，世論の形成過程に関与するものである。政党は，政治権力とその行使に向けられた諸々の見解，利害関心，努力といったものを集約し，政党内部でこれらを調整し，これらに形を与え，そして，国家の意思形成領域においてこれらに通用力をもたせようと努める（BVerfGE 8, 104 [113] ならびに Hesse, aaO, S. 25参照）。現代の大衆民主主義においては，諸政党は，諸々の最高位の官職への人材登用に対して決定的な影響力を行使する（BVerfGE 13, 54 [81]）。政党は，国家の数々の組織および官職のシステムに効果をもたらすことによって，それも，とりわけ議会や政府による諸々の決定および措置に対する影響力の行使を通じて，国家意思の形成に影響を及ぼすのである」。

IV. 政党の憲法上の地位　91

　以上のことから，基本法21条が排他的（理念型的）政党国家ないし急進平等主義的政党国家を採用したことになるわけでもなければ，——実際，他の諸々の社会勢力であっても政治的意思形成に協力している——，基本法21条が政党を国家官僚機構の一部分とするわけでもない。むしろ，基本法21条が意図しているのは，国家機関と国家意思形成とを備えた議会制的代表制を，代表制システム形成の源である国民を構造化し，かつ，その国民の意思を形成することによって，補完することなのである。基本法21条は，代表が問題となる場面では政党はなくてはならない存在であるという，すでに確認済みの事柄を，憲法上なぞり書きしたものである。ここから明らかとなるのは，アメリカの大統領制やスイスのレフェレンダム民主制における諸政党の地位は，純粋な議院内閣制におけるそれ比べ，どちらかといえばむしろ構造的に脆弱であるか，いずれにせよあまり構造的ではない，ということである。諸政党は，たしかに政府官職の人材登用を独占的に行うものであるが，にもかかわらず，国家機関での決定を形作る仕組み，ならびにこうした意思を社会的・政治的に先行形成させる仕組みにおいては，中間構成体にとどまるものである。国家と諸政党とが融合してしまったわけでもなければ，禄の提供のような，あるいは，猟官制的な方法での官職登用に至るような自動装置の存在が許されているわけでもないのである。官職の情実人事（§11 Ⅳ3c，Ⅳ6a）は憲法に反する。

3．統合のファクターとしての政党—連立の形成

　基本法21条1項1文は，政党を，国民の政治的意思形成に協力するファクターであると特徴づける。これとは区別されるのが，諸々の国家機関による国家意思の形成である（基本法20条2項2文）。しかし，国民意思の形成は，少なくとも議会選挙において国家意思形成を決定づけるものである。選挙に基づいて議会は生じ，議会に基づいて政府は生ずる。その限りで，この2つの意思形成システムの厳格な区別は，選挙に関しては，維持することができない。ただ，付言しておけば，諸政党は，国民内部での自由な意思形成ならびに国を組織するためにする自由な意思形成における，媒介者であり連結者である。その意味では，諸政党は，国民の意思形成システムにおけるファクターであり，選挙の場合には，国家の意思形成システムにおけるファクターでもある。それゆえ，諸政党をイェリネック的意味での創設機関と理解することは，的外れではない。つまり政党は，国家組

織をじかに下支えしている機関なのである。政党は，国民意思の把握と形成に決定的に関与し，国民意思を国家意思へとつくり替えるよう努める。しかしながら，こうしたプロセスは一方通行ではなく，ここにはフィードバック作用が存在する。すなわち，諸々の国家機関の決定が，国民において理解可能なものとされ，正当化されるためにも，諸政党を必要とするのである。その限りで，政党はR．スメント的意味での統合のファクターである。このようなフィードバック作用が損なわれてしまうと，諸政党への単なる不快感に始まり憲法の予定しない政治参加に至るまでの，政党外での勝手気ままな活動が安易に繰り広げられてしまうことになるのである。

　国家機関の形成がしばしば折衝と取決め，つまり諸政党間のいわゆる連立形成に左右される多党制では，諸政党には特別の機能が備わる。こうした国家機関の意思の形成に先行する領域は，まさに諸政党にとっての活躍の場である。これが基で，国家意思形成システムにおいて摩擦が生ずることも珍しくない。この摩擦は以下の問題領域において明らかとなる。

- 連立協定とその拘束力
- 連立委員会と，その国家機関への影響力
- プログラムおよび人事政策に関する承諾ならびに合意とそれらの覊束的効果
- 党代表者の閣議への参加

　こうした諸政党間ないし諸会派間の一方向的あるいは多方向的な活動に関する法的な評価については，依然として争いがある。これらの活動の中におよそ法的拘束力を有する諸活動を見てとる場合には，この諸活動は公法の領域，つまり憲法の領域に存在することになる。しかしながら，通常これらの諸活動は，法拘束的な性格を有するものではない。これらの諸活動は，単に政治的な効力のみを有する取決めであったり，意図の表明でしかなく，これらに対して提訴することはできず，また，いつでも「解消」可能なものなのである。これらの諸活動は主にプログラム的性質をもち，政治情勢の留保の下にある（§22 Ⅲ ｂγ）。こうした諸活動の遂行は，もっぱら政治勢力の計算の問題でしかない。これらの諸活動が現行法と矛盾する場合，どのみちこれらは無効である。憲法上の権限秩序は，連立協定に対して，部分的に実に狭い内容上の諸限界を設定している。それによれ

ば，たとえば新しい選挙は，連立の取決めによってこれを闘うことはできないこととなろう。

4．国民の意思形成における政党の独占権の不存在—団体の性質の多様性—団体が有する専門知識の必要性

　政党は，政治的意思形成に協力（mitwirken）する（基本法21条1項1文）。つまり，諸政党は，独占権を有するものではなく，単独代表者となることを請求する権利をもつものではない。諸政党は，一方では（基本法38条で議員の代表としての地位を承認した帰結として），諸々の無所属の立候補者と競合する関係に立ち，他方では，複数人が自ら政治的影響力を行使しかつ保持するのに用いられる諸々の結社および団体，たとえば労働組合，経済団体，宗教共同体といったものと競合する関係に立つ。諸政党とは異なり，これらのものが行う協力は，基本法5条1項や9条1項，そして基本法104と結びついた4条1項を経て，憲法上保障されるにすぎない。また，これらのものも，その構成員および支持者が有する諸々の要求および希望に形を与え，それを明示的に表明したりする。公法上の社団として，そして自らによる自己理解からして特別の地位を占める教会について，これを考慮の外に置くとすれば，その他の諸集合体は一般に，利益結社または団体として一括りにされる——もっとも，これは，その背後に隠れているものの実際の姿に鑑みれば，かなり内容空虚な概念であるが。というのも，たとえば労働組合や経営者団体，企業団体のように，きわめて高度の権力性と政治的影響力の保持を体現しているものが，この概念によりカバーされることになる一方で，権力も政治的影響力も行使したり保持したりせず単にその構成員らの諸々の全体利益のみを整えたり実現したりするだけの結社さえもが，この概念によってカバーされることになるからである。こうした諸々の利益結社や団体が国法上のテーマとなるのは，これらに対して憲法が特別の地位を承認した場合か，あるいは，これらが「公的意義を性質としてもつに至った結果，社会の産物」となった場合である。こうした属性の枠内で，これらは，政治学や社会学，国法学の幅広い文献において扱われてきたのである。これを判定する物差しとして，ここでは，「団体の統制力」といったキーワードに基づく判定から，高度に分化した近代の公共団体にとっての必要性を判断するものまでが見られた。ごく最近では，「諸団体の社会的義務」および団体法の必要性といった問題設定の下でなされている「民主主義

の団体への浸透」(H. フーバー) に関する議論が，強力な (法) 政策的刺激を含んだものとなっている。

　憲法改革調査委員会は，政治的秩序における諸団体の地位に関する問いを，憲法上および憲法政策上の問題だとして，最重要ランクのものと認識した。たしかにこの問題は容易に解決され得るものではない。憲法改正に関してであれ，団体法に関してであれ，団体というテーマと結びついたさまざまの問題については，いまだに網羅的な現状分析がなされていない。ここで明確に認識される必要があるのは，団体の性質につき，少なくとも以下の両団体が区別されなければならないのである。その区別とは，たとえば労働協約両当事者のように，すでに基本法9条3項を根拠に政治秩序において1つの地位を占め，実際にはその経済動向への強大な影響力行使を通じて同時に政治権力性さえも具備する諸団体と，構成員数およびに彼らの主張する諸利益の重要性からして政治権力性を具備してはいない諸団体とのあいだの区別である。最初の範疇に比肩するものとしては，構成員数および資金力からして政治的影響力の獲得に努め，かつそれを具備している諸団体があるが，憲法はこれらに関し特段の注意を向けてはおらず，むしろ，結社の自由が基本権として保障された結果として，これらの諸団体は生じているのである。たとえば，自動車連合会はここに数えられねばならないものと思われるが，これは，最も強大な構成員を擁する団体であるドイツスポーツ連盟が断固として政治的独立性を守っているのとは対照的である。この範疇にきわめて近いものに，当該団体の実際上の諸利益が公共の福祉の重要な部分を具現する諸団体，たとえばドイツ商工会議所全体会議，ドイツ工業連盟，ドイツ手工業中央連合会，諸々の経済団体，ドイツ農民団体，納税者同盟といったものがある。この他，数多くの特定の利益団体や専門団体があり，これに関しては連邦議会事務局に1000以上もの団体が登録されている。最後に，諸団体によってあらわされた諸任務からして公共の福祉に直接の関係を有しているもの，たとえば地方公共団体中央連合会のような諸団体が挙げられる。

　このような非常に粗い区別は，団体の性質の多様性を正当に評価しようとするものではない。この区別は，若干の差異についてだけ，しかも法的に重大なものだけを強調しようとしている。なるほど団体恐怖症は，しばしば必要以上に行き過ぎたものとなる。「圧力団体」あるいは「国家内国家」といった言い回しは，団体恐怖症サイドの表現である。ここでは，まさしく多元主義国家においては諸

団体に統合的な作用が備わっているということが，見落とされているのである。「団体とは，すなわち，自分はここの一員として承認されているという自覚および感情を人々が抱く上で決定的な役割を果たし，かつ，そうすることで強固な国家市民をつくり出すのに不可欠の前提を国家に提供する，公的意義を有した団体のことをいうのである」。

諸政党に留保された「憲法上の代表任務」と諸団体により担われる「実在の(事実上の)代表」というよく知られた区別を踏まえ，諸団体は新たな形態の代表になったのかを疑う者がいるかもしれない。どちらであれ，一部の者や特定の者の代表であるということに変わりはない。ところが政党は，彼ら独自の理解においてではあるが，客観的・政治的にみて全体利益を考慮した主張を自らの意図に従って行おうとするものである。各政党は自らに関していたずらに，国民政党であって世界観政党や利益政党ではないと主張しているわけではないのである。ここには別の問題が存在する。すなわち，諸政党はこういったことに成功しているのか，どの程度成功しているのか，といった問題である。全政党合わせても200万人のラインをいまだに超えていないという党員の数は，団体組織と比べると相対的に物足りない印象がある。

大部分の政党が議会および政府にとっての創設機関であるとするならば，団体は必要な専門知識を備えた機関である。それゆえ，諸々の憲法機関の職務規定の数々が立法措置に際して団体への聴聞と団体による支援を規定していることは，正当である。

諸政党と同様に諸団体もまた，社会領域において形成されるものである。諸団体の世論への影響力は，諸々の巨大団体の場合には，[諸政党と]同様に強力である。しかしながら，諸政党とは対照的に，諸団体が有する国家近接性は著しく乏しい。ここから次のような疑問が生じ得る。すなわち，国家は，諸団体により担われている諸々の任務を国家自らが遂行したり，この任務をいわば公法上の監督下に入れたりする権限を有するのか，という疑問である。連邦憲法裁判所は，[この権限に対して]ある種の制限を引き出したが，しかし，強制加入の構成員を擁する自治組織であるザールラントとブレーメンの従業員組合については，これを正当であるとした。連邦憲法裁判所により明確に退けられた補充性原則を支持することはないとしても，補充性原則の基本思想は，過剰な予算計上に対する対抗的考慮要素として，なお注意を払い続けるべきであろう。諸団体およびその

他諸々の自助組織が有する遂行能力と助言可能性は，いずれにせよ，低く評価されてはならず，G. ヴァッケが列挙した例の利他的組織を注視した場合には，とりわけそうである。

5．政党に関する憲法上の規定からの帰結

政党に関する憲法上の規定から，諸政党の地位を基本法以前と違ったものにする一連の結論を，引き出すことができる。

a） 許可の不存在

政党の免許または許可は，――それがいかなる機関によるものであったとしても――，すべて違憲である。

b） 議会会派および議員にとっての政党の位置づけ

拘束なき自由委任という伝統的な憲法原則と並んで，政党の協力権というものが同様に憲法上保障されることになったことで，会派および議員にとっての政党の位置づけが論争の的となった（これに関しては§24 Ⅳ）。

c） 政党と出訴の途

諸政党に対して開かれているその法的地位の裁判的実現可能性についてもまた，別途考察が必要である。

　α） 機関争訟

連邦憲法裁判所はかなり早い時期において，政党の憲法秩序への編入を理由に，基本法21条を考慮に入れた93条1項1号の拡張解釈という方法で，政党またはその諸々の下部組織は基本法93条1項1号の機関争訟の当事者となることができるとの考えを導き出した。以来，これは確立した判例となっている。とはいえ，これが妥当するのは，基本法21条に基づく政党の憲法的地位を選挙手続において諸々の憲法機関に主張することが問題となっている場合だけである。ここには，国家による政党資金援助の配分や政府の選挙宣伝に対する機会均等の確保も含まれるが，しかしながら，公法上の放送局に備わる放送評議会に関与する権利は，ここに含まれない。

　β） 憲法異議

これに対して，諸政党に憲法異議の途が開かれているのは，基本権侵害の訴えが問題となる場合，とくに，寄付に関する税法上の不平等取扱いや放送局による放映時間配分に関する平等取扱いが問題となる場合である。なぜ憲法異議が可能であることが必要かといえば，それは，機関争訟手続においては主張可能なのが憲法活動への配分参加を求める政党の権利についてなのであって，しかもこの権利に対する政党の異議が憲法機関を原因としている場合だけだからである。

γ) 連邦憲法裁判所判例に対する疑問

諸政党の機関主体として地位に関する連邦憲法裁判所判例は，諸々の疑問を免れるものではない。基本法93条1項1号が念頭に置いていたのは，連邦憲法裁判所法63条の列挙から明らかなように，憲法の枠内で国家機関とされている諸機関および当事者であった。国民の意思形成に配分参加する諸政党は，これに含まれてはいない。連邦憲法裁判所での裁判は，毎回，政党の憲法上の地位に介入しているのが憲法機関なのか，それとも他の組織であるのかについて，審査することを余儀なくされる。前者の場合には機関争訟手続が適法な訴えであり，それ以外の場合には憲法異議が適法な訴えである。ザイフェルトはこれを次のように要約している。「機関争訟手続となるのは立法者および政府によって政党の諸権利が侵害されている場合，憲法異議となるのは諸々の裁判所および行政官庁によって侵害されている場合であり，後者には公法上の諸団体および諸施設による侵害の場合も含まれる」。連邦憲法裁判所は憲法訴訟の構想について，政党の機関争訟は国家意思形成の際の政党の協力が問題となっている場合のみが適法となり，世論形成の際の配分参加について争われている場合には適法とはならない，といった具合に解釈するが，この解釈もまた少なからず疑問である。これでは，諸政党は，たとえば憲法上の目標の追求に関する大臣声明に対してさえも，機関争訟で抗弁することになってしまう。これは，憲法異議に先行して行うべき法的手段を経ておく必要がないという点に限れば，負担の軽減にはなっている。

6. a) 政党と議院内閣制—官職の情実人事

諸政党の憲法上の地位は，憲法条文への編入を手がかりとするだけで解明できるものではない。政党の地位を形づくる上で決定的なのは，諸政党がその中心的役割を担っている議院内閣制の機能的特質である（§22 Ⅱ 5 c 参照）。これについては，とくに「政党国家的民主制」という概念で表現されている。政党とは議

会を支配するものであり、政党とは政府の形成に決定的な影響を及ぼすものである。官職の情実人事が法的には（基本法33条2項―能力主義―, 5条, 政党法1条2項）許されないものであるとしても、官吏および裁判官職の人材登用に対する政党の影響力は重大である。情実人事は、諸々の放送局、大学、会計検査院、連邦銀行といった非地方自治体機関や独立機関の数々において、（残念ながら）続いている。官職への人材登用の際の政党による情実人事は、そもそも政党国家的民主制によってカバーされるものではない（§11 Ⅳ3ｃ）。議会制の領域において、こんにち、政治にとって重大な関連性を有するあらゆる問題は、それが議会や政府で決定されるのに先立って、党政策委員会において事前協議されているという現実がある。議会に関しては、議論を通じた相互の納得やそこから生み出される公共の福祉の正しき解釈が上首尾になされることなどもはやないのであって、諸々の凝り固まった見解と決断とを携えた諸政党や諸政党集団が互いに対立し合っている、といった印象が、ますます強まっている。そのせいで、自由委任はますます重要視されなくなり、自由委任の排除を要求することは、もはやいかなる場面でもタブーとは見なされなくなっている。もっとも、基本法は、党議拘束によって議会制的国民代表が排除されるという、このような究極の帰結に至らぬよう、38条1項2文によってあらかじめ歯止めをかけたのである（§24 Ⅳ）。

　ｂ）　連立政権

　諸政党は、連立政権においてとくに大きな重要性をもつこととなる。連立委員会や連立協議は、時として内閣以上に強力に政治的動向を形づくる。この場合、議会や政府の諸決定がこうして事前になされた取決めを実行するものでしかないことは、明らかである。

　ｃ）　国民政党としての議会政党

　諸々の議会政党が、諸対立の統合に対する備えがあり、かつそれを行い得る国民政党となることを志向することは、連立政権の進展の中にあっては、ある種の調整としての意味を有する。同時に、こうした諸政党は、一方では、ヴァイマル憲法165条のライヒ経済評議会の手法に従った職業身分的諸区分を残し、他方では、あらかじめ自らにおいて妥協をつくり出すものとなっている。こうすることで、議会制定法の大部分を全会一致で可決することが可能となっているのである。

d）権力分立と権力抑制の新たなメカニズム

a）では，とくに権力の分立や権力の統制の展開について描き出したが，この展開から生ずるリスクは，権力の抑制と均衡に関する新たなメカニズムを創り出すことによらない限り，平衡を保たせておくことはできないものである。この新たなメカニズムとは，政府と政権を担当する諸政党を一方の側に据え，野党を反対側に据えるといったものである。ハンブルク憲法23 a 条は，この考えに全面的に則って，その定式化を行った。すなわち，野党は議会制民主主義の本質的構成要素である，と。全政党参加型の政府は，これによってたしかに憲法上排除されるものではないが，しかし，こうした政府は議会制的権力闘争における異物にはなったのである。

7．政党を通じた国民の陪臣化─政党不信─「草の根民主主義」運動─議会制の真価を証明するための試練

議会制民主主義における政治の現実を観察した場合，政党の協力という定式は，むしろ憲法上の控えめ表現（Understatement）の1つであると理解することができる。政治の現実を支配する諸政党に極めて強い影響力が備わっていることに，疑いの余地はない。このような諸政党は，「政治的意思決定および政治的支配に関する全決定媒体になった」も同然である。ここで確認したことは，全体主義国家では無制限に当てはまるのであって，これを補足すると，全体主義国家では，「国家政党」と自認するただ1つの政党によって，政治の世界を超えたところにまで支配が及ぼされているのである。いずれにせよ，政党を通じての国民の陪臣化は世界的に認めることができるものである。こうした成り行きは第二次世界大戦後直ちに顕著になったわけではないが，しかし，これはやはりある種の必然性をともなって生じたことである。この成り行きに対しては，当初，疑いが差し挟まれることはなかった。なぜなら，少なくともドイツ連邦共和国内においては，安定的な政党民主制が選挙に基づいて定着しており，この政党民主制の下で政府の職務が諸政党により成功裏かつ異論なく担われていたからである。60年代終盤にさしかかる頃，はっきりとわかる変化が訪れた。諸政党の関係は明らかに，懐疑に満ちあふれ，疎遠であり，冷淡なものとなっていき，それどころか，拒否を貫くことができないまでも，甚だしい不信に基づいて，このようになることもあった。古くから定着している諸政党つまり「既成政党」に，現に生じている国

家の将来的諸問題を克服する能力があるとは，もはや考えられていなかった。とくに若い世代においては，「体制」とのあいだに大きな溝ができてしまった。政党不信が芽生え，それは目に見えて大きくなっていった。議会外の諸活動（また反議会主義的な諸活動さえも）が盛んになっていった。諸々の市民運動が形となって現れ，また，政治的多様性における極「右」あるいは極「左」の側の人々からなる新たな集合体が形成された。最極右に立脚した政党は最初に成功をおさめた後，きわめて急速に１％の枠内へと逆戻りしてしまったが，これに対して，諸々の「エコロジー」グループや「オルタナティブ」グループは，70年代終わりには地方議会およびラント議会において顕著なほどに地盤を拡げ，そして，いまや連邦議会においてさえ，５％条項を乗り越え議会内に議席を占めることができた。彼らの目的は「これまでとは違う」政治であり，議会主義に対する彼らの立場は，よくいって中立，たいていは否定的，いや侮辱的でさえあった。彼らは，自らについて，従来的意味での政党として存在したり，そうなったりすることを大部分において拒絶してきた「草の根民主主義運動」であると理解するものであった。彼らを政党制の中で分類しようとする場合，彼らが幹部型政党特有の閉鎖性をもつようになることはまずないけれども，「幹部型の左派的なグループ」が最も容易に比較できるものである。

　いずれにせよ，既成の民主主義的国民政党の数々は，こうした展開を経たことで守勢に転じた。1932/33年以降，彼らは再度の真価を証明するための試練に直面しており，そして，少なからぬ欠点はあるものの今日まで明らかに他のものを凌駕してきた（議会制）民主制こそが統治の形態であると考える者であれば，誰しもが，彼らがこの試練を克服することを願っているのである。多くの疑問に対して，単に「議会主義の他に何があるだろうか？」という反問で回答するだけでは，もはや十分ではない。諸々の民主主義的政党は，街頭の民主主義や他のポピュリズムの諸形態と闘うことが必要となるように，政党不信を克服することも必要となろう。しかし，公的な諸案件が諸政党や政党の支持者らの戦利対象となってもいけない。諸政党は，失われてしまった信用を彼らの指導手腕と合理性において再び取り戻さなければならず，そして，まさに1948/49年の時のように，最も困難な状況にあっても民主制を「統治可能」なまま維持させる能力が諸政党にはあるということを，立証しなければならないのである。その際，われわれの公共体が有する規範的な土台を安定させることは重要課題とならざるを得ないで

あろう。政治の実体は，単なる経済的衝動にかられて生じるものでもなければ，純粋な反経済的衝動にかられて生じるものでもない。究極の真理を保証するものではないが基本的な合意は保証してくれる精神的・倫理的な理念および尊重姿勢がないところで，共同体を長期間安定させ続けることなど不可能である（§3Ⅲ6b, §16Ⅰ2c, 4）。この精神的・倫理的な理念および尊重姿勢は，国民の精神文化同様に維持し保護しなければならない共同体の政治文化をつくり出す構成要素なのである。

第2章 構成原理
第1節 基本法における憲法の基本秩序の決定

§ 16 自由で民主的な基本秩序

I．概念の成立，意味および目標

1．a）　基本法における自由で民主的な基本秩序への繰り返しの言及——この確定の基本的意義

　基本法は，多くの個所で，そして，さまざまな章において，自由で民主的な基本秩序という概念を用いている。この概念は，いわば憲法全体を貫いているのである（基本法10条2項2文，11条2項，18条1文，21条2項1文，73条10 b号，87 a条4項1文，91条1項。そのうち，18条，21条および91条は，基本法の施行時からこの概念を含んでいる）。
　基本法9条2項と98条2項1文では，憲法適合的秩序という概念が用いられている。これが，それらの規定においては——基本法2条1項においてとは異なり——自由で民主的な基本秩序と解されるべきとする点では，おおむね見解の一致がある。なお疑義があるのは，基本法20条3項と結びつけられた20条4項におけるその解釈である。憲法の主要な部分における，自由で民主的な基本秩序という概念の多用は，議会評議会と1968年6月24日および1972年7月28日の憲法改正法律の立法者が，この概念に根本的な意義を認めていたということを示している。

　　すでに，ヘレンキームゼーの憲法会議は，その憲法草案の中で，基本法18条，21条2項および79条3項の前身である20条，47条4項1文および108条において，この原理を用いた。それらは，「基本権を……自由かつ民主的な基本秩序に敵対するために濫用する者は」，特定の基本権「を喪失する」，また，「連邦憲法裁判所は，その活動の

態様からみて，自由かつ民主的な基本秩序の除去を目的とした政党」を禁止する「ことができる」，あるいは，「自由かつ民主的な基本秩序が除去されることになる基本法の改正の発議は許されない」と規定していた。

b)　「自由な」と「民主的な」の一体性

付加語「自由な」と「民主的な」の接続詞「かつ」による弱い結合は，議会評議会において解消され，関連するひとまとまりの形容辞という趣旨で，基本秩序という概念に結びつけられた。「我々の今日の国制の基本秩序は，自由であると同時に，民主的でなければならない」。この趣旨は，「自由な」と「民主的な」が，列挙を示すかつ（Und）なしに結合されていることにより，最も良く示されている。この表現は，用語法において通例である自由・民主的という表記法より正確でもある。

「自由な」と「民主的な」のあいだに「または（oder）」を挿入するという，1949年1月11日の基本原理委員会の第32回会議における，委員であるF．エベルハルト博士（SPD）の提案に対しては，Th．ホイス（FDP）が異を唱えた。「そうすると，『民主的な』と『自由な』は同一の概念ではないという考えが当たり前のように浮かぶことになる……。この場合，これらは，アンチテーゼのように見られてしまう。しかし，それらは，国民の意識の上で，一つに溶け合わなければならないのである」。

H．フォン・マンゴルト（CDU）は，このことを，議会評議会においてさらに次の言葉で明確にしている。

「より自由が乏しい民主的秩序である人民民主主義的秩序と自由な民主的秩序が存在するのである」。

それゆえ，議会評議会にとって，概念を逐一説明する必要がないことは自明であった。それは学説と判例に委ねておいてかまわないとされたのである。連邦憲法裁判所法の草案での定義は断念された。連邦憲法裁判所による憲法解釈を先取りすることは意図されず，憲法は，法律によっては権威ある形で解釈されえなかったからである。後に連邦憲法裁判所が定義したあと，それが立法にも受容された。これは，とりわけ，それらの勤務関係について基準を定める法律に規定されているような，官吏，裁判官，兵士への任用についての適性要件の解釈にあてはまる。

2．a)　全体主義と相対的民主制からの離脱―防御力のある，価値拘束的な民主制への移行

自由で民主的な基本秩序の支持の表明によって，憲法制定者は，全体主義という過去の体制から離脱しただけでなく，同時に，民主的基本秩序を内容的に（実質的に）充填し，これにより，ヴァイマル憲法が理解したような，相対的民主制を拒絶したのである。民主制は，もはや，内容的に任意に定められうるものではない。もはや，政治的意思決定の手続準則さえ守られていれば，自壊することが許されるわけでもないのである。この変化は，一般に，ヴァイマルへの「反動」，防御力があり，防御の備えのある，闘争的でかつ価値的な民主制への移行と特徴づけられた。

b）　ドイツ連邦共和国の国家理念としての自由で民主的な基本秩序

どちらも適切ではあるが，その概念に存する根本的な方向転換を完全には把握しえていない。基本法 79 条 3 項の改正禁止の保障と結びつけられて，自由で民主的な基本秩序には，ドイツ憲法史において初めて，それによって構成される国家についてレゾン・デートルを実定化した憲法上の決定が存在しているのである。自由で民主的な基本秩序の支持の表明は，ドイツ連邦共和国の国家理念の問いに対する回答である。国家の道徳的，政治的基体を形成すべき憲法上の基本価値，ドイツ連邦共和国の国家と社会の秩序をそこに適合させるべき基本法の枢軸原理の確定は，憲法上の基本決定の中核そのものである。

c）　合意可能な原理としての自由で民主的な基本秩序

　我々は，常に固定的な原理または道徳的規準の不変の核心（「一連の固定的な原理または道徳的規準」）を有権者が保持していることが，政治的決定を行うにあたっての重要な構成要素の 1 つである，という認識をアメリカの政治理論に負っている。これらの諸原理は，「時事的な諸問題の評価と決定のために引き合いに出されうる揺れ動く衝動や気まぐれ」とは対照的である。これらの基本原理についてコンセンサスがなければ，「民主制のシステムは，長期的には，どうしても選挙と政党間闘争に伴う長続きしない興奮と精神的負担にもちこたえられないであろう」。B．ベレルソンと R．A．ダールの思想をドイツの政治学に広めたのは，とりわけ，E．フレンケルであった。

合意された諸原理と争いのある諸原理の境界線が常に確定できるというものではないことは，人間の組織形態としての国家がどうしてもそうであるような変転しうるシステムの本質である。しかし，多元的な政治的，世界観的形式世界・価

値世界においては,アルキメデスの点を獲得するために,基本法典を定めることが不可欠である。基本法は,自由で民主的な基本秩序をこの合意可能な原理とみているのである。これは,最上位の誰もが認める価値を発見しようとする多様な試みを考えれば,たしかに大胆な試みではある。相対的民主制の筋金入りの擁護者のラートブルフも,のち (1946年) には,不可譲の基本的諸原理を承認することを厭わなかった。それは「価値の専制」と見なされるべきではなかろう。価値が,科学的に証明することはできないが,認識され,確定されうるということは,まさに正しい。基本法は,それを行ったのである。過去の経験に照らして,かつ,壁と有刺鉄線を目の当たりにして,それを非難する者があろうか? 自由で民主的な基本秩序は,基本法を通じて,我々の共同体生活を構成しているのである。それは,共同体生活の秩序の唯一ではないが,1つの「キー・コンセプト」である。これは,共同体にとって,最上位の意義をもつ命題である。このことに応じて,それは,連邦憲法裁判所の裁判における最も重要な議論のトポスともなった。

3. 規範的決定という特性

自由で民主的な基本秩序の支持の表明は,規範的な決定であり,単なる政治プログラムではない。H. ペータースは,この結合をかく表現した。「ドイツの国法の基礎には,前もって定められた政治的評価に基づいた,内容の特定が可能な国家観がある」。それゆえ,いかなる政治プログラムも,自由と民主制を放棄することはできない。その評価は,政治的な議論の土台となったのである。憲法上そうあらねばならないということでもある。これは,国連総会により1948年12月10日に採択された世界人権宣言 (30条),ヨーロッパ人権条約 (17条) や市民的および政治的権利に関するならびに経済的,社会的および文化的権利に関する両国際規約 (各5条) が示すように,国際的なレベルでも対応物を見出す,基本法上の決定の基本思想である。

4. 自由で民主的な基本秩序との必然的同化

自由で民主的な基本秩序という定式は,「市民的神学 (theologia civilis)」と呼ばれ,それは「連邦共和体制の政治的基体,この国家の全市民を結びつける精神的共通性」とみなされた。自由で民主的な基本秩序は,ファシズムや共産主義の全体主義国家,「人民民主主義的」または軍事的独裁者に対する反対表明であると

理解された。それは,「かつて」存在した,そして,「向こう側に」存在しているような秩序の反対物を形作る。もっとも, G. デューリッヒによって強調されたこのアンチテーゼ的性格は, この秩序の価値を明確化するために, 肯定的に補充されなければならない。とりわけ, 前文, 基本権および社会的法治国家の義務づけが, 内容的な補充が行われるべき方向を定めている。その点で, 憲法において定められた価値判断, どこかで, 何かしらの方法で創作されたのではない価値判断が問題なのである (§3Ⅱ3c, §4Ⅰ6)。少なからぬ「体制比較」の泰斗たちは, まさにこの憲法の指示を顧みなかった。「後期資本主義」,「階級闘争」「搾取者国家」等の概念は, 基本法の意味での自由な民主制を形成するものの中身の認識を深めるのに適していない。そこには, E. ブラが, 基本法によるたたかいを辞さない民主制という概念の「誇張」に見た以上に大きな危険が存在する。我々の社会, そして, 我々の国家の基礎と意味についてのコンセンサスが, 少なからぬサークルにおいて脅かされるという懸念に, 本当に目をつむれるであろうか？ 政治システムがしっかりと機能し得るか否かは, 自由で民主的な基本秩序についての憲法上のコンセンサスが存在しているか否かに不可避的に依存している。かくして, 政治的な基本見解が, 法秩序に移されているのである。この認識は, 過去の経験からすれば, 誰もが有しているべきであろう。自由で民主的な基本秩序との関係では, 距離ではなく, 同化のみが存在することを許される。

　これは, 自殺にまで至る中立性からの離脱である。「我々の憲法の構成原理に内在する価値判断は, 国家が, 憲法秩序の破壊を目論む者を養成する手助けをすることを排除するのである」。

Ⅱ. 自由で民主的な基本秩序の解釈

　1. a) 1952年10月23日の連邦憲法裁判所の裁判までの定義の試み
　連邦憲法裁判所が, 初めて, 自由で民主的な基本秩序を扱った1952年10月23日の連邦憲法裁判所の裁判までは, 自由で民主的な基本秩序を定義する数多くの試みが行われた。最も著名なのは, 法律として成立しなかった連邦憲法裁判所法政府案35条と1951年8月30日の刑法改正法律の定式化である。後者によって挿入された刑法88条2項は, 刑法の国家に危機をもたらす罪の章が保護する憲法原則として［次の事項を］挙げた。

§16 自由で民主的な基本秩序

- 選挙および投票において，また，立法，執行権，裁判の個別の国家組織を通じて国家権力を行使し，また，普通，直接，自由，平等，秘密の選挙において国民代表を選ぶ国民の権利
- 立法の憲法適合的秩序への拘束および執行権と裁判の法律と法への拘束
- 議会における野党の憲法適合的な結成と活動を求める権利
- 政府の議会に対する責任
- 裁判所の独立
- あらゆる暴力および恣意の支配の排除

　この点は，後に，事項内容として，重要な点では，政府の議会に対する責任のみが変更された。これは，刑法92条2項の新規定においては，政府の交替可能性および国民代表に対する責任，となっている。

　b）　刑法旧88条2項による指針を定める定式化

　刑法の定式化は，連邦憲法裁判所にとって指針を定めるものとなったが，その定義は，若干の点で刑法旧88条2項と異なっている，ないしそれを拡張している。それゆえ，たとえば，政府の議会に対する責任ではなく，――刑法92条2項の改正と同じく――，政府の責任のみが保護され，したがって，たとえば，大統領制の導入の要求が，憲法上許される。拡張は，人権，権力分立および複数政党制に関して行われている。刑法旧88条2項1号（現行：刑法92条2項）に含まれていた，選挙権に関する特定の原則の固定化は，連邦憲法裁判所に引き継がれなかった。そこでは，すでに，基本法103条2項の意味での可罰性の構成要件上の条件の確定に資するに過ぎない刑法上の「憲法原則」が，憲法解釈によって究明されるべき自由で民主的な基本秩序の要素と同一ではないことが示されている。

　このことから，G. ヴィルムスのように，刑法典に含まれるカタログが，憲法適合的解釈により，「あらゆるものに対する，それゆえ，政治的イデオロギーに対する刑法による抑圧に対しても絶対的限界」を記すことになる自由で民主的な基本秩序という概念によって特徴づけられた諸原則に限定されるべきであると結論づけてよいか否かは，疑わしく思われる。なぜなら，刑法は，具体的な憲法秩序を侵害から擁護することを意図するが，他方で，自由で民主的な基本秩序は，前者の基礎をなす根本的な指導原理を体現するからである。

　なお，刑法で同様に使用されている憲法適合的秩序という概念はさらに広い。

c） E．カウフマンの憲法擁護思想

学説は，本質的には，先の概念を，それが最初に用いられた基本法18条，21条2項，91条1項の規定の機能に従って定義した。それによると，必然的に，防御的性格，自由の敵から自由を確保するという課題が重要な位置を占める。E．カウフマンは，ドイツ的というだけではなく，同時に国際的でもあるこの側面を次のように定式化した。

「如何にして，我々は，法的な手段で，自由の敵から自由を擁護し，確保することができるだろうか？ 如何にして，我々は，法的な手段で，権力の濫用に抗して，権力を制限することができるだろうか？……クーデターが，上から，小グループによる一方的な行為と突然の権力掌握によって成功しないのと同様に，革命は，もはやバリケードで成し遂げられるのではない。大衆民主主義の時代には，国家の大変革は，前々から念入りに，イデオロギーのプロパガンダ，既存の体制の権威と制度の蔑視，その政策と措置の悪意のある，陰険な批判，国家機構の破壊工作，とりわけ，経済的，政治的および社会的機構の機能が依存している個所での国家機構と経済団体への侵入，時至れば権力掌握に投入できる，活動家的で，狂信的な部隊の組織的な準備による細胞形成によって，(準備されるのである)。しかし，いわゆる『第5列』のかかる破壊活動のすべては，その背後に，それらを資金面で支援し，諜報員を通じて，近くで，そして，遠くから，誘いを掛け，それによって，同時に，利己的な帝国主義的，イデオロギー的な目的を追求する外国の国家権力が存在するがゆえに，とくに危険なものとなった」。

E．カウフマンが1952年に予見したことは，今日では，あらゆる憲法擁護庁報告書において現実として確認されうるのである。

自由で民主的な基本秩序の本質をなすものを規定する際に，E．カウフマンは，拘束力のある価値と見なされねばならない特定の諸原理，人権，権力分立，法治国家，政府の責任，国民主権を強調している。

たとえ，カウフマンの場合，憲法擁護の思想が中心であったとしても，にもかかわらず，憲法基本秩序決定が問題であることは明らかである。

2．自由で民主的な基本秩序と基本法79条3項

自由で民主的な基本秩序と基本法79条3項において憲法改正を禁止された諸原則の関係には問題がないわけではない。これらのうち，少なくとも，基本法1

条，民主制および法治国家の原則は，自由で民主的な基本秩序を構成する。さらに，社会国家性を支持する原理的な価値決定が，基本法の道義的，政治的本質に属する。

しかし，連邦国家と共和制が自由で民主的な基本秩序の本質的要素か否かは，不確かである。我々は，たとえば，イギリスとフランスによって，君主制の自由な民主制，または，一体的国家の自由な民主制を知っている。にもかかわらず，自由で民主的な基本秩序と基本法79条3項の結合は明らかである。両者は，「価値体系的には，同じ規範サークルに」入れられるべきである。それらは，「同じ方向の目標指向」を有している。2つの原理の実質的意義は，それに対応しているのである。連邦国家性は，混合政体の枠内では，政治的意思形成における自由，多元性と協働可能性の保障および権力一元主義の拒否に本質的な関わりを有する（§19Ⅱ2）。

ナチスの独裁者の擁立の端緒の1つが，1933年3月31日（RGBl. S.153）と1933年4月7日（RGBl. S.173）の統制法による連邦国家性の除去であったのも，理由がないわけではない。その時々の国民による国家元首の決定の保障としての共和制原理は，いずれにせよ，自由で民主的な基本秩序の不可欠な構成要素を成す国民主権（§17Ⅱ2a，国民主権について，詳しくは，Bd.Ⅱ，§25Ⅱ2b）の一表現である（前掲Ⅱ1aおよび後掲Ⅱ3b）。

もっとも，自由で民主的な基本秩序の破壊を撲滅しようとすることが招く重大な法的効果からして，それを基本法79条3項の変更不可能な諸原理と等置することについて，懸念が無くはないように思わせる（[BandⅠ]第1版，1977年，§16Ⅱ2参照）。しかし，憲法保障規定のそれ以外の要請と，その時々に存在する自由で民主的な基本秩序の危殆化を考慮した上での比例性の基準に基づくその適用とが，個々の場合において不当な結果を防ぐのに十分なものであるはずであろう。

3．a）　連邦憲法裁判所の解釈—価値拘束的秩序としての自由で民主的な基本秩序

連邦憲法裁判所は，1952年10月23日の判決——社会主義国党（SRP）の禁止に関する裁判——において，はじめて，自由で民主的な基本秩序に取り組まなければならなかった。そこでは，連邦憲法裁判所は，「自由で民主的な憲法国家の

最上位の基本価値が，基本法が国家の全秩序の内部で……根本的なものとみなす自由で民主的な基本秩序を形成している。基本法において行われた憲法政策的決定によれば，結局のところ，この基本秩序の基礎となっているのは，人は，被造物の秩序において，固有の独立した価値をもち，自由と平等が，国家的単一体の永続的な基本価値であるという観念である。それゆえ，基本秩序は，価値拘束的秩序である。それは，排他的支配権力として，人間の尊厳，自由と平等を認めない全体主義国家の反対物である」と述べている。

類似の表現で，この見解が，1960年12月20日の裁判で繰り返されている。「基本法は，自由と人間の尊厳の保護をすべての法の最上位の目的と見る価値拘束的秩序である。その人間像は，独断的な個人というそれではなく，社会にあって，社会にさまざまな形で義務を負う人格というものである。市民を自らがその人的な担い手である社会の最上位の法益の擁護と保護に協力させることは，基本法違反ではありえない」。

いわゆるエルフェス判決でも，自由で民主的な基本秩序は，「憲法上の価値秩序」と見なされている。

SRP判決では，さらに明確に，「さまざまな自由で民主的な基本秩序がありうる」という観念が「誤りである」ことが強調されている。「それは，自由で民主的な基本秩序という概念とそれが民主国家において具体化しうる諸形態との取違いに基づくものである」。

b) 連邦憲法裁判所の定義

さらに，連邦憲法裁判所は，自由で民主的な基本秩序を，「あらゆる暴力の支配と恣意の支配の排除の下で，その都度の多数の意思による国民の自己決定，および，自由と平等を基礎とする，法治国家的支配秩序である」一秩序と定義している。「この秩序の基礎をなす諸原理に数えられるべきは，少なくとも，以下のものである。

- 基本法において具体化された人権の尊重，とくに，生命および自由な発展を求める人格権
- 国民主権
- 権力分立
- 政府の責任

- 行政の法律適合性
- 裁判所の独立
- 複数政党原理および
- 反対派の憲法適合的な形成と実行の権利をともなうすべての政党に対する機会の平等」。

　連邦憲法裁判所は，1956年8月17日の裁判（KPD判決）において，この定義を確認した。そこでは，連邦憲法裁判所は，さらに，それによって生み出された自由な民主制という国家秩序が，「19世紀に徐々に形成され，そして，ドイツでは，ヴァイマル憲法においてようやく日の目を見た自由な市民的法治国家」の伝統と結びつけられていることを強調している。さらに，あらゆる国家の措置に対する指導原理として，基本法において「社会国家」が強く強調されていることに言及しつつ，「『社会的正義』への発展」に特別の力点を置いている。

　この判決では，また，共同体のすべての構成員に可能な限り最大の自由が認められるが，少なくとも，多数決による決定の甘受を期待しうるのでなければならないこと，そして，歴史の発展は科学的と認められたひとつの目的によって規定されず，その結果，個々の共同体の決定も，かかる最終目的の実現への道程として理解されえないことを，自由で民主的な秩序における共同体の決定が求めることにも言及されているのである。基本法18条，21条および憲法裁判は，この秩序とそのゲームのルールを，それを原理的に否定する反対者から守る制度であるとされる。

4．連邦憲法裁判所の定義への同意

　この自由で民主的な基本秩序の定義は，幅広い賛同を得た。そこには，法治国家的な，自由で民主的な国家のあり方を構成する本質的な要素が集約されている。「この概念は，信頼に値する，明晰なものであり続けなければならない」。その敵対者に厳格な制裁が結びつけられ得るがゆえに，それが明確に輪郭を描かれなければならないというだけではない。これは，「反民主的」ではなく，民主的な前提条件の下で，民主的な自由を殺害や自殺から保護する試みである。ここでは，この安全保障機能ではなく，自由で民主的な基本秩序の国家構造的で，価値定立的な次元が問題である。とりわけW．ケーギが論証したように，民主制自体が両方を保障しうるわけではない。民主制は，非自由主義的でもありうるのである。

加えて，誰が，今日において，自らを民主的と名乗るのかを考えて見れば，それが単独で用いられた場合，濫用され，積極的な価値を失うことは否めない。自由という原理との結びつきが，民主制に再びその本来の意義を与えるのである。

5．自由で民主的な基本秩序による価値充足的国家性の構築

多数者は，自らの権力の濫用に対して抵抗力があるというわけではない。自由な民主制は，「あらゆる暴力の支配と恣意の支配」の排除を保障する国家組織の特定の条件が満たされ，かつ，国家的なもの（das Staatliche）を超え，社会の領域にも及ぶ特定の実質的価値決定が，不可譲のものとして通用している場合にのみ保障される。個人，社会そして国家に対して拘束力をもつとともに，不可侵のものとして定められた価値が存在しなければならないのである。この点において，民主国家に不可欠な政治的，世界観的，宗教的，そしてイデオロギー的な諸潮流の多元主義もまた制限を受けざるを得ない。

多数決原理は，共通の基本秩序に基礎づけることを必要とする。連邦憲法裁判所が，KPD判決において，基本法は，「目的と評価の多元主義から……それが，いったん民主的方法で承認された場合には，絶対的な価値と認められ，それゆえ，あらゆる攻撃に対して断固として護られるべき国家形成のある特定の基本原理群を取り（出している）」と判示したのは正当である。同じ裁判において，連邦憲法裁判所は，別の箇所で，「基本法は，……多様な社会的，政治的目的に開かれている……。この秩序は，何よりも，その究極の諸原理，自由で民主的な基本秩序が，あらゆる勢力によって肯定されている場合にのみ存続しうる」としている。それゆえ，熟慮の上で，憲法制定者は，自由で民主的な基本秩序という概念を用いる場合にはつねに，「国家の」という語を付記することによる限定を行わなかったのである。「基底性」と「一般性」を欲したのである。しかし，他方で，正当なことであるが，誤った解釈を避けるために，法律では，自由で民主的な基本秩序に，「基本法の意味における」という語が追記されている。基本価値を定めたのは憲法である。価値拘束的な民主制と防衛力のある民主制は，基本法において，共生したのである。この点で，憲法は，その中立性を放棄した。憲法は，「価値充足的国家性」を構築したのである。ドイツ連邦共和国は，それゆえに，世界観国家になったというわけではない。自由で民主的な基本秩序が，まさに「宗教的，世界観的中立性を支持している」のであるからなおさらである。それ

は，自由で民主的な基本秩序に関わる限りにおいてのみ，「価値拘束的な基礎」を得たのである。この決断は，過去の経験に照らせば，適切であるのみならず，必要かつ正統でもある。なぜなら，いかなる社会も，最上の価値を尊重することなくして，維持され得ないからである。

6．法律における自由で民主的な基本秩序という概念の使用

自由で民主的な基本秩序は，憲法の敵視を憲法忠誠と分かち，絶対的なものとされたまさにその価値判断を構築する分岐点であるだけではない。それは，同時に，国家と社会の秩序の存立とその保障にとって本質的な一連の法律に採用された原理である。

- 刑法86条2項，93条2項，刑法では，より頻繁に，憲法適合的秩序（刑法81条1項，85条1項，86条1項，89条，90 a条1項）というより広く理解される概念または憲法原則（88 a条1項および2項，89条1項，92条2項）という概念が用いられているが。
- 連邦およびラントの官吏および裁判官法ならびに軍人法。
  これらの法律では，自由で民主的な基本秩序が，いわば公務員の勤務関係のアイデンティティーを基礎づけるメルクマールとなった。
- 連邦弁護士法7条6号。
- 政党法1条1号第1文。
- 放送に関する法律または条約に基づくラジオおよびテレビ放送の構築について，部分的には，最近のラント法が，憲法適合的秩序そのもの，または，特定の憲法原理と結びついている。
- プレス法に基づくプレスの活動について。
- 信書，郵便および電信電話の秘密の制限について。
- 外国人の政治活動について。
- これら以外の関連づけが，その他のラント法に存在する。

7．a）　自由の憲法としての基本法

自由で民主的な基本秩序に関する決定は，基本法の価値秩序と統治秩序の基本原理を規範化している。それは，原則規範として，組織規定，基本権，および，とりわけ18条-22条で扱われる構成原理に展開している。基本法は，この決定

により，自由の憲法に，そして，議会制民主主義の憲法になった。いずれも，長らく待ち望まれていた憲法理念の具現化である。モンテスキューの区分に従えば，このことのゆえに，基本法は，「国家の栄誉（栄光（glorie））」あるいは——より現代風には——その自己目的を目標とするのではなく，政治的かつ市民的自由と同時に国家権力の組織化を目標とする憲法なのである。それゆえ，自由は，つねに，個人が自由であることに始まり，その社会的環境に連なるのである。しかし，自由の理念は，国家の組織メカニズムにも結晶した。この秩序には，自由を保障するという性質が備わっていなければならない。この自由が，原理的に無限定なものではなく，法的に制約されたものであることをここで再度強調する必要はない。

b）憲法の基礎原理としての自由で民主的な基本秩序

このランクの価値判断と組織決定は，多くの規定に表れている。それどころか，組織規範と権力分配規範および国家/市民関係の規整は，例外なく，この原則決定に基礎をおくといえるのである。これは，それらの基礎をなす，繰り返し表れる原理，精巧に組み立てられたシステムの内的基礎であり紐帯である。自由権そのものである基本権に加えて，自由で民主的な基本秩序の表現は，とりわけ，法治国家性，権力分立，権利保護，議院内閣制，また連邦国家性，バリエーションとして，社会国家性にも表れている。

見る限りでは，明文では，ヨーロッパのどの憲法も，こうした確固たる方法で，自由で民主的な基本秩序に拘束されなかった。黙示的には，この原則は，アメリカ合衆国の憲法とヨーロッパ評議会の構成国の憲法の基礎をなしている。それに加えて，いくつかの憲法は，政党禁止を規定しており，別の憲法は，全体主義的な企ての支持者に対し官職へのアクセスを閉ざした。

8．あらゆる政策に対する自由で民主的な基本秩序の拘束力

自由で民主的な基本秩序は，個人とその尊厳（基本法1条）が，あらゆる国家行為の不可侵で，最上位の基準値である国家秩序および社会秩序を求める。連邦憲法裁判所の説得力のある言葉に，何も付け加える必要はない。

「自由な民主制においては，最上位の価値は人間の尊厳である。これは，不可侵であり，

国家によって尊重され，保護されなければならない。それによれば，人間は，自己責任による人生形成の能力が備わった『人格』である。それゆえ，その行動と思考は，階級によって一義的に決定され得るわけではない。人間は，むしろ，自らの利益や考え方を他者のそれと調整する能力があると見なされ，それにふさわしく，そうすることが求められている。その尊厳のゆえに，人間には，自らの人格の可能な限り広範な発展が保障されなければならない。これは，政治社会の領域については，お上が「臣民」の福祉についていかに良く配慮しようと努めようとも，それではまだ十分でないことを意味する。個人は，むしろ，可能な限り広い範囲で，責任を持って，公共に関する決定にも参画すべきである。国家は，そのために，個人に途を開かなければならない。それは，第一義的には，精神上の争い，思想の議論が自由であること，換言すれば精神的自由が保障されることによってなされる。精神的自由は，自由な民主制のシステムにとって決定的に重要である。それは，まさしく，この秩序が機能するための前提である。それは，自由な民主制のシステムをとりわけ硬直化から守り，実際上の問題について多様な解決方策を示すものである。人間の尊厳と自由はあらゆる人間に与えられ，人間はその限りでは平等であるから，すべての者の平等な取扱いという原理は，自由な民主制にとって自明の公理である。

　国家のあらゆる決定は，人の固有の価値を尊重し，そして，個々人に対して要求できる範囲で，人と社会の間の緊張を調整すべきであるから，自由と国家による平等な取扱いを求める権利は，国家による市民のあらゆる現実の抑圧を排除する。国家のあらゆる権力行使が総じてそうであると見られている「抑圧」という共産主義の概念は，自由な民主制のシステムにとっては，根本的に縁遠いものである。「抑圧」は，国家をも貶める根本において非人間的な表象世界に由来する。国家は，調整的な社会形成の道具であり，搾取者の地位の維持のための搾取者による抑圧の道具ではない。必要な秩序と抑圧は区別される。抑圧は，自由な民主制においてであれば，理性的な——もとより不変のものではない——規準に照らして個人の暴力的抑制を意味することになる，つまり，その自由または他者との平等な取扱いを求める権利を個人に要求できない方法で侵害することになる国家の措置にのみ見出され得るであろう。

　さらに，自由で民主的な基本秩序は，人間の尊厳と自由という観念から，市民相互の関係においても正義と人間性に配慮するという課題を引き出す。これには，ある者の他の者による搾取が阻止されることも含まれる。もちろん，自由な民主制は，私企業経営者による雇用の下での賃金労働という経済的な状況それ自体を一般的に搾取として特徴づけることを拒否する。しかし，それは，実際の搾取，つまり，屈辱的な条件と不十分な賃金で労働力を食い物にすることを阻止することをその任務と見なすのである。とくにこのことのゆえに，社会国家原理が，憲法原則に高められた。それは，無制限の自由の悪影響を防止し，平等を促進し合理的に要求すべき程度にまで実現しなければならな

い。

　自由な民主制は，市民の自由と平等を，この2つの価値の看過できない緊張にもかかわらず，徐々にますます大きな現実へと発展させ，およそ到達可能な最高水準に高めることに成功し得るであろうという考え方に貫かれているのである」。

これにより，あらゆる政策が義務づけられていると自覚しなければならない目標が定式化されているのである。

第2章　構成原理
第2節　基本法20条および28条の構成原理

§18　民主制原理

Ⅰ．概念と基礎

1．「正しい」国家形態の同義語としての民主制

　19世紀前半には，こんにち再評価されている2人の政治思想家による正反対の予言がなされていた。その2人とは，K．マルクスとA．トクヴィルである。一方は「国家の死滅」を予言し，他方は国家権力の膨張を予言した。もっとも，その膨張するであろう国家権力とは，革命運動の中で滅亡したか滅亡しつつある君主制国家のそれではなく，生成し発展しつつある大衆社会の，成立しつつある民主制国家のそれであった。この国家権力の膨張は，平等に基づくものであって，平等はたしかに「あまり崇高ではないが，より公正であり」，いずれにせよ［ふるい社会の状態とは］「異なったもの」である。「それゆえ，重要なのは，貴族社会の再建ではなく，民主社会の内部から……自由をうみださせることである」。というのは，「民主的な国民それじしんとその欲求との性質からして，そこにおける国家の支配権力は，他のどんなところよりも統一的で，中央集権化され，広範で，浸透した，強力なものたらざるを得ないからである」。どちらが当時として未来をより正しく予言したのかは，こんにちでは疑問の余地がない。そして，それ以来，民主制という概念が，政治理念の世界と現実の諸国制を支配していることもまた，疑いをいれない。たしかに，この概念と理念は，とおく古代に起源をもつ。民主制は，ヘロドトスがその『歴史』の第3巻で言及したのがおそらく最初で，そののち，とりわけ古代世界の［紀元前］5～4世紀の都市国家理解およびその国家理論と結びついていた。しかし，民主制概念の再生の発端となり，近代国家を実際に民主的に正統化しようと企てたのは，17世紀にその兆しはあ

った（アルトジウス）ものの，大筋では，18世紀と19世紀初頭の国家思想家たちがはじめてであった。そのうえ，この概念が諸憲法への入口をあまねくみいだしたのは，ようやく20世紀になってからである。それ以前の諸憲法は，民主制のいくつかの要素を規律することで満足していたのである。このようにして，民主制は，われわれの時代の政治意識において一般に，「普遍的に受け入れられた，その意味で唯一正統な，政治上の憲法形態」になった。このことは，民主制の本質的な内容が実現されていないところであってもあてはまる。というのは，このような国家であっても，民主制あるいは民主的と自称することを断念することはなく，それどころか，同義反復で強調する「人民民主制」とすら称することが珍しくないからである。その原因は，民主制がアリストテレスのいう意味での「正しい」国家形態の同義語になってしまったことにあるとみることができる。この概念は，国家の理想に昇格した。第二次世界大戦以来ますます，民主制は，人権および自由と結びつけて使われるようになり，これらの理念を実現することによって，民主制にはさらなる正統性が供給されるようになった。民主制と基本権は，かくて，現代において自由な国家であることを憲法上決定する要因となったのである。

2．民主制概念の多義性－基本法の意味での民主制原理

この概念の普遍性は，しかし，その内容についての一致をもたらさず，それどころか，逆の事態を引き起こした。すなわち，多義性が，否，少なからぬ見解によれば「輪郭の消滅」すら生じたのである。W. フォン・ジムゾンがいみじくも述べているように，民主制という概念は，それを完全に論じつくそうとするならば，「実定ドイツ国法のおおよそ全領域」を包含する。それゆえ，この概念の広範さにかんがみれば，民主制概念がこんにち，壁の内でも外でも（intra et extra muros），精神的および政治的な議論の焦点にあることは，驚くほどのことではない。すなわちいわく，民主制の転換，民主制の危機，民主制への不快感，「草の根の」あるいは真の民主制の模索，そして「民主制の腐敗しやすさ」，これらは，民主制概念が議論の焦点にあるという見立てのためのメモにすぎない。したがって，民主制という概念を国法学において説明するには，事前に方法論を明確にしておく必要がある。すなわち，概念形成が仕える目的を強調することによってのみ，明晰さを手にすることができる。もっとも，このことは，法学の概念形成が

本来つねに前提としていることではあるが。それによれば，ドイツ連邦共和国の国法において重要なのは，民主制「そのもの」あるいは「範型」としての民主制ではなく，基本法の基礎となり基本法において実現されている民主制原理なのである。このようなやり方の正しさは，直接には，憲法の文言から導かれる。というのは，基本法20条1項および28条1項は，「定冠詞付きの」民主制という言葉を用いているのではなく，「民主的連邦国家」としてのドイツ連邦共和国について述べ，「この基本法の趣旨に即した民主的法治国家の諸原則」といっているからである。K．ヘッセが正当に述べているように，憲法上の基準となるようにこの概念を解明することは，憲法が練りあげた民主制の具体的な姿を手がかりとしてのみ可能である。その際，普遍的に妥当する民主制概念をみいだすことがそもそもできるのか否かは，未解決のままにしておいてよい。そのような概念を形成することができるとしたら，それは一般国家学の任務であろう。一般国家学といえども，現実分析という考察方法をとるならば，自由な民主制には「全体主義的」あるいは「操縦された」民主制が対立する，ということを看過することは許されない。それにくわえ，なんらかの概念をみいだしうるとしても——そもそもそれが可能であるとして——，その概念は，生彩を失わせ具体的な問題の克服には役立たなくさせるような，抽象の高みに祭りあげられるに違いない，という危険を冒すであろう。あるいは，「典型的な中核」，「不可欠な要素」，「周縁領域」および「分類にとって些細な意味しかない要素」の間で区別がなされなければならないかもしれない。民主制理論の伝統的に困難な点は，「民主制がくだらない夢物語になるのではなく，政治的に実現可能なものでありつづける」ように，民主制を概念として把握することにある。これに関して，「袋小路にある民主制理論」という命題の正しさを物語るものは多い。

したがって，本書［原著］ではそのような理論についての考察は放棄する。本書［原著］は，基本法の民主制原理の構想と構成要素に傾注しなければならない。とはいっても，民主制原理の歴史的，政治的および思想史的な脈絡についての考察をすべて断念するという意味ではない。それらを明らかにしなければ，基本法上の観念をはっきりさせることにとりかかることもできないからである。

3．形容詞をくわえることで民主制を説明すること—民主制の現象学

民主制の概念が広がり，こんにちの現実世界におけるそのあり方が多様である

ために，それを個別に説明すること——たいてい形容詞をくわえることや他の記述的な標識によって——は，やむを得ないとされなければならない。こうすることは，民主制というものを狭めるものではない。H．トリーペルが法治国家についてかつて述べたように，こうすることによってはじめて，どんな民主制のことをいっているのかが明らかになる。このような理由があるので，裁判所とりわけ連邦憲法裁判所の裁判実務において，民主制原理単独ではまれにしか立論の主題になっていないとしても，いぶかしむには及ばないのである。他方，民主制の現象学では，次のような諸々の名称に出くわす。いわく，実質民主制，形式民主制，自由主義民主制，社会民主制，法治国家民主制，自由な民主制，直接（unmittelbar）民主制，直接（direkt）民主制，代表（間接）民主制，議院内閣制の民主制と大統領制の民主制，政党国家民主制，価値に結びついた民主制，複数民主制，多元主義民主制，防衛力のある民主制，たたかいを辞さない民主制，闘争的民主制。

比較的最近の民主制理論は，ますます，より多義的でたいていは不明確な名称へと移り変わっている。いわく，具体的民主制，資本主義民主制，社会主義民主制，相対的民主制，動態的民主制，集団民主制，質的民主制，攻撃的民主制，根本的民主制，対決民主制，人民投票民主制，急進民主制，協同民主制，融和的民主制，参加民主制，組織化された民主制，協同組合民主制，人権民主制，敏感な民主制，権威主義民主制。

次のような名詞の組合せも見出すことができる。いわく，単一政党民主制，複数政党民主制，多党民主制，比例代表民主制，レフェレンダム民主制，会議民主制，首相民主制，連立民主制，協調民主制，競争民主制，交渉民主制，市民民主制，技術民主制，組織体民主制，「評議会民主制」，政党民主制，「人民民主制」，主権民主制と同一性民主制，そして諦念民主制。

この一覧は，まだまだ増やすことができる。これらの現象形態の若干が互いに矛盾したり同義語反復であったり形容矛盾であったりするとしても，こうして形容詞や名詞がくわえられることは，それだけですでに，この原理がそのあり方を変えうることを示す。それゆえ，たんに民主制というだけでは，詳細な叙述を抜きに諸々の政治的基本秩序の間での相違点を明らかにするには，もはや適切とはいえない。「民主制の現象形態は，民主主義者の数と同じだけ存在するのである」。

**4．a）　古典的民主制概念—人民による支配を表現した近代民主制概念？—
　　　支配のための常設の組織の必要性**

　民主制がいかに多義的であろうとも，また，それに形容詞をくわえることや，その過去の，現在の，現実の，そして空想上の現象形態を明らかにする試みがなされているとはいえ，民主制の概念は，核心のところでは，少数の基本構成要素に還元することができる。この概念は，ヨーロッパと大西洋の思想世界において形づくられ，そこで現実のものとされた。それは，国家を構成する諸民族の精神史と政治史に深く根をおろしている。しかし，民主制の概念が「世界史の時代を画する企て」として「古典的」で影響を及ぼしつづけるような確固たるものとなったのは，ようやく18世紀になってからであった。ある特定の共和制の国々が民主制国家と呼ばれるようになり，そしてフランス革命では，この概念は——自由，平等および友愛と結びついて——両義的な標語となった。この概念は，古典古代や中世の思想的財産とりわけ自然法論のそれに立ち戻ることなくしては形成されなかったが，それよりも，近代国家というものの基本的条件に大きく関連しているのである。それ以来，この概念は，もはや古典古代の民主制あるいは中世にまれにみられる民主的支配形態を模範とするのではなく，近代の国家形態にあわせて作られている。「近代民主制」の概念が重要なのである。その基本観念は，語義からいって「国民による支配」であって，これは専制君主制や貴族制における単一人による支配やエリートによる支配と対立する。しかし，本当に国民が支配をすることができるのか？　そして，国民はどのようにして支配をするべきなのか？　国民の自己統治や自己決定ということがありうるのであろうか？　[民主制という概念を]直接民主制と理解するならば，これらの問いに対して疑問のありえようはずはない。そこでは，支配者と被支配者，統治者と被統治者の一体性（同一性）が妥当する——と，ルソーの伝統を受けつぐカール・シュミットの印象深い定式は述べる。このような政治支配が存しうる証拠として，過去のものとしてはギリシアのポリスが，現在のものとしてはスイスが指摘される。こんにちの「草の根民主主義」という観念は，飽くことなく，このような民主制だけが真の民主制であるといいつづけている。

　民主制のそのような理解が現実に合致することがいまだかつてあったのか，ということに疑問をもたずにはいられないが，かくて，民主制のそのような概念が近代の政治支配の現象形態として存在することはありえない。民主制が国家の形

態である以上，それは，国家の支配を行うために，活動的な常設の組織をそなえていなければならない。このことは，国民の代表ということがないかぎり，不可能である（§22 Ⅱ 5 a）。代表なき民主制は，国の決定能力がつねに存在していることが必要とされないところでのみ，想像できるにすぎない。「直接に行為する国民ができることは，国民が漠然とした不明確な意見をこえてみずからの立場を行動に結びつくように明確に表明したいと欲するならば，呈示された問いについて受け入れるか拒むか，承認するか拒否するかだけに限定されている」。同一性に基づく民主制というようなものがあるとしても，それは，永遠に現実と矛盾する民主制概念を前提にしているのであろう。そのような民主制は，決して国家の構成原理ではありえないし，国家形態ではありえない。

b）　国民主権の理念—支配の国民による正統化としての民主制

　それにもかかわらず，国民による支配を民主制の概念の徴表とすることは，正当である。このとらえ方は，国家権力の究極の担い手についての問いに答えを示す。基本法20条2項1段は，国民による支配を憲法の正文において次のような定式で表現している。すなわち，「すべての国家権力は，国民に発する」と。神の恩寵による支配者の主権に，国民が取って代わった。つまり，ここで採用されているのは，国民主権という中世のふるい理念なのである（後掲Ⅱ 4 a）。これによれば，民主制の国家組織は，その正統性の根拠を国民に見出すものでなければならない。支配が国民によって行われる必要はないが，支配は国民によってのみ正統化されているのでなければならない。民主制とは，国家権力が国民から，すなわち下から上へと構成されることを意味するのであって，専制君主制のように上から下へ構成されるのではないという意味である。すべての国家権力の源泉は，国民である。国民から，すべての「正統化の筋道」が発する。民主制原理はこんにちでは，かつて君主制原理に与えられた意義を有している。こうして民主制は，国民による支配の正統化として理解される。重要なのは，まず，代表して決定する機関を国民のもとへと結びつけること，「換言すれば，国家権力と国家の官職を下から上へと法的かつ正統に構成することであり，次に，独立して行動する代表者が主権者の立場へと道を踏み外すことを防止すること，そのためには代表者の指導する権力は職務に応じ法によって限定された権限でなければならないことであり，そして，代表者の解任によるのであれ，国民じしんの実体的決定による

のであれ，代表者の指導し決定する権力の誤りを民主的に正す可能性があることである」。このような民主的な正統化連関のあり方は，ひときわ多様である。とはいえ，その本質は，国民が国家意思の形成に関与することにある。憲法制定権力の行使（§5 Ⅰ 2 b，3 b，Bd.Ⅱ § 25 Ⅱ 2 b）および限定的な国民票決（Bd.Ⅱ § 25 Ⅱ 1 b）を別にすると，基本法20条2項2段（「個別の諸機関」）で示唆されているように，近代民主制の国民は，分節的に組織された官職および官庁の制度における，機関および機関担当者を選出する。かくして，国民意思の形成と定式化が民主制の支配組織の焦点になる。国民は，たんなる支配の正統化根拠であるだけでなく，国家権力の行使にみずからも影響を及ぼすことを欲したのである。

c） 国民の参加と自己決定

国家権力の行使に際して国民が参加し自己決定するという原則があり，そのような仕組みが整えられていることは，こんにちでは，民主的な支配が現実に行われているというための決定的な試金石である。東側起源のいわゆる人民民主制のように，プレビシットのようなできごとによってこのような決定への参加がなされることを顕示するだけであってはならず，決定への参加は，実体上の決定および／または代表者の決定に対する影響力を行使しうることが法的に裏づけられているものでなければならない。国民の政治的意思は，定期的にくりかえされ，特定の諸原則（§8 Ⅰ 4，§10 Ⅱ 3）を厳守して行われる選挙または票決において表明されうるのでなければならない。国民による支配は，可能なかぎり市民の全体が国家の意思形成に参加する権利をもっている場合に，最高度に実現される。万人に関わることは，万人が決定できるべきである。すなわち，万人が可能なかぎり平等に国家意思の形成に参加できるべきなのである。

α） 平等な選挙権

民主制という国家形態は，すべての公民の平等という原則に依拠するものでなければならない。それゆえ民主制は，基本法3条1項ときわめて密接な関係にある。民主制においては，「すべての人は，政治的および市民的な観点で平等である。民主制は，平等原理の完全な勝利である。市民はすべて，権利において平等でなければならず，たんなる特権の平等では足りない」。平等原則の枠内で，民主制にとって決定的な役割を果たすのは，普通かつ平等の選挙権である。なぜな

ら，それが意思形成への可能なかぎり一般的な参加を確保するからである（§8 Ⅲ 3，§ 10 Ⅱ 3 b）。このような意味で，R．トーマは民主制を，「あらゆる階層の人民に平等な選挙権を……授け，すべての支配権力を直接または間接にこの基礎の上に築く」国家であると定義した。このことは，こんにち，異論を差し挟まれることはない。

　β）　多数決規則

　意思形成に関与する者の数が大きくなればなるほど，決定権の行使が一致してなされることは，ますます期待しがたくなる。全員一致は，めったにない例外にとどまるであろう。それゆえ，「共同社会において決定するという必要を満たすためのからくり」が必要となる。そのために使われるのが，多数決規則である（後掲Ⅱ 5 c）。この規則は，選挙および票決の際に民主的に決定を行う道具であって，そのようなものとしてすべての民主制において，とりわけ議会で広く使われている（基本法42条2項，63条2〜4項，67条1項，52条3項，54条6項参照）。このかぎりで多数決規則は民主制原理と結びついているが，しかし，多数の支配を「民主政体の支配的な特徴」と考えるのは誤りであろう。多数決規則は国民主権のあらわれではないし，多数を民（Demos）の全体と同一視することはできないからである。

　d）　民主制の定義

　民主制は，前述した概念要素に照らすと，次のように理解することができる。すなわち，国民を源に正統化されている機関であって，国民に属するすべての者が平等を基礎にそこでの決定に参加し，かつ，その決定はたいていは多数決でなされるべきとされるものによって，支配が——制度的に組織された形で——行われる国家形態である，と。

5．民主制の前提としての最低限の経済的および社会的な発展—政治文化

　民主制は，それを実現できるには，かなりの程度の経済的および社会的な発展を前提とする。あれほど多くのアフリカ，アジアおよび南アメリカの諸国が「西欧の」民主制の範型を継受するのに失敗した理由は，このことにある。同様に民主制は，民主的な体制が発達できるような一定の状態の政治文化が育っていることを要求する。これには，習熟が，とりわけ政治教育と政治的成熟が必要である。

経済的・社会的発展と政治文化の双方とも，きわめて短期間で達成できるものではない。それに失敗することは少なからずあり，権威主義的国家形態への指向が生じる。にもかかわらず，このことは，民主制を世界史上の終焉を迎えつつある時代のものと見なす理由とすべきでない。はるかに危険なのは，伝統的に民主的な構造をもった国家において心構えが失われたときに，もはや自由で民主的な国家形態をそれに必要な勇気をもって守ろうとするのではなく，最も困難な国家形態がもはや最も割の合うものではないという事実にぶつかって，あきらめてしまうことである。そのような見解は，たいてい経済不況下でうまれる。そこからさらに政治的危機が生じることは，まれではない。政治的状況と経済的状況との連関は，ここでもその相互影響関係がはっきりと示されるのである。

6．民主制原理に対する目下の疑い―民主制の現実分析―体制の政治化―民主制へのアンガージュマン

　基本法が標榜する「古典的」民主制は，ドイツ連邦共和国のみならず同種の他の国家においても，最近十年来，もはや戦後すぐと同様の心の内なるアンガージュマンをもって全面的に肯定されるものではなくなっている。若者の反乱や政治的および経済的な危機は，この政治形態の基礎づけと正統性に対する疑いをめざめさせた。この疑いが，特定の決定たとえば非常事態憲法（Bd.II 6.Kapitel）に対するたんなる抗議運動や，たとえば教育の状況や具体的な計画に特定の欠点が明らかとなったことに対する抗議運動（住民運動）において表明されるのをこえて，政治の体制と構造の原則にかかわる問題に向けられたときには，この疑いは通常，その具体的目標として，次のようなどちらかというと空想的な観念を掲げていた。すなわち，全面的民主化，評議会民主制，反議会制民主制，草の根の民主主義といったものである。しかしこれらによっては，現代の民主制国家がもつ真に危機的な点は改善されはしない。否，頭の痛い問題点すらも改善されない。逆に，この「新体制」は，ふるい体制の弱点を増大させるだけであろう。たとえ，民主制はあらゆる悪しき国家形態の中でそれでもなお最良のものである，というW．チャーチルの定式では満足しない者であっても，ほとんどの「対案」において，より少ない支配もより多い自由もみいだすことはできないだろう。急進的な空想のほうがむしろ，回避可能な欠陥を是正することを妨げる。というのは，そのような空想は，体制に，防御の姿勢をとりつづけるよう強い，改善のための力を萎え

させるからである。このことを認識するからといって，最近十年来の民主制国家の構造変化や弱点を直視しないという意味ではない。それどころか，まさにその両者を確認し，それらからある帰結を導きだすことを意味する。その帰結は，もちろん「体制を破壊する」たぐいの政治的な荒療治ではなく，「分厚い板に忍耐強く穴をうがつ」ようなものであるかもしれない。M．ヴェーバーは，かつて，政治というものをそのようなものだと定義した。このような政治は，次のような数多くの複雑な事実と現象を承知しているにちがいない。

- 経済および通貨，内外の安全保障の領域において，決定を下さなければならない数多くの問題が，複雑であり世界規模で相互依存していること
- 国際的および超国家的機関への依存によって，国家の政治的決定の余地が狭まっていること
- 技術・社会・産業の変革の速度が速いこと
- 成長問題と環境問題
- 市民の側の無理解が広がっているにもかかわらず，法律の題材があふれかえっていること
- 大企業への経済的集中がすすみ，それと同時に独立自営の生計が衰弱しつつあること
- 民主制の能率と統治能力への疑い
- 政党の構造変化とその形態の弱点
- 「政治機構」の市民に対する隔たりが広がったこと。このことは，とりわけ官僚主義化の強まりに示される
- 国民総生産の分配をめぐる闘争の激しさが増すなかでの「社会の代表構造」の問題。その闘争において，特定の集団がみずからを「うまれながらの議会外反対派」あるいは反民主制の原理的反対派であるとすら感じることがある
- 均質化の傾向と無政府主義的な自己破滅の徴候

この一覧は，決して完結したものではない。ここでの関心事は厳密な診断ではなく，いわんや治療でもないが，ただ，民主制原理の法学的解釈をするにも，せめて現実分析の概要だけでも示さなければ，不完全というものである。この現実分析という課題は，国法学がほとんど避けて通り，政治学や社会学にゆだねてきたものであるのだが。それにくわえ，事実としての状況と規範として行われるべき秩序とのあいだには，つねに，両者が相互に影響を及ぼすという意味での相関

関係が存する。民主制において有効な政治上の力は,「状況」に反応しそれを形成することのできるものでなければならない。少なくとも,W. ライスナーの「後期民主制」に関する研究における診断を貫いているような悲観論に陥ってはならないだろう。民主制は,その歴史をつうじて,驚くほどの抵抗力を示してきた。とりわけ,こんにちのように,それが必要とされるときには,そうである。民主制国家は,すべての市民の国家である。民主制国家が——内外から——脅かされているならば,われわれ全員が挑戦を受けているのである。

　非民主的体制との対決のために政治的な敏感さが強まっていることを認める覚悟があるとしても,それでもやはり,体制を「政治化」し,衝突において暴力を用い,急進主義や過激主義にはしり,国家や支配を否定し,極端にいたるという趨勢があること,また基本決定をもはや確固とした根本的なものとして尊重するのではなく疑問視する傾向があること,これらのことは,全体秩序を崩壊させる方向に作用する不確実性の要素となっている。ここにいたって,あらたな政治的戦略が立てられなければならない。その戦略は,自由な民主制の価値と意義を強固にすることでなければならない。基本法は,次のような一連の根本決定への信仰告白であり,これらは侵すべからざるものと宣言されている。すなわち,基本権,法治国家,社会国家,議院内閣制をとる権力分立の民主制,連邦国家——これらは本質的なものであって,自由で民主的な基本秩序という分かりやすい定式にまとめられている (§16 Ⅱ 2-4)。これらの根本決定は,精神上および政治上の基本的合意をなしている (§3 Ⅲ 6 b)。これらを実現する憲法規範は,「退任者の称号」ではなく,生と力のみなぎった実現可能な理念と指針である。これらの根本決定はまた,多くのイデオロギー唱道者が信じ込ませようとするような,口先だけの慰撫手段,すなわちその裏で他の諸勢力がうごめく外見といったものではない。それゆえ,基本法に書かれた法的な構造は,その本質的内容において,信頼され一体感をもたれるに値する。この構造は,正統性の根拠そのものである。それが自由の憲法であるためには,その規範性に基づいて生きているというだけでなく,その価値へのアンガージュマンをも必要とする。このアンガージュマンは,この構造への反対者たちが,誤ってより閉鎖的な政治体制を望もうとする気勢をそぐ。しかしこんにちではもはや,基本法の生みの親たちのように,たんなる実用主義者であるとか,苦難に満ちた過去があったと指摘するだけでは,十分とはいえない。新しい世代は,このような苦悩を疎遠なものと感じている。それ

どころか，新しい世代，ことに大学に属するわれわれの若人たちの一部では，権威的どころかはるかに自由なこの憲法に対して異議申立てをする強い動きがみられる。すなわち，この憲法の政治体制を拒否することであるが，これは，その体制と形態を全面的に否定するにまでいたり，かかる否定はときおり対話すら不可能にする。不安感や将来への不安から単純に反対するということがしばしば生じるが，このような立場は，さまざまな理由に関して心理学的にある程度まで理解可能ではある。だが，過激な救済の教義や暴力行使にまで逃げ込んでみたところで，なにか建設的なものがうみだされたことは一度たりともなかった，ということだけは，指摘しておかねばならない。法治国家的民主制は，暴力そのものを拒絶することを要求する。いずれにせよ，経験や実見は次のことを教えてくれるであろう。すなわち，1つの政党によって支配され権力分立と権力への統制を知らないマルクス主義的共産主義国家も，国家が「公役務（services publics）」の総体にすぎず福祉を「給付する役割」のみをもつという，いわゆる「多元的職能共同体」も，社会的法治国家の自由で民主的な基本秩序に対する有用な対案ではない，ということを。

II. 基本法の民主制原理

1. 一般原理としての確定と個別形成における確定

　基本法は，たしかに，基本法20条1項および28条1項で述べる構成原理のいずれも定義こそしなかったが，民主制原理を，連邦国家原理や法治国家原理と同様に，いくつかの条項において具体化した。その最も重要なものは，基本法20条2項および28条1項2文というすぐ隣の規定に見出される。これらの規定はまた，基本法38条および39条1項1文の連邦議会の選挙法に関する条項と関連している。そして民主制原理は，これらの規範によって特徴づけられているだけでなく，とりわけ，基本法の統治構造（plan of government）のあり方，すなわち国家権力行使のための諸制度とそれらの相互の関係の形態によっても特徴づけられている。国家権力を代表する諸機関とそれらを制御するしくみには，基本法20条2項2文が適用される。それゆえ基本法の民主制原理は，§22で述べる議院内閣制の統治体制を直接指示している。こうして具体化されているとはいえ，一般原理の内容を伝えることを断念することはできない。というのは，制憲者が

個別形成に終始するような規律をしようとしていた，と想定することはできないからである。この原理の採用は，ドイツ連邦共和国という国家にこの国家形態をとるべく確定的に義務づけ，基本法79条3項においてこの原則を将来にわたって不変なものとすることを意図した，というにとどまらない。それと同時に，はっきりと具体的に示されたことからなにも導かれない場合に，欠缺を補充するように働くことをも目的としている。これこそ，ある種の「解釈の現実」であって，これについてK．デーリンクは，次のように的確に認識した。いわく，「民主制の概念が有意義なものとなるのは，特定の憲法に応じて利用可能なときのみである。そのようなときには，法秩序の具体的なしあげがなされていない場合にそのかぎりにおいて，この具体的な憲法が一般概念に遡るよう指示しているということは，いかにもありうることである」と。

2．a） 民主制の特定類型の確定：西欧型の古典的民主制

したがって，基本法の民主制原理をどのように解釈しようとしても，それは，基本法におけるこの原理の具体的あらわれとそれらの結びつきを見わたしてから，なされなければならない。このことは，逆に，具体的なあらわれを一般原則に照らして解釈しなければならないのと同じことである。そのことから明らかとなるのは，基本法は民主制一般あるいはなんらかの民主制を創設したのではなく，この民主制のまったく特定の類型を創設したのだということである。それは，次のような民主制である。

— 自由な（§16）
— 法治国家的（§20）
— 連邦制の（§19）
— 社会的（§21）
— 権力分立の（Bd.Ⅱ §36）
— 代表制の（§22）
— 防衛の用意がある（§6）

これは一般に，西欧型の古典的民主制と特徴づけられる。

b） 人民民主制および評議会民主制の不採用

基本法20条の成立史は，この点について重大な意義がある。［基本法を制定し

た〕議会評議会の第2回会議において，カルロ・シュミット議員は次のように述べた。

> 「憲法において『民主的』とは，そもそもいったいなにを意味しているのでありましょうか。まさにこんにち，『進歩主義的な』民主制を考案することによって民主制を『さらに発展させる』と，得々としておっしゃる方もおられます。（社会民主党側からの声：『人民』民主制だ！）――森は輝かずより出ず（Lucus a non lucendo.）〔矛盾した語であります〕――私個人にとりましては，民主制について語るときは，むしろ古典的民主制を，これまでヨーロッパの諸国民がそのために戦ってきたところの古典的民主制を念頭に置くのが，性に合っております。かくして勝ちとってきたものを考慮するならば，われわれには，およそ民主制憲法が語られうるべきものであるとするならば，それは，いくつかの徴表を満たしていなければならないことは，明らかだと思われます」。

「東部地区諸ラントのいわゆる人民民主制」を採用しないことは，いわゆる評議会民主制の不採用と同様に，全会一致であった。基本法成立の際の状況は，ヴァイマル国民会議での議論になぞらえることができるが，そこでの運命的な問題は，Fr. ナウマンの言葉を借りれば，「われわれは，ロシア・ソビエトの見解に引き込まれるか，西ヨーロッパ・アメリカの形態の方に分類されるか，どちらか」というものであった。国民会議は当時，評議会民主制を採用しなかったが，議会評議会は1948／49年にそれと同じように行動した。評議会民主制では，次のようにして人民の直接自己統治を実現しようと努める。すなわち，あらゆる権限をもった評議会が選挙され，この評議会が法律制定とともに執行作用をも一手に掌握し――権力集中の原則――，それを選挙する人民の指図につよく拘束されており――強制委任――，その会議はつねに公開で行われ，そして，この評議会も官吏や裁判官とまったく同様にいつでも罷免される可能性に服している，ということによってである。基本法20条2項，38条1項および39条1項は，このような観念を明確に拒否した。

3．民主制理論の共通点？―憲法上の諸制度による民主制原理の展開およびその政治理念の具体的形態―基本法の民主制原理の限定的な未決定性―基本法における民主制原理の特殊なあり方

こうして類型化して明確に表現しても，基本法の民主制原理はなおきわめて多

II. 基本法の民主制原理　133

種多様なものからなっており，わずかにその内容の一部を把握することができるだけである。1970年の国法学者大会報告で，M. クリーレは，（議院内閣制の）民主制という国家形態を構成するいくつかの要素を，次のように並べ立てた。

- 統治者と被治者の同一性
- 平等
- 多数者の支配
- 寛容
- 多元主義
- 権力エリートの競争
- 利益のバランス
- 複合性
- 妥協
- 協力関係

彼がその時に述べたように，「これらの理論（?）はしかし，基本法の民主的憲法体制に属するすべてのものを明らかにするわけではない。そしてその逆もいえる。すなわち，これらの理論のいずれもが，当然の帰結として，基本法の民主的憲法体制とは相いれない少なくともいくつかの結論を導くに違いないであろう。要するに，これらの理論は，基本法において民主制原理を具体化するさまざまな法制度にみいだされる共通点を示すものではない」。

上でいいかえられたものは，いずれも，民主制原理の構成要素を表現している。このようないいかえは，その理念を具体化したものであるが，一部はきわめて現実離れしたものでもある。たとえば，統治者と被治者の同一性といういい方のように。

これらの要素はすべて，民主制という政治理念を映し直したものであるが，民主制原理をまさに具体的な国制の憲法上の構成原理として定義したものではない。一方の，民主制という政治理念と，他方の，それぞれの国制によって国家的支配の組織形態としてその理念を現実化したものとは，はっきりと区別しなくてはならない。ドイツ連邦共和国の民主制原理は，国家権力の行使に関わるその憲法上の諸制度と諸決定の内に示され展開されている。基本法の民主制原理は，規範として形成されている。それは，民主制という政治理念のまったく特定された具体的形態であって，この形態は，たとえば人民投票による民主制の要素や大統領制

の民主制の要素を拒否したことに，はっきりと示されている（§22 I 3および Bd.II §30 I）。議会評議会の討論において，この形態は，いましがた説明したように「古典的」と名づけられた。基本法が文書として定められたことで，実際に，多くのことが確定された。この確定により，国民を基礎とする支配形態であって，ないがしろにされる少数者は最少となり，また万人の自由が最大限に可能になるもの，という理想像にきわめて近づくことができたのである。

　民主制原理は，基本法において構成原理として確定されている。このことが含意するのは，民主制原理は，完全無欠かつ綿密に「規範化されつくしている」のではなく，たんに構築の作法として，すなわちある範囲で「未決定」であってしあげの余地のある原則としてあらわれるにすぎない，ということである。K．ヘッセは，このことを次のように表現した。すなわち，基本法は「民主制秩序が機能するのに不可欠の規律を設け，……この秩序の根拠と基本構造を憲法上保障しようと試みている」と。しかしながら，この未決定性は限定されている。このことは，付加語による限定と基本法79条3項が示している。個々の条項における具体的な言い回しも，民主制原理の内容を組織と実体の面で確定する。それゆえに民主制原理は，「そこからなにかを除外する方向では」，すなわち，それに属さないものを確定するという点では，はっきりと具体化されている。これについては，前掲2および§16 I 2において，最も重要なことは述べた。この点では，ドイツにおける民主制の実現への道程を考察する場合にのみ，多くのことが理解可能となる。この道程は，西欧の民主制国におけるそれとは異なった経過をたどった。すなわち，ゆるやかに発展してきたのではなく，そのときどきにおいて，対立する民主制像と一線を画してきたのである。

　以下の叙述では，付加語によりおよび制度的に限定された，基本法における民主制原理の特殊なあり方が問題となる。言葉の使い方と政治的現実が民主制という概念からつくりだしてきたものを考慮すると，このような規範的確定は不可欠なものである。このこと，東側起源の「人民民主制諸国」だけでなく，西側の「より民主化した諸国」やその他の世界の「権威主義民主制諸国」にもいえることである。

4．a）　国家権力の担い手としての国民－国民主権の理念

　基本法の民主制原理は，国家権力の担い手に関する問いに答えをあたえる（I

4)。この原理は，国家の力の所持者を示すのである。この脈絡を再現する古典的定式が，基本法20条2項1文に記されている。すなわち，「すべての国家権力は，国民に由来する」である。ここに，国民主権の理念が現実化されている（Bd.Ⅱ§25 Ⅱ2ｂ）。この理念から同一性理論が展開された。この理論によれば，国家権力の主体と客体，命令者と服従者は，同一である。なぜなら，（単数または複数の）支配者は，国民との一般的な同一性から「外にはみでる」ことが許されないからである。支配者の力は，「国民の近づきえないなにか高次の秀でたものに依拠するのではなく，支配あるいは統治される者の意思，委任および信任にのみ根拠づけられうる。そして統治される者は，このような態様で，本当はみずからをみずから統治しているのである」とされる。この理論はしかし，ある種の理念であり，歴史的にみれば，この形態では現実となりえない擬制ですらある。というのは，実際にはつねに，代表という方式すなわち「具体的‐組織的構成要素」が，この理念の前に進みでるからである。民主制であっても，寡頭支配という鉄則に支配される。すべての者が，国家（res publica）のすべての事柄を共同で決定する，ということは決してありえない。この意味で，国民の支配を形づくる方法のほうが，つねに理念それじたいより重要なのである。これに対応して基本法20条2項は，第1文にすぐ引きつづいて次の命題を置いている。すなわち，「それ［国家権力］は，選挙および票決において国民により，ならびに，法律制定，執行権および裁判の個別の諸機関をつうじて行使される」と。

ｂ）　支配権行使，その装置およびその正統化のあり方としての民主制―人民による支配者の選任

このようにして民主制原理は，支配権行使，その装置およびその正統化のあり方に関する問いに答えをだす（前掲Ⅰ4）。かくして民主制原理の本質は，同一性から，実際の支配者すなわち代表者の決定とその正統化へと移る。民主制原理は，このように，「秩序づける支配権力を，利害の分裂した社会に君臨する主であり猛獣使いであるものから，なんらかのしかたで根底において利害の連帯するものとすら把握される国民の，被造物であり僕であるものへと，作りかえようとする試み」である。民主制原理にとっては，支配権力と支配権行使が，選挙または票決をつうじて国民に帰せしめられうる，すなわち国民によって正統化されているならば，それで十分である。それゆえ，国民が支配者を選任することと，その支

配権の行使を国民にフィードバックすることとが，民主制原理の中核的構成要素となる。そのために発展した装置と手続は，こんにち，民主制の体制の本質的な構成要素をなしている（「手続をとおしての正統化」）。この意味で，手続規範がもつ正統化と教育の力は，過小評価してはならない。この力にとって重要な手順というもののあり方に，民主制体制の精髄がある。支配の統制は，支配権の濫用を防止するであろう。そのための手段は，すぐれて組織的‐制度的な性格のものである。自由な民主制を創設し維持するために，この手段は，実質的な構成要素によって補われなければならない。というのは，歴史が証明したように，国民の意思は，権力行使が堕落していくことに対して抵抗力がないからである。基本法はこのことを認識し，民主制原理の実体規定と独特の憲法擁護制度とによって，その予防を図った。それゆえ基本法の民主制原理は，形式的にも実質的にも確定され形づくられている。このことはとりわけ，連邦制原理および法治国家原理と社会国家原理と継ぎあわせられていることに示される。そしてこれらの結びつきは，基本法20条1項および28条1項1文が判然と（expressis verbis）表明しているのである。

c） 法で定められた形式での国民の参加

　民主制原理は，「国家権力」を構築する（基本法20条2項）。したがってそれは，その枠内で「命令と服従がなされなければならない」支配体制を形づくるのであって，「たとえば，勝手気ままな混乱や，どんな市民でもいつでも思いのままに決定に参加すること」をもたらすのではない。民主制においては，支配は下から上へとあらわれるのであって，専制国家や独裁制におけるように上から下へとあらわれるのではない。国家権力の行使に国民が参加するための運河が，法で定められた形式で「掘削」されていなければならないのである。R．ボイムリンは，民主制の「規範的概念」を，「ユスティニアヌス学説彙纂（Digesten Justinians）」からの一文を用いて次のようにいいかえる。すなわち，その概念が意味するのは，「万人に係わることは，関係者の関与の下で最善に決定され実現されなければならない，という要求」である，と。このようにいうときには，これはまさにその規範的観点から補足されなければならない。つまり，この関与は，法律で定められた枠内で行われなければならない，ということである。民主制原理が実現されているところであっても，国民の関与は法で規定された形式で秩序づけられてい

なければならない。国民の関与は「選挙および票決」（基本法20条2項2文）をつうじて行われるが，これらは特定の原則に結びつけられている（基本法38条1項1文）。国民の関与は，支配権行使の正統化のための手段なのである。

5．基本法の民主制原理の個別的なあらわれ

基本法における民主制原理のあり方については，前述の形式の面での基本条件を変換したものとして，次のような個別的なあらわれを取りあげることができる。
- 定期的に行われる，自由かつ秘密の国民代表議会選挙(a)
- 一定の期間を限って選挙され，実質的な決定をする権限をもつ国民代表議会が存在すること(b)
- 根本的決定に関するコンセンサスを維持した上での，少数派が多数派になる機会を含んだ多数決原理(c)
- 権利の平等の原理，とりわけ選挙権および公務就任の平等の原理(d)
- 国家から自由な，世論の形成(e)
- 複数政党制(f)

a）選挙による民主的正統化

国家権力が国民に由来するべきであるとすれば，国家権力は，統治者によってその固有の権利により行使されるものではなく，国民，より正確にいえばその多数派からゆだねられたものである。民主的正統性と国民の参加を確実にする行為が，選挙なのである（基本法20条2項2段，38条1項1文）。「西欧文化世界全体において，数十年来定着してきた民主制の概念は，一国において国家支配権のすべての所持者が直接または間接に国民の選挙によってうまれ，しかもその選挙が真に普通かつ平等の選挙権に基づいて行われるか否か，ということのみを指標とするものである」。正統性の伝達路をおよそ可能なかぎり異議がないように形づくるためには，選挙という行為について一定の要件が満たされなければならない。その要件は，基本法38条1項1文に挙げられている。すなわち，普通，直接，自由，平等および秘密である。これらの要件の意義と内容については，すでに§10 Ⅱ 3において詳しく述べている。選挙行為からは，さらなる民主的正統化の筋道が，通例は官吏や裁判官といった選挙されない機関や機関担当者に対しても，延びていなければならない。

α) 国民代表議会の議員のみの選挙

　国民は——たしかにその全体ではないが，ほとんど制限のない選挙権（連邦選挙法12条，13条）に基づいてその大部分は——，みずからが国家権力をゆだねようとする人物を選挙する。その場合に，多数派の決定が国民全体の決定と認められ，しかも投じられなかった票の数は考慮されない。基本法の議院内閣制の統治体制においては，国民によって選挙されるのは，連邦，ラント，地方自治体の各段階での，国民代表議会の議員のみである（基本法38条1項1文，28条1項2文）。たしかに，選挙されるのは人物であるが，事実においてはしかし，人物選択の選挙はこんにち，§10 I 3と§13 Ⅳにおいて詳細に述べたように，政党選択の選挙へと大きく変化してしまった。もっとも，政党選択の選挙では，同時に，政党が選挙人に対して相異なった政治綱領と政治目標を選択に供するという点で，いわば事項内容決定の一部が行われる。ところが，政党の綱領提示による内容上の選択肢がより背後に引けば引くほど，選挙人の選択決定がますます限定されたものとなることは，誤解の余地がない。政治的および社会的に幅広く多様なものを覆い包まなければならない「国民政党」への発展は，そのような傾向をうながした。この傾向を妨げるのはせいぜい，綱領と候補者の決定が，想定される多数派の意思へのフィードバックを抜きにしては行われ得ないということである。「なぜなら，選挙戦においてみずからの政治綱領と候補者の勝ち目を確実にしようとするならば，どんな政党でも選挙人の願望にあわせなければならないからである。……世論調査で明らかとなる日々の世論にあまりにもまめまめしく迎合することが，政治家たる者にふさわしい構想を提示することにとってかわる危険性すらあるのである」。かくして，人物の選択すなわち首相とその「チーム」の人物が，選挙競争の前面へとますます登場する。そして同時に，首相のできうるかぎりの「売りこみ」も前面にでてくるが，このことは世論および選挙への影響過程の重要性を非常に高める。人物人民投票の構成要素が，このように，政策内容人民投票のそれを圧倒しているのである。

β) その他の票決の許容性？

　基本法は「票決」も想定している（基本法20条2項2文）。ここで考えられているのは，国民発案と国民表決の方法で国民に訴えて実体問題を決定することである。票決は，連邦構成ラントの新編成という事項的に狭く限定された場合（基本法29条，118条）に予定されている。しかし，その他については，連邦の段階で

は憲法改正がないかぎり許容されない。それゆえ，票決は法律によっても導入することはできない。憲法改革予備調査委員会も，人民投票のような手段は，民主制の正統化と行動能力を強化するには原則としてふさわしくない，という立場から離れなかった。

b) 厳密な代表制をとる，基本法の民主制原理

基本法は，民主制原理を次のように厳密な代表制として形づくっている。すなわち，基本法は国民代表議会の議員の選挙を定めるが（基本法38条1項1文，28条1項2文)，議員は全国民の代表者であって，委任および指示に拘束されることなく，自己の良心にのみ従う（基本法38条1項2段)。したがって基本法は，同一性に基づく直接制の民主制原理を採用せず，国家諸機関が国家権力を国民の名で行使するという間接民主制をとることを決定している。国民とこれらの国家諸機関との関係には，代表という原理が妥当する。基本法は，人民投票に断固として反対している。6千万人以上の人口をもつ複雑な産業国家の国民が，すべての業務についてみずから決定することはできない。国民は，こんにちの国家なるものの現実においては，代表機関が介在して処理してくれることに頼っている。このことは，すべての民主制国家にあてはまる。スイスといえども，いくつかの人民投票の要素をもっているとしても，もはや直接民主制ではない。このように人民投票に反対するという基本法の態度は，とりわけ歴史によって理由づけられるが，もちろん，いかなる疑いの余地もないというわけでは，もはやない。いくたびも，人民投票の構成要素をつけくわえようという主張はなされているし，あるいは，現存する条項で人民投票的に解釈されているものもある。

α) 期限つきの支配—政治的選挙の周期的実施

民主制原理は，選挙された国民代表議会が存在することを要求するだけでなく，この国民代表議会が「定期的に，あらかじめ定められた間隔で交代し，あらたに正統化される」ことをも要求する。政治的な委任は，期間が限定されている。すなわち，期限つきの支配としての民主制である。政治的選挙の周期的実施という原則が妥当し，そのため被選期間の長さは選挙の前に確定されていなければならない。基本法は，4年間という期間を定めている（基本法39条1項1文)。憲法改革予備調査委員会は，若干の疑念があったにもかかわらず，この期間を変えようとはしなかった。［被選期間に関する立法例の］歴史的および国際的な変動は，

3年（スウェーデン）と6年のあいだという幅の中にある。ラントと地方自治体では，一部では5年ないし6年という被選期間が採用されている。

　民主制原理が要求するのは，「選挙権者のもつ選挙権を，憲法に定められていない方法で剥奪あるいは縮減してはならない，ということである。民主制原理からは，ラント議会の被選期間が4年をこえないことや，その期間を重大な事由によって延長してはならないことは，たしかに導きだされない。しかしながら，この原理は次のことを要請する。すなわち，ラント議会の被選期間は，その長さを国民が憲法の採択によって決定したのであるから，この憲法に定める手続においてのみ，つまり場合によっては国民の同意によってのみ延長することができる，ということである」(BVerfGE 1, 14 [33])。ごくわずかな逸脱のみが許されるのである。

　　β）　国民代表議会に国家指導の内容上重要な任務を与えること—秩序だった官職制度

　議会は，基本法の憲法構造において，国民が直接選挙する唯一の機関である。このことから導かれるのは，支配の人民による正統化という原理を満たすためには，国民代表議会が国家指導の内容上重要な任務を引きうけうるのでなければならない，ということである。連邦憲法裁判所はこれに応じて，議会がみずからの任務を「随意に」放棄することは許されない，と強調した。「それどころか，人民が国家権力をもっとも直接にはみずからが選挙した議会をつうじて行使する国家体制においては，ほかならぬこの議会こそが，公の意思決定過程において，場合によっては相対立するさまざまな利害を考慮しつつ，憲法が未決定のままにしている共同生活上の諸問題について決定するという使命を帯びている。ここで国家は，諸集団の利益に対抗して公共の福祉の擁護者となるという任務を，その法律制定権力をつうじて果たすのである」。それゆえに，民主制原理は次のことを要求する。すなわち，「生活領域のあらゆる秩序が，客観法の命題を介して，国民が選んだ法律制定機関の意思決定に帰せられうるのでなければならない。立法者は，その最も重要な任務を，国家組織の内にあるものであれ外にあるものであれ，他の機関の自由な処理にゆだねてはならない」ということである（BVerfGE 33, 125 [158 f.]；40, 237 [248 ff.]；41, 251 [259 f.]；45, 400 [417 f.]；47, 46 [78 f.]；49, 89 [124 ff.]；58, 257 [268 f.]）。議会は，このようにして，政治的な意見の相違に決着をつけ国民意思を表明するための制度とならねばならないのである。い

わゆる批判的民主主義者が絶えずくりかえしいうように，議会が執行府を解任できることは確立している。もっとも，これを実際に発動することはできないのであるが。これにより，射程の長い「責任の連関」が構築される。この連関はとりわけ，議会による政府の選挙と統制，議会の信任への政府の依存，および議院内閣制の統治体制という形態とそれを具体化したものにおいて示される。政府からは，あるいは一部は議会から直接にも，正統化の筋道が執行府と司法府の官職へとつうじる。これにより，民主制原理は国家組織の全体を貫く。民主制原理は，こうして，制度的および人的に秩序だった官職制度をうみだす。「政府は，国民代表議会に対して責任を負いかつそれに支えられて，国家活動の全体に一定の方針を与え，政府の管轄下にある各部によってこの指針が守られるように配慮する，という任務を有するのである」(BVerfGE 9, 268 [281])。

c) 多数決原理

統治者と被治者との同一性というものは，「自分じしんを統治するもの」が互いにつねに団結していることを前提とするのであろう。このようなことは，実際にはありえない。「さまざまな個別意思が並存し対立していること」を眼前にすると，合意に達することができない場合であっても，決定を拘束力あるものにする準則が存するのでなければならない。これが多数決原理である。連邦憲法裁判所は，これを「民主制の根本原理」の１つに数えている。すなわち多数決原理は，自由で民主的な基本秩序の最小限の構成要素に属するのである（基本法79条3項）。民主制原理にとっての多数決原理の意義は，一部では，民主制を「多数派の支配」と定義することに行きついた。けれども，このことは正しくない（前掲Ⅰ４ｃβ）。U. ショイナーは，近代民主制国家の成立が決定的な段階において多数決原理とは別の事実によって左右されたということを，強力に証明した。

α) 決定にたどりつく方法として

多数決原理は，民主制において，決定に到達するための例外なしに予定された形式でもなければ，絶対的なものとして定められたものでもない。それは，決定にたどりつく１つの方法にすぎない。つまり，全員一致は非現実的であろうし，たとえばテミストクレス時代のアテナイでのアルコン職について，あるいは金印勅書までの中世でとられていた，抽選による決定はなおさら不適切な極論であろう，という事情にかんがみてとられるのである。

β) 多数決原理の限界

多数決原理は，本質的な問題において限界づけられている。憲法改正，つまり根本的な決定には，特別多数決を要する（基本法79条2項）。それゆえ，一定の自由，制度および原則は，多数派の意のままになるものとされてはいない。とりわけ基本権には，少数派の保護された地位が含意されている。一定の領域では，少数派に明文で固有の権利が認められている。したがって，当然のことだが，ヴァイマル憲法でも基本法でも，「多数が決定する」という命題は，民主制原理を表現するものとしては受け入れられていない。この命題は，カール・シュミットが明らかにしたように多義的であって，多種多様な形で用いざるを得ない。このことは，一方で基本法42条2項，52条3項1文，54条6項，63条2項から4項まで，67条1項1文，68条1項1文，115h条2項1文前半，121条が（多数決原理），他方で基本法61条1項3文，79条2項，98条2項1文，115a条1項2文，115e条1項，115h条2項2文が（特別多数），また決定にたどりつくためのその他の規定が，示すところである。それはまた，さまざまなやり方で行われる人物決定や事項内容決定にあてはまるのである。

γ) 形式的な決定の規則として—実質的な正統化—実際上の不可欠性

それにもかかわらず，多数決原理は，形式的な決定の規則として有意義なものである。というのは，この原理は，自分じしんの意思にのみ服しているという感情，あるいは少なくともその決定を受け入れることができるという感情を，可能なかぎり多くの者が抱くことになるので，決定に対し量的に最大の正統性を調達する原理であることが，あらゆる人間の団体において実証されているからである。このような「量的要素による合理化」では，しかし，コンセンサスに適した決定を［多数決で行うことを］理由づけるには不十分である。多数決による決定の実質的な正当化は，根本的な憲法上の秩序原理についての合意から生じるのであって，この秩序原理の中に多数決の適用範囲と手続も埋め込まれている。そのうえ，多数派形成は，ありうべき合意の一要因であり，そしてまた「政治的な意思統一の過程」をなす。この理由で，妥協は，民主制にとって死活にかかわるほど重要であり，原理的に有害なものなどではない。このような前提からすると，ルソーが少数派の意思は誤った意思であるとして多数決原理を正当化したことは，支持できないことが明らかになる。このことは，すでにカトリック法理論における「より多くかつより賢明な部分（major et sanior pars）」という定式が明らかにして

Ⅱ．基本法の民主制原理　143

いたところであって，この定式は「かつ (et)」という言葉によってまさに2つに割れる余地を認めるものだったのである。多数決原理は，異論の余地のないものでは決してなかったが，それでもその「量的意味での自明性」によってつねに受け入れられてきた。中世の末ごろには，それは一般的に用いられていた。実際のところ，多数決原理は，決定にたどりつくのになくてはならないものであって，民主制の目標達成能力の問題になっているのである。

　δ）　多数決原理の前提：投票者の平等，自由で開かれた意思形成過程

　ところで，多数決原理が通用するためには，2つの前提が必要である。すなわち，投票権者の平等と，自由で開かれた世論形成および意思形成（後掲 e）に基づいてきちんとした手続で多数が算出されることである。

　すべての市民は，平等な権利をもって政治的意思形成に参加できるのでなければならない（政治的平等，とりわけ選挙権の平等と選挙競争における機会の平等）。また，国民代表機関の中では，法的地位の平等が存していなければならない（後掲 d）。

　決定にたどりつく自由で開かれた過程は，多数決原理についてのこんにちの理解に照らすと，本質的契機である。この過程の基礎には，国家から自由な世論形成という開かれた政治過程があり，これは少数派に対して多数派になることをも可能にする。「自由な国家においては，多数派の意思が法治国家性の枠内で決定を下すのであるが，少数派の諸集団にも多数派となる可能性が与えられていなければならない」（BVerfGE 44, 125 [145]）。ここには，反対派が存在することの必要性も示されている。反対派が政府と対比されるのは，現代の多数決体制の最も鮮明な特徴である。ヘッセが次のことを強調したのは正しい。すなわち，多数決原理を承認するにあたって前提となるのは，「多数・少数関係がさまざまでありえ，変遷していくという可能性」があることであり，「その結果，ある決定では敗れた者であっても，後の場合には多数を獲得できるという機会を現に等しくもっている。このことによってはじめて，多数決による決定が完全な民主的正統性を得るのである」と。

　d）　民主制原理の内実としての平等

　理想としては，民主制は，万人が平等でかつ自由であることを望む。しかしながら，この2つの目標，すなわち平等と自由を，絶対的なものとして設定することはできない。この両者が達成されうることがあるとすれば，つねに万人の意見

が一致するような場合，すなわち万人が万人と同意するので支配というものが不必要となるような場合のみであろう。そのような完璧なものは，この地上では現実にはありえないのであるから，自由は限界のないものではありえないし，民主制原理の平等とは，法律の前の平等および選挙権と公務就任の平等，すなわち法的および政治的平等にほかならない。ここで重要なのは，つまるところ，アテネ民主制の模範像，すなわち，Isonomia（政治的な同権），Isegoria（平等な演説権），Isotimia（官職就任をもとめる平等な権利）である。このような平等は，厳密に一様なもの，数学的‐算術的なものではない。選挙権の平等すら，厳格に最低限にまで抑えられた区別とはいえ，ある程度の区別を許している。基本法3条1項の権利の平等については，数学的理解は前々から維持しえない。「もしかすると，政治的な権力への影響力を機械的および算術的に均等にすることはできるかもしれない。しかし，実質的な公平を害することなしに，生来の差異を一般に均一にすることはできない」。民主制原理の平等とは，国家権力はその源を市民に帰せられるものでなくてはならないが，その国家権力のあり方を市民が平等な参加権をもって決定することができる，ということである。いいかえれば，公民としての政治的な参加権（基本法38条1項1文，33条1項）を，できるかぎりあらゆる公民に平等な割当てであたえることなのである。すべての国家権力はすべての公民によって支えられるべきであるから，すべての者は，国家権力への参加に関して平等に扱われなければならず，すなわち平等な選挙権と投票権をもつのでなければならない。「それゆえ，選挙権の平等が，民主制『原理』を決定的に現実のものとする」。こうして，だれもが，統治者の一員となりあるいは少なくとも統治者を決めることについて平等な機会をもつ，という可能性が作りだされている。したがって，能動的および受動的な選挙権に関する平等は，民主制原理の不可欠の構成要素である。民主制原理は，少数派には，多数派になることを許し，多数派には，みずからが少数派になるかもしれないことを知らしめる。民主制が官職者なしですませることができない以上，公務への就任も，その官職に必要な適性要件を満たしているならば，平等という基準に従うものでなければならない（基本法33条2項）。民主制国家は，支配権の担い手を決めることに関しては，ある個人や集団，身分を特別扱いし，この特別扱いによりその者たちを支配する地位につける「特権国家」とは，正反対である。連邦憲法裁判所はこのことを，「議員歳費判決」において，ふたたびこのうえなく硬直的に強調した（BVerfGE

40,296［317 f.］）。いわく，

「基本法の民主制は，原則において特権に敵対的な民主制である。たしかに平等原則は，立法者が諸個人やその重要な社会的集団を無条件に均一に取り扱うことを要求しているのではない。平等原則は，事実に即した較量によって正当化される区別を許容する。ある特定の事柄を規制するに際して，平等原則が立法者にそもそも区別を許すのか，またどの程度なら許すのかについては，それぞれの事柄の領域の性質に基づいて決まる（BVerfGE 6, 84［91］；32, 157［167］；確立した判例）。選挙という事柄の領域においては，民主平等主義への歴史的展開――基本法では，連邦議会の選挙法について38条1項1文において，またラント，郡およびゲマインデの選挙法について28条1項2文において，憲法上の拘束力をもってこの展開が反映されている――からして，次のことを出発点にしなければならない。すなわち，各人はその市民としての諸権利を，形式上可能なかぎり平等な態様で行使しうるのでなければならない，ということである（BVerfGE 11, 266［272］；34, 81［98］他の参照あり；確立した判例）。このことは，狭い意味での能動的および受動的な選挙権の行使についてあてはまるだけでなく，議員としての活動にもあてはまる。基本法は，議員の地位にとって意味があり，その人物の属性である，特別な諸事情であって，国家内での区別を正当化しうるようなものを，選挙法と議会法において予定してはいない。議会の全構成員は，互いに形式的に対等に扱われている。この形式化された平等取扱いの原理は，憲法上，平等をつよく志向する平等原則においてあらわれている。この原則から次のことが導かれる。すなわち，だれもが，社会的な違い，とりわけうまれ，家柄，教育または財産を斟酌されることなく，議会の構成員になる平等な機会をもつのでなければならない，ということである」。

e）　民主制と自由な世論形成

民主制原理は，国民の政治的な世論形成と意思形成のための自由で開かれた過程を要求する。この過程は，集会と結社の自由，およびとりわけ基本法5条1項に保障されている自由な意見表明，出版の自由，放送の自由，テレビの自由，映画の自由および情報の自由といった諸権利によって確保されるのであって，これらの自由は自由で民主的な国家秩序そのものにとって存立の基礎となるものである。民主制と，意見の自由とりわけ自由な世論形成との関連は，ふるい。ヘーゲルは，『法哲学要綱』の中で「公論の価値」という見出しのもとに316節への増補において，次のように述べた。「公論は，国民が欲したり考えたりすることがみずからを明らかにするための，組織的でない方法である。国家において実際に

実行されることは，もちろん，組織的な方法で動かなければならず，憲法では実際そうなっている」。ヘーゲルはここで，憲法にしたがって任命される機関による国家意思形成と，国民によって非国家的領域でなされる意思形成とを，明確に区別した。前者の意思形成は，基本法がその20条2項2文と，選挙および票決を行う国民をも含んだ諸国家機関の組織法とにおいて規律しており，後者の意思形成は，国民が諸政党，諸団体，諸集団，諸個人へと多元的に分節された状態で，とりわけラジオ，テレビおよびプレスといったメディアをつうじてなされる。これらの諸勢力は，国家の領域ではなく社会の領域に存在し，公論形成の要因をなす。自由な民主制の活動のあり方の重要部分が，この2つの意思形成の分離に依拠しているのである。

　α) 国民の意思形成と国家の意思形成——統合とフィードバック関係

　しかし，この両方の意思形成のしくみは，緊密に連関している。両者は攻守を変えながら互いに影響を及ぼす。K．マルクスは，このことをあまりにもあからさまに表現した。いわく，

「議会演壇での演説者の争いは，プレスの若造の争いを呼びおこし，議会内の討論クラブは，かならずやサロンや酒場での討論クラブによって補完される。代議士はたえまなく人民大衆に訴え，人民の意見に，請願によってその真の意見を表明する権利をあたえる。議会政体はすべてを多数派の決定にゆだねるのに，どうして，議会をこえた多数派が決定しようとしてはいけないのか？　国家の頂上でヴァイオリンを弾けば，下にいる者が踊るのはあたりまえではないか？」

　より慎重に述べているのは，連邦憲法裁判所である（BVerfGE 20, 56 [99 f.]）。いわく，

「国民の意思形成と国家の意思形成とは，多種多様なやりかたで互いに組み合わされている。もっとも，民主制においては，国家の意思形成は国民から国家機関へと向けて行われなければならず，その逆の，国家機関から国民へと向けて行われてはならない。国家機関は，選挙で合流する国民の政治的意思形成の過程をつうじて，初めてみいだされる（基本法20条2項）。このことが意味するのは，国家機関には原則として，国民の世論形成と意思形成の過程に関連して活動することが禁じられ，従ってこの過程は原則として『国家から自由』なままにしておかなければならない，ということである。法律制

定機関および政府と行政がこの過程に影響を及ぼすことは、それを憲法上正統化する特別の根拠によって正当化されうる場合にかぎり、国民から国家機関へと向けてなされる自由で開かれた世論形成と意思形成という民主制の原則に合致するのである。

　これによれば、許容されるのは、たとえば、選挙法を憲法に従って形づくることによって国民の意思形成に対して生じるかもしれない影響である。そのほかで問題なくなされうるのは、政府と法律制定機関によるいわゆる広報活動であるが、ただしそれが――機関としてのそれらの活動に関して――公衆に、それらの政策、措置、計画や将来解決しなければならない問題を説明し解説するかぎりにおいてである」。

　R．スメントは、この関連を統合という彼の概念で明らかにしようと試みた。この概念とはすなわち、「日々くりかえされる人民投票によって」国家を生存せしめる「国家生活の、かの核心的できごと」というものである。システム理論の影響下にある比較的最近の国法学では、サイバネティックスから借りた概念を用いて、両方の意思形成のしくみのあいだでの「フィードバック関係」が語られる。そこで最も重要なフィードバック回路を構成するのは、一方でマスコミュニケーション媒体、他方で諸団体と諸政党とであるとされる。E．シュタインにとっては、「ある国家が『民主制』と呼ばれるに値するのは、国家指導部が住民とフィードバック関係に立ち、この関係によって国家機構が国家権力を住民すなわち国民の利益のために行使することが確保される場合のみである」。国家意思形成と国家から自由な世論形成は、互いに対話と相関の関係に立つ。この関係は静的なものでなく、動的なものである。この関係の均衡を適切に保つことは、成功する政治のもつ技である。両方のしくみのフィードバックは、「その構成要素――政府、議会、政党、利益集団および世論――が、他の構成要素を吸収したり陰に追いやってしまったりしない」ようなものでなければならない。

　β）世論形成とその政治的な固有の価値

　意見形成とりわけ世論形成の国家意思形成にとっての意義が認識されたのは、ふるくからのことである。すでに18世紀のイギリスとフランスの国家理論の文献は、世論形成を重要な政治的要因であると評価している。それどころか、J．ブライスにいわせると、世論が支配することが真の民主制なのであった。しかしながら、これには、とりわけ代表民主制というものの本質についての危険な誤解が含まれている。世論は、H．クリューガーが強調するように、「把握するのが困難な対象」であって、せいぜい記述することができるにすぎないものである。

E．フレンケルのお陰でわれわれは，H．オンクンの次のようなみごとな定義を再発見することができる。

> 「世論とは，自然に発生したものであれ人為的に作られたものであれ，国民の上層あるいは下層の階級によって，公共生活にかかわる対象について同様の意見が述べられたときの，その意見の複合体である。それは，次のようなきわめてさまざまな機関において示される。すなわち，結社，集会において，とりわけプレスやジャーナリズムにおいて，あるいは，路上の卑しい男のであれ知識人の小さな仲間のものであれ，だれのものであれ，はっきりとは口に出されない感情においてすらも示される。世論は，大政治家も目を向ける真の力であることもあり，政治的意義のない因子であることもある。そしてそれは，おのおのの国民によってつねに異なって評価される。世論は，ときには統一的で，強力な津波のように統治者と専門家に対抗して立ちあがることもあるが，ときには散り散りで，最大限に抵抗する諸動向を含んでいることもある。それは，あるいは人間の単純で自然な感情を表現することもあり，あるいは野蛮な本能が騒々しくばかげた形で爆発したものでもある。世論は，つねに導かれるものでありながら，つねに指導するものである。それは，玄人や事情通には見くだされるが，それでも人間の意思に反して強制するし，伝染病のように感染し，人間それじしんのように気まぐれで信用にならず権勢欲が強い。そして結局はまた，権力者があだな望みを抱く言葉にほかならないのである」。

その効果において世論は，直接民主制の一要素という意味をもちうる。すなわち，同意するか拒否するか，あるいは喝采により加担するかである。いずれにせよ，世論は政治的な「固有の価値」をもつのであって，その価値は選挙による決定と並ぶことでさらに重みをくわえることができる。その価値には，世論によりどころをもとめることができ，世論に影響をあたえ世論を味方につけるという，あらゆる支配的勢力にとって利益となることが含まれる。しかし逆に，世論は支配の正統化根拠をゆりうごかすこともありうる。その場合には，世論を後ろ盾にするという，反対派にとっての利益が存する。こんにちではプレスとともに世論の最も強力な形成要因である放送，ことにテレビ形式での放送がもつ，とてつもなく大きな意義は，これらのことから明らかとなる。どんな政治家も，放送から逃れることはできない。すなわち，メディアをつうじての民主制であり，もちろんそれにはメディアが複数あることが前提となる。それゆえ，きわめて早い時期に，世論にある種の政治的「仲裁裁判官の役割」あるいは——さらにすすんで——支配者の役割が認められていたとしても，驚くにはあたらない。

γ） 国家権力行使の公開性

 これまで述べてきたことは，しかし，世論の1つの側面にすぎない。この側面を誇張しないとすると，世論の最も重要な政治的機能は，国家権力行使の公開性を実現し保障することである。この機能は，憲法を擁護するための最も重要な保障の1つである。民主制において世論が意味するのは，解明し，はっきりさせ，情報を提供し，議論をし，意見を形成することである。これらのことを市民は，その政治的権利を主張できるようにするために，必要としている。それゆえ，民主制の過程にとっては，情報とコミュニケーションの媒体は，実際まさしく本質的なものである。これらの媒体が公開性の実現と保障という機能を果たすことができないとしたら，それはこれらの媒体がそのときどきの支配者の手中にあるときであろう。これらが国家から自由であることは，自由な民主制においてこれらが機能するための要素なのである。

δ） 代議制度の固有の価値

 もう1つの側面も見すごしてはならない。それは，世論形成が国家機関の領域の外にあるということである。これに対して，国家意思は代表民主制の体制の中で形成される。議会という形での代表の意義は，§22 Ⅱ 5で叙述するように，人民の「よりよい」意思を表現することである。そうだとすると，世論に対してであっても反対することが，まさにその義務となることもありえよう。代議制度は固有の価値をもっている。すなわちそれは，先見の明のある計画的な決定を可能にし，その点で政治家としての識見の一端を具現する。民主制といえども，権威なしですませることはできない。この機能のためには，代議制度は，日々の意見を無視することを可能にするものでなければならない。かくて，世論から独立であることは，もう一度ヘーゲルを引用していうと，「偉大で理性的なことをなすための最初の形式的条件」なのである。

f） 自由な法治国家的民主制の構造要素としての多元主義―複数政党制

 民主制原理がよりどころとするのは，意見や利益，意思の傾向が多く存在すること，すなわち多元主義であって，同一性ではない。さらにいえば，対立や衝突すらよりどころとする。民主制原理にとって重要なのは，「時期および事項の点で限定され，国民の多数派によって正統化された支配がなされることとならんで，……同時にまた多元的な創意と選択肢が存することである」。多元主義は，こん

にちまさに「自由な法治国家的民主制の構造要素」であることが明らかであり，多元主義的でない民主制なるものは，こんにちではたいてい権威主義国家である。現代の政党国家的民主制にとっては，この要素は，複数政党制が絶対に必要なことを意味する。なぜなら，さまざまな見解を明瞭に表現するのが，ほかならぬ政党なのだから。政党は，民主制に「仲介業務」を提供するだけでなく，議会やその他の国家機関に民主的正統性を調達するにあたって主役を演じるのである。もちろん，際限のない多元主義という危険は看過されてはならない。ことに，そのような多元主義が，価値に結びついた生存の方向づけや行動の様式にかなりつよく抵抗するときには，そうである。公衆の文化的意識の中には，ことにいくつかのメディアには，じつに容易に「否定的なものや破壊的なものに有利になるような忍び寄る検閲」が巣くってしまった。そのうえ，かなりの数のいわゆる社会集団がすでに，国家の活動能力とそれゆえ公共の福祉への責任を，ひかえめにいっても弱めるような立場をとるにいたった。これらの集団は，みずからのイデオロギーを絶対視する傾向がある。しかし，共同社会の諸問題を解決するための絶対的な真理をもつということは，非民主的であるのみならず，最も根底的な意味で反人間的なものである。なぜなら，反対意見が尊重されないというだけでなく，そもそもそんなものがありうるとは思われていないからである。国家政党制あるいは他の形態での単一政党制は，それゆえ，民主制原理に適合しない。そのような制度は，現代の寡頭制である。それは，人物に関しても事柄に関しても対案を認めない。「選挙人」の決定は，選挙に基づくのではなくて，あらかじめ確定された政策への喝采に基づくのである。「国民の多数派が支配を自由に正統化することは，正統化の過程そのものの自由のみならず，複数の政治的な集団や方針のあいだでの自由な選択の可能性をも前提としている。この可能性によって同時に，それまでの指導集団に対して正統化の更新が拒否され他の指導集団が正統化されることをつうじて，それまでの指導集団の責任が現実化されうる。それゆえ民主制秩序は，ある指導集団がひとたび政治権力の座に着きえたならばもはや正統化の更新を必要としない，というようなことを阻止しなければならない」。政治過程の公開性と意見の多様性，そして従来のものに代わる政府ができる機会があること，これらを保障するのは複数政党制のみである。そのため，基本法21条1項2文は政党の結成の自由を定めており，基本法39条1項は被選期間の長さを固定している。民主制原理は，政党が競争することと，あまりにも長期に固定さ

れたのではない時期のうちに支配者が交替する可能性があることを要求する。そのゆえに，被選期間の延長には，人民が国家意思形成に参加できるように，憲法上の限界が定められている。競争や政権交代の機会がなければ，国家機構が硬直化する危険がある。したがって自由な民主制はつねに，野党という選択肢の存在を尊重する。この選択肢は，明日の政府の可能性を提供するものでなければならず，恒常的に支配から締めだされていてはならない。この点に関して，連邦制原理は，それなしではすまないくらいの可能性を作りだしている。この可能性は，ドイツ連邦共和国の歴史上，一方で1949年から1969年のあいだは社会民主党に有利に，他方で1969年から1982年まではキリスト教民主同盟・キリスト教社会同盟に有利にあらわれた。

6．a）　ヴァイマル憲法の民主的相対主義―基本法における民主制原理の実質的確定

　ここまでに論じられてきた民主制原理の構成要素を考察すれば，民主制とは，もっぱらその形式的なあらわれ，あるいはせいぜい制度上のあらわれが特徴となっているのであって，それには内容が欠けているのではないか，という印象をあたえるかも知れない。実際に，民主制を純粋に形式的に把握する見解があった。すなわち，民主制は政治的な意思形成と決定をうみだすための条項と制度の体系であって，どんな目標や内容がそれによって追求されるかとは無関係なものである，とするものであった。このいわゆる民主的相対主義は，ヴァイマル憲法にとってはまったく支配的であった。だが，すでにヴァイマル共和国時代に，民主制は実質的にも規定されており，「倫理的‐政治的理念」，それも主として自由主義の理念に方向づけられているのではないか，ということが感じとられてはいた。しかし大体のところ，民主制の形式にははじめから自由と平等といった実質的な目標の響きがまじっているという考えは，排除されたか，あるいは他の憲法の原理の話だとされたのである。そして，形式的にのみ理解された民主制は，もちろん，全体主義の攻撃にもちこたえることがほとんどできなかった。
　基本法は，このような理解ときっぱりと袂を分かった。基本法の民主制原理は，実質的に確定されている。このことは，自由で民主的な基本秩序という中核概念で表現されている。憲法上の軸となるこの原則からは，民主制原理の他の実質的決定要素が導かれる。自由な民主制は，法治国家原理およびその構成要素と，そ

の中でもとくに基本権の保障および自由のための国家権力の区分と，結びついていることを意味している。最後に，民主制は防衛の用意があり，防衛力があるものである。これらの構成要素によって，基本法の民主制原理は多面的な結びつきを引きうけることになり，これらの結びつきからして当然に，その原理は内容的に形づくられたもの，あるいは価値に結びついたもと特徴づけられることになる。これが基本法の転換である。すなわち，相対的民主制を拒否し，価値の内在した防衛力のある民主制へと向かったのである（§6Ⅲ2，§16Ⅰ2a，b，Ⅱ5および§20Ⅰ3）。

このような法治国家や基本権との緊密なからみあいについては，本書では自由な「古典的」民主制の中核的構成要素として追究するが（bおよびc），これらとならんで基本法は，その民主制秩序を連邦国家と独特な形で結びつけた。基本法20条1項は「民主的な連邦国家」という言葉を使っている。この相関関係は，§19Ⅲ8f，gとⅣ2，3で連邦制度の観点から追究することになる。しかし，この相関関係は同時に民主制にとっても重要である。なぜならそれは，中央集権と政府優位の色彩がかなりつよい連邦制度という前提のもと，とりわけラントの国民代表議会の権限の縮小をつうじて，民主制の構造にかかわるからである。このことはたしかに，なお主として憲法政策のテーマであるが，議会制民主制のためになるという憲法の観点からの診断が明らかになりはじめている。これと同じことが，連邦国家に超国家的な屋根を「増築する」ことにあてはまる。この屋根は，たとえそれが民主的な土台を尊重するものであるとしても，それじたいが民主的に構築されていなければならない（§15Ⅱ9b）。

b）　民主制原理の法治国家との結びつき

法治国家原理との結びつきには，民主制原理を充填するおそらく最も本質的なものと，同時にその内在的限界とが含まれている。

　α）　民主的法治国家と法治国家‐民主制

自由で民主的な基本秩序は，とくに民主的法治国家の構造で姿をあらわす。この両方の原理が分離できないことが，基本法の憲法像の輪郭を描く（基本法28条1項1文）。そしてW．ケーギをまねていえば，法治国家と民主制との弁証法的統合がこの両者の「運命的問題」なのである。民主的法治国家が意味するのは，民主的な主権者であっても法治国家という制約内でのみ本領を発揮することが許さ

れるということである。それゆえ, 法治国家原理の構成要素 (§20 Ⅲ 4 c, Ⅴ 3) が民主的な行動準則に組みこまれる。このことは, とりわけ国家権力の法拘束, 裁判所による統制, そして権力分立原則にあてはまる。この立憲国家において自明なことは, 立憲主義にとっては, いまだに争われたことがなかった。立憲主義として, 両原理がヨーロッパで広く受け入れられていたのである。両者にとって重要なのは, 自由な市民からなる, 自由で法に基づいた国家なのであった。この意味で, 民主制は法治国家的なものであるかぎりで努力して手にいれるに値するものであったし, 法治国家は民主的なものであるかぎりで有意義であった。両原理の二律背反は,「誤解された」民主制,「決断主義的」民主制あるいはのちの全体主義的民主制においてのみ存在する, とケーギが判断するのは正しい。民主的法治国家では, 国民の決定権は実質において限定されている。すなわちそれは, 価値に拘束されており, 立憲国家の形式と権限の体系に組みいれられている。「かの方針の欠ける当為, かの内容のない (あるいはどんな内容もありうる) 秩序, かの基本価値のない憲法などというものは, もはや話の外である。憲法の有意義な体制は, 法治国家という基本価値の基礎の上でのみ存在しうるのである」。民主制だけでは, いまだ法治国家とはいえない。たしかに前者は後者に近づくが, しかし, 自由な国家という理想は法治国家 - 民主制においてはじめて現実のものとなる。民主的法治国家は, 事実また, 政治的成熟度の高い国民だけがもちうる国家形態なのである。この認識から当然の結論として導かれることは, 立法者が憲法上の秩序, とりわけ基本権に拘束されること (基本法 20 条 3 項, 1 条 3 項), 憲法改正法律の立法者にも制約が課せられること (基本法 79 条 3 項), そして最後に制憲者すら完全に法から自由な立場に置かれているわけではない, ということである。国民の決定は, それが国民によるものであり, 国民により正統化されており, あるいは多数派の支配に源をもつものであるがゆえに, 合法とされるのではない。そうではなく, それが正しいものでもあるときに, またそのゆえにのみ合法となるのである。このような理由で, 憲法の遵守を監視する裁判権なるものが, 本当の意味で法治国家の要石なのである。

β) カール・シュミットの憲法理論とケルゼンの純粋法学

このような洞察は, ドイツでは 1933 年の破局ののちになってはじめて, 明確で説得力のあるものとして登場した。影響力の大きなカール・シュミットの憲法理論は, ルソーの思想をひきついで, 憲法の政治的構成要素と法治国家的構成要

素とを分離することによって，民主制と法治国家とを別々に論じることを促進したが，これは取返しのつかない結果を招いた。憲法裁判の価値を認めなかったことは，新絶対主義の国家――比較的新しい起源をもつ全体国家にほかならない――に対して精神の門戸を開くことに，だめおしをしてしまった。

ケルゼンの純粋法学も，少なくともその戦前期の形では，危険をはらんでいる。その法治国家なるものの概念は，内容のないものであって，どんな国家でも「そのすべての行為が法秩序に基礎づけられる」法治国家とされうることになる。そうすると，国家と法とは彼にとって同一のものであって，国家は「その掴むものすべてを法にするミダース王のごときもの［ミダース王はギリシア神話に登場するペシヌスの王。ディオニューソス神により，触れるものすべてを黄金に変える力を授かる。］」となる。この見解では，そのときどきの支配者が国家の全能へといたるための木戸を，別の側から開けることになるだけである。ケルゼンが民主制に懐疑的な態度をとったのも，それゆえ不思議なことではない。すなわち，「こうして，平等というまったく消極的でもっとも深い内心に根ざす反英雄的な理念は，自由という同じく消極的な要求に貢献するのである」と。

c） 民主制原理の基本権との関係

民主制原理は，基本権と幾重もの関係をもっている。自由な民主制にとって，このような連関は，歴史的および思想史的には明白であるが，しかし解釈論においてはいまだ解明されていない（Bd.Ⅲ）。

α） 民主制を構築するという基本権の機能

基本権は，民主制を構築するという機能をもっている。とりわけ基本法5条，8条および9条の諸権利と諸保障がそうであって，これらは政治的意思形成の開かれた過程を可能にする（前掲5f）。これと同じことが，権利の平等，とくに選挙権の平等と政治的機会の平等，そして平等に公務への就任をもとめる権利（§11 Ⅲ 4 b）についても妥当する。このような意味で，民主制は，実際にこれらの基本権によってはじめてうみだされる。これらの基本権は，自由で民主的な基本秩序の前提であって，民主制という原理と明らかな親近性がある。この点で，これらの基本権は，すぐれて政治的な地位権であり参加権であって，客観秩序の要素でもある。

β） 民主的決定に対する不可欠の統制規範としての基本権

しかし他方で、個人の自由権と防御権としての基本権は、まさに民主的に成立した決定からの保護をも提供する。民主的な多数派によるいかなる決定といえども、不可欠の統制規範としての基本権に合わせなければならず、しかもまさに民主的な立法者であるためにもそうしなければならない（基本法1条3項）。すべての国家権力が国民に由来し、それゆえどんな国家行為も民主的に正統化されているということだけで、そのとたんに基本権がその歴史的な目標設定やその意義を失うことにでもなれば、それは取返しのつかない誤謬と考えなければならないであろう。この点で、憲法のこの2つの構造要素のあいだに一定の二律背反があることは、前提とされている。「国民の支配は、それが法治国家的なものとして構築され、自由主義的な基本権に膝を屈し、票決では決められないことの領域を尊重することによって初めて、『自由な』国家形態となる」。この意味で、基本権は、私的および社会的領域、すなわち「私的なるもの」を保障するのである。

γ) 実質的決定要素

すべての基本権は、すでに述べた（前掲5e）コミュニケーションの基本権と平等の基本権以外のものも、民主的な立法者にとって実質的決定要素を意味する。連邦憲法裁判所の判例は、R．スメントとG．デューリッヒに従って、この機能を、おおむね、価値体系と文化体系の憲法化したものであると特徴づけた（§16 Ⅱ 3, 5）。比較的最近では、基本権を「客観秩序の要素」であると性格づけることが、より強調されている。

δ) 基本権の民主制に固有な機能

最後に、一部では、逆に民主制原理が基本権にあたえる、次のような直接的影響が想定される。すなわち、基本権の権利者がみずからの自由や保障を利用しようとするか否か、およびどのようにして利用しようとするかは、もはやその権利者の自由にゆだねられるのではなく、その利用は、ある種の公的機能すなわち共同社会にとって有用な機能に算入される、ということである。基本権は、民主制に固有な機能を発揮するとされるのである。「基本権が市民に認められているのは、自由に処分するためではなく、共同体の一員というその資格において、それゆえ公的利益のためでもある」（BVerfGE 14, 21 [25]）。基本権は、そのかぎりで、国家的なるものをも、あるいは少なくとも（国家の）統合をもうみだそうとするものである。

7. 民主制原理の追加の構成要素：地方自治―職業官吏制度？

　しめくくりに，基本法の民主制原理はさらに追加の構成要素をもたないのか，ということを問わなければならない。たとえば，H. ペータースは，「ドイツ民主制の型はさらに，自治と，職業官吏制度の存在によって特徴づけられる」と述べた。また，Th. マウンツは，マンゴルト゠クラインにならって，「市民が公共団体を形づくるのに（内心から）積極的に参加すること（政治的意味での自治）」を民主制の概念に算入した。このような見解には用心すべきである。というのは，どのようなものであれ民主制原理の内容を豊富にすることは，この原理の「原則」を不可侵とする基本法79条3項を，同時に視野に入れて考察しなければならないからである。

　この前提のもとでは，自治も職業官吏制度も，民主制原理の本質をなすものとは判断できない。これらは，たしかに民主制原理の反映ではあるが，その構成要素には属さない。これらは，ドイツの国家観の歴史的な理解に照らすと，民主制国家の本質には属さないが，民主制国家が現にそうでありそのように成長してきたように，民主制国家の観念の中に含めて考えられる。このことは基本法も考慮に入れており，基本法28条1項2文および3文［1992年の第38回憲法改正により現在では第4文］において，民主制原理がゲマインデと郡でも実現されなければならず，つまりその原理がゲマインデという単位からラントを経て連邦へと貫いていなければならない，と要求しているのである。このような民主的な地方分権の構造は，有意義ですぐれたものである。それは民主的な生活様式の一端ではあるが，本質的なものではない。というのは，そうでなければ，単一国家や自治の観念のない国家は民主制国家ではない，ということになるだろうから。自治は，民主制原理を確固たるものにし強化することができるが，民主制原理と疎遠になることもありうる。このことは，いくどか解体された大学の自治によって証明しうる。民主制は，市民の積極的な参加に頼らなければならないが，この参加は自治の制度においてきわだったやり方で示されうる。したがって，自治は，それが定められているとしても，できるかぎり民主的に正統化されていなければならないが，しかし，民主制それじたいが概念上自治を必要とするのではない，ということだけはできる。

　職業官吏制度はすばらしい制度であって，それによって，民主制原理が議会と政府における人物の交替を必然的にともなうのに対して，行政機構の継続性を確

保し，国家の決定が法に忠実であることを確保する。ほかでもないその基本原理によって，職業官吏制度は，民主制の体制が機能するための1つの重要な要因となる。しかしこれは，民主制原理の本質的構成要素ではないのである。

Ⅲ．民主制原理の拡張をめぐる諸問題

1．国家権力と政党への限定—諸団体への転用？

　基本法は民主制原理を，Ⅱで詳述したように，国家と，その他の地方公共団体の単位すなわちゲマインデと郡にだけ結びつけた（基本法28条1項）。すべての国家権力は国民に由来する（基本法20条2項1文）が，このことは同時に，国家権力だけがそうである，という意味でもある。国家の組織，すなわち議会と政府においては，民主制原理が展開されなければならない。ただ1つの個所でのみ，基本法は民主制原理を国家でない制度にも転用した。すなわち，基本法21条1項3文において，政党の内部秩序についてである。このことの根拠は，政党が議院内閣制の統治体制にとって中心的な地位を占めること，つまりその国家との近さにある。政党は，国家意思形成と国民の政治的意思形成とのあいだの継ぎ手である。もし政党がなければ，代表民主制は実現不可能であろう。それゆえ，民主制原理が国家において機能すべきであるとすれば，それは政党に及ばなければならないのである。この原理を他の集団にも及ぼそうとする者は，当然のことながら，この集団について，政党にあたえられているのと同じ政治参加への要求を呼びおこすことになる。連邦の経済社会評議会の設立という要請は，この点で最初の一歩である。したがって，民主制原理を諸団体に転用するという問題は，このような視点からも考えるべきである。団体の本質が，基本法9条1項の基本権としての結社の自由に結びつけられていることには，十分な理由がある。それによって，結社の内部組織も，構成員の自己決定にゆだねられている。それにもかかわらず，諸団体の「民主的内部構造」という問題がいくつもの民主制理論の目録に載っているにとどまらず，なんと，民主制原理を社会「そのもの」に，あるいは少なくとも重要な社会的領域に転用するということも，それに載っている。

2．a）　国家と社会をおおう包括的構想としての民主化

　今世紀［20世紀］の60年代おわりに，民主制原理は国家と社会をおおう包括

的構想であるとする潮流が広がった。この潮流が要求したのは，権力を行使するすべての制度の前提となる社会的および経済的な状況が，民主制原理と合致しているかを「問いただす」ことであった。とくに，学問，教育，文化とコミュニケーション，宗教の状況と，経済の状況なかんずく大企業の場合が対象とされた。この潮流は，「民主化」という決まり文句を用いた。これと結びついたのが，「解放」をもとめる要請，そして「参加」，「共同決定」をもとめるそれであった。この潮流の「戦略的前衛」ふうの流儀をとる学問上の先駆者は，とりわけ社会科学の分野でみいだされた。この潮流は，すべての西欧民主主義諸国をまきこんだ。ドイツの政治でそのきっかけとなったのは，とりわけ1969年のヴィリー・ブラント連邦首相による政府声明において，「思いきってもっと民主制を」という言葉が使われたことであった。広い範囲にわたって，この言葉と次の2つの目標が結びつけられていた。その1つは，一人一票原理という——どちらかといえば空想的な——観念と多数決規則をすでに挙げた社会的諸領域に転用することであり，2つめは，国家の民主制を——彼らの称するところでは——そもそもはじめて可能にすることができるように，あるいは少なくとも権力の統制をおこなうことができるように，社会的諸領域を変える（「変質させる」）という，より控えめな要求であった。国家の民主制は，いわば社会の民主制を前提にするとされた。かくて民主制は，「闘争と期待の概念」へと練りあげられ，過大な要求が背負わされた。同時に，国家の民主制にとっての危険もうまれた。

b）　生活様式としての民主制：大学の民主制？—経済の民主制？

もっとも，この潮流が真に新しい理念であったとは，条件付きでのみいうことができる。とりわけアメリカ的な観念と結びつけて，「生活様式」としての民主制という着想が展開された。おそらく国法学における最初の一人であるが，A. シューレは1952年に，民主制原理がその次元を広げることを望んだ。もちろん，こういう理解をすることで彼の念頭にあったのは，のちにこの拡張によって要求され根拠づけられたこととは，同じではなかったのかもしれない。最初に結論を導いたのは，H. リダーであった。彼は基本法21条に，基本権の領域にも及ぶ民主化の指図をみいだした。すなわち，はじめに基本法5条で公論の自由にかかわって政治的プレスに及び，のちには基本法9条3項の労働協約当事者にも広げられたのである。これと類似の形態をとるのは，公法上の放送施設の社会的に多

元的な内部構造であって，これは基本法5条1項2文から導きだされる。このような転用は，かろうじて個別的なものにとどまっていた。1967年以降になると，「民主化」されるべきとされたのは，なかんずく大学と経済であった。つまり，大学の民主制，経済の民主制が合言葉となり，その声の大きさはヴァイマル共和国時代の同じような要請をはるかに上回った。ほかでもない「政党と政党政治は大学の本質と矛盾し」大学政策は「民主制の直接の影響を受けるに適した分野ではない」との認識は，R．スメントがすでに1930年に見ぬいたものだが，この認識が肝に銘じられることはなく，一般の民主制は「新水準」の民主制にしばしば降参した。諸ラントの大学法と連邦の大学大綱法は，比較的大きな企業についての1976年共同決定法［被用者2000名をこえる企業の監査役会について，被用者代表と使用者代表が同数となる構成をさだめる。］と同じように，この路線へと舵をきった。憲法上，これらの規律に対しては，それが基本法5条3項，9条および14条に定める基本権としての自由の領域を守っているかぎり，異議を唱えられなかった。

3．民主化要求は基本法を引き合いに出せない―文化と経済という専門領域における機能の細分化―諸制度が機能を果たす能力―国家全体への民主制の関係

そのような民主化要求が基本法を引き合いに出すことはできない。基本法20条1項は国家にかかわり，基本法28条1項は国家と自治体たる地方公共団体とにかかわる。連邦憲法裁判所は，適切にも次のことを認めた。いわく，「基本法20条1項と28条1項の基礎にある民主制への信仰告白からは，社会保険の特定の組織形態をもとめる具体的な要求は導きだすことはできない」（BVerfGE 11, 310［321］）。基本法による正統化は，なおもう1つの理由からも誤りである。すなわち，「民主化」が意味することは，つねに当該領域を政治的な合法性に服せしめること，短くいえばW．ヘニスが的確に書いているように「政治化」することであって，それゆえその領域を平等原理と多数決原理に服せしめることである。これらの原則は国家における意思形成に適している。というのは，ここでならば「本質的平等」という前提から出発することができるからである。しかしながら，この平等は，文化と経済というまさに機能の細分化した状態にある専門領域では，存在していない。そこでの個人の参加は，きわめて多種多様であって，そのつど

異なった役割で行われる。これらの領域では，機能分化が論理的に前提とする職責を果たすことが，きわめて重要である。これらの諸制度は，平等に基礎を置くのではなく，多様性とりわけさまざまに異なった専門的権限に基礎を置くのである。学校，大学および企業体では，このことは完全に明らかである。「権力統制」の作用がいるといっても，さまざまな制度をともなう民主制原理に固有の機構と同じように費用のかかる機構は必要としない。その作用はたいていの場合，基本法９条３項で労働協約当事者に保障されているような「対抗力」によって，または自由な秩序にふさわしい競争モデルによって，よりよく実現することができる。それらの手段では十分でないとしても，なおいぜんとして国家の法律による権利制約という手段が残っている。それらの手段は，ことに経済，学校および大学においては，いずれにせよかなり十分なものである。Ｇ．ライプホルツが次のように強調したのは正しい。すなわち，「こんにち存在する危険は，——社会が民主化されればされるほど——この民主化が，自由を犠牲にして，それゆえ同時に，自由がなければその実質的内容を展開することができないあらゆる自律的生活領域を犠牲にして，行われることである」と。これと同じ方向性に立って，連邦憲法裁判所は大学判決において，大学における共同決定をもっぱら基本法５条３項を基準に審査し，「民主化」という考え方や法律上の規律の民主化による正統化という考えを一度として検討すらせず，「自由に研究と教育を行うこと」の保障と大学としての機能を果たす能力を前面に出した（BVerfGE 35, 79 [102 f., 115, 120 f., 125, 129]）。この判決は，決定の対象となった領域をこえて，組織条項そのものを自由権的基本権に対して中立とみなすことを拒否した，という点で重要である。この点に，他の領域にもあてはまる「民主化要請」に対しての同裁判所の原則の表明が見出される。そういうわけで，「国家形態としての民主制が危険にさらされているところ」でのみ立法者に制限がくわえられるという，クリーレに代表される，「基本法の社会政策的中立性」の立場は，もはや維持できない。経済民主制，企業民主制，団体民主制，教会民主制や大学民主制をうみだすという目的で，国家の民主制原理を経済，企業，団体，教会，大学などと十把ひとからげに同一視することは，これらの領域の構造的な特性を無視している。これらの領域は，国家の下位体制として作りあげられているのではなく，これらにかかわる基本権や制度的保障が示すように，基本法によって自立的な生活空間として形を整えられている。このような憲法上の取扱いは，したがって，それらの領域へ

の民主制原理の転用に対して，法的な障害を対置する。もっとも，その組織上および事柄に即した適性という問題はまったく別の話であるが。

　民主制は正統化原理であり組織原理であって，国家全体と，国家と同じように秩序づけられているたとえば現存の地方公共団体のような下位区分とに関係する。その作用領域である議会と政府は，この原理に従って構成されている。換言すれば，それらの職務につくのは，市民の票の多数をめぐっての競争に基づく，という原則に従うのである。民主制原理の射程範囲についても，いぜんとして次のことがあてはまる。すなわち，国家と社会の憲法上の分離は，自由の憲法の前提条件である，ということである。

4．憲法政策の課題としての民主的憲法制度の改善可能性

　国家の民主制原理を社会の領域に転用することを拒むとしても，このことから，基本法の民主制原理の基本内容が公共体（Gemeinwesen）においてその最善のあり方をみいだした，ということにはならない。W．ヴェーバーは，生前最後の論文の1つにおいて，正当にも批判的な言葉を述べた。さまざまな立場に立つ多くの論者の代表として，彼の言葉を書きとどめておこう。いわく，「理解しなければならないのは，同時代の大衆は，産業社会の給付・分配国家という，テクノクラートによってしばしばかなりイデオロギーに従って計画され管理された世界において，みずからが従属した立場にある客体である，とあまりに強く感じている，ということである。親たちはイデオロギーにおおわれた教育計画にまきこまれていると感じ，ゲマインデの市民はゲマインデの建築管理計画に，学生たちは自分の理解できない猫の目のような大学改革に，被用者はコンツェルンのトップの意のままの処分に，農業経営者はヨーロッパ経済共同体体制の構造政策に，それぞれまきこまれていると感じている。多くのものの中からこれだけの例を挙げておこう。彼らが，彼らの運命を左右するこれらの決定すべてにかかわらせてもらいたいと望んでいるとしても，なんの不思議もない。地方自治体，職能身分，経済，社会および大学の自治といった伝統的形式は，そのためには明らかにもはや十分ではない。そして，すべてはいずれにしても彼らのために行われるという信頼を，関係者がこれ以上はぐくむことはない。それゆえ，関係者が彼らにとって重要な決定に参加すること，そしてこの意味での決定過程の『民主化』は，決して無意味な言葉ではないのである」，と。民主的な国家機関にとって，同意を得ること

は、ことにきわめて重要な問題の場合（核兵器の配備、原子力発電所、大規模計画）には、明らかにより困難になっている。職務の権威だけでは、ものごとを断行するにはもはや十分ではない。かといって、民主的なあるいは学問的に裏づけられる専門的合理性も、まったくの非合理性から守られなければならない。他方でわれわれは、国家にますます過重な任務と責任が負わせられるという事態に直面している。アメリカ合衆国に関してすでに70年代中頃に診断されていた次のことが、ある程度の「タイム・ラグ」を経て、ヨーロッパの民主制諸国でも危険なものとなった。すなわち、「1960年代の合衆国における民主制の活力は、政府活動の相当な増加と政府の権威の相当な低下とをもたらした」というものである。議会制民主主義へのこのような挑戦をまのあたりにして、関係者の関与の強化とより直接的な民主制が打開策と思われることは、珍しくはない。選挙人はもはや、選挙をしたあとに退場しようとは思わない。選挙人は、立法期の間も政治の動きの「内部関係者」でありつづけようとする。とりわけ、ある種の「政党への嫌気」（§13 Ⅳ 7）は、政党は国民の化身であって政党民主制は「近代広域国家における直接民主制の代用品」であるという見解に、疑いをいだかせる。このような底流を議会制民主主義が見すごしてはいけない。議会制民主主義はそれに取り組まなければならない。政党はそれに応えて、選挙をますます明瞭に連邦首相の「人物人民投票」あるいは事項内容人民投票および連立人民投票へと変えてきた。憲法はそのための余地を認めている。しかし、憲法はもっと多くをもたらすべきではないのか？　憲法は、この問題を憲法政策にゆだねているのである。

第 2 章 構成原理
第 2 節 基本法 20 条および 28 条の構成原理

§ 20 法治国家原理

Ⅰ．法治国家の成立と歴史的展開

1．特殊ドイツ的用語法としての法治国家—ヨーロッパ全体の法体系における法治国家的思想

法治国家という表現は，特殊ドイツ的な用語法である。他国の言語では，法という単語と国家という単語を，このようにつなぎ合わせることはできない。もちろん，他の国々にもこうした制度はある。アングロサクソン法体系には「Rule of Law 法の支配」が，フランス法体系には「règne de la lois 法の支配」ないし「limitation des gouvernants 統治権の制限」が存在している。だからといって，ここではまったく同一のことが問題になっていると論ずるべきではない。法治国家的思想がヨーロッパ全体の法体系に根付いている，といえるだけである。第二次世界大戦以降は，この概念が国際的にも貫徹し始めていることを確認できる。たとえば，Etat de droit（法治国家：仏），Lawstate（法治国家：英），Stato di diritto（法治国家：伊），Estad de derecho（法治国家：西）といった具合にである。

a）法治国家原理の形成に向けた推進力

法治国家原理の形成を推し進めるにあたっては，本当にさまざまなものがその原動力となった。実際，法治国家原理の内容として支配的になり得たのは，その時々において別々の内容であった。変わることがないのは，伝統全般にわたって一致した観念が存在するということだけである。その観念とは，絶対的権力の拒否と法の支配への指向，ならびに国家権力の抑制，分立，限界づけ，裁判的統制を通じた人格的および政治的自由の保障と保護のことである。U．ショイナーに

従えば，次のことを確認できる。すなわち，国家思想は「長い時間をかけてヨーロッパ的法文化の構成要素へと発展していった」が，この「国家思想という懸案」は，現代的な用語法としての法治国家の概念の下で，取り上げられることとなった，ということである。このことは，国家存立の基盤となるものは何なのか，権力なのか，それとも法なのか，という重大な問題に関係する。このような意味において，国家の歴史上，「国家を法に従わせることは，法を国家に従わせること以上に困難なこと」であった。我々ドイツ人は，1933年から1945年の時代や現在の東ドイツに目を向けることで，この困難さを思い浮かべることができる。法治国家を構築する法，つまり国法（Staatsrecht）は，法治国家（Rechtsstaat）と同じ単語を構成要素とする複合語なのである。

b） R．ボイムリンによる法治国家の問題化：「政治社会」―「人類学上不可欠なもの」としての法治国家

R．ボイムリンは，近年，法治国家の根拠を暴力ないし権力と理解する国家概念は誤りであるとして，法治国家概念のもともとの出発点を「問題化している」が，このような試みは正しくない。彼によれば，権力がまず最初に存在し，それからその権力が法によって抑制されるはずであるとする理解は誤りであり，あらかじめ法によって規定されている「政治社会」を出発点とすべきなのであって，理由としては，そうすれば法治国家という概念はもはや必要ないからであるという。ボイムリンには見落としていることがある。それは，国家的にのみ組織され観念され得る1つの共同体であろうとするいかなる「政治社会」も権力なしではやっていくことができず，法が存在しない恒久的な権力など想定し得ない，ということである。「国家のありがたみは，国家が権利の保護者であるというところに存する」。「正義からかけ離れるならば，王国［（国家）］も，巨大な盗賊団以外の何ものであろうか」。「国家とは権力と統治を意味し」，そして，法治国家性はこのような権力を抑制しようとするところにある。これは，権力が有する，高尚でかつ壊すことのできない，しかも不可欠でさえあるエートスである。社会が国家を必要とするのは，それが長きにわたって存在し続けるためである。国家とは，まずもって政治社会に形式を与えたものである。人間が政治的に，つまり第一義的には共同体形成的かつ歴史形成的に活動することができるのは，もはや国家という形態の中においてだけなのである。それゆえ，社会は，その自由主義的な存

在を確保するために，やはり法治国家を必要とするのである。その限りで，法治国家は，「人類学上不可欠なもの」に相当する。法治国家の偉大なる価値内容は，その概念がどれだけ開放的であるにせよ，共同体生活の根本規定にとって土台となるものである。そのため，この概念は，正当であれ不当であれ，「大」なり「小」なりの問題提起に向けた手がかりとして繰り返し選択されるのである。

c） マルクス主義における法治国家

マルクス主義にとって，法治国家は，市民的・資本主義的経済から脱して彼らの所有権観を維持するべく発明された国家として存在する。国家とは，階級支配維持のための「処世の術」でしかない。しかしながら，マルクス自身が独自の国家理解を説明することはなかった。彼にとっては，国家とは経済関係の産物でしかなく，国家の憲法はこれに見合うよう，ただ「法的にあと付けされたもの」に過ぎなかった。彼の門下生であるF．エンゲルスとW．I．レーニンによってはじめて，独自的な「国家論」は展開されたのである。この目的が，国家なき共産主義的社会，すなわち革命後社会における「国家の消滅」にあったことはいうまでもない。共産主義国家がこの目標を達成することなど，率直にいってまずあり得ないのである（§18 I 1）。いずれにせよ，共産主義国家においては，「労働者階級」が共産主義政党によって代表される場合，彼らは「搾取者」から支配権を奪い取ったことになるという。しかし，これではまだ「過渡的段階」でしかないとのことである。この理論は，非共産主義国には定着しなかった。共産主義国それ自体において，国家の消滅という理論はユートピアであることに変わりはない。国家を，社会の必要物として，「人民民主主義」として，「全人民の持ち物」として正当化しようと試みるのであれば，そこで中心的な指導的地位を占めるにふさわしいのはもちろん共産主義政党である。この場合，マルクス主義的国家論は，国家の消滅というかつての理解からはかけ離れることになる。

2．a） 西洋の国家哲学における法治国家の根源

基本法の法治国家原理を理解するにあたり，西洋の国家哲学の深遠なる根源を解明することは重要ではない。それは，西洋の国家哲学が法治国家原理の成立に寄与したものであるとしても，そうである。西洋の国家哲学はギリシャ哲学の国家観にまで遡る。ここでは，ディケやテミス，ノモスといったものが国家を制約

しているとされた。法治国家観は，法治国家という名前よりも本当にずっと古くから存在し，そして，多くの国家思想家たちがこの観念に対して影響を与えてきた。中世や近代の初頭において法治国家観の創出を促したのは，とりわけ契約思想や抵抗思想ならびに自然法や観念論者の哲学であった。R．フォン・グナイストが，法治国家を理解するにはその「1000年に及ぶ形成期間」について論ずる必要があるとしたことは適切である。グナイスト自身は，その上で，法治国家をカロリング朝の制度に由来するものとみなす。

　　b）　法治国家の根源としての立憲主義と自由主義—F．J．シュタールによる法治国家の「形式」への縮減—法律による行政の原理としての法治国家性（マイヤー＝アンシュッツ）

　ドイツにおいては，とりわけ19世紀初頭の，なかんずく南西ドイツ的アレンジの立憲主義と自由主義が，法治国家原理に法的な輪郭を与えた。これは，I．カントが彼の著作である「世界市民志向における一般史の構想」（1974）や「法学の形而上学的起源」（1797）においてその精神的土台を築いた後のことであった。もちろん，カントの著作自体の中からは，法治国家という表現はわずかにしか見つけることができない。これは，J．G．フィヒテやW．フォン・フンボルトの場合と同様である。フンボルトの「国家作用の限界画定の試みに関する構想」（1791）でも，法治国家を想起することができたかもしれないといった程度であった。一般には，R．フォン・モール（1799-1875）がこのタームを国法学に持ち込んだ人物であることだけは少なくともいえる，と考えられている。しかしながら，モールは，この概念を既存のものの中から見出したと認めている。より正確にいえば，C．Th．ヴェルカーの「法，国家および刑罰の究極の根拠」（1813）並びにJ．Chr．Frhr．フォン・アレティンの「立憲君主制の国法」（1824）が典拠である。意味は必ずしも一義的ではなかったが，A．H．ミュラーの時にはすでに「法治国家」というタームが存在しており，そして，1798年には，J．W．プラシドゥス（おそらくJ．W．ペーターゼンのペンネーム）がすでに批判学派または「法治国家の論者」の学派と呼んでいたのである。R．フォン・モールは，法治国家を「記述的一般国家学の範疇のもの」と理解し，これを父権制国家や世襲制国家，神権制国家，専制国家に対置させた。しかしながら，フォン・モールの中では，法治国家は，なかんずく福祉国家の意味で理解され，警察国家と結びつ

I. 法治国家の成立と歴史的展開

いて存在していた。とはいえ、彼には「法治国家」の概念は不完全なものとして映っていた。なぜなら、法は、2つあるうちの片方のものでしかないからであるという。より正確を期するために、彼は法治・警察国家という表現を用いた。彼にとって法治国家とは、理性の国家、悟性の国家のことである。そしてここでは、国家任務を限定することこそが最も重視すべきこととなる。彼はまさに、国民それ自体が目的としても存在するということの中に、法治国家の本質を見てとっている。こんにち法治国家原理を実現している特殊法治国家的な諸制度は、彼にとっては副次的な事柄なのである。この諸制度は、他の論者によってはじめて日の目を見ることとなった。R．トーマが記述しているとおり、F．J．シュタールは、後に以下のように論じた。「……この類い希なる矛盾なき思想家は、いかなる場合も侵害強度と明白性という道具でもって、警察力という思想内容に斬り込んでいき……国家活動の目的と内容ではなく国家活動を実現する方法と性質によって特徴づけられる国家のために、法治国家という名前を要求したのであり、そして、彼のこうした考えは、学術文献において浸透していった」。いつも繰り返し引用されるシュタールの言説の詳細は、次のとおりである。

> 「国家たるもの法治国家たれ、というのは模範とすべき格言であり、実際に近年における発展の推進力でもある。国家作用の道筋と限界は、国民の自由領域と同様、法という方法によることで、明確に定められることとなり、その確保が揺るぎなきものとなる。また、国体に関する道徳理念がそのまま実現されることになっても、それは法の領域を超えて実現される（強制される）ことはなく、すなわち、やむにやまれないほどに必要な枠内においてのみ実現される（強制される）こととなる。これこそが法治国家の概念なのであって、たとえば、国家は執政上の目的を有さず、単に法秩序を運用するだけのものであるとか、あるいは、個人の権利を保護するだけに終始するといったものではない。法治国家は、国家の目的や内容を意味するものではなく、これを実現するための方法と性質のみを意味するのである」。

この引用について、R．フォン・グナイストは、「彼の論敵のすべてがこれを語の上では受け入れたことであろう」と論じ、またO．ベールは、「このような法学者でさえもがこの原理の承認を拒絶できないというのであるのなら、いよいよ『法治国家』の語を旗印としないわけにはいかなくなる」と論じた。

とはいえ、法治国家概念に関しては、まだ争いが無くなったわけではない。

「当初は，法治国家概念が国法に指針を与えるものであったのに，その後，国法から法治国家概念へと逆に指針が与えられるようになり，法治国家概念が否定されるようになった」。法治国家概念は「多義的」になり，「技巧的表現」として妥当したのである。こうして，法治国家原理は説得力を失っていった。なかでも，法治国家原理がシュタールによって「形式」だけのものへと縮減され，実質面の充足を欠いてしまったことは，その大きな一因となった。R．トーマは，こうなったことは正しいことであると考えてはいたが，ただ，法治国家原理が法律に対して「自由なイニシアティヴのためのしかるべき裁量余地の確保」を要求する場合には，結論としてはこうした立場に固執しなかった。ベール，グナイスト，L．フォン・シュタイン，そして後に，とりわけO．マイヤーは，こういったことを経た上で，法治国家を次のように特徴づけ，「適切に整序された行政法」の国家であるとか，「裁判所により実現される憲法適合的行政」であるとした。こうした国家では，以下のような諸原則が遵守される。すなわち，「行政の法律への拘束や……法律上の制約の有責な踰越に関する国家および官庁の司法適合的な責任，行政裁判所および独立官庁を通じた不当または不公平な法律の取扱いに対する保障」といった諸原則である。ここで主として問題となっていたのは，やはり行政の法的充足と法的拘束ならびにその裁判的統制である。法治国家原理をきわめて法実証主義的に捉える見方は，元はといえば，ここから生じたものである。ここでは，法治国家原理に端を発する数多くのインパクトが忘れ去られ，埋没させられてしまっている。自由と権利が保障され，法律の実質的法原則への拘束が機能することは，時々でしかなかったのである。

　ドイツ帝国の終焉期には，G．マイヤーとG．アンシュッツがドイツの国法に関する自らの教科書において，以下のことを確認していた。すなわち，「法治国家とは，司法権との関係だけではなく，行政の臣民に対する関係をも法秩序の内部に取り込んだ国家のことである。具体的には，行政が決して法律上の規定に違反せず，かつ，行政が臣民の自由に介入するとしても法律がこれを行政に許している場合に限られる，といった形のものである」。「『法治国家』という表現は，結局のところ，法律や行政，個人との間の諸関係を規律する秩序に目を向けたものである。この関係秩序は，法律に違反している場合（contra legem）も，法律上の根拠が存在しない場合（praeter, ultra legem［こんにちでは，sine lege のほうがよい］）も，行政は個人の自由領域に介入してはならないということにより特徴づけられ

るものであり，これは，(『警察国家』と呼ばれる限りでの) 絶対主義国家の行政が もっぱら目的適合性の観点のみに拘束され，法原則には拘束されることなく活動 していたこととは，歴史上および解釈論上の対称をなす。法治国家的秩序とは， 『法律による行政の原理』と呼ばれているもののことなのである」。

c) ヴァイマル共和国における法治国家の理解

ヴァイマル共和国においては，法治国家に関するこうした理解は，基本的にそ れほど変わらなかった。法治国家原理は憲法規範を通じて拡充がなされ，法治国 家の思想は立憲国家性と密接に関連づけられた。

α) 法律による国家活動と独立した裁判所

指導的な書であった『ドイツ国法ハンドブック (Handbuch des Deutschen Staatsrechts)』では，法治国家原理のために独立した章が割かれることはなかった。 これは，連邦国家や民主制，共和制 (§§ 15-17) とは対照的なことである。法律 による行政，法律の留保，法律の優位，権力分立，独立した裁判所を通じた保護， 国家賠償，補償制度の区分といった本質的な仕組みは，たしかに憲法において保 障されてはいたが，しかしながら，R．トーマからすれば，ドイツの国家法と行 政法上の法治国家原理は，「いまだ欠陥が多い」ように思われるものであったの であり，そしてこれは，その定義からすれば，「法律による国家活動」と「独立 した裁判所」による保護の下でなければ全うされないものであった。「国家が…… 法治国家となるのは，国家の法秩序において公権力の道筋と限界を規定し，独 立した裁判所の権威を尊重した上で，この裁判所を通じて公権力を統制する限り においてである」。やはり，法律，裁判的保護，賠償制度が，法治国家原理の支 柱であることにはかわりない。トーマは1932年頃には，(形式的) 法治国家の歪 曲を避けるためにはこのような法治国家の特徴づけでは不十分であるということ を感じ取っていたと思われる。つまり，彼が，法治国家は「まだこれ以外のもの を含んでいる」と強調しつつ，「深く突っ込んで詳述するだけの紙幅の余裕が ここにはない」としてこれを断念したことからすれば，そのように思われるので ある。

β) 形式的法治国家

以上のごとく特徴づけられた法治国家は，「形式的 (formal ないし formell)」法 治国家であった。H．フーバーによれば，「法治国家とは，権力分立と法律によ

る行政，行政裁判のみを要請するものをいう。法治国家は法適合性の原理を頂点とするものであって，他で言われる法治国家の価値理念とは対照的ではあるが，法治国家は自由権を……内包するものではないのである」。カール・シュミットは，基本権を彼の法治国家概念の中に完全に取り込んだ上で，基本権は法律に基づいて介入することができるとしていた。ここでは，自由の保障は法律の中においてのみ存在していた。自由とは，法律に基づかない強制からの自由のことだったのである。「法律適合性，権限適合性，統制可能性，司法制度といったものは，こういった意味において市民的法治国家という閉じられたシステムをつくり出す」。法治国家とは，つまるところ法律国家なのであるが，ただ，この法律国家は法治国家的法律による法律国家のことをいうので，実際にはトートロジーである。しかし，カール・シュミットにおいては，これは，一般的な規範が主意（voluntas）ではなく理性（ratio）によるものであるという意味のものであった。カール・シュミットは，「彼の」法治国家を「市民的」ないし「ブルジョア的」法治国家であると特徴づけたが，これは，古参および新興のマルクス主義者が，「有産階級」の機関たる国家の「労働者階級」への信用を失わせるために用いるスローガンとしてのものであった。

　γ）　実質的秩序原理としての法治国家性

　カール・シュミット以外の者がこれにより詳細な検討を加え，その上で，カール・シュミットにすれば期せずして「論争的」となったこの概念が，「我が国の憲法史の現実」と「我が国の現行の国法」のいずれにも合致していないと強調することは，何の役にも立たなかった。「よくあることと思われるが，法治国家というきわめて時間超越的な価値を『自由主義的な』という形容詞を用いることで見誤り，そうすることでこの価値を矮小化する場合や，これと同様の見地から法治国家を『市民的』法治国家と呼び，これが自己の「身分保証」を有するブルジョワジーの法治国家を意味しているのと同然となる場合，また，これとは反対に『社会的』法治国家を構築しようとする場合のいずれであっても，これらはすべて歪曲されたものであり，このような歪曲に対しては，法の中に生きる人間である我々，すなわち，そのほぼすべてが『法治国家』の信奉者である我々によって，異議が唱えられるべきであろう。というのも，ここでは，永遠なる価値あるものが，俗世の些末な事象へと引きずり降ろされているからである」。1933年，不幸は必然的な経過をたどった。法治国家は法律国家となり，その法律はあらゆる内

容のものを受け入れた。不法を内容とするものさえも受け入れた。法治国家を生み出した基本構想として，法治国家の本質をなすのは単なる法適合性ではなく自由と権利であるということが自覚されることなど，それこそ，まずもってなかった。法治国家は，あらかじめ個人に備わる自由に基づき方向付けられる穏健な国家を予定していたのであって，たとえ同じ起源を有するとしても全体主義国家を予定していたわけではない。法治国家原理は「法技術的なトリック」ではなく，根本的かつ価値内包的な実質的秩序原理なのである。法律という形式はあ・ら・ゆ・る意思のいいなりになってしまったが，こういったことは，本当に回避されるべきであったし，またその予定であった。このような法律はR．フォン・モールが求めていた道徳的・理性的な法律ではない。ここでは，法治国家に不可欠な構成要素，すなわち人間の尊厳，人格的および政治的自由の保障と保護といったものが，忘れ去られてしまっているのである。憲法に従って制定された法規範は，国家権力を拘束し，国家内部での生活に秩序を与える。これが憲法の一部となる。立憲国家性と法治国家性は，一体のものとなるのである。

　このような条件の下でのみ，法治国家は現実のものとなるのであって，そして，この法治国家は，その由来からして，「ヨーロッパ法の発展の中にあって非常に明確となっている実体的な基本価値の信奉を表明したものといえ，人的および政治的実在において確立している表象と合致するもの」といえるのである。

3．a）　基本法の実質的法治国家への転換

　しかしながら，1933年から1945年のあいだに体験した法治国家の歪曲を理由に，権力分立や法律の留保および優位の具体化，裁判的統制といった重要な立憲国家的諸制度が実際には形式的法治国家のおかげをこうむるものであったことが看過されてはならない。独裁者たちが生み出されてしまった責任を，誤解された法治国家概念のみに負わせることは，実際には誤りなのかもしれない。独裁者たちを導き出したのは，それよりもはるかに重大な要因なのかもしれない。ただ，そうであるとしても，基本法は，純粋に形式的な法治国家から離れ，そこに実質面の補充を行うための十分に説得力のある根拠をもつに至った。この実質面の補充はとりわけ，人間の尊厳を先頭に置き，人権への信奉を表明し，基本権の自由に直接的な法的拘束力をもたせたこと（基本法1条），そして，自由で民主的な基本秩序を支持すること（§16）によって行われた。H．ペータースは，彼の国家

法上の遺産を書き記した業績において，正当にも次のことを強調した。「1933年から1945年のドイツでの出来事やボリシェヴィキの権力領域において行われたことに対して目を閉ざす者は，基本法の真の意味を理解したり，基本法に定められた法治国家を理解することはできない」。D．メルテンが基本法における実質的法治国家への歩みを「解釈論上の成果に乏しく，とりとめのないもの」であるというのであれば，彼はこの基本法の転換を見誤っている。実質的法治国家といったものは，いうまでもなく，形式を捨て去り，すべてを内容の問題にしてしまうものではない。いかなる国家も，すなわち自由で民主的な国家も，不自由で共産主義的ないしファシズム的な国家も，同様にその社会内の秩序を何らかの規範を用いて規律するのである。これについての連邦憲法裁判所の指摘は正しい。

b) 基本法上の法治国家における形式と内容の統合—法治国家原理の定言的要請

しかしながら，形式的法治国家性と実質的法治国家性との対立を，少なくとも基本法に関しては，過度に強調すべきではなかろう。たとえば，法治国家概念は，その起源においては，「実質的法治国家か形式的法治国家かのどちらかに還元できるものではない」ところにその特徴があったのであり，そして，基本法の法治国家原理にとって大切なのは，これは形式と特定の内容との不可分的統合をもたらす構成原理であると確認することである。きわめて重要なのは，単なる法適合性に帰着させないこと，ならびに，法治国家原理を憲法上の明確な価値設定へと位置づけることである。法治国家原理は，特定の形式的要素のなかに，その基本条件や基礎を有している。しかし，これで法治国家が語り尽くされるわけではない。実質的な要素と結びつけることによってはじめて，法治国家は現実のものとなるのである。

それゆえ，法治国家原理は，形式的および実質的に自らを特徴づける憲法上の構成原理と呼び得るものである。法治国家の生みの親たちに目の前の目標として思い浮かべられていた事柄は，実現されることに意味があるのであり，これは，基本法による内容形成という形で憲法上表現されるべきことである。その限りで，法治国家性は，1つの基準であり1つの質的な要請である。いかなる国家も，この要請に基づいて判定され得るものでなければならない。こうした点で，この要請はおそらく，「内容的に重要」であるだけでなく，国家の現状にとって同時に

定言的なものなのである。

II. 基本法による法治国家原理の採用

1. a) 議会評議会における法治国家の疑いなき支持

共和国原理，民主制原理，連邦国家原理の場合と同様，法治国家原則を規定するにあたっても，議会評議会は100年以上に及ぶ伝統を振り返ることに甘んじ，そして，その伝統に支配された。それゆえ，法治国家原理に関して，総会どころか委員会においてさえもわずかにしか議論されず，見解の相違すらまったく見られなかったことについては，何らの驚きもない。不法国家の時代の後，法治国家への支持は疑いないものとなった。ここでは2つの見解を引用するだけで十分である。まず，Th. デーラー（FDP）は，中央委員会において，基本法21条や基本法20条の前身にあたるものを援用するに際して，法治国家性は「我が国の基本法の土台」であると論じており，また，W. メンツェル（SPD）は，総会において，基本法28条につき「ラント憲法における法治国家理念の基礎づけ」を要求するものであると論じていたのである。実際のところ，これらの規定，すなわち基本法20条と28条の規定は，法治国家を明示的に定めるもの，もしくは基本法の本質的内容において定めるものである。注目すべきは，国家の名称に含まれている（連邦）共和国原理を除けば，連邦国家と法治国家だけが名詞で表現されているということである。これ以外の構成原理は形容詞的に表されている。まさにこれらの基本原則をこれ以上ないほどに軽視していた「第三帝国」に対するリアクションからすれば，こうしたことは理解できるものである。

b) 諸ラントの憲法における法治国家概念の規定

しかし，法治国家原理を憲法条文上規定するにあたっての手本を示すものは，ドイツ憲法史上の発展だけではない。バイエルン憲法3条1項でこの概念が規定されていたことも，その手本となったのである。バーデン＝ヴュルテンベルク憲法23条1項，ハンブルク憲法3条1項，ニーダーザクセン憲法1条1項といった他のラント憲法は，基本法に追従した。これら以外のラント憲法は，法治国家原理の重要な内容を個別の規定において定めている。

c） 基本法における法治国家原理の独自の形成—憲法上の価値決定を通じた形成

とはいえ，次のように見るのは的はずれであろう。すなわち，ただ単に従来からの思想が基本法上に措定されたにすぎず，独自の精神は挿入されていない，と見ることである。このような見方とは対照的に，基本法28条1項1文では，法治国家に「社会的」という語が現に付加され，他方，基本法20条3項では，立法者の憲法的秩序への拘束についても謳われ，なかんずく基本権拘束については基本法1条3項で謳われている。加えて，基本権の形式的保障については基本法19条1項で，さらに基本権の本質的内容の不可侵については基本法19条2項で謳われ，ついには「永久保障」までもが基本法79条3項で謳われている。そして，とくに憲法裁判所による統制が立法者にも及ぶことで第三権力の地位が高められているが，一方で，「法律および法」への拘束が基本法20条3項において殊更に謳われてもいる。これらを踏まえれば，法治国家原理が基本法において独自の形成をみたことで1933年までの時代の法治国家は克服されたと推論することは，正当であるといえる。基本法の生みの親たちにとって重要だったのは，当初法治国家性を規定した際に生じた欠陥を回避することや，法治国家原理を「法の上位階層へと位置づけること，そして，この関係についてしっかりと規定すること」であった。これらは，法適合性を上回るものとされ，新たな次元を獲得することとなった。このようなインパクトの本質は，法律に由来するものではない。憲法上の価値決定それ自体に根拠を有している。法治国家原理は，単に法律上形造られただけのものではない。まず第一に憲法に織り込まれたものなのである。このような帰結は，とりわけ以下のような修飾語から得られる。

- 基本権に基づいており自由主義的な
- 周期的に行われる国民による選挙を通じて全国家権力を奪還しており民主制的な
- 社会国家原理に基づいて社会的に義務づけられた
- 立法権をも憲法の遵守のためにコントロールする裁判権を通じて裁判官によって強固にされた

カール・シュミットの「市民的」法治国家と同様に1871年ドイツ帝国憲法や1919年ヴァイマル憲法の形式的法治国家をも乗り越えた基本法の法治国家は，上に見られる示唆の下に妥当するものである。これは，基本法の法治国家が，実

質的な目的と価値，とりわけ自由と社会的なものへの義務づけとを内包していることを意味する。それゆえに，これを実質的法治国家と呼ぶことができるのである。もっとも，こうした呼称は，ここで含意されているものと比べれば，それほど重要ではない。ただ，これは法治国家原理の構成要素のなかでも一番最初に指摘されているものなのである（後掲Ⅳ）。近時の国法学や連邦憲法裁判所判例はこれをとくに重要なものとみなしているが，これは正当である。そうするからこそ，基本法の根底をなす構成原理は説明可能なものとなり，また，十分に明確で，法律実務において適用可能なものとなるのである。

2．個々別々の具体化とともに原理としての法治国家原理を規定すること

基本法は，たとえば基本法20条2項2文と3項にみられるように，法治国家に関して個々別々に具体化するとともに，さらに基本法28条1項1文では明示的に「法治国家」への支持を表明しているが，こうすることは何ら余計なことではない。明文で規定することには大きな意義があるとして，制憲者はこれを明文で規定したが，その際，彼らは，これを個別に具体化すると同時に法適用の原理を定めることでその意義が補充されると考えていた。なぜなら，原理としての法治国家には，法治国家を個別に具体化したいずれの定式よりも豊富な内実が含まれるからである。その限りで，これは構成規定，原則決定，指針，指示，法的総括，枠付け概念である。この章のその他の構成原則とともに，法治国家原理もまた，ある種の定義上の困難を抱え込む。この困難は，「国家学説や憲法学説の変遷によりさまざまな考え方で溢れかえっていること，ならびに，具体化がさまざまな形で行われていることに対して，解決がなされてこなかった結果生じたものである。なお，社会国家原理の場合には，こうした状況はよりいっそう深刻なものとなる。これと同じような原理や定式を採用する際に存在する長所と短所は，以下のとおりである。長所は，連邦憲法裁判所が，法命題に適合するよう行う1つひとつの具体化からは出てくることのない諸定式，たとえば明確性，特定性，過剰侵害禁止といったものを，この原則から発展させることができる点である。短所は，この原理には輪郭がないため空虚な定式へと変質させられてしまう危険や，あらゆる内容を取り込むことが可能となることでその本質が変更されてしまう危険が存在する点にある。このような危険を強調する者の筆頭は，実質的法治国家は「いかようなる任意の意味でも解釈され得る」「不明確な定式」だとして

これに反対する者である。しかしながら，こうした理由によるのであれば，民主制原理と社会国家原理のほうが，法治国家原理よりもよほどその危険にさらされている。とはいえ，この危険も次のような場合にはこれを退けることが可能である。すなわち，原理の核心領域，つまり変更や変遷があり得ない本質を形成する構成要素を明確にし，些末な内容をここから取り除くといった作業をしっかり行う場合である。連邦憲法裁判所も，こうした考えと軌を一にしている。

連邦憲法裁判所は，法治国家原理に関して，以下のように説明する。

「法治国家原理は，立法者を直接的に拘束する指導理念である。これは，個別の権力の拘束について定める基本法20条3項や，基本法1条3項，19条4項，28条1項1文の諸規定を総合的に見れば明らかであり，また，基本法の全体構想からしても明らかである。連邦憲法裁判所の判例によると（BVerfGE 7, 89［92 f.］; 25, 269［290］; 28, 264［272］; 35, 41［47］; NJW 1977, 892［893］参照），たしかに，この原理が含んでいる憲法レベルでの要求ないし禁止は，いかなる事実関係であったとしても詳細まで明確に規定され得るといった性質のものではない。この憲法原則は，むしろ，所与の事実関係に応じて具体化されることを必要とするものである。なお，具体化に際しては，法治国家や法治国家性の本質的要素が全体的として確保されることを要する」。

法治国家原理に関していえば，歴史上見られたその先行形態が，解釈の一貫性を維持しその内容を確保するのに一役を買っている。法治国家原理の形式的要素や制度的刻印付けといったものが重要な裏付けを与えるものとなっているのは，こうした観点においてなのである。

3．連邦憲法裁判所の法治国家原理の位置づけに関する見解

基本法において法治国家原理という概念が明文で用いられているにもかかわらず（基本法28条1項1文），連邦憲法裁判所は，その裁判において法治国家原理の位置づけを確認するにあたり，この規定を取り上げることはあまりせず，それ以外の方法を選択する。こうした方法論上の態度を次の点から明らかにする場合，すなわち基本法28条1項で要請されているのはそもそもラントの法治国家性であって，ドイツ連邦共和国の国家構成に関する基本決定を行っているのは基本法20条であり，ここでは法治国家との表現は用いられていない，という点から明らかにする場合，これはあまりに短絡的であろう。一方の規定では法治国家につ

いて明文で謳っているのに対して、他方の規定ではこの原理の本質部分を改めて示す形になっているのは、基本法20条と28条を制定する際の偶然なのであって、これについて説明することは不可能である。だからといって、法治国家の採用は相対化されるようなことではない。連邦憲法裁判所は、解釈を歪曲することなく条文上の規定から出発し、その規定から法治国家原理の内容を引き出すことも可能だったはずである。

　しかしながら、裁判所の行った理由づけは違っていた。裁判所の立脚点は以下のとおりであった。「憲法とは、成文憲法上の個別の条規だけではなく、これと結びつき内容的に一体となっている一般原則や指導理念といったものからも構成されている。制憲者は、この一般原則や指導理念を具体化して、特別の法命題にすることはしなかった。なぜなら、この一般原則や指導理念を形作っていたのは、制憲者が立脚したところの憲法以前に関する全体像であったからである。ラントの立法者をも拘束するという意味では、法治国家原理はまさにこのような指導理念である。このことは、個別の権力の拘束について定める基本法20条3項と、基本法1条3項、19条4項、28条1項1文とを総合的に見た場合に明らかであり、また、基本法の全体構想からしても明らかである」。裁判所はその後もこの立脚点に固執し、さらには、法治国家原理は「基本法が特定の法命題に集約させることをしなかった一般原則かつ指導理念である（BVerfGE 2, 380 [403]）」と明確に宣言した。もっとも、近時の判例では、「基本法20条3項に規定された法治国家原理」と論じられることや、この規定は結局のところ法治国家原理の核心内容を含むものであると説明されることもある。

4．憲法原則および構成原理としての法治国家原理

　基本法20条において議会評議会が表現しようとしていたのは、ドイツ連邦共和国の「国家の性格」であり、これを原理の意味で表そうとしていたのであって、その詳細な説明については§16から§22で行っている。H．フォン・マンゴルトは、——おそらく彼自身議会評議会に所属していたこともあって——、次のように強調した。新たに創設された代表制民主制の自由主義的な内容、すなわち、とくに基本法1条および2条といった基本権において言及されているところの自由主義的な内容にとって、そして、その代表制民主制の「基本価値」の確保にとっては、権力分立原理（基本法20条2項2文）と「新たな基本秩序の指導原理へ

と高められた法治国家思想」が有益なのである。連邦憲法裁判所は，法治国家思想をこのような形で採用したことは，「法治国家的な原理」や「法治国家原理」に対する肯定的判断を示すものであるとした。裁判所によるこのような捉え方は，変わることなく続いている。そして，ここでは次のような表現が用いられている。すなわち，あらゆる原理がそうであるように，「憲法原則」も「幅広い解釈を許すものであることが重要である。たしかに原理はこの幅広い解釈から一定のトポスを導出しているが，しかし，あらゆる詳細にわたってまでその結論が確定され得るわけではないのである」，との表現である。憲法解釈学によれば，原理は具体化と補充を必要とするものである。原則ないし原理を定式化するに際しては，裁判所が頑なさを保ち続けることはなかった。実際には何も変わっていないのに，その表現の仕方だけは変化していったのである。

- 「基本決定」
- 「指導的な」または「本質的な原理」ないし「原則」
- 「基本原則」
- 「指導理念」
- 「憲法原則」

これらは構成原理と呼ぶにふさわしいものである。この構成原理から演繹が行われ，それ自体原理的性格を有し得るもの，あるいは，詳細な内容を持ち得るものとなるのである。

Ⅲ．法治国家原理の概念

1．法治国家の定義

法治国家性が意味しているのは，次のようなことである。すなわち，国家権力の行使が許されるのは，国家権力が憲法上の根拠に基づいてのみ行使され，かつ，人間の尊厳，自由，正義，法的安定性の保障を目的とした形式および実質につき憲法適合的に公布された法律によって行使される場合に限られる，ということである。こうした定義は広く受け入れられている。

しかしながら，法治国家原理をこのように一般的な形で書き直したとしても，いざこれを用いるとなると，これではまだ十分に「使い勝手がよい」とはいえない。ここには，憲法－権利－人間の尊厳－自由－正義－法的安定性といった思考

Ⅲ. 法治国家原理の概念

の連鎖が入り込んでおり，これらはそれ自体としてまた別の内容を有しているのである。法治国家原理がその目的を果たすためには，明確に刻印づけられ，定式化されることを必要とする。基本法からこのことを読み取ることができるのは，基本法が法治国家について謳っている個所からだけではない。個別の憲法命題に含まれるある種の制度により法治国家が具体的に形作られている場合もそうである。しかし，この広汎な定義にも固有の意義は存在する。それは，法治国家の形成と法治国家像の明確化に寄与した精神的および政治的理念へと回帰させるという意義である。これにつき，以下詳しく述べると，国家とは，人間の尊厳，自由性，正義，法的安定性の保障を目的としており，かつ，その権力が統制され法に服したもののことをいう。このような国家の要請は，19世紀初頭の法治国家性の起源においては明確に認識することができたが，シュタールが実定法のみによって形成された国家類型に関連づけて法治国家性を定義したことにより，その要請は曖昧になってしまった。しかし案の定，「真の」法治国家の理念とはまさしく矛盾する国家さえもが，これであり得てしまった。法を国家存立の基本条件として掲げた国家でありさえすれば，それは法治国家である，と考える者は，この法の質についても言及しなければならなかったのである。O．ベールは法と自由とを同一視するなど，法の質に言及することを心得ていた。しかし，その後になると，こうした質が有効性をもつことはなくなっていった。結果的に，法治国家は単なる法律国家へと歪曲されてしまったのである。こういったこともあって，カール・シュミットは次のように主張した。「『法治国家』という語は，『法』という語それ自体と同じようにその意味が多様になるとともに，さらに『国家』という語から連想される機関と同じようにその意味が多様となり得る。法治国家には，封建的，身分制的，市民的，国民的，社会的な法治国家，さらには自然法的，理性法的，歴史法的な法治国家といったものがある」。それゆえ，1933年以降「国家社会主義的法治国家」が語られた時も，そこにはさしたる驚きもなかった。このようなことからすれば，法治国家の基本要件を再確認することの必要性は明白である。その再確認とは，法治国家原理を実質面から位置づけることである。

2．過度の酷使——一定の制度と装置を通じた法治国家原理の特徴づけ

先ほどの法治国家の定義は，形式的な基準以上のものとなっている。この定義は，実質面での強化が図られ，価値決定へと方向付けられたものとなっている。

しかし，このような定義では，法治国家原理に過重負担を強いることになり，その結果これを「不鮮明」なものにしてしまうことになりかねない。たとえば，民主制原理や社会国家原理は，日常的な政治的要請を憲法的に「正統化する」ほぼすべての場合に担ぎ出されてしまうことを余儀なくされているが，これと同様，法治国家も，法違反のたびにその違憲性が引き合いに出されるといった危険をはらんでいる。このような概念使用における過度の酷使を認識することは，実質的に方向付けられた法治国家原理をそのような酷使からまもることに他ならない。説明すると，ここで問題となっているのは，ある時ある方法で実現されたまたは実現され得る法治国家原理なのではなく，構成原理として基本法上に形（Gestalt）と内容（Inhalt）を授かったこの法治国家原理である。このことが意味しているのは，法治国家原理が謳われているこの章の他の構成原則と関連づける必要がある一方で，他方では法治国家原理に独自の刻印づけを行うことが必要だということである。このようにして法治国家はその輪郭を獲得し，この輪郭があることで，あらゆる国家措置に対しても用いられる日々の小銭に法治国家が化してしまうといったことが避けられるのである。ここで明らかなのは，ここには一定の制度と装置が存在しており，この制度と装置が基本法における法治国家原理を形作っているということである。この制度と装置は，構造的，制度的および手続的性格のもの，すなわち形式的および実質的性格のものである。K. ヘッセは，彼が「形式と具体的内容とを関連づけることで，ようやく基本法における法治国家的秩序の性格は認識できるものとなる」ということを確認している点で，全面的に賛同され得る。このような意味において，法治国家原理の本質要素に関する争いは，あまり見あたらない。見解の相違が生ずるそのほとんどは，法治国家原理を細部にわたって拡充させる際の問題に関してである。ただ，この問題に関しても，連邦憲法裁判所の判例，すなわち，まさに法治国家原理の意味内容を突き止める上でとりわけ多くをもたらす連邦憲法裁判所の判例は，十二分な明確性を生み出していた。それゆえ，ヘッセの「この基本法の意味における法治国家原則（基本法28条1項1文）の内容と意味に関する問題は，いまだ『確実な解答』を見つけられないでいる」との疑念は，私には不当であるように思われる。これは，連邦憲法裁判所が実際には端的かつ完結した解答を提出したことはこれまでなく，常に事案に関連する範囲のみでの論証に留まっていたということを念頭においたとしても，同じである。法治国家概念の射程範囲を考えれば，おそらく，そのような

全体的解釈をすることなど，まったくもって不可能なのである。

3．a）　法治国家原理の構成要素に備わる区分の境界の不明確性

　H・F．ツァッハーは，法治国家原理の構成要素を範疇別に分類し，実質的なもの，制度的なもの，手続的なものへと分けた。これは，今日では法治国家原理として一括りにされている諸要素を，一定の標識に応じてまとめようとする試みである。現在では，これに従った説明が好んでなされることはないようである。なぜなら，区分の境界が不明確であるばかりか，相当数の重複も見られるからである。この区分の特徴はまさに個別列挙の思想にあるといえるが，個別列挙では時として同属のものを区別する羽目になるし，そうでなくとも回避できない重複があり得ることは，いうまでもない。こうした区分のやり方には，同時に，ライプホルツ＝リンクの行った区分に対する拒絶も含まれている。彼らの区分とは，一般的になされている説明に従い，立法領域，行政領域，裁判領域に関する「帰結」ごとに，そして，法律の遡及効や裁判の法律と法への拘束に関する「帰結」ごとに，法治国家原理を細分化するものであった。しかしながら，法治国家性の類型化が常々そうであるように，それぞれの国家の憲法においてはじめて，法治国家性はその輪郭を獲得する。つまり，憲法が法治国家を形成し刻印づけるのである。歴史的には，法治国家思想と立憲国家思想とは共通の原点を有しているのである。

b）　法治国家原理の諸要素：立憲国家性，人間の尊厳，自由性および法的平等，権力分立および権力統制，法拘束性，裁判的保護，補償制度，過剰侵害禁止

　法治国家原理は，以下に示される諸要素において明らかになる。この詳細は後掲Ⅳにて説明する。

- 法の根本秩序かつ国家の最高法規としての憲法の存在－立憲国家性－
- とくに人間の尊厳，人格的および政治的自由，法的平等についての基本権による保障を通じた，市民と国家との関係の法整備－人間の尊厳，自由性，法的平等－
- 国家権力（作用）の分割と相互の抑止－作用配分と権力統制としての権力分立－

- あらゆる国家活動を根拠づけ制限するものとしての法。具体的には，立法にとっては憲法，行政と司法にとっては法律－法拘束性－
- 立法をも含めたすべての国家権力の措置に対する，独立した裁判所による，法律上整備された手続に則った，包括的かつ実効的な法的保護の保障－裁判的保護－
- 国家機関の責任負担および国家行為に瑕疵ある場合には，損害や権利侵害に関する国家による賠償と市民への補償の制度－国家補償制度－
- 国家による制約の適合性，必要性，比例性－過剰侵害禁止－

4．a） 自由主義的および社会的法治国家の統合ないし形成的および実質的法治国家の統合

　基本法の支配の下にある法治国家思想は，法治国家を二重の観点で新たに規定しようと努めるものであると強調されてきた。すなわち，一方では，自由主義的法治国家に代わり社会的法治国家への方向性を打ち出し，また他方では，形式的法治国家に代わり実質的法治国家への方向性を打ち出しているというのである。これはたしかに的を射たものであり，1949年以降の法治国家原理に関する文献においても証明され得ることである。これは基本法条文にも適っている。しかし，このように強調したところで，法治国家の意義やとりわけ基本法における法治国家の理念は，完全には明らかにされていない。

　消極的に解釈すれば，基本法上の法治国家の基本理念とは権力国家の拒絶であるといえる。積極的に解釈すれば，この基本理念が予定していることは，人間がその存在を形にするために行う個人的自己決定を保障するという目的が法に備わり，その法がもたらす諸制度と諸原理に従って政治作用統一体たる「国家」を憲法化させること，ということになる。このように認識した場合，自由主義的法治国家と社会的法治国家という命題対立ならびに形式的法治国家と実質的法治国家という命題対立は，その大部分が解消されている。このいずれの場面においても，対立の統合が重要なのである。どちらか一方の観点に限定してしまうことは，どのようにこれを行ったとしても，基本法の法治国家原理の中心的意味を見誤ることになるであろう。このような対抗的見解の持ち主は，基本法の法治国家原理の全体像を無用に分離し，制憲者の解釈を無用に歪曲している。しかも，この解釈の歪曲は，彼ら自身が一面的な考察のみに基づいて基本法に持ち込んでいるもの

b）E．フォルストホフにおける法治国家原理と社会国家原理の間の二律背反—基本法における自由主義的法治国家と社会的法治国家を刻印づける旨の宣言

しかし，フォルストホフのように，殊更に法治国家原理と社会国家原理との間に「二律背反」を見て取る解釈にも，従うことはできない。このアプローチに従った第一人者はF．クラインであると思われるが，彼は，「法治国家に関する精神的理解とその法規範的形成の中に4つの重大な二律背反」が見出されると考えていた。

ここで説明してきたことからすれば，二律背反など存在しない。

基本法は，法治国家を自由主義的法治国家である同時に，社会的法治国家としても刻印づけようとするものである。両方の構成要素が基本法において実現されなければならないのである。法治国家原理の根源は深淵なるところに存在する。その根源は自然法論の時代にまで遡るのである。そして，この自然法論が，スコラ哲学の呪縛を取り払うとともに，その最も重要な原理を，現世の世俗的な法の構成部分へと仕立て上げた。とりわけ自然法論は，個人主義的な自律要求や個人の尊厳の保障，個人の自由の保障，（主観的および客観的）権利・法を通じた個人の発展空間の保障といったものと密接な関係を有している（Bd.Ⅲ §2参照）。18世紀初頭以降の国家における近代憲法の成立は，結果的に自然法論に対して非常に大きな衝撃を与えた。こうして，法，基本権，憲法のそれぞれの理念は発展的融合を遂げ，法治国家を生み出すに至った。これらの理念は，同類の価値と目的を保障し，理念の相補性によりつつ，相互に影響を与え合う。法治国家の発展には，数多くの法的，政治的，精神的，経済的，社会的潮流が寄与していたが，同様に，法的，政治的，精神的，経済的，社会的な諸要因は，まさに法治国家が存在する前提ともなっていた。こんにち社会的法治国家の概念の中にこれらが包摂されているのは，国法学の発見であり業績である。つまり，基本法は，この概念により構成された国家と社会の構造に対して「具体的な歴史像」を与えたのである。この具体的な歴史像とは，O．ベールが当初未来像として描くことができると考えていたものであり，それは，「国家概念は，それが完成型に達したとき，法治国家以外の何者でもなくなっている」，とするものである。H．F．ツァッ

ハーはこのような意味において基本法を論じ，基本法は「完全化された法治国家」を生み出した，とした。これは，基本法に対して，新たな次元を開拓し，恒久的な正統性をもたらすものであった。「社会的法治国家は，事実に即せば，その正統性を通じて政治的統一を根拠づけかつ安定させるものである。すなわち，不法の時代や政治権力が未形成の時代を経た後の国家秩序が，政治権力を法的に拘束し，権利を保護し，人権と基本的な法原則を承認し，社会国家的諸課題を実現するといった形で規定されている場合には，この秩序は，社会的法治国家における正統化作用を果たしている。あらゆる緊張関係を越えて国家を最終的にまとめ上げる基本的なコンセンサスというものは，本質的には，こうした国家基盤に関して，自由な同意に依拠しつつ見解の一致に至るということの中に生ずるものであり，このコンセンサスが政治的統一をつくり出しているのである。」このような意味においては，社会国家の自由で民主的な基本秩序は，国家共同体という形態の終着点である。このような基本構造を維持することは，全国家機関の継続的課題であり，しかもすべての個人の継続的課題でもある。かつて法治国家の価値が分からなかった者も，現在はその真の意味を知っている。我らの法治国家の危機を前にしては，ドイツ連邦共和国もやはり不死身ではない。法治国家の妥協なき擁護を明確にし，これを遵守することは，永遠の課題なのである。

c）法治国家の民主主義との結びつき

基本法が施行され最初の10年の間に，法治国家が形式的法治国家から実質的法治国家へと変遷し，社会国家と結びついたというのであれば，その後は，民主制との関連づけが行われることとなり，ここでは諸問題が投げかけられるに至った。この点につき疑いの余地がないのは，我が国の憲法が，法治国家は民主制的なものであり，民主制は法治国家的なものであると予定していたことである（Ｖ３）。この双方の国家構成原理は，法律による権威づけとともに，実現されてはいる。しかし，この法律が，危機に陥ってしまっている。つまり，法律の問題解決能力や法律の正統化力についての市民の信頼が揺らいでしまっているのである。このような状況が法治国家に影響を与えないわけがない。すなわち，「専門的又は政治的に能力が低いにもかかわらず過度に能動的な立法者や無規律な立法者の手に法治国家が渡ってしまった場合，法治国家は自己不全を誘発することになるのである」。スイス人のＫ．アイヒェンベルガーによるこのような診断には，

1981年国法学者大会のオーストリア人とドイツ人の報告者並びに討論発言者も同調していた。このことは，多かれ少なかれ，すべての自由主義的民主制に当てはまる。過剰な法制定，実験的法律，安易な立法サービスといったものが，この原因であると考えられよう。これらは除去されなければならない。ただ，法治国家の実現のためには，法律を欠かすこともできない。法制定のいかなる場面においても，法律が法治国家の土台をなすものであることが理解され，ここに自覚が及ぼされている限りで，法律はまさにその権威と正統化力を，社会秩序の指導要因として取り戻すのである。法律が衰退するときは常に，法治国家も衰退するのである。

IV．法治国家原理の構成要素

ところで，III 3 bで言及した法治国家原理の基本要素は，その各々をいかに実現すべきであるかに従って，基本法上表現されることが肝要である。

1．立憲国家性

a）　国家の法的基本秩序としての憲法典

18世紀末期ならびに19世紀初頭，憲法［制定］の要望は，権力国家に反対する者の基本的諸要求の1つであった。ここでは，君主の権力ではなく，法的に秩序づけられた国家の権力により支配がなされるべきであるとされた。このような意味での「立憲国家とは，その政治的存在（Dasein）および政治的事実（Sosein）が，次のような法秩序の中，すなわち，国家を規定する基本理念の数々に従って国家全体の統一および活動能力を確保し，かつ，国家権力の諸作用を相互に限界づけ，国民に国家意思形成への配分参加権を認めるような法秩序の中で生ずる国家のことをいう」。こうした諸要求を実現してくれるのは，なかんずく成文化された憲法である，と考えられていた。「基本法の制定，つまり憲法典の制定こそが……『法治国家』への第一歩であり本質的な歩みであるとみなされた」。というのも，「［法治国家という］国家概念は，（この）共同体における政府当局の地位に対して単なる道徳的影響を及ぼすというだけでなく，法的影響をも及ぼす（ことを余儀なくさせる）」からである。このような憲法典は，以前の諸国家に存在した諸々の憲法とは異なる意義を有していた。これは，まさしく国家の法的基本

秩序なのである。この法的基本秩序の発展の経緯は，前掲§3においてすでに説明した。憲法は，国家構造，政府機関，国家における個人の原則的位置づけを規定することで，国家の本質的特徴を示すものとなる。実際，法規範体系における憲法の地位の問題には，特段の意義が備わることとなったのである。

b）憲法の最高位性

　法治国家ならびに基本権思想と結びついた近代の立憲国家は，とりわけ憲法の最高位性，すなわち全国家権力の［憲法への］拘束という形で表される。基本法20条3項では，これに合わせて，あらゆる他の国家的意思表示に対する憲法の優位が規定された。基本権に関しては，憲法の優位は基本法1条3項において改めて明文にて強調されている。これらの規定ゆえ，いかなる法律も憲法に違反してはならないのである。こうして，ライヒ裁判所の段階ではなお前提とされていた立法者の全能性は，完全に否定された。立法者は，「目的」だけで思考を進めることは許されず，「目的への道のりにおけるいかなる歩みも，憲法ならびに放棄し得ない憲法的要請の前で正当化されねばならないことを，忘れてはいけないのである」。ここから，立法とは単なる憲法の執行である，と帰結されるわけではない。立法は憲法に違反してはならない，というだけのことである。これを監視するのは憲法裁判権の任務であり，だからこそ憲法裁判権は法治国家の要石となったのである。

2．自由性および法的平等

a）法治国家と自由権の結びつき

　法治国家の理念は，当初より，人権および基本権の要求，とりわけ諸々の自由権の要求と密接に結びついたものであった。それゆえ，憲法は常に自由主義的ならざるを得なかった。国家と市民との関係は自由主義的に秩序づけられることとなった。ここでとくに重視されたのは人格的自由であったが，民主制原理からの非常に強い要求もあって，政治的自由についても同様に重視された。こうした自由権を要求するという法治国家原理の一側面は，とりわけ基本権により満足させられるものである。基本権は，たとえ1871年ドイツ帝国憲法のように憲法上の明文規定が存在しなくとも，「市民的法治国家を採用したすべての憲法が有する実体法的内容」といえるものである。諸々の基本権保障，「不可侵かつ不可譲の

人権」(基本法1条2項)は,当初より,法治国家原理の基本的諸要素に数えられるものなのである。法治国家は自由を保障するにあたり,憲法的地位を有する基本権において数々の自由領域を――一般的な自由領域は基本法2条1項において,具体的な自由領域はそれに後続する大部分の基本権において――つくり出し,この自由領域を,基本権享有主体が享受するものとし,かつ,国家がこれに介入することは原則できないものとした(詳細は Bd. Ⅲ)。

　しかしながら,法治国家における自由は,決して絶対的なものではなかった。この自由は,市民の自由であって,「孤立した主権者個人」の自由ではなかったのである。ここからわかることは,個人の共同体拘束性を根拠に,数々の[自由の]限界が存在するということである。こうした自由は,個人の自己決定のためだけに与えられているものではない。同時に,これは「自由な政治的秩序の本質的要素」でもある。法治国家が保障しているのは,「自由な全体秩序を通じた自由なのであり,ここでいう自由な全体秩序は,国家作用の領域を内容形成したり,可能な限り権力濫用を阻止するよう相互に権限分配したりし,これを拘束するものである一方,他方では個人の自由な地位が法的に保障され,内容形成され,保護されることで支えられているものでもある」。こういった理由で,基本権は法治国家原理の構成要素といえるのである。

b）　法治国家と法的平等の結びつき

　人間の自由および尊厳を法治国家の基本価値と承認することは,「自由および尊厳はいかなる人間においても等しく尊重されねばならない」との主張を,矛盾なく含意するものである。その限りで,法的平等が法治国家原理に入れられることに異論はない。法的平等の総則規定たる基本法3条1項が基本権であるというのは,なかんずくG. デューリッヒが強調しているとおりである。しかし,恣意の禁止という意味でいえば,法的平等は,単に基本権的にのみ保障されているわけではない。「客観的な正義原理の要素として,それゆえ法治国家原則の要素として,一般的平等原則は,あらゆる領域において,そして,あらゆる人間共同体に対して,妥当するのである」。

c） 価値設定的性質をもった人間生活秩序の積極的形成形式

　自由性と法的平等は，旧来の（「古典的な」）法治国家の地層と結びつく。この古典的な法治国家の地層は，法治国家の「自由主義的」構成要素の数々を形作るものであり，そして，個人の諸領域を保護し，この諸領域に対して国家介入からの防御のための主観的公権を与えることを，この構成要素は内容としている。こういった関係の下では，法治国家性は基本権の根源的内容をともなうものであるといえる。基本権の根源的内容とは，すなわち個人の自由な法的地位の保障のことであり，国家はこの法的地位に介入してはならないのである。もちろん，こうした基本権の消極的機能と並んで「積極的な」性質をもつ諸要素があることも，少なくとも兆候としては明らかとなっていた。自由の諸領域は，個人による能動的な形成および協力を許すべきものであろう。自由の諸領域は，国家共同体秩序への政治的社会的な配分参加（Teilhabe）および参加（Teilnahme）を可能とすべきものであろう。いずれにせよ，ヴァイマル憲法では，このような基本権の新たな意味内容の地層が強固にされた。基本権の規定は，単なる防御権の性質を越えて導出されたものである。これらの規定は，国家の積極的作為を保障するものであり，かつ，その請求権を根拠づけるものとして理解されるが，もちろんすべての基本権規範が完全なる規範的完徹力を有しているわけではない。全体的にみて，基本権の意味内容と機能が拡張したということである。こうした拡張の範囲と方向について，この場で詳細に語ることはしない（Bd. Ⅲ参照）。ここでは，とくに国家の作為を内在させている能動的形成的な要素と社会的な要素が問題となっていた。基本権は，自由性と法的平等の保障規範という性質を越え，積極的形成形式となったのである。

d） 基本権による実質的な刻印づけ

　こうなったことで，基本権はとりわけ，基本法の法治国家性を実質的に刻印づける要因となった。基本権は基本法の法治国家性を内容的・価値的に方向づけている。基本権は，R．スメントがいうところの「価値および文化のシステム」をつくり出すものである。連邦憲法裁判所も，類似の言い回しでこれに言及している。基本法1条3項を通じて，立法も基本権に拘束されている。こうした規定には，ヴァイマル憲法下での純粋な合法性思想からの離脱が見てとられるのであって，こんにちでは，H．クリューガーとの議論を経て，「法律は基本権の枠内で

のみ許容される」に過ぎず,「法律の枠内で基本権が存在する」わけではない,と考えられている。立法は,「しっかりと取り囲まれた限界内で形成すること」でしかない。たとえ基本権が立法者による制限を可能とする数々の留保を含んでいるとしても,基本法19条2項は立法者の抵触し得ない本質内容を保障している。こうすることで,最終的に簒奪することのできない諸個人の個人的自己決定の優位が担保されているのである。

3. 権力分立
a) 権力の分立および権力の抑制と統制

権力分立原理は,国家学の基本的テーマとして言及されるが,同様に国法学の基本的テーマとしても言及される。権力分立原理については,Bd.2,§36で詳細に扱っている。こことの関わりでは,権力分立原理が法治国家原理に根ざしたものであることを明らかにすることのみが,重要である。国家哲学上,権力分立原理は,法治国家それ自体に劣らず,時間超越的な現象である。しかしながら,権力分立原理は,特定の基本思想が何度も繰り返されてはいるが,各国の憲法において独自の現れ方をしてきた。権力分立原理が自由で民主的な法治国家という形態と密接な関連を有するというのも,その1つと数えることができる。

「権力分立」という表現は,根本的には,この原理の意味するところを著しく簡素化している。ここで問題とされているのは,権力の分立,正確にいうなら,国家作用の分立だけではない。もっと正確にいうなら,国家の主たる作用である立法,執行,裁判の分立,ならびに,これら作用の別々の機関への配分だけではない(基本法20条2項2文)。さらに,これら権力相互の抑制と統制もまた,ここでは問題とされているのである。「ドイツ連邦共和国の憲法構造に合致するのは,権力の絶対的分離ではなく,権力相互の統制と適正化である」。国家権力を抑制し自由を確保するためには,このような権力は分立されていることが必要である。基本権保障が法治国家原理それ自体の実体的要素であったとすれば,権力分立原則は法治国家原理の最も重要な組織的(形式的)要因である。有名な1789年の人および市民の権利宣言16条は,このことを,基本権が確保されず権力の分立が規定されない国家は憲法をもつものではない,と表現している。要するに,こうした国家は,立憲国家でも法治国家でもないのである。こうして,権力分立も同様に,法治国家原理の擁護者による根本的な要求物となった。憲法たるもの基本

権と権力分立を保障するものでなければならない，というのは最重要のモットーであった。19世紀の初頭の法治国家もこのモットーの下で存在していた。権力分立の学説は非常に古い伝統にまで遡ることができるものであったが，にもかかわらず，権力分立がヨーロッパ大陸における幅広い実現を見たのは，ロックやモンテスキュー，カント等の支配的影響の下で生じた18世紀から19世紀の大変革において法治国家原理が旗じるしとして掲げられるようになってからであった（Bd.Ⅱ§36Ⅰ4b）。伝統的には，権力分立は，特定の機関への特定の作用の配分という意味で理解されるものであった。間違いないのは，三位一体という神的観念ではなく歴史的に推論される経験に従うならば，法制定，執行（統治および行政），裁判という3つの権力が分離されたということである。もちろん，ここには，分類が困難とされる若干の活動はあった。ただ，立法府，行政府，司法府というのは，時および状況に左右されない国家活動の基本類型として出現したのであって，国家の組織機構はこの類型に従って構築されていたのである。

b） 国家構造の分割と責任範囲に従ったその整序—他の要因の意義—憲法の基本的統治原理としての権力分立

法治国家原理は，自由な秩序を創出するにあたり，主観的権利の保障と単純な権力分立によることのみを予定しているわけではない。法治国家原理は，まさに国家の作用と権限について，制度的な堅固さと形成上の合理性，つまり法的な安定性を備えていることを予定しているのである。国家の構造は，分割され，透明性を備え，責任範囲に従って整序されているべきであり，しかも，それは任意の方法でなされてよいのではなく，「諸々の国家課題の処理や諸々の決定が，当該課題に関してその内部構造や配置，活動形態，遵守されるべき決定プロセス等に基づいて決定の効率性の観点から正統化されかつ整備された諸機関によって，行われる」ことまでもが求められる。組織には「作用明確性」と「作用適合性」が備わっているべきである。「国家機関の活動は，諸々の――常に限定されている――権限を割り当てられることによって，また明確で拘束力をもつ確固たる手続準則によって，『形式を与えられる』のである」。この背景には，「決定中枢における多元主義」という理念，つまり，いわば組織的に作用する多元主義という理念が認められるかもしれない。とはいえ，現代の政党国家にみられる諸権力の浸食と混合は，こうした多元主義とは矛盾する。もし，モンテスキューの頃はまだ，

国王，貴族，等族といった現実の政治的諸勢力が「諸権力」の後ろ盾となっていたというのであれば，こんにち，こうした考え方は，議会および政府の後ろ盾をしている諸政党の重要性に鑑み，諸権力をこのように解する点で疑問であり，そして，新しい権力分立の要因についての問いを投げかける。諸決定の創出は，かなりの程度で国家の諸作用から党内委員会へと場を移してきている。しかも，これに加え，専門的必要性という点からなされる計画および「技術的実現」も，政治を補ってきた。透明性の欠如は明らかである。それだけにいっそう重要となるのは，権力分立の他の要因である。すなわち，政府および政府を支持する（諸）会派と反対派との対立（§23），世論の影響力，多党制，憲法裁判所による統制，職業官吏の存在といったものである。これらは新たな権力制限および権力統制の1つのあり方である。これらは，権力分立に取って代わることはなかったが，権力分立を補完するものではあった（Bd. II §36 V）。

とはいえ，憲法規範的には，作用と機関との分離は変わることなく存在しており，この分離により国家的作用統一体の「形式性，理解可能性，概観性，明確性」といったものが達成されているのであって，この分離により正当性，明確性，確実性，責任性，正統性が保証されることとなる。ある特定の機関が法を生み出し，他の機関は法を執行し，さらに別の機関が紛争の際に司法判断を下すべきものとされているのである。

「権力分立原則は，国家権力の構成原理，合理化原理，安定化原理，限定原理であり，憲法の基本的統治原理なのである」。

c） 各国家作用の核心領域が有する不可侵性

基本法は，諸作用の分離および抑制のシステムをいくつかの個所で明記し，さまざまな方法で実現させている。古典的な三権力による区分が明文上見られるのは以下の個所である。
- 基本法20条2項2文
- 基本法20条3項
- 基本法1条3項
- 7章，8章，9章の表題において

三権分立は，赤い糸のように，黙示的に基本法全体に貫かれているものである。しかし，この分立は厳格に貫徹されているわけではない。むしろ，権力分立原則

は，他の諸原理と結びつけられ，組み合わされて存在する（Bd.Ⅱ§36 Ⅳ 3 b）。国家の活動を3つの主たる作用へと集約させることに，決定的な意味があるわけではない。とくに「執行権」概念は，多種多様の断片化した諸作用を包含することが可能である（Bd.Ⅱ §36 Ⅳ 4 a α）。また，主たる作用それ自体の枠内にとどまるものであっても，判例法（§37 Ⅱ 2 e）や議会留保（§37 Ⅰ 4 b），行政規則（§38 Ⅰ 5）といった諸問題は，常に権力分立原理の領域へも帰着するものである。諸作用の分割はさまざまな場面で打ち破られているが排除されてはいない，ということは，権力分立学説の共有財産として承認されている。しかし，憲法上は，実質的な作用のそれぞれに備わる核心領域つまり根幹的作用は，それぞれ1つの形式的権力にのみ配分されている。この核心領域は，侵されておらず，また，侵されてはならない。すなわち，いかなる打破に対しても保護されているのである。こうすることで，ある作用が他の作用によって量的および質的に簒奪されることが防止されているのである。

α）実質，組織，人事における作用の分立

実質的には，作用の分立とは，法制定，執行，裁判といった諸々の実質的国家作用が，その活動を遂行するために特別に設けられたそれぞれの機関，つまり形式的権力に対して配分されていることをいい，そのため，理想的状況では，実質的作用と形式的作用との間でおおよその一致がみられる。この場合，法制定は議会の務め，執行は行政の務め，裁判は裁判所の務めということになる。

組織面では，作用の分立とは，それぞれの機関あるいはそれぞれの機関集合体が原則としてその作用を独立して行使することをいい，それゆえ，他のいかなる機関もこの作用の核心領域を越えてこれをもつことは許されない。

人事面では，作用の分立は，ある権力の機関の長が原則として他の機関に属してはならない――いわゆる兼職禁止，において明らかとなる。

β）人事および機能の観点における抑制と均衡のシステムとしての作用の分立

作用の抑止は，抑制と均衡のシステムを通じて達成される。詳述すれば，

- 人事面では，ある国家作用の機関を別のある権力が指名することを通じて作用の抑止がなされ，
- 機能面では，分割された作用に関するある権力の別の権力に対する影響力行使および統制の諸権限，たとえば，行政の活動に対する裁判所の権限（基本法19条4項）や，政府が外国と締結する条約に対する議会の権限（基本法59条2項），

議会による諸々の支出増額に対する政府の権限（基本法113条）を通じて，作用の抑止が行われることもあれば，他方で，1つの国家行為を産み出すための作用重複的な協力権を複数の諸機関が有することを通じて，作用の抑止が行われることもあり，法制定の際の連邦参議院（基本法77条，78条）（§19 Ⅲ 8 f）または連邦大統領（基本法82条1項）の関与は，この一例である。

γ）　垂直的観点における作用の分立

権力分立システムは，連邦制的国家構造をとることにより垂直方向で補完され，かつ強化される（§19 Ⅱ 2，Ⅲ 3ならびに自治制度の創設（§12 Ⅰ 7 a））。

4．法拘束性

法治国家性が意味するものは，法は全国家作用の基本的条件であるということである。こうした定式化は，法治国家の生みの親たちが19世紀に行ったものである。彼らが求めていたのは，諸々の人間共同体の生活における法の優位であった。本来的に，このことは自明のこととして何らの説明も必要とされなかった。しかし，20世紀では，法は国家の基本的前提としてのみならず，個人および共同体の活動の基本的前提として妥当すべきことが，強く求められる必要がある。こうすることで，諸要求を自己貫徹しようとする権力ならびにそれに類似する諸形態は排除される。こういったものは，法の対極にあるもの，つまり不法なのである。法が法治国家性の基本的条件であるとするならば，その場合，後者は同時に正義および法的安定性に不可分の結びつきを有している。というのも，この両者は法理念の基底的構成要素だからである。「法はまさしく正義に源を有するがゆえに，法以前にまず正義が存在する」。両者の法的諸価値の説明がどれほど難しく，時として両者を調和的に解することさえ困難となり得るとしても，これらが法治国家性の構成要素であることは明白である。国家活動に対する法的拘束を明確化することが問題となる場合にはとりわけ，この両者は法治国家原理を解釈するにあたっての基本的な出発点となる。こうした前提に関して見解は一致している。

全国家活動に向けられる法拘束性につき，U．ショイナーは次のように特徴づけた。すなわち，「この要請は単なる合法性をはるかに越えたところにまで及ぶ。この要請の本来の目的は，恣意に対する闘争であり，かつ，不平等で党派的で際限のない政治的支配力行使のうちに存する不法に対しての闘争である。それゆえ，

こうした法的拘束の意義は，単に執行権の制限だけに及ぶのではなく，正義と平等の精神により内容的に支えられつつ市民個人の生活領域の安定性と永続性を画定する立法に対しても及ぶのである」。同様にK．ヘッセも，法治国家は「個人の生存や公共団体内での共存にとって欠かすことのできない法的全体秩序を創出し，形成し，保障している」と述べる。連邦憲法裁判所は，法治国家原理の目的を「実質的正義の獲得および維持」に見てとるマウンツ=デューリッヒにならい，法治国家原理の目的をその諸々の実質的構成要素の中に見てとったが，しかし同時に，この目的が法的安定性との矛盾に陥り得ることをも認めている。現在の国家では，とりわけ法治国家性の価値構成要素の数々を具体化する法律がそのようになり得る。それとともに，法治国家的憲法との独特の結びつきが注目されることとなるのである。

a）　法の優位—正義および法的安定性の法治国家性との不可分の結びつき—基本法20条3項における法律および法の定式

基本法それ自体は，このようなつながりを「法律および法」という定式でもって基本法20条3項に表現した。このような定式がもつ問題性は明白である。この定式では，何が法律であり何が法なのかということに関する究極の根拠へと行き着いてしまうからである。

たしかに，この定式を，不文法や慣習法も存在する可能性があることにだけ帰せしめることは，あまりに単純すぎる。「『法律』には実定性はあるが価値内容がなく，『法』には価値内容はあるが実定性はない」とするマンゴルト=クラインの解釈にも，従うことはできない。このような解釈は基本法の基本的決定に完全に逆らうものである（前掲ⅡおよびⅢ2）。基本法97条1項とは異なる定式化がなされていることにも意味は存在しない。基本法20条3項は法治国家原理に関するものであり，基本法97条1項は，通常，司法においては裁判官が「自由権や自然権，あるいは主観において法とみなすものを援用することは禁じられる，ということにつき規定するためのものである（§1Ⅴ3，2Ⅱ2b；Bd. Ⅱ§§33 Ⅳ2, 37 Ⅱ2e, 44 Ⅰ4b）。

α）　法律と法の間に溝が存在することは観念上不可能ではない

議会評議会の総会や運営委員会による助言の数々は，「法律および法」の規定により予定されていたものが何であるかを教えてくれるものではないが，だから

といって，これらが単に偶然用いられた同義語にすぎないと理解されることは許されまい。H・フォン・マンゴルトがいまだ基本法の生成について義務を負っていた者であることはたしかであるが，彼は「法律と法との永遠の緊張関係は完全なる矛盾に至るまで高まり得る」と指摘する。法律と法との対立が明白となった「第三帝国」での不法の支配は，まだ目の前から去ることなく存在していたのである。基本法は，実際，その1条2項が「不可譲かつ不可侵の人権」と定式化することで，「法律に対する法の優先の思想」（ヤルライス）が基本法に馴染まないものではないことを明らかにしている。「法律および法」の規定によって，基本法は，法律は法治国家性を保障しさえすればよいといったタイプの法治国家に対する拒絶姿勢を書き表しているのである。このことは，制定法（lex）が法（ius）それ自体ではないこと，つまり，制定法を法と矛盾するものとみなすことは排除されていないということを，想起させる。加えて，基本法は，法律が自動的に法と同一視されることのないより高次の法治国家へと移行したことを示している。その際，こうした法治国家においては，両者のあいだに越えられない溝が存在するということが，少なくとも「観念上不可能」というわけではない。連邦憲法裁判所が借用した以下のラートブルフの定式は，このような例外事例を示すのに適したものであろう。「正義と法的安定性との対立は，以下のようにして解消されることがあってもよいであろう。すなわち，実定的な法であり，かつ命令と権力によって確保された法は，たとえそれが内容的に公正でなく目的適合的でないとしても優越的地位を有するが，ただし，実定法と正義との矛盾が受忍し得ない程度に達するが故に，法律が『不当な法』であるとして正義に道を譲らねばならない場合には，この限りではない」。このようなアプローチを，連邦憲法裁判所はその後再び採り上げ，そして次のように説明した。「この定式［法律および法］は，法律と法はたしかに一般的には事実上一致するが，それは必然的なことでも恒常的なことでもないとの自覚を，抱かせ続けるものである」。こうした立場は堅持されるべきである。

　β）　実質的正義を表現するものとしての正式の法律

　このことは実際上，次のことを意味する。すなわち，正式の法律が「民主的多数派による決定」としての地位と評価を備えている場合には，通常これは実質的な正義を表現したものといえる。もっとも，民主的立法者となることが許されるのは法治国家的立法者だけである（Ⅴ 3；§18 Ⅱ 6 b）。さまざまな装置により

このことは実現される。基本法上の立法者が，授権的性質を有する形式的かつ実質的な憲法規範によって何重にも拘束され統制されている場合には，彼らであっても越えることのできない法の拘束という限界を踏み越える可能性は実にわずかであり，それゆえ，この可能性は「実際上ほぼ不可能であるに等しい」のである。

　γ）　合法性は正統性を示現させる

　基本的には，このことによって，正義と法的安定性との矛盾を解消するための道のりまでもが示されてしまう。すなわち，「この矛盾に関して法的安定性の側に立つか，実質的正義の側に立つかを決めるのは，第一義的には立法者の問題である。これが恣意なく行われるのであれば，この立法者の決定は，諸々の憲法上の理由から非難されることはない」。こうしたことは連邦憲法裁判所の確立した判例となっており，学説もこれに追従している。法律制定に関して有する立憲国家的な数々の留保により，こうした恣意が基本法の下で十分に排除されることが保障されているのである。合法性は正統性を示現させるものなのである。

　δ）　慣習法と判例法

　しかし，「法律および法」という定式は，さらに別の問題領域への注意を喚起する。それは，すなわち，制定法と並んで不文法も存在しているのかという問題である。こんにちではもはやごく稀にしか重要な意味をもたない慣習法（これに関しては§4Ⅰ6a；Bd.Ⅱ§37Ⅱ2b）に限っていえば，慣習法が拘束力を及ぼすということに争いはない。大法典の施行法にみられる，この法典にいう法律とはあらゆる法規範のことである，というおなじみの定式は，この証左を示すものである。

　問題点は，こんにち，いわゆる判例法に存在する。すでに上記（§1Ⅴ3と§2Ⅱ2b）において指摘したように，判例による法の継続形成に関して争われたことは，原則として皆無である。争われていたのは，常に，範囲と限界についてであった。このことを確認することで，「法律および法」という定式に変更を加えようというのではない。むしろこれを強化しようとしているのである。裁判官は，彼の正義観に従って法律を修正したり，もちろん，彼の（社会的）政治的価値判断に従って法律を継続形成したりすることなど，権限として与えられてはいない。裁判官にとっての権威は唯一法律だけであり，すでに1850年プロイセン憲法が定式化したとおりである。裁判官は裁判君主ではない。基本法は法治国家をつくり出したのであって，もちろん裁判官国家をつくり出したわけではない。

少なからぬ者が考えるようには，裁判官の判決がよりよき法律であったり，より正義に適った法律であったりすることなど，ないのである（§2 Ⅲ 2 b 参照）。およそ「政治的裁判官」ないしは「社会エンジニア」としての裁判官を要求する者は，基本法の法治国家原理ならびに民主主義原理と矛盾してしまっているというにとどまらず，加えて，こうした者は，国家社会主義や君主制を請け負った独立かつ法に忠実に判決を下さないおそれのある政治的裁判官が存在していたという過去から，学習をすべきであろう。第三の権力は，束縛から解き放たれた権力ではなく，法に拘束された作用である。それゆえ，いかなる法の継続形成も，法律ないし憲法内在的にのみ行われることが許される。法の継続形成の限界は，「すべての法領域，ならびに，ここから創出される法関係やこれにより支配される法関係に対して，同様に妥当する定式の下で理解され得るものではない」。これには，より詳細な分析が必要なのである（Bd. Ⅱ § 37 Ⅱ 2 e）。

b）　執行権に備わる厳格な法拘束性—法律の優位と法律の留保

　厳格な法拘束性に服するのは執行権である（基本法20条3項）。19世紀の法治国家原理は，とりわけ「執行府への規範の貫徹」を問題とするものであった。O.マイヤーは，法治国家の中に「よく整備された行政法」の国家を見てとった。「法律適合性の内にあるならば……法治国家は安泰であるように思われた」と，U.ショイナーは過去を振り返って特徴づけた。実際，絶対主義との闘争においては，立法に配分される権力を可能な限り広範囲に及ぶよう形作ることに眼目が置かれた。この争いを経て，自由および財産に対する介入はいかなる場合も法律に拘束されることとなった。こうした領域の輪郭が［法律によって］厳密に描かれない場合の他に，法律による明文の制限がない限りで執行権の支配が及ぶ領域があった。とりわけこれに該当するのが，特別権力関係（§11）と統治行為（Bd. Ⅱ § 39 Ⅱ）であった。執行権の法律拘束の射程に関して，O.マイヤーは法律の「優位」と法律の「留保」という概念を打ち出した。これらは，法律に「法命題を語る」能力を認めるという考え方を示すものであった。

　優位という語がここで意味していたのは，法律の形式で表明された国家意思は，法的にはいかなる他の国家意思表明にも優先する，ということであった。法律は制限的効力を有しており，法律それ自体を変更または廃止することができるのは法律のみである。こうした法律の優位には，同時に，ある種の留保的効果がとも

なう。というのも，法律の規定が及ぶ限りにおいて執行権が排除されているからである。このような優位は，憲法上の法律概念（§37 I 3 b）から明らかにされるものである。しかしながら，法律の留保の射程はさらなる広がりを有している。すなわち，基本権によって「大切に扱われている法的範囲」が問題となり，とくに執行権による自由および財産への諸介入が問題となる限りにおいて，法律は介入する上での「不可欠の条件」であった。法律上の根拠（授権）のない介入は許されなかったのである。それにもかかわらず介入が行われた場合，その介入は法違反とされた。こうした留保理解は，憲法システムや実質的法律概念の構成要素であると考えられた（Bd. II §37 I 3 b β）。

　法律と介入留保は，法治国家の基本的範疇へと格上げされた。立憲君主制国家，ならびに，こうした制度を本質的に変更せずに受け継いだヴァイマル共和国においては，これによって，真に重要な個人の自由と保護の領域が執行権から守られたのである。

　基本法の下でなされた法治国家原理の新たな方向づけにより，次のような問題が生じてきた。すなわち，法律の優位および法律の留保はなお伝統的な意味で維持されるべきであるのか，むしろ基本法20条3項による執行権の法的拘束は，新たな憲法構造においてその解釈を変更，とくに拡張する必要があるのではないか，ということである。こうした変更は，主として法律の留保に及んだ。法律の優位については，規範階層（§4 I 3 a）という意味でその時々の上位にある規範が下位の規範に対して自らを貫徹させる，といった具合に明確化されただけであった。これは，とくに，法律に対しても優位する憲法について当てはまった（§3 III 2 c，§4 I 3 a ならびに Bd. II §44 I 5，IV 5）。問題性を帯びていたのは，留保に関する学説である。留保学説は，当初は基本法の社会的法治国家の観点において，その後は（議会制）民主主義的要求の影響を受け，数々の大きな変遷を経験した。学説においては，すでに50年代に最初の解釈変更が生じ，それはとくに給付行政の立法化に関してであった。判例は，これに追従するにあたり躊躇するばかりであったが，しかし，その後は「本質性理論」と「議会留保」というキーワードを用いつつ，これを著しく発展させた。この発展の概念的な把握を試みるならば，次のようにいうことができる。すなわち，こんにち法律は，授権されたものであると同時に任務として課されものであり，社会的法治国家における行政活動の必要条件であると同時にこれを保障するものである。基本法20条3

項にいう執行権の法的拘束との関連では，これは以下のような意味となる。

a）　行政の消極的法律適合性

執行権（この詳細については，Bd.Ⅱ §§ 38 - 42）は，消極的側面として（negativ），法命題（とくに憲法，法律［Bd. Ⅱ § 37 Ⅰ］，法規命令［Bd. Ⅱ § 38］）に違背することがあってはならない。これを行政の消極的法律適合性という。これは，つい先ほど説明した意味での法律の優位のことである。なぜならば，法律は，憲法を別とすれば最高の国家意思表明だからである。「しかしながら，憲法により与えられた法律に内在する性質，すなわち，序列的に下位にある諸々の意思表明を，とくに行政行為や一般的処分といった諸々の国家意思表明を，法的に阻止ないし破棄するという性質は，もちろん法律と下位の意思表明とのあいだに矛盾がある場合だけにしか，表に出てくることはない」。このような拘束性の姿からは一連の具体的帰結を導き出すことが可能であり，それはとくに行政官庁の活動の指針となるものである。その意味では，法治国家原理は執行府の法に対して強力な影響を及ぼすものである。いうなれば，行政法とは，具体化された憲法なのである。それには，かつて（不文ではあるが承認されていた）一般行政法の構成部分に数えられていた，以下のような一般的および個別的法原則の遵守が含まれている。たとえば，

- 平等命令，恣意および偏見の禁止（現在では連邦行政手続法20条，21条）
- 明確性（現在では連邦行政手続法37条）
- とりわけに介入に際しての，公益と私的利害との衡量の命令。この衡量は，適合性，必要性，比例性に従って行われるのが通例である（詳細は 7.）。
- 措置に対する理由づけの義務（理由づけ可能な限度であること）
- 信頼保護
- 義務適合的な裁量行政
- 自己のもたらした事実と矛盾する主張の禁止 －「禁反言」則
- 適正な事実捜査の命令
- いわゆるカップリングの禁止
- 独占的地位濫用の禁止
- 目的違反の禁止
- 公法上の制約の迂回を目的とした，「私法への逃亡」という意味での形式濫用の禁止

β) 行政の積極的法律適合性——法律による授権に向けられた一定の要求：内容，対象，目的，範囲に関する十分な明確性と限定性

執行権は，積極的側面として（positive），自然人および法人らの権利自由の領域に対して諸々の介入を行うためには，法命題適合的な授権を必要とする。これを行政の積極的法律適合性（上で説明された意味での法律の留保）という。明文でこのことを基本法20条3項が規定しているわけではもちろんない。しかし，介入行政（Eingriffsverwaltung）に関するこうした法律の留保は，原則なのであって，誰もが認める法治国家原理の構成要素である。法律の留保は基本法20条3項の前提となるものである。なぜならば，そうでなければ，いかなる範囲で執行権が拘束されているのか，また，いかなる範囲で法律の優位の意義が損なわれるのか，といったことが未確定のままになると思われるからである。法律の留保は，いうなれば「国家法ドグマーティクの鉄の構成要素」に含まれるものであり，一部では，これは憲法慣習法であるとされている。

一般に，法律の留保は，基本権が諸々の介入に対して法律を要求しているのが通例であることからも，推論されるものである。連邦憲法裁判所の判例が法律の留保の妥当性を承認していることに，疑いの余地はない。連邦憲法裁判所判例集の第8巻において，裁判所は次のことをはじめて確認した。「この他に，法治国家原理が要求しているのは，国家による介入の可能性を開いている法領域を立法者自身が限界づけ，これを諸々の行政官庁の裁量に委ねないこと，である」。加えて，裁判所は次のような考え，すなわち，いかなる法律上の授権もそれだけで十分というわけではなく，一定の要求を満たすものでなければならないとの考えを，承認している。曰く，

> 「法治国家の諸原則が要求しているのは，諸々の不利益的行政行為を遂行するために執行権に対してなされる数々の授権についても授権法律によって内容，対象，目的，範囲に関して明確かつ限定され，その結果，諸々の介入が測定可能になり，ある程度国民にとって予見可能で計算可能となること，である（BayVfGH n. F. 1, 81 [91], 1956年7月4日の連邦行政裁判所の移送決定，BVerwGE 4, 24 [38] 参照）。

このことは，とりわけ法律による行政の原則から帰結されるものである。この原則が要求するのは，執行権が不利益的行政行為を行うためには，執行権に対して単に何らかの授権がなされているということだけではなく，限定され詳細に特定された授権がなされているということ，である。法律による行政の原則では，公権力による介入を可能な

Ⅳ. 法治国家原理の構成要素

限り計算可能とすることが目指されている。法律がしなければならないのは行政の活動を内容的に規範化することであって，法律が一般的に遵守される諸原則の定立にとどまることは許されない。介入行政の法命題への拘束を単に形式的にのみ行うというのでは，不十分である。自由の諸限界を個別に画定することを執行権の裁量に委ねる『曖昧な一般条項』なるものは，法律による行政の原則とは相容れないのである（BVerfGE 6, 32［42］；7, 282［302］；8, 71［76］；BayVfGH n. F. 1, 81［91］；4, 181［191］；7, 113［119 f.］；BVerwGE 2. 114［116］；2, 118［121］；3, 205［207］；BayVGH n. F. 8. 30［34］；OVG Hamburg, VerwRspr. 3, 187［201 f.］；LVG Düsseldorf, DVBl. 1951, 670［671］；Ule in: Staats- und verwaltungswissenschaftliche Beiträge, 1957, S. 127［156 ff.］参照）。

さらに，このことは，権力分立原理からも明らかである。執行権に託された諸権限の特定が十分になされていない場合，執行権はもはや法律を執行しているのでもなければ，立法者の指針に従って行動しているのでもなく，立法者に代わって決定を下しているのである。これは権力分立原則に反する（BVerfGE 6, 32［42］；8, 71［76］；BVerwGE 2, 114［116］；BayVfGH n. F. 4, 181［191］；Kägi, ZfSchwR n. F. 71, 1952, S. 173［228］；Ule, aaO, S. 153 ff. 参照）。

最後に，公権力の介入によってなされる個人の法領域への侵害に対しては可能な限り隙間のない裁判的保護が法治国家的には要求され，このような裁判的保護はこんにちでは基本法19条4項によって保障されているが，法律の留保はこうしたことから推論されるものである。この19条4項の規定により裁判所に与えられた権利保護任務は，執行権が国民の法領域に介入する際に行う規範の適用について，裁判所による審査が可能な場合にのみ，実現され得るものである。介入の授権は，このような理由からしてみても，十分に特定されていることを要するのである（BayVfGH n. F. 7, 113［120］；BayVGH n. F. 8, 30［34］；BVerwGE 2, 114［117］；OVG Hamburg, DVBl. 1951, 48［51］参照）」。

人員輸送法に関していわゆる同乗者斡旋所の適法性が問題となった決定において，裁判所はこの要求を内容的にさらに高めた。

「法治国家性の原則は——とりわけ，この原則が，基本法2条1項においてまさに表現されているような市民のための一般的な自由の推定と結びつく場合には——，個人が公権力による不必要な介入から守られていることを要求する。しかし，法律上の命令ないし禁止という形でなされるこのような介入が必要不可欠である場合には，介入のための諸条件は可能な限り明確で，かつ，市民にとって識別可能となるよう書き改められね

ばならない (BVerfGE 9, 137 [147, 149])。ここでは，法律による介入が，形となって表れている人間の行為自由の本質に抵触する程度が大きければ大きいほど，介入正当化のために主張される理由は，市民の原則的な自由要求とのあいだでよりいっそう慎重に衡量されなければならない。このことは，介入の手段は立法目的の達成にとって適合的なものでなければならず，かつ，個人に対して過度に負担的なものであってはならない，ということをとりわけ意味している。

法律による禁止は，禁止の要件と内容に関して明確に定式化されていなければならず，その明確さは，禁止に係る当事者がその法状態を認識し，かつ自己の振る舞いをこれに従って決定することができる程度でなければならない。たしかに，法律で規律を行うに際しては，あらゆる不明確性と疑いを事前に回避することなど不可能である。しかし，少なくとも立法者の基本構想，つまり立法者意思が有する目的については，立法者による十二分な明確化が要求されなければならない——とくに，比較的単純で概観することが容易な生活事実が問題となっており，それゆえ，法律の構成要件を規定するにあたってさほどの困難ももたらされない場合であれば」。

その一方で，連邦憲法裁判所は，明文で規定された規範的規律を欠いているとしても，まだ，職業遂行に対する制限措置が基本法12条1項2文の要請に違反していることを意味するわけではない，と判示してきた。「職業遂行に対する，十分に識別可能で明確な，法律の留保の要求を満足させる規律というものは，規律の全体から，判例ならびに学説におけるその解釈を考慮したうえで，明らかとなるものである……」。

不明確な法概念を使用することは（裁量の余地があろうとなかろうと），明白性，明確性，司法判断可能性が保たれている限りにおいて，憲法上非難されるべきものではない。しかしながら，公課法において，立法者は，公課負担を生じさせる根拠となる本質的な諸々の構成要件を「十分な正確性」をもって規定することが義務づけられており，また，税法の領域においても，比較的広い裁量の余地が存在するのは，「納税義務の免除措置」のようなものについてである。なお，規範が諸事情に依存しており，ドイツの国家権力作用が大幅に及ばなくなっている場合には，規範の明確性はそれほど強く要求することができない。

γ）　形式的法律による全部留保？—優れた解法の不存在—未解決の領域—予算案

法律の留保が，介入行政の領域を越えてどの程度まで及ぶのかは，はっきりし

ない。基本法20条3項は，このことに関して，何ら直接的には語ってくれるものではない。オーストリア連邦憲法典18条やスイスの法治国家理解に倣って，あらゆる行政活動に対して法律による授権が要求されることも，時折あった。このような見解を，こうした一般論のまま保持することはできない。その証拠に，ドイツの支配的学説は，形式的法律による「全部留保」という見解に追従することはなかった。今日，全部留保が法政策上検討に値するものと考えられているにもかかわらず，である。

連邦憲法裁判所は，この問題に関していまだ最終的な解答を出しておらず，「その時々で関係している市民の諸々の生活領域や法的地位ならびに諸々の規律対象の全体の性質」に目を向けてきたが，ただ，「一般的法律留保が従来の限界を超えて拡張されること」については，これを肯定してきた。

このような意味で法律が要求されたのは，次のことに関するものである：
- 大学への入学の規律
- 二次的教育課程制度の廃止
- 専門医制度上の地位区分の作成
- 裁判管轄の変更
- すでに法律の形式で定められている各内容の規律
- 刑事裁判で有罪判決を受けた者の解雇
- 学校における性教育の導入に関する決定
- 税の優遇に関する基本的条件
- 「ドイツ連邦共和国領内での核エネルギーの平和的利用に関する適法性の当否についての規範的基本決定」
- 当事者にとっては生存を左右するほどの意義を有する，定額給付保障の例外としての給付
- 小学校の廃校
- 基本権の諸権能の行使に関する許可および禁止の諸条件

法律が必要とはされなかったのは，次のことに関するものである：
- 給付保障行政における管轄官庁と行政手続の規律

執行権に向けられた法律の留保の射程と強度という問いは，ドイツの国法と行

政法における最重要ではあるが，なお解明されていない問題である。これに関して，優れた解法など存在しない。答えは結果としてバラバラにならざるを得ない。連邦憲法裁判所がとってきた態度は，正当にも，注意深くかつ事案に応じたものであった。連邦憲法裁判所の行った，「予定または規定された規律のそれぞれの事項領域ならびにその強度」こそが重要である，という原則の言明は適切ではあるが，しかしながら，この問題の解決をわずかに前進させるものでしかない。法治国家原理は，ここで理解されているように，その内容上の諸目的を貫徹しようと思えば，留保を介入行政だけに限定することを許しはしない。そうしてしまうと，単に「市民的」でしかない法治国家という立場をとることになってしまうであろう。社会国家による給付と保障への依存は分配と配分のメカニズムを必要とするが，法律だけがこのメカニズムの保障を適切かつ十分に行い得るのである。とくに，国家による給付はすべてが介入に依存しているのであって，介入を通じて給付のための資金が調達されるのである。社会国家とは，第一義的には租税・予算国家なのである。このことは，介入と給付とが相互依存の関係にあることを意味し，大がかりな分配を行う場合，この給付には，民主制原理の観点から，直接国民により選ばれた機関による正統化が必要とされる。社会・給付行政の幅広い諸領域において，こういったことはすでに行われており（§ 21 Ⅱ 3を見よ），そのため，この問題の意義は徐々に失われつつある。とりわけ社会給付システムにおいては，こんにち，社会法総則31条によって次のように法律の留保が規定されている。「この法典の社会給付の領域における権利および義務は，法律がこれを命じまたは許す限りで，創出，確認，変更または廃止することができる」。この規定により，少なくともこのような場面では給付保障に関する本質的な諸問題について自ら決定することが，立法者の任務となったのである。それでもなお，以下のような未解決の諸領域が残されたままである。

- 補助金行政
- 少なくとも諸介入に関しない限りで，いわゆる特別権力関係
- 受益的行為にともなう負担的な付款
- 公法上の契約

　財政支出をともなう給付の領域では，予算案の限度内であれば，さらなる授権は不要であると考えられてきた。

　δ）介入留保の民主制的かつ法治国家的につくりあげられた議会留保への移

行―「本質性理論」

　ここで示してきた事項領域においては，法治国家的または基本権的な考慮に基づいて，ある規律が法律の留保に服することとなっていたが，最近の10年間は，これらの事項領域について，その問題の重点の移動が認められるようになってきた。すなわち，基本法20条1項および2項，38条，63条，67条で謳われている議会制民主主義の原理（§18および§22）が求め，定めているのは，とりわけ政治的に「本質的な」諸問題については議会（Parlament）を通じて決定されるということである。なぜなら，直接的な民主的正統性を有しているのは国民を代表する議会（Volksvertretung）だけであるし，そうであれば，共同体秩序の中心的諸問題について決定する権限を与えられているのはこのような議会だけだからである。主として法治国家的・基本権的な動機づけによっている介入留保は，民主制的かつ法治国家的につくりあげられた議会留保へと変化し，この議会留保は，法治国家的・基本権的なものを自己の内に取り込むにとどまらず（Bd.Ⅱ§37 Ⅰ4 b），民主制的・法治国家的といったより広範な事項領域にまで及ぶものとなっている。憲法的な正統性根拠の移動は，当初は手探りでなされていたが，しかし，その後，それは次第に明確なものとなっていった。そして1975年になると，連邦憲法裁判所はこれを次のように鮮明に定式化した。

　「（一般的な）法律の留保原則は，基本法上明文では言及されていない。しかしながら，この原則の妥当性は基本法20条3項より明らかとなる。執行権と裁判の法律および法への拘束，つまり法律の優位は，一定の基本的な諸領域における国家活動が合法であるのは正式の法律によってそれが正統化されている場合だけであるということを，憲法自身がすでに要求しているのではない場合には，その意義を失うこととなるであろう。しかしながら，これが個々にどのような領域を指しているのかは，もはや基本法20条3項から直接明らかにすることはできない。その限りでは，むしろ，その都度関係する市民の諸々の生活領域や法的地位ならびに諸々の規律対象の性質全般に，目が向けられる必要がある。その際，特別の法律の留保をともなう基本権や諸々の客観的価値決定を内包する基本権は，具体化および継続形成する上での数々のよりどころを提供する。立憲主義的で市民的・自由主義的な19世紀の国家理解によりつくりあげられた法律は「自由および財産への介入」が問題となっているところでのみ必要とされる，との定式は，こんにちの憲法理解では，もはや完全に正しくないものとなってしまう（BVerfGE 8, 155 [167] 参照）。基本法のような議会制民主主義的憲法という枠の中では，市民に直接的な関わりを有するすべての根本的な諸問題は法律によって決定されなければならな

いと解すること，それも，実務で通用している『介入』という限定のメルクマールから法律を切り離してこれを解することは，比較的自然なことである。給付や機会を個人に保障し提供する国家活動は，自由の内に生存する上で，しばしば『介入』の不行使に劣らない意義を有している。議会で制定された法律は，純然たる行政活動とは対照的に，さまざまな点で直接的な民主的正統性を備えるものであって，また，議会の手続は，討論ならびに決定過程の公開性を高い程度で保障し，かつ同時に，衝突する諸利害を調整する可能性をも保障する。これはすべて，一般的な法律の留保の，従来の限界を超えた拡張を，擁護するものである。基本法80条（これに関してはBVerfGE 7, 282 [382]。この判例は確立した判例である）の領域以外についても，立法者は自ら諸々の基本的決定を行い，かつ，この責任を負わなければならない（BVerfGE 33, 125 [158]；33, 301 [346] 参照）」。

裁判所は，基本的にはこの考えを固く維持し，議会留保をいわゆる本質的諸問題の領域にまで及ぼした（「本質性理論」）。学説は，この裁判所の原則的なアプローチに追従するものではあったが，留保の下にある事項領域についての定式化があまりにも曖昧かつ不明確である，といった批判を，正当にも行ってきた。加えて，基本法80条1項2文との関係についても，満足のいく解答がなされているようには見受けられない，との批判もある。それゆえ，「本質性理論」の事項的内容については，もっと詳細に規定される必要がある。Bd. II § 37 I 4 b ζ では，たしかに，これまで説明してきた判例の展開に対して，基本的には賛同の意を表したが，しかし同時に，議会留保が度を超してしまうことは許されず，議会留保は，国家の秩序，安全保障および実効性ならびに国民の存在および発展可能性といったものにとっての真に基本的かつ永続的な諸条件が問題となる，共同体生活における諸領域に対してのみ，その妥当性を主張することができる，という指摘も行っていた。このような諸々の対象のうち，最も重要な部分領域を構成しているのは，基本権の発展および保全に深く関わる諸領域である。実際のところ，一般には裁判実務も，議会留保が指導的役割を果たすのはこの諸領域においてである，と説明してきた。

とくにこのこととの関係を有していたのは，学校関係である。学級規模，性教育授業，概括的指針，学校週5日制，進級，必修外国語，学校内での政策宣伝といったものは，省庁による決定の対象となるとともに，法律ならびに行政裁判所の判決の対象にもなった。実際，連邦憲法裁判所も，いくつかの判決で学校関係

の法律の留保についてとくに取り扱ったことがあり，なかでも中等教育進級段階，退学，ギムナージウム上級学年改革，性教育，進級について論じた。学校生活のこの他の諸領域において議会はどの程度の関与が要請されているのかという問題は，激しい論争の的となっている。かつて学校を支配する唯一の存在が執行府であったとすれば，こんにち存在しているのは，あらゆるものを規律させようとして法律に過度な負担を課す傾向である。政治的対立の対象となってきた論争誘発的な諸問題を抱え入れることができるのは，もはや極端な立場の者たちだけであるということは，明らかである。憲法的には，学校に最大限配慮した解答を導くために法治国家原理と並んで基本法6条および7条を援用することができるが，それにとどまらず，とりわけラント憲法も援用することができる。対立が生じる場面では，とくに親の教育権，国家の学校制度形成権，そして，自己責任に基づき自らを発展させることのできる子どもの権利によって，これは決せられこととなる。こうした憲法命題の数々は，均衡がとれるよう関係づけられ，全体として有意となるよう構成される必要がある。

　このような調整が立法者に義務づけられているのは，こうした諸々の憲法的地位を具体化するにあたり，本質的な諸利益が問題となっている場合である。立法者は，当然ながら，全部留保というやり方でこれを行うことはできない。学校がすべてにわたり徹底的に法律で規律されるのであれば，それは学校の最期であろう。[法律による規律の要否に関する] 線引きの方針は，学校基盤に関することと学校運営に関することとを区別する例の旧定式に存在する。これによれば，学校および生徒の地位についての基本的な組織規律ならびに教育および学習内容に関する指針は，立法者により定められることを要する。細目の内容形成と日常の学校生活における具体的な実施方法については，執行府と教師に一任されたものとすることができ，このことに関して基本法5条3項の出る幕はない。学校は，柔軟性や機動性ならびに教育者としての個性が十二分に備わることなく存在することなどできないのである。

　ε) 　議会留保の拡張の限界

　学校関係の立法化に際して言及した，厳格な法的規律による執行府の活動の制限の話を，これ以外の諸領域にそのまま持ち込むことはできない。この制限の話は，むしろ，議会留保の次から次への拡張には限界が設けられる必要があるということを，認識させてくれる。強調されねばならないのは，執行権もまた民主的

正統性を有しており，独自の国家作用を具現しているということである（Bd. Ⅱ §36 Ⅳ 4 a, 5；行政に関してはとくに§41 Ⅲ 1）。執行府の諸権限は，一般論として法治国家に敵対的なわけではない。執行府の諸権限は，迅速かつ柔軟な行動を許容するものであり，時には，相当程度に個別事案限りの正義さえも許容する。議会留保と規範洪水と官僚主義化の関係については，とくに見てみる必要がある（Bd.Ⅱ §37 Ⅳ）。侵害留保および本質性留保からの重心移動は，いまだ厳密な解決とはなっていない。この重心移動は，少なからぬ行政領域を法の欠缺から解放しはしたが，しかしながら他方で，結果として行政を影響力のない存在にしてしまった。健全なる中庸を発見することは，民主的法治国家の課題である。ここで要求されているのは，立法府と執行権の作用領域をこれまで以上に明確に規定するということである。

c）　法規命令の発布

とくに執行府による法規命令の発布に関しては，基本法80条1項は法律の留保を明文で規定したが，ここでは，執行権が定立するこのような命題がいかなる内容を有するかは，問題とされていない。「執行府による法定立は，たしかに権力分立原理に反するものである。しかし，これは基本法80条により明文で許容されている。この規定は，法治国家と権力分立という憲法上の原理から明らかとなる執行府の法定立権能の限界を，書き表しているものなのである」。

法規命令は，執行府により発布された「法律の下位にある規範」であり，ここで示される内容は，その性質に応じて大きな広がりをもつものとなっている。

α）　基本法80条1項1文に即した授権の諸条件

「基本法80条は，ヴァイマル時代の実務に対して意識的に背を向けながら，あらゆる種類の法規命令の根拠づけとして，内容，目的および範囲について詳細に定められた法律による授権を要求している。基本法は，ここでは他方の立場に与するかのごとく，厳格な権力分立を採用している。議会が，政府に委譲する諸権限の限界を熟慮し確定しておくことをしっかりと行いもせず，立法権の一部を政府に委譲することで議会の立法機関としての責任を排除することは，不可能ということになる。他方，政府は，諸々の命令の発布に関する授権が不明確である場合，これに基づいて議会の代わりとして登場してくることはない，ということになる」。

以上のことからして，執行府に規範定立を包括的に委譲することは，権力分立原理とは相容れないのである。

授権の名宛人となることができるのは，連邦法律上，連邦政府，連邦大臣，ラント政府である。ラント大臣に直接授権することは許されない。連邦上級庁に直接授権することも許されない。しかしながら，上に挙げた授権の名宛人らは，基本法80条1項4文の諸条件の下で，これを委譲することが可能である。

基本法80条1項が妥当するのは，連邦の立法に対してのみである。しかしながら，立法権と命令権との区別に関する法治国家の諸原則については，連邦憲法に基づき（基本法28条1項1文），ラント立法にも妥当する。

基本法80条2項，109条4項3文の諸条件の下では，法規命令は連邦参議院の同意を必要とした上で可能である。連邦法律の立法者は，法規命令の発布に関して，連邦議会の関与を予定することも可能である。

β）授権の内容，目的，範囲についての拘束

正式の法律の中に授権根拠が存在しているということに加えて，基本法80条1項2文は，授権の内容，目的および範囲が授権法律において規定されていなければならない，と定める。基本法においてはじめて挿入されたこの規定は，法制定領域における執行府の支配力を限定し，かつ，法規命令の内容に関する立法府の責任を強化しようとするものである。基本法80条により，立法者は，生活領域の秩序を定める規定を立法者自らが制定することを，強いられることとなる。「議会が，政府に委譲する権限の限界を熟慮し確定しておくこともせずに，立法権の一部を政府に委譲することで議会の立法機関としての責任を排除することは，不可能ということになる」。命令の発令者に対しては，ある程度の形成の自由が認められてかまわないが，しかし，その授権は，彼がどのような限界の枠内でこのような自由を有することになるのかについて，十分な明確性をもって認識させるものでなければならない。

法規命令の発布に関する授権はどのような場合であればこうした諸条件に適合するのか，という問いについて，連邦憲法裁判所の判例では，当初，きわめて硬直的に解答がなされていたが，後に，限定の程度は緩和されていった。裁判所は，さしあたり，ケース・バイ・ケースでしか決定を下すことはできないと認識していたが，しかし，やはり何らかの一般的な準則をつくり出そうと試みてはいた。限定することの目的は，市民に対して要求され得るものが何であるのかが命令に

よってはじめて認識され予見されることになるのではなく，法律によってすでに，発布される命令の内容，とりわけ諸々の負担の程度を読み取ることができなければならない，との趣旨へと向かうものと考えられた。ここから次のような定式化が生じる。すなわち，いかなるケースにおいていかなる意図をもって授権がなされることになるのか，そして，授権に基づいて発布された命令がいかなる内容をもち得るのかが，もはや予見され得ないほどに，授権が不明確である場合には，必要とされる制限が欠けている。立法者は，自ら決定を下して，一定の諸問題につき規律が与えられるようにしなければならない。立法者は，こうした規律に関して限界を定め，かつ，その規律がいかなる目的に資することになるのかを示さなければならないのである。法律が一定の問題を規律することについて授権を行っている場合には，その授権が適法であることの前提として，法律自身がすでに，もう何らかのことを熟慮し，何らかのことを予定しておくことが必要である。授権の内容，目的，範囲が法律に示されていなければならない，という定式化からすれば，最終的に，授権は，原則として明文で，しかも少なくとも異議を生じさせない程度の明確性をもって行われなければならないということになる。しかし，このことは，授権の内容，目的，範囲がいかなる場合でも法律の条文に明文で規定されていなければならないことまでを意味してはおらず，また，授権規定を解釈することが許されないということを意味しているわけでもない。したがって，内容，目的，範囲を明らかにするにあたっては，いかなる解釈でもそうであるように，規範と他の諸規定との意味連関や法律上の規律が全体として追求している目的を考慮することができるのである。その限りで，規範の制定史を持ち出すことも可能であるし，同様に，法領域の歴史的発展の連続性を引き合いに出すことも可能である。なお，この明確性の諸要請は，その時々の規律対象の特殊性ならびに措置の強度に左右される。とりわけ，事実関係が多様である場合や，現実の諸関係がすぐに変化することが予期され得る場合には，これはわずかにしか要請され得ないのである。

　内容，目的，範囲という3つの概念は，それぞれを独立させて考察したり，相互を厳密に区別したりすることはできない。授権の内容，目的，範囲が法律全体から探り出すことのできるものであれば，それで十分である。いかなる諸問題が授権に基づいて規律され得るのかが，解釈を通じて確認することができる場合でも，授権はその内容に関して十分に明確であるといえる。

内容，目的，範囲が相互に入りまじっていること鑑みて，憲法改革予備調査委員会は，基本法80条1条2文を次のように解するよう提案した。すなわち，「ここでは，行われる授権の目的は法律において明確にされていなければならない」，と。上述した判例に基づき，相当数の授権規範が憲法違反であると説明されるに至っている。

γ）行政規則に基本法80条は適用されない—国家の法主体間における行政規則の発布に関する授権

基本法80条は法規命令に対してのみ妥当し，行政命令（行政規則）に対しては当然妥当しない。行政命令は，執行権の内部領域を一般的・抽象的に規律するものである。これは，何人にも拘束力が及ぶ法命題といったものではなく，諸機関，諸官庁およびそれらの職務担当者らに向けられた，それらの組織や活動方法を定めるためのものである（Bd.Ⅱ§38Ⅰ5）。行政命令の発布は，執行府が自らの有する最高国務指導権に基づき，これを行う権限を有する。とはいえ，行政命令が法律に違反することがあってはならない。法律の優位（前掲bα）により，これは禁じられる。行政命令は，たしかに公表される必要のあるものであるが，しかし法規命令とは対照的に，行政命令は，この規則により通常であれば利害関係をもつこととなる者に対してこれが閲覧可能な状態となっているのであれば，いかなる国の公示機関を通じてでもこれを行うことができる。この国の公示機関とは，（連邦レベルでは）とくに連邦官報や各省の公報のことをいう（連邦省共通職務規則Ⅱ78条1項）。

行政規則は，こんにち，少なからぬ数のものが法律と同等の意義をもつに至っている。これは，法治国家的には憂慮すべきことである。なぜなら，立法者は，先に説明した意味で，自らが有する規律任務の多くの領域を放棄することとなり，また，行政や裁判に対して，憲法での作用配分上彼らに与えられていなかった諸々の任務を，過重負担させることになるからである。

連邦国家的関係において行政規則が発布されることは，原則としてあり得ない。なぜなら，諸ラントの行政は，連邦省の下部組織ではないからである。しかしながら，連邦法の実施に関しては，基本法84条2項，85条2項は，国家の諸々の法主体間で行政規則を発布することにつき明文の授権を含んでいる。このような行政規則の特殊性は，まさにラントと自治体とのあいだに見られる行政規則の場合と同様，「相互主体的な」名宛人どうしであるところに存する。このような場

合において，たとえ Th. マウンツとともに，行政規則は「法命題というかたちで（すなわち，授権的ないし義務的に）市民に対して向けられたものではなく，指令的に官庁および公務員に対して」向けられたものである，との考えを採ったとしても，他の法主体に対する外部的効果を否定することは難しい。にもかかわらず，基本法84条2項，85条2項は特別法とみなされ得るため，基本法80条1項を適用することはできないのである。裁判的統制の可能性をラントに与えているのは基本法93条1項3号，84条4項であって，抽象的規範統制に関しては伝統的な規範概念が決定的である以上，93条1項2号ではないのである。

δ）自治組織の規則に基本法80条は適用されない

基本法80条1項は，たとえばゲマインデやゲマインデ連合，社会保障事業者，大学，放送局，職能身分団体のような自治組織がその自律権に基づいて発布した規則には，適用されない。規則とは，単に国家に組み込まれているに過ぎない公法上の法人が有する法命題のことであり，この法人が自らの有する自律権の枠内で，これに所属しまたは（とくに領域高権に基づいて）これに服する者に対して実効性をもって発するところのものである。規則は，法律や法規命令に関する所定の手続の下で発せられるものではないが，しかし，公表を要するものではある。

規則発布権者らに対しては，活動性質と任務領域により輪郭づけられた，彼らの所掌範囲に関する事項を規律するために，規則自律権が与えられている。自律権の考え方は，基本法秩序に適合しているというだけにとどまらず，ところどころ明文でもって憲法上保障されてもあり，たとえば基本法28条2項では，「規律する」という概念を介して保障されている。規則自律権の場合には，法制定権の限界づけは，国家の執行府の時ほどは要求されない。なぜならば，利害関係者の参与が自治に内在しているため，すでに相当程度の自由保護が保障されているからである。このことは，少なくとも団体構成員限りにとどまる諸規律には当てはまるが，他方，外部的効果をもち第三者とのかかわりを有する諸規律の場合には，このような正統性は欠けており，よりいっそうの自制が要求されることとなる。

連邦憲法裁判所は1972年3月9日の専門医決定の中で，内部領域に対しても踏み込んで規則自律権の委任を限界づけることに関し，基準となる定式化を行った。

「それにもかかわらず，立法者がその法制定権能をすべて手放し，団体の諸機関により発せられる規範の内容に対する彼らの影響力を完全に放棄することがあってはならない，という原則は，それ自体として適法に保障が及ぶ自律権の枠内であっても，存在し続ける。このことは，法治国家原理からも民主制原理からも導かれる。公権力がそのあらゆる出現において，明確な権限秩序と作用分割を通じて法的に拘束されることが一方で求められ，その結果として，権力濫用が防止され，かつ個人の自由が保障されるのであれば，他方で，生活領域のいかなる秩序も，客観法の諸命題を通じて，国民により選任された立法機関の意思決定に，必ず遡ることができることが要請される。立法者は，その最重要の任務を，国家機関の内外にかかわらず他の者に白紙委任してはならない。このことは，自律権を与えるという行為が，自律的な団体に対して，委任された任務を自己責任に基づいて実現し必要な組織規範を発布する権利を一般的に認めるだけにとどまらず，同時に，この団体に基本権領域への介入をも授権する場合には，とくに妥当する。このような場合，立法者の責任はより大きなものとなる。すなわち，基本権の実現ならびに制限をその対象とするすべての国家権力行使に備わっている特別な意義に応じて，基本権の通用力はより強化されるのである」。

ε) その他の法制定の形式に基本法80条は適用されない—合意に基づく規範制定（賃金協約，労働協約，家内事業内会議での申し合わせ，行政法上の合意に基づく規範制定）—ドイツ連邦銀行の最低準備金令と割引率の確定—憲法機関の服務規則—裁判所の事務分配計画—可変的下位規範の参照

基本法80条1項の直接的な適用領域の外には，その他の法制定の形式も存在してはいるが，この法制定形式が原理的に許容されるかについては，連邦憲法裁判所は，「定数条項」というあり得る法制定形式を指摘した上で，これを疑問視した。連邦憲法裁判所は，この「定数条項」が法制定されるにあたり政府と議会との協働作用という形式とることについてだけを肯定したのであるが，これは，何ら特別な憲法上の根拠を有しないまったく異なる性質の法制定を承認している他の連邦憲法裁判所の判例とは，両立し得ないものである。

論じられるべきは，とりわけ以下のような種類の法制定行為である：
- 合意に基づく規範制定。

この合意に基づく規範制定に関して，連邦憲法裁判所は，基本法9条3項および労働協約法1条以下による労働協約当事者への授権に基づいた労働協約のうち，とくにその規範的な部分については，これを法源として承認している。賃金自律

権との関連でいえば，労働協約に関する一般的拘束力を有する宣言もまた，これが存在しなければ賃金的な拘束を受けることのないいわゆる部外者との関係において，「自律的な規律と国家による法制定との中間にある固有の性質を有した法制定行為」であるとされている。加えて，労働法は，事業所協約による規範制定を認めている。これに対して，家内事業内会議での申し合わせを法規範であると格付けすることには，疑問がある。とはいえ，連邦憲法裁判所の解釈によれば，これが法命題であることに疑念は生じないということのようである。労働法外にあっても，とりわけ行政法においても，合意に基づく規範制定にはある種の重要性が備わっている。このような法制定形式の適法性は，いかなる場合も法律による特別の授権に依拠しており，実際，地方公共団体の共同作業領域においては，実務上きわめて重大な場面に備えて授権が存在しているのである。こうした種類の法制定を授権するにあたり，それが特別の憲法上の正統化（たとえば基本法9条3項にあるような）を欠いている場合には，その授権は基本法80条1項の諸条件や自律権付与の諸条件に即したものであることが必要とされることとなる。

　— 自律的な規則に近いものとして，ドイツ連邦銀行の通貨政策に関する諸々の決定がある。連邦銀行法16条および15条の最低準備金令と割引率の確定がその一例である。ただ，これらの場合でさえも，たとえば連邦銀行の全体的な編成にとっては，その法的性格の判定に関して大きな不明確性が存在する（Bd.Ⅱ §35 Ⅲ 3を見よ）。連邦行政裁判所は，最低準備金の確保を義務づけることと，準備金基準額を確定することを，（行政行為ではなく）法制定であるとみなしているが，しかしながら，ここでは，法規命令か規約の問題であるのかについては判断していない。いずれにせよ，「連邦銀行に対してなされる法制定権限の委譲の範囲は，……立法者と，連邦憲法裁判所判例集33巻125頁の判例が意味するところの自律権を有した団体との関係におけるそれとは異なり，より狭きもの」であるという。「この範囲は，基本法80条1項2文をしかるべく適用することから引き出されるものであるのか，それとも，この規定の基礎をなしている一般的な憲法命題から引き出され得るものであるのか，については，解決されはしなかった。連邦銀行がその取引のために行う利率と割引率の確定に関しては，支配的見解によれば，自治の主体が定めた自律的な規則であるという性質からして，これを法規範という範疇に分類するかどうかが問題となる。にもかかわらず，連邦憲法裁判所は，自明のこととして，法制定に関する事案を却下した。

この他に挙げられるものとして，憲法機関の職務規則（Bd.Ⅱ §38 Ⅱ 5 f.；§26 Ⅲ 6を見よ）や裁判所の事務分配計画（Bd.Ⅱ §38 Ⅱ 5f）といったものがあるとされている。

— いわゆる可変的下位規範の参照〔(規範内容を変更可能な下位規範の参照に委ねること)〕は特殊な問題をつくり出すが，この適法性について，連邦憲法裁判所は解答を与えてこなかった。このような参照は，それが及ぼす作用において，法制定の授権におおむね相当するものであるため，もしこの参照が法治国家原理や民主制原理を理由として完全に排除されることがないとしても（Bd. Ⅱ §37 Ⅲ 10 d），法制定と同様の前提条件に拘束されることを要する。

d） 法治国家的要請としての行政組織

さらに，執行府に対する法治国家的拘束は，政府機関の活動能力および実効性ならびに行政活動の透明性を保障するため，作用に適した組織化がなされることを要求する：法治国家的要請としての行政組織。ここでいう組織とは，執行府が官吏，官庁，機関の長（主体）といったその区分ならびにこれら相互の関係について採り入れている形態のことであると理解することができる。組織というものを経ることで，法治国家における行政では，通覧可能で，かつ有効に機能するよう創り出された諸制度からなるシステム——制度的国家組織——と，これと同じように創り出された諸機関の長らからなるシステム——人的国家組織——という，行政の諸作用を実現するシステムが，形式として生じることとなる（詳細は，Bd. Ⅱ，§41 Ⅳ 10e, Ⅶ 3。ただし，私が知る限りで示したにとどまる）。このようなシステムをもたらす組織権が内容としているものは，諸々の公法上の法人ならびに国家の諸機関および諸部局の構成，設置，整備，変更，廃止を，これらの管轄や内部秩序，人的および物的な装備，ならびにこれら相互の関係を規定することによって行う権限であり，あるいは，より端的にいうならば，国家権力が有する，国家を全体として組織づける能力である（詳細はBd. Ⅱ §41 Ⅳ 10e α）。

組織権は，こんにち，もはやこれを執行府の「我が家の財産（Hausgut）」とみなすことはできない。これは，かなりの程度，憲法上ないしは法律上の規定の射程の中に入り込んできているのである（Bd. Ⅱ §41 Ⅳ 10e α）。

e）行政手続の規律

行政組織の作用適合性と並んで，行政の法治国家的拘束の原則は，公平かつ市民の権利を守る行政手続の遵守を要求し，それも，裁判的権利保護の代用物ではなく補完物として，これを要求する。連邦およびラントの立法者は，このことをふまえて，行政手続法を発布し，特別の手続的諸原則についてしかるべき規定をおいた。これは，とりわけ計画の公表，公開，聴聞，手続参加，当事者の公平な取扱いに関する規定のことを指しており，これらは法治国家命令を具体化するものといえ，こうした中で，これらが近年，組織および手続領域において発展してきた基本権であるとして強く保護されていることはいうまでもない。こうした基本権は，行政の手続形成にとっての公理としても，効力をもつに至っている。

f）法拘束性の主たる表れとしての法律—政治的法律概念と実質的意味の法律—機関法律

法拘束性が意味するものは，とりわけ法律において姿を現す法の優位である。しかしながら，基本法は，法律概念が現代の国法にとって中心的テーマとなったにもかかわらず，これを定義しないできている。民主的かつ社会的法治国家は，法律国家の最たるものとなった。かつて法律とは，本質的には，一般的・抽象的規範として不特定多数の人々に向けられた不特定多数の諸事案の規律に奉仕する，実質的意味での法律のことのみをいうものであったとするならば，今日では，「立憲的国家法」に囚われたこのような法律概念は基本法に根拠をもつものではないとするのが，学説および判例における揺るぎない理解である。法律概念はもはや内容的に規定されるものではなく，国家の行う命令が立法主体により一定の手続の下で発布されたものであるかを話題にすることを通じて，形式的にのみ規定されるにすぎないのである（Bd. Ⅱ §37 Ⅰ)。

このようにして議会の側で発布されることによってのみ制定される法律——形式的ないし政治的法律概念——において，市民は名宛人であるが，作用統一体としての国家の機関だけのこともある。前者の場合，実質的法律のことが言われており，後者の場合，「単に－形式的な」意味での法律のことが言われている。［後者では，］機関法律という概念を用いたほうがより適切であろう。機関法律とは以下のようなものである，すなわち，

－ 予算案（基本法110条2項1文），

IV. 法治国家原理の構成要素　217

- 条約法，ただし自動執行性を有しないものに限る（基本法59条2項）（これについては，§14 II 7），
- 信用法律（基本法115条1項）（Bd. II §51 III 3 a），
- 講和条約締結に関する決定（基本法115 1条3項）（Bd. II §54 V 11 c），他方これと並んで，
- 安定法（Sartorius I Nr. 720），
- 予算原則法（Sartorius I Nr. 699）。

　このような，すでに比較的初期の国法から幅広く受け継がれてきた法律は，それだけで次のことを示している。すなわち，実質的意味における法規だけを対象としていた法律概念を，国法が提供したことは一度たりともなかった，ということである。19世紀および20世紀初めの3分の1では，法律は主に法規として市民の関心を集めるものではあったが，それでも，立法者は常に，これ以外のことについても規律を行っていたのである。しかも，このことは，法律の問題として扱われるものを，「自由および財産」に介入するものにとどまらず，給付，配分，分配を保障するもの，つまり広義の社会秩序を対象とするこれらのものにまで拡張することで，当然に今日にも当てはまる。こうすることで，社会国家的な法律概念が視界の中に入ってくる。この概念は，介入的であるか，あるいは，介入的かつ給付的であるか，あるいは，介入的か給付的かのどちらかであるか，のいずれかだといえるが，しかしながら，いかなる場合も何らかの形で共同体形成的であるといえる。これは，もっぱらその構造に従って，一般的なもの，すなわち何人に対しても意義を有するものであるか，または，特定の人的集合にとってのみ重要なものであるかの，どちらかとなり得る。これは，時限的であったり，計画的であったり，構造形成的であったり，経済ないし技術嚮導的であったり，ともすれば，単に「措置」を含んでいるだけということもあり得る。特定集団対象法律や，計画法律，構成法律，嚮導法律，措置法律といった性格のものが，少なからず法律として受け入れられてきた。Chr.-F. メンガーは「利益社会的共同生活の社会的形成」について論じているが，ここで必要とされているのは，「動態的で，特定集団を標的としており，時間的および場所的に多種多様な規範，つまり端的にいえば，──これには不満もあるだろうが──完成志向的な規範」である。こういったものを通じて，法律の普遍性や一般性，ならびに，法律に備わっている長期的効力を有する秩序要因としての性質といったものは，正義という

利益の中で大幅に失われることとなる。その結果として議会への過大要求が生じ，それによって議会の過剰負担がもたらされる中にあっては，法律はこのような「凋落」から，共同体生活を継続的かつ根本的に規律するという法律の主たる機能へと再び立ち返えらされる必要がある。しかしながら，これを憲法的に強制することは，基本法からの演繹では不可能である。このような方向での何らかの手がかりを与えるものは，平等原則と基本法19条1項1文——個別事件的法律の禁止——くらいであって，注意深い程度においては，法治国家原則と基本権体系全体もそのようにいえる。

　a) 措置法律—社会形成要因の最たるものとしての法律—政治の道具であり，とくに規範として存在する法律

社会的法治国家における法律が法規を越える機能を受け入れたのだとするならば，基本法はこのような展開に対して特別の制限を引き出していたのかということが問われなければならない。この問題は，50年代半ばに「措置法律」というキーワードの下，ヴァイマル憲法の法治国家的法律概念に関する大々的な論争にさかのぼる，幅広い論議を巻き起こした。発端となったのは，おそらくE. フォルストホフによる措置法律に関する考察である。措置法律とは，とりわけ目的の実現や事態の克服が余儀なくされている状況下において存在するものであり，かつ，これは目的を有した行動なのであって，とくに個別事件的法律，個人的法律，あるいは時限法律として存在し得るものである。連邦憲法裁判所は，基本法の法律概念を，法法律（Rechtsgesetze）つまり規範法律に限定しようとはしなかった。措置法律概念は，裁判所にとって「憲法上重要ではない」ものであった。措置法律は，他の諸法律と比べてより厳格な憲法上の審査に服するものではない，としたのである。これ以降，この議論は収束したが，しかし，これにより同時に，法律の概念および機能に関する疑問までもが背後へと退いてしまった。

民主制原理，連邦国家原理，法治国家原理，社会国家原理といった旗じるしの下，法律は社会形成機能の最たるものとなった。「国家任務が増大する中における法律」がこうなることを余儀なくされるのは不可避であった。こうした傾向は不可逆的なものである。政党支配に基づく議会が，法律の有する社会形成力，とくに配分能力をもはや掌握できなくさせられる，というわけではない。ここで見てとることができるのは，自由主義的法治国家から社会的法治国家への本質的な変遷である。議会が国家において唯一の直接的で民主的に正統化された機関であ

るとするならば，国民総生産のうち国家に入ってくる分について議会が「やりくり」したり，国家に入ってくる分をどの程度にすべきかを決定したりするということは，必要なことである。このような「社会学的知見および予測に従って社会過程を操舵する道具」としての法律，これを端的にいえば政治手段としての法律であるが，これに関しては，「人間の諸活動に対する社会倫理的かつ——それゆえ——法的な評価についての不変的表現」，つまり「個人にとって何が正当で，何が不当なのか」の決定についての不変的表現としての法律の意義は，当然のことながら失われてはならない。要するに，法律は，単に政治の道具として存在するにとどまらず，とりわけ規範としても存在するべきものなのである。そうであるなら，法律の洪水を回避することは可能であろう (Bd. II § 37 IV)。

このように，法律が，制憲者により最高の代表的権威とされているものによって定められるものであるとするならば，法律の制限は，憲法それ自体においてのみ存在するものであり，つまりは憲法の優位（1 b および § 3 III 2 c，§ 4 I 3 a）の中でのみ存在するものである。立法権能は，基本法の制限の中でのみ行使することが許される。法律は常に「法治国家的な法律」であり続けなければならず，民主的および社会国家的なそれにとどまるものではない。その限りでは，法律に先行して，権限上および手続法上の制限や実体法上の制限，とくに基本権ならびにその他の憲法原理に基づく制限が，あらかじめ存在しているのである。もっとも，法律は，その制定のために「明文での憲法上の授権」を必要とはしない。「基本法により保障された立法権限の行使の限界」は，もっぱら基本権ならびにその他の憲法原則によって確定されるのである。

β) 法律の明白性と明確性の命令—負担的法律の予見可能性，測定可能性，計算可能性—立法の対象としての予測的な考慮

法治国家原理が法律に対して要求するもので最も重要なものは，明白性および明確性の命令である。刑事法律に関して，これは基本法 103 条 2 項においてとくに規定された。しかし，この命令がまさしく立法権に向けられたものであるということは，一般にも認められていることがらであるが，その規律の程度の詳細に関しては，まだ結論的には明らかにされないでいる。

要するに，明白性および明確性については，法的安定性から流れ出るもの，つまり法という性質から演繹され得る要求内容が，問題なのである。明白でない，理解不能である，言葉不足である，明確にされることなく定式化されている，と

いったような法規範は，その目的から外れてしまっている。規範の名宛人によく判らない法規範体系は，法的不安定へと導いてしまうものである。法的安定性は情報提供の確実性を要求する。これは，国家の法共同体では，明白かつ一義的で明確な規範命令を通じてのみ保障される。それゆえ，法律の明白性と明確性は，法それ自体と同様に古くから存在しており，法治国家の自明の構成要素たる法の優位の一部分である。連邦憲法裁判所は，このような意味で，以下のことをすでに非常に早い段階で強調していた。「ある法律の言い回しがその真の内容を表現していなかったり，その言い回しが誤解や誤導を生じさせるものであったり，その法律が内在的な矛盾に満ちたものであったりする場合には，これは法治国家原則に違反するため無効となり得る」，と。とはいえ，連邦憲法裁判所が要求する明確性と理解可能性は，大ざっぱなものである。「立法者が，少なくとも彼らの基本思想，つまり彼らの立法者意思が目的としているものについて，完全に鮮明にしてさえいれば」，それで十分なのである。規範内容が，解釈可能な概念をともなっていたり，一般的な解釈方法が存在する一般条項をともなっていたりする場合に，はじめて明らかにされるということでも，たしかに許されはするが（§ 4 Ⅲ 3），しかし，連邦憲法裁判所は可能な限り明白な法律形成を要求し，現在の立法のあり方はしばしばこれにそぐわないものとなっているところ，言語的および事実的な明白性のなさに対して配慮せずにいることは，さすがに，このような現在の立法のあり方に対して甚だしい疑念を惹起する。これまでのところ，まだいかなる法律も明白性が不足していることを理由に違憲を宣言されたことはないが，それでも，立法者は今後，よりいっそうの配慮をもって作業にあたるべきであろう。立法学がこれを厳しく要求するということもあり得よう。

　明確性の命令は，明白性の要求を上回るものである。これが明確性の命令によって求められるのは，規律での命令または禁止に含まれるとされるものについての十分な正確性である。規範命令は，その規範に服する者が法律状態を認識することができ，かつ，その法律状態に見合った行動を自分でとることができる程度に，内容上明確でなければならない。負担的な諸法律においては，明確性命令は基本法80条1項2文の基本思想から，予見可能性，測定可能性，計算可能性といった方向へと高められている（前掲 c β）。もちろん，明確性の要請が過剰に引っ張り出されることは，あってはならない。「完全なる内容の明確性は，達成可能なものではないし，無制限にするのであれば追求する価値すらない」。立法者

は，構成要件の面では不確定法概念（bβ，5fβ，Bd. Ⅱ§41，Ⅲ3c）を用い，また，法効果の面では裁量という手法を用いてかまわない（前掲bα，5fγ，Bd. Ⅱ§41Ⅲ3c）。時として，個別事件的正義や立法目的が，まさにこういった規範の開放性ならびに柔軟性を要求することがある。もっとも，司法判断可能性の要請から生ずる限界は，遵守されなければならない。

明確性命令は，立法者が予測的な考慮をその規律の対象とすることも，原則としては禁じていない。誤謬への陥りやすさの高さゆえ，ここにあっても，諸限界は維持される必要がある。この予測的な考慮が，使用された基準の枠において不正確であることが判明した場合には，これは，立法者に対して「改正」または「改善」を義務づけるものとなる。

γ）　不必要な規範の発布の禁止？

法律の産出を抑制することとの関連では（Bd. Ⅱ§37Ⅳ），次のような疑問が浮かび上がってくる。すなわち，「専門的又は政治的には能力が低いにもかかわらず適度に能動的な立法者や無規律な立法者の手に法治国家が渡ってしまった場合」，法治国家はその自発的な機能停止を引き起こすのであろうか，「『新たな』法律国家および立法国家というものは，法治国家性の点において信頼し得る何かであるといえる」のであろうか，といった疑問である。M．クレップファーは，このことと関連づけつつ，「法治国家原理を根拠とする節度ある国家活動という観念」，とりわけ過剰侵害の禁止が，「不必要な規範」の公布を「禁止」しているのではないか，と問題を提起した。この考えは魅力的であり，議論の中で時折言われていたほど的はずれではない。しかし，この考えは，まだそれが憲法上の命令として普遍的に存在し，単なる立法政策上の要求としてではなく存在する，というほどには，まだ洗練されていない。しかも，ここにはまだ，国法により動機づけられた立法学が行わねばならない大きな課題が存在する。とはいえ，この考えは，法治国家原理ないし基本権から演繹される，立法者や個別の立法方法に対する特別の諸義務を補充するものとして引き出され得るものであり，たとえば，負担的法律での過剰侵害禁止（7．），遡及的法律での信頼保護（gβ），措置法律での体系的正義，立法過程における正確性（Bd.Ⅱ§37Ⅲ）といったものがある。もし法治国家が，「正しき法」に向けた偉大なる努力の下での試みであるのならば，法治国家が有する立法者を義務づける力の洗練作業は，断念されてはならないのである。

g） 一般的遡及効の禁止の不存在

　法治国家原理の本質的要素が法的安定性であるとすれば，これは，法律および法律から生じる法的効果の「信頼性」，「不動性」をも意味している。ここにいう信頼性は，法律が市民に対して可視化されている，つまり適法な形で公布されている（基本法82条）場合にはじめて，法律は法とみなされ得る，ということを含意している（Bd. II § 37 III 10）。このことは，それ自体として次のような帰結をもたらすであろう。すなわち，法律は原理的には，その施行後にはじめて効力を及ぼすことが許されるのであって，つまり，これは将来形成的なものにすぎず過去関係性を有するものではない，とする帰結である。これは，結果として，法律の遡及効の禁止ばかりか事前効の禁止をもともなうこととなろう。こういったことを受け，プロイセン一般国法典序編14条は，次のように規定した。「新法律をすでに過去になされた行為及び事件に対して適用することはできない」。O. フォン・ギールケは，この原則を，すべての文化国家の慣習法であるとさえ理解した。もっとも，こうした見解は，ドイツにおいても他の諸国家においても，実務上貫徹し得ないものとして存在し続けた。実務上では，立法者の全能がまかり通り，立法者は遡及的法律であってもこれを許し，時として「一般的な」制限をともなう遡及的法律を定めさえしたのである。いずれにせよ基本法の施行後は，さしあたり負担的な類の遡及的規定については法治国家違反とみなされるようになった。しかしながら，このような立場を貫徹させることはできなかった。今日の標準的な見解，とくに連邦憲法裁判所の判例は，一般的遡及効の禁止を採用してはいない。判例は，基本法103条2項により遡及効の絶対的禁止が妥当する刑事法を別とすれば，これと異なる答えを前面に出してきた。このような連邦憲法裁判所の判例は，当然のことながら難解で，ほとんど支離滅裂でさえあり，これにはふたをしてしまうほうがよいかもしれない。にもかかわらず，ここではこれを標準として話をはじめざるを得ない。

α） 負担的法律と授益的法律に従った区別

　連邦憲法裁判所は，ある法律が，その法律において定められた法効果を生ずるにあたり，その公布よりも前の時点から効力を有することを命じ，あるいは，過去に存在しすでに閉じられた構成要件を事後においても援用することを命じている場合，そのすべてが法治国家の諸原則に反するというわけではない，との考えから出発している。しかしながら，法治国家原則からは，憲法上の限界があるこ

とは明らかである。とくに，遡及的に市民の法的地位を低下させることが現行の法状況に対する市民の信頼を裏切ることとなるため法的安定性に反する，ということはあり得ることである。ここから分かるのは，遡及的法律の禁止は，せいぜいのところ負担的な法律に対してのものであって，授益的な法律に対するものではない。負担的であるとみなされ得るのは，諸々の租税法律および命令または禁止を含む法律だけではなく，既存の法的地位を低下されるすべての規範がそうなのである。

　β）　負担的法律における真正遡及効と不真正遡及効─信頼保護

　しかしながら，連邦憲法裁判所は，負担的な諸法律に関して，真正（逆行的な）遡及効と不真正（回顧的な）遡及効とを区別する。──両概念は以前すでに使用されていたものである。前者の遡及効が存在するのは，法律が，縛りから解かれ過去のものとなっている構成要件に干渉している場合である。後者の遡及効が存在するのは，法律の効力が，現在する，まだ終了していない，将来に向けられた事実関係および法関係に対して及んでいる場合である。前者と後者とのいずれであるかは，個別事例に左右され，その時々に考慮されるべき法律上の構成要件が関係してくる。

　真正遡及効を含む負担的な法律は，原則として無効である。すなわち，国民は，自らに生じ得る国家による介入を予見し，かつそれ相応の準備をすることが可能であるべきなのである。国民は，自己の行う活動が現行法に適合的であれば，これは法秩序により承認され続け，この活動と結び付くあらゆる法的効果が及び続ける，ということに対して，信頼を抱くことができなければならない。しかし，立法者がすでに閉じられた構成要件に不利益的な結果を結びつけ，それが，市民が自由に行動するにあたって拠り所とすることができた諸々の構成要件と結びついていたものよりも不利益的である場合には，市民はこのような信頼を裏切られることとなるであろう。市民にとって，法的安定性がまず第一に意味するものは信頼保護である。しかしながら，他方で，この原則の射程は限定されたものであって，市民が私生活領域や職業領域での将来の見通しを理解することが可能であり，遡及的な介入について考慮していなければならなかったという場合でない限り，信頼保護は認められないのである。特定の法状況に対する信頼が実情に照らして正当化されるものではなく，それゆえ保護に値しないものとなっているのであれば，ここで信頼保護が問題となることはあり得ない。遡及効を正当化する根

拠が存在するか否かについては，具体的な規定のあらゆる状況を評価して審査しなければならない。これに関して連邦憲法裁判所が発展させてきた判例は，きわめてこじつけ的なものである。保護に値しない信頼の行為形態であるとみなされているのは，とりわけ以下の諸類型である：

「a） その法的状況からして，法律により法効果の発生が撤回された時点において，市民がこのような規律の生ずることを考慮していないはずがなかった場合には，この信頼は保護に値しない。

b） 国民は，法が不明確であったり支離滅裂であったりする場合には，彼の計画に関して妥当する法を信頼することは不可能である。このような場合には，法状況を遡及的に精緻化させることが立法者に許されていなければならない……。

c） 国民は，無効な規範から生じた法の外観を常に信頼できるとは限らない。そのため立法者は，場合によっては，無効の規定を，法的な非難を生じさせない規範へと遡及的に置き換えることができる……。

d） 究極的には，法的安定性の命令の上位に位置づけられる公共の福祉という強行的な根拠によって，遡及効規定が正当化されることがあり得る……」。

不真正遡及効に関しても同様に，法的安定性や信頼保護といった法治国家の諸原理から，立法者が尊重すべき一定の限界が明らかとなる。とりわけ，このことは法律上規律されている継続関係において重要である。不真正遡及効の事例においても，法律が無効となる介入を予定し，この介入を国民が計算に入れることができなかった場合，つまり国民が自由に行動する際にこれを考慮しなければなななかったわけではない場合には信頼保護違反になる，ということはあり得る。連邦憲法裁判所はこのような事例では，公共の福祉と，ある特定の規律の存続に向けられた個人の信頼とのあいだで，衡量を行う。この衡量によって，既存の状態の安定性に対する信頼が優越すべきものであることが明らかとなる場合に限り，遡及効は許されないものとなる。立法的関心事に備わる公共にとっての重要性が，これまでの状態が存続することに対する個人の利害関心を上回らなければならないのである。このような利益衡量のためには，社会国家原理にも留意する必要がある。憲法上の信頼保護は，国民のいかなる期待も裏切られないようにしたり，国民が認識可能なリスクを取り除いたりするほど，広範なものではない。公法上の弁済義務を事後的に課することは，既存の法秩序への信頼を壊すことになるた

IV. 法治国家原理の構成要素　225

め，原則として許されない。それゆえ，担税者の不利益となる遡及的な税法は，通常許されない。このことは，税制上の優遇措置を遡及的に廃止することにも妥当する。例外は，ある法状況に対して向けられた市民の信頼が実情に照らして正統化されるものではなかった場合だけである。また，すでにその実施が開始されている諸々の課税要件に，法律が影響を及ぼすような場合についても，信頼保護の命令に関する内容上の限界は存在する。

　連邦憲法裁判所によって裁判された数多くの個別事例については，ライプホルツ＝リンクの概観において説明がなされている。

　γ）計算のつかない連邦憲法裁判所の判例

　連邦憲法裁判所の判例は，まったくもってもはや計算することも予見することもできないものとなっている。判例が依拠している基準は，これを用いて明確な限界づけを行うことなどほぼ不可能なものであり，ほとんど使いものにならないものである。真正遡及効か不真正遡及効かに関する構成要件の分類についてさえ，疑念がつきまとう。連邦憲法裁判所は，時に，この構成要件を確定せぬまま放置することさえあった。分類が困難なものの典型例は，次のような税改正法律である。すなわち，課税額査定期間中に公布され，かつ，その適用をこの期間の開始時にまで遡ることとするものであって，そうすることで，旧法の下で開始されたがまだ完全には終了していない構成要件該当行為を取り込み，遡及的に新法に服させるものである。連邦憲法裁判所はこのような場合，新法は課税額査定期間に向けられたものであるとして，一貫して不真正遡及効の適法性を認めている。しかし，［新法適用への］移行時期として，課税対象となる構成要件該当行為に「着手した」時点を選択することだって，十分な理由づけとともに可能だったのである。だとするならば，真正遡及効との評価は免れないのではなかろうか。したがって，立法技術的には，どちらかを選択させるということも許される。このような事実状況は，指導的メカニズムを有する他の法律の構成要件に容易にあてはめることができるものである。

　また，いわゆる不真正遡及効を，遡及効概念と結びつけられることを許された類型であるとみなすことは，理に適い得るものであるのかという問いは，当を得たものである。このこととの関連で思い出されるべきは，学説が不真正遡及効の概念を前々から否定してきただけではなく，それが役に立たぬものであると立証してきたことである。

連邦憲法裁判所の判例は，法的安定性とは反対のものを創り出しており，ほとんど正義を創り出していない。このような判例は修正されるべきものである。法治国家原理に内在する法的安定性が要求しているのは，遡及的で負担的な規範は原則として違憲であるということである。もし，このような規範が例外的に違憲となるべきではないのであれば，これに対してはやむにやまれない理由の存在が必要である。優越する公共の福祉という諸利益がやむにやまれない理由として持ち出され得るのは，それが，現在の法状態に対する個人の信頼がこの利益の背後に後退しなければならないほどの重要性を有している場合に限られる。

δ) 経過規定および移行規定

遡及効と密接に関連するものとして，経過規定や移行規定の問題がある。これらの規定は，「これまでの法に従って根拠づけられた権利および法関係はその適用が暫定的に継続するのか，それとも，将来においてはもはや新規定のみが指導的役割を果たすべきではないのか，といった問題」に対して，解答を与えるものである。連邦憲法裁判所が遡及効について取り扱う必要があった事例の大部分では，経過規定があることが前提となっていた。しかしながら，このこととは無関係に，法治国家原理やその他の憲法上の規定，とくに基本権からは次のような要求が導かれる。すなわち，憲法上保護された現状を傷つける場合，立法者には，継続性を過剰に破壊したり，「移行における不安定さ」を生じさせたりしない方向で，適切な経過規定を定めることが要求されるのである。このような義務づけがとりわけ問題となるのは，基本法6条，7条，12条，14条または28条2項ならびに33条5項から生じている現状についてである。この諸事例を一般化することはきわめて困難である。基本的には，法益衡量を行う義務や正義に適った移行を行う義務が問題となっているといえ，ここでは裁量の余地は残されてはいるものの，期待可能性を失わせることは許されていない。それゆえ，時間的余裕のない経過規定や，実情からして見通しの立たない実施期日，長期間にわたり強固な法的確信のもとで根拠づけられてきた法的地位の廃止といったものについては，一般的な現状保障には何らの法的根拠も存在しないとの原則がありはするが，それにもかかわらず，その多くのものが不十分な衡量であって，それゆえ違憲の衡量であると評価される。経過規定の道具立ては，——完全な，または，部分的もしくは期間限定的な——存続から，苛酷条項を経て，補償請求権にまで及ぶ。

十分な解明がなされていない遡及効の問題状況を，正義に適った移行の原理で

ε）立法上の構想における体系忠実性および体系的正義

法治国家的な信頼保護の観点における遡及効の問題状況と並行して存在するように見えるものとして,「体系忠実性」ないし「体系的正義」の原則との関係からみた立法上の構想が有する信頼性の問題がある。

立法構想の不動性という意味での継続性の要請という考えは, 当初, とりわけ税法において認められ, 同様に社会保障法においても認められていたが, その後, 地方自治体の再編成に関する諸々の行為を法的に統制する際に内容充実が行われ, 最終的には, とりわけ平等原則と法治国家原理に依拠して, 一般的な法原則へと発展させられた。「自らが打ち立てた事項法則」への立法者の拘束を, 一度なされた評価に対する一貫した恣意のない考慮を行うために認めるのであれば, それはもっともなことであろう。一度標準をなすものとして承認され, 立法上の基礎をもつに至った構想の, 首尾一貫しかつ実態に適合した実現を主張することは, 法治国家原理という意味では, 憲法上の諸法益が危殆にさらされているのであれば可能であろう。ここから逸脱することが許されるべき場合は, 特段の理由のある例外的な事例であったり, 新しい事実認識が存在する場合に限られる。判例は, 通常その域にまで至ることはなく, とくに自治体再編成法律については, たいていの場合, 構想の変更を許容してきた。連邦憲法裁判所が最近強調していたのは, 連邦憲法裁判所がある「規律を違憲と宣言することができるのは, 憲法の基準に従ってのみであり, 体系違反の観点の下で違憲を宣言することはできない」ということである。「体系に反しているということだけ」では憲法違反とはならない, とされる。

5．裁判的保護

憲法および法の優位を貫徹し得る制度が存在しない場合には, 法治国家性は不完全なものにとどまるといわれる。裁判権こそが, まさしくこれらを貫徹し得るものである。権利はすべて, 最終的には, 裁判手続においてはじめて自らの試練を乗り越えるのである。ここではとくに, 国家権力の法への拘束が実現されることとなる。「これにより,『法治国家』は現実のものとなりはするが, 公法が法律によって規定されているというだけでは十分とはいえない。裁判が, 具体的事件のために法を確定するとともに, 法違反がある場合には, その法を回復するため

に確固たる基盤を創り出すことが必要なのである」。これこそが，法治国家に関するO．ベールの記述の「主旨」である。裁判所は権利を確保するためにあるという理想および現実が，かなり古くからのものであることは言うまでもないが（Bd. Ⅱ §33 Ⅰ），しかし，法治国家原理という観点で特別な意義が認められたのは，裁判が独立した裁判官によって行われるという点である。ともあれ，法治国家実現の第二段階では，権利の保護と貫徹が要求の先頭に出てきた。これは，憲法，基本権，権力分立といった「政治性」の高い理念，ならびに国家権力の法への拘束の原則といったものに後続する，法治国家原理のいわば第三の次元というべきものであった。このような1960年代という時期において，法治国家は，まさに主観的権利の裁判的保護と同視されることとなったのである。それゆえ，マウンツ＝デューリッヒが「統制能力を有する権利保護が法治国家概念にとって本質的であることは間違いないが，しかし，この権利保護は必ずしも裁判的保護である必要はない」と記述する場合，これは法治国家の発展の主旨を適切に表現しているとはいえないのである。なお，マウンツの祝賀記念論集においてデューリッヒが行った説得的な「弁明」からすると，彼が今日では異なる考えをもっているとみて間違いないと思われる。

a）　裁判所のみによる権利保護

法治国家性とは，こんにちでは，ある一定の制度的要求を充足する包括的に発展した権利保護を意味し，この保護が裁判所を通じたものである場合にのみ，これにふさわしいものとなる。それゆえ，国家統治権の行使ならびにこれを裁判的に統制する機関の職務執行に関して，フライナー＝ジャコメッティは，憲法裁判については「法治国家の大黒柱」，行政裁判（いかなる組織化がなされたものであっても）については「法治国家の側柱」と論じたのである。もし後者が欠けると法治国家は完成せず，前者が欠けると立憲国家が完成しないのである（Bd.Ⅱ §§43と44）。それゆえ，公権力の法違反に対して裁判所に訴えることができるということは，法治国家原理の構成要素に数えられるものである。

b）　法律上規定された他の保護形式をも許容する連邦憲法裁判所の盗聴判決

当初は，連邦憲法裁判所の判例からも，同様に，法治国家原理の構成要素に数えられるのは裁判所を通じて保障される権利保護のみである，とする立場を読み

取ることができた。こうした見解がいわゆる盗聴判決以後もなお維持されているかどうかは，疑わしいように思われる。たしかに裁判所は，裁判的保護が基本法20条の「どこにも挙げられていない」ことを理由に，これを基本法79条3項の意味における法治国家原理の不可侵の「原則」に数えることをしなかっただけであるが，やはりこの裁判からは，執行権の措置に対する裁判的保護は必ずしも法治国家原理の要素として把握され得るものではない，ということがわかるのである。憲法改正に基づいて，裁判的保護を法律上規定された他の保護形式に代替させることは可能となる。

　この判決は，学説においておおむね拒絶された。個別意見もまた，正当にも次のように確認した。すなわち，「基本法20条2項は，それゆえ，基本法19条4項の旧規定（この当時は基本法19条4項には第3文がなかった）において具体化されている個人の権利保護を法治国家原理としてすでに内包しているのである」，と。このような確認において，法治国家原理と，裁判的権利保護による基本権の具象化との関係も同時に正しく描き出されている。基本法19条4項は法治国家原理に対して不必要なものではない。この条項は，法治国家の構成要素を裁判的保護という方向で具体化し，これを基本権として，つまり主観的権利として具象化した上で，単純法律により出訴の途が認められていないという例外的な場合には，さらに，しかるべき裁判で争う途（基本法19条4項2文）へアクセスできることを保障しているのである。こうすることで，基本法19条4項という憲法規範は，公権力の介入による個人の権利領域への侵害に対して，可能な限り欠缺のない裁判的保護を保障することになるが，しかし，この憲法規範それ自体が権利を保障しているのではなく，保護されるべき権利の存在を前提としている。

　α）　包括的な裁判的保護を通じた法治国家の完成

　法治国家原理は裁判的権利保護を要求する。それを現実化するのは立法者の役割である。基本法19条4項は，公権力による権利侵害があった場合に，個別の請求権規範を通じてこのような憲法命令を保障するものである。D．ローレンツは，正当にもこれを次のように認識した。「法治国家思想は，実質的な法的拘束の命令をカッコの中に入れ，その形式的保障にとどまるものである。しかし，実定化された法治国家原理（狭義の法治国家原理）が，こうした要請に自らを限定するのは，個人と『公権力』との関係が問題となる場合に限られ，他方，権利の貫徹に役立つよう権利の保護を規定したり内容形成したりすることについては，基

本法19条4項1文で定式化されている独立の保障［規定］に委ねられることとなる」。そしてまた，裁判的権利保護という，法治国家原理に含まれそこから引き出される無名の命令は，基本法19条4項を通じて明確にされるものであって，その主眼は，実効的であること，ならびに個人において貫徹され得ること，に置かれている。このような意味において，基本法19条4項は，裁判的統制の範囲，強度，時点に関して相当な影響力を発揮したのである。（f，g，詳細はBd. Ⅳ）。時折言及される，法治国家は「裁判官国家」ないし「裁判手続国家」になってしまった，という見解は，このことを裏付けている。しかしながら，その総論において，これを非難すべき正当な理由はない。というのも，国家活動の根拠は法であるとするのが法治国家の基本原理であるならば，この原理の実現が保障されるのは，このような法を制定した者に対してもこの法を貫徹させる独立した機関が存在する場合だけでしかないからである。その限りでは，法治国家が現実にはじめてその「完成」や「クライマックス」を迎えるのは，裁判権によって，立法府および執行府に対しても憲法の優位または法律の優位に向けて統制が行われる場合なのである。

β）　実効的な裁判的保護の前提としての訴訟費用救助

加えて，裁判的保護の法治国家的保障がすべての市民に対しても実効的たり得るために，社会的法治国家（§20 Ⅴ 2；§21を見よ）は，出訴の途が資力の乏しい人々にとって高価なものとなることによってその方途が実質的に閉ざされることのないよう，配慮する必要がある。このような任務を，連邦憲法裁判所はかつての訴訟救助権規定を通じて，確固たるものであるとみなした。訴訟費用救助の新規定に従ってもなお，この領域には困難な諸問題が存在しており，依然として，これらを対象とした議論が踏み込んでなされているのである。

c）　法を保障しかつ法を統制する権力としての裁判

裁判は単なる紛争裁定権力にとどまるものではなく——紛争裁定権力であるのはとくに私法においてである——，法を保障しかつ法を統制する権力でもある。「公法上の」裁判権においては，それどころか，後者の権力に裁判の主たる任務が存在しているのである。「法関係の国家として，法治国家が究極に達するのは，このような法関係をその全種類および全範囲において裁判上の権利保護がカバーしているときである」。このような意味において，基本法の法治国家はヴァイマ

ル憲法の法治国家を明らかに凌駕したものといえる。基本法上，裁判についても独自に1章分割かれたことは，このことと適合する。加えて，裁判は第三の権力として，憲法構造上も他の2つの権力と並び立つ同価値のものとして構想されており，そして，これは「法の言葉を語る口」というモンテスキューの理解からも導出されるものである。これについては，やはり数々の誤解が生じた。すなわち，裁判が基本法20条3項と97条1項により常に法の拘束を受け続けている，ということが看過された中で，裁判の「脱拘束」が論じられていたのである。「裁判官権力」という概念もまた，法を創り出すことを意欲し，形成的作用を営む政治家に備わっている政治的権力を，連想させるものである。とくにカール・シュミットは，司法の政治化と政治の司法化について，フランス人の歴史家であり国務大臣のF．ギゾーとの関連で論じた。すると，政治家としての裁判官への道のりは，もはや遠いものではなくなっていた。これでは，基本法が予定していた裁判官とは違った方向へと進んでしまっている。法治国家原理が要求しているのは，あらかじめ存在し，とくに他の諸権力によって制定された法規範に従ってなされる裁判であり，これのみに従った裁判である。法は第三権力に付随する作用上の限界であり，また，裁判官は国民の名において裁判に託された中立かつ客観的な法の番人なのである。

d） 裁判的保護の制度化された保障

　裁判的保護が存在するというだけでは，法治国家原理の要求はまだ満たされはしない。法治国家的な裁判的保護は，一連の制度化された保障が裁判権の領域において実現されている場合にのみ保障されるものである。この一連の制度化された保障にとって欠かせないのは，裁判所概念としてふさわしいものや，とくに権利保護と国家権力統制という前述の裁判所の機能としてふさわしいものについて，これを具体的に作り上げる作業が行われ，それが長期にわたって続いていくことである。ここでは，法治国家原理には一般に後方支援的な地位しか与えられていない。なぜなら，たいていの事前措置は，個別の憲法上の諸規定と憲法上の諸原則に含まれているからである。ここでまず最初に挙げられるべきは，すでに言及したところの基本法19条4項である。さらに，これと関連して，基本法101－104条の裁判に関する基本権，ならびに，基本法97条に見られるような裁判所それ自体と裁判官を守る組織的および人的な保障といったものもある。これらに

ついては，Bd. II, § 43 I 4, II, S. 893 ff. で詳細に検討されている。法治国家原理との関連では，裁判に関する基本権は基本的にどのような具体的形成がなされているのかについて言及すれば十分である。なぜならば，この基本権はその少なからぬ部分において法治国家原理に由来するものだからである。法治国家原理は，このような具体化がなされていてもなお，補充的で保護的な機能を果たすものといえる。

　α) 裁判はもっぱら裁判官に委任されている—裁判の実質的概念

　裁判は，もっぱら裁判官に委任されている（基本法92条前段）。第三の権力の領域においては，作用分立の原理が厳格に貫かれている。裁判は，諸々の裁判所によって担われるほかは，いかなる国家作用によっても担われてはならない。裁判権力の諸組織は，他の諸権力に対する厳格な分離を通じて明らかにされるものである。「基本法20条2項は，裁判が立法府や行政権の諸機関とは異なった『特別な』国家機関により行使されることを要求する。ここから出てくる結論は，一方では，裁判所は組織上十分に行政官庁から区別されたものでなければならない，ということであり，また他方では，裁判官の中立性は，この原則とは相容れない，司法官と行政官または立法官との間の人的なつながりがあるからといって，疑問視されることがあってはならない，ということである」。こうした理由から，裁判の「実質的概念」を構築することが必要とされているのである。連邦憲法裁判所は，この概念の確定に消極的な態度をくり返しとり，積極的な定義づけを自ら行うこともしなかった。積極的な定義は，裁判のあり方において見出すことができるものである。ここでいう裁判のあり方とは，特別に規律された手続の下で終局的な裁断に向けて，当事者性を有しない（国家）機関である裁判官が，現に有効な法を適用することによって事実関係の法的な評価を行う，といったところのものである。争いのある事例においては，これまで，法律により裁判所に割り当てられているものだけが裁判であるとする循環論法から逃れるために，何らかの「伝統的な核心領域」を裁判の不可欠の属性として強調することが，どうしても必要とされてきた。このような領域を突き止めるためには，基本法上の裁判管轄や憲法上の意味連関にも立ち返って検討する必要がある。公権力による介入が法治国家原理の点でとりわけ問題となる場合の，この介入に対する裁判的保護は，疑いなくこのような領域に属しているということができる。

　β) 国家の裁判所による裁判

基本法92条は，さらに，「裁判権力が国家の諸裁判所によって行使されることを要求する。そのためには，裁判所の国家との結びつきが人事に関しても十分に保障されていることが必要である。国家の裁判権は，国家の法律を援用しなければならないというだけではなく，加えて，国家の諸任務の遂行に役立つものでなければならないのである。国家の裁判権を行使する機関の人事決定についても，国家によってなされたものでなければならない（BVerfGE 18, 241 [253]）」。しかしながら，基本法92条は，裁判所が国家直轄型の組織として整備されるべきことを要求するものではない。他の形態をとるいくつかのものが存在しているのである（Bd.Ⅱ §43 Ⅲ 3）。

γ）　裁判官職の内容的および人的独立性と兼職禁止

裁判は，裁判官すなわち裁判所の特別公務員に委ねられており，彼らの地位に関しては，「非当事者」つまり中立性を確保するために，憲法により特別の諸要求が付されている（基本法97条）。こうした目的に資するものとして，内容的および人的な独立性ならびに厳格な兼職禁止がある。これらは，非党派的な裁判を可能とするのにあるべきものであり，こうした裁判により，法発見に際しての諸々の影響ならびに法発見にともなう事後的な不利益から裁判官が守られ，かつ，市民が国家に対してさえも権利を保持しているということが，市民に保障されるのである。

内容的な独立性とは，諸命令からの自由，すなわち，法律のみに服することを意味する。これは，最上級の裁判所の「判例法」や裁判上の先例，法律学的ドグマーティクがそれ自体として拘束的作用を及ぼす可能性を，排除するものではない。

人的な独立性とは，とくに非罷免性と非転任性とを意味する。しかしながら，基本法97条2項はこれらが一定の条件の下で限定される可能性があることを予定している。とはいえ，それは常に法律のみによって，そして裁判官職の解任の場合は，裁判官の裁判のみによってなされるのである。

δ）　法律上の裁判官を求める基本権──例外裁判所の禁止

裁判官の中立性は，法律上の裁判官を求める司法諸基本権（基本法101条1項2文）ならびに例外裁判所の禁止（基本法101条1項1文）（詳細はBd.Ⅱ §43 Ⅱ 5）をも保障するものである。この両者は，それぞれ判決に任じられる裁判官，裁判体，裁判所が操作されてしまうことを回避するために，これらについてできる限

り広く一般的に事前に確定しておくべきことを要求し，かつ個別の事件ごとに管轄を割り振ることを排除しようとするものである点において，裁判手続における法治国家性に奉仕するものであるといえる。これに加えて，判例法的手法をともなう数々の補助的な制度上の安全装置も存在している（これに関しては，Bd.Ⅱ § 43 Ⅱ 5）。

ε）　裁判官職の官僚職からの除外

上述した数々の尺度から行き着いた結果，裁判官職は，本質的な点において，その他の官職，とりわけ官僚職とは別物として扱われることとなった（Bd.Ⅱ § 43 Ⅱ 3）。それゆえ，裁判が問題となる限りで，公務員法上の諸原則および諸規定を援用することができず，類推的に援用することもできない。だからこそ，職業裁判官については，裁判官職のための特別の資格付与が要求されるのである。裁判官の任命は，一部は執行府，一部は特別の裁判官選出委員会（基本法95条2項），一部は立法府の任務であって，これは憲法裁判所の裁判官の場合も同様である（たとえば基本法94条1項）（これに関しては，Bd.Ⅱ § 32 Ⅳ, Ⅴ；§ 43 Ⅱ 5 a）。

ζ）　法治国家的な裁判手続の要請

法治国家的な裁判手続を保障するためには，さらに，法的審問を請求する権利（基本法103条1項）が規定され，これと並んで，刑事手続に関しては，遡及効および類推の禁止（基本法103条2項）（4 fß；αの前の4 gを見よ）ならびに二重処罰の禁止（基本法103条3項）が規定されている。加えて，基本法104条2項および3項は，自由を剥奪する際は裁判官の決定によることを保障している。

η）　連邦憲法裁判所の判例における追加的な諸請求

このように明文で規定された諸要求以外にも，連邦憲法裁判所は，法治国家原理から演繹されるものとして以下のものを追加した。

- 何人も自己に関する事案において裁判官となってはならない。いかなる当事者も，予断をもたない裁判官の前に立たされるものでなければならない。
- 公正な手続を求める権利。この1つとしてとくに数えられるものとして，刑事手続において，選定された自分の信頼する弁護士に――しかし多くは任意ではないが――弁護してもらうという被疑者の権利がある。一定の諸条件の下では，職権により，かつ国費で，法を熟知した訴訟補助人（国選弁護人）を付けることが命じられている。
- 「『何人も自己に不利な供述を自ら行うことを強制されない』という一般的な

……法治国家的な……原則」が存在する。特段の理由により情報提供の義務が正当化される場合であっても，少なくとも刑事訴訟に関する証拠利用禁止は存在しているのである。

まさに刑事訴訟法を「法治国家のマグナ・カルタ」と称することは，何ら間違っていない。しかし，公正な手続の要請は，刑事手続以外でも意義を有するものである。

- 「手続は目標と目的に応じて正義と人間性の要件を考慮に入れる」ものである（でなければならない）。
- 期待可能でなく，客観的事態からやむを得ないという理由ではもはや正当化し得ない裁判所へのアクセスの阻害が存在しないこと。とりわけ，法的救済期間に関してである。

このほか数多くの裁判手続に関する法治国家的諸要求について，学説では論じられている。

　θ）審級に関する命令の不存在

法治国家原理は，しかしながら裁判手続における審級を要求するものではない。

　ι）既判力を有する判決の原則的な法的有効性

法的安定性の原理からは，「既判力を有する判決の原則的な法的有効性，ならびに，その既判力が及ぶ中で生じた公権力によるその他の行為の法的有効性が導かれる（BVerfGE 2, 380 [403]；13, 261 [271]）。このような原則が個別事例における正義の命令（BVerfGE 7, 89 [92]；7, 194 [196]）と衝突する場合に，規律されるべき事案におけるこれらに備わる重要性を衡量し，かつ，双方の原理のうちいずれの原理が優先されるべきかを決定することは，立法者の案件である。立法者が法的安定性を優先し，裁判所の裁判に備わる既判力に抵触していないのであれば，立法者は恣意的に行動していないといえる。このことは，取消不能な行政行為の法的有効性，ならびに出訴期間についても妥当する。

　　「法治国家原理は，本質的構成要素として法的安定性の保障を含むものである。これは，法の発見手続が規則性をもって進行することを要求するだけにとどまらず，その結末において法的有効性が確保されていることも要求している。たしかに，従来どおりの諸々の再審理由に基づくのであれば，判決を遡及的に破棄したとしても，こうした要求とは調和し得る。しかし，いかなる形式においてであれ決着済みの事案を，古来より引

き継がれてきた争いのない法的確信によれば再審手続にふさわしいとはいえない理由に基づいて，事後的に再度の裁判に付すことは，こうした要求とは調和しない。法的安全ならびに法的安定性は，法治国家性にとって中心的な意義を有しており，この法的安全や法的安定性のために，個別事例においてはややもすれば正当とはいえない裁判がなされる可能性というものも，甘受されなければならないのである」。

e）　専門裁判権システム

法治国家において命じられる権利保護は，基本法によれば，唯一の裁判所に委ねられているのではなく，複数の裁判所に委ねられている（基本法92条後段，95条，96条）。いわゆる専門裁判権または部門別裁判権または専門分野裁判権の体制がとられているが，これによれば，裁判で争う方途は，その都度中心的な問題となっている素材に応じて，方向付けられることとなる（詳細は Bd. Ⅱ §32 Ⅱ 2）。公権力に対する裁判的保護は，主として，行政裁判所，財政裁判所，社会裁判所によって保障され，特別の管轄規定に基づくときは，連邦およびラントの通常裁判権を有する裁判所，ならびに，——原則として，これらの出訴の途を尽くした後に——なかんずく個人の憲法異議手続の枠内で憲法裁判所によっても保障される。その時々においていずれの出訴の途の問題となるのかについては，裁判手続規則が定めている。法治国家原理は，何らかの裁判所で争う方途を要求するだけであって，特定の裁判所で争う方途を要求するものではない。もっとも，出訴の途に関する規定の明白性および明確性は，それが一般的・抽象的な規定として実際上存在し得る限りにおいて，市民が主張する法状態を自ら力づくで貫徹させることを原則として禁ずる代わりに市民を出訴の途に向かうことを命ずる法治国家的秩序にとっての，不可欠の要求である。出訴の途が多様であることに端を発する諸問題が市民の負担となることは許されない。

f）　裁判的保護の範囲と強度

国家による措置に対する裁判的保護の範囲と強度という問題に答えることは，さらに難しい。学説では，この問題に関して，裁判上の統制密度という概念が広く用いられてきた。これは，当初は執行権に対する統制を射程とするものであったとすれば，こんにちでは立法権に対する統制を射程とするものである。しかし，両方の問題領域を法治国家原理という観点から統一的に考察することはできず，

一方では，民主制原理により直接的に正統化される権力に対する憲法の優位が話題となるのに対して，他方では，間接的にのみ民主的に正統化される執行府に対する法律の優位および留保を通じたきわめて包括的かつ細部にわたる拘束が話題となるからである。こうした基本的な認識をすることにより，憲法裁判所に委ねられた立法府の統制が，特別の問題性を備えたものであることがわかるようになり，これを解き明かすにあたっては，憲法の番人という憲法裁判所の性質ゆえ，法治国家原理の他にどのような事柄に関する考慮が余儀なくされるのかについて，解答されることが必要となる。こうしたことから，憲法裁判所の判例について，特別な価値を認めることが必要であるとする特別の視点が生ずることとなるのである（Bd. II § 44）。

これに対して，執行権による措置に対する裁判的保護は，第一義的に，法治国家原理に内在する執行権の法拘束性の命令といった観点において看取され得るものである。ここでは，基本法19条4項の下，単に裁判的保護だけが一般的に話題となるのではなく，その実効性についても話題となるのである。ここからは，以下のようなことが帰結される。

α）事実的および法的な観点での完全なる事後審査

権利保護は，事実的および法的な観点における完全なる事後審査を可能にするものでなければならない。この審査にあたっては，課された負担が重ければ重いほど，そして，執行府の措置が変更不能なものを数多く生じさせればさせるほど，権利保護請求権の重要性がよりいっそう高まる。このようなことを前提として，「公法上の」裁判権に関する手続規則は，暫定的および終局的な権利保護を保障する必要がある。

β）不確定法概念の統制—予測的決定と計画的決定

裁判所は，立法者が避けては通れぬ不確定法概念の数々を統制する権能を有しており，しかも，終局的な認定を行う権能が裁判所には原則としてともなうのである。例外的というわけではなく，判断余地というものが存在する限度においてではあるが。統制密度の低減は，とりわけ予測的決定と計画的決定の場合に，検討されることとなる。

γ）官庁による裁量の限定的な統制

執行府の裁量は，裁判的統制から自由なものとされてはならない。さもなければ，この裁量はまさしく「法治国家的行政法に対するトロイの木馬」となってし

まうであろう。しかし，執行府の裁量の統制は，不確定法概念の場合ほどに広範に及ぼすことを必要とはしない。なぜならば，執行府の裁量の場合には執行権の自律性も示され，それについては立法者が裁量について完全に覊束することはないからである。それゆえ，行政裁判所法114条，財政裁判所法102条，社会裁判所法54条2項2文には，憲法上非難は及び得ない。こんにちでは連邦行政裁判所法40条が，いずれにせよ一般法律上で，官庁による裁量行為を規律することとなった。裁量干渉についても，原則として，違憲との非難を向けることはできない。

　δ）　恩赦の決定

　法律上の規定が存在しない限りで，恩赦の決定は司法上の統制を免れ得る。恩赦はまったくもって法的決定とはいえない。同様に，［連邦議会の］調査委員会による諸決定が裁判官の統制を免れることも許容される。この諸決定は政治的な評価であって，法的な評価ではない。

　ε）　法律の欠缺の補充と一般条項の発展

　法律の欠缺を補充することや一般条項を発展させることもまた，裁判官の責務である。この場合，裁判官は，法ないし法律に内在する価値の枠内で行動する限りにおいて，一定の限度で，法原則を発展させたり，法の継続形成を行ったりすることが授権されている（§1Ⅴ　3および§2Ⅱ2bならびにBd.Ⅱ§37 Ⅱ2e，§43 Ⅰ4a）。

　g）　迅速な裁判的保護

　法治国家的に命じられ，基本法19条4項1文によって具体化されている，主観的権利が侵害された際の裁判的保護の保障は，裁判所への提訴可能性を含むのみならず，迅速な権利保護をも保障している。これがまずもって要求しているのは，適切な期間内に裁判手続が実施されることである。このほか，迅速な権利保護の実現に役立つものとしては，とくに，法的救済手段に備わる執行停止効や，仮の権利保護の可能性といったものがある。たとえば，この仮の権利保護は，行政裁判権との関わりでいえば，行政裁判所法80条5項と123条において具体的内容形成がすでになされている。この規定を通じて，行政官庁による回復不可能な措置は阻止されることになるのである。

　同様の目的に奉仕するのは，法益に対する重大な危険が侵害へと転化すること

の防止が主として目指されるところの，予防的権利保護および事前配慮的権利保護である。前者を基本法が明文で規定したのは特定の領域についてである。すなわち，家宅捜索に関する基本法13条2項，ならびに，自由剥奪に関する基本法104条2項は，通常，介入に先立つ裁判官による関与を要求している。後者については，訴訟規則において，条件つきながら規定されている。

6．公法上の補償制度──適法な行為態様に対する損失補償と違法な行為態様に対する損害賠償

　国家活動に対する裁判的保護および法的拘束は，個人に対して償いを行うためには必ずしも十分なものではない。法拘束性の原則は，たしかに違法な行為態様を禁ずるものではあるが，しかし，この禁止にもかかわらず違法な行為態様が生じた場合に何がなされねばならないのかについては，まだ何も語ってはいない。こうした場面に関する制裁規定が欠けているのである。裁判的保護は，──法的拘束に適うよう──直接的には違法な活動の取消しをもたらすだけである。これ以上のことが裁判的保護によってもたらされ得るとすれば，それは，対応する実体法上の根拠が存在する場合だけである。しかしながら，少なくとも実質的に理解された法治国家原理であれば，これは，公務員による権利侵害が同時に損害を生じさせてしまった場合や，（憲）法的に保護された法的地位に国家権力が介入する場合には，「何らかの方法での」原状回復（損害賠償）または補償（損失補償）を要求する。というのも，いずれの場合も，法の優位に内在する正義により，償うことが私法上も公法上も強く要請されるからである。公法上の補償制度は，いずれにせよ「法治国家の最終手段」であるとみなされる。国家補償は，諸々の侵害の実効的な修復を可能にするという点で，いわば，法治国家の必然的な帰結であり，かつ，国家活動の裁判的統制ならびに基本権的権利保障の確保における不可欠の補完物である。このような意味において，公法上の補償制度は，「法治国家を最終的に完結させるもの」であるとよく称される。公法上の補償制度は「市民的法治国家の時代」（E．フォルストホフ）にはじめてその形が与えられたものであるが，当然のことながら，その頃はまだ現実には，この制度が最終的に──すなわち納得を得られる形で実定的に──規定されるに至ってはいなかったのである。この制度が規定されるのは遅すぎたのである。ここでは，1つひとつの補償のあり方の輪郭を改めて明確に引きなおしたり，必ずしも明瞭でない判例によ

って創り出された諸々の重複を解消したりを，行わぬまま済ませてしまうわけにはいかない。加えて，まさしく社会的法治国家という前提の下では，いわゆる計画保障および危険責任ならびに立法上の不法といった諸事例に対して補償制度を限定的に拡張させることについて熟慮することは避けられまい。国家賠償法の違憲性に端を発して1981年にできあがった新たな状況は，よいきっかけを与えることになるかもしれない。

　歴史的には，公法上の補償制度は二本の柱からなるものである。第一の柱は，公共の福祉のために個人に特別の犠牲を課すといった国家権力による法的地位への適法な作用に対する損失補償であり，第二の柱は，個人に損害を与える国家機関の違法な行為態様に対する損害賠償である。前者の要求に係る基本類型は犠牲賦課と公用収用である（a）。後者の要求に係る基本類型は，公務員賠償責任と国家賠償責任である（b）。2つの基本類型はその後著しく拡大していったが，しかし，いわゆる犠牲賦課および公用収用に等しい介入の場合のように2つの基本類型の諸要素が組み合わさったものがあるとはいえ，拡大した多くの部分についてはこの2つの基本類型に還元することができる。違法性は責任の構成要件から生じるものであり，法効果としての損失補償はもう一方の基本類型から生じるものである。

　さらに近時では，この歴史的な基本類型に対して，特別法や判例法によって数多くのものが追加され，それにより公法上の補償制度は激しく動揺させられた。この追加によって2つの類型はもはや明確に分類できぬものとなっているのである。それでも，これらはやはり原状回復か補償かのいずれかではある（c）。

a）　公法上の損失補償の根拠としての既得権—プロイセン一般ラント法序編74，75条における法律上の具体化形態—犠牲賦課と公用収用—公用収用類似の介入と犠牲賦課類似の介入

　権利介入時に個人が負担する犠牲に対しての公法上の損失補償というアイデアは，かなり古くからのものである。このアイデアは，自然法上承認された「既得権」（既得権（iura quesita））論にその基礎を有する。既得権とは，客観法に根源を有する意思可能性を，法律行為であれ，その他の法的根拠のある事実であれ，あるいは法律であれ，何らかの成り行きを通じて個々の主体に備わる具体的に特定された法的権限として実現させるに至っている諸権能のすべてである，と解され

ていた。つまり、この既得権は常に個別的な権原として存在していたのであって、抵触のあった場合には損失補償がなされる一般的（自然的）な自由および法的地位としては存在していなかった。もちろん、損失補償において中心的な位置を占めていたのは、所有権ならびに他の財産的価値を有する諸権利である。これらの権利は、国家権力に限界を設けるものであった。もし、これらの権利が優先権（ius eminens）（国家の主権）に基づいて介入される場合には、損失補償がなされることを要する、との原則は、すでに17世紀には専制君主から奪取されていた。その後、18世紀には、こうした考えは、プロイセン一般ラント法序編74条および75条おいて、その古典的な法律上の具体化形態を表したのである。

「74条　国家構成員が有する個別の諸権利および諸利益は、これと共同体の福祉との間で現実の矛盾（衝突）が生ずる場合には、共同体の福祉を促進するための諸権利および諸義務に劣位する。

75条　前項の場合には、国家は、自己が有する個別的な諸権利および諸利益を公共体の福祉のために犠牲にする必要のあった者に対して損失補償をしなければならない」。

これらの規定をふまえた損失補償の要件は、犠牲賦課という徴表を手に入れた。損失補償請求権は、個別的な権利の剥奪または制限を公共の利益において甘受せざるを得ない者は損失補償がなされることを要する、とするところにその特徴を有する。その際、権利の内容が何であるかは重要ではなく、介入が適法であるか違法であるかといった問題もさしあたり重要ではなかった。立憲期までは、このような犠牲補償請求権は損失補償制度の本質的基盤でありつづけた。立憲主義的な諸憲法において憲法適合的な諸権利（基本権）が規定され、かつ、最高位の国家意思表明としての法律の位置づけが確固たるものとされたことにより、はじめて［損失補償制度］の変更が検討されることとなった。一般的な犠牲賦課の構成要件からは違法な介入が除外され（当時の理解によればまったく疑いがなかったわけではなかった）、また、法律を通じて直接的に行われた違法な介入が一般的な犠牲賦課の構成要件から除外されることに争いはなく、少なくともプロイセンでは、「1831年12月4日の最高位政令」によって、これは除外されていた。

法律による介入の事例において損失補償が必要とされるか否かは、立法者の案

件であった。立法者が損失補償を予定していたのは，とりわけ土地所有権のさまざまな理由による剥奪，なかでも鉄道や道路，城塞の建設の場合についてであり，これは，最初の模範を示したいわゆる 1834 年 10 月 30 日ヘッセン公国公用徴収法（公用収用法）以降においてである。その後，他のこの種の諸法律は，公用収用を明確に輪郭づけた。それによれば，公用収用とは，公的な事業のために行う行政行為に基づいた土地所有権（またはこれに付属する諸々の物権）の剥奪および譲渡のことをいう。諸憲法における所有権の保障は，所有権剥奪の際しての損失補償規定を置くよう強く後押しするものとなった（1850 年 1 月 31 日プロイセン憲章 9 条参照）。公用収用に対する損失補償請求権は，それゆえ，犠牲補償請求権とは区別される。公用収用に対する損失補償請求権は特別法として存在することとなったのである。

このような両者独立しての展開は継続し，ヴァイマル憲法（153 条）の下では，所有権概念が財産的価値を有するすべての財へと拡張された。当初は，救済のための要件に該当するとして犠牲補償請求権が行使されることは控えめにしかなされなかったが，その後は要件が拡張され，とくに財産的価値を有しない法益に対する介入に対しても，犠牲補償請求権が行使されることとなった。このような継続形成にあたり制度上決定的だったのは，双方の構成要件が法治国家原理に根拠づけられることが次第になくなり，諸々の基本権領域において関連づけられるようになっていったことである。このことが明確に当てはまるのは，基本法 14 条の発効以後についてである。公用収用に対する損失補償は，こんにちでは，基本法 14 条 3 項上の独立した法制度である。それゆえ，ここでは法治国家原理に立ち返ることは不要である。犠牲補償請求権に関する限りでいえば，憲法上，少なくとも部分的には法治国家原理に拠り所が求められるが，しかしながら，より強くは，社会国家という支柱とも結びいた基本法 3 条のほうに拠り所が求められる。両方の構成要件を基本権保護の制度として取り扱うということは，こうした帰結において存在しているのである（Bd. III）。

また，連邦通常裁判所の判例が公用収用および犠牲賦課を（違法な）公用収用および犠牲賦課類似の介入にまで拡張したことも，主として基本法 14 条と結びつけられるものであった。この公用収用および犠牲賦課類似の介入とは，構成要件および効果からすれば公用収用または犠牲強要ではあるが，しかしながら違法である諸介入のことである，と理解されている。損失補償の基本的な発想は，こ

こでは次のような考えに基づいている。すなわち、このような違法な介入であれば「なおのこと」補償がなされなければならず、ただそれだけの理由で、過失が問われる公務員賠償責任に関する補償の間隙を塞ぐことは可能である、との考えである。その後、有責な介入までもが［損失補償の対象に］含められることとなったが、それにより、当然のことながら公務員賠償責任との競合関係が曖昧にされてしまった。このような構造には解釈論上の疑念があるが、それにもかかわらず、こうした構造は、可能な限り包括的な補償制度を利用できるようにするという、法治国家原理で目論まれていた帰結に合致している、ということが看過されてはならない。近時の連邦憲法裁判所の判例に基づき、双方の制度とも憲法状況に合致していないとの結論を引き出さねばならない定めにあるとすれば、こうした点においても立法者の活動が不可避となるであろう。

b）　国家公務員による違法な加害に対する責任

犠牲補償請求権に含まれる、特別の犠牲の相殺という基本的発想が、国家公務員による違法な加害の場合にも持ち出されることは、自明であったかもしれない。とくに、プロイセン一般ラント法序編74条、75条では、既述のように、さしあたり違法な行動と適法な行動とのあいだの区別はなかったのであるから、なおさらである。実際、O．マイヤーも、とくに彼の著した1896年ドイツ行政法および1917年ドイツ行政法の双方の初版では、彼の公法上の損失補償制度をこのような前提に基づいて構築していた。公法上の損失補償制度は、彼にとっては、「公権力と諸個人との交流を規律する全法秩序の終着点（をつくり出す）」、「国家活動により臣民に及ぼされる経済的影響を制御するための重要な一般的法原理」であった。特別の犠牲として彼が考えていたのは、個人に対するすべての不平等および不公正な負担であって、これらは適法に負わされていたり、違法に負わされていたりするとしていた。国家の違法な行為態様が問題となる事案では、彼は、違法性を損失補償の「条件」であるとみなし、ここからは、「負担的介入は、国家によって課すことが意欲された諸介入であって正義に適合するがゆえに損失補償を要しないとされたものには該当しない、ということになる……」とした。しかしながら、公務員および国家の賠償責任についてはまったく異なる基礎づけをしたと思われるO．マイヤーのこうしたアプローチは、通用力をもつものではなかった。公務員または国家の違法な行為態様に対する賠償責任は、犠牲賦課とい

う発想とは異なる法的根拠に基づいて展開していったのである。決定的なのは，違法を出発点としたことであった（aの手前）。もちろん，1981年国家賠償法が再び犠牲賦課的な発想の諸要素を持ち出したことは，否定できない（2条2項参照）。立法者の新構想がどのような方法を選択することになるのかについては，まだもう少し待つ必要がある。

c）　その他の補償請求権

犠牲賦課および公用収用に対する損失補償請求権ならびに国家機関の違法な行為態様に対する損害賠償は，時間の経過とともに，非常に数多くのさまざまな補償請求権によって補われることとなった。これらは，一部は法律に基づき，一部は判例法に基づくものであり，現実化しているものは，犠牲に対する損失補償と損害賠償にとどまらない。これらは，こんにちでは，かなり多くの独立した行政法上の制度へと発展してしまっているため，この場では以下のものを列挙するにとどめざるを得ない。

- 行政法上の債権債務関係に基づく請求権。ここでは，公法上の規定を欠いているため，民法典の類推を広範囲にわたって必要とする（行政手続法62条2項参照），
- 公法上の償還請求権（行政手続法48条2項5文，連邦公務員基本法53条2項，公課法37条2項，連邦予算法44 a 条2項），
- 社会国家により動機づけられた（社会法総則5条）損失補償請求権（連邦疫病法49条，動物疫病法66条，1976年5月11日の行政活動犠牲者補償法に基づく法規命令539条1項－BGBl. I S. 1181），
- 結果除去請求権（1981年国家賠償法3条参照）。

　　基本的に承認されていないものとしては，
- 計画保障請求権，ならびに
- 実体法上の根拠がない独立した公法上の危険責任，がある。

7．過剰侵害の禁止

a）　比例性の命令ないし過剰侵害の禁止の原則

すでに言及した（前掲4 b β）国家による介入の明確性，予見可能性，計算可能性といった諸原則に加えて，第四番目の，これまででは最後の次元のものとし

て，連邦憲法裁判所は，比例性の命令ないし過剰侵害の禁止の原則を，法治国家原理から必然的に導き出されるすべての国家活動の「支配的な指導準則」であるとした。この比例性の命令ないし過剰侵害の禁止の原則が，基本権とりわけ基本法1条と19条2項から取り出してくるものはさまざまである。用語法も（いまだ）統一されてはいない。比例性という語の用いられ方はさまざまで，この原則の上位概念としてであったり，構成要素としてであったりし，後者の場合には狭義の比例性と呼ばれている。より明確を期するなら，過剰侵害の禁止の問題として論じた上で，ここに適合性，必要性，比例性という3つの部分内容が備わっている，としたほうがよいであろう（e）。

　この原則は，何らの異議も呈されることなく発展してきたものではなかった。とくに，E．フォルストホフは，行政法および憲法の「質的転換」に対して異議を唱えた。またR．ヴェントとU．ツィンメリも，この原則の適用に関する批判的考察を適切なものであると評価した。こうした批判的考察は，この原則が自らの輪郭を失い，「非比例的に」さえ用いられるようになり，国家活動を麻痺させ得る「万能概念」となってしまうおそれがある場合には，よりいっそう当を得たものとなる。こうした批判があるにもかかわらず，執行権が有する介入権に関しては，過剰侵害の禁止が法律上予定されたその効力を越える力を有するものであるということについて，こんにち争いは存在していない。このことは，あらゆる国家活動に対して妥当するものであり，かつ，公法それ自体のなかに居場所をもつものである。実際，連邦憲法裁判所も過剰侵害の禁止を常にこのように理解してきた。「こうした憲法的地位を備えた……［比例性の］原則によれば，自由の諸領域に対する介入は，それが公共の諸利益の保護にとってどうしても必要であり，選択された手段が目指されている結果との合理的な関係を間違いなく有している場合にのみ，その限りにおいて許されるのである」。本質的には，個人の自由を限定する国家権力行使に対して設けられた基準こそが問題である。国家の権力行使が有する公共性の中にあっては，この基準は，正当化の理論や国家目的規定に至るまで広く遡るものである。とりわけ，過剰侵害の禁止が意味しているのは，介入が「立法者によって目指された目的の達成にとって適合的でありながら，他方で必要的なものでもなければならない，ということであって，これを換言すれば，個人にとってより制限的でない他の方法では目的を同程度によく達成することが不可能であるということであり，かつ，個人に義務が備わっているために

課される個人に対する負担の程度が，最終的に，個人および公共に生ずる諸利益とのあいだで合理的な関係にとどまっている，ということである」。「しかし，過剰侵害の禁止が立法者に対してより緩やかな手段の選択を義務づけているのは，広範でありつつもそれ自体として適法な——規制目的に合致した——介入が，よりよい結果を約束しないものである場合だけである」。過剰侵害の禁止は硬直的に固定されたものではなく，とくに，すべての事項領域に対して等しい重要性をもつものではない。過剰侵害の禁止は，国家による介入が定められており，かつ，諸々の基本権または制度保障により保障されている数々の法領域において，その主たる意義を発展させる。全体としてみれば，過剰侵害の禁止とは，一般的な適切性保持を命ずるもの，つまり合理的な目的手段関係を命ずるものである。具体的には，過剰侵害の禁止は，使用された手段が目的達成にとって適合的かつ必要的で，しかも手段と目的とが適切な関係にあることを要求するものである。

b) 過剰侵害の禁止の重要な適用領域

とりわけ，以下の事項領域において，過剰侵害の禁止の意義が認められる。

α) 警察法——すべての強制的措置への適用

過剰侵害の禁止の最も古い適用領域は，警察法である。過剰侵害の禁止を適用した最初の手がかりは，プロイセン一般ラント法10条2項17号の不可欠性においてすでに認められるものであった。のちにこれを発展させたのは，なかんずくプロイセン上級行政裁判所の判例であった。それ以降，これは警察法の共有財産となった。こんにちでは，これは実定法上，具体的に内容形成され，警察的介入が適合的，必要的，かつ可能な限り最小限の介入であることを要求するものとなっている。たしかに，過剰侵害の禁止を個別事件においてどう形作るかはきわめて困難な問題を生じさせるが，これに関しては，数多くの判例が個別の事件において情報を提供してくれている。警察法を起点として，この原則は，たとえば行政執行の場合や直接強制を用いる場合などあらゆる種類の強制的措置の基礎を含んでいるすべての法領域へと入り込んでいったのである。

β) 執行権のすべての措置

こんにちでは，執行権のすべての措置は過剰侵害の禁止の枠内でのみ行うことが許されているとする点について，争いは存在しない。このことは，基本権上保護された諸々の自由領域への抵触があった場合にはとくに当てはまる。例として

は，経済行政法，外国人法，建築法，公務員法および懲戒法が挙げられるといわれている。

γ） 再編成法律の場合

近年では，過剰侵害の禁止の原則は，諸ラントの領域再編成の際に地方自治レベルでの意義を獲得した。

δ） 刑事手続

過剰侵害の禁止が役割を果たすこの他の領域は，刑事法である。これによれば，刑罰による威嚇は，行為の重大性と行為者の罪とのあいだに衡平な関係があることを必要とし，刑罰が不釣り合いであることはとくに許されない。連邦憲法裁判所は，これに関して，すでに判例において細かい議論を展開してきている。刑事訴追の措置についてもこれは当てはまる。しかしながら，実効的な刑事訴追が損なわれることは許されない。

ε） 既得の現状の保護

過剰侵害の禁止の中にあっては，「一度獲得された現状の最大限の保護の原理」さえもが原則的に承認され得る。しかしながら，これは，「——適当な経過規定を制定することが必要である点は別としても（BVerfGE 21, 173 [182 f.]）——一度就いた職業に従事し続けることによって国民の健康のような共同体利益にとってきわめて深刻な危険を引き起こすことになるかもしれない場合でさえも，その職業の継続が許容されるとする憲法上の請求権が，この原理から導かれ得る」ということまでを含むものではない。比例性の原則は，法関係を再編する際には経過規定を定めることを立法者に命ずるものだといえるであろう（4 gδも見よ）。

c） 立法およびその他の法制定的な活動の基準としての過剰侵害の禁止

過剰侵害の禁止が，a）で説明されたように，法治国家原理の構成要素であるとするならば，この原則は，これが明文で実定法上規定されている場合や法的類推により援用され得る場合にだけその適用を要するというものではない。この原則は，立法およびその他の法制定的な活動のための基準でもなければならないのである。こうした推論は，時間の経過とともに，一般的に承認されるようになった。もっとも，こうしたことは連邦憲法裁判所を通じてはじめて実務上貫徹されたのであって，ここでは，連邦憲法裁判所が存在するようになってようやく包括的な法律審査が考察の対象になるということを，もちろん忘れてはならない

(Bd.Ⅱ,§44Ⅰ5b,Ⅴ5)。学説において,過剰侵害の禁止というアイデアは,明確さに欠けるところがあったが,比較的古くから存在はしていた(前掲a)。しかし,この質的転換は,解釈上の困難を増大させるものでもある。というのも,この原則の法律への適用は,介入の輪郭を与えるだけの法律の場合には不可能だからである。ここでは,たとえば憲法からの演繹によるだけのあまり精緻化されていない統制原則のような原理を援用することが必要となるのである。それゆえ,E.グラービッツが比例性の原則に関する連邦憲法裁判所の判例を以下のようなものであると認めたとしても,驚くことではない。すなわち,裁判所はこの原則を,当初は「謙抑的,逐次的,かつ,認識可能な体系的一貫性なく,援用していた」が,その後は「次第に頻繁に,かつ,次第に幅広い憲法の領域に向けられた基準として」使用するようになった,としたことである。しかしながら,この原則の輪郭は,その適用領域が十分な確実性を備えるほど明確になるようには形作られていない。少なからぬものが計算不可能なままなのである。この基準は,厳格に適用されることもあれば,緩やかに適用されることもあり得る。事例ごとの相違が生じざるを得ないであろう。ここから導かれるべきは,この原則を後退させることではなく,この原則を精緻化しかつ解釈を洗練させることであろう。そのためには,ここでは,「追加的な評価」をすることなしでは解釈を行うことができない「開かれた原理」が問題となっているということを,認識する必要がある。この原理を支えているのは,結局のところ,公平性ないし利益衡量,ならびに,均衡性ないし適切な程度といった諸要請であって,これらは,より高次の意味では「正当である」ということであり,自明の理に適っているということでもあろう。しかし,これらが,とりわけ統制準則として憲法上適用されることになる場合には,これらは具体化したり取り扱ったりすることが困難なものであることがわかる。過剰侵害の禁止の適用に関する連邦憲法裁判所の判例を評価した場合,全体としては,次のように認識されることになる。すなわち,この問題状況が見誤られているなどということはなく,立法者による憲法違反を認定するにあたり,ある種の明白性の留保の枠にとどまるものとなっている。

d) 基本権制約における過剰侵害の禁止

近時の判例において連邦憲法裁判所は過剰侵害の禁止を,主として基本権の領域において展開させてきた。手始めとして行ったのは,学説の各方面で示唆され

ていた過剰侵害の禁止と基本権との関連づけであった（a）。それゆえ、連邦憲法裁判所は「比例性の原則」を、「根本的には、国家に対する市民の一般的な自由請求権の表れとして、公共の利益を保護するのに必要不可欠である限りでのみ公権力による制限をその都度許容する基本権それ自体が有している、その本質からただちに」引き出すこともあった。なるほど連邦憲法裁判所は、実際、いわゆる薬局判決においてすでに、この原理を明示的に言及することのないまま、この原理を用いて基本権侵害の問題を処理しているのである。ここでは、基本権上の自由領域と基本権を制約する法律とを「比例的な配分」の下に置くことが、基本的な発想とされている。

この原理を適用した場合、必然的に基本権や法律が保護する法益が衡量されることとなる。これは、基本権の発展とその制約にとって持続的な意義を有するものであるが、このテーマは Bd.Ⅲ で追究されることとなる。

e） 諸原則の精緻化の必要性

さまざまなありとあらゆる措置において次のことが当てはまる場合には、過剰侵害の禁止が遵守されているといえる。
- その措置が、追求されている目的の達成にとって適合的であり（適合性）、
- その措置のもたらす不利益が最小限にとどまるものであって（必要性）、
- かつ、その措置において、諸々の利益が不利益を全体として上回っている（狭義の比例性、つまり均衡性）。

α） 適合性

適合性おいては、とりわけ、その措置が目標に合致しているか、目的にとって有用であるかが審査されなければならない。ここでは、立法者に対して目標設定上の優位が認められる。（憲法）裁判所による統制は、設定された目的を達成したり促進するために立法者がとった諸々の道具立てが「まったくもって適合的でない」か、「客観的にみて有用でない」かどうか、といったことに限定されているのである。これには、立法者による衡量、評価および予測が「一見明白に誤っている」または「明らかに反証可能である」かどうか、といったことも含まれる（これに関しては、すでに前掲 5 f β）。

β） 必要性

必要性では、同等の有効性を有しつつもより制限的でないことが明らかな他の

手段を選択することが可能であったかが審査されなければならない。ただし，この手段は，目標達成にとって同程度に適合的であることが一見明白であることも必要とされる。立法者は，つまるところ，用いるべき手段に関する活動の余地を有しているのである。

γ) 比例性

比例性では，ある措置がそれにともなって生ずる不利益とのあいだの比例性を欠くものであるかが審査されなければならない。この審査では，目的と手段は両者の関係において比較衡量されることとなる。この措置によって課される負担が「過度」であったり，「期待不可能」であったりする場合には，この措置は均衡性の枠内にとどまるものとはいえず，違憲となる。これは，適切性あるいは不適切性の問題との関わりを有している。ここには，ときおり損益分析が持ち込まれることがある。裁判所による審査は，数々の問題解決の方法を考量するにあたって，どの方法が最善または最も理にかなっているのかを突き止める必要はない。H. シュナイダーは，こうした点に行政裁判所の裁量司法を見てとろうとしているのである。

V. 法治国家原則と他の憲法原理の結合に関する概要

1. 最もよく形づくられた構成原則としての法治国家性—実効性に対する憂慮

法治国家原理は，中核レベルにおいて概念として規定されたのが，基本法においてがはじめてであるけれども，これは，まもなく200年になろうというドイツ憲法史の発展における支柱の1つである。このことは，たとえ1933年から1945年の暗黒の12年間における恐怖政治の中でこの原理が歪曲されてしまったということがあったにせよ，そうである。この原理の輝きがますます増していくなかで，法治国家の理念は，ボン憲法典において再びよみがえることができた。この憲法典の生みの親たちは，法，国家，憲法，人間の尊厳および自由が新秩序の基本的価値であるとする同意を新たに強固なものとすることによって，［法治国家の理念を］実効性ある諸基準と結びつけ，この諸基準の内容形成を成し遂げた。法治国家性はこうして立憲国家の中に挿入され，その不動の構成要素となった。これを受け，法治国家原理は，連邦憲法裁判所の判例において重点的に内容が形作られ，具体化されることとなった。法治国家原理に言及した裁判の件数を考慮

した場合，この原理はすべての構成原理の頂点に立つものであるといえよう。この原理を形成する諸要素に鑑みれば，これは決して驚くことではない。この原理は，基本権上の，最もよく形成が尽くされた構成原則の1つとして数えることができる。このようになる上では，法治国家原理の一連の歴史的展開もそうではあるが，法治国家原理が法律学的思考に合わせて構築し得るものであることも大きかった。法とは，社会生活に形式と形体を与えるものである。法治国家原理が法制定および法適用において貫徹されているというのは，このような次第によるものなのである。

　理由づけを行うにあたり法治国家原理を用いることが好まれている状況に鑑みれば，この原理の実効性に対する憂慮を抑えることは不可能である。K．デーリンクは，次のように述べてさえいた。すなわち，「『法治国家』の概念」は「不鮮明なものになってしまった。というのも，形式を保障することや実体法上に正義を表象させることを数的にどんどんと増加させることが，法治国家原理の内容であるとこんにちでは考えられているからである」，と。このことは，決して単なる理論的な問題を示しているだけにとどまらない。基本法79条3項の「1条および20条に謳われている基本原則」（§5 Ⅳ 5 b β）の保障が法治国家性とも絡んでくるため，これは，立法者とりわけ憲法改正法律の立法者にとって，実務上重大な意義を有しているのである。

　これまでの叙述は，法治国家の中核的構成要素を他の諸要素から区別しようとし，かつ，中核的構成要素それ自体を確定したり，それがその都度どう具体化されるのかを確定することを通じて，この原理が酷使されることを回避しようとするものであった。しかし，憲法内在的な理由と客観的事態の中に存在する理由からして，［法治国家原理の］内容がある程度豊富になってしまうことは避けられないことであった。このことは，法治国家原理に関する数多くの文献からも明らかである。客観的な事態からいえば，このように内容豊かなものとなったのは，法治国家原理ならびにその個別の具体化形態にとって有利となるよう決定がなされることを制憲者が決意したことに原因がある。その結果，憲法内在的に，法治国家原則は個別の諸規定と多様な関わりもつこととなり，だからこそ，この両者は解釈において結びつけられ得るのである。さらに，他方で，法治国家原理は他の構成原理との牽連性についても注意が払われねばならない。とりわけ，法治国家原理の社会国家原則との結びつきについてである。法治国家原理の意義，内容，

実効性は，ここから何の影響も受けないということにはならないのである。

2．社会国家性とのつながり―社会的市場経済

　法治国家原理の牽連性に関しては，社会国家原則との牽連性が重要である。これは，基本法にとって何ら目新しいものではないが，基本法28条1項2文において社会国家原則との結びつきの明確化がなされているのである。この両者の引き合わせそれ自体は，比較的古くからのものである。生存保障と生存援助は立憲国家にとってすでに馴染みのあるものであったし，また，絶対的な警察国家は福祉国家であると明確に理解されてさえいた。しかし，社会的介入を憲法レベルで明確に描いたのは，ヴァイマル国民会議が初めてであった。1871年のドイツ帝国憲法は，「ドイツ国民の福祉を向上させるため」という新国家設立の目標を，その前文において規定することで満足するものであった。この目標規定が立法および行政にとって内容なき形式にとどまるものであったことは，よく知られている。しかしながら，ヴァイマル憲法は，法治国家的要因と社会国家的要因の両要因に関して，これらの概念をそのままの形で相関させたわけではなく，個別の諸規定における具象化を通じてではあったにせよ，はじめて，「法治国家的要因と社会国家的要因とのあいだに相関関係」をもたらした。これに引き続いて，基本法は，「社会的法治国家」という語を明文で記すこととした。この基本法によって構成された国家が，純粋な法治国家であったり，純粋な社会国家であったりするはずはないであろう。基本法から，二律背反することが導き出されたり，どちらか一方の原理に有利な決定が導かれたりすることが何度もあったが，このどちらもが基本法とは矛盾するのである（§21 Ⅳ 3）。社会的法治国家は永遠の課題であり，第二次世界大戦の苦境と1933年から1945年のあいだの不法国家を経た後の人間が有する苦悩と欲求に対しての，現時点での答えなのである。社会的法治国家は，単なる権利保障国家であるにとどまらず，同時に給付・分配国家であって，換言すれば，大がかりな租税・予算国家なのである。諸々の国家予算の増大は，これを顕著に示すものである（Bd.Ⅱ, §45 Ⅳ 1）。社会的法治国家は，法律・行政国家でもある。こうした国家の活動の基本類型は，計画（Bd. Ⅱ §40），目的の設定（Ⅳ Ⅳ fα ; Bd. Ⅱ §37 Ⅰ 4 d），給付行政（Bd. Ⅱ §41 Ⅱ 5）といったものであり，これらは，国家による規制装置や事前配慮装置の増大を前提とするものである。こうして法治国家は，排他的な防御傾向を有したものから，

計画的，操舵的，形成的，給付的，保障的な作用を有する国家へと導かれていったのである。また，このような活動であっても，法治国家的に「形式を整えられる」ことを必要とする。社会国家的なるものは，法治国家を損うことで貫徹されてはならず，法治国家の手段によってのみ，そして，法治国家の形式においてのみ，貫徹されてよいのである。社会的法治国家においては，カント，フォン・モール，グナイスト，ベール，O．マイヤーの哲学が，L．フォン・シュタインやO．フォン・ギールケの哲学ならびにさまざまな社会的潮流と結びつけられていた。自由という命令に社会的責任という命令が加勢してくるのである。こうした結びつけを行ったもので最も成功したモデルは，戦後期に存在し，両者を理念レベルで相互に調和させた社会的市場経済であった（§21 Ⅱ 3 h）。社会的市場経済は，30年以上にわたって真価が問われてきた社会的法治国家の政治の幕を開けるものであった。これは，こんにちの政治においても重要な問題である。国家への諸要求や，たとえば強大な諸集団の権力のような国家権力以外の側によってもたらされる自由への危険に対抗するための諸要求が度を越したものになることに関しては，適切な限度を発見することが，社会的法治国家が有する今後の問題である。これに加えて，成長率が下降している場合に困窮状態を終わらせ，かつ，全体経済の均衡という目的（§21 Ⅱ 3 h βおよびBd.Ⅱ，§45 Ⅳ 2, 3）を確保するといったまた別の課題も存在する。社会国家的に義務づけられているということがあるとしても，各自の主導性および国家の補充性が見失われることは許されない。ここに存在する緊張関係の調整こそが，あらゆる政治の課題なのである。

3．連邦国家原理および民主制原理とのつながり

　法治国家原理と社会国家原理との牽連性は，1949年以降，学説においてきわめて強調されたが，ただ判例では，それは僅かでしかなかった。連邦国家原理ならびに民主制原理と［法治国家原理と］のつながり（§18 Ⅱ 6 b）については，社会国家原理以上におざなりにされてきた。このことは，連邦制構造に関してであれば正しかった。なぜならば，連邦制的構造と法治国家とのあいだでは，すでに概念上，ほとんど対立が生じ得なかったからである。この両者は，いざとなれば互いに補完し合う関係にあり，さらに，権力分立および権力分割の原則という点では一致した目標設定を有しているのである（Ⅳ 3 ；§19 Ⅱ 1, 2, Ⅲ 8 f ならびにBd.Ⅱ，§36 Ⅴ 3 b）。民主制と法治国家との関係はこれとは違う性質のもので

あって，完全なる二律背反へと至り得るものであるということは，すでに強調してきたところである。この件についても，基本法は，諸々の構成原則の統合を予定している。この統合が成り立つのは，民主的法治国家においてである。民主的に作り上げられた諸決定は，法治国家原理の諸限界の枠内で認められるにすぎない。多数者が決定したことのすべてが当然に適法（eo ipso rechtens）というわけではなく，形式および内容からして法治国家に適合的でもある場合にだけ，適法となるのである。ここに存在しているのは，あれかこれかという考え方（Entweder-Oder）ではなく，あれもこれもという考え方（Sowohl-als-auch）だけが存在している。ここではとくに憲法の優位の意義が明らかとなる。憲法の優位は立法府をも拘束する（Ⅳ１ｂおよび§４Ⅰ３ａ）。憲法は，すべての権力の法的な根本秩序なのである。これが無視されてしまうことによりどのような危険が持ち込まれるのかについて，Ｗ．ケーギは何度も以下のように指摘していた。すなわち，「法治国家なくして真の民主制は存在せず」。

４．法治国家は無力な国家ではない

　法治国家であるということが，その諸機関が至る所で抑制されかつ制限されることが理由で，脆弱な国家であることを意味することはないし，無力な国家であることを意味することなどまったくもってありはしない。正解はその正反対である。「法治国家の拡充と遂行は，国家性というその存立に関わる先決条件にその限界を有するのである」。法治国家は，「『国家に対立するシステム』ではなく，国家を支援するシステムであって，これは国家が個人ないしグループのリヴァイアサンとなってしまうことを阻止するためのものなのである。法治国家は，国家権力を極小化するものではなく，国家権力を最適化させようとするものである。法治国家は，国家と市民に自分たちの有する諸々の権限と責任とを知らせるべく，国家権力に秩序と形式を与えるものである。法治国家は，無政府状態や反抗的な諸勢力のもたらす無秩序を防止するものである。このようにして，法治国家は社会の放縦をも抑制し，かつ，自由で平等な市民の守護者になるとともに，国家それ自体の守護者にもなるのである。しかしながら，ここには，現在，さまざまな無理解が存在し，法治国家のまさしくこうした機能が見誤られることも珍しくない。法律および法は，往々にして，廃れゆく範疇と見なされることはないにせよ，やはり少なくとも厄介な範疇であるとは見なされる。法治国家のあらゆる恩恵が

自分にもたらされることを要求する者たちは，国家が彼らに法に従うよう指示する場合には，きわめて声高に「警察国家」という言葉を口にする。法治国家が犯罪者にも資するものであることに気をとられるあまり，法治国家が法律に忠実な市民に資するものであることが，失念されてはならないのである。

第2章　構成原理
第2節　基本法20条および28条の構成原理

§ 21　社会国家原理

Ⅰ．成立と展開

1．社会国家としての構成可能性

　基本法は，20条1項においてドイツ連邦共和国が「社会的連邦国家」であることを，そして28条1項1文においてラントの憲法的秩序が「この基本法の意味における社会的法治国家」の諸原則と合致しなくてはならないことを規定している。この2つの規定，そしてほぼすべてのラント憲法がこれらと実質的に一致する規定を採用していることから，ドイツ連邦共和国全体およびラントが社会国家であるということが推論されている。だが，厳密にとれば，基本法も，バイエルン憲法3条を除いたすべてのラント憲法も，社会国家という概念を使用しておらず，常に形容詞として，そしてほかの国家制度の特徴（「法治・連邦国家」）との言語上の関連で使用しているだけである。しかしながら，ドイツ連邦共和国が社会国家として組織されているという発言は正当である。そして，憲法が社会国家的構成原理を採択すると決定したことは議論の余地がない。とりわけ連邦憲法裁判所は，その裁判の中で常に「社会国家条項」，「社会国家原理」，「社会国家的秩序」，「社会国家」への信仰告白に言及している。この原理は，前述した基本法20条，28条の他の国家構成原理と並んで存在する。しかし，「社会的連邦国家」あるいは「社会的法治国家」という文句は，「ただ言語学上，または言語美学上の理由」から使用されているのではなく，実質的証言力を有する（§20 Ⅲ 4，Ⅴ 2参照）。社会国家を採択すると決定する際，国家が同時に法治国家，民主国家，そして連邦国家であることを常に念頭に置かなくてはならない。

2．a）　議会評議会における社会国家に関する議論の乏しさ

　基本法以前のドイツの諸憲法で「社会国家」という概念が使用されたことがなかったにもかかわらず，議会評議会における論議でこの概念は意外にもほとんど重要視されなかった。ヘレンキームゼー草案にはそれに似た表現さえ無かったが，そもそも同草案は基本法20条，28条のような国家構成原理についても控え目であった。創設されるべき国家の「社会性」に関する言及は，基本原理の問題に関する委員会，そして校訂委員会で提案された現行基本法20条の前身，21条の条文に登場する。両委員会で提案された条文は次のとおりであった。「ドイツは，連邦国家的に構成される民主的かつ社会的な共和国であり，その政府は国民の代表に対し責任を負う」，また，「ドイツは，民主的かつ社会的な連邦共和国である」。

　「社会的法治国家」という概念は，代議員のH．フォン・マンゴルトによって1948年10月14日，基本原理の問題に関する委員会の議論に導入された。その際，彼は明らかに，「社会的自由国家」（バーデン憲法50条），「社会国家」（バイエルン憲法3条），「ドイツ社会的構成国」（ラインラント−プファルツ憲法74条），「社会的国民国家」（ヴュルテンベルグ−バーデン憲法43条）等，当時ラント憲法で使われていた表現の影響を受けていた。マンゴルトは，「ドイツ連邦共和国は，議院内閣制および連邦国家的構造を有する民主的かつ社会的な法治国家である」という表現を提案した。「社会的」という形容詞が問題視されることの無いまま，マンゴルト案は幾度も修正された。基本法20条1項の現行条文は，代議員のゼーボーム博士の案によってもたらされた。その案は当初，「ドイツライヒは，民主的かつ社会的な連邦国家である」という文言であったが，ゼーボームが「ドイツライヒ」を「ドイツ」に変更した後，この提案は代議員のレア博士の賛同を得た。議員のホイス博士が議員のレンナーの賛同を得て支持したのは，最終的に採択された，新しい国家構造の名称を冒頭に記した次の案であった。「ドイツ連邦共和国は，民主的かつ社会的な連邦国家である」。

　続く運営委員会および総会の読会において，社会的な連邦国家という文言は受け入れられたが，国家の名称が「ドイツ」か「ドイツ連邦共和国」であるべきかが議論の的になり，そこからW．ヴェーバーは次のような結論に達した。「この社会国家条項の立法史が，純粋な文言以外に，その創造者が同条項に託した意味に関するヒントを与えるとは，誰も言えないであろう」。28条1項1文において法治国家と結びつけて繰り返された社会的という宣言も，いかなる論議も巻起こ

さなかった。

　b) 基本権と社会国家原理の立法史
　しかしながら社会国家原理の立法史は，基本権問題の扱いと，議会評議会において議論されたそれに関する問題を視野に入れない限り完全とは言えない。周知のとおり，ヘレンキームゼー会議では，古典的な自由権を採用する一方，憲法上の権利や「団体的秩序」や「生活秩序」に関する諸原理は，「とくに基本法の暫定的な性質に鑑み」，採用を見合わせることで一致していた。議会評議会において Th. ホイスおよび カルロ・シュミットはこの決断を評価した。当時の彼らの発言は，とりわけ今日の論議の見地からも留意するに値する。

　　「今問題なのは，この基本権カタログの範囲をどこまで広げるかである。いわゆる基本権，すなわち個人の権利だけをとるのか，それとも新しいラント憲法に数多くみられる経済，文化，家族等，いわゆる『生活秩序』に関する規定もとるべきか。このような暫定的制度の場合，生活秩序の最終的な形成を試みるのではなく，アングロサクソン諸国の古典的な権利宣言でとられたのと同様に，明確かつ実効的な個人基本権のカタログを制定することが好ましいのかもしれない。しかし他方，基本法は，ラントがより広範囲な基本権および秩序規定を制定することを妨げてはならない」。
　　「そして，社会経済的秩序の理念の放棄の点について。私は多いに賛成である。一部のラント議会はその憲法に，これからの社会経済的構造がどうなるかを織り込むほど無鉄砲，または勇敢であったが，社会経済的構造が条項に書かれている通りになることはないであろう。現在のような不透明な状況において，一人間がこれからの社会経済的構造がどうなるか言うことができると信じることは軽率であり，尊大であり，何と言っていいのか分からない。その様なことは我々には無理である。よって，我々はこの点について，連邦の権限を採択するに留まる」。

　よって，議会評議会は意図的に，ヴァイマル憲法の第2編第5章のような広範囲に及ぶ基本権の章（115条以下）を放棄したのである。それにより，議会評議会は，Fr. ナウマンがヴァイマル国民会議に導入した新しい国家モラルに関する論議を基本権のレベルで続けることを拒否した。この怠慢，そして，社会国家性と明らかに密着する基本義務に関する論議を怠ったことを批判することは可能であるが，そこから，基本法が構成する国家の社会的性質を縮小するべきであると

推論することは誤りであろう。社会国家的性質は，主観的権利ではなく，主に，客観的保障，つまり社会国家的構成原理に根拠をもつからである。1949年5月6日の議会評議会第9回会議で行われた，ドイツ連邦共和国のための基本法草案・第二読会における議員のカルロ・シュミットの発言を再び引用すれば，

> 「運営委員会は，『ドイツ連邦共和国』という名称を提案する。この名称により，連邦制の共同体が創設されることが表現される。その本質的内容は，共和制の伝統の民主的かつ社会的パトスによって定められる。すなわち，すべての国家権力が国民に由来すること，そして国家権力が憲法により定められた個人の権利によって制限されること，すべての人間の法の下の平等，および民主制の要請によってもたらされる社会的結果を担う勇気である」。

W. ヴェーバーの言うとおり，立法史から，社会国家条項が，「将来の社会秩序への具体的な要求についての」，「特定の形成や決断」についての「特定の憲法プログラム」をもたないと推論できる。しかしながら，今日一部で社会国家条項があたかも壮大な約束のように誇張され，社会政策的な代替憲法や民主的社会主義のプログラム等，さまざまな要請の正当化に利用されていることも事実である。

3．a）　初期における社会国家原理をめぐる法学的議論の多様性

社会国家原理の当時の憲法学における斬新さを考慮すれば，この構成原理に関して時期早々に基本法のほかのどの原理よりも多い法的論争が起こったことは驚くべきことではない。社会国家原理が無意味だという意見があれば，基本法の最も本質的な決断であるとする見解もあった。この社会国家を巡る不安定は，次の発言に例示されている。

- 「社会国家が何であり何を意味するかは，不可解である」
- 「社会国家原理はいまもなお，連邦共和国における政治的分野で事実上最も政治的そして憲法学的物議を醸す原理であり」，「その解釈と具体化は憲法解釈者，とりわけ憲法裁判権を最も悩ませる」
- 社会国家（と民主主義）は，「類型として理解されるべきであって，『時間を超える明白な，そして実質的に変えることのできない精神的構成体』としてではない」

I. 成立と展開　261

- 「社会国家概念の個性は（度々論争において，リベラル国家，福祉国家，供給国家，社会主義国家そして共産主義国家から区別されて理解される。），社会政策的な実質的プログラムの特徴よりも，（法的，とくに憲法的）規範的な前提および基本条件から明らかとなる」
- 「現在まで規範的国家目標規定の意味での社会国家概念の内容について争いがある。しかし，そこで論じられているのが国家プログラムなのか，国家課題なのか，制度的保障なのか，解釈規範あるいは個人的権利であるのか，未だに合意がなされていない」

連邦憲法裁判所の社会国家原理に関する判例について，W. ルップ-フォン・ブリュネックはある少数意見で次のように評価した。「社会国家原理が根本的な憲法原則のうちのひとつであるのにもかかわらず，連邦憲法裁判所の判例は，この原理を憲法審査に役立てることに対するある種のためらいをみせている」。

b）　社会国家原理の起源

この結論は，多層の原因から成る。共和制，民主制，連邦国家，法治国家などの概念は社会国家より古い伝統をもち，ヴァイマル共和国の憲法，部分的にはドイツ帝国，あるいはそれより古い国家伝統から受け継がれている。これらは，(連邦国家制については限定を要するが) ある意味で同じ方向性をもつ共同ヨーロッパ的，北米的憲法思想の構成要素である。しかも，これらは基本法の規定の中で展開され，具体化されている。この発展こそを，議会評議会は社会国家原理に関して怠ったのである。その理由が何であったにせよ，社会国家原理という最も開かれた憲法原理に，幾つもの解釈方法を認めることになった。

基本法の生みの親たちは，ドイツにおいてこそ長い社会国家原理の精神的・理念史的伝統があり，この理念が憲法現実，そして実定法規範にも現れていると考えたのかもしれない。とりわけ帝国における労働者保険立法をつうじて，社会的・法治国家的憲法は，理論的に基礎づけられただけではなく，実際に実現されたと捉えられ，よって，「実質的法治国家を労働法および財産法に拡張する」ことを憲法レベルで定めることが最も重要であるとされたのかもしれない。

α）　神聖ローマ帝国時代の国家学における福祉国家的要素―理念的財産の影響

実際，神聖ローマ帝国の国家学において，明確な福祉国家的要素が国家目標として顕著になってきた。国家の役割として，それまでの安全と権利保護と並んで，公的・私的福祉のための包括的な生存配慮が認められるようになった。この理念は，とくに工業化時代初期まで影響を及ぼし続けたのであり，この理念が，まずG．W．F．ヘーゲル，R．フォン・モール，F．J．シュタール，L．フォン・シュタイン，「講壇社会主義者」，そしてその後，F．ラサール，K．マルクスとF．エンゲルスらが，リベラルな教えに背き，「社会的課題」に取り組み，その解決のために，社会国家という表現は使わないにしても，国家に責任があると主張するきっかけを与えた。『行政学ハンドブック』［邦訳は『行政学』（渡辺廉吉訳）］でフォン・シュタインは「社会的な課題」とは，「社会的行政」の形をした国家的「意思とその行動」の対象であるとした。「哲学者と社会学者の国家は不平等の国家である。」R．ヘルツォークは，社会国家的観念および要求は，この100年間に存在したほぼすべての方向から主張されていることを確認したが，それに間違いはない。法学・国家学・行政学的研究の分野ではL．フォン・シュタインに，H．ロエスレルが「社会的行政学」(1872)で，R．ゾームが「近代国家の社会的課題」(1898)で続いた。D．シンドラー（父）の本，「憲法と社会構造」(1931)により，1つの完結に到達した。これらの研究において，社会問題は，学問的にも憲法と密接に結びついた。国家の社会への介入が憲法の対象であることが，示されたのである。

　β) 社会政策的立法—憲法化への導入

「『社会的課題』の一般的な内容とは，ある国民の中で，経済的生活条件，生活習慣および人生観が大きくかけ離れている階層，地位，階級の人間が，どう平和に共同生活をし協力するか，である」。この問題を解決することに，社会政策は古代より努力してきた。社会政策的活動の担い手はもとから国家だけではなかったが，19世紀以降，国家の社会的干渉は国政の中で重要な地位を獲得した。その役割は，とくに立法作業，ごくまれに憲法制定作業により果たされてきた。意図的な社会政策的立法は帝国のレベルで始まったものではなく，すでに1871年以前に，とりわけプロイセンやほかのラントで見受けられたが，決定的な様式を与えたのはドイツ帝国の社会保障および労働者保護立法であった。それは，中世の貧民救済そして絶対的国家の福祉理念をはるかに超え，社会的安全を総合的に実現することに貢献した。「社会の力学」(mecanique sociale)は放棄され，社会的

平和を国家が意図的に構築する理念に取って替えられた。ビスマルクの社会立法は明白に国家の立場から考えられたものであり，国家的に統一された共同体の福祉に向けられていたが，「憲法に規範化された，立法権や行政権の任務の表現」ではなかった。

憲法レベルでは社会国家理念への反響は少なかったが，その影響が一番顕著に現れたのは，1849年フランクフルト憲法の学校法条項（157条，授業料の無償と無産者に対する無償教育），いくつかのラント憲法における社会施設のための保護規定，そして，憲法が保障した生計不能者の扶助請求権であった。1871年ドイツ帝国憲法は，「永久同盟」に「ドイツ国民の福祉の向上」を義務づけることにより，このテーマを少なくとも前文で取り上げた。ヴァイマル憲法は，社会政策的にはより明確であったが，第2編第5章の経済生活に関する当該規定（151条以下）は，どちらかというとプログラム規定であった。これらの規定と並んで，119条，121条，122条，146条の保護規定が立法者に，社会法・労働法の分野において保護的な方向性を示唆した。立法者は，とくに労働法において，いままでの規定対象をこえる分野を取り上げた。すなわち労働時間規定，労働協約法，生業扶助である。それにもかかわらず，ヴァイマルの社会政策は専門家に「トルソ」のまま終わったと評価された。だが，ヴァイマル憲法は，戦後時代にとって「記憶と新しい可能性」として残った。

c) H. ヘラーによる社会的な法治国家の定式

1871年ドイツ帝国憲法の前文の記憶か，それとも一般福祉の推進を規定したアメリカ合衆国憲法前文とそこから導かれた，アメリカ合衆国最高裁判例に見受けられる「人道的政策」の原理への共鳴の記憶か，議会評議会が社会国家原理を制定する際，何が実際に手本として参考にされたのかは謎のままである。「社会的進歩の推進」を目的としたヴァイマル憲法前文や，「公共の福祉」の「促進」を任務とした1874年スイス連邦憲法との関連でさえ明確でない。一番確かなことは，H. ヘラーの「法治国家か独裁主義か」の社会的法治国家という表現が，基本法20条および28条における定式化においてよく知られていたということであろう。ラント憲法の解釈を参考にすることは，それら自体まだ新しい法律であり，確立されていなかったため，無理であった。それに，議会評議会の構成員は自分たちをラントの代表者ではなく，ドイツの国民の代表者として捉えていた。

d) 社会国家原理についての一般的な同意

社会的プログラムと国家の繋がりを考慮すると、すべての議員が社会国家原理を一般的に認めることは容易であった。なぜなら、議会評議会の各政党はそれを各々都合のいいように解釈していたから、あるいは、社会国家原理が、実現の段階になって耐久度の欠乏が明らかになるはずの一時的な妥協であると考えていたからであった。ヴァイマル憲法第2編の数々の「秩序」において特徴的だった後者の解釈は、1949年以降の展開には該当しなかったが、基本法の国家において、社会国家性がもたらす本当の試練はまだ現れていない。しかし、1973年のオイル・ショック、1976年に明らかになった年金保険の財政上の問題、80年代初頭に台頭した、頑固な100万単位の失業者数、そしてもうこれ以上増やすことのできない国の赤字を考慮すれば、そのような試練が現れる可能性はもはや否定できない。配分闘争が過酷な厳しさを増すことは、いずれにせよ明確である。社会国家が、どの政党、どの集団にも自分と同一視することが可能なため、――誰が自分が非社会的だと責められることを好もう――、ありとあらゆる国家による給付が、社会国家条項の命令として、あるいは少なくともその精神に則って行われるという風に、常に社会国家条項と結びつけられるようになってしまった。それにより、社会国家条項が立法的日常において平凡化してしまう危険性はたいてい認識されなかった。しかし最近では、建設的に福祉国家を批判し、社会国家的な過剰付与を制限することを要求する動きも出てきた。

4．a) プログラムとしての社会国家原理

社会国家原理は基本法施行後、当初は「実体の無い白紙概念」、「プログラム」、「プログラム的な要求」と解釈された。この解釈は、ヴァイマル憲法のプログラム規定の非拘束性のカテゴリーに関連していたが、基本法20条3項、1条3項に表される、変化した基本法の法的特色と矛盾するため、早期に放棄された。

b) 目標規定としての社会国家原理

社会国家原理の法律的な明確化は、H．P．イプセンによって初めてもたらされた。彼は、社会国家の中に「法原則的な目標規定」を見い出したのであった。その後一定の期間、学説はこの見解に立ち、「指針」、「憲法的な指導原則」、「基本規範」等、似たような定式化を用いていた。

Ⅰ. 成立と展開　265

c）　社会的法治国家は法概念ではないのか？

　この解釈の路線は1953年，E．フォルストホフが社会国家原理の規範的性質に疑念を抱くことにより変化する。「もし社会国家が所与のものでなければ，社会的法治国家は憲法問題ではないはずである」という彼の原点は，その2年前にH．P．イプセンがドイツ国法学者大会での講演の導入，すなわち「もし基本法の社会国家への決定が妥協あるいは譲歩による月並みの文句，あるいはただの拘束性のない約束より，より本質的で深みのあるものでありたいなら，その決定とは，基本法の国家が社会秩序を形成していく上での覚悟と責任，役割と権限を意味する」とは正反対の内容であった。フォルストホフは，社会国家と法治国家が1つの憲法に融合される可能性を否定した。彼はH．トリーペルに続き，「社会的」という形容詞は法治国家の矮小化であり，この二者択一は法治国家の選択へと強要するとした。社会的という概念が法学的な概念形成に役立たないこと，そして社会的とは自由ではなく，給付と分担を目指しているということにおいて示される，社会国家と法治国家の意図された対向性は，その対向性により，社会的法治国家という文句が，「独自の制度的な特色および固有の物質的内容をもつ特別な法治国家概念」という意味での法的概念ではないということを導くとした。

d）　社会国家原理の指令的性質―国家への行動委任

　フォルストホフの見解は，消極的に受け止められた。原則的には，イプセンが打ち出した路線が，フォルストホフの対報告者のO．バッホフによって展開され，維持された。バッホフによると，社会国家宣言は，先ず第一に立法者に向けられた，社会秩序を形成する権限付与そして指示であるが，またそれは行政府にも向けられていた。この社会国家原理の指令的性質に関する見解は多数意見となった。それによると，社会国家原則は，国家の社会形成的，給付的，付与的行動への権限，命令そして正当性を提供する。連邦憲法裁判所はすでに初期の判例において，「相反する利益の耐え得る妥協」，そして貧困者のための「耐え得る生活条件の具備」を導く，「社会的行動」に関する国家の憲法上の役割を強調した。国家は憲法に基づいて，社会政策だけへの委任を受けたのではなく，社会的・私的に自明である領域ではなくなった経済政策，社会政策，そして文化政策へも委任を受けた。国家権力はもはや社会構造に対し，社会的勢力が形成した社会構造をそのまま自らの意思で受容するという，無為でいるように決定されているのではない。

社会国家の委託は，行動委任であり，国家の助けを借りた社会的統合への呼びかけであり，その国家は社会的恐慌や争いの際に社会的な注意深さ，共同責任，そして形成力を有さなくてはならない。この展開の結果は，社会的または個人的な自力救済が，行政アジェンダに変身すること，そしてその結果として，さまざまな新たな国家の役割が誕生することである。判例は，この社会国家条項の命令的性質を幾度も強調した。

5．a） 社会革命的改造への委託としての社会国家原理？

しかし社会国家原理の解釈はこれではまだ落ち着くには至らず，60年代には，社会革命的改造に向けた，弁証法的な逆プロセスが始まった。そのプロセスで社会国家原理は，社会変動の変形命令へと変化した。すでに1954年にW．アーベントロートがその方向への端緒を提供した。

　「基本法の民主的・社会的な法治国家への誓いは，国家が，バランスを崩しつつあるが，基本的に確実であり公正であると認識されている社会秩序の均衡をとるための臨時介入の道を開くだけではなく，その社会秩序および経済秩序そのものを国民の民主的意思形成の自由処分に任せる。よって，臨時的な国家権力によるその場その場の介入だけではなく，民主国家において代表されている社会に，その基礎を改造する可能性をも与える。しかし，社会と国家を同一視することにより，国家が社会の諸勢力に対し中立的な第三者であると解釈することが出来無くなった」。

その1年前の1953年，アーベントロートはドイツ国法学者大会の会議でもっと慎重に表現した。「社会国家性の理念は，現存する経済および社会秩序が内包する正義への確信を放棄したことの結果である」。H．リダーは1960年，著書「ドイツ連邦共和国のための基本法の社会的法治国家における労働組合の憲法的地位」でアーベントロートの理念を引き継いだ。同時に，社会化と社会主義的な社会を創設することとの同一視への一歩がさらに近づいた。W．アーベントロートは，はっきりとそれを指摘した。別の意見は，基本法15条を引き合いに出した。リダーも，1951年に基本法15条を「無制限の期間の権能付与」と評価することに異議を唱え，「それらの措置への憲法的権能付与は，とくにその権能を使用しない場合に比較的短期間で衰えてしまうという性質をもつ」と述べたが，その後（1975年），経済と社会の社会主義的な形成のための「赤い規定」である基

本法15条の照射効を強調した。

　これらの思考は，とくに政治学者と社会学者に取り上げられ，「解放的な社会国家モデル」が展開された。この解釈の代表的な書物は，H.-H. ハルトヴィッヒの著書であった。彼が提唱する目標は，「例外のない経済と社会の民主化を求める」「主に社会政策的な教化」としての「社会的な統合」である。ハルトヴィッヒは，この目標が基本権的自由の領域への多数の介入無しには不可能であり，よって基本法改正なくして実現不可能であるということにはほとんど構わなかった。なぜなら，彼にとって自由とは，基本権の個人的な自由ではなく，「社会的自由」でしかないからであった。これをもって，社会国家性への「思想的に特定されたアプローチ」が誕生した。

　b）　社会国家原理と国家の全権能─「超国家」

　そのような解釈が，社会国家原理をある種の「全権能」へと転換させるのに適していることは明白である。よって，そこからいかに多くの事項が推論されたかは驚くに値しない。「社会国家を直接の根拠としないで，憲法委託の名の下に実現を試みるような社会的な課題や要求は無い」。それとともに，社会の動きを操り計画するための，国家，そして国家の仕事と役割の増加に関する新しい理解が生まれた。国家は福祉国家としてだけではなく，同時に「超国家」として理解された。「国家とは，国民総生産を高める活発な勢力のうちの1つで，経済的に見て第一級の生産勢力である。反対に，国家は国民総生産の大部分を引き寄せ，分配し，社会における危機的な緊張を砂糖水のように溶かし，大産業はまさにこの条件に適応し，それを超える。なぜなら，大産業は，『社会的平和』を生産手段として必要とするからで，その生産手段はコスト面で税負担として現れる」。その際，国家はあまりにも安易に「その組織の生産性」，「社会幸福主義的成果」によって評価される。

　c）　社会国家原理の目標としての社会的正義と社会的安全

　法的解釈は，そのような，国家を近代のリヴァイアサンとして捉える社会国家原理からの無限推論に賛同しなかった。法的解釈の基本的な計測は自由で民主的な基本秩序の国家における社会的正義と社会的安全という目標に結びつけられていた。基本法以前の社会国家の役割は，産業革命の社会的問題を解くことであり，

基本法に特徴付けられた社会国家の役割は，近代の産業社会に安定をもたらすことである。この意味では，社会国家原理は，多元的，産業的・技術的・分業的に構成された大衆社会の問題への，自由放任主義，放縦，そして国家主義的，あるいは社会主義的な全体国家のバランスをとる国家憲法の，先見の明のある答えである。これは，ブルジョワ的再建の勝利ではなく，過度のリベラリズムと社会主義的，ファシズムあるいは共産主義に由来する集産主義との理性的な均衡である。自由民主主義的社会的法治国家という憲法理念は，今日の西側の民主制の基本パターンとなったといえよう。それが，従来の社会政策というキーワードをもってだけでは表現しきれない多数の新しい課題を包含することは，明白である（Ⅱ3を参照）。1949年以来，この国家は「計画し，操り，与え，分配し，個人的および社会的生活をはじめて可能にする国家」であることが実証された。政治的・学問的論議にもかかわらず，その概念と内容に関する，マルクス主義的でも「解放主義的」な理解でもなく，フォルストホフが最近の著書で擁護した，非・概念性の否定的評価が有する「決まり文句的性質」にも従わない，本質的な共通意見（communis opinio）が見受けられる。思想化を試みる解釈も，不解釈も，この憲法原理を正当に評価することができない。

Ⅱ．概念と次元

1．19世紀の社会政策との結びつき―社会活動的な国家の回顧

　社会国家原理という概念の内容を特定するとき，「社会」という概念の広さ，そして不明確さという困難に直面せざるを得ない。かといって，社会国家は法律的にまったく特定不可能である，定義不可能な定義項（definiens indefinibilis）である，という推論はできない。そのような推論は，文言解釈（「社会的（sozial）」は「社会的（gesellschaftlich）」と同じ，社会，または対人関係に関する，あるいは支援を約束するの意）のほかにも，歴史的関連が決定的な役割の1つを果たすことを見逃している。ドイツ帝国における社会保険立法の社会的理念と「社会政策」というテーマとのつながりが，社会という概念に組み込まれている（Ⅰ3bβ）。社会国家という術語は明らかに，このつながりを取り上げ，国家の発展に結びつけたが，それは，19世紀の市民法治国家の憲法に，憲法的現実において発生した国家の新しい次元を，実定法的に開き，確保するためである。社会を社会の意思に

よって受け入れた国家，権利保護国家の放棄と，社会活動的な国家への転換が憲法条文的に明確にされたのである。

2．社会憲法と社会的なインフラストラクチャーへの拡大

しかし，社会概念を，社会保険，労働法，そして給付行政，生存配慮行政の分野の古典的社会政策とのみ解釈することは，間違いである。そのような理解の仕方は，後ろ向きである。議会評議会にも明らかであったし，基本法のほかの規定にも現れている戦後の苦境に鑑みて，そのような理解は禁じられている。社会国家性は，静的ではなく，動的に理解されなくてはならない。社会国家性は，「緊張と動き」の中に存在する。

全体として，社会国家原理においては，社会憲法そのものが問題となっているのであり，それは貧窮回避や社会政策上の措置より多くのものを包含している。社会憲法は，当初は生存配慮，給付行政と釈義され，その後，成長配慮（詳しくは3hαの前）に拡張されたが，今日では，社会的なインフラストラクチャーの建設が一番的確な特徴であろう。インフラストラクチャーという概念は，経済学的議論において多義的に捉えられているが，ここでは，社会のある特定の進歩した発展段階において，個人の適切な経済的・私的発達を保障するために必要な設備や措置という意味で理解されるべきである。この理解において，社会国家は，内在する論理の故に，現状にとどまることはできず，量的，質的，経済的，分野的，行政的に拡張せざるを得ない。戦後最も重要であった，難民および追放者の統合，戦争捕虜の世話，戦争被害調停，住宅難等の領域は，今日では削除されている。「古い」課題が残されたまま，社会への介入の「新しい」課題が現れている。そのことは，社会国家原理を，「弱者」の保護という一般的方向に展開することによって，顕著になる。そうすると，いなかる列挙も不可避的に不完全になる。それにもかかわらず，最低でも，最も重要な活動分野を次に掲げるとする。

3．社会国家条項の展開領域

社会国家条項は内容的にとくに次の分野で展開された。

a) 社会保険

とくに社会保険による社会保障の伝統的なシステムの維持と拡張。そこでは，

とくに次のような部門が扱われる。
- 健康保険,
- 損害保険,
- 農家のための老後補助を含めた年金保険,
- 失業保険。

　これらの制度は,自治的に運営されている。

　これらについての広範な規定が,将来的に社会法典（SGB）の中に編纂される。この法典の第一部である総論はすでに1975年に公布された。1976年には,失業保険を除いた社会保険,1981年には行政手続および社会データ保護,そして1983年には,給付者の協力および給付者と第三者の関係に関する部分が施行された。

　労働者と被用者の社会保険と並んで,官吏の社会保険も存在するが,後者は本質的に,伝統的な職業官吏制度の原則により方向づけられている。自営業者の中の特定のグループ（先に述べた農家のほかに手工業者,そして今日では,芸術家とジャーナリスト）は,特別な立法措置によりさまざまな範囲で,社会保険の制度に組み込まれている。

　現行の社会保障制度が,どのくらい社会国家原理によって憲法的に保障されているかは,判断の難しい問題である。学説の中には,賛成論もあれば,反対論もある。憲法より下位の実体的請求権制度も,現行の規範による組織的な構成も,憲法的に保障されていないことはたしかに正しいであろう。その限りで,連邦憲法裁判所が社会的法治国家の命令から「唯一のやり方で構成された社会保障制度による」保障をなんら引き出さなかったことは正しい。基本法87条2項,120条1項4文も,そのことについては触れていないといえよう。本当の社会保障のためにこそ,景気後退においても,立法者に十分な裁量の余地が残されなければならない。また,立法者は,現行の原理以外の原理を,規律の基礎にすることもできる。だが,憲法の言葉について,すべての実体的,または制度的保護を否定することは不可能であろう。社会保障の必要不可欠な根本要素の削除は違憲となろう。

　b）　社会扶助

　貧窮の際の社会扶助の維持と拡張について,連邦行政裁判所はすでに初期の裁

判において，昔の扶助権を，社会国家条項に則り，扶助を求める主観的公権と解釈し直したが，立法者はその解釈を完全に受け継いだ。Ｊ．Ｈ．カイザーはこの文脈で，「社会福祉憲法の保障」を論じ，次のように確認した。「社会国家は，公の（自由な，そして官庁による）社会福祉を強化し，その法的位置の基礎を拡張した」。教会の慈善活動も，同様に社会国家原理の保護領域に組み込まれた。

  ｃ）社会補償
　社会保険と社会扶助に並ぶ社会保障の３つ目の柱は社会補償（社会法典総論５条），昔でいう社会援護である。その中には，健康の妨げに対する，「特別な犠牲の補償として，またはそのほかの理由の」補償に基づく給付も含まれている。それにより，「全体が背負うべき運命，とくに外からの侵害により発生し，多かれ少なかれ偶然に少数の市民，または特定のグループに起こった」損害が補償されるべきである。この分野において制定された一番新しい法律は，1976年５月11日の暴力行為の犠牲者に対する補償に関する法律である。

  ｄ）労働法
　労働法の維持と強化。とくに，
－ 失業の回避を含めた，雇用の包括的な保障，
－ 法律に基づく休暇の権利，
－ 労働および母性保護，そして事故予防，
－ 老後の保障，
－ 労働協約当事者の不当労働行為の禁止，争議においても。
－ 社会的に効率的な経営構造の構成，
－ 社会的に不当な解雇からの保護，
－ 労働時間の規律，
－ 派遣被用者の保護，
－ 賃金支払継続。
　Ｆ．ヴェルナーは，この分野について，「社会国家性の恒久的中心領域」とさえ述べている。しかし，これらの規律のトータルは，国家，または私人に対し裁判で主張しうる個人権という意味での労働への権利へとは凝縮しない。

e）給付行政と生存配慮行政

社会国家の効果が現れる古典的な分野には，国家が「与える者」，給付の担い手として登場する給付行政と生存配慮行政の広い範囲が含まれる。この行政は，警察国家的な福祉国家の社会的行政から，本質的に法的根拠無しに，「臣下」の利益のための国家の社会的役割として生まれた。すでに，O．マイヤーは，公物，営造物，公の事業といった形で，この行政の次元を知っていた。E．フォルストホフは1938年，指導概念として，生存配慮という概念を提案した。この概念に関して多くの論争があるにもかかわらず，この表現は，多数の国家および地方自治体による給付の名称として一般化した。

生存配慮は，公権力の営利活動とは実質的に異なるものとして捉えられた。それは，特異な意味で，公共のためにあるため，社会国家原理に根拠があることを主張することができた。その際，制度が導入された法的形式はきわめて異なっていたし，いまでも異なっている。この行動に対して時折，民営化，すなわち脱国家化，あるいは脱地方自治体化への要求が唱えられる。その際，民営化とは，事業を民間人の所有へと移すこと，または生存配慮の役割を民間事業へ移転することであると理解される。

f）戦争結果の処理と補償

終戦直後の状況は，給付行政にたくさんの新しい課題をもたらした。その課題とは，まず，国家社会主義がもたらした不正の補償を含めた戦争および戦後結果の処理であった。この目的に，法律が包括的に貢献した。

g）新しい課題

その後，新しい課題が表面に出てきた。その課題は次のようなキーワードで表現することができる。

α）経済の社会国家的形成

次の手段による，経済の社会国家的形成。
- 被用者のための保護規定，
- 経営憲法，および共同決定法
- 社会保険による社会保障の拡張
- 健康配慮と健康保護法，イミッション防止とイミッション保護法

Ⅱ. 概念と次元　273

- カルテル法
- 経済監視

　これらの分野において発布された多くの規定の背景には，弱者の保護，権限濫用への対策，雇用と就職の推進，および，危険を予防する社会・経済政策という動機が存在する。

　広範な規律にもかかわらず，まだ終結には至っていない。そして，消費者保護，貧富の差の拡大，将来の世代の保護などの新しい課題が浮上してきている。これらの課題を解いていく際，過度の国家，過度の規制が個人的な責任を圧迫することを忘れてはならない。

　社会国家的経済形成の特別な形は，とくに次の分野における民間人の起用である。

- 情報提供・申告義務，
- 貯蔵義務
- 雇用主の，所得税と社会保険料の納付義務，そして銀行の利子所得税の納付義務

　β）　中産階級政策

　活動的そして推進的な中産階級政策による税制上の優遇措置，年金保険による自営業者の養老手当，投資の促進。だが，これまでにこれらの手段は，中小企業に不利で，独立事業を吸収する，経済的な集中化プロセスに歯止めをかけることはできなかった。

　γ）　教育政策

　奨学金，学位取得の促進，再教育，および新しい教育機関の設立による積極的な教育政策。

　しかし，この政策が，大学における重大な入学定数制，そして就職においても制限が発生するという発展を引き起こしたことを見逃してはならない。この教育，職業訓練における展開は，社会国家の意味での政策が，すべての結果を考慮しなくてはならない配量と目測の問題であることを，はっきりさせた。欠陥の発生および分配の問題は，この分野においてはじめて再び意識されるようになった。法秩序は，それに対し，政治と同じくらい備えが足りないようであった。国家の職業統制の肩をもつわけではないが，需要と供給の均衡をはかることは，特定の職業において回避可能になるであろう。将来は，学校や大学では，高齢化，少子化

による，過剰供給を減らしていく課題に直面するであろう。

δ）民事法，手続法および刑事法の社会国家的な形成

とくに次の分野における民事法の社会国家的な形成。

- ドイツ民法535条以下，第二次住居賃貸借契約解約保護法，賃料の規律に関する法律，住居区分所有権法等による賃貸人の保護。
- 割賦販売法による割賦販売取引の規定。
- 普通取引約款規定法による普通取引約款に対する保護。
- ドイツ民法651 a 条以下による旅行者の保護。
- 住居斡旋の法律による規律。
- ドイツ民法1587条以下による年金受給権の調整制度の導入。

手続法の社会国家的な形成。

- たとえば，訴訟費用の援助による私権の訴訟的実現の保障。
- 低所得市民の法律相談，代理。

刑事法の社会国家的な形成。

- 再社会化思想の強調。
- 罰金の日数，日割による算出（刑法40条）。
- 自由剥奪処分システムの形成（刑法63条以下）。
- 保護観察の設置。
- 行刑の改善。
- 連邦中央登録法による，前科登録の抹消義務と利用禁止。

h）国家による成長配慮

スイス連邦憲法2条および31条以下は，アメリカ合衆国憲法の前文（「一般の福祉を増進し」）に同調し，連邦の目的として，スイス国民の「共同の福祉の推進」を掲げ，「国民の福祉の増加及び国民の経済的安定」のために数多くの制御・介入措置権能を，とりわけ経済危機を想定し，[連邦に]付与している。この点では，基本法の文言は控えめであり，とくに1871年ドイツ帝国憲法や1919年ヴァイマル憲法の前文における定式化に似た表現は取り入れられなかった。それでも，国家に「経済の安定性と成長を推進する」ための責任と権能を与える「国家による成長配慮への憲法委託」が基本法から推論された。そこでは，生存配慮だけではなく，経済的繁栄への国家の拡張された責任，すなわち企業の生産能力も問題

となる。それらの国家の経済的，積極的権能（pouvoir actif）の憲法的根拠は，基本法第109条2項から4項と結びついた社会国家条項，88条と，72条2項3号の「経済の統一性の維持，とくに……生活関係の統一」という規定である［原文は1994年改正以前のもの。現行法では，経済の統一性の維持は72条2項に定められている］。国家による競争への企業的参加と，金融，保険，競争，エネルギー，旅客運送の分野における経済監視と並び，新たな第三の国家の経済への取組みの形態として，経済への介入と経済のグローバルな制御が加わった。

α）経済介入主義

経済介入主義はもはや，許可留保および禁止留保のみによる「営業警察的な」監視だけに留まらず，補助金制度，利益剥奪，特別公課や課税措置により，直接的または間接的に経済プロセスに影響を及ぼすことを目的とする。もっとも，とくに，今日における補助金制度網は，量的にも質的にも，この制度の検証が必要な程度に達している。1967年の経済の安定及び成長の促進のための法律第12条により，連邦政府は2年毎に補助金報告書を提出しなくてはならない。課税優遇措置に関しても連邦政府は同様に報告書を提出する義務がある。補助金交付は，一方で，とくに雇用の創出・維持など，社会国家的に正当化できる目的を促進できるが，他方で，経済において，もう維持することができなくなった構造を温存することにつながる危険性もある。

β）グローバルな経済制御

介入主義は時代の流れにおいて，次第に直接的にミクロ経済的に作用するのではなく，国民経済的な全体に影響する，すなわちマクロ経済的に作用しようとする，グローバルな経済制御のモデルへと移行していった。グローバルな制御の道具としては，とくに連邦銀行法に金融制御の手段として規定されている公定歩合政策，債権担保貸付政策，預金準備率政策，公開市場操作政策が挙げられる（Bd. II § 35 III 3）。昔から通常行われてきた構造政策および財政政策もその手段のうちに入ることを忘れてはならない。グローバルな経済制御がK．シラーの「定式化された基本的決断」として発達したのは，1966, 67年の景気後退期，そしてキリスト教民主同盟・キリスト教社会同盟および社会民主党の大連立の形成期であり，この大連立が，基本法109条を改正し，「近代の（経済政策的）プロセス政策の基本法」としての安定化法を定めた。それにより財政および経済政策は，市場経済秩序の枠の中で憲法的そして法律的に，次の4つの部分目標を有する経

済全体のバランス，いわゆる「魔法の四角」の維持を義務づけられた。その4つの部分目標とは，価格水準の安定性，高い雇用率，対外経済とのバランス，そして安定的かつ適切な経済成長である。この目標を達成するため，法律は，法令による増税と減税，信用貸しの制限，景気調整予備金，財政計画，指導データ，協調された行動等の道具を設けた。これらの手段は，一部は情報を与え，一部は影響的，一部は命令的性質であった。これらの手段の共通の基本理念は，国家の景気調整政策により，国家が経済サイクルにおいて反循環的な行動を達成できるようにすることであった。ここは，この政策の構想が功を奏したか否か評価する場ではない。憲法解釈は，次のことを確認することに留まる。すなわち，経済の成り行きを自由放任主義（laissez-faire）そして放縦主義（laissez-aller）の原理に基づいて発展させることを，社会国家の憲法原理が禁止していることである。「社会の自己規制力に，人類の問題の最善そして最も正しい解決策を是が非でも期待する者は，無限に理性的な人間を求めているのであり，したがって歴史的経験の総計に矛盾する」。しかし他方で，社会国家命令は，経済の成り行きを市場経済に向かって導く義務をともなう。すなわち，その委任を市場経済的秩序を改造するのに利用するのではなく，市場経済の維持と促進に役立てなくてはならない。グローバルな経済制御とは，市場経済の生産能力を確保しサポートすることであって，危機に陥れることではない。この点において，社会国家原理はこれから（Ⅳ 3 c，4，5で）取り上げる，基本権的自由権の限界に組み込まれている。社会国家原理は，経済秩序および経済憲法の1つの構成要素であるが，唯一の構成要素ではない。社会国家原理は，自由主義的に定義された経済憲法の一要素でもある。

ⅰ）計画

1966/67年の危機において，社会国家的な行動委任を活用させるきっかけとなったのが経済状況なら，数年後に新たに社会国家原理に注目をもたらしたのは，グローバルな経済制御により起こったプロセスの中で生まれた計画の発想であった。国家の計画委託は，社会国家原理から推論される。計画は，国家の役割の要素となり，行政法から憲法のレベルへと高められた（Bd. Ⅱ § 40）。

α）計画の概念と展開—国家計画と社会計画？

決められた目的に向けて，決められた手段を使って，未来の出来事を予見し制御するという意味での計画は，昔から人間，そして人間の共同社会の理性的な行

動の基本的事実に属する。その限りでは，国家による計画は新しいものではない。すでに絶対国家も計画をしており，自由主義国家も計画を免れたことはない。60年代末に問題となったのは，計画を増やすことであり，とくにすべてのレベルで計画を増やすことであった。予算，そして財政計画，建築管理計画，国土計画だけでは足りなくなり，枠組み計画（基本法91a条3項），教育計画（基本法91b条），投資計画，社会計画，土地計画と開発計画が生まれ，最終的には，多かれ少なかれ広範囲な国家・社会計画型の，総合的な国家による課題・資源計画の思想が誕生した。社会国家は「計画国家」と理解された。「計画無関心」にかわり，「計画多幸症」が蔓延した。すべての計画の基本理念は，問題を適時に把握し，問題解決に適した戦略をたてることの必要性であった。これにより，計画は「文明の科学的技術的条件のもと，受動的ではなく積極的な政策を打ち出す試み」となり，「社会的な展開を，その問題を認識し，すべての重要なデータを考慮し，将来的な成り行きを予見した上で，決まった目標に向けて最適に制御することである」。

β） 計画の憲法上の根拠—計画と自由

このような包括的な計画は，詳細な憲法的根拠なしには許されないし，現実的でもない。このことは第50回ドイツ法律家大会，そして，黙示的に，計画を憲法的に根拠づけようと，その提案において常に努力した憲法改革予備調査委員会において認識された。法治国家的・基本権的および議会的政府主導的（gubernativ）［立法の際，議会ではなく執行権が主導権を握る］分野における——連邦国家的領域を度外視する——多種多様な憲法的問題は，社会国家原理だけを根拠に広範囲な計画を起こすことは許さない。この結論は，予算計画（基本法110条），財政計画（基本法109条3項），そして共同課題の枠組み計画（基本法91a条3項）など，特定の計画が憲法的に制定されていることとも一致する。もちろん，一般的に無計画な状態が良いというわけではない。エネルギー計画，建築計画，国土計画，さまざまな専門計画は法律的に制定されており，必要不可欠である。しかしながら，大規模計画や総合計画は，基本権，法治国家的要求，そして議院内閣制を包含する憲法的システムに組み込まれない限り，許されない。この限りでは，ヘルツォークに同意する。「スローガン的に言えば，自由な社会国家における計画とは，自由への計画，あるいは，……自由を増やす計画でなくてはならない。この若干の視点を示すため，社会の自己制御力に任せた場合，成功の見通しがあることは，計画してはいけないのである。計画とは，個人が自分を『世話を受け

ている』，あるいは，――より適切には――『管理されている』人間だとしか感じられないものであってはならない。計画は，将来的に別の展開が，――それがたとえ予感されるだけものであっても――，断たれてしまうほど長期的であってはならない」。憲法は，計画友好的にも，計画抑制的にも定めていない。経済制御と同様，重要なのは程度と内容である。これらは社会国家のみによってではなく，さまざまな憲法規定，すなわち基本権によってはかられるべきである。

k) 環境保護

最後に，社会国家原理は環境保護の強化に貢献することが挙げられる。M．ブリンガーはこのことについて，「社会と経済の自己制御力が環境保護の分野においてまったく機能しないことを考慮すれば，長期的に人間的な生存と，この生存に仕える経済活動を可能にする環境条件を確立することは，社会国家原理（基本法20条1項）に基づく国家の課題である……バランスのとれた経済成長および経済的競争を社会的市場経済の基礎として確保するという憲法委託は，そのために必要なインフラストラクチャー，とりわけ水，空気および気候の十分な備蓄能力を保存，あるいは復旧することが必要となる」と書いている。環境保護は今日において，明らかに国家の重要課題となっており，この課題は人間とほかの生き物の存在条件が著しく脅かされ続けていることにより，際立ってきている。これにより，あらたな憲法的な根拠づけが推論できるかどうかは議論する必要はない。環境基本権といったものが，ほとんど意味のないものであることは明確であるからである。

環境保護とは，負荷を増大することなく軽減し，自然生活空間，生態学的体系，そしてそれらの，人間にとっての機能に対する害を無くすための措置すべてを包含する。すなわち環境保護の範囲とは，空気，水，土壌，そして生物圏（植物界，動物界），したがってとくに広義における自然と景観である。環境問題のための専門家評議会によると，国政的課題としての包括的な「環境計画」が必要であり，そのような計画は，連邦の広範囲な立法権限を包含する。

環境保護のための法規定が数多く制定されたにもかかわらず，部分的には将来においてはじめて影響を及ぼす歴然とした害に鑑みると，その影響を減らし，状況悪化を防ぐためにしなくてはいけないことが山積している。だが，環境保護は，産業社会の現況と多面的に係っているため，数多くの政治的，法的，経済学的，

技術的問題が絡んでいる。

　さらに，今日，環境保護は，国際的な問題となった。これは，海や国際海流の汚染に見受けられる国々の地理的，経済的な絡み合いをとっても明白である。

4．社会国家原理の内在的な制限

　上述のカタログは，社会国家的原理なるものが，必然的に機能的に無制限であることを明らかにした。この原理により，社会形成への新しい国家課題を無理なく創り出すことができる。この無制限性は，社会国家原理の強みでもあり，弱みでもある。この原理は，いかなる政治的活動にも「利用される」ことができるため，理想的な課題作成規範および公共の福祉条項であるといえる。これにより，連邦憲法裁判所が常に強調するように，その内容を定める広範な裁量が生まれる。社会国家原理が常にその場の状況へと依存し，政治的にアンビバレントであることは，この概念の法的なつかみどころの無さと相互的関係にある。この原理を，ありとあらゆる願いを叶えるための道具へと堕落させないためには，内在的な制限が必要である。この内在的な制限は，社会国家原理を，国家目標規定，すなわち以前の包括的であった近代的国家目的論の意図された範囲から，他の憲法決断と社会国家原理との恒常的なストレステストを省略でき，また社会国家原理を恒久的な改革の約束としないで，無限に上昇する能力があるわけではない国民総生産高の財政的能力との衝突を回避出来る憲法的な核心へと限定することにみられる。このような方法によってのみ，民主制原理も考慮に入れることができるのであり，この民主制原理は，社会形成が国家の側からなされる限り，まず第一に立法者に社会形成の正統性，責任そしてリスクを与える。このことは，とくに，社会国家原理に政治的・イデオロギー的に過度に負担をかける者に認知されるべきである。彼らは，社会国家原理に過度に負担をかけると同時に，政治の決定権能を制限する。当初，社会国家条項と対立するものとしてとらえられたのが法治国家原理のみだったとすれば，今日においては，民主制との衝突を認識するべき時が来た。だが，学説はそのことについてはとても控えめである。H．クリューガーは，ほぼ予言的にドイツについて次のように表現している。「法治国家への欲求は十二分，社会国家への欲求は十分，そして政治的な国家性への欲求は不十分に満たされている」。連邦憲法裁判所は，広すぎる社会国家の理解の民主制への脅威を明白に認識し，その理解の限界を紛れもなく示した。「社会国家原理は，国

家に課題を課すが，個々の場合にどのように解決するかについては言及しない。さもなくば，社会国家原理は民主制原理と矛盾することになる。もし政治的意思形成に，必ず特定の方法でなされるべきであって，ほかであってはならない憲法的な義務づけがあるのであれば，基本法の民主的秩序は自由な政治プロセスとして決定的に制限され削減されることになる」。

a）　価値判断としての社会—社会的正義と社会的安全

基本法により構成される国家についての「社会」という称号は，憲法が与えた価値判断であり，すなわち価値自由な，中立的な国家の拒絶である。この価値判断は憲法レベルで下されたものであるため，憲法の最高位性に基づき，とくに社会法だけではなく，すべての法的分野に影響が及ぶ。「社会法の特徴こそは，一般的な社会国家の特徴とは異なる」。社会国家原理は，法秩序に特定の「ニュアンス，方向，そして指針」を与える。社会国家とは，社会配慮国家以上，全体的な社会福祉国家以下のものであることを意味する。社会国家は，その都度欲しいものを，ましてや立法者を迂回して取り出せる魔法の箱でも宝蔵でもない。社会国家原理のみでは，請求権の根拠規範となり得ない。だが，それはすべての国家的権力に，機能的組織的に適し，適切な財源が確保されている制度を含む，社会国家原理の具体化および実行を義務づける。したがって社会国家原理の内容決定とは，2つの極端のあいだを行ったり来たりしながら正しい節度を探すことであり，その節度は現在においては必然的に国によって異なる。しかしながら，社会国家が20世紀の，産業革命，戦争および経済危機への答えであり，社会的公平および安全，「人生の危機に備えた団結」（solidarité devant les risques de la vie）の達成を目的とし，社会的緊張を軽減し，内的平和を構築することは，多かれ少なかれ一般的な妥当性をもって言うことができよう。社会国家の発展とは，近代の産業社会における国家の本質を決定する課題である。その課題は，2つの基本的規準を含む。

第一に，共同体の政治的形成のための全般的な秩序原理である社会的正義は，「社会的」を強調することにより，すべての国民の経済的，文化的，そして存在に係る生活および生産能力の適切な水準（基準）を保障する。

第二に，社会的安全は，危機，すなわち老年，障害，失業，疾病，路上生活などにおいて，生存のための蓄えが失われた場合の個人の生活を予防または事後救

済的に守るために必要な生存援助を保障するための制度または措置を設立し維持することを要する。しかし、これは国家だけの課題ではない。

　b）　社会主義国家との区別
　そういう意味では社会国家は、給付、そして保障国家であり、――必然的に立法および行政国家であり――、法治国家における市民の消極的地位（status negativus civilis）と民主制における能動的積極的地位（status activus positivus）を補足する、十分に確保された社会的積極的地位（status positivus socialis）を市民に与える。社会国家は、憲法的展開の最終到達点である。よって、社会国家は、ソビエト社会主義共和国連邦や東ヨーロッパの国々の憲法を形成した社会主義国家とは文言的に異なるだけではなく、その成立条件も社会主義国家のそれとは別のものであり、自由的・法治国家的・議会的・民主的に縁取られている。したがって、中継線は基本法15条ではなく、一方で基本法2条1項、6条、7条、9条、11条2項、12条2項、12 a条、13条3項［現行法では7項］、14条2項、16条の社会的義務および社会的拘束と、基本法73条4、5号［現行法では73条1項4号、5号］、74条5号、6号、7号、9号、10号、10 a号、11号、11 a号、12号、13号、16号、17号、18号、19号、19 a号、20号、22号、24号［現行法では74条1項の各号］、75条1 a号、3号、4号［75条は、2006年8月28日の改正法律ですべて削除された］などの権能規定と、他方で基本権の自由原理とのあいだに引かれるべきである。

　c）　社会国家原理の解釈の困難さと弱い司法審査可能性
　ほかの国家構成原理とは違い、社会国家原理は、――特別な権能のタイトルを除き――、特別なかたちや具体化を有さない。それは、高度な解釈の困難さと弱い司法審査可能性をともなう。R．ヘルツォークはそこから、社会国家原理が「憲法的な拡大解釈の試みすべてを拒む」ことを推論した。だが、実際にはこの拡張的解釈こそが散見される。社会国家原理は大きな注意を払って扱わなくてはならないということ、とくに裁判官による法創造に関しては謙抑的な態度を要求するということは正しい。基本的に、連邦の最上級の憲法裁判所および連邦の最上級の裁判所の判例は、この線に沿っていると理解された。

　α）　連邦憲法裁判所の判例

§21 社会国家原理

連邦憲法裁判所は,次のように述べた。「基本法20条1項は目標である公平な社会秩序を規定するが,どうやってその目標を達成するかについては,すべての可能性を残した」。とくに,社会国家的原理によって,個々の事例において適用すると苛厳や不適切な結果を招く規定すべてを修正できるというふうに社会国家原理は理解されるべきではない。いままで連邦憲法裁判所は社会国家原理を内容的に定めずに,

- 社会的対立や不平等の調整,
- 救助または社会的保護が必要とされる場合の配慮,
- 「個人的な弱さもしくは債務,不能,または社会的ハンディキャップにより個人的および社会的発達を阻まれている社会集団のための国家による配慮と援助(Vor- und Fürsorge),
- 最低限度の生活の確保,
- 家族負担調整の確保

といった上述の意味における社会的公平と社会的安全を求めることに留まり,このことが,社会国家原理に,より明確な輪郭を与えることを阻んだという批判を受けることになった。

β) 連邦の最上級の裁判所の判例

連邦の最上級の裁判所の判例も,個別事例における解釈に停留したままであった。K. A. ゲルステンマイアーはその解釈を,「基本法の基準系にある社会国家条項の全体的なドグマーティク的深さを解明すること」の必要性を,どの裁判所も認めなかった,と要約した。裁判所の判例は,原則的には社会国家条項の司法審査適合性を認めるものの,原理のみを根拠としては請求の根拠となる主観的権利は認めず,法律の規定との関係においてのみ主観的権利を認めた。

III. 法的性質と適用範囲

1. 一般条項で,法治国家的性格を有する構成原理としての社会国家原理

社会国家原理は基本法において一般条項,すなわち具体化されていない「白地規範」として規定されている。これにより,IIで述べたように,内容を把握することだけではなく,法的性質と名宛人の範囲を定めることも困難になっている。社会国家条項が,一定の枠内で内容的に開かれた国家モデルを目標にしており,

このモデルは，その構築によってより自由，またはより計画的であったり，より私法的またはより公法的であったり，市場経済的またはグローバルに制御するものであったり，より個人的またはより共同的な制度を展開すると要約することができ，そして，その法的性質についても複数の解釈が妥当する。非拘束的なプログラム規定，国家の類型を定める特徴，憲法指針，もしくは憲法委託から，国家目標規定，法規，法原則，国家基本規範，解釈指針，さらには憲法を形成する基本決断と，その法的性質の解釈は多岐にわたる。

すでに非常に早い時点で，プログラム規定説は否定され，社会国家原理の法的性質が認められるようになった。本章の冒頭では，社会国家原則は構成原理として分類したが，すでにこの分類によって，この原則が，裁判的制裁の対象となり得ないただの政治的指導原理以上のものであることが明らかにされた。この原則は憲法的価値判断であり（前掲Ⅱ4ａ），具体化可能であり，具体化されなければならないが，しかし法規としての性質をもつものであり，よってすべての国家権力を拘束する。さらに，社会国家原理は，基本法79条3項の改正禁止の保障に属する（§5Ⅳ5）。

2．社会国家原理の義務づける力

したがって，社会国家原理は授権的効力だけでなく，義務づける力をも有する。連邦憲法裁判所およびバイエルン憲法裁判所は，それに応じて「国家の社会義務」と呼んでいる。しかしながら，この一般的な社会義務は，個々の国家役割に異なる結果をもたらす上，無制限でもない。国家の社会義務とは，援助・調整義務の指針として理解されなくてはならない。この指針としての性質は，補充性原理と類似している。社会国家は社会的でなくてはならない。非社会的な政策は社会国家に禁じられている。しかし，それは活動のための活動というわけではない。そのような国家は，国民を未成年者のように見なす，完全な福祉国家であろう。また，それは，国民のイニシアティブや，非国家組織を信用しない「社会政策的完璧主義」でもない。社会国家こそが，その制度や国民の生産能力に頼らざるを得ないからである。社会国家は扶養金庫でも「堕落した福祉国家」でもない。

3．第一の名宛人としての立法者

社会国家原理は，政治的，国家的，社会哲学的価値判断による負担を高度に受

けている。その事実から，早期から常に，社会国家原理を第一に実現するべき者は「政治的権力」（R．スメント）であるということが推論された。とくに連邦憲法裁判所は，立法者を社会国家条項の第一の名宛人とし，「社会政策的な行動へと義務づけられている」と見なした。社会国家原理は，「立法者への形成委託」を含むものである。それに応じて，多数の分野で，この義務を実行する法律が制定された（前掲Ⅱ）こともあり，社会国家原理は，強度に法化されていると言えよう。しかし，立法者の裁量は広範囲で，明らかな濫用がない限り認められる。国民の具体的立法請求権は，原則的に社会国家原理から直接導かれることはなく，立法者による具体化によってはじめて国民の請求権は法律で決められた範囲で発生する。それに応じて，社会法総則31条は，社会保障給付の分野における権利義務の発生，認定，変更または取消しに関して特別な法律の留保を規定する。

4．執行権と司法権に対する意味

しかしながら，このことは，執行権と司法権が社会国家条項の適用範囲外にあることを意味しない。これらは，別の方法で社会国家条項に組み込まれているのである。執行権と司法権にとって社会国家原理とは，第一に解釈規準であり裁量指針である。この基準はとりわけ一般条項において影響を有する。執行権が政令や条例の制定のように法定立的に活動する際，上述の立法に関して述べたことがあてはまる。

a）　法律の適用における意味

行政は，すでに規制行政についての法治国家原理を通じて，憲法的基準をよく理解している。よって，憲法の拘束は，許可においては，新しいことではなく，給付行政についてもそうである（Ⅱ2，3eおよびBd．Ⅱ§41Ⅰ-Ⅲを参照）。新しく加わったのは，執行権が法の適用，すなわち不確定法律概念の解釈および裁量行使の際，社会国家原理に拘束されることである。社会法総則は，このような，3条から10条に定められている社会的権利への効果を，「次に掲げる社会的権利は，この法律の規定の解釈および裁量の行使の際に顧慮されなくてはならない。その際，社会権ができるかぎり広範囲に実現されることが確保されなければならない」と2条2項にはっきりと定式化している。

b）裁判における適用事例

社会国家原理がもっと効果的に影響力を発揮したのは，裁判の分野であった。R．マルチッチは，裁判所を「社会的公平が現実性，実効性へと凝固する場所」とさえ見なした。この領域において，社会国家原理を実現する重要な適用事例も見出される。その事例とは，次のようなものである。

- 主観的公権の許可におけるもの。
- 労働法と社会福祉法におけるもの。
- 損失補償の給付の許可におけるもの，もっとも，今日では判例は控えめに給付を認めるようになったが。
- 公課規定の解釈におけるもの。
- 外国人法におけるもの。

IV. 制　約

1．国家の給付力

これまでに述べたとおり，社会国家制は，国家の給付力と給付能力を要する。社会国家が処理する課題は，その国家を巨大な分配者へと変える。なぜなら，「社会とは，……分割，分配，そして配分の過程のことを示す」からである。近代の社会国家の特徴は，社会的な社会制度を提案し，保障するだけではなく，自ら積極的に推進，給付することであり，この国家は安定，均衡と調整には尽くすが，ありとあらゆる個人の不利な運命からの保護には尽くさない。この目標設定は，常に増えてゆく立法と，至る所で散見される行政人員の増加を引き起こし，その結果，給付行政の役割は規制行政のそれを上回っている。環境保護や公衆衛生管理の分野と同様，規制行政の分野においても予防と指導の要素が入り込んできた。さらに，支出の約半分が福祉分野に回る国家の予算もこのことを証明する。これによって，公の予算から家計への移転（収入譲渡）が行われた。

1962年から1982年にかけて，すべての地方公共団体の総支出が，1065億DMから，5倍以上の5660億DMへと増え，同時期に国内総生産は3605億DMから1兆6350億DMへと増加したが，このうちすべてが社会的インフラストラクチャーに回ったのではない。また，地方公共団体の予算には表れない社会保険事

業者の支出も考慮しなくてはならない。さらに、上述された数値には、公営企業の会計は含まれない。

　国民総生産のうちほぼ50％が社会保険者を含む国の総支出にあたる。国民総生産の、国の給付や活動による負担が注目すべき程度に達して以来、社会国家の財政が問題視されねばならなくなった。国民総生産の成長がデータとして予測不可能であるため、社会国家の財政的限界は明らかである。また、税金や社会公課という形の個人や企業の経済的な負担は、これからは支払い意欲と引き換えにしか増やすことができないほどの程度に達したことに注目すべきである。この認識が次第に普及していることは、経済全体で国民総生産の41から44％の公課率を有する他のヨーロッパの国々、たとえばノルウェー、スウェーデンやオランダを見れば分かる。これにより、2つのことが指し示される。

　1つは、社会国家が国家と納税者の金銭給付能力次第であるということであり（Bd. II§46 I 5を参照）、2つ目は、国が担当するすべての課題の必要性、重要性と効率性を検査することの必要性である。A．ヴァーグナーが1861年に定義した「増え続ける国家課題の法則」は、恒久的法則となってはならないのである。それより、H．ティートマイヤーとともに、「もし自由主義的な秩序体系とその経済的生産能力を長期的に脅かしたくないのであれば、国家負担分の拡張を単に続けるだけでは、どちらかというと減るのではなく増え続ける公的課題の解決には成り得ない。その解決法は、私見によれば、新しい課題を単に公的負担分の拡張で克服するのではなく、同時にいままでの公的給付活動を削減することでしかあり得ない」と確認せざるを得ない。

2．国家課題の限界とコスト要因

　この分野で決断を下すことは、国法学者の職業を逸脱している。国家課題とその処理の際の優先順位の確定は、憲法が課題、目的、目標および制約を規範化していない限り政治の問題である。多くの分野では、憲法がそれらの点を指し示すことはあるものの、ほとんどの場合は、社会的法治国家のように、潜在的に万能の権限へと導きかねない一般条項や国家目標規定を用いている。国家課題を、一般的必要性とグループ特有の必要性の基準により選択することの必要性は、次第に差し迫っている。国家課題を引き受けることの憲法的限界は、とくに国家課題が、もはや概観することができず、その課題にともなう負担の評価が難しくなる

ほどのスケールに達した時，明らかになる。J．ロールズの『正義論』に続き，経済学的見地から，社会国家が，「当事者が自由で，平等で，自己本位の人間として，自分たちの関係を公平諸原理に則り，予防，援助，供給，困難，調整と相互の助長に関して規律する」分野と，改めてより明確に把握されることは，一考に値する。これは，公的生産の物価上昇率が民間生産のそれより高く，経済成長が停滞するなか，公的予算の整理が不可避なことが明確になるにつれて，当てはまるといえよう。連邦憲法裁判所が，「高コスト」な規範統制において，段々と立法部に，規定を新たに制定することだけを義務づけるようになったり，Chr. シュタルクが「議会の予算政策的な決定権限（基本法110条，109条）」を，「裁判官による法創造の機能法的限界」と強調したりと，少なくとも「コスト要因」は，憲法的議論に普及した。H．クリューガーは，社会政策的提案の，金銭的な出費を含めた結果に関する考究を常に検討するように要求した。たいてい間違っている法案の表紙の決まり文句，「代案：無し，コスト：無し，最小限または別の個所により負担」では不十分なのである。給付能力のある社会国家のコストをプログラムにおいて最小化する反面，それに対する要求を最大化することが，残念ながら今日の政治的流儀となってしまった。

3．法治国家性，自由，連邦国家原理および民主原理による限界

社会国家の法的限界はとくに法治国家性と基本権的に保障されている自由にある。これらは，社会国家原理の外因的な制約であるが，このことは，他の国家構成原理との緊張状態を排除することを意味しない。A．ケットゲンはその点において，「公正」な財政調整の問題を含めた，平等原則，および生活条件の統一性もしくは等価性への統一的な傾向（基本法72条2項3号［72条は1994年に全面的に改正され，さらに2006年にも改正されている。現行法では，本文の内容と同条2項とが対応する］，91a条，106条3項2号）に段々と入り込んでくる，連邦国家原理に関連する「ストレステスト」に言及している。連邦国家制度が「社会国家の優勢の明白な犠牲者」とさえ呼ばれたのは驚くべきことではない。「社会的連邦国家」の新しい変形は，とっくに超国家，国際的義務に拡張されている。それらはすべて，限界が明らかにならないまま，「富む」社会国家を義務づける，新しい要求をたてている。

民主制原理が，逸脱する社会国家の制約として認められるのに時間を要したと

すれば，最初から鋭い，社会国家原理を排除さえする対比として扱われたのが法治国家原理である。

a) 社会的法治国家—結合の必要性

とりわけE．フォルストホフが法治国家原理と社会国家原理の不一致を強調した。「法治国家と社会国家は憲法レベルで結合していない」。しかし，「社会的法治国家」という文言からも明らかになるように，結合こそが基本法の目標設定である。この憲法命令は，絶え間ないバランス，両方の憲法原理の整合，そして発生し得る対立の解決を強制する。憲法学説と，それに続いて判例は，その「緊張状態」を否定することなく早期にその命令にむけての調整をした。基本法が選んだ言葉の組合わせは，法治国家，もしくは社会国家へと分断すること，または，1つの完全な社会的法治国家が誕生する願いをもって半分の法治国家，もしくは半分の社会国家へと分断することを禁ずる。「基本法は，法治国家と社会国家を反目させ，政治的確信により2つのうちどれかを選ぶことを禁ずる。基本法が両者に関して憲法的に具体化できる発言をする限りにおいて，法治国家的または自由主義的社会国家という二重概念と結びつける調和が探求されなくてはならない」。学説と判例は広範囲にわたってこの方針に沿っている。

b) 相互的な浸透

したがって，法治国家が優先的に現状の法的地位の維持を目標とするのに対し，社会国家が，ダイナミックな改造のために法的地位への影響をも辞さないことから生じ得る，両者の緊張状態を調整することが，基本法の命じる内政の主要課題に含まれるとすれば，2つの原理のあいだには優勢・劣勢はあり得ず，相互的な浸透しかあり得ない。社会国家は，法治国家の形でしか貫徹しえず，逆に法治国家は社会的公平および安全に基づかなければ近代の産業的大衆国家においては活力が無い。いずれの原則も，他方の原則の負担の上に実現されてはならない。

c) 基本権的な自由との緊張状態

この解釈は高度の抽象レベルにある。それはしかし，このような範囲を有する構成原理に関しては必然である。その解釈は，理論的・演繹的だけではなく，目的論的・現象学的に行われなくてはならない。社会国家原理の定義の不十分さは，

判断すべき個々の事例に合わせた解釈実践，広範囲に裁判所も用いてきた，実用的な方法を優先的に要求する。法治国家原理との緊張状態の解決のためには，主に，基本権的に保障されている自由との調整が鍵を握る。法治国家原理のその他の内容も考慮する必要がないわけではないが，立法者が社会国家原理を実現することから，緊張状態の危険は少ないのである。立法者の制約とは，基本権およびそれ以下に定められている，過剰侵害禁止（§20 Ⅳ 7）などの諸原理である。基本権のなかでもとくに自由主義的，経済的自由領域を与える基本法 2 条，9 条，12 条，および 14 条である。その一方，基本法 3 条，6 条，7 条の基本権や基本法 33 条 5 項の制度的保障は，もとから国家からの給付を内包するため，社会国家原理に対して肯定的立場にある。基本権との関連づけは，それが制約的であるにせよ支援的であるにせよ，「基本権の前に社会国家原理」，または「社会国家原理の前に基本権」などという，単純化傾向にある解釈論理に注意しなくてはならない。このような衡量は浅薄であり，議会評議会において，憲法理解がさまざまに分かれていたことからかけ離れている。各問題の解決は，社会国家原理の一般条項的性質と，独特の形式と法律の留保を有する各基本権的自由権との考量を要する。

4．基本権と社会国家原理

基本権と社会国家原理の関係を評価する際，基本権が個人の主観的権利として形成されている反面，社会国家原理はこの法的性質を欠いており，客観的憲法原理として，先ず立法的に実現されなくてはならない（前掲Ⅲ 3）ことを念頭に置かなくてはならない。社会国家原理はその開放性の故に具体化を必要としており，直接基本権を制約することはできない。だが，この連邦憲法裁判所の，議論を許さない拒絶は，基本権の直接の制約に限定されている。しかしながら，社会国家原理を具体化する法律的制約の場合にも，自由の理念が憲法と個人を直接に結び付けることを考慮しなくてはならない。そこからは，「疑わしきは自由の有利に」(in dubio pro libertate) といった，時折使われるような原理は推論できないが，自由主義社会における個人の私的・経済的生活形成領域の，憲法により保障されている承認と尊重は推論される。その限りで，基本法は，そこから推論される個人の私的リスクおよび責任をともなう，総憲法的自由決断を保障する。このような自由が無制約であったことは，一時もない。基本権の法律の留保や社会国家原理

が指し示すように，常に拘束されてきた。「個人の自由の保護と社会国家秩序の要求の緊張状態において立法者は，……広範囲な形成裁量を有する」。しかし，自由の一定の優位は，基本法19条2項が基本権の本質的内容に抵触することを禁じていることからも，否定できない。この規定は，基本法79条3項によって不可侵と宣言されている基本法1条および20条とともに，個人に，公権力が介入することのできない「私的な生活形成」，「人間的自由の最後の不可侵的分野」を与える。この価値判断は，自由が無で，社会または国家がすべてである秩序の導入を原理的に排斥する。そのような極端な立場を度外視すると，国家による経済，社会，企業秩序の分野における社会形成は，基本権的自由の保護と立法における制約の程度に応じて多様である。時折，立法者は自由権行使の前提条件を創造するために，規律を構想した。

a）　一般的行為の自由

基本法2条1項が保護する一般的行為の自由について連邦憲法裁判所は，その制約が「憲法的秩序」によって可能であることを認めた。その憲法的秩序は，憲法に適合する法律のうち，自由と人格の基本価値を尊重するものを含む。よって，社会国家的作用の余地は，ここでは多い。同時に，社会国家原理は基本法2条1項との関連により，少なくとも憲法訴訟的な「主観化」を受ける。この判例は以来，多数意見となった。

b）　放送の自由

基本法5条1項によって保障されている「放送の自由」に関しては，連邦憲法裁判所は社会国家原理との関連を認めたものの，社会国家原理が基本権と同じランクであることは認めなかった。

c）　労働法上の団結

労働法上の団結（基本法9条3項）は，補助的に社会国家原理（社会的パートナーシップ）をもって理由づけられ，伝統的な労働協約制度の保障へと発展した。他方，社会国家原理は，労働協約の自由と労働闘争に社会協調性の意味での制約を規定する。

Ⅳ. 制 約 291

　d) 職業の自由

　社会国家原理がより強い影響力を発揮するのが，職業の自由の分野である（基本法12条）。このことはすでに，「薬局判決」で明らかになり，国家の職業紹介独占，半国家的職業，そして企業内共同決定に関する判例において継続された。最初の「入学定数制判決」では，配分参加権が，社会国家原理をもって根拠づけられた。

　e) 所有権

　所有権の基本権および制度（基本法14条）と社会国家原理とのあいだには，複数の点において近い関連があり，そのことは，基本法14条2項，3項1文，3文でそれぞれ，社会国家条項にも内在する公共の福祉，そして公益を指すことにより言語的にも表現されている。基本法14条1項1文による所有権保護には，まさに社会国家の影響のもとで，自分の努力により得られる，歯科医の保険医としての認可，専門医としての名称の付与，そして——長年とくに物議を醸した——社会保障年金の具体的期待権等，一定の社会法的公法上の地位などの法的地位が含まれている。

　社会的法治国家においては，とくに社会的弱者の所有権が保護を要する。

　社会国家原理によるこのような所有権保護の強化にもかかわらず，社会国家的動機を有する先行行為が優先的に，所有権という，とりわけ護られるべき基本権と対立する可能性があることを見逃してはならない。基本法14条は，所有権，とくにその行使が反社会的な性質をもつことを嫌う。だが逆に，所有権が，個人の自由な領域を確保する性質を失い，生産の領域で他人と集団的・共同統治的にしか利用できなくなることを敬遠する。所有権者の決断優位は，——公用収用の場合を除き——，維持されなくてはならない。立法者は，「私的所有を肯定する基本法の価値判断を尊重しなくてはならない」。この価値判断は，社会国家原理を援用しても，ねじ曲げてはならない。とくに，このことは，課税権について言えることであり，課税権が財産の本質的部分に着手し，生産能力の限界を超えようとすればするほど意味をもつようになる。連邦憲法裁判所は，その基本法14条の課税権からの独立に関する判例を見直さざるを得ないであろう。

f) その他の基本権と制度的保障

 それに比べて，基本法 1 条，2 条 2 項，4 条，6 条，7 条 4 項，16 条，19 条 4 項，33 条 5 項，社会国家原理など，多数の基本権および制度的保障は圧倒的に，これらの制度の保障や保護請求権の承認という意味での，いわゆる「意図的同方向性」を示しており，しかもそれは，基本権の保護領域への，社会国家的に動機づけられた影響も遮断すること無しにである。判例はそれに応じ，とくにこれらの基本権について強化，援護するため，社会国家原理を指摘し，そしてたとえば基本法 1 条 1 項の人間の尊厳の保障を，人の人格的，社会的存在の承認と理解している。2 条 2 項からは，生命，身体の不可侵性と自由に関する配慮，保護および危険回避義務が推論される。教会組織の慈善活動は，基本法 4 条 1 項の保護領域に包摂される。基本法 6 条 1 項の家族の保護の分野では，所得税法旧 26 条による配偶者分の合算査定の違憲性が認められた一方，社会国家原理との結びつきにおいて家族負担調整が根拠づけられた。基本法 6 条 1 項の母性保護は，社会国家原理の特別な具体化として捉えられるべきであり，非嫡出子の非差別的取扱いも，この憲法原理と強く結ばれている。私立学校の補助金請求権は，社会国家原理と結びついた基本法 7 条 4 項から導かれる。基本法 16 条 2 項 2 文［現行法では 16 a 条］に基づく庇護の認定は，庇護認定された者の，人間としてふさわしい生活条件をも包含する。基本法 19 条 4 項の出訴の途の保障は，すべての手続における包括的な訴訟費用の援助により実効化されている。職業官吏制度の制度的保障は，繰り返し社会国家原理と結びつけられ，最終的には，その特別な具体化と呼ばれるようになった。

 g) 平等条項

 非常に入り組んでいるのが，基本法 3 条の平等条項と社会国家原理の関係である。一方では，前者が「完全な静的理解」を内容とし，立法者に「現存の不平等の除去を要求」するのではなく，「現状として受け入れている」ことを理由に，両者の関係は「最も負担が少ない」という主張もある。他方，社会国家原理こそが，現存する不平等を除去し実質的平等を実現するためにあると言明される。言い換えれば，基本法 3 条が一部は社会国家原理により相対化され，また他の部分では社会国家原理が基本法 3 条によって具体化される。どちらの方向も，メッセージ性は少ない。とくに，Chr. シュタルクがこのことを強調した。すなわち「な

ぜならば，立法のプログラムとしての方向を示す，内容的に不特定な社会国家原理と，内容が無い一般的平等条項から，実質的な審査基準を構築するのは不可能であるからである」。それにもかかわらず，両原理の組み合わせにより，立法者への要求が高まることは否定できないであろう。

　両原理は，その変換のために立法者を必要とする。立法者は，不平等取扱いを，恣意の限界まで命令することができる。逆に，自由と個性を確保する基本権の範囲内で行動する限り，社会国家原理を援用し，実質的平等を追い求めることもできる。基本的には，平等をおろそかにすることなく，自由を維持し確保することが目標である。社会国家原理がもっと社会的公平を追求するのであれば，それは常に，現存する事実上の不平等を除去すること，すなわち国家的措置で，たとえば経済的生産能力の差を除くことを後押しすることを意味する。平等主義的厳格主義の肩をもつことなしに，法的および事実的平等は相互に，「理性的に要求すべき程度」まで近づくべきである。それにより，平等条項と矛盾する規定は，社会国家原理をもって正当化することができよう。だが，機会平等ではなく結果平等（もしかして収入と財産についても）を目指す者は，社会国家原理（と平等条項）を誤認している。社会国家原理は，平等社会の実現まで給付や配分をすることではなく，社会における発達機会の平等のみを求めているのである。「人が人として自然に平等であるがため，所有物や社会的・経済的地位についても平等であるべきといった急進的民主的な平等の観念は，……人間の本性に合わない。一般的にすべての人間が種として平等だとしても，各個人は異なる」。連邦憲法裁判所は正しくこう確認する。「いくら社会国家原理であっても，平等の命令を解除するほどの恣意的な社会形成への権限は与えない」。G．デューリッヒは，そこに正しく連邦憲法裁判所の，「社会国家のダイナミック性」がすべての市民のための予測可能性，予見可能性，測定可能性という意味での規範的平等を破壊するということへの心配を見抜いた。よって，R．ヘルツォークは，機会平等の概念を「機会均等」という概念に置き換えた。よって，国家の，個人を運命がもたらすすべての不都合から保護したり，市場経済の個人への影響を国による統制措置により補償する義務は，最低生活条件の給付が問題とならないかぎり無い。社会国家は，弱者の面倒を見るが，すべての国民の国家でもある。「自由と自己責任の積極的な利用が，自己供給をあきらめ，完全に国の補助に頼る者のレベルを超える報酬を個人に与えなければ，自由と自己責任は潜行する浸食過程にさらされる」。

社会国家は，労働・業績社会を飼料・肥育社会へと転換するという意味をもってはいけないのである。

5．自由権的基本権および平等権と社会国家原理との多層的なつながり

社会国家原理の自由と平等を保障する基本権へのつながりは，これまでの考察によると，きわめて多層的であり，簡単な言葉では要約することが出来ない。そのことから，それが解決不可能な課題であることが推論されることも少なくない。「自由の行使の前提である社会的安全と，自由を危険にさらす，すべてを平準化してしまう後見との違いは何であるか？」W．マルテンスは正しく問う。それゆえ，基本法にある特定の方面から与えられ，憲法の創作者および文言が少したりとも示さぬ人間像を具像化する一面的な捉え方は，とくに衝撃的である。そこで提案されている解決法は，真実であるためには単純すぎる。それは，自由で民主的な基本秩序における自由と多元性の均衡，および社会的法治国家の節度を保った決定的な定式を誤認している。基本法に，「生活秩序」のために明確に独自の節が割かれていなくとも，これらの秩序およびその秩序に生きる人間が，基本法に触れられていないということではない。連邦憲法裁判所は早期に，基本法の憲法秩序を，「人間が創造秩序の中で独立した価値を持ち，自由と平等が国家的統一の恒久的基本価値である」という観念に基づく，「価値に拘束される秩序」と呼んだ。その「人間像は専断的な個人のそれではなく，共同体の中にあって共同体にさまざまに義務づけられている人格である」。この秩序は，「自由と人間の尊厳の保護をすべての法の最高の目的として」認識している。その中には，「公権力による影響の範囲外にある，私的な人生形成の不可侵の領域」が含まれている。

この人間像と価値判断を顧慮すれば，個人は単なる国家の客体ではなく，逆に純粋な社会的動物（zoon politikon）でもなく，人格的自己決定と個人的自己発展，自己形成する能力があり，そのような地位におかれているのである。したがって，精神的，政治的そして経済的に自由主義的，そして多元的な，すなわち「開放された」，何者の理論，イデオロギーによっても形成され得ない社会像がある。この社会の源は，国家によって尊重されなくてはならない，実質的な価値判断により憲法的保護を得た自由主義的な多元性である。「平等に基づく，すなわち，一般的に自由のさまざまな行使により生まれる多様性を許容する憲法は，明確に随時のいかなる関係における，すべての人間とすべての生活分野の平等化，集団化，

水準化,図式化も否定する」。

V. 社会的基本価値と基本権

1. 社会的基本価値

これまでの記述は,国家の安全価値,法的価値,および行政価値を超える特定の社会的基本価値,すなわち,社会的公平と社会的安全の確立と維持,十分で適切な雇用の確保を含む,存在に係る生存配慮の保障,自然的生活基盤の確保,経済的成長の促進などを示した。社会性,連帯性,人間性,参加等もっと一般的な要請は,憲法のランクを占めるには,多義的すぎる。よって,憲法的社会国家原理の,それに包含される社会的基本価値を考慮した控えめな解釈が優先されるべきである。

2. 配分参加権と社会的基本権

最近では,個人の社会的地位を強化するための,新たなる法的考察が浮上してきた。それは,基本権的価値秩序を社会国家原理との関連で「配分参加権」に転換するという理念と,社会的基本権の導入の理念である。

a) 連邦憲法裁判所の入学定員制判決——配分参加権の理論の拒否

連邦行政裁判所の,基本法7条4項3文と社会国家原理に基づく国家の私立学校の金銭的補助の義務(Ⅳ4以下を参照)に関する判例を契機に,連邦憲法裁判所は,入学定員制判決で次のように述べた。

「近代国家が市民の社会的保護と文化的促進に努めるほど,国家と国民の関係において,当初の,国家からの基本権的自由の保護の要請と並んで,国家の給付への配分参加権の基本権への組み入れの要求が加わる」。

「基本的に,現代の社会国家においても,配分参加権を付与するのか,またどの程度付与するのかが,裁判で争うことのできない,立法者による決断に任されるのであっても,国家が特定の教育施設を設けた場合,これらの施設への入学請求権が,基本法12条1項と結びついた平等条項,および社会国家原理から発生し得る。このことは,とくに,国家が,——大学分野のように——,事実上の恣意的に解消することのできない独占的地位を有し,そして,——学術的職業への教育のように——,国家の給付への参加

が基本権の実現のための必要条件である場合，該当する。自由な法治・社会国家の中において，国家機関は，受益者の範囲を独断で区別し，一部の国民を受益から閉め出し，結果的に職業制御になりかねないため，この分野を国家機関の自由な決定に任せることができない。国家がサービスを提供することの結果として，大学入学資格を有する全国民の，人生の機会に原則的に平等に参加する権利が生じる。3条1項と結びついた基本法12条1項および社会国家原理は，主観的許可要件を具備する各国民の，個人が志望する大学で学ぶことの許可を得る権利を保障する」。

ここから，いわゆる配分参加権としての基本権についての学説がさまざまに導かれた。

a) 主観的公権と法的反射—行為義務

この問題に関する議論がまだ進行中であり，現在ではどちらかというと停滞しているにもかかわらず，2つのことを区別しなくてはならない。1つは，憲法ランクにある給付への主観的権利の存在，もう1つは，憲法の，国家への，国民の「補足的」法的請求権をともなわない，基本権行使の促進の委託である。言い換えれば，行政法においてよく知られている主観的公権と法的反射の区別は，憲法レベルでも有効である。憲法が付与する給付への主観的権利は，たとえば，基本法6条4項，5項のように，これが明確に命令されるか，もしくはたとえば，基本法5条，7条4項3文，12条，14条，33条5項のように，憲法規範の目標と目的がそのような請求権または受益を認める場合にのみ存する。R．ブロイアーの類型論が示すように，そのようなケースは決してまれではない。その他には，自由を保護するには，せいぜい客観的な「国家の組織的または分配的な種類の積極的な行動への義務」が問題となる。そこで，社会国家原理が刺激を与え得る。そこにこそ同時に，社会国家原理の「自由を創造する力」がある。それに関しては，自由主義的に秩序づけられた生活領域の保障，および特定の組織的・手続法的原則の発展の公権的保障としての基本権の性質が展開する。似たような路線で，基本法2条2項1文および1条1項に基づく胎児に対する生命保護義務という意味における国家の行為義務を，連邦憲法裁判所は堕胎判決で次のように認めている。「国家の保護義務は包括的である。この義務は，もちろん国家の直接的な胎児への侵害を禁ずるだけではなく，国家に，胎児を守り，成長を推進する，すなわちとりわけ第三者による違法な侵害から守ることを義務づける」。

しかし，そのような行為義務の確認は，個人の行為請求権を意味しない。議会

評議会がいわゆる社会的基本権を拒否したことにも見受けられるように，制憲者は社会国家的措置を裁判で争うことの可能な請求権として制定する意思は無かった。それによると，自由権を社会国家原理の力を借りて配分参加権へと転換するという考えは，「非常に制限された」，「極端な例外」においてしか問題とされない。E．フリーゼンハーンも，「配分参加権」という概念を否定しているにもかかわらず，「とても特殊な基本権状況，既存の国家的制度の中の既存の地位に係る場合」には，このような例外を完全にシャットアウトしてはいない。

β） さまざまな考察方法

この（慎重に）区別をする以外の思考方法は，憲法解釈の限界を超越し，憲法政策を行う危険性をともなう。P．ヘーベルレの1971年のレーゲンスブルクにおける国法学者大会での報告もこの方向で議論したのであり，彼の報告は，「社会的基本権の欠如」の調整における，基本権政策，基本権ドグマーティクの「新構成」の意味での基本権の実効化における基本権政策として理解されることを意図した。それはしかし，基本権の本質と機能という決定的問題—そして，そこに含まれる，国家と憲法が個人と社会との関係において有する意義という問題へと導く（詳細はBd.Ⅲ）。

b） 社会的基本権

社会的基本権に関する議論は，第一に憲法政策的レベルで行われる。そのような基本権を導入すべきかは，議会評議会がヴァイマル憲法や多数のラント憲法とは対照的にそのような基本権を導入しなかったことから，問題とされている（Ⅰ2b参照）。少なくとも，基本法6条1項，4項，5項など，いくつかの基本権においては，社会的影響は否定できない（Ⅳ4f参照）。憲法条文に基本義務という概念が明らかに欠けていても，基本法はそれらから免責されているわけではない。「基本義務」とは，倫理的だけではなく，もちろん法的な憲法条件であり，それ無しでは基本権は存在し得ない。

特別な社会的基本権としては，「(1)，労働への権利。(2)，適切な住居への権利。(3)，社会的弱者の社会的文化的発展の機会に参加する権利。これらは部分的に特別の平等権として形成されており（女性，子ども，とくに嫡出でない子，障害者，そして労働者，または庇護申請者として国内に滞在する，次第に増加する外国人の平等的取扱いの保障），さらに，教育への権利もそのうちの1つであり，参加権として初め

てその特別な社会的色調を得る。(4), 参加権に近いながら, それとは区別される, 最広義での, 配慮を含めた社会的保護への権利。そして, (5), 昔の健康保護の権利から展開し独立した, 人間の尊厳に値する環境への権利。

　列挙された法的地位の多様性は,「社会的」という概念の曖昧さ（前掲Ⅱ1）を反映しており, 狭義の理解においてでさえ, 社会的である権利の範囲の区別に限られた程度でしか役に立たない。今日, 確立した慣例によって定められているように,「社会的基本権」という概念が, 完全に輪郭を失うべきではないとするならば, せめてその2つ目の構成要素を真剣に受け止めなければならない。よって, 社会的基本権を「『プログラム規定の性質として』,『制度的保障』,『指導原理』,『国家目標規定』,『立法命令』または『憲法委託』として想定が可能である』としてはならない」。基本権という概念は, 委託とも目標規定とも違う, 主観的権利を要するのである。

　この主観的権利の理解においては, 上記の法的地位を実現し, 裁判において実現することが可能であるという制裁をともなうと理解することは, きわめて困難である。国家は, 請求義務者として, 原則的に他の基本権権利者の法的地位の侵害なしに, このような社会的法的地位を実現することはできない。この葛藤は, 社会的法的地位を, 利害関係の調整と, 請求権と義務との形成を可能にする制定法にゆだねるように強いる。立法者は, 社会法—総則—の制定によりこの課題を引き受けたが, 各則による実行は留保したままである。国際条約, すなわち1966年12月19日の経済的, 社会的および文化的権利に関する国際規約や, ヨーロッパ社会憲章に掲げられ, 法律ランクに転換された社会的諸権利も, 常に, それを実現するためにさらなる立法的措置を必要とする。

　それとは対照的に, 基本法へ社会的基本権を導入することは, ほとんど決定的な進歩をもたらさないであろう。

第2章　構成原理
第3節　議院内閣制

§ 22　議院内閣制の基礎と形成

I．歴史的展開

1．イギリスとフランス

　議院内閣制原理はヨーロッパで誕生し，とりわけイギリスおよびフランスにおいて展開してきた。ドイツには，そこから伝来してきた。今日では，150カ国中およそ40カ国において採用されている。

a）　Parliament と Parlement ―全国民の代表―議会の優位

　フランスにおいては，すでに13世紀に「Parlament」という表記が見られるが，これは，フランス語の「話す（parler）」の語源にもなった，中世の平俗ラテン語「parlamentum」から来ている。もっとも，このパリにおける Parlemant du Roi は，助言，会計検査および裁判の機能を有する国王の顧問会議（curia regis）であった。この会議の有していた，よりいっそうの独立性と統治におけるより強い発言とを得ようとする兆しを，絶対主義は押さえ込もうとした。ここに，近代的な意味における議会を見ることはできなかった。

　イギリスにおける発展は，より成果があった。ノルマンの時代から，イギリスには，助言および裁判の機能を有し，当初国王の貴族によって構成された（大評議会）「magnum concilium」が存在していた。これは，1246年から議会の表記を用いている。ジョン失地王から勝ち得た1215年のマグナ・カルタが，自由権のみならず，バロンの課税同意権も認めたので，一定の増税にはこの機関の同意が必要となった。13世紀の最後の3分の1の期間には，バロンおよび聖職者と並んで，この議会に低身分の土地貴族（ジェントリー）と都市の代表，いわゆるコ

モンも召集された。後にロードとコモンは分離され、そこから上院と下院へと発展していった。

「議会（Parliament）」という表記は、明らかに、当初は高位の貴族と聖職者からなる上院についてのみ用いられていた。議院内閣制がさらに発展するについて決定的であったのは、議会が16世紀末以来国民全体の代表という地位に至ったことである。17世紀以来、議会と国王とが政治的意思形成のファクターを形成するようになり、これは18世紀には確固たるものとなった。女王エリザベス一世の国務大臣は、すでに議会の包括的な権力について次のように断言している。すなわち「王国における最高かつ絶対の権力は、議会に存する、……この議会は帝国全体を代表し帝国全体に対する権力を有する。というのは、イギリス人はすべて、自らあるいは代理ないしは代表を通じて議会に出席していると考え、……議会の同意を自分たちの同意とみなしているからである」。このことは、国王と議会との一進一退の闘争に鑑みれば、たしかに誇張されているであろうが、1688年の「名誉革命」以降、議会の優位は否定されない。

「権利章典」（1689）は、議会の自由選挙を導入し、議会の立法機能および統制機能を確立した。したがって、この時点から、「立法者」としての議会について語ることができる。そして、18世紀には、議会から政党（トーリー、ホイッグ）が発生している。国家指導のうち重要事項（税、軍事、立法）は、議会に委ねられた。ここから、国王が政府を選挙に勝った政党の指導者によって形成するという慣行（政党による政府、内閣政府）が生じた。しかし、なお国王が内閣を指導し政治の方針を決定した。これが変化したと見られるのは、ようやく1715年になってからであり、その表向きの理由は、ハノーヴァー家出身のジョージ一世が英語を解しなかったからであるとされている。その直後のアンナ女王のもとで、首相が内閣を議会に議席を有する政党員のみで組閣するということが、一般的になった。イギリスでは「委員会政府」であるといわれるように、政府の長と内閣は、議会の多数派と結びついた。同時に、内閣は、議会を解散し、新たな選挙で新たな多数派が形成されることを通じて、信任の喪失による退陣要求に対抗する可能性を獲得した。この手続は、1784年に、小ピットによって初めて用いられた。

ナポレオンによる支配の後、イギリスのモデルは、シャトーブリアンとバンジャマン・コンスタンによってフランスにもたらされた。すでに1814年のシャルトは、大臣の責任について言及していた。すでにルイ・フィリップの政府は、議

院内閣制的であるとされた。1830年にティエールは，「国王は君臨すれども統治せず」という原則を打ち立てた。1848年の革命は，大統領という職を創設した。ナポレオン三世による1851年のクーデターの後に制定された憲法は，明らかに反議院内閣制的であった。議院内閣制と，大統領制ないし君主制とは，いずれにしても，これら2つの権力の場のいずれに政府が依存するのかという問題を，政治的にも憲法的にも不明確なままにした。1871年以降政府は議院内閣制的となり，大統領は影響力を失った。

b) 選挙権と議会制

フランスおよびイギリスにおける発展は，議会の成立に大きな意義を有していた。しかし，この発展は，何らかの方法で招集された代表が国家指導に協働する機関を1つ生み出したに過ぎない。これによって，現代的意味における議院内閣制の理解は，ごくわずかしか形成されなかった。この理解にとって本質的な民主制的構成要素（§18 I）が，なお欠けていたのである。これは，選挙権の形成に依存していた。1832年から，選挙権はイギリスにおいてより多くの国民に認められていくようになり，ついに1918年に普通選挙となる。フランスにおいて，この過程は1789年の革命とともに始まる（§10 I 2 a）。これと密接に結びついていたのは，代表の理念（後掲 II 5 a）と国家権力の分立の原理（Bd. II, §36）であった。精神史的には，議院内閣制は，1つの理念から生まれたものではない。議院内閣制の発展にとって，民主制，普通，自由かつ秘密の選挙，代表制および権力分立は，いずれも同じようにその根底にある。

c) 類概念としての議院内閣制

このような発展の概観から，議院内閣制原理の「確たる概念」を形成することは，容易ではない。構造，制度および意義は，決して単一的ではない。議院内閣制は，「さまざまな現象形態」を包括する「類概念」であることが明らかである。したがって，不可欠の構成要素，必須の諸条件（conditiones sine quibus non）を浮き彫りにし，憲法法と憲法現実がきわめてさまざまなモデルを形成し得ることを承認することが，本質的に重要である。ここではドイツの議院内閣制を叙述するのであるから，ドイツにおける発展に必要な範囲でふれておくべきであろう。

2. ドイツにおける議院内閣制

ドイツにおける議院内閣制は,「あたかも一晩のうちに持ち込まれた」わけではないと,正当に指摘されている。このことは学説における議論についても,実務での実現の契機についても当てはまる。理論的な議論はとくに1830年のヨーロッパにおける政治状況の変化と結びついているが,実際の発展は基本的にはるかに遡る。歴史的に注目するべきは,とりわけ等族代表であり,それは,そこに場合によっては「ドイツのみではなく,ヨーロッパ全体の中世後期における歴史の鍵」が存し得るからである。

a) 中世ドイツ帝国の等族―等族議会的憲法―君主制原理―大臣の法的責任

中世においてドイツ帝国では,等族,とりわけ貴族,聖職者および都市の等族は,とくに課税承認権を彼らに保障する憲法上の地位を獲得していた。17世紀の絶対国家は,等族の権利を抑制し,領邦君主の主権を広範に妥当させることを可能にした。フランス革命およびウィーン会議の後,等族は地位を再び強化できた。

1815年6月8日のドイツ同盟規約13条は次のように規定する。「同盟の国家すべてにおいて,等族議会的憲法が施行される」。1820年5月15日のウィーン最終規約54条から62条に,等族議会的憲法およびその実施に関する特別な保障規定がおかれている。他方で,57条は次のように規定する。「同盟は,自由都市を除いて,主権を有する領邦君主からなっているのであるから,ここに示された基本概念によれば,すべての国家権力は国家の元首に統一されていなければならず,また,主権は,一定の権利行使についてのみ,等族議会的憲法によって等族の協働と結びつけられ得る」。これによって,議会制原理ではなく,君主制原理が確立された。すなわち,議会ではなく,国王が統治する。

1815年から1848年におけるドイツの諸憲法によって,たしかに等族は立法および課税承認において協働する権利を有していたが,等族に対する領邦君主政府の責任ないし依存といったことはなかった。1848年の革命は,政治的な,そして多くの邦では法的な(国法上および刑事法上の)大臣責任をもたらしたが,議院内閣制的な責任はまだであった。大臣は,議会に依存していなかった。君主は,国家権力の決定的な要素でありつづけた。君主制は,立憲的であったが,議院内閣制的ではなかった。

b）1871 年ドイツ帝国憲法――帝国議会の信任および不信任の声明―― 1871 年ドイツ帝国憲法 17 条の改正：準議会制的君主制

1871 年 4 月 16 日のドイツ帝国憲法は，17 条 2 項で次のように定める。「皇帝の命令および処分は，……それが妥当するために帝国宰相の副署を必要とし，これによって宰相は責任を負う」。この規定は，1871 年ドイツ帝国憲法で最も争われた規定の 1 つである。M．フォン・ザイデルは，この規定を「ただの無意味な成句」と名づけた。P．ラーバントは，次のようにいう。

「この責任は，法制度として形成されてはいない。何に及ぶのか，誰にその責任を問う権限が与えられているのか，問う場合どういった手続を経るのか，その結果どういった効果が生じるのかについての規定が欠けている。したがって，帝国宰相の責任は，単なる政治的原理であり，法規による実現がなお期待されるのであるが，もっともまったく実効性がないわけではなく，帝国宰相のいわゆる政治的あるいは議院内閣制的な責任を基礎づけるものである。この責任の実践的な帰結は，基本的に，連邦宰相の執務に対する介入が連邦参議院および帝国議会で議論されるという政治的必然性から，連邦宰相は逃れることができないということにある」。

P．ラーバントは議院内閣制的な責任という表現を用いているが，この責任はまだ何ら法的効果をもってはいなかった。帝国議会は，1871 年ドイツ帝国憲法 23 条によれば法律案を提出できるだけであり，しかも法律は連邦参議院とともにのみ制定することができた（1871 年ドイツ帝国憲法 5 条）のであるから，なおさら議院内閣制が基礎づけられているとはいえなかった。帝国議会による信任および不信任の声明は，国法上は何ら効果を有しなかったのであり，それどころか議院内閣制化することは，帝国の依拠する連邦制原理と相容れないとされていたのである。変化が兆したのは，ようやく第一次世界大戦が進行している中で，すなわち 1917 年からであり，W．ヴェーバーをはじめとする一連の論者が議院内閣制と取り組むようになってからである。1917 年 7 月 19 日の帝国議会平和決議は帝国政府の政治的統制を要求した。

初代帝国宰相のフォン・ベートマン・ホルヴェークが議会の信任を失ったために退陣した後，ヘルトリンク伯およびその後継者バーデン公マックスは，すでに帝国議会諸政党との協力の下で帝国宰相として任命された。バーデン公マックスは施政方針に関して，初めて信任問題を提起した。1917 年夏から 1918 年秋に至

る帝国統治体制の移行期は,「潜在的議院内閣制」とか「消極的議院内閣制」と呼ばれている。1918年10月28日に，1871年ドイツ帝国憲法15条に以下の規定が加えられた。「帝国宰相は，その職務執行について，帝国議会の信任を要する。帝国宰相は，政治的に重要な行為であって，皇帝が帝国憲法によって与えられた権能の行使において行う行為のすべてに対して責任を負う。帝国宰相とその職を代行する者は，職務執行について連邦参議院および帝国議会に対して責任を負う」。連邦参議院の地位は変更されなかったので，憲法の文言によれば君主制は準議会制的であるに過ぎない。このため，トーマは，この議院内閣制を「不完全なもの」であるとしている。

  c) ヴァイマル憲法：不完全な議院内閣制

　ヴァイマル共和国におけるドイツの憲法生活の議院内閣制化は，理論的には，とりわけR. レズロープの影響の下に生じた。とはいえ，立法と行政を分立する「正しい形式」における彼の議院内閣制理解に対して，そして議会の信任に依存した内閣政府に対して，議会の単なる「執行委員会」としての政府システムを対置させようとする試みがなかったわけではない。ヴァイマル国民会議においては，以下のような規定がヴァイマル憲法の決定的な構成要素とされた。ヴァイマル憲法56条1文は「ライヒ首相は，政治の基本方針を定め，これについてライヒ議会に対して責任を負う」とする。ヴァイマル憲法54条2文は，ここから効果を導いている。すなわち，ライヒ首相とライヒ大臣は，「ライヒ議会の明示的な決議によってその信任を失った」ときは，辞職しなければならない。

　しかし，同時に，ライヒ首相の提案権と任命権は，国民によって選出されるライヒ大統領の下におかれ（ヴァイマル憲法53条)，この大統領には，ヴァイマル憲法48条2項によって非常権限が与えられ，またヴァイマル憲法47条によって軍に対する最高司令権が与えられた。大統領はさらにライヒ議会を解散することができ（ヴァイマル憲法25条)，ライヒ議会の法律の議決に対して国民投票を命じることができた（ヴァイマル憲法73条)。他方で逆に，大統領は権能行使についてライヒ首相またはライヒ大臣の副署に拘束されていた（ヴァイマル憲法50条)。アンシュツは，この憲法の立場について次のようにコメントしている。「54条は，まさに議院内閣制を宣言したものである」。しかし，議院内閣制の意味についてこの時期盛んに議論されていたということを度外視しても，ここで引用した諸規定

をみると、議院内閣制の構成要素は全体として、異なった見方をせざるを得ないであろう。

このため、R．トーマは、不完全な議院内閣制であるとして、次のような理由を述べている。すなわち、立法に関しては、ライヒ参議院が「差戻的拒否権」を通じて法律の成立を少なくとも一次的、一定の場合は最終的に阻止することができ（ヴァイマル憲法74条）、行政に関しては、ライヒ大統領の権能があるために、「立法と行政とで二重の麻痺の可能性」を抱えているからである。ヴァイマル憲法の統治システムは、政府のライヒ大統領（罷免権）と国民代表（不信任投票）とに対する二重の責任によって、それ自体で均衡を採ることのできない権力並行的な、危険に満ちた二元的対立に陥っていたのである。カール・シュミットは、国民会議の審議において「議会制をより正確に規定することは明らかに拒否され」大統領制的要素、首相制的要素および内閣制的要素がともに取り入れられた、と述べている。そして、彼は、正当にも次のように結論づけている。すなわち、「さまざまな可能性が相互に対立しあった関係は、ヴァイマル憲法によって形成されたドイツ国における議院内閣制の本来的な問題である」。この内部的な破綻も、ヴァイマル憲法を崩壊させた原因なのである。ヴァイマル憲法の「政府のプラン」は、あまりにも多様なものが混じり合った憲法の理念に従ったものであり、さらに連邦制的要素をも合わせれば、混交さはとくに目を引くものとなる。R．トーマは、ドイツ初の共和国を次のような民主制としている。すなわち「ライヒとラントにおいて設けられた代表制的議会制的（間接民主制的）要素と人民投票的（直接民主制的）要素との協働関係の故に『混合』民主制と呼ばれているが、その複雑性は、議院内閣制的-人民投票的-連邦制的-官職法的-法治国家的な混合民主制と特徴づけることによって初めて示されよう」。

3．ボン基本法における議院内閣制の受容

上述のような弱点にもかかわらず、ヴァイマル憲法の議院内閣制は、基本法の生みの親たちにとって決定的な出発点となった。いずれにせよヴァイマル憲法とボン基本法との絆は、1871年ドイツ帝国憲法とヴァイマル憲法との絆より、はるかに強いのである。とはいえ、ヴァイマル憲法における構造上の欠陥を回避する試みがなされた。

a）ヴァイマル憲法の構造上の欠陥から導いた議会評議会の結論

とくに非現実的な国家元首と国民代表との均衡の観念から，議会評議会は結論を導いた。M．ヴェーバーは，ヴァイマルからボンへと照射する効果を「不安をもたらす負担」とし，議会評議会が「彼らの作品がより確実に抵抗するから，場合によっては危険にはまったくさらされないかもしれないので，ヴァイマル憲法と同じような圧力がかかっても同じ運命は繰り返されないだろうと，楽天的に信じて作品を形成した」と考えた。他に，そこから出た人口に膾炙した言葉では，「ボンはヴァイマルではない」（F．R．アレマン）がある。警告灯がしばしば点灯したにもかかわらず，こういった名文句は，ドイツ連邦共和国で30年以上にもわたって，自らの正当性を主張し得たのである。

b）政党国家的に刻印された，反プレビスチット的，代表制的，法治国家的，連邦制的，政権安定的議院内閣制という基本法のコンセプト

ヴァイマル憲法との強い絆を度外視すると，基本法は，固有の精神と固有の概念からなる憲法である。ヴァイマル体制の2倍以上の長さで存続するという，ドイツ連邦共和国の統治システム自身の歴史の重みが，歴史的-生成史的な独自性をより強いものにしてきている。ボン憲法の独自性は，まさにその統治システムの形成にも現れている。R．トーマによって示された特徴（前掲2）と結びつけて独自性を指摘すれば，政党国家的に刻印された，反プレビスチット的，代表制的，法治国家的，連邦制的，政権安定的議院内閣制である。そこには，他には見られない固有性を有する，議院内閣制原理の独特の実現がある。もちろん，基本法の統治システムが，西側の主要な民主制の議会制（§18 Ⅱ 2 a）に根ざし結びついていることは，基本構造において疑う余地はない。しかし，修飾語によって示されている強調は，特殊（西）ドイツ起源のものである。それは，1つの特徴づけで表現され得るものではなく，レーヴェンシュタインによって用いられた「統制された議院内閣制」の概念も，「民衆独裁的」に不正に転用されるので，成功していない。それは，さまざまな要素や成文を結びつけているが，きわめて自律的に組み立てていて，その憲法の混交の方法において真価のある議院内閣制のモデルなのである。このため，ドイツ連邦議会におかれた憲法改革予備調査委員会は，ほんのわずかの改正を提案するだけで足りた。政党の発達がこのシステムにとってプラスになったということは，そのとおりである。しかし，おそらくまさ

に憲法構造が，全体として安定的な政党制へ向かうための下準備となったのであろう。いずれにせよここにおいて原因と効果を明確に分けることはできない。このシステムの核心部分は，議会の構成員となる資格や議会内外での行動について疑念の余地のある新たな集団が発生しても，変わりはない。

　c) 議院内閣制のその他の要素
　上記の議院内閣制の特徴づけは際立った指標であるが，しかしこれによって表現し尽くされているわけではない。統治システムを実際に理解するためには，さらに多くの要素を視野に入れなければならない。基本法に関して挙げるべきは次のようなものである。
－ 自由で民主的な基本秩序に対する信仰告白
－ 一方で基本権カタログおよび法治国家原理による，他方で社会国家条項を通じてより強化された国家行為の授権と委託による，国家権力に対する重要な憲法的拘束のネット
－ 広範な管轄権を付与された憲法裁判権の存在
－ 連邦国家的秩序
－ 超国家的な機関の権限

これらが全体としてはじめて，統治形態についての十分説得力のある説明を可能にする。議会制的という修飾語は，統治システム決定要素の本質的なものではあるが，決して唯一のものではない。

II. 概念，本質および要素

1. 民主制の純粋実現形態としての議院内閣制

　基本法の議院内閣制をテーマとした1974年のドイツ国法学者大会で，Th. オッパーマンは，今日の議会制を「その核心において，正しく理解された，つまり問題に対して開かれた（多元的な）形式における民主制原理の『技術的−組織的な容器』」と呼び，議院内閣制を「政治的な意見および行動の自由を『政府』の必要性と結びつけるもの」と理解した。この定義は，議院内閣制は，単にわれわれの民主主義的憲法国家の組織形式としてのみ理解されるべきではなく，議院内閣制が，国家の基本的目標，国家の価値体系性，機能的存在および国家の正当化と

密接に結びついていることを，明らかにしている。大統領制と並んで，議院内閣制は，国家指導つまり規律権力という問題を解決するための民主制の純粋な実現形態である。それは，政治的権力の組織と形成に関する原理であり，それゆえアングロサクソンの government という包括的な意味で政府を理解した場合の，政府の形態である (Bd.Ⅱ, §39)。国民代表形成のために，周期的に反復して行われる普通選挙という意味での民主制は，議院内閣制と密接に結合している。

原理として，議院内閣制は，核心部分が維持されている限り，さまざまな実現形式とモデルを許容し得る。国法上規定された内容と国家的実践のエッセンスとしての核心部分を，ここではまず問題とし，基本法における具体的な形成および構成は，後に述べる（後掲Ⅲ）。

2．特定の統治形態の種別表示概念としての議院内閣制—議院内閣制の核心部分：信任要求と国家指導への参加

議院内閣制は——「制」という言葉がすでに示唆しているように——，ある国家の特定の統治形式についての種別表示概念である。これは，法規範，制度および行為形式によって特徴づけられる。この原理の形式規定内容は，政府が議会（少なくとも多数派）の信任に裏付けられていなければならないこと（信任要請）および議会が国家指導の本質的部分を有していること（国家指導配分）である。

これら2つの議院内閣制の「核心部分」については，一致が見られる。もっとも，信任要請および国家指導への配分参加の程度の具体的形成については，「制度の変種」が見られる。変種は，政府の議会に対する依存と議会の有する国家指導への配分参加が本質的な決定と関わっている限り，基本型から外れたものではない。この2つの要件が，議院内閣制の本質を規定する。通常は，政府の議会に対する依存は，選挙という方法による任命（基本法63条，67条，68条1項2文）およびその存続の処分可能性（基本法67条，68条1項2文）によって，保障されている。国家指導への配分参加は，とりわけ，立法，政府の統制，財政および防衛上の事項における協働，ならびに条約の承認によって確立される（基本法77条1項1文，43条以下，110条ないし115条，87 a条1項2文，115 a条，59条2項1文）。

この他の要素，たとえば政府の任期を議会の立法期に依存させること（基本法69条2項）は，基本的構成要素から導かれる変形ではあるが，必然のものではなく，そのことは，新たな政府が選出されない限り政府に対する信任が立法期を越

えて存続すると推定している，ベルリン，ハンブルク，ラインラント－プファルツおよびシュレースヴィヒ－ホルシュタインの各ラント憲法が示している。

3．大統領制は，議院内閣制原理の亜種ではない

　国家形式としての自由民主制が存在する限りで，議院内閣制は大統領制と競合する。民主制的大統領制は，議院内閣制原理の亜種として特徴づけられるものではないが，接近化の現実は否定されない。しかし，決定的な違いは，議会と並んで国民から選出された第二の国家機関が存在し，しかもこれがまったく罷免されず，あるいはきわめて厳格な要件のもとにのみ罷免されうることである。大統領制的統治システムの基本型式は，政府の解任が憲法上排除されていることによって特徴づけられる。言い換えれば，議会の信任に政府が依存していないのである。こういった依存性は，議院内閣制を，大統領制との対比において，国民代表によって媒介された間接的な民主的正統性のシステムと特徴づける。大統領制的民主制は，たとえばフランスやアメリカでみられるのであり，フランスの大統領制的民主制は，第四共和制の議院内閣制から発展したものである。いうまでもなく，議院内閣制でも憲法機関としての大統領がありうるのであって，オーストリアのように直接選挙される例もある。しかし，政府の任命と存続が依存する信任をあたえる機関は議会であり，大統領ではない。したがって，真の大統領制は，議院内閣制の形式の１つではないのである。

4．スイスにおける協和―レフェレンダム民主制

　スイスは，大統領制とも純粋な議院内閣制とも異なった，協和制民主主義のモデルを有している。純粋な議院内閣制との類似点は，政府，すなわち連邦参事会が連邦議会によって選任される点にある（スイス連邦憲法 96 条［現行の 1999 年 4 月 18 日連邦憲法では 175 条］）。しかし，この選挙は 4 年毎に行われ，その間は罷免できない。決定的な統制は，国民による法律レフェレンダムの可能性にある（スイス憲法 32 条，89 条 2 項，89 条の 2 第 2 項［現行法では 138 条以下］）。開発援助，地域開発計画，景気政策，放送およびテレビ，ならびに付加価値税についての国民投票は，レフェレンダム有権者国民の自律性と統制機能を明確にした。これは，他の国の議院内閣制との決定的な違いを示す指標である。スイスの統治システムについて，M．インボーデンは，レフェレンダムによって代表の意思が否定される

わけではなく，修正されるに過ぎないと考えている。というのは，法律内容の決定は，依然として国民代表の許におかれているからである。H．フーバーもM．インボーデンも，レフェレンダムを理由に国家構造を直接民主制とするならば，それは誤った理解であるとしている。むしろこれは「共同参加的民主制」である。K．アイヒェンベルガーは，「半直接民主制」といっているが，H．フーバーは，いわゆるレフェレンダム民主制を代表民主制の変形としている。H．フーバーはレフェレンダムが民主的統制の手段であることを強調して，次のようにいう。「すでに法律内容が審議される段階で，レフェレンダムに対する虞が働き，過剰なレフェレンダム対策が画策されるのである」。しかし，レフェレンダムにおいて敗れることは，連邦参事会に対する不信任を意味するものではない。

5．議院内閣制の基本的条件

上記の2において叙述した型の議院内閣制は，実効性を発揮するために一定の基本的条件が必要である。すなわち，
- 議会の代表機能（a）
- 議員の自由委任（b）
- 機能能力のある政党制（c）
- 政府機能の独自性についての承認と保障（d）
- 議会の統制機能（e）
- 一定の政治的および市民的自由権の存在（f）

a）代表

「代表の理念は決定的ではないとしても本質的な現代国家の形成原理である，というテーゼは，代表の理念の認識についての自明の理とされる」。そこまではいわずに，他の理念や制度も少なくとも同程度に重要な現代国家成立の部分とするとしても，なお，議会や議院内閣制は，代表の理念や技術なしには，具現することはできないし機能可能でもない。代表は，議会制民主主義的法治国家にとって構成的であるだけではなく，同時に政治的および価値指向的行為の基本カテゴリーである。

最近数多くの著作が公にされているこの理念について，ここでは発展の筋道を簡単に示すにとどめざるを得ない。最近の理解において，この理念は，能動的市

民が,政治的機関における選挙された自由委任の代理(代表)を通じて,政治的意思形成に本質的に参加することといわれるまでになった。代表に関するこういった形式的概念は,次のような実質的(内容的)代表概念によって補完される。すなわち,代表機関における行為は,市民が「異なった見解をもつにしろ,共通に正しいと考え望ましいという見解をもつにしろ,こういった行為において,市民の意見が反映され得る」ように形成されているということである。形式的代表は,正統性,責任追及および義務づけの根拠を形成し,実質的代表は,同一性を目指している。議院内閣制にとって,いずれの構成要素も本質的である。

　α) 典型的な西ヨーロッパの理念としての代表

　最初の代表制は,――すでにⅠで述べたように――イギリスにおいては13世紀から14世紀への移行期に発展し,その後フランス,またスペイン,ドイツおよびイタリアで発展してきた。代表は,典型的な西ヨーロッパの理念である。エジプト,ビザンチン,インド,日本,あるいは中国のいずれにおいても,この理念は知られていなかった。この理念の発祥は明確には分からない。この誕生には,イギリスの等族集会が本質的な貢献をしている。2世紀の教父テルテュリアヌスを発案者とし,始源が教会法にあるとするのが多数の見方である。その立憲的意味は,E.デュ・ヴァッテルの国際法の教科書に,次のように定式化されている。「主権の代表的性格は,それが国家を代表しているところにある。そして,これによって,君主は,統一的な団体としての国家に帰属する尊厳のすべてを,一身に統一する」。これに合致するように,すでに外交使節はその君主を体現していた。フランス革命憲法は,代表制的憲法と理解され,それによる代表は,当初は国王と立法会議であり,後には後者のみとなった。ウィーン会議における等族憲法か代表制憲法かをめぐる争いは,こういった背景のもとに見るべきである。

　β) 同一性の対概念としての代表

　カール・シュミットは,「代表は,規範的事象,手続,方法といったものではなく,何らかの実存的なものである」というテーゼを立てた。もっとも,これは,多くを説明していない。代表概念は,いずれにせよ長い間闇の中にあり,多義的に用いられ,対概念である同一性と絶えず対立してきた。この同一性は,もう1つの重大な形成原理であり,古代における(小)ポリスでは,直接民主制へと導いたが,今日,実際には評議会制憲法において実現され得るのみである。同一性概念との対比において,代表原理は,治者と被治者の区別を承認し,しかし権力

行使のために被治者の同意を必要とする。「代表とはすなわち，目に見えない存在を公的な存在によって目に見えるようにし，現在させるものである」。G．ライプホルツは，ヴァイマル期における国法学の論争を前提に代表理念を把握しようとし，次のような定義にたどり着いた。「代表の本質に含まれるものとして，何らかの現在していないものを現在させるということがある。その特殊弁証法的な機能は，あるものを同時に不存在なものとして，しかしまた現在していると観念するところにある。代表者によってもう一度現在化されている人ないしは何らかの人的統一体を問題とする限り，代表者には，人的存在の二重性が本質的に固有なものである。したがって，代表概念は，二元性ではなく統一の思想に基づく同一性概念とは，原則的に区別される」。

　γ）他者に代わってする行為としての代表

　代表するとは，他者のために他者に代わってする行為である。もっとも，私法上の代理と同じ物と見るべきではない。代理は，個人の全権に基づく。代表は，より強度に抽象化された領域にある。すなわち，代表者は，国民（Nation），人民（Volk），国家を現在化する。したがって，概念の重要性を損ねないために，利益代表について問題とすべきではないであろう。ここには，経済委員会および社会委員会の問題がある。しかし，今日，国家機関のなかで議会だけが代表しているのかは，考慮に値する。すなわち，R．ヘルツォークは，連邦政府，連邦参議院，連邦大統領，連邦憲法裁判所および政党の指導部も代表機関ではないだろうかという，問題を提起している。いずれにせよ，現代国家は代表抜きに説明することはできず，また行為能力も有しない。

　δ）期限付きで，責任と信託に基づいた権限行使—公共性

　代表機関による国家指導は，期限付きの権力行使であり，責任と信任に基づいている。代表は，常に選挙による正統化を必要とする。「一方において代表は他者に対し指導的な行為である。しかし他方において選挙する者と選出された者との間の合意が代表を通じて作られる」。したがって代表には，公共性が含まれる。「代表の構成要件には，被代表者が代表者によってもう一度存在するものとされることが含まれるのであり，そのため代表者の行為は，その被代表者（たとえば人民，国民，国家）に，政治的にも法的にも帰責され得なければならない」。であるから，議院内閣制においては，政治権力は，議会によって自ら行使されない限り，原則として，議会に対して政治的に責任を負う国家機関の許になければなら

ない。

ε）　国民の政治的統一の代表

　純粋に形式的な代表は，集団支配へと変質してしまう危険を有している。代表は，被代表者との関係を喪失し得るのである。代表団体の公共性は，委任の期間限定性と同様に，こういった拘束を維持するために重要な道具である。しかし，決定的なことは，さまざまな意見の食い違いがあっても，国民の政治的統一をもたらすように努めることである。代表機関は，国民の支配を全体として実現しなければならない。国民全体の中の成員として，代表者は，「均一化された国民の意思を自身において形成し，しかもみずからが国民の意思の表現であると国民から受容され支持されるように形成すること」をなし得る。これには，代表者に指導能力と指導意思がなければならない。しかし，統合へ向けた任務（§3Ⅲ6ａ）として，国民へ常にフィードバックすることも必要とされる。こういった実質的代表を実現するために，代表団体は，国民の意見と企図を反映するものであるべきである。多元的な構成によって，国民意思の議論の応酬が表現されるべきである。こういった「リベラリズム政治哲学の教え」は，今日明らかに，冷静な考察に席をゆずっている。

ζ）　全国民の代表

　代表は，その国民（Nation），その人民（Volk）と結びついている。そこから「人民（Volk）全体の代理」という代表の定式が生じる。こういった前提は，19世紀以来代表の理念に付け加わっており，これに応じて，議会制民主主義憲法のすべてに見られる。拘束的な委任に基づいていた等族議会の代わりに，フランス革命の国民会議によって「国民全体の代表者」（シェイエス）という正当な見解が流布されるようになった。代表者は，もはやその委任者あるいは選挙人の意思の配達人ではなくなったのであり，また代理人でもなくなったのであって，公共の福祉をみずからの権威と職務において作り出す代表者なのである。このため，自由委任は，代表制の結晶点となった。

ｂ）　代表と自由委任

　すでに（ａγにおいて）述べたように，代表者は委任に拘束された代理人と同一ではない。ここから導かれることは，代表と，代表者に対する命令委任とは，相互に排他的であるということである。イギリスおよびフランスの国民代表の理

念によれば，選挙された代表者が国法上自由委任を有することが，等族的代表と対置されるものであることは，疑いがない。W. ブラックストンは，このことを1765 年の「イギリス法釈義」において，次のように定式化した。「そしていずれの構成員も，個別の地区から選出されたとしても，選出されて戻ったときは，王国全体のために仕えるのである。彼がそこへ来る目的は，個別的ではなく，一般的である」。代表と自由委任とのこういった関係は，さまざまに強調されてきており，両者が別の関係におかれることはほとんどなかった。この関係は，議院の地位および議院内閣制の基本条件を形成しているので，§ 24 でとくに論じることにする。「自由な議院内閣制的代表民主制からよりラディカルで平等主義的な政党国家的民主制への発展」が議員の地位に対する影響なしには形成されないということは，委任の受任者と住民とのあいだに一定の隔たりがあることと同様に，自明のことである。ここに，今日のドイツにおける，議院内閣制の代表についての基本問題がある。数多くのいわゆる市民発案や「草の根民主主義」運動の発生は，こういった現象の現われであるが，多くの政党政治家は，このことを真摯に受けとめていない。すべての政党において，自身のことよりも代表の任務に取り組み，一般の福祉に使えることで任務を果たす勇気を奮い起こす時であろう。

c） 代表と政党

　代表は，現代の国家においては，政党なくしては成り立たない。このため，古典的な代表理論の多くの部分は，現代政治にもはや対応していない。現代的な議院内閣制の代表理論は，政党国家の現実によって強く刻印されている。現実の代表に適った制度として，政党は，代表過程からもはや外すことはできない。政党は，議会において等族代表から国民代表へと移行するのと時を同じくして生成した。政党は，政治的指向や系列についてさまざまな，個人的利益，傾向，企図を整序し，それらを代表される資格のある政治へと調整する。政治的行為能力のある集団として，政党は，主として政治的能力と声望によって選出された個人と，次第に交代してきた。1957 年以来 3 つか 4 つの政党だけから選出されていた議員が，ようやく 1983 年の第 10 立法期において 5 番目の政党からも選出されるようになったというドイツ連邦議会の構成の発展は，こういった点できわめて重大である。これほどの程度ではないにしても，同様のことは他の国の議会にも当てはまる。1871 年ドイツ帝国憲法および 1919 年のヴァイマル憲法におけるドイツ

ライヒ議会は、このように若干の政治的「集団」へ集中する経験をもたなかった。これに応じて、そこにおける議院内閣制の政府は、第四共和制のフランスや、今日におけるイタリア、オランダあるいはデンマークのように、政党の傾向が異質で多様であるために、大きな困難を抱えていたのである。「統治不能」と議会制の「黄昏」という不安は、十分すぎるほど指摘されてきた。

α) 機能能力を有する議会を保障するための阻止条項

議会制における政党制が機能能力を維持するための制度的な手段は、国全体であれ、一定の地域であれ、特定の選挙区であれ、一定数の投票を得た政党のみが、議会において代表し得るという条項である。1962年5月30日の決定（BVerfGE 14, 121 [S. 134 f.]）において、連邦憲法裁判所は次のようにいっている。

「議院内閣制民主制における選挙がもたらすべき議会は、国民の中にある異なった意見を可能な限り忠実に反映するのみではなく、同時に行動能力のある政府を形成する状況にある議会でなければならない。比例代表選挙制のもとでは、厳格に貫徹された選挙権の平等は、分散した選挙人団の小さな集団や純粋な利益団体にも議会に到達することを可能にし、政党が過剰に分裂する危険を引き起こし——ヴァイマル憲法のもとでの経験が教えるように——政府の形成が、まったく不可能ではないにしても、困難になろう。

連邦憲法裁判所の確立した判例は、選挙権の詳細を具体化するにあたって狭く限定された裁量の範囲で選挙権の形式的平等の基本原則から外れることを例外的に立法者に認める、とくに重要な理由を、こういった国家政治の危険に見出してきた。したがって、たとえば選挙法に相当な阻止条項を採用することに、憲法上の疑義は主張され得ない（参照、たとえば BVerfGE 1, 208 [248, 256]；4, 31 [40]；4, 142 [143]；4, 375 [380]；5, 77 [83]；6, 84 [92 ff.]）」。

このように、阻止条項は、集団の分裂を排除し、議会が機能能力のある政府を形成する能力を有する状態にあることを保障することという目的のために、一般的に許容されている。ドイツ一般の原則として、5％の阻止条項が妥当している。より高い割合は、とくに強い理由があるときにのみ許容される。こういった阻止条項を導入するか、またパーセンテージを選挙区のすべてに適用するか、それともリストアップされた選挙区に限るかは、立法者の裁量に委ねられている。

「比例配分調整への参加要件として、5％条項と並んで、選挙区当選者を一人若しくは

複数獲得することを代替的な要件とすることは，やはり許されるとされている（BVerfGE 6, 95ff.）。これに対して，連邦の立法者は，ドイツ連邦共和国の連邦的性格に配慮した統一指向的な憲法機関としての連邦議会選挙に関して，当該政党の目的設定の故に1つのラントに限定されている『ラント政党』の特殊な構造を，5％条項にさらに例外を認めることで配慮することはしなかったとされる（BVerfGE 6, 99）」。

　ヨーロッパ選挙法（EuWG）2条6項［現行法（直近改正は2008年3月）では7項］に規定されている5％阻止条項も，非常に不均質に構成されたヨーロッパ議会の機能能力を阻害することを回避する目的に向けられており，こういった目的を達成するために必要な程度を超えていないので，この規定の合憲性に対する疑いも何ら存しない。
　　β）　国民政党の成立
　もっとも，5％阻止条項だけで機能能力を有する政党制を保障できるわけではない。制度の構成要素は，その構想において政党自体に対応していなければならない。政党は，すでにそれ自身さまざまな利益や潮流を統合していなければならない。ドイツ連邦共和国において，このことは国民政党では広範にうまくいっている。こういった政党の同盟，妥協，統治能力は，このことによって保障されている。ボンにおける政党構造をもってすればヴァイマル憲法はまったく違った生存能力を示したであろうという，Th. オッパーマンの回想は，検証することはできないが，きわめて高い確実性を有している。

　　d）　自立した国家機能としての政府
　議会制において，政府は，議会によって形成されるが，通常は議会の中から形成され，そして議会の信任に依存している。しかしなお，政府は固有の自立した国家機能であり，「議会の委員会」ではない。同一性理念の意味においては，議会は投票資格のある選挙人の委員会であり，政府は議会の執行委員会であろう。政府の機能についてのこういった見解は，拒否されなければならない（Bd.II, §39 I, II)。
　　α）　議院内閣制の固有性
　議院内閣制も，その固有性は，原則として独立して充足すべき固有の政府の任務があってはじめて（議会に対する）責任が可能になるということを意味する。

その限りで，機能の分離と抑制の原理（Bd.Ⅱ,§36）が関わってくる。責任は，権力の分立と一定程度の距離とがなければ不可能である。さらに，固有性は，議会と政府の分業という方法でのみ処理できる，増大しつつある国家任務を，適切に充足するための結論でもある。したがって，議会と政府の当初における対立関係は，少なくともいずれにせよ政府が果たす機能に関しては，次第に協働関係に代わりつつある。ここから導かれるのは，国家指導は政府と議会の双方の手にゆだねられているという，J. ヘッケルと結びつけて特徴づけられたE. フリーゼンハーンの有名な定式である。これは，数多くの国家事務において明らかである。すなわち，法律発案――法律決定（基本法76条1項，77条1項），予算作成――予算確定（基本法110条），条約の批准――条約の承認（基本法59条），支出を増額する議会の法律――政府の拒否権（基本法113条），行政の法規命令制定――議会の委任（基本法80条）である。しかし，こういた協働関係のもとで，議会の協働統治と協働行政によって，統制機構が次第に効果を失ってきていることを看過してはならない。したがって，協働は，議会がいずれにせよすでに憲法によって参与権を有している領域，つまり予算作成ないしは計画といった，きわめて限定された領域に関してのみ適しているのである。統治および行政事務の多くにおいて，統制と「責任追及」の実効性にとって，まさに（事後の）統制を空疎にするような事前の影響力の行使は不必要である。

　β）　国家指導および国家の主導的権力としての政府

　1959年4月27日の連邦憲法裁判所の判決（BVerfGE 9, 268 [S. 281]）において，国家指導および決定権能の機能としての政府の機能は，次のように判示されている。

「基本法の意味における民主制的法治国家（基本法28条1項1文）は，必然的に，機能能力と責任のある政府を前提としている。政府の権能を限界付け責任を形成することは，たしかに個別的な点ではさまざまであろう。だから，政府の議会に対する議院内閣制的な責任が不信任決議において表現されるという議院内閣制の形式は，基本法28条1項1文によって，ラント憲法に強制されてはいない。また，ラントにおいて，個々の権限は議会と政府とにさまざまな方法で配分されることもできる。しかし，いかなる場合でも，政府が自律して国民と議会に対する固有の責任において「政府」機能を果たし得るために必要な権限は，政府の許に残されていなければならない。――基本法の民主的および法治国家的支配秩序は，明らかに，国家における責任，とりわけ責任のある政府を前提にしているのである。『政府の任務は，国民の代表に対する責任において，みずか

らの行う国家行為の全体によって，一定の方向性を与え，また，自己の下に置かれた機関を通じてこの方向づけを維持するよう配慮することである』(E．カウフマン，Die Grenzen der Verfassungsgerichtsbarkeit, VVDStRL, Heft 9, 1952, S. 7)。——政府の自律的政治的決定権，憲法上与えられた任務を充足するための機能能力，国民と議会に対する実質的責任は，民主制的法治国家的憲法の必然的要請である」。

　こういった固有性を，政府の議会への出席権および発言権（基本法43条2項）も証明しており，これらの権利は制約されるべきではない。連邦憲法裁判所の上記の判決は，これについて次のように述べている。「議院内閣制において，通常は政府の見解が議会多数派の見解と調和し，そしてまた，ここにおけるように，すべての政府構成員が同時に議員であるとしても，立法機関であり最上級の統制機関である議会と行政のトップである政府との緊張関係は，依然として存在する」。E．フリーゼンハーンは，正当にも，議院内閣制がその特別な長所を発展させるべきであるとするならば，政治指導的行政機関としての政府の自立性が維持されることが必要であるとしている。政府は，一般に国家の「主導的権力」なのである。政府は，議会の協働統治によって活力を奪われてはならないが，しかし決定について議会に対して責任を負わねばならない。責任を負うことのできる者が，自立的決定権能を有しなければならない。

　γ）参加—概念—政府の領域あるいは行政の領域における参加
　議会に対する責任をもって行為する固有の国家機能としての政府は，今日，決定形成において，政党，団体および市民発案の側からの制度的および非制度的な働きかけによって影響を受けている。これに対して過去においては，影響力を行使するのはむしろ個人であった。議会の「ロビー」（§13 Ⅳ 4），「陰の実力者」「私設顧問団」などが，こういった人たちについての，よく用いられるキャッチフレーズである。政党政治的に，場合によっては団体政治的にも方向づけられた，大臣の顧問スタッフも，これに加えられる。こういった影響力の行使は，政府，連邦議会および連邦参議院の規則によって認められている利害関係者に対する聴聞制度とは，明確に区別されなければならない。政党の影響に限ってみれば，それは，民主制および議院内閣制が政党国家において貫徹していることの表現である（§13 Ⅰ，Ⅳ）。団体の影響力の行使では，団体の民主制への浸透が現れているのであり（§18 Ⅲ 1），このことは，西欧先進国の国家と社会における利益代

表の組織化の発展に鑑みれば,不可避的となっている。民主的に選挙された国家機関が共同体に関する決定についての基本的な権限を維持する（し得る）限りで,基本法は,こういった協働を21条1項1文において明文で取り上げており,また9条1項および3項では少なくとも拒否はしなかった。「イデオロギー的」拘束性に対する抵抗力の喪失がしばしばみられることは,たしかに否定されない。そうではあるが,政党および団体へのフィードバックに,現代的代表の重要で不可欠の媒介物が潜んでいる。ここに,国家の決定を社会が認容することについての重要な伝動装置が明白となるのである。

　これらとは異なった種類として,個人やさまざまに組織された集団が国家的意思形成に市民として影響を与えることがあり,これに関して市民発案という標語が作られた。これらの多くは,現象形態や活動形式がさまざまなため,「参加」という標語で表現されている。国法学,政治学および社会学は,これに関して,十分な議論の素材を提供している。「参加」が,明らかに議院内閣制の正統性の危機の兆候であるとして観察されることはまれではなく,また代表制の欠陥を補うものとして歓迎され意識的に促進されることも多い。「参加」は,「民主化」と同様に,ほとんど政治的プログラムとされていた。民主的に選挙された機関が声高な少数者の圧力の下に繰り返しおかれ,法的および政治的に問題なく下された決定に疑問が向けられ,しかも多くは誤って理解された抵抗権（Bd.Ⅱ,§57）を引き合いに出して決定を疑うような場合,そこに民主制の代表の性格についての危険があるということは,遠慮がちに承認された。もっとも,市民発案を提起することは,政党によっては容易になされないであろう。多くの要求は,「体制側の」政治領域では抑圧されているので,こういった方法によってのみ表現される。

　「参加」という概念によって表現される現象に対処しようとするならば,区別がなされなければならない。この概念が一定の解釈学的意味を与えられるべきであるとするなら,制度化された形態と制度化されない形態とが区別されなければならない。「参加」は,憲法レベルでは,国民請求および国民表決によって制度化され（Bd.Ⅱ,§25 Ⅱ 1 b）,行政法レベルでは,数多くの法律,とくに計画法的な法律において,聴聞権,提案権および異議申立権を通じて制度化され,また別の領域（たとえば放送法）では,一定の委員会の協働によって制度化される（Bd.Ⅱ,§41 Ⅲ 5）。憲法上の「参加」が議会と政府の国家指導的決定,とりわけ法定立に向けられ,しかし一部の憲法（ベルリン憲法39条3項［現行法では54条3

項]，バーデン-ヴュルテンベルク憲法43条，バイエルン憲法18条3項，同74条，ノルトライン-ヴェストファーレン憲法68条3項と結びついた35条2項，ラインラント-プファルツ憲法109条）では議会の解散にも向けられているが，行政法における「参加」では，情報入手，個人の権利保護およびコンセンサスの保障が前面におかれている。高権行為によって，間接的に利害関係人となり，あるいは直接の名宛人として主観的権利が関わっており，このため実体法ないしは裁判手続を含む手続法において特別の法的地位を与えられている人は，ここでいう参加から除かれる。こういった関係人は，「参加すること」を望む任意の国民（quivis ex populo）ではなく，関係性の故に，国家の決定権者に対して，程度の差はあれ強化された地位にある者である。この意味における関係人が誰かは，決定の方法，名宛人の範囲および関連する法律によって判断される問題である。こういった法的に制度化された参加形態に加えて，基本法5条，8条，9条および17条は，個人および集団の請求を表明する可能性を保障している。しかし，これらの規定は，国家機関の意思形成に対する直接の参加を創設しているわけではない。基本法20条2項2文によれば，国家および地方（基本法28条1項）の支配は，国民の選挙によって正統化される「特別の機関」に委ねられている。こういった選挙には，そもそも国法上の「参加」の機能がある。この選挙は，支配を正当化し，代表機構を生み出し，国家組織の創造に対するすべての市民の関与を保障する。国家権力の直接的行使は，「少数者の法則」によって秩序づけられている。これは，代表民主制の基本原理に属する。これによって，決定権限は，議会，政府およびこれらによって規定された他の機関に対して，期限を限定し，しかし固有に行使するよう委ねられている。これらの機関のみが，国民全体によって正統化されることを要求し得る。最終決定権限という形態における市民の関与は，憲法上認められていない限り，民主的に正統化された権限を憲法に反して占取することを意味する。そのような程度で保障されていない協働形態は，いずれも国民の一部による「正統化」を根拠とすることができるにすぎない。いわゆる下部組織（Basis），これはしばしば活動家集団にまで縮減されるが，これはもはや部分的正統化をいうこともできない。たとえば地方・地域の選挙における住民や政党での選挙における政党員のような，限定された一般による参与については（基本法28条1項2文，21条1項3文），憲法上，関与が保障されている。政党は，割り当てられた機能の範囲で，参加を保障し，同時にそれを選別し限定するという，重要な任務を有する。

憲法によってみとめられていない「参加」が民主的正統性全体にとっての危険となり得るのは、全体にとって重要な決定に関して利害を有する市民に参加を認めるときである。ある事項に関して利害を有することという原理は、正統化という点では、有用ではない。「最大限に多くの決定に、最大限に多くの者が、最大限に参与すること」という参加のための闘争スローガンを認めることは、民主的に正統化された意思決定の終焉となろう。それは、公共の福祉に向けられ、代表制的正統化モデルによって構成された国家的決定形成の、秩序付けられ、責任連関の組み込まれた過程を打ち砕くものである。

このことは、参加における委任が、たいてい命令的委任となることからも明らかである。

連邦憲法裁判所は、第一次選挙公報判決（BVerfGE 44, 125）において、次のことをとりわけ強調した。すなわち、基本法が多数派支配を認めている場合でも、国家機関は憲法上の基本義務を免除されるわけではない。そして「国家機関には、あらゆることに対して、すべての人間の尊厳と自由および社会的正義を保護することが委ねられているのであり、したがって国家権力は常にすべての市民の福祉に向けられていなければならないのである。そして、原則としてすべての選挙年齢に達した市民が平等な権利をもって参加することのできる、自由で開かれていて、絶えず新たに形成される意見・意思形成過程から、多数派が形成されるときにのみ、しかもこの多数派が、決定にあたって、——その都度規定されるべき——公共の福祉を視野に入れ、とくに少数派の権利を尊重し彼らの利益にも配慮し、少数派が次に多数派となる法的機会を奪わないとき、もしくは縮減しないときにのみ、国家権力の行使における多数派の決定は、全体の意思として妥当し、すべての市民の自由な自己決定の理念によってすべての市民に対する義務づけの効力を発生させるのである」。公共の福祉に対するこういった方向づけを可能な限りよく達成するために、「制度的、人的および手続的な予防措置」が講じられている。こういった措置は「参加」に対しても保障されなければならず、しかも国家機関による決定がよりいっそう公共の福祉と関わるなら、それだけ保障が強化されなければならない。というのは、「参加」はいずれも一部の参与を現わすに過ぎないからである。こういった理由で、国民全員によって選出された議会と並んで、特別な評議会形式の「副議会」を設置してはならない。そして、すべての者の政府であるべき政府と並んで、それと限りなく近い「副政府」が存在して

はならない。統治という機能領域は，機関に応じた権力分立，機関の最高性および議会に対する責任に鑑みると，個人あるいは集団に協働決定権限を認めることとなじまない。この領域では，聴聞と協議のみがなされ得るのである。行政の領域では，法律によって定められている限り，「参加」に対して同じように批判的な態度は必要ない。しかし，代表民主制を危険にさらすような，盲目的で利己的で，しかも強制力に屈するとは限らない個人または集団の行動主義に鑑みると，「参加への心酔」に対しては，十分に警戒しなければならない。一定の行政決定に関して，とりわけ空間に関する（場所的）計画に関しては，一方で決定の利害関係人を官僚的計画の単なる客体に貶めたりせず，また不意打ちから保護し，他方で産業の投資準備や，その投資計画に必要な官庁の決定形成を必要以上に妨げることのないような形式が見出されなければならない。行政の機能能力のみならず，裁判所の機能能力も保護されなければならず，このゆえに排除規定は基本法19条4項で保障された権利保護と一致する。行政手続および裁判的権利保護における協働の方法を確定するのは，立法者の任務である。この方法は，従来，直接にせよ間接にせよ自己の権利に関係する者の参与として形成されている。

　特別の社会的「参加」の形式は，若干の領域で実現されているに過ぎない。これには，たとえば公法上の放送施設における評議会や一部の大学に置かれている諮問会議などを挙げることができよう。

e）　議会による統制

　議院内閣制にとって，固有の自律した国家権力としての政府が重要であるのと同じように，この制度における信任および責任要請を保護するには，議会による統制が不可欠である。もっとも，単に議会と政府が存在しているだけでは，なお，議院内閣制になってはいない。制度を特徴づけるような，信任と責任の連関を具体化する議会と政府との関係があってはじめて，議院内閣制ということができる。その関係には，政府の任命と存続に関する議会の基本決定と並んで，政府の事務の執行に対する議会による統制も含まれる。統制は，実際には，その持続性のゆえに，おそらくは政府の任命または罷免という一度限りの行為よりも重要であり，持続的な監視，批判，過誤と不都合の指摘を通じて，政府に対する「大なり小なりの代替」についての基盤を創設し得るのである。こういったことがあるにもかかわらず，議会による統制が国法学でより注目を集めるようになったのは，つい

最近である。基本法以前に，このテーマに取り組むことが差し控えられていた原因は，議会による統制機能が実効的ではなかったという，ヴァイマル共和国の統治の特殊な状況である。この例外であった1つは，長い伝統を有する財政の統制である（Bd.Ⅱ, § 34 Ⅰ）。根本的な変更が生じたのは，ようやく基本法が西欧的——大西洋的民主制の理論および実践と結びついてからである。それ以来，議会による統制の任務と意義はより注目を集めるようになったが，なお論理的な統制理論は欠如したままであるといえる。しかし，政治権力の統制が自由で民主的な基本秩序の基本的な原理であることに，疑問の余地はない。こういった枠組みに組み込まれて，議会の統制機能は議院内閣制の核心部分の1つとなったのである。基本法において，議会の統制は，唯一，しかも1957年にようやく導入された目立たない個所，すなわち国防受託者についての45 b条1文で言及されているだけであるが，形式的および実質的憲法は，議会による統制の本質的な制度を形成している。これに属するものとしては，とくに次のようなものがある。

- 召喚権。すなわち，政府の構成員の出席を要求する権利で，これによって政府構成員は，釈明する（基本法43条1項）。
- 質問権。すなわち，議院が政府に対して質問する権利で，政府は答弁しなければならない（連邦議会議事規則100条以下）。
- 調査権。すなわち，一定の事情を審査するために調査委員会および予備調査委員会を設置する権利（基本法44条，連邦議会議事規則55条，56条）。
- 予算権。すなわち，予算を法律によって確定する権利（基本法110条）。
- 法案提出権。すなわち，提案によって政治または立法活動を行う権利（基本法76条1項）。

これらは，行為権力に対しての対抗バランスを形成することを認めており，これはとくに，与党と野党とのあいだの「新たな対決の場の形成」において明らかである。これが，立憲君主制における（全）議会対政府という統制の状況に取って代わった（§ 23）。

f）自由な政治的意思形成過程と国民の自由な生活形成の保障

議院内閣制は，それ自体が目的なのではない。これは，自由な政治的意見形成過程を保障し，国民の自由な生活を形成することに寄与する。こういった理由から，議院内閣制は，純粋な組織のメカニズムを意味するものではなく，同時に実

質的な価値を有するのである。国家指導 (Staatsleitung) の技術というよりも——より効果的なものが想起されようが——，むしろ人間の尊厳，自由，平等，正義，法的安定性といった実質的価値決定を，被治者の最大多数のために行おうとする国家指導 (Staatsführung) の原理である。このことによって，議院内閣制は，民主制の支配構造の中心的部分となる。議院内閣制は，基本的な政治的自由権が保障されるという条件の下でのみ存在可能で機能能力を有するのであり，また議院内閣制はこれらの自由を保障しようとする。政治的基本権は，まずもって，普通・自由・平等・秘密そして任期をもって選挙する権利，政党 (設立) の自由，意見および情報の自由，結社・集会の自由，および政治的コミュニケーションの権利である。

α) 選挙権の意義

選挙権は，議会における代表の正統化と罷免の可能性を確立するために，不可欠である (§ 10)。

β) 政党

民主制的組織構造と無制約の設立の自由を有する政党は，国家の意思形成と社会の意思形成との結節点として不可欠である (§ 13 III，IV)。

γ) コミュニケーション基本権

コミュニケーション基本権，とくに基本法5条のそれは，政治過程の自由，公開性および公然性を保障する。これらの権利は，代表者と被代表者とのあいだで，個人の意思と共同の意思を認識させ形成するのを補助する互換的な意見交換が行われることを保障する。これについては，Bd.IIIおよびBd.IVで，詳しく論じる。ここでは，連邦憲法裁判所が認めた，政治過程に対してコミュニケーション基本権が有する高度の価値を引用するにとどめる。

「基本法5条によって保障されている，自由な意見表明の権利，出版，放送，テレビおよびフィルムの自由は，自由で民主的な基本秩序それ自体にとって構成的である (BVerfGE 5, 85 [134 f., 205]；7, 198 [208]；12, 113 [125])。そして，基本法5条は，世論の自由な形成も保障している (BVerfGE 8, 104 [112])。自由な意見表明の基本権から，自由な政治的活動の基本的権利が導き出される (BVerfGE 5, 85 [134 f.])。意見表明の自由，結社・連立の自由，集会の自由および請願権は，国民の意見形成および意思形成の自由を保障する。世論で表現された，目的意識，政治的な意見と態度表明は，『国民の政治的意思形成の先行形成』と特徴づけることができる (参照 BVerfGE 8,

104 [113]）。民主制的な国家制度においては，とりわけ国民の意思形成が自由で，公開で，規制されることなく行われなければならない（BVerfGE 9, 162 [165]，および政党法委員会報告『政党制度の法的秩序』第 2 版, 1958―以下「報告」の 70 頁を参照）。国民の意見・意思形成の持続的過程は，議会の選挙という，国家における意思形成にとって決定的な行為につながる（BVerfGE 14, 121 [132]）。国民の意思形成と，制度化された機関による国家意思の形成は，区別されなければならない。基本法はこの区別を前提にしている。基本法 21 条 1 項では国民の意思形成が問題となっており，20 条 2 項では国家意思の形成が問題となっている（BVerfGE 8, 104 [113]）。国民が憲法機関または創設機関として選挙または票決を通じて自ら国家権力を行使しているときにのみ（基本法 20 条 2 項 2 文），国民意思の表明と国家意思の形成とが一致する（参照 BVerfGE 8, 104 [113]）。しかし，国民は，その政治的意思を選挙や票決を通じてのみ表明するわけではない。政治的意思形成に関与する市民の権利は，選挙における投票においてのみ現われるのではなく，政治的意思形成，「世論」の形成の持続的過程においても現れる（参照 BVerfGE 8, 51 [68]）。世論の成立についてここで詳細に性格づけることはしないが（これについては参照 BVerfGE 8, 104 [113], 12, 113 [125]；12, 205 [260]），世論は，国家機関の決断に影響を及ぼす。さらに，さまざまな種類の集団，団体および社会的な集合体は，その構成員の利益において，政府の措置や立法機関の決定に対して影響を及ぼそうとする。しかし，共同形成された国民の意見という意味での選挙と次の選挙のあいだで，憲法機関の決定，とりわけ議会の決定に影響を及ぼすのは，政党である。そして，政党は国家意思の形成にも影響を及ぼす（参照 BVerfGE 3, 19 [26]；5, 85 [134]；14, 121 [133]）。内部秩序が民主制的基本原則に合致していなければならない政党を越えて，国民は，選挙と次の選挙とのあいだでも，憲法機関の決定に対して影響を及ぼす。意見・意思形成の複雑な過程における要素や手段のあいだで，さまざまな関係，依存，および影響が作用している。

　国民の意思形成と国家の意思形成とは，さまざまな形で相互に交叉している。しかし，民主制においては，こういった意思形成は，国民から国家機関へと向かってなされるべきであり，逆に国家機関から国民へとなされてはならない。国家機関は，選挙とつながった国民の政治的意思形成過程を通じてはじめて，創設される（基本法 20 条 2 項）。これが意味するのは，国家機関には，原則として，国民の意見・意思形成過程に関する活動をすることが禁じられていること，こういった過程が原則として「国家から自由に」とどまっていなければならないことを意味する。こういった過程に対する立法機関ならびに政府および行政の影響は，憲法上正当な理由によって正当化される場合にのみ，国民から国家機関へ向けられた自由な公開の意見・意思形成の原則と合致する。

　したがって，許されるのは，たとえば選挙権を合憲的に形成することによって国民の意思形成に及び得る影響である。さらに，政府と立法機関のいわゆる広報活動も，それ

が——機関の活動に関連していて——その政策，措置および計画ならびに将来解決すべき問題を指摘し説明する限りにおいて，疑問の余地はない」(BVerfGE 20, 56[97 ff.]; 44, 125 ff.)。

議院内閣制は，個人的および政治的自由に強く基礎を置いている。同時に，政治的意思形成に対する国民の協働を保障している。このようにして，議院内閣制は，社会倫理的にも正当化された構成原理である。ドイツ国民は，こういった優れた点を，議院内閣制の創設以来，歴史的回顧においても，政治的任務の遂行に対する実用性の評価においても，左翼や右翼の議院内閣制批判者たちが承認せざるを得ない限度よりも，はるかによく認識している。しかし，両傾向の過激な論者たちは，議院内閣制の価値を貶めることをさらに推し進めて止まない。彼らは，過去の議院内閣制の亡霊を数多く引き合いに出すことはできようが，苦痛に満ちた経験にもかかわらず，その時代の死亡宣告から何も学んでいない。そしてまた，改善が可能であるということは，何人も否定できない。議院内閣制と自由で民主的な基本秩序とのあいだには，解き難い結びつきがあるということだけは，何人も認識すべきであろう。

III．基本法における議院内閣制の構想と形成

1．議院内閣制理論とその変形—議院内閣制の基本法におけるファクター

これまで扱ってきた構成原理とは異なり，議会に対して責任を負う政府という現象は，議院内閣制を採ると憲法に明文で定めるという意味で，基本法で明確に定式化され制定されているわけではない。基本法は，この原理を内包する他のすべての憲法と，こういった特性を共有している。議院内閣制は，その制度形成という点では，むしろ学術的な発見なのであり，ドイツにおいては，とりわけM.ヴェーバーに負っている。議院内閣制理論とは異なり，憲法は，議会と政府を国家機関として機能と権限によって構成し，協働作用に関する規律をおいている。さらに，こういった規律関係の多くの規定は規範的に開かれており，さまざまに形成可能な余地を認めている。これによって，議院内閣制のなかで多くの形成が可能であり，さまざまな議院内閣制が考えられる理由が説明される。

カール・シュミットは，変形として4つを挙げる。

- 狭義の議院内閣制
- 総理大臣（首相）制
- 内閣制
- 大統領制

同時にカール・シュミットは，ヴァイマル憲法の審議においてH．プロイスが述べた議会と政府との「強い結びつき」を保障し得る可能性の相当数を発見している。

これほど抽象的ではなく，憲法現実のより力強い描写は，レーヴェンシュタインの類型化である。
- 古典的議院内閣制（フランス第三および第四共和制）
- 不真正の議院内閣制（ヴァイマル共和国）
- 統制された議院内閣制（ドイツ連邦共和国）
- 調教された議院内閣制（フランス第五共和制）
- 内閣政府（イギリス）
- 大統領制（アメリカ合衆国）

ドイツ連邦共和国の議院内閣制にも，原理の重要な要素を際立たせるための特徴が欠けているわけではない。すなわち，首相民主制または連立民主制である。憲法現実ないしは憲法の特徴において，議会自体の地位が前面に出るということはほとんどなかった——議院内閣制とされる統治システムについての，めったにない状況である。しかし例外なく，憲法の条文が，議院内閣制を厳密にそして詳細に至るまで規定することは，どこにも見られないと断言できる。憲法の条文は，通常「枠」を規定するだけで十分なのである。一定の原理と制度のみが，構成的である。基本法によって，以下の信任・配分要請（前掲II 2）から導かれる諸要素が，議院内閣制を特徴づけている。
- 一定の国家機関を選挙し創設する議会の機能（2）
- 議会の（不信任投票を含む）統制機能（3）
- 議会の立法，予算および承認機能（4）
- 議会の代表機能（5）
- 政府の発案，形成および計画機能（6）
- 連邦首相の指針および内閣指導機能（7）
- 国家元首と連邦制的機関との協働（8）

2. 議会による内閣の選挙——ヴァイマル憲法と基本法との違い——基本法における議院内閣制の限定のない実現

「政府は議会という肉から取られた肉片である」という文は，政府を通常は「良い部位」，すなわち議会の多数派からであると正当にも考えている。議会による政府の選挙は，議院内閣制の中心部分である。この決定的な点において，基本法は，ヴァイマル憲法と異なる規定をおいた。ヴァイマル憲法では，53条に従ってライヒ大統領がライヒ首相を任命した。ライヒ首相は，それに加えてライヒ議会の信任が必要となり，不信任案が可決されたときは辞任しなければならなかった（54条）。国民から選出され相互に他方より優位に立とうと拮抗している二つの機関に対する，ライヒ首相のこういった二重の（「二元的」）依存性（と忠誠）は，実定憲法がなお明確とはいえず解釈が分かれていたとはいえ，ヴァイマルの議院内閣制の決定的な弱点であった。副署（50条）というライヒの制度は，ライヒ大統領，ライヒ政府およびライヒ議会を強い相互依存関係で結びつけるものではあったが，必要とされる緊張緩和をもたらすものではなかった。政府の形成は，たしかに大統領に「留保」されたものではなくなったが，なお「優先権」が与えられていた。この制度は，不真正で二極的なものであり，必然的に「大統領の首相」もしくは「議会の首相」をもたらすものであった。

基本法は，この点では，憲法の文言上も原理的にも明白なものとなっている。大統領による首相の任命も罷免も，もはや存在しない。連邦大統領は，推挙についての降伏文書を首相候補者から要求できない。基本法は，この点ではっきりと，ヴァイマル憲法の誤った展開から得た教訓を示している。「ヴァイマル憲法よりもはるかに強く明確に打ち出された」議院内閣制を規範化しているというよりも，そもそも初めて真正の議院内閣制を創設したのである。制憲議会にとっての模範は，ヴァイマル共和国におけるいくつかのラント憲法，すなわちプロイセン（1920年憲法45条），ザクセン（1920年憲法26条）およびバイエルン（1919年憲法4条，58条）ならびに戦後のものである。

基本法は，議院内閣制の目標を政府の安定に置いた。63条1項によれば，連邦首相は連邦議会によって選挙される。連邦大統領は，候補者が連邦議会構成員の過半数，すなわち議会の（投票権を有する）議員すべての絶対的多数（基本法121条）を獲得したときは，首相に任命しなければならない。提案権をのぞいて，首相選任に際しての大統領の権限は規定されていない。これに対応して，ヴァイ

マルにはなお存在していた，首相の大統領に対する責任もない。決定的な影響力は，連邦議会とそこにおいて代表している与党へと移ったのである。

政府のその他の構成員は，連邦議会によって選ばれるのではなく，連邦首相によって提案され連邦大統領によって任命される（基本法64条1項）。ここで議会の選出権がある程度弱体化されていることは確かであるが，これは，連邦議会において代表している与党が常に内閣の構成に関しても連立合意で取り決めるということで，十分に埋め合わせができている。

基本法63条および64条ならびに——詳細に関する規定も示すとすれば——67条および68条は，議院内閣制における議会，政府および国家元首の関係を，ヴァイマルから大きく変更している。より正確には，議院内閣制原理の真正な実現を示している。議会は，政府の長を排他的に選出し決定する。議会のみが政府の長に正統性の基盤を与える。そして，条件があるとはいえ（基本法67条，68条1項2文），議会のみが政府の長を罷免できる。議会と政府との「確たる関係」は，これによって明確に設けられている。

a）連邦首相の選挙

連邦議会による連邦首相の選挙は，明らかにただの結果，すなわち事前に行われる政党間，会派間の政治的交渉の最後の仕上げ，そして連邦大統領との話し合いの結果に過ぎない。その限りで，基本法63条は「政治的事象としての政府の形成を表現し尽くしているものでもなければ，重点の配分を正しく認識させるものでもない」というH．シュナイダーの指摘は当を得ている。もっとも，そのようなことは必ずしも必要ではない。憲法としては，手続と政治的展開の終点を確定することで足りるのであり，またそこでとどまるべきである。この過程の個別的段階を，憲法は開かれたままにしておけるのであり，また正当にもそのようにしている。実体的規定のほとんどすべてを放棄したことは，「生来的な」連邦首相が議会選挙によって必然的に形成されるのではなく，連立と話し合いとが必要であることを配慮している。しかし，基本法63条は，議会の，人物と結びついた選挙の余地を認めている。その限りで，議会は，連邦議会選挙の人民投票的性格を，あとづけることができる。

α）基本法63条の定める3つの方法

基本法63条は，首相をその職に就けるための3つの方法を規定している。

- 選挙の第一局面：連邦大統領の提案に基づき，連邦議会の絶対多数で選出する（1項および2項）。
- 選挙の第二局面：前記の手続で選出されなかったとき，連邦大統領の提案なしに連邦議会の相対多数で選出する（3項）。
- 選挙の第三局面：新たな選挙手続で，連邦大統領の提案なしに議会の絶対多数または相対多数で選出する（4項）。

さまざまな定式化によって多数の要件を表現したのは，憲法編纂にとって決して名誉なことではない。しかし，規定の意味は明らかである。「連邦議会議員の多数」または連邦議会議院の「半数を超える」というのは，法定議員数（基本法121条）の（絶対）多数である。連邦選挙法1条1項および6条3項によれば，第10ドイツ連邦議会では，絶対多数は250票である。というのは，ベルリン選出議員は，完全な表決権を有してはいないからである（基本法144条2項，三国軍政長官の基本法同意文書第4号）〔基本法144条2項の前提となる23条は，制定当初は基本法の適用範囲であるラント（旧西ベルリンを含む）を挙げていた。しかし，この規定は1990年8月31日調印の統一条約によって削除された。また，ドイツ統一にともなう同年10月1日の戦勝4カ国（英，米，仏，旧ソ）の宣言により基本法同意文書もすべて効力を失った。このため，基本法144条2項は，時代に適合しなくなったのであり削除されるべきであったと指摘されている。今日ではベルリン選出議員も完全な表決権を有している。また，現行の法定議員数は，598人である（連邦選挙法1条1項）〕。基本法63条4項にいう「最多票」は，出席議員の相対多数を意味する。選挙は，連邦議会が定足数を欠くとき（連邦議会議事規則45条）でも行われ得る。基本法63条の局面のすべてにおいて，連邦議会招集の要求には基本法39条3項2文が妥当する。

　第一局面の選挙は，基本法にとっては，いわば「普通の場合」である。これまでの議会選挙後の連邦首相選挙はいずれも，この方法によっている。この選挙は，討議によらず（63条1項2文）行われる。その理由は，提案にともなう連邦大統領の権威を保護するため，また提案された人物が，なお施政方針を提示していないうちに，また内閣も形成せず政府所信表明も行わないうちに，論争に巻き込まれ，あまりに性急に発言を強いられたりしないようにするためである。必要な多数に達しないとき，この局面は終了する。そして，連邦大統領の提案権は使い果たされたことになる。必要な多数に達したときは，連邦大統領は，指名された連

邦首相を任命しなければならない（63条2項2文）。この任命には副署を要しない（58条2文）。

　第一局面の選挙が不成功に終わったとき，提案権は連邦議会に移る。選挙の提案は，連邦議会の中からなされるが，これには連邦議会議員の4分の1，または連邦議会議員の少なくとも4分の1を擁する会派の賛成を必要とする（連邦議会議事規則4条2項）。この場合に討議が許されるかという疑問を抱くのは，討議禁止の保護目的を連邦大統領の権威とだけ結びつける論者のみである。基本法63条1項後段を選挙行為すべてについての「大前提」とするのが，より正当であろう。議事規則は，建設的不信任についての97条におけると同様に，この問題についても開かれたままにしている。14日以内は，さまざまな選挙活動が自由に許されている。選挙活動が成功するのは，法定議員数の絶対多数を獲得したときである。

　上記の期間が経過したとき，基本法63条4項の新たな選挙の局面が遅滞なく開始されなければならない。ここにおいては，出席議員の多数を獲得した者が選出される。この場合は，いわゆる少数派首相である。基本法は，一方において，この首相をとくに好ましいとはしていないが，68条や81条において際立たされているように，議院内閣制的でないとしているわけでもない。他方において，基本法は，この場合に，連邦議会を解散することを連邦大統領に認めている（63条4項3文）。この場合と，68条1項の場合だけが，連邦大統領に残された議会解散権である――ここにおいてもヴァイマル憲法25条と大きく異なっている。ここには大統領の権能の弱体化があり，同時に紛争における調停者としての国民の排除もある。議会は，広い範囲にわたって，自ら紛争を解決すべきである。解散権能（強制ではない）とともに，ヘレンキームゼー草案88条1項で大統領の任命権が弱体化されたことの残滓が残った。基本法68条1項の範囲内における解散の可能性とは異なって，連邦大統領は，決定において評価大権がある。この評価において，連邦大統領は，とくに連邦首相が議院内閣制的な統治能力をどの程度有しているかを配慮しなければならない。基本法68条1項とは異なって，連邦大統領は，提案を前提としない。このことによって，連邦大統領は，議会に対しても，首相候補者に対しても，より自由に対応できるようになっている。なお，基本法68条1項による解散に関して連邦憲法裁判所の示した実体法的要件は，基本法63条4項3文にも適用される。

解散権は，7日以内に行使しなければならない。この期間内に連邦大統領が議会を解散しなかったときは，首相を任命しなければならない。法定議員数の絶対多数で可決されたときも，同様である。

選挙はすべて秘密で行われる。内容を隠した投票用紙という議事規則の定める選挙方法（連邦議会議事規則4条2項1文）は，政治学の立場から「民主制的政党国家の基本原則と合致することの困難な手続方法である」と，しばしば批判されている。しかし，秘密投票は，基本的に重要なこの選挙行為において，自由委任を保護する。また，従来の連邦首相選挙すべてにおける実務に対応して，秘密選挙が必要不可欠であるという内容の憲法上の慣習法が形成されていないのかも，考慮すべきである。

β）緊急事態における連邦首相の選挙

緊急事態における連邦首相の選挙に関しては，例外規定が適用される（基本法115h条2項）。基本法63条とは異なって，合同委員会（基本法53a条）による選挙には，常に合同委員会の法定委員数の絶対多数が必要である。この場合は，連邦参議院の議員も連邦首相の選挙に関与する。

b）連邦首相の提案に基づく連邦大臣の任命

ヴァイマル憲法53条と同様に基本法64条1項も，連邦大臣は連邦首相の提案に基づき連邦大統領が任命し，また罷免すると定める。ヴァイマル憲法54条とは異なって，基本法は，大臣がその職を行うについて議会の信任を必要とし，不信任決議のあった場合には辞職しなければならない旨を定めていない。もっとも，基本法65条2文は，各大臣がその所掌領域について「責任」を負うと定めている。しかし，信任問題の提起と不信任決議は首相に関してのみ定められている。ヘレンキームゼー草案における大臣に関しての同様の規律は，議会評議会で採用されなかった。したがって，基本法の議院内閣制における連邦大臣の地位は，連邦首相の地位とは大きく異なっており，議会との関係においてもきわめて困難な問題をはらんでいる。憲法的観点から見れば，内閣の形成に対する連邦議会の影響力は小さい。連邦首相が選出されたのち，議会にとって好ましくない大臣が任命された場合，たいていは失敗に終わる建設的不信任の可能性だけが——それは最終手段であるから——残されている。

α）実質的内閣形成権

Ⅲ. 基本法における議院内閣制の構想と形成　333

　このため，実質的内閣形成権は連邦首相のもとにあり，大臣は首相の信任に対してのみ依存すると結論づけられる。もっとも，大臣の任命および罷免を前記の規定の基準に照らしてのみ観察することは，政治における可能性と許容性という現実には合致しない。大臣の提案において自由な首相は，これまでいなかったのであり，将来においても現われ得ない。首相は，通常，一政党そして一会派の出身で，そこから指名され，選出され，そして政党・会派と協働しなくてはならない。政党・会派は，首相に，内閣に関する人事的な構想も提示しよう。首相に多数の支持基盤を形成するため連立が必要なときは，連立合意が不可避である。合意が，人事に関する話し合いなしになされることは，ほとんどない。さらに，首相は，政府の政策を，立法についてであれ，予算についてであれ，外交についてであれ，連邦議会を通過させることができない。こういったことのゆえに，首相を支持する連立会派には，大臣任命に対するきわめて大きな影響力が属するようになっている。1965年の組閣にあたってキリスト教民主同盟・キリスト教社会同盟会派が公にした表明が，状況を適切に説明している。すなわち「とりわけ，基本法64条による連邦首相の無制約の提案権と，会派の無制約の推薦可能性が，承認される」。この2つの権力のうちのいずれが，個々の場合に貫徹できるかは，それぞれの組閣によってまったく異なる。H. シュタイガーの，「連邦首相の実質的内閣形成権は，実務上，常に自立して行使されているわけではない」という言葉に同意することができよう。要するに，首相選挙によって政府が議会から「臍の緒が切り離される」わけではないのである。政府が議会において安定化することは，政府の存続にとって，不可欠の条件である。

　連邦大統領の影響は，別に考えなければならない。大統領の影響は弱いものである。というのは，大統領が任命を拒否する権利は，創設機関である議会の場合に政治的共同決定権が意図されているのとは異なり，基本的に法的な審査が意図されているからである。

　β）　政府の組織形成

　省の設置および権限配分，つまりいわゆる組織についての政府形成における首相の地位はきわめて強い。首相の組織権力は，基本法64条1項，65条1文および4文，ならびに連邦政府職務規則9条1文から導かれる。組織の核心部分は，法律で規定されている。憲法上は，基本法が，権限を根拠づけることによって，一定の省あるいは機能について強行的に規定している。すなわち，連邦財務大臣

（基本法108条3項，112条，114条1項），連邦国防大臣（基本法65 a条），連邦法務大臣（基本法96条2項4文），および連邦首相の代理人（基本法69条1項）である。連邦法律では，さらに他の省についても規定がある。またそれらに加えて，一定の省を形成することが実質的に必要である。そのようなものとして，財務省，法務省および国防省とともにフランス革命以来古典的となっている外務省および内務省がある。原則として，政府の任務のすべては，省に配分されていなければならない。連邦首相は，主任（所管）大臣を任命できる（基本法65条2文）のみならず，所管領域（管轄事項）を有しない大臣——いわゆる特別大臣——ないしは特別の任務を担当する大臣を任命することもできる。こういった大臣の例も多く見られる。省の数についても，責任のある効果的な内閣活動の保障という点からの限界があるだけである。

　連邦政府のプロジェクトグループによってかつて考案されたことのある，調整担当省は，認められない。これは，首相の機能と内閣の機能とを併せもつものだからである。

　γ）　連立合意の意義

　これまで形成された14の連邦政府のうちで，連立協定または連立合意なしに成立したものはない。このことは，1957年において必然的に要求されていたわけではない。というのは，第三立法期の連邦議会選挙においては，キリスト教民主同盟・キリスト教社会同盟が，絶対多数を獲得していたからである。ドイツ連邦共和国の成立以来，人事および事務の計画に関する政党間の合意は，すべての政府形成において重要な役割を果たしている。この合意は，政党国家における国家実務の一部である（§13 Ⅳ 3）。常に，この合意において，政府活動についての協力が「一定の方向へ」と確定される。こういった合意が，国法学上関心をもたれるようになるのは比較的最近であるが，それでも60年代には詳細に研究されるようになった。それ以来，この合意の法的性格，拘束力，および憲法上の制約についての議論が途絶えたことはないのであるが，なお一定の理論的問題は残されている。合意は，——単なる約束が意図されているのでない限り——憲法上の契約と見られるが，しかし，政治的拘束力のみであって法的拘束力を有するものではない。したがって，とりわけ裁判を通じて貫徹されるようなものではない。憲法上の限界は，議員の自由委任や，連邦大統領，連邦議会および連邦首相の提案権，創設権および任命権，ならびに政治的形成自由を認めない憲法の強行規定

である。これらの機関は、憲法上拘束され得ない。連立契約も、政治的に敬意を払うという意思の表明としての効力のみを有する。というのは、遵守されなかった場合、連立パートナーの側が「履行する」ことは、もはやないからである。その限りで、連立協定および連立合意は、「国家機関によって為されるべき決定に先行する領域」に属する。協定および合意が生み出すのは、政府の事務の政治的基盤、政府の目標、意図、そして何より立法期についての「時刻表」である。協定された計画の実現は、実際には、その後の政治的展開に明らかに強く依存している。他のどこよりも、現状が続く限りという限定条項（clausula rebus sic stantibus）および相互的なギブ・アンド・テイクの政治が妥当する。

c）議会の他の国家機関の選出権限

憲法は、議会に対して、他の国家機関の選出権限や、国家機関の構成員または補助機関の選出権限を認めている。すなわち、連邦大統領（基本法54条）、国防受託者（国防受託者に関する法律13条と結びついた基本法45ｂ条）、憲法裁判所の裁判官（連邦憲法裁判所法6条と結びついた基本法94条）、連邦裁判官（裁判官選出法と結びついた基本法95条2項）、一定の委員会の委員（連邦議会議事規則54条2項）、あるいはその他の委員会（たとえば基本法10条に関する法律［信書・郵便および電気通信の秘密を制限するための法律］9条1項によるもの、郵便行政5条2項によるもの、および放送施設の組織に関する1960年11月29日の連邦法律3条および7条によるもの）である。議会は、選出機能を自己の組織に関しても行使する（基本法40条1項、連邦議会議事規則1条4項）。ヨーロッパ評議会および西ヨーロッパ同盟の協議総会におけるドイツ連邦共和国代表の任用も、連邦議会によってである。

こういった選出権能の背後には、2つのモティーフがある。基本法は、29条および118条による連邦領域の新編成手続を度外視すれば、議院内閣制的な規範体系に合致して、国民投票、国民請願、国民表決という形式における人民投票的な構成要素の余地を認めていないので、民主的に正統化されなければならない他の国家機関の創設は、議会によってなされるか、少なくとも正統性が国民代表に帰着するような方法で議会によって支持されなければならない。それ以外では、基本法20条2項1文および代表の理念は、配慮されないことになろう。連邦憲法裁判所の裁判官およびラントの憲法裁判所の裁判官は、最上級の民主的機関から選出され、連邦裁判官の選出およびいくつかのラントにおける裁判官の選出は、

議員が混成の合議体(選出委員会)によってなされるが,そこでは議会の議員が協働する。バイエルン,ニーダーザクセン,ノルトライン-ヴェストファーレン,ラインラント-プファルツおよびザールラントにおいてだけは,なお行政による任用という伝統的なシステムにより任命される。この他に,たとえば国防受託者の場合に,権力均衡の視点が一定の役割を果たしているのであり,そこには行政に対する議会による統制権が含まれるべきである。

3. 議会の統制と内閣の責任—新たな前線の設定:議会多数派と反対派

基本法は,45b条において「議会による統制」という表現を用いている。すでに述べたように(前掲Ⅱ5e),この統制が議院内閣制原理に含まれることについて争いはない。これは,議会に対する政府の責任の現われである(基本法65条1文,さらに基本法28条2項1文,34条1文,46条1項1文,同条2項)。

スイスの国法学にならって,U. ショイナーは,議院内閣制的なメルクマールと現象形式を次のようなものとした。

- 分割された国家秩序という意味において,憲法構造のなかに2つの制度が分離して対置されなければならない。すなわち,責任を負う憲法機関(たとえば政府)と,責任の相手方となる,あるいは責任を追及する機関(たとえば議会)。
- 責任を負う機関は,自律的な決定権能を有しなければならない(権力と責任との相互関係)。
- 統制される地位と統制する地位とのあいだに,一定の形式の統制についての協働を排除しないが,基本的に距離が置かれていること。
- 責任の範囲については,広義においてのみ法的と性格づけられる義務の履行要求。そして議院内閣制的責任の判断基準は,とりわけ実質的政治的な妥当性ないしは合目的性および公共の福祉の実現である。
- 公的な議論から免職に至るまで段階づけられた制裁システム。
- 責任の独任的(首相または個別の大臣に対する)あるいは合議的(内閣についての)形成。

政府の責任は,統制を通じて議会によって現実化される。議院内閣制的な統制は,その実効性のため,発案,情報,批判,要求および不信任の表明から政府の罷免に至る,一連の制度を必要とする。

統制(Kontrolle)は,contra-rotulus, contre-role, 言葉どおりには,Gegen-

Rolle（対立する，役割）という2語からなっている。もっとも，こういった語源的な意味において，議会の統制機能が理解されるわけではない。この機能は，不信任の表明，政治的および財政的な報告を求める権利，出席要求および質問の権利，調査委員会設置の権利，議院内閣制的責任，ならびにたとえば予算確定や議会の単純決議を通じての予防的統制という形式での方向づけといった特別の権能において表現されている。連邦憲法裁判所に対して判断を求める権能も，統制権限の行使として作用する。

しかし，議院内閣制において問題となるように，統制される者と統制する者とが「同じ肉から取られた肉片」である場合，統制は実効的でなくなり得る。したがって，今日，極端な場合は，統制機能が，議会それ自体によってではなく，少数派によって行使される。アングロサクソン的な用語法にならって，少数派は反対派という名が付けられている。反対派は，統制者という使命を授かった者であるが，政府および政府を担う議会多数派の誤りをすべての公共性の前に明らかにし，自らをより良い政府ないしは明日の政府として示すように方向づけられていなければならない。こういった新たな前線の設定（§23）は，議院内閣制の機能能力を維持するために不可欠である。こういった理由によって，重要な統制権能は少数派の権能として形成されている。これらは，少数派が決定過程に参加しているにもかかわらず，多数決の実質的共同決定から排除されることに対する代償である（後掲b）。それ以上に，議会多数派の統制機能がおろそかにされてはならない。この機能は，議会が新たな政府の任命をする決定をしたとき効果を発する。これには，基本法によれば，信任剥奪の特別な形式が必要である（基本法67条1項，68条1項）。そのような投票によって政府を解任するという行為は，議会の有する最も強力な統制の武器である。

a) 建設的不信任投票

54条によって（単なる）不信任決議で辞任を認めていたヴァイマル憲法とは異なり，基本法は，連邦首相に対しての特別な建設的不信任投票を導入した。首相に対する不信任は，連邦議会が「議員の過半数をもって連邦首相の後任を選出する」（基本法67条，連邦議会議事規則97条）ことによってのみ，表明することができる。

α) ヴァイマル共和国の状況

この変遷において，議院内閣制の，ヴァイマルからの決定的な方向転換が見ら

れる。ヴァイマル共和国において不信任投票による内閣の辞任はほとんどなかったとはいえ，こういった武器の使用の可能性自体が，政府の安定にとって危険なものであった。このため，ヴァイマル憲法54条を限定的に解釈しようと，多くの努力が払われた。しかし，憲法上は (de constitutione lata)，R．トーマの次のようなヴァイマル憲法解釈にのみ従うことができる。すなわち，ヴァイマル憲法54条2項は，「す・べ・て・の・不信任投票に政府を罷免する効力を与えているのであり，これは，不信任を可とする多数が，まったく異質で，相互に敵対し，対立する動機をもちながら賛成票を投じる集団からなっているとしても，そうである」。変更は，憲法改正によってのみ行うことができた。E．カウフマンは，これについての基本的考えを，1931年に述べている。「議会による拒否は，いずれの拒否も何らかの内容に対しては同意を与える義務を含んでいるという意味での，責任ある拒否である。それは，生活に必要な法律が問題となっているにせよ，いずれかの政府の存続が問題となっているにせよである。つまり，拒否する能力はあるが同意する能力のない議会自体を排除するというのは，議院内閣制の本質的原則である」。こういった考えが，建設的不信任という理念につながっている。他に何人かが，これについての著作権を主張している。すなわち，E．フレンケル，カール・シュミット，R．カッツである。最終的に基本法67条に採用された表現は，カッツによっている。建設的不信任の基本的な考えは，ヴァイマル期に，政党の分裂と多数関係の不明確さに直面して，すでに示されていた。1927年に，H．ヘルファールトが，不信任投票に際して，新たな内閣が政権につく用意ができていなければならないことは，「議院内閣制の理論」に属するとして，これに初めて言及したのである。

  β) 議会による統制の最終手段としての建設的不信任投票

基本法の庇護の下にある政府がヴァイマル憲法下と比較して安定している原因が，基本法67条が定められていることにあるのか，それともさらに政党の状況，つまりその安定性にもあるのかについては，後者の意味で答えるべきであろう。というのは，ヴァイマルの崩壊は，議院内閣制にとって，政党の安定が，信任剥奪についての憲法上の構造よりもはるかに重大な意義を有していることを教えたからである。1つの立法期の中での政府の交代は，常に政党の状況が変化したことによって生じた。1966年と同様に1982年においてもそうであった。建設的不信任は，1972年4月24日に初めて試みられた——失敗に終わったが。もっとも，

この場合，連邦議会の解散は，与党陣営と野党陣営との票数が均衡していたことに鑑みれば不可避であった。基本法67条による首相選挙手続は，1982年10月1日に，実践され成功した。すなわち，キリスト教民主同盟・キリスト教社会同盟および自由民主党によって新たに形成された連邦議会多数派は，キリスト教民主同盟議員のH．コール博士を連邦首相に選出したのである。ノルトライン-ヴェストファーレンにおいては，1956年2月20日および1966年12月8日に，同様の規定であるノルトライン-ヴェストファーレン憲法61条に基づく建設的不信任が可決されているが，これはいずれも自由民主党が社会民主党との連立に移行したことによる。

　建設的不信任は，議会による統制の最終手段である。これは，義務履行が不十分であるという連邦首相に対する非難を含むものではなく，その時点での首相，連立あるいは統治計画をさらに支持しあるいは少なくとも受忍する意思を，議会多数派がもはや有さず，またそういった状況にもないことを表明するものである。建設的不信任投票の存在は，上記の結論で示されたように政府の議会への依存性を示しているのであるが，しかし同時にこの武器はきわめて例外的な場合，つまり連邦首相（連邦政府）と連邦議会（新たな連邦議会多数派）との関係における深刻な不調が議会の1つの立法期内に除去されなければならないような場合にのみ用いられるということも示している。したがって，政府に対する議会の影響は，ヴァイマル憲法による法状態と比較して小さくなった。これは，議会評議会において示された目的であった。すなわち，連邦首相の罷免を単に政権崩壊によって可能にするのではなく，議会による補充としてのみ可能とすることによって，政府の権威の空白を回避すべきであるとされたのであった。もっとも，基本法67条の安定化機能は，連邦議会選挙が首相および政府の選挙へとなる傾向によって減殺された。今日の議会選挙は，完全に人民投票的な傾向を有しており，これは，憲法現実においては，議会評議会が考えていたよりも，はるかに強く議会から独立した正統性を政府に付与しうるのである。こういった展開と，それに対応しての，基本法67条の方法によって選出された連邦政府の正統性に関する，部分的にはきわめて激しく争われた議論がきっかけとなって，連邦憲法裁判所は，次のように明確に判示した。「基本法67条によって選出された連邦首相も，その選出は憲法に適っているのであるから，完全な民主的正統性を有する。基本法が構成している民主的法治国家の保護という観点からして，憲法適合的手続を，それは

さらに正統性を必要とすると主張して価値を貶めたり空洞化したりすることは、無責任な企てである。基本法のもとでは、憲法適合的合法性は、同時に民主的正当性を意味する。他の見解は、基本法38条1項の意味における自由な選挙と議員の代表制的自由委任という民主制的基本原理の意義に関わることになる」。

　b）　基本法68条による連邦首相の信任請求

　基本法67条の建設的不信任投票と密接に結びついているのが、基本法68条および連邦議会議事規則98条による、連邦首相の信任請求である。基本法67条と68条は、「双子の規定」と称された。これらの規定は、政府の議会からの信任の必要性が問題となる限り相互に補い合っているが、議会解散は基本法68条による不信任の表明の場合にのみ認められているという点では異なる。さらに、連邦首相は、信任請求が否決されたとしても自動的に地位を失うものではなく、辞任する必要はまったくない。連邦首相は、統治を続けることができ、とりわけ基本法81条を用いることができる（Bd. Ⅱ，§ 53）。その限りで、基本法68条の適用される内容はアンビヴァレントである。このことは、実務上、3つの適用事例で示された。1972年には、第6期ドイツ連邦議会が解散された。1982年2月には、連邦首相に対する信任投票を通じて政府の安定化が図られた。1982年12月には、第9期ドイツ連邦議会が解散された。すでに1972年に、採られた手続は憲法上疑念がなかったかについて、まったく問題視されなかったわけではなく、1982／1983年に立法期が満了する前に終了させるにあたっては、それが許されるかについて、政治的および国法学的に多くの議論がなされた。これについては連邦憲法裁判所で判断されたが（BVerfGE 62, 1）、この判決については今日でもなお、学説に賛否両論がみられる。

　α）　連邦首相の武器としての信任問題

　基本法67条が、政府を攻撃する可能性を議会に与えるのに対して、基本法68条は、首相の武器である。首相のみが信任問題を提案できるのであって、連邦政府でも、個々の連邦大臣でもできない。この規定は、連邦政府の「長」に対して排他的に権限を付与しているのである。連邦政府職務規則15条は、この権限を制約できない。連邦首相は、議会の決議によっても、この提案を強制されない。そのような決議は違憲であろう。信任問題は、81条1項2文から明らかなように、何らかの事案についての問題と結びつけて提起することも、独立に提起する

こともできる。信任問題は，連邦首相その人に対して，あるいは事案の計画に対して，投票をもって正式に支持を表明するよう議員に請願するものである。通常どのように動機づけられ，あるいは処理されていようと，憲法上は，「首相の問題」があるだけであって「内閣の問題」は存しない。しかし，政治的には，その背後に，内閣の問題，あるいはさらに連立の問題があり得る。

β) 信任問題の目的

基本法68条は，当初の意図としては，67条と同様に，「議院内閣制が機能能力を有するよう維持する」，「連邦議会があまりに早く解散されるのを避け，これによって連邦首相と連邦議会との関係における政治的安定に寄与する」という目的を有していた。信任要請によって首相が強化されるものとされた。そして，信任の拒否によって新たな議会への道が開かれるとされたのである。もっとも，こういった目的は，実際の適用においては疑わしいものとなった。基本法68条は，連邦議会を事前に解散するための突破口となったのである。連邦首相と連邦首相を支持する議会多数派との顕在的あるいは潜在的な対立を除去するのに，信任投票は適切でなかったため，安定化させるという目的は達せられなかった。結局，この規定を適用するにあたっての規律の導入をめぐって，あらゆる（決着のつかない）対立が繰り返された。その限りで実証されたのは，この規定が連邦議会の解散を可能にするという目的においてのみ実効的であり，とくに基本法81条の立法上の緊急事態が，連邦政府に，立法活動に対するきわめて大きな障害を課すということである。

γ) 基本法68条による議会の解散？

もっとも，基本法68条による議会の解散は，一定の手続法的および実体法的要件を充たしてのみ，行うことができる。要件の一部は，直接に憲法の規定から明らかとなる。すなわち，連邦首相の信任問題提案，提案がなされてから投票まで少なくとも48時間おくこと，連邦議会議員の多数の成否（基本法121条），連邦大統領に対する連邦首相の解散の提案，および，連邦議会が別の連邦首相を選出した場合を除いての，連邦首相の副署をともなう（基本法58条）21日以内の連邦大統領の解散命令である。こういった規定上の基準に加えて，連邦憲法裁判所は，「不文の実質的要件」として次のように述べている。

「基本法68条の方法によって連邦議会を解散しようとする連邦首相は，連邦議会におけ

る勢力関係のもとでさらに統治することが，政治的にもはや保障されないときにのみ，この手続を用いることが許されると解すべきである。連邦議会における勢力関係は，首相の行為能力に影響を及ぼし，あるいは麻痺させ，その結果，首相は，多数派の信頼によって不断に支持される政策を有効に遂行できなくなる。支持基盤として十分な多数派が連邦議会において疑う余地なく成立している首相が，有利と見られる時期に連邦議会を解散する目的で信任請求を否決させることを，基本法68条が認めているとする解釈は，基本法68条の意義に反しよう。同様に，継続中の立法期において生じた問題がきわめて困難であるということも，解散を正当化しない」。

「実質的な解散状態」を導くことができるような「不安定な政治状態」が存在しているかは，厳密にいえば提案を行うまでに，連邦首相が審査すべきである。首相の「評価および判断の権限」を，連邦大統領は尊重しなければならない。

δ) 連邦憲法裁判所による基本法68条の解釈

連邦憲法裁判所による基本法68条の解釈は，議院内閣制の政治的な作用反作用における連邦首相の地位を，明らかに強化した。首相がさらに統治を続けるか，それとも解散するかは，最終的には首相に決定的に委ねられている。たしかに，裁判所は，基本法68条の濫用に対する留保を追加したのであり，それは不可欠なものである（Bd. II, § 30 III 5 d）。しかし，それが十分であるか確実にいうことはできない。連邦首相が新たな選挙を決意したとき，議会によって選出された首相から，準人民投票的に選出された首相へ転換したと，構造的には解釈を結論づけることになろう。その限りで，議会評議会によって遠ざけられた，議院内閣制における人民投票的な傾向が明らかとなった。議会の選出に塗布された人民投票の香油は，疑う余地なく，より香気を放つようになった。これは憲法の変遷，あるいは少なくとも憲法の継続形成（§ 5 III 2 b β）であり，裁判所もこれを最近では否定しなかった。連邦憲法裁判所裁判官H．－J．リンクの少数意見は，正当にも次のように主張した。すなわち，今日では「解散権は，通常の立法期の間に，意思を補足的に表明する機会を，あらかじめ市民に与えるための手段となった」。裁判官による基本法68条の継続形成は，実際には，新たな解散要件を形成するものであり，この要件は，連邦首相，連邦議会（法定議員数の過半数）および連邦大統領という最上級の国家機関の同意を必要とするが，しかし同時に，厳格に議院内閣制的な憲法構造の明らかな修正を引き起こすものでもある。

Ⅲ. 基本法における議院内閣制の構想と形成 343

ε) 議会の自主解散？

こういった新たに創設された解散要件に鑑みると，基本法63条4項3文および68条による限定された要件を超えて，議会の自主解散へ向けた基本法改正の問題が新たな予兆のもとに生じてくる。憲法改革予備調査委員会の提案による，3分の2の多数をもって行う，そのような自主解散について，私自身は――やはり1972年の状況についての印象をもとに――旧版で賛意を現した（§22 Ⅲ 3 a γ）。このモデルは，多くのラント憲法や外国の憲法と合致する。もっとも，とりわけヴァイマル憲法25条や，国民が仲裁役を果たす紛争がしばしば期待とは異なった決着がなされたということが明らかにしたように，解散が容易になると代表制そのものが問題とされるという一定の批判は，すでに旧版で行った。議会の解散権を限定的な形でのみ保障することは，基本法の構造的不均衡であり修正すべき欠缺であるというG. ライプホルツの指摘にもかかわらず，とりわけヴァイマル共和国の立法期で満期前に終了しなかったものがなかったことに鑑みると，そのほかの解散要件に対する疑念が重要なものとして生じるのである。議会は，容易にその責任を免除されるべきではない。基本法68条の新たな解釈に照らせば，自主解散の提案には厳格な審査が必要である。いずれにせよ，基本法67条は完全に空洞化されよう。というのは，建設的不信任の場合における新たな選挙への圧力は，きわめて強くなるだろうからである。

c) 個々の連邦大臣に対する不信任表明

個々の連邦大臣に対する不信任表明，および基本法67条の手続以外による連邦首相に対する不信任表明が許されるのかも，基本法67条と68条との意味をどう関連づけるかの問題である。

実務上，こういった提案は決して珍しくない。これは，ある特定の大臣の罷免を連邦大統領に提案するよう連邦首相に対して要請する，という形式を採ることがある。が，例外的に，報酬を削除するという形式を採ることもある。これらが成功したことはない。もっとも，こういった提案による圧力が大臣の辞任をもたらすことは，議会と連邦首相が大臣を支持していることが確実でないときは，否定されない。憲法上，こういった提案の評価は，なお争われている。不信任表明に関して疑いはないのであるが，報酬の削除には疑問が呈されている。

α) 不信任表明は許される

不信任表明に関して、解決は、基本法63条、64条、65条、67条および68条に含まれる議院内閣制の全体連関からのみ導かれる。信任要請は、すでにⅡ2で述べたように、議院内閣制の本質的基盤である。憲法は、信任の承認および継続に関して、基本法67条および68条によってなされているように、不信任の表明のために特別の規律を設けることもできる。しかし、そのような規定が欠けている場合、政府は議会の信任を必要とし活動に関して議会に対して責任を負うという、議院内閣制の一般原則（基本法65条1文および2文）が妥当する。議会はこの責任を追及することができ、この追及の範囲内において不信任を表明できる。たしかに、議院内閣制は、議会万能を意味するものではないが、議会の議決は憲法自身によってのみ制約されうる。憲法は、信任に関する特別の規律を基本法67条および68条で規定している。なお、何ら限定を付していない。ここから導かれることは、連邦首相および連邦大臣（したがってまた政府全体）に対しての不信任の提案をすることができるということである。しかし、不信任の表明は、基本法67条に定められているように、辞任を法的に強制する効果を有していない。これは、議会の単なる決議（Bd.Ⅱ§26 2 c）として、政治的価値のみを有する。辞職ないしは罷免をもたらしうるが、必ずそうなるわけではない。

β）報酬削除の提案は許されない

これに対して、連邦首相または連邦大臣の報酬を予算から削除するという提案は、法的に許されない。連邦政府の構成員は、連邦大臣法1条によって、連邦に対して公法上の勤務関係にある（Bd.Ⅱ,§31 Ⅱ 3 a）。こういった法関係は、報酬請求権を含む（連邦大臣法11条）。こういった法的請求権は、予算によって失効させることはできない。(Bd.Ⅱ,§49 Ⅲ 4 c δ)。

d）その他の統制権能

投票による解任と信任剥奪は、政府または個々の大臣に対する議会の最も強力な武器である。これが成功したことは、ドイツ連邦共和国のこれまでの歴史において一度だけである。危機的な状況は、1966年および1972年における経過が示すように、たいてい別の方法によって解決されてきた。これに対して、議会のその他の統制手段は、きわめて実践的で常に行使される意義を有している。これらは、議会の日々の糧であり、議院内閣制の古くから慣れ親しまれている構成部分である。これらは、「政府が、限定されているにしても、議会の信任に依存し、

議会自身政府に対する実効的統制権を必要とするような，議院内閣制の帰結」である。法的制裁を付与された基本法67条，68条の制度に対して，これらの多くは，インフォーマルな種類でしかなかったり，政治的な帰結を目指しているにすぎない。これらは，部分的に，国家指導に関心をもつよう議会を修正するという意義も有している。統制と国家指導への協働とは，とくに予算執行に際して問題なしとしえない関係となる。

しかし，これらの統制手段は，主として少数派の権利として形成されており，少数派が，政策の理由と背景を説明するよう政府に強制し，また自らの「対案」を示すことのできるようにするための少数派の武器である。少数派の情報獲得にとって，議会の統制権能は不可欠である。もっとも，こういった権限は，憲法が少数派による決定であることを十分に宣言していない場合には，政府与党が権限行使に反対すれば頓挫する（§23 Ⅱ, Ⅲ 4）。しかし，これによって統制権能の実効性が失われるものではない。というのは，議会における討論の公共性における効果は，今日，重要な統制機能を有しているからである。したがって，経験から見て，少数派の統制手段の注目すべき統制価値は肯定される。

議院内閣制的統制手段の個別については，Bd. Ⅱ, § 26 Ⅱ 3 で詳細に論じるが，これは，1980年6月25日の連邦議会議決によって1980年10月1日に発効した改正（BGBl. Ⅰ, S. 1237）より以前の，1980年まで妥当していた連邦議会議事規則に基づく叙述である。改正後も多くの文献が公にされている。司法もまた議院内閣制のテーマと取り組まねばならなかった。これらの手段は議院内閣制を特徴づける要素であるから，ここでも簡単に触れておく必要がある。

　α）召喚権

基本法43条1項は，議会の召喚権と，政府構成員の出席義務を定める。出席とは，無言でそこにいることを意味するのではなく，弁明し答弁する義務を含む。管轄する大臣に限定することは，文言（「いずれの大臣」）から見て正当ではないが，召喚権が濫用されてはならないという考慮は正当である。連邦議会構成員召喚の提案は，一会派または連邦議会出席議員の5％の同意を必要とする。召喚が可決されるのは，連邦議会の多数が賛成したときである（連邦議会議事規則42条）。

　β）質問権

連邦議会議事規則100条以下は「質問権」，すなわち大質問および小質問，ならびに連邦議会の個々の議員による質問を認めている。大質問は，文書によって

提出され，一会派または連邦議会出席議員の5％の同意がなければならない（連邦議会議事規則75条1項f号，76条1項）。これらの質問には，文書によって回答し，一会派または連邦議会出席議員の5％が要求したときは，議会において答弁しなければならない（連邦議会議事規則101条）。同様のことは，小質問にも適用される（連邦議会議事規則75条3項）。この質問は，14日以内に回答されなければならない（連邦議会議事規則104条2項）。補足的に，いずれの議員の文書による質問のためにも質問時間が与えられ，これには特別の規則が妥当する。

γ） 報告の要求

質問と並んで，報告の要求も，連邦議会から政府に対してしばしばなされる。さらに，政府が法律上報告を義務づけられている場合もある。連邦議会が決議によって報告を求めているときにかぎり，そのような決議は単なる議会の決定として，法的に拘束しないとされる。要求が「単なる」報告を求めているだけで，法律案またはその他の実質的な政府の領域に属する活動などを指示していない場合に限っては，拘束力のないことを維持するのは難しい。というのは，この場合，他の「権力」に対する介入がないからである。これに対応して，連邦議会議事規則115条旧規定および連邦省共通職務規則各則第11条は答弁義務を定めている。

δ） 調査委員会の設置

基本法44条1項によれば，連邦議会議員の4分の1は，調査委員会の設置を求める権利を有する。議会の実質的管轄内に含まれる公的利益を有する事項はいずれも，調査委員会の課題となりうる。歴史的には，この制度は，イギリス議会の慣行から展開し，とりわけ問題のある状況を解明するための目的に寄与した。Enquêteという標章はここから来ている。調査委員会は，もともとは議会の政府に対する統制の最も強力な武器とされていた。今日では，その委員構成のために，むしろ反対派の政治的闘争手段となった。このことは，とりわけ真実のあるいは予見される政治的な疑獄の解明に妥当する。調査委員会の法的地位および権限，ならびに調査権の限界は，学説において，論点によってはきわめて激しく論争された。とくに議論されたのは，基本法44条2項（刑事訴訟法の「類推」適用），および基本法44条3項による法律上および職務上の援助の範囲内において付与された権能である。これらの規定に基づいて，調査委員会は，私人に対しても国家機関に対しても活動しうる。この場合，調査委員会は，基本法20条3項により法律および法に拘束される。というのは，調査委員会は，基本法44条によって

委任された権能の限界内において公権力を行使するからである。調査委員会の改革は、ドイツ法律家大会で2回扱われたように、長い間、国法学界から要請されている。憲法改革予備調査委員会は、正当にも基本法44条の改正案を提案した。

ε) 予備調査委員会の設置

連邦議会議事規則56条によって、連邦議会は「広範かつ重要な専門的事項に関する決定の準備のために」予備調査委員会を設置することができる。連邦議会の4分の1の要求があるとき、連邦議会は、この委員会を設置しなければならない。調査委員会とは異なり、予備調査委員会は連邦議会議員以外の者も委員となりうる。この委員会は、議会の補佐員と同様に、政府の情報優位を縮小し、議会に専門知識と資料を導入する目的に寄与する。

ζ) 請願委員会

基本法45c条に関する法律と結びついた基本法45c条は、請願委員会に、行政に対する拡張された権利を認めている。すなわち、文書の開示請求権、文書の閲覧請求権、および情報請求権である。

η) 国防受託者、連邦情報保護受託者、連邦会計検査院、秘密情報機関の監視に関する委員会、信書、郵便および放送の統制に関する委員会

議会のための議院内閣制的統制は、さらに、国防受託者、連邦情報保護受託者、および連邦会計検査院も行使する。議会の委員会のうち、秘密情報機関の監視に関する委員会、ならびに信書、郵便および放送の統制に関する委員会も、統制のための制度と考えられている。

4. 国家指導への議会の参加

議会は、立法権限（a）、借款の授権を含む予算に関する決定権限（b）、外国との条約に関する決定権限（c）、防衛に関する決定権限（d）、および一定の「本質的」内容を有する固有の組織に関する決定権限を通じて、国家指導の最も強力な部分を有する。

内政がおよそ法律と歳出によって展開され、外政が条約によって展開されるならば、こういった政治の本質的部分は議会の手中にある。古い格言「政治を行うとは立法することである（gouverner c'est légiférer）」は、今日では以前よりその真実性を増している。議会の地位は、ここでもちろん、独立したものと見るべきではない。上述の場合、発案は通常政府の側からなされるのである。議会と政府は、

この点について共同で活動する。いずれの機関も他方の機関なしに，自己の任務を遂行することはできない。政治的状況において，重要性は，部分的に一方または他方へと動いている。この重要性は，正確には，共同活動に向けられており，それについては，E．フリーゼンハーンが次のように述べている。「議会と政府は，恒常的な相互浸透と相互依存において存在しているのであり，厳格な分析を要しない，そして重点がその都度変化する継続的な両者の協働こそが，良い『国家指導』を可能にする。政府が提案したことを議会が単に確認するのみということもありえよう。しかし，議会が政府の提案を根底から変更したり，完全に拒否するということも十分にある。そして，提案自体が議会によってなされるということすらもある。通常の場合については，次のようなことが前提される。すなわち，政府によって形成された政策を議会が承認し，たとえば政策が法律によってのみ実施され得るというような，憲法上の必要がある限りにおいて，議会は政策を可決するのである。しかし，国民の生存に関する問題においては，議会自身が指導的役割を負い，一定の政策について意思を表明する。そして，政府はこの意思を容易には拒否し得ないのである」。これについて憲法上の基礎が常に明確であるかは，たとえば計画については疑問の余地があるが（Bd.Ⅱ,§40 Ⅲ），議院内閣制が浸透していくにつれて，議会が介入する領域が格段に増え，今日ではむしろ政府に留保された部分を再び強化することが問題となっているということは，否定されない。こういった基本的な考えに対して，最近連邦憲法裁判所も，次のように判決において強調して，認識を示すようになった。「憲法制定権力は，基本法20条2項および3項において，行政権も直接憲法に根拠を置く機関と作用として創設した」（BVerfGE 49, 89）。こういった連結点において，議院内閣制は密接に権力分立的法治国家の基本原理と結びついている。というのは，この基本原理は，法律の優位と法律の留保，および最近のいわゆる本質性理論によって，本質的内容を議会の決定に委ねているからである（§20 Ⅳ 4 a δおよび Bd.Ⅱ,§37 Ⅰ 4 b）。これによって，今日，憲法上確立された，議会に留保された領域と，さらに議会が介入する領域とが存在するのである。議会は，憲法適合的な国家行為をもたらすために，後者においては活動し得るのであるが，前者においては活動しなければならない。国家指導への参加に関して中心的な，留保された領域としては，次のようなものがある。

a） 形式的意味の法律の制定に関する独占権—法律の優位

議会は，たしかに法定立の独占権を有してはいないが，形式的意味の法律の制定に関する独占権は有している。連邦議会の決定なしに，形式的意味の法律は成立し得ない（基本法77条1項1文，78条，82条1項）。基本法81条による立法上の緊急事態，ならびに115ｃ条および115ｄ条による緊急状態は，例外的な状況として，ここでは考察の対象からはずすことができる。議会は法律提案権も有しているので（基本法76条1項），この機能において自給自足的に統治することができる。法律案の圧倒的多数が各省の官僚によって作成され政府によって連邦議会に提出されているという事実は，会派に事案の理解が十分にあるときは，直ちに議会の「決定不全」を理由づけるものではない。立法は，実際，政府の形成に次いで，議会の最も重要で優先的な任務であり，連邦議会のように勤勉な議会においては，量的に最も広範な任務でもある。

議会によって制定された法律は，すべての議院内閣制において，憲法上最も上位にランクされる法規である。法律は，執行権のすべてと司法権を拘束する（基本法20条3項，97条1項）。一般にこのことは，行政と裁判の法拘束性の概念，とりわけ法律の優位によって説明される。この優位によって，議会は，他の2つの国家作用を限定し，共同体にとって指導的な決定を行うことを手中に収めるのである。

b） 予算に関する議会の決定

予算に関する決定は議会の手中にある（いわゆる予算高権，これについてはBd. Ⅱ, §49 Ⅳ 5）。基本法110条2項によれば，すべての収入および支出が含まれるべき（基本法110条1項1文）単年または複数年の予算は，予算法律によって確定されなければならない。法律として議決された予算を通じて，議会は，自己の政策課題および支出政策の目的観念を政府に与えることができる。予算を通じて実現される，こういった政治的形成可能性は，君主制的統治との闘争における，長い等族的および議院内閣制的伝統から生じた。こういった立憲主義的予算闘争の結果，議会は勝利者となったのである。

予算法律において組織法律の形式における「国家指導的行為」が見られるとすれば，その意義は議院内閣制において明らかである。すなわち，それは政府の計画を統制することができるのである。予算統制によって，注意をはらうことが保

障される。さらに，議会は，予算の執行に対しての協働権を絶えずより多く保障しようと努めるのである。

議会の予算高権を保障するために，借款または類似の財政行為を採ることは，連邦法律による授権が必要とされている（基本法115条1項1文）。

c） 議会と外交権

立憲主義の時代においては，外交権は，なお圧倒的に君主のもとにあった。すでに，1849年のフランクフルト憲法（77条）および1871年ドイツ帝国憲法（11条3項）が，初めての議会協働権をもたらした。基本法59条2項は，これらおよびヴァイマル憲法をはるかに超えて，「連邦の政治関係を規律し，または連邦の立法の対象と関わる条約」についての，連邦法律の形式による承認権を通じて，強力な協働要素として議会を外交関係に登場させた。基本法59条2項は，議会と政府とが協働で行使すべき領域を包括する。同様のことは，基本法24条1項による統合権についても当てはまる（§15 Ⅰ 4, Ⅱ）。したがって，外交権を「結合された権力」と記述することは，不適当ではない（§14 Ⅳ 2）。

政治的条約という基本法59条2項で用いられている概念も，争いがないわけではないが，いずれにせよこの概念は，あらゆる政治的に本質的な条約，たとえば平和条約，軍事同盟，中立条約，不可侵条約，軍縮条約および国境画定条約を含む。

立法の対象と関わる条約とは，国民の権利義務を根拠づける条約，あるいは国内的に条約内容を命令しようとするならば形式的意味の法律を必要とする規律を有する条約である。こういった条約は，議会の承認なしに締結することはできない。

もっとも，連邦議会議事規則81条4項2文によれば，条約は一括してのみ決定できる。これは，たしかに条約の内容に対する議会の影響力を弱める。しかし，議会の決定に留保をつける可能性はある。なお，この留保の国際法的効力は争われている（§14 Ⅳ 4）。

d） 宣戦の布告と講和

1871年ドイツ帝国憲法が宣戦の布告および講和を皇帝の大権としていた（11条）のに対して，ヴァイマル憲法以降は，これらに議会の承認が必要となっている。ヴァイマル憲法45条2項は，この協働を明文で定めた。基本法115ａ条1

Ⅲ. 基本法における議院内閣制の構想と形成　351

項1文, 115l条3項は, これを受け継いでいる。講和には, (形式的意味の) 法律が必要である。防衛上の緊急事態を決定するには, 議会の決定で足りる。いずれの場合も議会の協働は本質的である。こういった行為のすべてにおいて, 実質的には統治が問題となっている。しかし, その重要性のゆえに, 議会によって決定されるのである。

　e) 議会に留保された領域
　上述の領域は, 同時に, 多かれ少なかれすべての議院内閣制において, 歴史的に受け継がれてきた, 古典的な議会に留保された領域である。これらと並んで, 最近では, 議会に留保される新たな領域が生じてきた。これについては, 通常は法律を通じて行う, 議会による決定が基本法で明文によって規定されている場合もあり, 基本権および制度的保障, ならびにその他の憲法規定から, 一般的憲法原理として導かれる場合もある。議会に留保される, こういった現代的な領域は, その政治的基盤を, とりわけ議会の決定が, 行政の措置よりも, より高度の透明性と公開作用, 賛否についてのより十分な議論を保障するということにおいている。これらに対しては, より高度の代表価値が認められる。憲法上, 議会による規律の要請が導かれるのは, 第1には民主制原理からであるが, また社会的法治国家原理, ならびに基本権および制度的保障からも導かれる。こういった「新たな」議会に対する留保は, まず, 憲法裁判所の判例および学説が根拠づける。この発展の歴史はなお記述されていない。また, 終焉を迎えてもいない。さらに発展する契機と抑止する契機とが, 現在, 拮抗している。議会による規律の要請は, とりわけ次のような領域で影響している。
－ 行政および裁判の組織的制度的事項 (BdⅡ, §37 Ⅰ 4 b β)
－ 基本権的・法治国家的事項 (§20 Ⅳ 4 b, BdⅡ, §37 Ⅰ 4 b δ)
さらに
－ 許容能力についての社会国家的事項 (BdⅡ, §37 Ⅰ 4 b ε)
あるいは単に
－ 「本質的」事項 (§20 Ⅳ 4 b δ, BdⅡ, §37 Ⅰ 4 b ζ)

　5. 議会による国民の代表
　議会は, 国民を代表する (基本法20条2項1文, 38条1項)。代表者は被代表者

を可視的にするのであり，国民の意思は代表者を通じて表現される（前掲Ⅱ5）ということが正しいとすれば，代表には，国民全体が自ら表現することで可視化することも含まれる。議会は，国民の祝典，記念日あるいは葬礼の日において，こういった機能を果たす（§9Ⅱ5）。また，再統一についての政策や安全保障政策といった国家的問題や，防衛問題についての統一的決定も，これに含まれる。統一的決定は，R．スメントの意味における統合の強調された形式である。しかし，代表はこれで十分ではない。すでにW．バジョットは，議会に必要な「表現的」機能に言及していた。これには，言葉の広い意味において，揺れ動いている問題について国民の自己を表現する権利と義務が含まれる。このことは，今日，とりわけ情報提供，自己の意思表明，および方向を示唆する立場を採ることを意味する。最近数年において，制度としてのドイツ連邦議会は，こういった代表を保障することにおいて，明らかにその地歩を失った。政治生活における政党寡頭政治化とプロフェッショナル化は，驚異的に蔓延し，決定を議会から移動するという憂慮すべき状況をもたらした。「正しい」政策をめぐって説得する側の意思と説得される側の意思とが格闘するという議会の偉大な時間は，めったに見られなくなった。政党の委員会で決定された意見が決定的になった。この点において，「ボンにおけるそれについて」市民の多くに嫌気がさしていないかどうか，良く考える必要があろう。市民は，国民のフォーラムでの議論を通じて説得され指導されることを望んでいるのであり，会派における決定によってではない。共同体にとって最も重要な正統化の効力は，なお議会の決定にあるのであって，集団の決定ではない。こういったことに対する思慮として，市民と議員との距離を再び縮小することが1つの道であろう。同時に，これは，発生している議会に対する嫌気を和らげよう。これには，とりわけ市民に対してより説明するようにすることが寄与しよう。これは，人民投票的な安全弁を不必要にする。

　そのような代表関係の状況において，H．マイアーが「変換機能」と名づけ，E．シュタインがより適切に「フィードバック機能」と特徴づけた，議会の任務の余地がある。議会は，真空空間で行動するであろうし，国民，社会集団，団体および世論に話しかけ，そこから意見を聞き，さらにそれに答えようと，絶えず努力するわけではないであろう。が，こういった相互的な連携においてのみ，共同意思は成熟し，最終的に形成されうるのである。政党，団体，プレス，および放送は，ここにおいてきわめて重要な任務を有する（基本法21条1項，5条1項，

9条)。

　立憲主義の時代において，こういった代表機能は，当初きわめて前面に出ていた。代表としての議会は，君主およびその行政に対抗して，まず権力を奪い取らなければならなかった。今日，議会は代表し支配する。より正確には，議会は「支配し，それによって代表する，あるいは支配権を行使することによって代表する」。

6．最終決定権者としての議会—第一次決定権者としての政府—政府の固有の領域

　これまでの論述において，議会の機能は，基本法が議院内閣制原理に与えた形成において記述された。そこでは，議会と政府との協働が議院内閣制が機能するために不可欠であることが，繰り返し認識された。議会の地位は，しばしば「最終決定権」を有する者の地位であった。すなわち，連邦首相の選挙，政府の瓦解，法律や予算の決定，条約の承認である。これに対して，政府は，通常，「第一次決定権」を有する者の地位が与えられる。政府には，提案機能，形成機能，プログラム機能および計画機能が，広範に帰属する (Bd.Ⅱ,§39 Ⅰ 2 b，Ⅱ 5 b α)。そこで，たとえばF．J．シュタールは，彼の法の哲学において「本来の政府の本質」を「法律から独立して，何か新しいもの，現実的なものを自由な創造的活動においてもたらし，状況を目的に従って促進する」ことにあるとした。絶対主義国家において，統治は君主の国家行為のすべてを意味していた。立憲国家になって初めて，三権分立の要請のもとで国家行為を区別して観察することが始まった。しかし，同時に，立法，裁判と並んで，統治作用が行政活動から区別されずにそこに埋没されてしまうという危険も生じた。それにもかかわらず，統治者の固有の領域を承認することに疑いがもたれたことはない。基本法に関して，R．スメントを受け継いでU．ショイナーは「創造的決定，政治的提案および国家全体の包括的指導，ならびに執行活動の指導的統制」をとりわけ強調した。これには，立法およびその他の議会の行為に対する決定的な影響も含まれる。今日では，プログラムおよび計画の立案が前面に出ている。統治するとは，政治的な，指導，形成，計画，発案を意味する。したがって，これと，指導されて執行し指揮されて方向づけられる行政とは明らかに区別されるのである。

　まさにこれまで述べてきた統治の実質的な意義が，こういった任務は機関とし

ての政府のみによって充足されるものではなく，議会と協働してのみ果たされうるものであることを明らかに示している。同時に，議会もまた統治していることが明らかとなる。そのように国家指導として理解された統治は，政府と議会という機関に，——「標語的に」定式化すれば——双方の手にゆだねられているのである。

a） 機能として，また機関としての政府—政府と野党との対置—議会による共同政府

機関としての統治，あるいはより適切には機関集団（合議制機関）（Bd. II, § 31 I, II）と，機能ないしは活動としての政府（Bd. II, § 39）との区別は，議院内閣制を理解するにあたって重要である。しかし，議院内閣制という標章において，こういった区別は常に明確になされているわけではない。もともと，政府は明らかに組織的な意味であり，これによって議会という対抗者が想定されていた。今日では，こういった対立は，そのような厳格な状態では，もはや存在しない。このため，統治権，統治事務が，もはや政府という機関単独ではなし得なくなり，議会によっても，あるいは議会とともになされること，そしてその場合，政府という（形式的意味の）機関が議会によって任命され，議会，より厳密にはその多数派によって支持されているということも，議院内閣制原理は想定している。こういった意味において，対抗者として対峙しているのは，政府と野党，より厳密には，一方に政府という機関と与党会派があり，他方に少数会派があるという対立である（これについては§ 23）。こういった二極化が，政党政治的必然性のもとで，議会多数派と政府との団結（標語は，統治能力の維持）をもたらすことは稀ではない。このようにして結び付けられた諸政党と前線の硬直化が，更なる多元化と諸勢力にとっての自由な領域の欲求をより強いものにした。

しかし，他面において，政府という活動，機能は，もはや政府という機関の活動や機能としてだけではなく，政府と議会との共通の任務として見られるべきものとなった。この場合に，基本法の構成によって国家元首の有する政府機能への参加部分は無視し得る。統治事務のこういった配分において，提案の優先権を有するのは，原理的に政府ではない。きわめて強力に形成された議会がある。明らかに原則は，政府がそこに集中されている行政装置を通じて指導的な役割をしめるということであり，政府が合図を送り演奏が始まる，つまり第一次決定権を有

するということである。それは文字どおりの統治である。もっとも，議会が，今日，委員会と，より完成度の高い詳細な立法とを通じて，みずからを共同政府にしようとし，部分的にはすでにそのようになっているということを，忘れてはならない。ただし，議院内閣制は，そのような展開と権力配分に関して，まったく無制約に開かれているわけではない。

b) 政治的形成の重心としての政府—非対立的な政府と議会の関係

議院内閣制原理において，統治が二重の意味を有していること，およびいずれにしても基本法について厳格でないシステム構造であることを認識すると，そこから重要な帰結が導かれる。すでに，政府という機関の形成における議会の影響については言及した。さらに，政府は合議制機関であるから，合議体内部における権力配分が，議院内閣制を特徴づける1つの要素となっている（後掲7）。政府は実質的に理解すべきであるから，この活動を行政から区別することは，統治権および議院内閣制の理解にとって本質的な前提である（Bd.Ⅱ,§39 Ⅲ）。議会がさまざまな決定権限を有し（前掲4），代表任務を有している（前掲5）にもかかわらず，議院内閣制に対しては，政治的形成の重心と指導は政府にあるということが通常あてはまる。政府は，計画し，企画し，プログラムを立てる。まさに，財政計画やその他の統治計画の形式において絶えず重要性を増している計画権が，このことを明らかに示している。政府は，政治的優先権を有し，議会は，承認または修正する。賢明にも，政治的な基本原則の決定において，可能な限り早い時期に介入がなされることで，議会の見解が明らかになり，それが政府の準備作業に組み込まれ得る。こういった事前の参加が，今日，事後の制裁よりも重要となっている。政府は，諸団体の意見を調査し，公聴会という制度によって専門知識を獲得する。政府は，措置を告知し，世論の反応をテストする。外交に関しては，憲法上，政府に第一次決定権が与えられている（基本法59条1項）。また内政においても，景気対策，構造的経済政策，経済政策および文化政策，ならびにその他の必ずしも法律に委ねられていない分野において，第一次的でしかも単独でなしうる形成的行為という本質的に自由な領域が政府に委ねられている。もっとも「政府の優位」をいうことは，行き過ぎであろう。政府は，たしかに「装置」を有し，これによってまとまった専門知識を有する。しかし，議会はなお「挽回要求」を充たそうとしているのである。とりわけ議会は，計画において，制度化さ

れた形式でみずからを際立たせようとする。そこには，明らかに議会の官僚化という危険もある。これに対して，議会は，超国家的な領域では，ヨーロッパ議会が創設されたにもかかわらず，明らかに冷遇された位置にある（§15 Ⅱ 6）。ここでは政府が優勢である。

　法律という手段は，議会に統治をするための決定的な道具を保障する。こういった手段を通して，議会は，法律の優位に基づいて政府に優位する。かつては支出を意図する政府を議会が法律によって抑制しなければならなかったが，今日では，議会が法律によって「贈り物」を配るとき，立場の逆転することが稀ではない。基本法113条1項1文および2文は，予算案から外れた支出をもたらす法律についての拒否権を政府に認めている。したがって，ここでは政府が抑止し得る。

　全体として明らかとなるのは，政府と議会の関係が対立的には把握されない，あるいは優位劣位の関係として理解されてはならないということである。一方または他方が優位する要素はある。そういった関係は，民主制的決定過程の複雑な弁証法に組み込まれている。E．フリーゼンハーンの言葉をもじっていえば，重要性はその時々の人物や政党状況の優劣によって決まるのであり，条文によって決まるのではない。

7．基本法における連邦首相の優越的地位―政党連立における首相―抑制された首相制

　首相選挙，組閣に際して，ならびに不信任決議および信任問題において（基本法63条，64条，67条，68条），政府内部における連邦首相の優越的地位は，すでに明らかである。基本法65条は，こういった優越的地位をなお補足的に強調している。この優越的地位は，ヴァイマル憲法55条および56条と一致する文言ではあるが，ヴァイマル憲法のライヒ首相の地位よりも，より明確で疑いのないものとなっている（Bd. Ⅱ, §31 Ⅱ 4, ⅢおよびⅣ）。

　基本法によれば，国家元首も首相の任命に僅かしか影響力を有しておらず，辞任をもたらす通常の不信任投票も廃止されたので（前掲Ⅲ 3 a），憲法上，連邦首相の地位は著しく強化された。大臣は，第1に首相の信任を得なければならない――責任は議会に対して負っているが。他方で，憲法規範の分析において，連邦首相がこれまで常に政党連立の首相であったことを看過してはならない。首相の方針決定権限および選出権限は，連立の物的および人的利害のしがらみに組み

Ⅲ．基本法における議院内閣制の構想と形成　357

込まれてきたのであり，1966 年および 1974 年における首相の辞任や，1982 年の不信任による首相の退任が示すように，首相は連立の利害を配慮せずに統治することはできない。また，首相の方針決定権限および内閣形成権限は，首相自身の政党内部における首相の地位と無関係ではない。首相が自身の政党の顔であるとは限らないのである。

　結局のところ，憲法規範は，それだけでは首相の地位を理解するに不十分である。憲法規範は枠である。この充足は，ここでは政治的な駆け引きの問題でもある。こういった枠を観察すれば，政府における連邦首相の優位が明らかとなろう。この点において，基本法の議院内閣制は，まったくもって固有の評価を受ける。すなわち，抑制された首相制である。こういった基本決定は，政府の内部構造も，首相および管轄大臣の権能および地位をも特徴づける。以下の要素は，議院内閣制にとって，決定的である。

　a）　首相原理
　基本法 63 条から 69 条までの規定を合わせて観察することで導かれる首相原理は，合議体政府内および議会との関係において，首相に優越的地位を保障する。記述すべきものは，次のとおりである。
－ 政治の方針を決定する権能（基本法 65 条 1 文）。方針の実施を保障するために，連邦政府職務規則は，さらに一連の権能を連邦首相に認めている。
－ 内閣を構成する大臣の選任（基本法 64 条 1 項）。
－ 組織的な内閣形成，つまり連邦大臣の事務領域の設定と確定。これは，基本法 65 条 1 文，64 条 1 項と並んで 65 条 4 文からも導かれる。
－ 連邦政府の事務の指導。すなわち，連邦首相は，内閣の形式的長でもある（基本法 65 条 4 文，連邦政府職務規則 6 条）。
－ 連邦大臣の職の終了（基本法 69 条 2 項後段），および自由意思または強制による連邦首相の辞任にともなう政府の終了。
　連邦大統領は，一次的にのみ，事務処理のための政府をその職にとどめることができる（基本法 69 条 3 項）。

　b）　管轄原理
　方針の範囲内において，基本法 65 条 2 項および連邦政府職務規則 1 条 1 項 2

文によって，連邦大臣は，いずれもその事務領域を独立して固有の責任において指導する。ここに管轄原理が宣言されている。これによって，大臣はその管轄事項を指導することが正当化され，また義務づけられる。この原理は，大臣に，組織権能と指示権能を与える。方針と管轄権による指導との関係に疑義が生じたときは，連邦首相の決定を求めなければならない（連邦政府職務規則1条1項3文）。これによって，首相原理と管轄原理との慎重な調整が試みられている。全体として連邦大臣は，二重の地位にある。すなわち，一方において最上級の連邦官庁の独立した長としての地位であり，他方において政治的連関に組み込まれた連邦政府の構成員としての地位である。

連邦大臣は，自らの管轄についての指導に対して責任を負う。こういった責任が，政府に対する議会の統制を保障する。P. バドゥーラとともに，議院内閣制的な大臣責任の追及は，2つに区別することができる。1つは，職務指導の合法性と政治的合目的性についての説明責任という意味での，管轄に限定された責任であり，もう1つは，政府がその都度の議会多数派に政治的に依存しているという意味での責任である。こういった議院内閣制的–政治的責任とは異なり，基本法は，等族的憲法においてかつて実現され，いくつかのラント憲法において今日なお見られるような大臣訴追という形式においての，国法的あるいは国事（憲法）裁判的な責任を規定していない。

c) 内閣原理

さらに，基本法65条3文と4文，76条1項，113条といった規定が，連邦政府に権限を付与している。これらの規定が定めているのは，内閣原理あるいは合議制原理である。この原理によれば，一定の場合は，合議体で行動しなければならない。この合議体は，基本法62条が規定するように連邦首相と連邦大臣で構成される。連邦政府職務規則15条は，これについての一般条項的な事例カタログを規定しているが，これは広範な権限を認めているため，憲法上問題がないわけではない。

(1)内政および外交，経済，社会，財政または文化について一般的に重要な意義を有するすべての事項，とりわけ次のような事項は，審議および決定のため，連邦政府に提案されなければならない。

法律案のすべて。
　連邦政府の政令案のすべて。
　その他の命令案で，とくに政治的に重要であるもの。
　連邦政府の提示に対する連邦参議院の意見表明。
　基本法または法律が連邦政府に提案すべきと定めている事項のすべて。
　連邦省庁間の意見の相違。財政計画案，予算法律案および予算計画案についての意見の相違は，当該省庁にとって基本的な意義を有する事項または財政上きわめて重要な事項が問題となっているときに提案される。
(2)この他に，次の事項も政府に提案されなければならない。
　いつでも退職させることができる官吏の任命案，給与規定によって固定給の支給される官吏の任命案，ならびに参事官および高級官僚と同等のランクを有する官吏の任命案
　連邦公務員給与表Ⅰの俸給集団に基づく最上級の連邦官庁における公務員の雇用または分類についての提案，または俸給の引上げについての合意の提案
　決定を行わない審議目的のもの：連邦の最上級裁判所の裁判官任命について，管轄を有する連邦大臣の同意に関する提案

d） 会議制的政府制度

　三原理の評価にあたって，厳格に重要性の判断をすることはできないのであり，いずれにせよ首相原理の内閣原理に対する関係についてはできない。というのは，1つの政府は内部では分かれており，首相は絶えず基本法65条1項によって指令しなければならないからである。こういった理由で，基本法65条1項の規定から読みとれる以上に，内閣原理にはより重要な意義がある。合議制的政府制度は，とりわけ連立政府の場合に，より強い妥協を可能にする。この制度は，現代産業国家において，国家任務の複雑性とその除去にとってますます不可欠となっている調和と最大限の調整とを可能にする。もっとも，こういった目的のために，現にある諸制度で十分であるかは未解決の問題である。

8．議院内閣制への国家元首と連邦制的機関の編入

　基本法の議院内閣制の構想についての叙述は，さらに2つの国家機関を顧みなければ不十分となろう。それらの国家機関は，議院内閣制においては異質のものと見られるかもしれないが，ドイツおよび他の国の伝統から外せない機関である。こういった機関とはすなわち，国家元首および連邦参議院という連邦制的機関である。

a） 連邦大統領

　ヴァイマル憲法とは異なり，基本法の議院内閣制における連邦大統領の地位は，とくに強力なものとして特徴づけられてはいない。このことはきわめてシステムに適っている。というのは，国家元首が統治機能の本質的部分を分け持っていたとしても，国家元首は，この機能を，このシステムの意義からして，議会に依存してのみ行使し得たであろうからである。国家元首の権力喪失は議会に対する責任の欠如と結びついており，これは補足的に副署の制度（基本法58条）によって確立されている。議院内閣制と一定の距離があることは，連邦議会という連邦制に拡張された連邦の議会からなる委員会による選挙という，連邦大統領の選出方法からも導かれる。議院内閣制にとって本質的な連邦大統領の権能は，次のとおりである。

- 選挙の第一段階における連邦首相選挙の提案（基本法63条1項）。
- 首相が相対多数のみで選出された場合の，首相の任命または連邦議会の解散（基本法63条4項2文，3文）。
- 連邦首相の提案に基づく連邦大臣の任命（基本法64条1項）。
- 基本法69条3項によって職が終了した場合における，職務続行政府としての連邦首相および連邦大臣への委任。
- 信任問題が拒否された場合における連邦首相の提案に基づく連邦議会の解散（基本法68条1項）。
- 連邦政府の申立てに基づく立法上の緊急事態の宣言（基本法81条1項）。
- 防衛上の緊急事態確定の公布（115 a 条3項）。
- ドイツ連邦共和国を国際法上代表すること，外国との条約の締結，および信任状による使節の派遣（59条1項）。
- 副署による連邦法律の認証と公布（基本法82条1項）。

　こういった権能のそれぞれに，どのような法的および政治的形成可能性が含まれているかは，Bd. Ⅱ, §30 Ⅲで述べる。ここでは，これらの権能が，主として，諮問的，審査的，解明的，または媒介的な性格であることを確認すれば足りる。統治権は，この中に賦与されてはいない。副署の制度（基本法58条）は，大統領による統治を防止する。しかし，他面において，国家元首を単に「国事公証人」と理解するのも誤りであろう。

b) 連邦参議院の立法と行政への関与

すべての連邦国家において，議院内閣制のシステムにおける連邦制的機関に注目すべき意義が与えられている。このことは，アメリカ合衆国においては上院に，スイスにおいては連邦参事会に，オーストリアにおいては連邦参議院に——これがもっともわずかの権能を与えられていることは明らかである——，そしてドイツ連邦共和国においては連邦参議院に妥当する。この連邦制的機関は，1871年ドイツ帝国憲法以来，政治的意思形成においてきわめて重要な役割を果たしている。たしかに，連邦参議院は，防衛上の緊急事態における基本法53 a 条，115 h 条による合同委員会という枠における場合を除いて，連邦政府の形成に関与しない。しかし，立法および行政に対しては本質的に関与する（基本法50条）。如何なる法律も，連邦参議院の協働なしには成立しない（基本法76条，77条，78条）。連邦参議院に同意権が与えられている場合もあり，異議申立権（連邦議会が却下し得る）のみが与えられている場合もある（§19 Ⅲ 8h, およびBd. Ⅱ, §§ 27 Ⅳ, 37 Ⅲ）。さらに，憲法改正のためには，連邦参議院の3分の2の同意を必要とする（基本法79条2項）。しかし，これらによって，連邦参議院の（実質的）統治事務への関与は，なお記述され尽くしてはいない。

- 連邦参議院は，法律提案権を有する（基本法76条1項）。
- 連邦参議院議員は，連邦議会およびその委員会に出席し発言する権利を有する（基本法43条2項）。
- 連邦参議院は，連邦政府の構成員を会議に召喚することができる（53条1文）。
- 連邦政府は，連邦参議院に対して，事務の遂行に関して，常時報告しなければならない（基本法53条3文）。
- 連邦財務大臣は，連邦参議院に会計報告をしなければならない（基本法114条1項）。
- 連邦参議院は，連邦憲法裁判所に，連邦大統領に対する訴追を提起することができる（基本法61条1項3文）。
- 連邦参議院は，連邦憲法裁判所に，政党の憲法違反を申し立てることができる（連邦憲法裁判所法43条1項）。
- 連邦参議院は，機関訴訟の原告となることができる（基本法93条1項1号，連邦憲法裁判所法63条）。

連邦参議院が強い地位にあるのは，合同委員会（基本法53 a 条1項），立法上の

緊急事態（基本法81条），防衛上の緊急事態（基本法115 a条以下），財政（基本法104a上以下），連邦法律の執行と行政（基本法83条以下），および諸ラントに対する措置（基本法37条，84条4項，91条2項2文），ならびに連邦憲法裁判所の裁判官の選任（基本法94条1項）および一定の裁判所職員の任用（裁判所構成法149条）においてである。

　最近しばしばいわれていることに，国民から選出された代表の意思が連邦参議院によって歪曲されるので，連邦参議院は議院内閣制を歪めるものであるという主張がある。この主張に従うことはできない。連邦参議院も，二重に間接的ではあるが，民主的に正当化されている。連邦制的機関がラントの利害のみを前面に出しているのではなく，自らを政治的な権力要素としても把握していて，このため重大な政治問題にあっては時折政党政治的な配慮を前面に出すこともあるということは，政党国家の1つの帰結である。連邦参議院は，連邦議会の反対派に，しばしば「共同統治」や「並立的な」政治統制を可能にする。このことは，50年代では社会民主党に当てはまり，1969年以降はキリスト教民主同盟・キリスト教社会同盟に当てはまる。基本法は，こういった展開を連邦参議院の構成からみて禁じてはいない。しかし，憲法上の制度は，濫用禁止（この違反を裁判で審査するのは難しい）という限界を画して，常に，政治勢力に一定の活動領域を保障しており，このため連邦参議院における政党政治的要素の展開は禁止されていないのである。連邦参議院において，垂直的権力分立の要素が表現されており，また同時に政治権力の統制も現われている。このことは，すべての連邦国家に妥当する。連邦制原理と権力分立は，今日，二院制についての，なお重要性を有する唯一の正当化理由を示している。

Ⅳ. 議院内閣制の将来の展望

1. 議院内閣制批判

　60年代末に，議院内閣制というシステムには疑問が投げかけられた——理論においても，またとりわけ示威運動や出版において「議会外の反対派」が現われたように，実践においてもである。この種の攻撃は新しいものではなく，現在でも「草の根民主主義」の運動やグループにおいて繰り返されている。議院内閣制批判は，すでにヴァイマル期とともに現われた。そこにおいても，批判は「体制」

に対する闘争にまで高められていた。学術性に対する一定の要求をもって，こういった批判は，ドイツ連邦共和国においては，アニョリ＝ブリュックナーによって最も明確に表明された。この批判は，基本的反対派，大いなる拒絶，否定そのものと理解される。この批判について，この立場の積極的価値を見出そうとすれば，厳密にいえばすでにその時点で，この批判に機能能力のある代替案が欠如していることが看取されよう。常に繰り返し提案される評議会システムは，産業大衆国家においては，「真の民主制」と対立するものであることが証明されている。時折「議院内閣制的＝民主制的装置」として評価が貶められる自由な民主制は，少なくとも次のようである限りは，こういった統治形式のまさに標章である。すなわち，自由な民主制が，どのような人間であれ考慮に入れ，何らかの欠乏にあっては，その欠乏が可視的であれ不可視的であれ，告白されたものであれ告白されていないものであれ，すべてに関して人間に奉仕しようと努力する限りである。議院内閣制を定義して次のようにいうとすると，すなわち「それ自体として効率の良い，テクノクラシー。政治の精神的実体は失われる。残るもの：他の方法による事務の継続としての政治，自己決定を放棄させるための餌としての大部分の者にとっての一定の福祉，消費依存に向けたわれわれの人間性の枯渇」と定義するなら，それは単なる誤診というにとどまらない。こういった批判は，次のことを看過している。すなわち，ドイツ連邦共和国においてすでに30年以上の期間を経た議院内閣制が，1871年から1914年に至る君主制の後はじめてドイツに，平和，自由な生活形式，そして経済恐慌や今日の高い失業率にもかかわらず安定した経済の長期にわたる継続をもたらしたということを看過しているのである。この期間は，ヴァイマル共和国の民主制の長さを，すでに2倍も上回っている。今日もなお，そして再び，E．フレンケルが1964年に断言したことがあてはまる。すなわち「ボンの議院内閣制における最も批判するべき要素とは，議院内閣制に対してなされる陳腐な批判それ自体であるように思われる」。

2．議院内閣制を精神的倫理的に貫徹することにおける弱点

1974年の憲法論争，1974年のドイツ国法学者大会，およびK．フォン・バイメスによるヨーロッパの議院内閣制の比較研究における共通の意見 (communis opinio) は，議院内閣制には民主制的な代替案がないということである（この場合，その限りで大統領制が議院内閣制の亜種として理解され得る）。1976年の憲法改革予備

調査委員会も，同様の結論に至った。「憲法の屋台骨の崩壊」は，憲法の構造上の欠陥によってというより，憲法システムを精神的倫理的に貫徹することにおける弱点，および基本法の規範の構成や意義についての啓蒙が不十分であることによって生じている。これに左右されることなく，弱点が損害を発生させないうちに認識し除去する準備をする必要がある。国会議員は，再び推進力を与えられるようになる必要があり，法律制定における単なる登録員であってはならない。議員は，再び代表機能を遂行するようにならなければならない（Ⅱ 5 a, bおよび§ 9 Ⅲ 5）。

a） われわれの社会の代表構造

H．F．ツァッハーは，次のようなテーゼを打ち立てた。すなわち「議会制民主主義とは，……われわれが現に有しているもののように，つぎのような意味である。すなわち，平等主義的，政党国家的，議院内閣制的民主制は，……常にあるいは原則として，平均的な社会的挑戦や平均的な社会的緊張しか乗り切ることができない」。こういったテーゼにとって決定的であったのは，労働組合の権力に関する結論をともなった，われわれの社会の代表構造についてのツァッハーの調査である。こういった認定は，われわれの経済的データ連鎖やわれわれの社会の将来形成，社会国家の哲学，とりわけ国民総生産の配分にとって，きわめて重要な意義を有する。労働協約の当事者は，彼らの決定にともなって，国家の経済政策と矛盾し極端な場合は妨害し得るデータを設定する状況にある。したがって，協約当事者が一般に自律的統制に関わり得る限りで，価格安定あるいはインフレーション，経済発展あるいは停滞，完全雇用あるいは失業，さらには投資の動向，つまり経済全体のバランスにとっての本質的要素や国民総生産に占める国家の比率は，政府と議会によってのみ決定されるのではない。議院内閣制は，こういったデータ設定を考慮しなければならないのであり，その限りでもはや自由ではない。「社会参加の構成員」の全員一致によって下された決定は，容易に修正し得るものではなく，それはとりわけ構成員が金融政策的に「扶養されている」ときに難しい。こういったサンジカリスムへの傾向は，イギリスおよびイタリアに関してはもはや争いはない。しかし，他のヨーロッパ諸国も，本質的状況は何ら変わらない。たとえば1951年における鉱業での共同決定の導入に経営者と労働組合とが合意した後では，この導入を議会が変更することは不可能であった。

Ⅳ. 議院内閣制の将来の展望　365

　J．H．カイザーは，すでに，民主制的全体指導はなお議院内閣制的であるのかという問題を想起していた。このような展開において，議院内閣制の危機は，目に見えるものとなってきた。国民によって民主的に選出された代表による権力行使の実効性に対する疑いは，もはや否定できない。憲法には異質の権力集中は，議会に対する対抗勢力として現われ，すでに優位に立っているかもしれないのである。この集中が，政党にプロを失わせ，統治を困難にし，統治能力のある多数派の形成を困難にする。

　b）　産業国家の統治能力の問題
　そもそも西欧の産業国家は，なお統治能力を有するといえるのかという問題がしばしば提起される。この問いは，経済的な後退と第一次「オイルショック」，ならびに西欧の民主制での 70 年代における，その影響の印象に基づいている。制度およびその統治の道具の効率という観点からこの問題を見るのであるが，そのため，この問題は，現実の代替案としてのさまざまな起源をもつ独裁制と比較する点で，およそ誤って提起されているのである。適切な別の問題提起は，政治的な官職を占めるための人選は，なお必要とされる優良な選出を保障しているのかということである。代表制も，そして代表制こそエリートと権威者なしには成り立たないのである。

　c）　制度内在的な改革の必要性
　議院内閣制は，将来において，給付能力と対応能力が強く求められよう。とりわけ社会国家的な任務設定とそれによってもたらされる国家任務の増大という状況において，議院内閣制は，こういった能力を満たさなければならなくなる。1861 年以来国家の（任務と）支出が増大しているという，A．ヴァグナーの法則は，これまで以上に妥当する。ここに次のような問題が結びつく。すなわち，議会の能力は，一方において迅速で正当な行為へと，他方において長期的な展望における熟考と決定へと強化され得るのか？　これまでは，政府，ならびに専門家および専門部署というテクノクラートにおいて，決して些細とはいえない勢力範囲を議会が喪失したことを認めなければならなかったが，最近では，「市民のイニシャティヴ」および「草の根民主主義」運動におけるイニシャティヴの喪失も認識すべきである。後者は，従来の議院内閣制的−代表制的決定構造に対する，

重大な挑戦を引き起こしている。こういった挑戦は，自覚的に受け入れ，民主主義的意識を新たにし，政党政治的な論争と議院内閣制的意思形成という方向へ向かうための契機とすべきであろう。こういった意思形成のためには，制度内在的ないくつかの改革が不可欠である。

　d) 　人民投票的要素の組み入れ？

　連邦レベルで議院内閣制に人民投票的要素を組み込むことについては，何ら生産的な発展を見ることはできないであろう。ヴァイマルの経験も，スイスのレフェレンダムについての認識も，現状の改善を期待させる契機を与えない。いずれにしても，一定の問題，たとえば税法や予算法，通貨問題や防衛問題などは，国民表決の対象になりえないであろう。外国から得る有益な認識は，それに無条件で従うべきというような高い評価を与えるべきではない。しかも，いずれの人民投票も，相当程度まで単純化した問題設定を必要とする。しかし，そのような問題設定は，産業社会の国家における高度の複雑性，技術性に照らして，ほとんど不可能である。

3．議院内閣制の魅力の減少？

　最近，アフリカ，南アメリカ，そしてアジアの如何に多くの国が議院内閣制から離反しているかを見るとき，議院内閣制が，自由な生活形成にとって長所を有しているにもかかわらず，その魅力は世界的に減少しつつあるようにみえる。国連加盟国150ヵ国のうち，およそ40ヵ国が議院内閣制的民主制である。これは熟慮を要する。このように数が少ないことの重要な1つの原因は，統治形式としての議院内閣制が，社会的教育的発展の成熟した段階にあることを前提とし，この成熟なしに議院内閣制は実現できず，また同時に個人の積極的参加と政治文化の一定の状態も前提とし，この状態は歴史的に一定程度まで発展した国家形式なしには到達し得ないということである。これらすべては，新しい国家にとって，いわば希望のままであるかもしれない。いずれにしても，独裁者または「人民民主主義」がほとんど強制的に将来の国家の展望を示すということであってはならない。

第3章　機関
　第2節　憲法機関

§32　連邦憲法裁判所

Ⅰ．連邦憲法裁判所の設立

1．ヘレンキームゼー会議における議論
　a）　2つの構想
　ヘレンキームゼー憲法会議の段階においてすでに，憲法の番人として，ヴァイマル憲法の下における国事裁判所より拡大した権限をもつ連邦憲法裁判所を設立すべきであるという点で合意が成立していた。またそれ以前の段階で，H．ナヴィアスキーの手稿に決定的に依拠している「基本法の制定に関するバイエルンの基本方針」および「基本法に関するバイエルン提出草案」が同会議に提出されていたが，そこでも，その方針にそった考え方が盛り込まれていた。すなわち，同「草案」88条は，裁判官による審査権を扱うものであるが，そこで「連邦憲法裁判所」について触れられていたのである。そしてその限りでは，アメリカ合衆国の連邦最高裁判所という模範の影響を見てとることはできるであろう。しかしながら，より強くその特徴を与えたのは，すでにバイエルン憲法（60条以下）において規定されていた憲法裁判所であったとおもわれる。そして「組織問題（連邦機関の組織，構成および作用）」に関して設置された憲法会議の第三委員会において，包括的権限を有する憲法裁判所の制度を創設すべきであるという点では，早速，合意されていた。ただ議論があったのは，憲法裁判所としての権限を——北アメリカやスイスを範にとる形で——最上級連邦裁判所に集中せしめるべきか，そうではなく個別領域につき権限を有する複数の最上級連邦裁判所に並立させる形で憲法裁判所というものを別個に置くべきか，という問題であった。

この問題は，憲法裁判所の設置について合意がなされ，その裁判所の名称についても，ヴュルテンベルク=バーデンの代表者であるO．キュウスターの提案に従って「連邦憲法裁判所」という名称を与えられることとなって，事実上後者の意味においてひとまず決定を行ったにもかかわらず，明らかに未決定のままであった。この連邦憲法裁判所には，基本法において，他の最上級の連邦機関にならって1つ独立の章が割り当てられるべきであった。そして，ある1つの——おそらくヘッセンの代表であるH．-L．ブリル博士によるとおもわれる——提案によって，非常に広範な権限のカタログが示されることとなり，それをベースとして，ヘレンキームゼー草案98条は，最終的に連邦憲法裁判所決定権限を次のように規定することになったのである。すなわち，

1．連邦大統領——連邦主席の構成員——を相手取った告訴に対する決定（85条）。
2．連邦の最上級機関またはその部分にして，基本法において固有の権利が認められているものに対する憲法争訟に対する決定。
3．連邦とラントとのあいだ，またはラント相互間の公法上の争訟に対する決定（44条）。
4．裁判所の申立てに基づいて行う，連邦法律もしくはラント法律が基本法に適合しないこと，またはラント法律が連邦法律に適合しないことについての決定（137条）。
5．法律が基本法に従って成立したものであるか否か，または提案された法律が，105条ないし108条に該当するか否かについての見解の争いについての決定（110条）。
6．政党の憲法違反性についての決定（47条4項）。
7．連邦議会の選挙の効力についての決定，および連邦議会における議員資格喪失に関する決定（51条）。
8．基本法により保障された基本権の侵害に対する異議に対する決定（条項未確定）。
9．基本権を主張する権利を喪失せしめることに関する決定（20条2項）。
10．調査委員会に対する異議申立てに対する決定（57条5項）。
11．その他連邦法律によってとくに定められた場合。

b）　総会での議論

憲法会議は，総会の段階においても，小委員会で結論のでなかった問題について決着をつけることができなかった。すなわち，憲法会議も「連邦憲法裁判権は，最上級の連邦裁判権の一部として，統一的な最上級連邦裁判所がこれを行使すべきか，それとも憲法問題に関しては特別の憲法裁判所を創設すべきか」という問題については，明らかにこれをなお未解決のままにしたのである。一致が見られたのは，さしあたり連邦憲法裁判権を創設することのみであって，それも，それに関連する諸規定を1つの章にまとめることによって，「そのことを強調し，こ

の第三権の最高機関を他の権力に対して同等の位置づけを与えることを明らかにすべきである」としたことであった。さらに一致した点としては，仮に憲法裁判所についての規定を基本法に盛り込むとしてもそれは最も重要とされる規定に限る，ということであって，そのような規定として挙げられたのは，裁判官の選任について連邦議会と連邦参議院とが同等の権利で参与すること，各法廷が同様の構成でもって組織されるべきこと，さらには，連邦およびラントの他の憲法機関とのあいだの兼職禁止といったものであった。これに対応する規定は，以下のとおりである。

第99条　(1)連邦憲法裁判所による裁判および，その執行のため発せられる命令は，すべての裁判所その他の官庁を拘束する。
(2)法律の全部または一部の無効を確認する連邦憲法裁判所の裁判は，法律的効力を有する。この裁判は，連邦憲法裁判所長官の指示に基づき連邦官報に登載される。
第100条　(1)連邦憲法裁判所の裁判官は，いずれも連邦議会，連邦参議院（上院 Senat），および連邦議会ならびに連邦参議院議長によって選任され，連邦大統領によって任命される。長官の選任については，第75条第2項の規定を準用する。
(2)連邦憲法裁判所の法廷は，いずれも連邦議会および連邦参議院によって選任された裁判官をもって構成する。
(3)連邦憲法裁判所の構成員は，連邦議会，連邦参議院（上院），連邦政府，およびこれに相当するラントの機関に所属することができない。
(4)連邦憲法裁判所の裁判官の半数は，連邦の最上級裁判所およびラントの最上級裁判所の裁判官でなければならない。長官は，裁判官職の資格を有するものでなければならない。
(5)詳細の規定は，連邦法律によりこれを定める。

このように広範な権限を付与することによって，憲法裁判所は，まさに真の意味で「憲法の番人」としようとしたのである。

　c）　憲法裁判権の構想
　広範な権限を有する憲法裁判権を創設するという，このようなヘレンキームゼー会議において提示された考え方は，それ自体自己完結的な1つの憲法裁判所の理念的モデルを含むものであって，それは，最終的に実現した連邦憲法裁判所の形をもまた決定的に刻印するものであった。そして憲法会議の構成員や，構成

員に専門家的立場から助言を行った人々が連邦憲法裁判所の設置に関して提示した提案理由を検証するならば、そこにさまざまな動因を見出すことができる。外形的形態をいうならば、——すでに示唆されているように——アメリカ合衆国やオーストリア、そしてスイス、さらには古い伝統に遡るラントの憲法裁判所や国事裁判所の影響が認められる。すなわち権限のカタログや、独立の憲法裁判所ないし統一的な連邦裁判所をめぐる論争は、そういった影響を明らかに認識させるものである。そして内容的な理由は、次のようなものであって、より根深いところにあるものといえるのかもしれない。すなわち、大統領と議会は、いままで、それぞれに割り当てられた憲法を保障する機能を十分に果たしてこなかった。だからこそ、新たな憲法の番人が必要なのだ。そしてそれは、「第三権力」の領域にのみ求めることができる。それは、古くからのドイツの伝承に再び立ち戻ることでもある——このような理由である（§44 Ⅲ2）。そして、憲法裁判権は「法治国家の大黒柱」であり、立憲国家の理念の完成はまさにそこにある、という考え方は、憲法学に関する文献を書いた多くの論者が強調したところであるが（Bd.Ⅰ、§20 Ⅳ 5 aおよび§44 Ⅱ2）、そのような考え方が、それに反対する論者を制して、優勢を占めることになったのである。またそれに加えて、かつての国家社会主義の下における不法国家の経験があったため、すべての国家権力によって法と憲法は厳格に守られるべきであるという感覚が、非常に鋭く研ぎ澄まされていた、ということもいえるであろう。

2．議会評議会における議論

a） 憲法裁判所設置をめぐる議論

憲法裁判に関するヘレンキームゼー会議における審議と比較して、連邦憲法裁判所の設立をめぐる議会評議会における意見集約は、むしろ活発さを欠く状況であった。H. ラウファーは、なぜそのような不活発な状況にあったかについての理由を、そこでは連邦憲法裁判所について「具体的な構想」や「特別な興味関心」が欠けていたこと、さらには他国の憲法裁判や「憲法裁判をめぐる学説」についての知識が欠けていたことが挙げられる、としている。しかしながら私にはそのような評価は当を得たものとはおもわれない。むしろそのように議論が不活発であったのは、議会評議会の構成員がみな、包括的権限を有する憲法裁判所を信奉する点において結局のところ一致していたこと、そしてヘレンキームゼー会議の

I．連邦憲法裁判所の設立　371

提案において，創設されるべき憲法裁判について納得がいくだけの根拠が示されていたからとみるべきである。すでに，総会の第二読会において，A．ズスターヘンが次のように述べていた。

「連邦制度を基礎に構築された法治国家において最も重要な機関の１つは，我々のみるところ，国事裁判所ないし憲法裁判所であろう。ある国家制度が連邦制をとっていることからして，常に，連邦の中央権力とラントの権力とのあいだに，意見の対立が起きる可能性が生ずる。わが会派の構成員であるK．アデナウアー博士は，地区諮問委員会の憲法政策にかかわる準備討議において，国事裁判所を設置し，その上で，一方でラントが連邦に対して服従すべきであるのに服従しなかったり，あるいは連邦の権限を侵犯したような場合において中央政府の権力を保障し，また逆に，中央政府の権力の側で権限の逸脱濫用があった場合には，ラントの側を保護する，そういった任務を委ねるべきことを，正当にも，要求している。そして同博士はさらに，ドイツに在住する何人についても，その憲法上保障された基本権に対して侵害が行われた場合において，必要な保護を与えることも，国事裁判所の任務として認めることを求めている。というのも，博士はその理由づけにあたって次のようなことを付け加えているからである。『あるのは個人による独裁だけではない。議会多数派による独裁というのもありうるのだ。そういった事態に至る前に，我々は国事裁判所という形での保障を持ちたい』。すなわち我々の欲する国事裁判所は，法律が規定された形式に従って制定されたかどうか，あるいはそれが憲法の文字や文言に一致しているか否かについての審査権のみを有するものではない。我々が求める憲法裁判所は，アメリカの連邦最高裁判所が，立法者の意思を越えて，憲法の番人となり，自然法の擁護者であり，そして具体化された国民全体の良心となっているが如く，ある法律がその内容に照らして憲法の精神や，自然法と人権による基礎づけに一致しているか否かについて審査する権利をも有するものである。したがって我々は，同僚のカルロ・シュミットと同姓で，tを重ねて２つ書く人［カール・シュミットのこと］が描いたような，いわゆる「司法の形をとった政治」という危惧を抱くものではない。この問題についてここで問われるべきは，国家の基礎づけの問題である。法が実際上も，人間社会の基礎として承認され，その実現のために必要な保障を与えられることになるのか。あるいはそれとも，政治的な目的適合性が最高の原理に引き上げられ，国民あるいは政府，あるいは国家に役立つものがまさに法なのだ，という過去のある時期に存在した危険な基本ドグマに再び立ち戻ることになるのか」。

さらに第三読会において，W．メンツェル（SPD）はこの意見に賛成して曰く，

「司法の領域には，憲法裁判所の問題も含まれることになるが，これについては昨日すでに同僚であるズスターヘン氏が触れたところであるから，ここで私がこれ以上立ち入る必要はなかろう。三権分立の原則に同意するものは，憲法裁判所の制度を肯定しなければならない。また行政が法律に従って行われ，統制され，ラントの立法は上位の連邦による立法に服し，それに反しないようにしなければならないということを認める者は，そのような裁判的統制を認めなければならない。このような統制は，一般的な国民議会の主権によって行使されるべきであるという指摘は，立法議会自体が，自らの制定した法律が連邦憲法に合致しているか否かについて決定しなければならず，いわば連邦議会が自分自身で自分の裁判官になってしまうということを見逃しているのである」。

したがって議論が，主としてヘレンキームゼー会議では未解決のままで残された問題，すなわち，統一的な連邦裁判所を設置するべきか，それとも連邦憲法裁判所と複数の連邦裁判所を並立して設置すべきか，という問題に向けられたことは自然であった。とりわけこの問題は，議会評議会に提出された2つの意見書，すなわち「憲法政策に関する地区諮問委員会」と「最上級の連邦裁判権」（W.シュトラウス（CDU）による）において再び中心に据えられた。すなわち，前者の意見書は，断定的な態度を控えているのに対して，シュトラウスは，それが憲法裁判所として規定される限り，自己選択によって補われるべきであるとした。ヘレンキームゼー会議において決定に至らなかった問題が，その後，議会評議会の憲法裁判所および司法に関する委員会における議論を細かい点に至るまで支配することになったのである。そもそも相反する決定の後，そこでは最終的に「ドイツの上級裁判所」と「英国占領地域の最上級裁判所」の長官，すなわちルシェヴァイ博士と〔原著では，Ruschewey と表記されているが，おそらく Herbert Ruscheweyh のことだと思われる〕ヴォルフ博士に対して鑑定人として意見聴取を行った後，（基本法旧95条の意味で）連邦憲法裁判所と最上級の連邦裁判所を分離することで一致したのである。そしてそれは，全般的校訂委員会において立案されたツィン（SPD），シュトラウス（CDU），デーラー（FDP）の提案に沿うものである。

b）　連邦憲法裁判所の位置づけ

さらにもう1つの点で，議会評議会はヘレンキームゼー草案から離れていた。すなわち，連邦憲法裁判所についての章は，「司法」——後に「裁判所及び司法」

となり，最終的には「裁判」となるのであるが——の一部とされるべきものとされた。というのも，そのように位置づけることによって，諸裁判制度のそれぞれが第三権の担い手であることをよりよく際立たせ，かつそれらを統一的に規律することができるからである。その上で，連邦憲法裁判所の特別な「尊厳」（カルロ・シュミット）は，当初，最上級の連邦裁判所が先頭に置かれていたにもかかわらず，後になって，第一番目の裁判所としてその名前が挙げられることによって，表現されたのである。そのようにすることによって，議会評議会は，ヘッセン憲法 130 条以下，ラインラント-プファルツ憲法 129 条以下およびバイエルン憲法 60 条以下といったいくつかのラント憲法，さらには外国の諸憲法（アイルランド憲法 34 条，オーストリア連邦憲法 137 条以下，イタリア憲法 134 条以下）にもみられるようなモデルとは違う選択をしたわけである。もっとも，たとえばバイエルン憲法（1947 年）109 条以下のように，その他の憲法においても憲法裁判所の規定が司法の章の中に置かれた例は稀ではない。したがって，このように裁判所に関する規定の場所が変わったことを過大に評価すべきではないにもかかわらず，連邦憲法裁判所の「地位」をめぐる争いの原因があるとすれば，このあたりにあるのかもしれない（後掲 II 1 および 2）。すなわち，ある場合には，機関の地位が決定的であると考えられることもあれば，また他の場合には作用の分類が強調されることもあるからである。

c) 具体的規定のあり方

憲法裁判に関する議会評議会の基本的な決定が，たとえ争いの余地のないものであるとしても，一連のさらなる未解決の問題が存在した。すなわち連邦憲法裁判所の組織の問題であるとか，裁判所の構成員の地位，裁判の効力，さらには裁判所の権限といった問題がそれであって，そういった点について明らかにする必要があったのである。ヘレンキームゼー会議の提案は，一部は草案 100 条 5 項のように，これを法律に委任することでもって満足し，一部は草案 98 条，99 条，100 条 1 項ないし 4 項のように，そこで独自の見解を展開していた。これに対し議会評議会は，いくつかの問題については再度これに立ち入ることにしたのであるが，それはそういった問題が憲法裁判所という制度にとっての原則的な意義を認めたからであった。

α) 権限

裁判所の権限に関連して，ヘレンキームゼー会議の権限のカタログ（前掲Ⅰ1 a）は，基本的に受け容れられ，構想の基礎をなすことになった。

　そこで挙げられていた3つの権限は，採用されなかった。
- ある法律が基本法に従って成立したか否か，あるいは提案された法律が105条ないし108条の適用を受けるものであるか否かについての意見相違について決定する権限（ヘレンキームゼー草案98条5号，110条）。
- 基本法によって保障された基本権を侵害したことを理由に提起された異議に対して決定すること（ヘレンキームゼー草案98条8号）。
- 調査委員会に対する異議申立てに対する決定（ヘレンキームゼー草案98条10号，57条5項）。

　第一の事例については，他の権限でもってカバーすることができると考えられ，いずれにせよ——法律によって導入される——鑑定手続に委ねようということになった。第三の事例については，そもそも裁判所の審査の対象とはしないということとされた。そして第二の事例，すなわちいわゆる憲法異議については，W．シュトラウス（CDU）は最上級の連邦裁判所の権限にするように望んだ。議会の免責やラントの新規編入の場合に生ずるラント間の財産争議に関する裁断の如き，いくつかのその他の権限については，議論そのものはなされたものの，二転三転の運命の後，結局採用されなかった。

最後に，全般的校訂委員会によって次の128b条が提案された。

(1) 連邦憲法裁判所は次の各号に掲げる件につき決定する。
1．最上級の連邦機関またはこの基本法によって固有の権利を与えられた当事者の有する権利および義務の範囲をめぐる争訟において生じたこの基本法の解釈に関すること。
2．連邦とラント，ラント相互間，またはラント内部におけるその他公法上の争訟。但し，他に出訴の途が存在しないときに限る。
3．裁判所の申立て（137条1項）ないし連邦政府もしくはラント政府の申立て（44条および148条a）に基づいてなされる，連邦法ないしラント法とこの基本法との形式的および内容的適合性，ないしラント法のその他連邦法適合性に関すること。
3a．137条3項に基づく連邦法の解釈に関すること。
4．従前の法が基本法に適合するか否か，あるいは連邦法として引き続き効力を有するか否かに関すること（140条）。
5．ラントが，連邦法の執行において法律に違反したか否かに関する争訟（114条3項）。
6．ラントの新たな編入もしくはラントの領域変更（26a条），ないし地方公共団体の

財産に関する争議（143 e 条および 143 f 条）を契機とする財産をめぐる争議に関する争訟。
7．連邦大統領に対する起訴に関すること。
8．政党の違憲性に関すること（21 a 条 3 項）。
9．基本権を援用する権利に関すること（20 b 条 3 項）。
10．選挙審査手続ないし連邦議会における議席の喪失に関する連邦議会の議決に対する異議申立てに関すること（51条）。
(2) その他，連邦憲法裁判所は，連邦法律によって定められた事件についての決定を行う。

この提案は，その後，校訂委員会および運営委員会において，いく度にもわたる修正を経ることになった。とりわけ，結果的には，基本法93条という1つの条文に大多数の権限が集約されて規定されたにもかかわらず，そこでは1つの条文に集約されるのではなく，複数の条文に分けられたままであった。しかしながら問題それ自体としては，修正は，すべて実質的な性格をもつものではなく，むしろ法典編纂上の点にかかわるものであった。

β) 組織

裁判所の基本的な組織問題や裁判の効力，さらには裁判官の地位や選出に関し，ヘレンキームゼー草案99条および100条は，比較的詳細な規定を置いていたのであるが，憲法会議によって議決された旧94条では，このような規定が，明らかに縮減された形になっている。そして連邦議会と連邦参議院によって選出された同数の裁判官によって裁判所が構成されることや，裁判官は同時に連邦およびラントの他の憲法機関の職を兼ねることができないことは，直ちに受け容れられたけれども，裁判所をいくつかの法廷に分かつことや，裁判官の資格要件，さらには裁判の効力をどのようにするかといった問題などが審議において議論の対象とされた。憲法裁判所および司法に関する委員会において決定的な役割を果たしたツィン（SPD），シュトラウス（CDU），デーラー（FDP）といった議員たちは，最初，最上級の連邦裁判所ないし上級の連邦裁判所に属する専任の連邦裁判官と陪席の素人裁判官をもって裁判所を構成する，という提案を提出した。運営委員会においては，この専任の裁判官と素人裁判官という裁判官のグループ相互の関係はどうかについては，あらゆる手続において常に同じ構成が採られるべきなのかといった問題と同様，ほとんど一致をみることはできなかった。「司法に関す

る委員会」における再度の議論において，この問題は連邦法律に委ねるとの提案がなされた。そこで意見が一致したのである。裁判官職の資格要件に関する事項は，議論されはしたが，結局憲法の条文に盛り込まれることはなかった。また裁判所の長官や法廷の裁判長をいかにして決定するかについての規定も同様の方法で処理された。最後に，旧94条2項において連邦法律に委ねられた裁判の拘束力に関する規定も，同様の方法で決せられた。したがって，基本法の規定は，非常にすっきりしたものとなり，裁判所の構成や連邦憲法裁判所裁判官の地位に関する一連の問題は，（通常の）連邦法律を定める立法者に委ねられたのである。憲法の内容を本質的なものに限定するという意味では，このような方法はたしかに正しいものであった。しかし他方で，見落としてならないのは，連邦憲法裁判所という1つの憲法機関の構成が，重要な点において，単純多数決でもって決定する議会の決するところとなったことである。もっともこれまで，裁判所の重要な地位についての規定を含む連邦憲法裁判所法1条から16条までの規定は，何度も改正されたにもかかわらず，裁判所にはさしあたり何の不都合も生じていない。なぜかというと，すべての政治勢力が，連邦憲法裁判所のランクの憲法機関の構成は，幅広い多数をもってのみこれを形成，変更することができるのであって，そうでなければ，憲法の番人としての地位が損なわれるということを知悉している，ないしは当然知っているべきだとされているからである。現に憲法改革予備調査委員会はこのことを，「憲法裁判権の領域におけるあらゆる実質的な変更は，憲法の組織構造の中核に触れるものである」ということを確認することによって，認めている。そしてそのような配慮から，基本法94条に関する2つの改正提案，すなわち憲法裁判所裁判官の選出にあたっては3分の2の多数を要するということを基本法に盛り込むべきであるという提案，そして連邦憲法裁判所に関する法律の制定にあたって連邦議会は，連邦参議院の同意をえた場合にのみ議決することができるという提案が生まれたのである。

3．基本法施行以後の動き

基本法が1949年5月24日に施行され，1949年9月に連邦の憲法機関の構成が終了した後，連邦憲法裁判所の設立については，必然的に，議会評議会が基本法94条において表明した構想に従う形で，法律上の規定を整備することが必要とされた。したがって，基本法は，ライヒ国事裁判所を設立したヴァイマル憲法

(108条)と同様の状況におかれたわけである。もっとも当時は，暫定的な国事裁判所を設立し，その手続は国事裁判所自身が自ら定める，という方法によってさしあたりの手段が講ぜられたのである（172条）。

　1949年7月27日，「司法に関するアメリカ，イギリス，フランス占領地区ラント首相委員会」が，「暫定的連邦憲法裁判所に関する法律案」を提出したとき，同委員会はこのヴァイマル憲法の時の状況を想起したのである。何となれば，まさにこの制度は，基本法によって構想された憲法的秩序を創出するために，とくに切迫したものとされたからである。また1949年9月の統合経済地区法務当局の提案は，基本的にこの草案と内容的に重なるものである。両提案とも，ヴァイマル憲法172条と異なり，暫定的性格を有するものではない。両提案は，すでに制度を将来に向けて形成するものであった。というのも，もし憲法裁判所の裁判官がドイツの上級裁判所，イギリス占領地区の上級裁判所およびラントの憲法裁判所の裁判官ならびにその他の構成員の範囲から任命されていたならば，独立性の確保の観点から覆すことが困難な固定がもたらされていたであろうからである。

連邦政府は，このような事態に直面し，1949年，すでに連邦司法省を通じて連邦憲法裁判所法の制定作業に着手していた。このプロセスは1951年まで続き，同年3月12日，連邦憲法裁判所法が公布された。そして連邦機関の成立後2年目にして，連邦憲法裁判所は1951年9月7日，設立会議を迎えることができたのである。

4．連邦憲法裁判所法の制定
a) 制定過程
　連邦憲法裁判所法の成立は，議会における議論の対決なしにもたらされたのではなく，議会で行われた議論も，単に法律の内容そのものに関係していただけではなく，法律発案権という基本的な問題も含むものであった。なぜかというと，連邦政府が法律案を議会に提出する以前においてすでに，連邦議会において野党会派の社会民主党が，1949年12月14日，「連邦憲法裁判所法案」を提出しており，同法案は，1950年1月19日，連邦議会の第一読会において審議されていたからである。これに対し，連邦政府は，基本法76条2項に基づき，1950年2月24日と同28日の2つの草案を連邦参議院に送付した。これを受けて，連邦参議

院は3月になってこの草案を審議し、これに詳細な勧告を与えたので、連邦政府もまた同月、それに対する意見表明をしたのである。連邦議会は、1950年3月31日の草案を審議し、その前の社会民主党草案と同様に法制度および憲法に関する委員会に付託した。そして同委員会は、さらに小委員会を設置し、ラントの憲法裁判所から専門家を呼んで意見を徴した後、部分的には明らかに対立している連邦政府、連邦参議院および社会民主党会派それぞれの提案を詳細に審議した。ついで1951年、連邦議会本会議の第二読会が行われ、1951年2月1日、第三読会において、法律は共産党会派以外全員一致で可決された。連邦参議院では、調査委員会を設置する提案は否決された。1951年4月16日、法律は公布され(BGBl. I S. 243)、即日施行された。裁判所の所在地として、1951年5月4日の法律(BGBl. I S. 288)によって「当分の間」カールスルーエが定められた。そして1970年12月21日の第四次連邦憲法裁判所法改正法律が、連邦憲法裁判所法第1条第2項の改正によって、最終的な規定を行ったのである。

b) 制度後の改正概観

一連の——「連邦憲法裁判所」という制度の基本問題に触れる——連邦政府、連邦参議院、そして野党の間の意見対立、さらに政権与党間の意見の対立が、この長きにわたり、かつ外見上も常に摩擦がないではなかった立法手続の経過を経て明らかになったのである。そのような意見の対立は、後に連邦憲法裁判所の法的地位をめぐる争い(後掲II)をめぐって、下記に示すような連邦憲法裁判所法の改正法律において、影響をもたらすこととなったので、連邦憲法裁判所法自体は、通常の妥当な妥協が図られた上で、最終的にはほとんど全会一致で議決されているけれども、それはそれとして、このことは注意されなければならないことである。

- 1959年7月21日の連邦憲法裁判所法の改正に関する法律(BGBl. I S. 662)
- 1959年7月26日の第二次連邦憲法裁判所法の改正に関する法律(BGBl. I S. 297)
- 1961年9月8日のドイツ裁判官法(BGBl. I S. 1665)
- 1963年8月3日の第三次連邦憲法裁判所法の改正に関する法律(BGBl. I S. 589)
- 1964年8月5日の公的結社法の規律に関する法律(結社法 Vereinsgesetz)(BGBl. I S. 593)
- 1970年12月21日の第四次連邦憲法裁判所法の改正に関する法律(BGBl. I S. 1765)

I. 連邦憲法裁判所の設立　379

すでに，そのつどの草案において示されたように，とりわけ争点とされた問題は，次のようなものであった。

- 連邦憲法裁判所は，その裁判所としての性格を有するとともに，管轄権，職務規則，予算および他の憲法機関との関係に影響を及ぼす効果をともなう憲法機関たる性格をも有すべきか。そしてそのような効果は，どのような形で法律において表現されるべきか？
- 連邦憲法裁判所は，複数の法廷によって構成されるべきか，そのつど相異なる構成によるローラー的交替制によってのみ決定すべきか？
- 裁判所は最上級の連邦裁判所ないし連邦通常裁判所の地位で設立されるべきか，それから組織上分離されるべきか？
- 裁判所の所在地はベルリンないしカールスルーエ，あるいはその他の名乗りを上げている都市にすべきか？
- 裁判所ないしその都度の判決を下す法廷は何人の裁判官で構成すべきか？　すべての構成員が，裁判官職（ないしは上級行政官）の資格を有するべきか，それともその他の資格要件を有するべきか。どれくらいの数，裁判官が他の連邦裁判所出身であるべきか？
- 任期付裁判官のみにすべきか？　もしそうだとすれば，任期はどれくらいにすべきか？
- 誰が裁判所の長官および法廷裁判長を任命すべきか？
- 選任手続はいかに規律されるべきか？　選任にあたってはどれだけの多数で決せられるべきか？
- 裁判官の俸給の支給はいかにすべきか？
- 反対意見の裁判官の個別意見は許されるか否か？
- 基本権侵害を理由とする憲法異議は，すべての市民ならびに，ゲマインデおよびゲマインデ連合に許されるべきか？
- 憲法問題に関する鑑定手続は導入されるべきか？
- 裁判所は自ら手続に関する規律を行うことができるか？
- 判決の執行はいかに定めるべきか？
- どのような拘束力が判決に与えられるべきか？
- 「公益の代表者」は導入すべきか？

II. 連邦憲法裁判所の法的地位

1. 序説

　連邦憲法裁判所法1条1項によると，連邦憲法裁判所は「他のすべての憲法機関に対して独立かつ非依存的な連邦の裁判所」である。このような連邦憲法裁判所の法律上の定義に関しては，それが機関の制度上，作用上の地位から自明のこととして導かれうるにもかかわらず，連邦憲法裁判所法の議決に際しても，憲法機関たる性格に関する限り，議論がなお行われていた。1952年6月27日の「連邦憲法裁判所記録文書」がこのことを強調している。その際，同「記録文書」は成立史的に，とりわけヘレンキームゼー憲法会議の草案を引き合いに出している。すなわち，ヘレンキームゼー草案において，このような憲法上の性格づけは，連邦議会，連邦参議院，連邦大統領そして連邦政府と並んで連邦憲法裁判所に1つの章を割くことによって，法律体系的に表現されていたのである（前掲Ⅰ1aおよび2b）。にもかかわらず，かような位置づけは，連邦憲法裁判所法の政府草案では必ずしも明確に強調されたわけではなかった。とりわけ連邦参議院は，その連邦憲法裁判所法草案1条1項で，「連邦憲法裁判所は，連邦の独立の憲法機関である」とし，この点を明確に押し出していた。学説においては，憲法裁判所が憲法機関たる性格を有することについてははほとんど争いがなかったので，実務にとっては，この認識で一貫していくためには，若干の助走期間が必要であったということである。

2. 憲法機関の概念

　憲法機関という概念は，誤った解釈のきっかけとなりうる。にもかかわらず，この概念は今日なお国法学や国家の実務，司法，さらにはとりわけ立法においてにおいて確かな地位を占めている。したがって，本書［原著第Ⅱ巻］においては，第3章第2節の標題にこの概念を用い，かつ同時にこの概念を，一定の最高の国家機関に限定することとした。すなわち，ここで憲法機関とは，連邦議会，連邦参議院，合同委員会，連邦会議，連邦大統領，連邦政府および連邦憲法裁判所のことをいう。かような「憲法機関」なる概念を形成するにあたっては，次のような理由が決定的である。

a） 団体と機関

　あらゆる組織された団体は，その意思の形成と表示について機関（道具）の存在によらざるを得ない。「全体にとって拘束力のある意思の形成が予定されると，直ちに機関が存在する」。このことは，私的な団体についてもいえることであるし，公法上の組織についてもいえることであり，とりわけ最も複雑かつ多層的なものとして，国家についていえることである。このような認識は，長い間共有のものとされてきたのである。G. イェリネックは，説得力のある定式を用いて次のようにいう。すなわち「機関なき国家というのはおよそ観念できないものであって，すなわちそれはアナーキーであり，要するにそれ自体において矛盾である」。そこでは，機関が一人の自然人，すなわち機関担当者によって形成されるか，あるいは複数の自然人，すなわち合議体によって形成されるかは，かかわりがない。それらの，一定の場合一定の規則に従って（Bd. I, § 18 II 6 c δ）形成される意思は，当該団体に帰属するのであって，それは意思そのものではなく，「組織作用の統一体」の表現である。すなわち「機関は，機関が全体の意思を形成し担う場合，その限りにおいて機関であるに過ぎない」。

b） 機関の種別

　国家の如き複雑な組織になると，自然と数多くの機関によることになる。そしてそのような複雑な組織ということから，必然的に，さまざまな国家組織を区別し，この国家組織自体の内部でさらにさまざまな区別がなされることになる。このようなことから，すでに，主要機関，下位機関および一部機関という階層分けを行った（§ 26 IV 1）。ここで問題となるのは，憲法機関をその他の国家機関とのあいだでどのように区別するかである。

　α） O. フォン・ギールケの所説

　O. フォン・ギールケは，国家機関に関して，直接機関と間接機関の区別を導入し，前者の直接機関をもって，「他の機関に対して依存ないし下位の地位に立たない」機関をいうと規定し，1871年ドイツ帝国憲法について，皇帝，連邦参議院，ライヒ議会および選挙人団がそれにあたるとしている。そして間接機関としてとりわけ諸官庁がそれに属するとされているが，他方，ギールケは，裁判所に関して，「それが司法の作用を行使する限りにおいて，厳密にいえば直接機関」とみている。

β) G. イェリネックの所説

　O. フォン・ギールケの学説については，G. イェリネックがこれを修正し，洗練した。すなわち，イェリネックはそこで，ここでは関心の対象とはならない細かな分類は除き，まず直接機関から創設機関を区別する。この創設機関については，イェリネック自身，その後再び直接機関に位置づけるのであるが，たとえば国家意思形成の際の国民がその例として挙げられている（Bd.Ⅰ，§18 Ⅱおよび§25 Ⅱ）。そしてその上で次に，とりわけ直接機関の概念をより厳密に把握するのである。直接機関は，イェリネックにおいては，その機関たる地位が，その団体自身の憲法によって与えられるものである。すなわち，そこではその機関がいかなる形で任命されるかにかかわらず，直接機関は，直接国家自身に対して以外，誰にも義務づけられることはないのである。

　γ) 憲法機関の概念との関係

　ギールケとイェリネックは，憲法機関の概念の展開にとって本質的な2つの基準を強調した。すなわち，憲法において直接創設されているということと，他の機関への依存関係が存在しないことである。このような基準は，O. フォン・ギールケ自身も感じているところであるが，裁判の領域についてはなおさらに洗練が必要である。そしてそのような洗練は，後に——いずれにしても基本法の下における憲法状況によれば，——憲法において言及されている連邦銀行であるとか，連邦会計検査院，さらには政党（Bd.Ⅰ，§13）といった諸制度に対してもなされなければならなかったものである。まずもって，このことは，連邦憲法裁判所の合同部が決定的に自ら果たさなければならない連邦憲法裁判所の憲法機関としての地位をめぐる議論の中で行われた。ここで決定的なことは，G. イェリネックが憲法自体において「所与のもの」と名付けたものを実質的に豊富化することである。すなわち仮にある国家機関が憲法においてその名を挙げられていたとしても，それだけではその国家機関を憲法機関と位置づけるには不十分である。なぜかといえば，憲法に名を挙げるだけで憲法機関になるのであれば，憲法機関という概念を立てても，そのような概念でもって事物を区別する力というのは失われてしまうからである。とりわけ，憲法が国家機関を確立し，組織の構成部分として，あるいは連邦国家制に基づく権限配分という理由から明文上規定するために，国家機関に言及するということが増えているのでなおさらである。したがって，そこには説得力に富む基準が加わらなければならない。A. ヘーネルはそれを，

「最高の地位において，最高の指導と最終的な決定の権利によって，その活動の統一性と計画性を達成し，確保する」という性質に見出す。またG．イェリネックは，「その存在によって団体の形態が構成され，それが消滅することによって，国家が完全に解体するかあるいは根底から改変されることになる」ということを考慮している。G．ライプホルツが引用するS．ロマーノによれば，「憲法機関はその作用によってではなく，その地位によって規定されるが，その意味は，憲法機関のみが国家を歴史のある瞬間において特徴づけ，その目的の達成のために国家を組織化し続ける能力を与えるということである」。ライプホルツが憲法機関の性格を，「『最上級の権力』への参与」，すなわち換言すれば，それによって「国家がその固有の本質を規定し，それによって初めて実際上の統一体へと構成される」諸機能に参与する点において根拠づけられる点に見出すとき，彼の見解はこのロマーノの見解に与するものである。

δ）憲法機関の具体的判別

これらのメルクマールは，個別に把握することは困難であるが，基本的な基調においては共通したものがある。すなわち，憲法機関というには，憲法によって言及されただけでは足りず，当該機関がその存在と作用によってその国家に固有の形態をもたらし，かつその活動が最上級の国家指導に関与するような形で，憲法によってその存立，地位および基本的権限が構成されている，そのような機関でなければならないのである。統合理論の意味においていえば，国家を統合する機関でなければならないのである。

このようにみてくると，連邦銀行，連邦会計検査院，最上級の連邦裁判所の司法は，基本法においてこれらの機関につき根拠づけられているとはいえ，憲法機関とはいえない。こういった機関についてみるとき，その任務のカタログは，基本的には単純法律に規定されいるものである。そして，その活動も本書§33から§35において示すような，憲法の範囲に属する国家の意思形成に参与するものでもないのである。

他方，憲法機関のカタログは，本巻［原著第Ⅱ巻］の§26から§31において列挙されたところからしても推測がつくように，完結的なものではない。なぜかといえば，列挙された憲法機関の中で，さらに独立した憲法機関ないし実質的意味の憲法により固有の権限を有する機関の部分としてさらなる分類が考えられるからである。すなわち，独立の委員会や連邦議会の枠内で決定権限を有する委員

会（§26Ⅳ）がそういった例にあたる。このことはさらに，連邦首相および連邦大臣—基本法65条—，とりわけ連邦財務大臣—基本法108条3項2文，112条，114条1項—，連邦司法大臣—基本法96条2項4文—，および連邦国防大臣—基本法65条aについてもあてはまる。

3．憲法機関としての連邦憲法裁判所

連邦議会，連邦参議院，連邦大臣および連邦政府の有する憲法機関としての性格は，最初から争いがなかったものの，連邦憲法裁判所についてはそうではなかった。すなわち，すでに引用したO．フォン・ギールケの示唆（前掲Ⅱ2aα）にもかかわらず，とりわけ，それが実際に裁判所であるとされるための性格が，争いのきっかけとなったのである。すなわち，連邦憲法裁判所は裁判所であるので，立法機関，国家元首および政府に結びつけられる権利や義務が，最上級の連邦およびラントの裁判所や，そもそもすべての裁判所や官庁と同様に少ない程度にしか帰属していないというわけである。学説および実務はこのような考え方に従わず，連邦憲法裁判所が憲法機関たる性格を有することを承認しているのである。それによって，次のような法的効果が結びつけられることになる。

a）　職務規則制定権

憲法機関には，たとえ上位の法による明示の授権がなくとも，職務規則を制定する権限が帰せられる。1970年12月21日の改正法律による連邦憲法裁判所法30条2項3文は，この見解を確認している。にもかかわらず，ラントの憲法裁判所とは異なり，すなわち連邦憲法裁判所の職務規則が制定されるまで，1975年9月2日までの時間を要した。その職務規則においては，連邦憲法裁判所の組織および事務，内部における事務執行および手続を補完する規定が含まれている。職務規則の序列（§26Ⅱ6）に沿って，それは基本法および連邦憲法裁判所に関係する法律上の規定に適合していなければならない。

b）　国家組織上の独立性

憲法機関として，連邦憲法裁判所は他の国家機関の下位に服することなく，組織上もなんら他の機関に依存することはない。すなわち他の憲法機関と同位に位置づけられることになる。このような理由から，いずれの省の管轄にも属するこ

Ⅱ．連邦憲法裁判所の法的地位　385

ともなければ，いかなる服務上の監督に服することもなく，連邦予算計画の個別計画 19 によって独自の予算を有することになる。このことから，行政組織上の一連の帰結が導き出されることになる。

- 最上級の連邦官庁に関する一般的な行政規則は，連邦憲法裁判所の機関としての地位について定める規定が別にない限りにおいて妥当する（連邦憲法裁判所職務規則 19 条）。
- 連邦憲法裁判所は，独自に自らの予算を策定する（連邦予算法 27 条，28 条，連邦憲法裁判所職務規則 1 条 2 項）。
- 連邦憲法裁判所の長官は，裁判所に勤務する連邦公務員を任免する。長官は，その最上級の所轄官庁である（連邦公務員法 176 条 1 項）。
- 連邦憲法裁判所の内部組織は，広範にわたって裁判所の合同部ないし長官によって決せられることになる（連邦憲法裁判所職務規則 1 条，5 条，6 条，9 条，10 条，14 条）。

憲法機関としての性格から，連邦憲法裁判所の裁判官についても特別な取扱いがなされる（後掲Ⅳ）。

4．裁判所としての連邦憲法裁判所

しかし，連邦憲法裁判所を憲法機関と位置づけたとしても，そのことによってその地位につき明らかになるのは，実は一部にしか過ぎない。連邦憲法裁判所は――わけても――裁判所でもあるから，司法権の一部をなすものであって，そのことは，憲法上も基本法 92 条以下において規定されているとおりである。また連邦憲法裁判所の裁判所としての性格については，その設立にあたっても争いのないところであった。基本法 92 条後段において連邦憲法裁判所の名称を用いたことを考えても，連邦憲法裁判所法 1 条 1 項における条文の表現に鑑みても，さしあたり争いの原因になるもの存在しない。ヘレンキームゼー会議や議会評議会，さらには連邦議会における連邦憲法裁判所の「生みの親たち」も，連邦憲法裁判所という形で 1 つの裁判所を創設することにおいては一致していたのである。A. アルントはそれを踏まえて，「何人も，連邦憲法裁判所を真正の裁判所以外の形で創設しようとはおもわなかった」と的確に表現している。にもかかわらず，憲法裁判に対しては，それがどの範囲で連邦憲法裁判所に割り当てられるのか，という点について疑念が表明されていたのである。というのも，憲法裁判権は――

いずれにしても一定の権限を考慮すると——もはや司法ではなく，政治であって，裁判所の作用領域を明らかに超えているから，というのである。そしてW. ヴェーバーは1949年に，憲法構造における司法国家的要素の信じられないほどの拡大について書きとめ，「連邦憲法裁判所における訴訟に絡まないような憲法生活上の重要事件というのはほとんどない」と断言している。さらに1953年に同じ著者は，連邦憲法裁判所において我々が直面し，民事，刑事および行政裁判との間を隔てる「深い溝」について記述している。このような異論は，憲法裁判の基本に関わるものである。というのも，このような異論は憲法裁判を，その本質ないし作用に関して，別の次元，すなわち政治的な形成作用，立法，ないしは統治に類似した作用へと押し動かすものであるからである。この点については，憲法裁判の作用に触れるさいに，詳細に論じる（§44 IおよびII）。もちろん，憲法裁判所，なかんずく連邦憲法裁判所の裁判所としての制度的な性格までも，W. ヴェーバーは疑っているわけではない。結局のところ，連邦憲法裁判所の裁判所としての性格を疑う余地があるかといえば，——その法秩序によって規定された地位に鑑みても，またその構成をみても，また結局のところ，連邦憲法裁判所に割り当てられた権限，さらには裁判所がそういった権限を行使する際の態様と方法をみても——そのような余地はないということになるのである。もし連邦憲法裁判所の特殊性があるとすれば，その構成員の任命の態様と方法にすらあるのではなく（後掲IV），連邦憲法裁判所が主として適用しなければならない法素材の性格，すなわち憲法とその政治的性格（Bd. I, §4 I 5および§44 I 4 b α）にあるのである。しかしながら，このような特殊性があるにせよ，ある制度が，特別な（裁判官の）独立を備えた中立的な裁判官によって，法規範に沿う形でそれに拘束される形で何が法であるかについて決定するとき，その制度はやはり裁判所たるに他ならないのである。このような条件はまさに連邦憲法裁判所についてもあてはまる。連邦憲法裁判所は裁判官によって構成され（後掲V 1 aおよび§44 I 3），そして憲法の番人として憲法の基準に拘束される（連邦憲法裁判所法31条）（§44 I 4）。解釈と，限られたものではあれ許容された裁判官の法創造（Bd. I, §2 II 2 d）という方法によって適用され，具体化された法規範のみが，その活動の規準なのである。連邦憲法裁判所は，その憲法機関および裁判所としての性格のゆえに，裁判官による憲法機関として，憲法の不遵守について種々のサンクションを行い，それによって最高段階の国家法規範としての憲法の擁護に配慮するのである

(Bd.Ⅰ,§6Ⅱ4)。そして連邦憲法裁判所の存在によって，立憲国家は完全なものとなったのである。

Ⅲ．連邦憲法裁判所の組織

1．組織全体の構成
a） ドイツの裁判組織の伝統
連邦憲法裁判所には，裁判所として最終的な拘束力をもって憲法の擁護について決定をする任務が課せられるわけであるが，そのためには，そうした作用に適した固有の組織が必要である。

裁判組織というとき一般には，裁判所に課せられた任務を遂行すべき組織の形態と構成，それと並んで現に存在する諸機関への任務の割り当てのことをいう。そしてその際，ドイツの裁判所の組織に関しては，通常，制度・組織上の単位としての「裁判所」と「裁判機関としての裁判所」とを区別する（§33Ⅰ3a）。裁判機関としての裁判所は，そのつど「法律上の裁判官」（基本法101条1項2文）として決定を下すために召集される——さまざまな形で構成される——裁判機関である。通常，裁判所は当該裁判所によって処理されるべき任務の範囲のゆえに，複数の裁判機関から構成されている。そうしてはじめて，裁判所は任務遂行に適した形で組織されうるのである。ドイツの裁判組織のこのような伝統は，連邦憲法裁判所の組織にあたっても，考慮せざるを得なかったのである。

b） 組織を構想する際の考慮事項
連邦憲法裁判所によって遂行される任務の重要さと意義に鑑みて，正しく認識しなければならないのは，裁判所の組織というものは，副次的な単なる技術的な問題ではなく，これについての何か任意にモデルを引き合いに出してたりるようなものではない，ということである。だからこそ，連邦憲法裁判所の組織に関する問題は，連邦憲法裁判所法が制定される際，直ちに中心的な問題となったのであり，またその解決のために，連邦参議院，連邦政府そして野党がさまざまな方策を提案したのである。それにもかかわらず，当然，一定の憲法上および作用に内在する制約というものが考慮されなければならない。

- 連邦議会と連邦参議院が対等な形で選出した裁判官による裁判所の特別な構成（基本法94条1項）が，現に判断を行う裁判所についても考慮されなければならないこと。
- 法律上の裁判官の原則（基本法101条1項2文）を損なうものであってはならないこと。
- 裁判所は，裁判所に期待される事務量に適時に対処しうるだけの数の裁判官をもって構成されなければならない。
- 裁判機関としての裁判所は，十分な合議や審理を妨げるような大きさであってはならない。
- 事務の負担は，予見できる限りにおいて，各裁判官できるだけ均等でなければならない。
- 裁判機関が「政治的に操られそうな」構成をとっているようにみえる事態は，いずれにしても避けなければならない。

　　c）　裁判官の人数

　政府草案は，裁判所に期待されている事務負担をこなすためには，24人の裁判官が必要であるとしていた。これに対して社会民主党会派は，支障のある場合は代理者を置くものとした上で，10名の常任の構成員が必要であるとした。さらに連邦参議院は，12名の裁判官を置くと提案した。一方では，10名とか12名の裁判官であれば，合同法廷において審理および弁論を行うことが可能であるが，他方，24名の裁判官の場合，裁判所をどうしても複数の裁判機関に分けることになるのは明らかである。したがって政府草案はたしかに，少人数の裁判機関に分けることは規定しなかったが，裁判機関としての裁判所は，事案ごとその都度に限り，予め職務規則に定められた順番に従い，争訟の対象を考慮することなく，裁判官総数を考慮して決められた9人の裁判官とする旨（いわゆる輪番制システム）を規定していた。

　この提案に対しては，「偶然形成された多数がもたらす偶然の決定」ということになりかねないとの異論が出されたのであるが，しかしながら他方で，裁判官の数を10名とか12名に限るというのももはや現実的ではないということになり，「双子の裁判所」という妥協が浮かび上がったのである。それによれば，固定された権限を有する2つの法廷が創設されることになり（連邦憲法裁判所法2条1項），その2つの各々が，「連邦憲法裁判所」を形成するということになる。そして各

々の裁判官は、このような構成に従って、第一法廷ないし第二法廷のいずれかに所属するものとして任命されることになる。裁判官の交替や代理は許されない。このような「双子の裁判所」という構成は、ともあれ、決して否定されることはなかった。

　もっとも、後の改正草案が、「統一的な裁判所」という考え方を視野の外に置いたわけではない。しかしながら、裁判所の事務の負担ということを考えれば、その実現は非現実的であると言わざるを得ないのである。他方で、12人の裁判官からなる合議体では裁判機関として大きすぎることもわかった。1956年7月21日の改正法律（BGBl. I S. 662）は、さしあたり各法廷における裁判官の数を10名に減らし、1959年9月1日からは8名に減ずることにした（2条）。しかしながらこの定員削減の時期については、1959年6月26日の法律（BGBl. I S. 662）によって1963年9月1日に繰り延べとなった。

連邦憲法裁判所はこのような構成で、ずっと続いてきたわけである（連邦憲法裁判所法2条2項）。裁判官の数を8名に減じたのは、比較的小さい合議体における合議の効率に鑑みて適切であったようにおもわれる。ただ問題があるとすれば、裁判官の数が偶数であるということであるが、この場合可否同数の場合、特別な措置を定めておくことが要求される。それゆえに、連邦憲法裁判所法15条2項3文は、可否同数では、基本法およびその他の連邦法に対する違反を決定することはできない、としている。

　d）　2つの法廷の事務分配
　旧連邦憲法裁判所法14条によって、疑いのある場合のみ別異の取扱いが可能とはいえ（旧16条3項）、第一法廷と第二法廷とのあいだで厳格かつ完結的に法律上の事務分配がなされたわけであるが、このような規定は、ほどなく賢明なものではなかったことが明らかになる。というのも、実務の場では、直ちに憲法異議が大量に押しよせてくるようになり、このような規定の下においては——さしあたり唯一権限を有する——第一法廷に過大な仕事の負担が課せられるという事態になったからである。

　このような状況を取り除くため、連邦憲法裁判所法14条は、第一次改正法律によって、4項に一文が付け加えられ、現在の条文に至っている。この改正の目的は、第二法

廷に負担を増やすというやり方で，第一法廷を負担から解放するとともに，2つの合議体のうちいずれか過重負担の場合，法律上厳格に規定された事務分配を合同部の決定によって緩和することを可能にすることにあった。この方法が初めて行使されたのは，1959年10月13日の決定（BGBl. I S. 673）であるが，この決定は，1970年12月10日の決定によって補われた（BGBl. 1971 I S. 14）。

この決定は，1976年12月10日（BGBl. 1977 I S. 37），1977年11月23日（BGBl. I S. 2622）および1978年12月6日（BGBl. I S. 2095）の合同部決定による修正を受けながらも，1971年1月1日から効力を有している。すなわち，

「1979年1月1日以降，連邦憲法裁判所に関する法律14条1項ないし3項の規定にかかわらず，連邦憲法裁判所第二法廷は，次に掲げる場合においても権限を有する。
1．規範統制手続（連邦憲法裁判所に関する法律13条6号および11号），基本法19条4項，33条，38条，101条，103条および104条違反が単独又は基本権侵害と併せて主張されている憲法異議。但し，1979年1月1日以降，民事裁判の領域から提起され，異議申立人の氏名の最初の文字がAないしKの憲法異議は除く。基本法1条ないし17条の解釈問題が中心をなす事件については，なお第一法廷の管轄とする。
2．次の各号に掲げる法領域からの規範統制手続および憲法異議にかかるすべての事件。
　a）公務員およびその権利義務が公務員に準じる宗教団体における勤務関係にかかわる法領域（懲戒に関する法を含む），ならびに軍務および代役に関する法領域（当該領域に関する刑事および懲戒に関する法を含む）。
　b）刑事手続および過料手続，未決勾留又は刑事拘留の執行ならびに保安又は矯正のための自由剥奪措置に関する法領域。
3．その他，基本法1条ないし17条の解釈に関わる問題以外の問題が，中心をなす憲法異議。
4．連邦憲法裁判所に関する法律13条10号および13号の事件については，なお従前の例による」。

このような規定によって，基本権および基本権と同等の権利に関する争訟を第二法廷に移動させたにもかかわらず，第一法廷は，概していえば，いわゆる基本権法廷であるといえるであろう。そして第二法廷は，とりわけ憲法上の組織法にかかわる問題について裁判を行うことが職務とされたのである。ここでいまみたような解決について，憲法上異論はない。というのも，立法者が裁判所自身によって別異の事務分配がなされることを留保しつつその権限を規律することは，それが抽象的，一般的，かつ何人にもわかるような，予め確定された割り当てを離れたものではなく，いわば具体的な場合における「恣意的な操作可能性」を認めるものでなければ，立法者の自由裁量に委されているからである。このような前提を守るのが，連邦憲法裁判所法14条4項なのである。

2．両法廷の関係

連邦憲法裁判所法2条および14条によって創設された「双子の裁判所」という構成は，基本法自体にはもとより規定はないけれども，基本法によって排除されたものでもない。しかしながら，これはドイツの裁判制度の伝統からすれば，前例のないものである。そして，このような構成は，連邦憲法裁判所は，2つある法廷のうちの1つの法廷の形態でのみ活動するであろう，という印象を起こさせるものであった。しかしそれは当を得ていない。なぜかといえば，連邦憲法裁判所法によれば，裁判所はまた別の関連でも登場するからである。そしてその際，連邦議会と連邦参議院のそれぞれによって選出された裁判官によって均等な形で裁判所が構成されるという原則には例外がないわけではなく，たとえば連邦憲法裁判所法93a条に基づいて設置され，「連邦憲法裁判所」としての決定を行う，いわゆる三人委員会に対しては，憲法上の少なくとも疑念が提起されている。しかしながら，そのような憲法上の疑念は決定的なものではない。というのも，個別の事件において判決を下す裁判機関は，必ずしもすべて均等な選出の要請に従って構成されなければならないというわけではないからである。そして，法廷以外の場において，連邦憲法裁判所の構成員は，次のような方法で，対外的効果を有する法行為に関与することになるのである。

- 「合同部」としての活動。すなわち16名の裁判官すべてによって，いくつかの法律で定められた場合に活動する（後掲a参照）。

- 連邦憲法裁判所法14条5項に定める「六人委員会」としての活動。この委員会は，長官，長官代行，およびそれぞれの法廷から2名ずつ計4名の裁判官からなる（後掲b参照）。
- 連邦憲法裁判所法93a条2項により，3名の裁判官から構成され，権限を有する法廷により1年度限りで任命される委員会。この場合，各法廷は複数のそのような「三人委員会」を任命することになる（後掲c参照）。
- 個々の裁判官は，連邦憲法裁判所法30条2項，連邦憲法裁判所職務規則55条により，合議において主張した判決又は理由づけに関する異論を個別意見として表明する（後掲d参照）。
- 個々の裁判官は，連邦憲法裁判所法38条2項，47条，54条2項，58条1項，および連邦憲法裁判所職務規則52条により一定の手続において予審を行う裁判官として活動する（§44 Ⅳ 7）。

a）合同部の管轄

　連邦憲法裁判所法は，合同法廷にいくつかの任務を与えている。連邦憲法裁判所法の理解によると，合同法廷は裁判所の最高の権威であり，第一法廷ないし第二法廷と同様，連邦憲法裁判所という位置づけがなされる。

　すでに述べたように，管轄配分については，連邦憲法裁判所法14条4項が規定を置いているところであるが，意外なことに，連邦憲法裁判所職務規則は，同1条における一般的規定の他，とくにこれを受けた規定を置いているわけではない。それ以外の規定をみると，合同部は，連邦憲法裁判所法16条1項および連邦憲法裁判所職務規則47条により，両法廷の判例の統一性を保障するための裁判を行う権限を有するとされている。この手続は，その他の裁判所における大法廷の召集，たとえば行政裁判所法11条の如き手続にならったものである。

　それによれば，合同部の召集が必要とされるのは，一方の法廷が，裁判を行うにあたって重要な法律問題についてもう一方の法廷の見解とは異なる見解を採ろうとした場合である。

　合同部は，さらに，連邦憲法裁判所法105条，連邦憲法裁判所職務規則49条以下の手続についても権限をもち，長期にわたる職務不能の場合，連邦憲法裁判所裁判官を免官にしたり，あるいは懲戒事由該当を理由に職務からはずす決定を行うのである――これは，特別法として，一般的な裁判官勤務法の適用を排除す

るものである。

b）　法廷の管轄につき疑義のある場合

　1970年12月17日の合同部決定と結びついた連邦憲法裁判所法14条によれば，第一法廷は，基本権侵害が「主たる争点をなしている」規範統制訴訟および憲法異議，すなわちその管轄の基準となる実体法上の問題が，その重要さにおいて基本権の領域に求められるような事件について権限を有することになる。その他の憲法問題が同時に触れられることはあるとしても，争訟の中心的論点をなすことはない。しかし，まさにこのような境界づけが，疑いを引き起こしうることも希ではないのである。管轄権限の配分に疑いが生じた場合，第一法廷の管轄か第二法廷の管轄かについて拘束的に決定する合議体が存在していなければならない。もともと，改正前の連邦憲法裁判所法16条によれば，それが合同部であった。ところが1956年7月21日の連邦憲法裁判所法第一次改正法律によって，それまでの規定は改正され，連邦憲法裁判所法14条5項，連邦憲法裁判所職務規則42条以下による委員会に委ねられることになったのである。この委員会の決定は，それに瑕疵があるときですら拘束力を有することになる。何となれば，委員会の「決定するところによる」となっているからである。そしてこの委員会の決定は，権限を根拠づけることになり，権限があるとされた法廷は，手続の中で他の法廷の権限を正当化するような新たな観点が浮上してきたとしても，当該事件を自ら当該法廷に回付することはできないのである。この権限は，仮命令や執行のような付随的な手続についても及ぶ。委員会の決定は，理由を付すことを要しないが（連邦憲法裁判所職務規則45条2文），手続記録に記載されて（同45条3文），後の法廷の決定において引用されることになっている（同46条）。委員会は，連邦憲法裁判所法14条1項ないし4項による法律の一般的な規律に従う。そして委員会自体は，たとえば連邦憲法裁判所法14条4項によって合同部が有しているような自由裁量を有しない。

c）　三人委員会

　連邦憲法裁判所法93a条1項による憲法異議の受理の枠内で，いわゆる三人委員会（連邦憲法裁判所法93a条2項，連邦憲法裁判所職務規則38条以下）が決定を下す。この委員会の決定なしに，今日，憲法異議が法廷に上がることはない。こ

れについては，連邦憲法裁判所法93a条4項が規定している（§44 Ⅳ 9 a ζ）。

　3名の裁判官からなる委員会による，アングロサクソン法の裁量上訴（移送令状"writ of certiorari"）にならったそのような形の予備審査手続は，1956年の第一次改正法律によって初めて導入されたのであるが（連邦憲法裁判所法91 a条），それは，連邦憲法裁判所法24条によって却下するには全員一致を条件としていたため，憲法異議の数が徐々に増加の傾向を示し，第一法廷の活動が麻痺した後のことである。すなわち，そのような事態に対して立法的な解決を求める声が，徐々に強まったのである。しかし最初の負担軽減策は，憲法異議がさらに増加したのと，91 a条3項によって必要とされる教示書面のゆえに十分ではなかった。1963年8月3日の第三次改正法律で91 a条が削除され，93 a条が新たに創設されたわけであるが，この93 a条は，判決の前に受理の留保を導入し，教示書面を廃止して，理由付記の強制をはずしたのである。その第3項は，1970年の第四次改正法律によってもう一度改正され，その適法性とは別個に，「勝訴の十分な見込みのない」憲法異議を斥ける一般的可能性を開いた。1969年1月29日の第一九次基本法改正法律（BGBl. I S. 97）によって，憲法異議自体が基本法に根拠を持つに至ったとき（基本法93条2項4 a号およびb号），同時にそのための特別な受理手続を導入する可能性が，憲法の条文に基本法94条の2項という形で付け加わることにより認められ，法律によって憲法異議を制限することへの憲法上の疑念が予め排除されたのである。

　連邦憲法裁判所職務規則38条3項によれば，三人委員会は，ある一方的な固定化を防ぐため，3年以上の長期にわたって構成を変えないままにすることはできない。各法廷は，事務年度の最初に，複数の三人委員会を任命し，その代理を決める（連邦憲法裁判所職務規則38条1項）。一人の裁判官が複数の三人委員会に所属することは許される。三人委員会においては，連邦議会と連邦参議院のそれぞれによって選出された裁判官により同数で構成されることは保障されないし，要請もされない。その構成に関して，同様に最上級の連邦裁判所の出身の裁判官に割り当てることも，問題とならない。委員会は，法廷によって定められた構成において，基本法101条1項2文の定める法律上の裁判官なのである。この委員会は最終的な裁判を行う権限も有するので，これを「小法廷」と称することはあながち不当ではない。現に今日，この三人委員会は，憲法異議に関する決定の97％を処理している。もっとも委員会の制度や手続の実務に関しては，これに批判の余地がないではない。

d) 個別意見制

　連邦憲法裁判所職務規則55条に結びついた1970年12月21日の第四次改正法律により、連邦憲法裁判所法30条2項1文に基づいて個別意見が許されるようになって以後、個々の裁判官は、自己の法的見解について合議体とは別に、現になされた裁判の結果やその理由に沿わない意見を述べることができるようになった。この個別意見は、裁判に続くものであり、当事者に通知され、公表される。また個別意見は、口頭での判決言い渡しに続いて公表されることもある。そのような個別意見は、法廷および合同部の裁判（連邦憲法裁判所職務規則55条6項）においては許されるけれども、三人委員会の裁判については——全員一致の要請から——許されないのである。ちなみに、第四次改正法律以前において、裁判官は、文書に付属する個別意見の中で自らの反対する法的見解を記録することができたにとどまる。この反対意見（"dissenting opinion"）は、判決に載せられることもなければ、手続当事者に公表されることもなかったのである。

3. その他の組織規定

　以上で述べたような形式において、連邦憲法裁判所の裁判官は——単独であれ、合議体においてであれ——対外的な裁判とともに登場することになる。それと並んで連邦憲法裁判所は、その内部組織と事務の遂行に応じてさらに分節される。すなわち、その他の合議制の裁判所と同様、両法廷には裁判長をおくことになっており、原則として連邦憲法裁判所長官と長官代行——いわゆる副長官——がこれにあたることになる（連邦憲法裁判所法15条1項1文）。そして裁判長には、手続を指揮し、合議体において秩序に沿った事務の遂行がなされるように配慮することが求められる（連邦憲法裁判所職務規則20条、21条2項、22条）。その他に問題の領域によって生ずる付随的な事務は、通常、報告裁判官として合議体の決定を準備する個々の裁判官に割り当てられる（連邦憲法裁判所職務規則23条）。各法廷にはさらに法廷の事務を処理する際補助するために、「裁判長補佐官」が配置されることになっているが、これには裁判官職の資格を有する公務員があてられ（連邦憲法裁判所職務規則12条）、場合によっては独自の決定権限を有する（連邦憲法裁判所職務規則59条、60条1項2文、61条）。さらに個々の裁判官には、調査官が割り当てられ、当該裁判官の指示に従って活動する。

　長官は、裁判所の行政を指揮し、庁舎管理権を行使する（連邦憲法裁判所職務規

則1条3項2文,9条ないし11条,14条2項,16条)。長官は裁判所を対外的に代表する(連邦憲法裁判所職務規則5条)。

しかしながら最も重要な場合には,合同部の決定ないしその他の関与が規定されている(連邦憲法裁判所職務規則1条2項,3項2文2段)。他方で特定の事務は,行政を統括する公務員,すなわち連邦憲法裁判所事務総長の独自の処理に委ねられる(連邦憲法裁判所職務規則14条1項2文)。合同部は,次に掲げる常設の委員会を組織している(連邦憲法裁判所職務規則3条)。
- 職務規則委員会
- 儀典委員会
- 予算・人事委員会
- 図書館委員会

必要な場合にはさらに委員会を設置することができる。また裁判官は,種々の提案権,情報収集権および情報伝達権を有する(連邦憲法裁判所職務規則2条2項および6項,3条5項,7条1項)。

IV. 連邦憲法裁判所の構成

1. 裁判官の任命

憲法裁判所の裁判官の任命方式には,憲法裁判制度という制度にとって特別な意味がある。その任命方式には純粋な手続技術的な問題ではなくて,活動能力と一体性を図る力という観点から中心的な問題が正当にも見出されるのである。もし間違った方式が採られたり,一定の方式が任命機関によって間違って用いられるといった場合,いかなる危険が生ずるか,それについてはすでにH.トリーペルが強調しているところである。それによると理念型的には,次のような前提が満たされなければならない。
- 裁判官職として最高の専門的,人格的資質を備えていること。
- 選ばれた者が,——通常は政治的な——紛争当事者から距離をおくことができること。
- 広範な民主的正統性を維持しつつ,任命機関において一方的な政党政治的な影響が排除されていること。
- 連邦国家においては,連邦制的な代表が維持されていること。

IV. 連邦憲法裁判所の構成　397

　これらの条件を充たすことは,「魔法の四角形」と呼ばれてきたが,これは正当である。たしかに,このような理念を実現する諸方策が探られるべきことは,明らかである。しかしながら,そのような方策がかつて異論なく見出されたかどうかについては,憲法裁判制度に付随してさまざまな政治的な含意や計測不可能な諸要素があるために,きわめて疑いとされるところである。とりわけ党派の均衡があまりにも重視されすぎたことは,あらゆるところで強調されているのである。

　戦後のヨーロッパにおける「古典的な」憲法裁判所は,とりわけオーストリア,イタリア,そしてトルコがそうであるが,おしなべて憲法裁判所の地位および任務を考慮して,その他の裁判官の地位とは異なる方法を採用しているのである。すなわちそのような特別な方法というのは,主に,「政治機関」の関与,すなわち議会——第一院および第二院——,大統領および政府が関与する点に求められる。その理由は,憲法裁判所の権限と,それによって条件づけられる国家機関の意思形成過程に及ぼす影響,すなわち以上論じたような憲法機関たる性格にある。そしてそのような性格のゆえに,とりわけ直接国民によって正統化された機関による,より強い配慮が求められる。もっともこのような関与は,当初原理的な批判がないではなかった。しかしながらそのような批判は成功を収めていない。すなわち個別の事案については時折正当な批判がなされるけれども,それにもかかわらず,そのような批判は結局のところ,そうした政治機関の関与をことさらに肯定する見解ではないにしても,少なくともこれに否定的態度をとるものではないことも確かであった。もっともそのようになったのは,より良い方法があるかといえば,原則的に実現可能な方法はないと考えられたからでもある。政党国家的な民主制においては,政党が憲法裁判所の裁判官の任命に影響を与えることは不可避である。このような前提に立った上で,非公式ないし統制の効かない影響力が行使されるのではなく,——わが国において実現されたような——制度化され,それによって統制可能な関与を設定するほうがよりましであるということになるのである。それゆえに,批判の原因をなすものがあるとすれば,それは,民主的に直接正統化された機関による関与という点ではない。そうではなくて逆に,そのような民主的に直接正統化された機関が関与することによってまさに,憲法裁判所にいわば,必要とされる固有の民主的正統性が備わるというべきなのである。基本的なことはむしろ,最も良い人物を職に就かせることを配慮し,かつ任

命にあたって偏った人選や任命権の濫用が起きないようにする，あらゆる手続法的，その他制度的な予防措置が行われることなのである。

　時折，連邦憲法裁判所に関してこのようなたぐいのすべての可能性が必ずしも徹底されているわけではない，という指摘がなされている。そこで次のような各者に候補指名権を認めようという提案がなされる。
- 連邦大統領
- 最上級の連邦裁判所
- ラント憲法裁判所
- 弁護士
- 法学部

もっともこうした提案にあっても，従来の選出機関である連邦議会と連邦参議院が，取って替わられるというわけでもなければ，オーストリアやイタリアがそうであるように，選出機関に連邦大統領が付け加わって増えるというわけでもない。すなわち単に，連邦議会と連邦参議院が有しているほぼ無制限な選出の可能性に限定を加えるべきだというわけである。もちろんそういった提案と並んで，外国の例にならって連邦大統領やその他の合議体に選任権限を認めようとする提案，中でもたとえば聴聞と公開の討論によって選任手続をより透明化できないかといった提案もある。もっともこのような考慮も限られた改善を意味するにとどまる。たとえば公開の聴聞にしても，候補者に対して——必然的に抑制的な態度をとらざるを得ないその後の裁判官としての活動に関して——予め不利な形で「烙印を押す」こともありうるのである。そのようなわけであるから，いずれにしても，余すところなく満足のいくような選任手続というものはないのだ，という認識を考慮に入れるならば，現在の方式は，それ以上よい提案がないということで維持されるべきだということになろう。決定的なことは，選任機関が自己に課せられた高度の責任を認識することである。そして世論一般のコントロールを拡大することは，かえって資質に適った選出を行う方向に対して余計な働きをすることになろう。

a）連邦議会・連邦参議院における選任

　基本法は94条1項2文において，連邦憲法裁判所の裁判官はその半数を連邦議会により，残りの半数を連邦参議院により選出することを規定している。それ

ゆえに，任命方式としては，立法機関による選任ということになる。そしてこのような手続は，あきらかにその他の，ラントの憲法裁判所の裁判官以外の裁判官について妥当している手続と異なるものである。その他の裁判官は——たとえば上級地方裁判所の所長のような若干の例外を除き——ほとんどは行政部によって任命されている。したがって，最上級の連邦裁判所の裁判官の任命の場合やいくつかのラントにおいてのみ，議会の議員がその構成員たる地位と投票権を有する裁判官選出委員会の関与が行われているにとどまる。しかしながら，そのような委員会は通常，行政権に対して選任を強制することはできないのである（§33 Ⅳ 3およびⅤ2）。連邦議会および連邦参議院による選出というのは，すでにヘレンキームゼー草案（100条）において規定されており，議会評議会において討議の俎上に載せられたすべての諸提案にも同様にみられたところである。したがって，そのような選出方法自体に争いはなかったわけである。単に裁判所の長官の選出と，場合によっては設置される法廷の裁判長の選出に関連してのみ，異なった考え方が展開されたのである。

　α）連邦議会

　連邦議会が選出機関である限りにおいて，それは直接国民によって選出された機関による正統性がある。そしてそれは，連邦憲法裁判所の有する実にさまざまな権限と憲法機関としての地位に照らして正当化されることである。さらにそのような正統性のゆえに，裁判所には議会制民主主義の中において必要な，それに根ざした地位というものが与えられるし，それはすべての国家権力は国民に由来する，と規定する基本法20条2項1文の基本的な考えにも沿うものである。それぞれの当該権力が重要なものであればあるほど，それだけ正統化がなされ，当該権力を国民によって直接選挙された機関に由来させることが求められるのである。

　β）連邦参議院

　連邦参議院が選出機関である限りにおいて，連邦参議院が連邦制に基づく連邦機関であることが前面に出てくるのであり（Bd.Ⅰ，§19 Ⅲ 8 bおよび§27 Ⅱ b），その点は連邦大統領や連邦憲法裁判所のような全国家的機関を正統化することが問題となる際に，引き合いに出される。同時に連邦参議院は，諸ラントの政府構成員によって構成されており，たとえ連邦の政府機関ではないにせよ，統治者的な共同決定権を有することは明らかである。連邦参議院による選任行為の民主的

正統性は，たしかに連邦議会による選出ほど直接的ではないが，連邦参議院の構成員も，各ラントの議会によって選出されているのであるから，民主的な創設行為に遡りうるわけであり，それゆえにいずれにしてその点争う余地はない。連邦参議院が関与するということは，とりわけ連邦とラントとのあいだの権限争議について裁断を下す権限を連邦憲法裁判所が有していることをもってしても正当化されるのである。同時に，連邦議会の側と連邦参議院の側でそれぞれ均等の数の裁判官を選出するということは，任命方法において連邦とラントが「同じ重み」をもつということになり，それによって連邦ないしラントにおいて交互に「政権」政党ないし「反対」政党が選任に影響を与えることができるようになるわけである。

b) 組織構成上の帰結

2つの選出機関は両方とも，憲法によって絶対的に同等の権限を与えられている。いずれの機関も，連邦憲法裁判所の構成がいかなるものであれ，裁判官の半数を選出しなければならない。その限りにおいて，裁判を担当する裁判機関は，裁判所の構成としてはあまり普通には採られていない偶数の裁判官によって構成されることになるのである。すなわち当初，12名の裁判官からなる2つの法廷からなっていたものが，10名になり，最終的に現在のところ8名の裁判官による2つの法廷になっているわけである。裁判所が「双子の裁判所」として，各法廷がそれぞれ連邦憲法裁判所である（前掲Ⅲ1ｃ）ということになるならば，それぞれの裁判所は，その時点においてその当該裁判所に属する形で選任された裁判官によって構成されなければならないということになる。このことは，連邦憲法裁判所法5条1項1文に照らして明らかである。すなわち，裁判所が全体として均等な形で選任された裁判官によって構成されるというだけでは不十分なのである。したがって，実際に連邦憲法裁判所の構成を決するにあたっては，そのつど2名減員したり増員したりすることはできないわけであり，考えられるのは，4名単位で増減員することのみである。他方で，個別の事件において裁判を行う裁判機関のすべてが，かかる半数選出原則に従うことを必ずしも要請されているわけではない。したがって，いわゆる三人委員会（前掲Ⅲ2ｃ）についても，連邦憲法裁判所法15条2項，18条，19条により裁判官が1名欠員になることにより，奇数の裁判官で決定を下す裁判機関の場合と同様に，何らの問題も生じない。

これに対して，注目される法定代理の規定も，同様に，創設機関ごとに同数という観点を考慮しなければならない。

2．裁判官の資格
a） 能力的資格

選出されるべき裁判官に関して，立法者は，「純粋な司法裁判所」として規定したといえる。このことは，連邦裁判官の範囲以外の出身の憲法裁判所裁判官に関する当初の草案とは異なる。すなわち政府草案は，裁判官職ないしは上級行政官吏たる資格を「有すべき」前提と考えていたのに対して，連邦参議院の提案は，「法律に精通していること」で十分であるとし，社会民主党案ではそのことすらも放棄していたのである。基本法94条1項1文はいずれにしても，連邦の裁判官たる経歴のない者を連邦憲法裁判所の裁判官とすることを認めており，完全な法律家たる資格を要求していないのである。ラントや他の国の憲法裁判所裁判官についても，必ずしも徹底して完全な法律家たることが規定されているわけではない。にもかかわらず，立法者の決定は歓迎することができる。というのも，連邦憲法裁判所の任務というのは，法律家的な性質を有するものであり，連邦憲法裁判所は司法機関だからである。連邦憲法裁判所の作用は，法律家としての特別の教育を受けた者に委ねるのが最善である。

1961年9月8日のドイツ裁判官法が制定されて以来，ラントにおいて必ずしも常に，2回の法律家国家試験に基づいて与えられているわけではない，（単なる）上級行政官吏の資格でももはや十分ではないということになった。改正後の連邦憲法裁判所法3条2項は，連邦憲法裁判所裁判官の任命について，ドイツ裁判官法に基づく裁判官職の資格を要求している。このことは，ドイツ裁判官法5条および6条の基準に基づく2回の試験に合格していることを前提としている。唯一の例外は，ドイツの大学において法律学の正教授たるものは，同様に裁判官職につく資格を有する（ドイツ裁判官法7条）限りにおいてのみ認められるということになる。

b） 裁判官法92条の規定

ドイツ裁判官法92条により，以前は連邦憲法裁判所法3条2項に含まれていた「公法についての特別な知識において秀でており，公職の経験を有する者」と

いう要件は削除された。このことが遺憾とされることは稀ではない。他方で，そういった事柄というのは，検証不能な要求であり，加えて連邦憲法裁判所裁判官たる職を的確に遂行しうるためには基本的に自明の事柄に過ぎない，ということもまた否定できないところであろう。

c）任命資格

連邦憲法裁判所裁判官になりうるのは，結局，年齢満40歳以上にして，連邦議会の被選挙資格を有し（連邦選挙法15条），連邦憲法裁判所の構成員に就任することを書面で同意している者（連邦憲法裁判所法3条1項）に限られるということになる。

3．選出手続

基本法は，選出母体と，連邦議会と連邦参議院の同数選出について規定するにとどまる。すなわち基本法そのものは，選出にあたっての定足数や手続については何ら規定しておらず，その点は立法者に委ねているのである。この控えめな規定の仕方は，連邦憲法裁判所法において規定された選出手続や，それに対して改正を主張する種々の提案に影響を及ぼさないわけにはいかなかったのである。

a）特別多数決による選出

連邦憲法裁判所裁判官の選出方法に関して，選出機関において結果的に妥当な選出を行うためには，単純過半数という要件では十分ではない，という点で基本的な一致をみている。というのも，単純過半数という形をとると，ある被選期間において多数を占めていた政党により，その当該政党に都合の良い裁判官のみでもって裁判所を構成することを可能ならしめるからである。そうなってしまうと，連邦憲法裁判所の構成員に広い代表的な支えというものがなくなってしまう。正当にもW．ガイガーは，これを連邦憲法裁判所の「存立に関わる問題」であるとし，「裁判官にとっては国家を支えるすべての諸力から信頼を寄せられることが必要であるが，もし裁判所が一方的な形で構成されることになれば，それは期待できないことになる」と述べている。この点に関しては，連邦憲法裁判所が発足した当時にも一致がみられたところである。他方で，比例選出のシステムも，選出される裁判官に相当な政党政治的帰属意識をもたせることになるので，満足な

IV. 連邦憲法裁判所の構成　403

ものではなかった。それゆえに，特別多数を要求することになったのである。この特別多数の要求は，連邦参議院においては連邦憲法裁判所法7条により3分の2の多数とされることになったが，これは基本法79条2項による憲法改正の際に要求されるのと同様の多数である。連邦議会により選出される裁判官については，選出のために召集される選挙人委員会（後掲b）がさしあたり，4分の3の多数，すなわち12人の選挙人中9人の賛成をもって決すると，改正前の連邦憲法裁判所法6条4項において規定していたが，1956年7月21日の改正法律で，連邦参議院と同様に3分の2の多数，すなわち12票中8票の賛成をもって決することとし，その要件を緩和した（改正後の連邦憲法裁判所法6条5項）。

　このような特別多数の要求によって，議会内多数派および少数派は，双方妥協を図らざるを得ないことになる。通常，そのような妥協は，毎回そのつど推薦される候補者に関して必要となる。もっともそういった相互の譲歩はそれ自体疑念を呼ぶものではない。およそ民主主義国家はそのような妥協によって常に成り立っているからである。批判が起きるとすればそれは，さしあたり妥協が行われる際，選出の対象となる候補者の専門的な資質というものがおざなりにされる場合であろう。さらに政党政治的な「世襲農場」が形成されるということもまた，疑念の対象にならないでもない。いわゆる「中立派」と最上級の連邦裁判所出身から選ばれるべき裁判官によって（なお）和らげられた，一致に基づく候補者推薦権がこの方向で硬化したのも確かである。また選出機関が高い定足数のゆえに，時宜に適った時点で合意できないことによっても危険は生じる。このような状況は何度も起きており，とりわけ1952年と1963年に起きている。そのことがきっかけとなって，連邦政府は，1955年に連邦憲法裁判所法改正案を提出したが，その改正案は，第1回目の投票で決定に至らなかった場合，連邦議会の選挙人委員会と連邦参議院における第2回およびそれ以降の投票においては，単純過半数をもって足りるとするものであった。この提案に対して連邦参議院と連邦憲法裁判所は反対を表明した。さらに野党や影響力のあるプレス機関も厳しい批判を展開した。「議会の裁判所」ないし「政府の裁判所」に堕する危険というものが，異論として主張されたのである。それどころかE．フリーゼンハーンは，想定されるこのような規律は，「連邦憲法裁判所の不可侵性に対する攻撃」であるとすら後に述べている。このような表現がいささか大げさなものであるかどうかはともかく，このような懸念は実際に根拠のあるものである。というのも，打開策と

して第2回目の選挙以降，単純過半数によって選出されるという方法が採用されるならば，妥協を求める強制は最小のものになってしまうからである。他方で見逃してはならないのは，裁判所の機能を維持することはいずれにしても，価値の高い法的利益だということである。もちろん，裁判官の選任にあたって特別多数を廃止すること以外の保障が必要である。そして連邦政府は，最終的にこのようなプランを再び放棄したのである。

逆に1972年に，連邦議会のキリスト教民主同盟・キリスト教社会同盟会派が反対意見として，特別多数を憲法自体において保障しようと試みた。この提案も，他の国やドイツ連邦共和国の複数のラントにおけるように選出にかかわる基本的な問題を憲法そのものにおいて規定し，こういった問題については（憲法ではない）通常の立法者の影響を排除することに多くの者が賛成しているにもかかわらず，実現をみていないのである。

b）両院における手続

すでに述べたように，連邦参議院は，連邦憲法裁判所法7条によって全会一致で選出する。連邦参議院の限られた構成員の数であれば，このことは可能である。

これに対して，連邦議会における全会一致の選出は，その構成員の数や，そのような選出にあたって必要な候補者に関する討論のことを考慮したとき，問題が多い。このような理由から，連邦議会において行われるべき選出手続については議論の余地があった。最終的には，社会民主党の提案に沿って，連邦議会の選挙人による「間接的」選出ということに決した（連邦憲法裁判所法6条）。これに対しては，繰り返し憲法上の疑念が表明された。しかし立法手続においては，とりわけA．アルントが，基本法94条1項は，28条1項2文や38条1項2文とは異なり，直接選挙を規定しているわけではないので，このような場合には間接選挙もまた許容される，ということを指摘して，提起された疑問を退けた。しかしながら，このような議論に納得することはできない。すなわちこのような論法によれば，基本法63条1項による連邦首相の任命やその他，議事規則に従って規定された機関の選任を間接選挙で行うことが，正当化されてしまうからである。決定的なことは，憲法違反かどうかの議論を行っても，それは，ほぼ30年にわたって実際に間接選挙が行われてきたことによって，説得力を失ってしまっているということである。この選出を小規模の委員会に委ねるとしても，少なくとも

それが連邦議会の議席構成を反映するものである限りは、十分な理由があったし、現に十分な理由があるというべきだろう。そしてこれを、連邦憲法裁判所法6条による連邦議会の選挙人委員会についてみるならば、12人の選挙人が連邦議会によってドント式によって選出される限りにおいて、十分な理由があるというべきである。選挙人の選出にあたって、連邦議会の議事規則の規定（§26 Ⅳ 2 e）が適用される。各立法期において選挙人は新たに選出されなければならない。連邦憲法裁判所法6条3項によれば、選挙人のうち最も年長の者は、選挙を行うことが必要となった場合には、遅滞なく選挙人を召集しなければならない。選挙人は、広範な守秘義務に服する（連邦憲法裁判所法6条4項）。

このように両方の選出機関において特別多数の制度が採られ、またドイツ連邦共和国成立以来それぞれの選出機関において政党政治的な勢力分布の反映がなされてきたことによって、毎回行われる選出は、結局、両方の「大きな陣営」の合意に基づくものであった。このような合意への強制の結果、最後には、本当の決定過程は、選挙人そのものとは同じではない非公式な委員会（「作業部会」）において要求されるということになった。とくに、複数の裁判官を選出しなければならない場合で、両方の「陣営」が表に出ることができる場合には、——連邦参議院によって選出されるべき者を考慮に入れて——選出にあたっての申し合わせがなされたのである。その上で、選出自体は、通常全会一致ないし意見の一致のうえで行われたわけである。

c) 選出遅延時の手続

にもかかわらず、定足数が高いために、選出がしかるべき期日を超えて長い間にわたって行われないままになってしまう、といった事態が起こらないではない。関連する事例が、H. ラウファーによって詳細に記録されている。それゆえに1956年、法律が改正され、連邦憲法裁判所法7 a条が新たに創設された。元々政府草案は、第二回目の選挙以降は単純過半数で足りると提案し、すでに述べたように厳しい反対にあったわけであるが（前掲a）、議会多数派は、ドイツの大学に所属する公法学の正教授2名、上級の（現在では最上級）連邦裁判所の長官2名、およびラントの憲法裁判所長官3名からなる、新たな諮問委員会の提案権の創設を議決した。すなわち、調停委員会において、法律化された解決策が練り上げられたわけであるが、それによれば、連邦憲法裁判所の合同部の提案権は、任期終

了後ないし任期終了前に裁判官が退官後なお2ヵ月を経過しても連邦憲法裁判所法6条に基づく選任（そして連邦参議院による選任も）なされない場合に，発動されるというものである。合同部は，連邦憲法裁判所法規則56条ないし58条の基準に従って，単純多数決でもって，一人の裁判官を選任する場合には，3名連記のリストの形式で候補者を提案し，複数の裁判官を選任すべき場合には，選任すべき裁判官の数の倍の人数の候補者を提案するように決定することになる（連邦憲法裁判所法7a条2項）。もっとも選出機関は，合同部によって提案された者に拘束されるわけではなく，その限りで協働権がなくなるというわけではない（連邦憲法裁判所法7a条4項）。したがって提案の効力は限られたものといえる。

d）　最上級連邦裁判所裁判官からの任命

それぞれの法廷の裁判官のうち3名は，連邦の最上級裁判所の裁判官から選ばれなければならない（連邦憲法裁判所法2条3項1文）。これは，最小限の要求であって，それによってより多くの連邦裁判官が選出されることを妨げるものではない。もっともその数は憲法上定まっているわけではなく，基本法94条1項は，ただ，連邦裁判官が，連邦憲法裁判所に所属していなければならない，ということのみを要求するにとどまる。1956年7月21日の改正までは，改正前の連邦憲法裁判所法4条1項により（各法廷12名の裁判官中）4名であった。この規定の意図は，最上級の連邦裁判所の裁判官が有している，長年にわたり，さまざまな法分野に取り組んだ経験を連邦憲法裁判所に役立てようというものであった。それにとどまらず，連邦憲法裁判所法2条3項2文は，最上級の裁判所に少なくとも3年間勤務した者のみが選任される「ものとする」（soll）としている。その限りでこれは強行規定ではなく，単なる原則である。したがって，連邦裁判所に付属する連邦検事を連邦憲法裁判所裁判官に選任するために，この原則から逸脱することが許されないわけではなかった。

e）　両院の関係

2つの選出機関と最上級の連邦裁判所出身として選任される3人の裁判官の存在を考えるとき，選出機関がこれらの裁判官の選出にあたって平等に関与するということは不可能である。その他に，誰が連邦憲法裁判所の長官および長官代理を選任するかについての規定も必要である。一方で，連邦憲法裁判所法9条にお

いて規定されている——連邦議会による長官の選出に始まるという——交替のリズムに取りたてて問題はないのに対して，連邦憲法裁判所法5条1項2文は，一の法廷の中で連邦裁判官とその他の者とのあいだで裁判官の選出の配分をいかに行うか，ということについては何ら規定していない。この規定は，開かれたものであって，選出機関相互の合意を要求しているのである。そして，連邦参議院は当時の状況に従って，各法廷に1名の連邦裁判官を選任し，連邦議会の選挙人委員会は，各法廷にそれぞれ2名の連邦裁判官を選任していた方式が軌道に乗っていたのである。もっとも法律の文言によれば，変更は可能であった。

f）連邦司法大臣の関与

　連邦憲法裁判所裁判官の選任にあたっては，連邦司法大臣が準備段階において参与することになっている。連邦司法大臣は，連邦憲法裁判所法8条により，同法3条に基づいて被選出資格を有する最上級の連邦裁判官を記載したリストと，さらに，「連邦議会の会派，連邦政府ないしラント政府によって連邦憲法裁判所の裁判官の職に推薦され，同法3条1項および2項の要件を満たすすべての人物を記載したより広範なリスト」の2つの推薦リストを作成することになっている。もっともこの規定は，それによって連邦司法大臣には一種の推薦権が認められるとか，推薦権を認められている者の範囲が限定列挙されているとか，さらには両方のリストに挙げられているもののみから選任が行われるといったふうに，誤解されてはならないのである。これらのリストには，種々の推薦を記録し，対象となりうる連邦裁判官を列挙する目録としての機能が認められているに過ぎないのである。その限りでそこには，選出機関のために連邦司法大臣が行う行政的な補助サービスとしての意味があるにとどまるのである。したがって選出機関の側としては，リストに挙がっていない人物を選任することもまた，完全に自由である。このリストは，事前選考の働きすらするものではなく，何人にも法的な外部効果をもつものではない。しかしながら連邦司法大臣は，連邦憲法裁判所法3条1項および2項に定める要件が充足されているか否かという点について審査する権限があり，また義務を有する。その限りで，以前に存在した要件——すなわち，公法おける特別な知識および公職の経験——がドイツ裁判官法92条によって削除された後は，簡単に確定可能な，価値判断の入らない基準だけになったのである。このリストは，順次補充することができる。

4．連邦大統領による任命

選出された者は，連邦憲法裁判所法 10 条により連邦大統領によって任命される。連邦大統領は，法的資格要件に関する審査権を有する。選出された者は，連邦大統領の前で連邦憲法裁判所法 11 条に規定された就任の宣誓を行わなければならない。

V．連邦憲法裁判所裁判官の法的地位

1．法的地位をめぐる関連法令

基本法も連邦憲法裁判所法も，連邦憲法裁判所裁判官の地位および勤務関係について散在的に規定するにとどまる。したがって，連邦憲法裁判所が活動を開始するにあたっては，数多くの問題が生じたわけであり，それは現状報告に現れている。そういった問題は今日では，だいぶん解明されてはいる。にもかかわらず，連邦憲法裁判所裁判官に関する成文の勤務法の状態は，当時の規定が不十分なものであったということを示している。

基本法自身は，兼職禁止（94 条 1 項 3 文）の問題と，裁判所が裁判権に属すること（92 条）についてのみ明文で規定しているのみである。連邦憲法裁判所法は，98 条以下で——十分ではないけれども——いくつかの規定を置いているが，裁判官法および官吏法の適用については十分に明らかでない（ドイツ裁判官法 69 条，46 条参照）。全体的にみれば，連邦憲法裁判所裁判官の地位に関する規定をめぐっては，関連規定に次のような段階づけがある。すなわち，第一次的には基本法であって，その限界の中に第二次的には連邦憲法裁判所法があり，第三次的にはドイツ裁判官法，そして第四次的に連邦官吏法があるわけである。それと並んで，連邦憲法裁判所の構成員の地位をめぐっては次のような命題があてはまる。

a） 官吏法上の取扱い

連邦憲法裁判所の構成員は，裁判官である（連邦憲法裁判所法——とりわけ 2 条以下および 98 条以下——と結びついた基本法 92 条）。裁判官は，（公法上の）勤務関係における裁判官（連邦憲法裁判所法 4 条，12 条，100 条 1 項，101 条）であって，連邦裁判官ではない。この対比は，すでに基本法 94 条 1 項 1 文に基づくものであるし，また連邦憲法裁判所法 103 条からしても明らかである。連邦憲法裁判所裁判官の

勤務関係の特殊性は，さらに，その職への任命の方法や，原則として任期付の職であること，そして裁判所と憲法機関に属していることなどに由来する。官吏法上の諸規定の適用は，通常，参照規定によってのみ根拠づけられるか（連邦憲法裁判所法98条4項，103条），あるいはそれに連邦憲法裁判所長官が決定を行う際に準拠する年金法（連邦憲法裁判所法103条2文，連邦憲法裁判所職務規則9条）や雇用者に対する配慮・保護請求権の適用の場合のように，裁判官固有の職務以外の領域にあっては，官吏法の補充的適用によって決せられる。さらに，適用されないものとしては，懲戒法上の諸規定（連邦憲法裁判所法105条），職務上の上司，居住場所，出頭，公用上の出張，休暇あるいは兼業に関する規定（連邦憲法裁判所職務規則10条，11条，19条）がある。

b）特別な地位

連邦憲法裁判所裁判官は，憲法機関の構成員，すなわち連邦憲法裁判所という裁判にかかわる憲法機関（前掲Ⅱ4）の構成員でもある。しかしながらそれによって，連邦憲法裁判所裁判官そのものが，憲法機関としての性格を有するわけではない。したがって，連邦憲法裁判所裁判官は，あくまで憲法機関の構成員であるにとどまるということであるが，それによってその裁判官としての職には特別の身分が与えられる。それについてのさまざまな問題については，とりわけ状況報告の掲げた要求の実施，連邦憲法裁判所の構成員の職務内容に関する法律の制定，およびドイツ裁判官法に至るまで必ずしも明らかではなかったが，現在では相当程度明らかにされている。立法者は，連邦憲法裁判所裁判官の特別な地位について考慮しなければならない。

- 連邦憲法裁判所裁判官は，通常の裁判官の宣誓とはことなる職務の宣誓を行う（連邦憲法裁判所法11条，ドイツ裁判官法38条）。
- 辞職については，その他の裁判官に関する規律より，その他の憲法機関の構成員についての規律に類似している。
- 任命書は，勤務関係についてではなく，職に関するものである。

c）代表者としての地位はない

連邦憲法裁判所裁判官は，代表者としての機能をいとなむ，という見解が時々述べられることがあるが，かかる見解に同意することはできない。そのような見

§32 連邦憲法裁判所

解が仮にあてはまるとしても，精々それは連邦憲法裁判所全体について，あてはまるに過ぎない。代表概念（Bd.I, §22 II 4 a）は，そもそも限定して使われなければならないものである。裁判官は代表する機能を有するのではなく，法発見に参与するものである。

2. 裁判官の任期

1970年12月21日の改正以降，「期限付き裁判官」——8名まで，最初の選出の際に，部分的に任期4年に限って選出された者（改正前の連邦憲法裁判所法4条2項1文）——と定年まで連邦裁判官として選出された裁判官とのあいだの区別は廃止された。同時に，改正前の連邦憲法裁判所法4条2項2文において可能であった再選は禁止された。現在すべての裁判官は，12年の任期で，最長でも定年まで，すなわち68歳の最後の日までの任期で選任され，いかなる場合にも再選の可能性は排除されている（連邦憲法裁判所法4条1-3項）。再選の禁止は，必然的に個別意見制の導入と結びついている。任期満了以前に退官した裁判官の後任者は，連邦憲法裁判所法5条4項により，現在，改めて新たな任期が開始される形で選任されている。12年の任期に基づいてすべての裁判官を統一的に選任することによって，裁判官の地位におけるあらゆる差別が排除されることになった。同様にそのことによって，（年齢40歳以上という要件であるため）旧規定によればありえた話であるが，あまりにも長期にわたって在職することになれば，司法の硬直化をもたらすことにもなりかねない，といった事態が避けられることになるのである。もっとも，裁判官職を任期付にすることは，裁判官という職の特色からして問題がないわけではない（§43 II 5 a）。しかし裁判官の任期付任命は，それが憲法機関であるということから，必ずしも異例に属するものではなく，オーストリアを例外とすればほとんど通例に属するというべきである。

3. 兼職禁止・制限

a) 公職との兼職禁止

連邦憲法裁判所裁判官には基本法94条1項3文，連邦憲法裁判所法3条3項により，広範な兼職禁止が存在する（Bd.I, §11 III 5a, §20 IV 3 c α, および前掲 I 2 c β）。連邦憲法裁判所裁判官は，その任命により，連邦議会，連邦参議院，連邦政府およびラントにおけるこれに類する機関の職を失う。ここに挙げたもの

は，限定列挙ではない。たとえば地方公共団体の機関もまたこれに属する。

　b)　その他の兼職制限

　さらにドイツの大学における法学教授以外のあらゆる職業活動との兼職も禁止されている（連邦憲法裁判所法3条4項1文）。もっとも大学における法学教授も裁判官としての活動に優先するものではない（連邦憲法裁判所3条4項2文）。連邦憲法裁判所裁判官に選出された最上級の連邦裁判所の裁判官は，もはやその職務を行うことができない。そしてその職に基づく権利義務は停止される（連邦憲法裁判所法101条1項1文，ドイツ裁判官法70条）。大学教授に関しては義務のみが停止する（連邦憲法裁判所法101条3項1文，2文）。したがって連邦憲法裁判所裁判官は，ラントの憲法裁判所裁判官とは異なり，常勤の勤務である。このような規定は，連邦憲法裁判所の有する権限が大きいこと，そしてそのことによる事務負担の量を考えたときに，必要不可欠であった。しかしながらこのことは，副次的活動が禁止されているとか，許可を必要とするということを意味するものではない。官吏法は，連邦憲法裁判所裁判官には適用されない。また連邦憲法裁判所裁判官は，憲法機関の裁判に関する構成員である。その限りにおいて連邦憲法裁判所裁判官には，ドイツ裁判官法（46条）に規定されている連邦官吏法の規定が準用されないのである。したがって，学問，著述，講演，芸術に関する活動は，それ自体が裁判官の職と両立する限りにおいて，何の問題もなく認められる。

　4．給与および年金

　連邦憲法裁判所裁判官の給与および年金は，1964年2月28日の連邦憲法裁判所構成員の給与に関する法律（BGBl. I S. 133。最近では1974年12月20日の法律BGBl. I S. 3716によって改正）および連邦憲法裁判所法98条以下による。その限りにおいて，連邦の官吏法に補充的規定が行われたことになる（連邦憲法裁判所法103条，ドイツ裁判官法46条，69条）。

第4章　作用

第1節　基本問題

§ 36　作用の分割と分配：権力分立原理

Ⅰ．国家権力の分割および抑制の原理の発展

1．異なる出発点すなわち理念的国家と現実的国家——のちの架橋

　国家・国法・政治に関する学術文献は，国家機関を取り扱う場合と同じく，国家作用を考察する場合にも，以前から大変な貢献をしてきた。しかしながら，国家機関の考察は，実在の国家機関と規範的な国家機関の双方にまたがり，それぞれの考察に一定程度明確な結びつきを与えてきたのに対して，国家作用論においては，研究の2つのカテゴリーをはっきりと区別することができる。すなわち，そのときどきに妥当する法状態も含む具体的な国家に主として注目する研究カテゴリーと，その諸原理が理想的に思考された国家とその行為に合わせて作られた研究カテゴリー，つまり主として抽象化された研究カテゴリーである。もちろん，抽象化された研究カテゴリーも，現実との不可欠のつながりを見失ってしまうとはかぎらない。学問的には，この2つの研究カテゴリーの区別は，国法学に関する諸業績と，一般国家学に関する諸業績にそれぞれ表現されている。

　ヴァイマル憲法が成立するまでのあいだについては，この状況があてはまる。R．トーマ以前にも，他の論者たちが，一方の権力分立理論と他方の憲法および国家現実の分析とを，もちろん結びつけてはきたのだが，この2つの考察方法の架橋にはじめて成功したと思われるのは，ドイツ国法ハンドブック第2巻（1932年）におけるR．トーマの「国家権力の作用」に関する叙述である。

　第二次世界大戦後，はじめにバイエルン憲法（5条），ブレーメン憲法（67条），ラインラント-プファルツ憲法（77条），ザールラント憲法（64条），そして1949年には基本法（20条2項2文）が，明示的な文言で権力分立（作用分立）を取り入

れ，あるいは権力分立を前提とした諸規定を置いた時点ではじめて，ドイツの実定憲法のなかに［権力分立理論と実定憲法との］この結びつきが見出されることになった。ヴァイマル憲法を基礎づけていた権力分立原理はもっと弱いものだった。これに対して，1871年ドイツ帝国憲法は，権力分立とは異なる原理にもとづいて構成されていた。

　こうした事態は，とりわけ2つの観点から考えて意外である。1つには，国家を形作る上で権力分立原理のもつ意義が，数世紀にわたって強調されてきた点から考えて意外であり，いま1つには，1787年のアメリカ合衆国憲法（Ⅰ・Ⅱ・Ⅲ条），1791年のフランス憲法（第Ⅲ編3-5条），1831年のベルギー憲法（第Ⅲ編26-30条）という立憲主義に方向性を与えた諸憲法，ならびに人および市民の権利宣言16条で，この原理が実定法に取り入れられていることから考えても意外なのである。まずはじめに，このようなドイツ特有の状況の原因を跡づけておかなければならない。そうすることで，基本法の基礎にある現代的な作用の分離および作用の統制に関する本質的な認識を獲得することができるからである。

2．a）　J．ボーダンの不可分の主権の理論

　400年以上前の1576年に，J．ボーダンの「国家論六篇」によって，［17-19世紀の］過去3世紀に創出された近代国家の理論的基礎づけが，当時のヨーロッパでは主流だった絶対君主制の形をとって現れた。ボーダンの見るところでは，このような国家は，他のいかなる権力にも服することのない不可分の最高権力（主権）を備えた，（他の国家と並存する）主権的統一体なのである。この主権の主体は，その権力の至上性のゆえに，多くの高権（統治諸権力，至高の諸権力）を保持する。主権と至高権とは同一視される。至高の諸権力は事実上無制限である。主権から導き出されるこのような諸高権の存在は，のちの「神聖ローマ帝国」の国法にとっては特別な意味をもった。

b）　アリストテレスの「国家権力の3部門」理論とM．フォン・パドヴァおよびA．シルヴィアスのこの理論との結びつき

　ボーダンのこの理論が，「国家権力の3部門」というアリストテレスの理論と対立することは明らかである。アリストテレスは，政治学第4巻第14章で次のように書いている。「この3部門のうちの第1部門は，共通の事項について審議する権力であり，第2部門は，行政，すなわち，いかなる国家官庁が存在すべきか，それらの官庁はいかなる権限をもつべきか，その地位を占める人を決める方法はどうあるべきかという問題を

扱う。第3に,誰に裁判を委ねるべきかを熟考しなければならない。審議する権力は,戦争と講和,軍事同盟の締結と破棄,法律の制定,死刑・国外追放・財産没収,そして公職者の選出と査問について決定を下す」。アリストテレスは,ギリシアの諸国家においては,国家権力の3つの異なる部門が別々の手に握られているのを見た。これは彼にとっては単なる経験ではなく,「良い秩序」であり,正しいことであった。現代的な言い方をすれば,彼はすでに国家の作用と国家の機関について知っていたわけである。この理論は,中世盛期に忘れられてしまったわけではない。とりわけ,キリスト教徒というよりもアリストテレス的人間とよばれたM．フォン・パドヴァ（1275－1342／43年頃）は,人民の立法権を根拠づけるにあたって,ふたたびこの理論に依拠した。彼はすでに,権力の担い手をその作用の相違に応じてグループ分けしている。立法者には,機関としての君主的部分,執行的部分,司法的部分,諮問的部分が対峙している。このような分析は,皇帝権力と教皇権力との闘争と関係しているので,［当時の］日常政治から自由ではなかったこと,そしてとくに,国家形態と国家意思の形成方法との厳密な区別は行われていないこと,これらの点を見誤ってはならない。A．シルヴィアス（1405－1464年）が,皇帝フリードリヒ三世に奉げた「皇帝の由来および権威」という作品で,皇帝権力を不可分のもの,すなわち,まさにひとつの君主的機関に帰せられるものと宣言したときにも,そこには政治があった。しかしながら,のちの国家学によるアリストテレス研究,とりわけモナルコマキ（§57Ⅰ3）のそれは,共同体の支配権力は別々の制度ないし職によって行使されるべきだという,少なくとも理論的な認識を確立した。

3．絶対主義国家（16世紀から18世紀まで）の国法：実質的諸権力と形式的諸権力

16世紀から18世紀までの絶対主義国家の国法は,ボーダンの理論と結びついていた。この時期の国法学にとっては,国王や領邦君主の全権を根拠づけることに何の困難もなかった。たとえば,18世紀の初頭にF．W．グリムはまだ,J．St.ピュッターの『ドイツ国法便覧』への脚注で次のように書いている。「統治権,高権ないし至高権とは,国家における最高権力がもつ一切の権利を意味する。……本来,君主制憲法だけに適合するラテン語の表現を用いるならば,統治諸権力はレガーリエンとも称される」。レガーリエンは,原理的には無制約のものと考えられ,じつにさまざまな観点から分類された（たとえば「内政」高権と「外交」高権）。裁判高権・警察高権・財政高権・軍事高権・官職任命高権・レーエン高権・教会高権は内政高権として概括でき,同盟および条約締結権,軍備および戦争権その他の権限は外交高権として概括できる。ツェプフルが書いているように,

ときおりひとはアリストテレスの三権分立を思い起こして，いま挙げたような高権を国家権力の対象ないし内容と理解し，これに国家権力の行使の方法，すなわち国家権力実現の形式，「純粋に形式的な分類」を対置した。この形式的な分類によれば，立法権，執行権（行政権），裁判権，そしてしばしばさらに国家代表権ないし中立権が区別される。このような実質的権力と形式的権力との区別，より正しくは実質的権力とその作用との区別は，［今日でも］完全に失われたわけではない。この区別は，初期立憲主義の諸憲法，1871年ドイツ帝国憲法──第VI章から第XII章まで──，さらには基本法にさえ見出すことができる。基本法は32条1項で「諸外国との関係の形成維持」について語り，104a条以下では財政制度を対象とする特別の章を立てて，立法と執行という形式的権力を，［財政という］事項問題については一体として取り扱っているからである（§45）。

4．a）　17世紀における国家形体と国家権力の担当者との区別──国家と国家機関

　18世紀末から19世紀初頭にかけて，ドイツでは絶対君主制から立憲君主制への交代と，国家結合（諸国家の統合）の形成が行われ，これには国法上の新たな説明と根拠づけが必要となった。ボーダンの理論も，実質的高権の理論も，このような説明と根拠づけを与えることができなかった。いまや，国家権力の可分性という理念の時代が訪れた。J．アルトジウス（1557-1638年），H．グロティウス（1583-1645年），Th．ホッブス（1588-1679年），S．プーフェンドルフ（1632-1694年），Chr．トマジウス（1655-1728年），Chr．ヴォルフ（1632-1692年）など，自然法論の影響を受けた17世紀および18世紀初頭の国家学は，国家形体と統治形態との区別，国家権力の主体と担当者との区別を産み出した。その最も重大な帰結は，支配者には機関主権だけ，機関たる地位だけが帰属するのに対し，主権は国家［自体］に認められるということであった。その場合，国家主権だけはなお不可分であるが，君主の機関主権はもちろん可分的である。つづいてTh．ホッブスは，civitasとpopulusという概念を使用することで，民主制についても国家と最高国家機関の区別へと歩を進めた。ホッブズにはすでに，国家は国家機関を通じて行動し，国家機関が国家意思を形成するという考え方が窺われる。その際，すべての国家機関は，その──現代的な言い方をすれば──権限の枠内では国家なのである。やがてこの観点が決定的に出現したのは，大陸ではなくイ

ングランドであった。［イングランドでは］国王の下に立つ，あるいは国王と並ぶ，議会・国王評議会・裁判所といったすべての官庁が，国王自身の現象形態と見なされている。「議会における国王」が法律を制定し，「裁判所における国王」が法を宣言する。国家は多くの国家機関を通して行動し，国家はその単一の人格を分割し，さまざまな作用において姿を現す。

b） J．ロックとC．モンテスキューによるこの理念の実現─権力の分離が権力の抑制を保障する

しかし，国家意思が，別々の機関によって，さまざまな作用を通じて，表現されるとするならば，それらの相互関係を分析しなければならないこと，とりわけそれらを1つの秩序関係のなかに置かなければならないことは明らかである。これを行ったのがJ．ロック（1632 - 1704 年）とC．モンテスキュー（1689 - 1755 年）の業績であった。彼らの研究の出発点は，1688年の名誉革命ののち，1689年10月23日の権利章典にもとづいて形成されたイギリスの実在の権力関係であった。権利章典によれば，国王は議会の法律に拘束され，国王が操作する裁判は「違法かつ有害」とされた。たしかに，ロックの場合には，権力は，まだ3分割ではなく，立法権・執行権・連合権（外交権）・（国王の）大権に4分割され，しかも［この4つの権力は］国王と議会という2つの機関の手に与えられた。ロックの権力分離は，モンテスキューのバランス・システムと比べれば初歩的なものだが，それでも「政府権力のいくつかの部分を別々の手に委ねることによる政府権力のバランス」という決定的な思考は，ロックにもすでに現れている。つづいて，C．モンテスキューが，1748年にジュネーブで出版し，2年間で22刷という成功を収めた『法の精神』において，この理念のその後の方向を決定する理論的基礎づけを与えた。「イングランドの憲法について」と題する有名な第11巻第6章は，次のように述べている。

「どのような国家にも3種類の権力が存在する。すなわち，立法権（puissance legis-lative），国際法にかかわる事項を取り扱う執行権，市民法にかかわる事項に関する執行権である。
　第一の権力にもとづいて，君主または執政官は，時限的または恒常的な法律を制定し，現行法律を改正し，あるいは廃棄する。第二の権力にもとづいて，君主または執政官は，

§36 作用の分割と分配：権力分立原理

講和を結び，戦争を遂行し，外交使節を派遣ないし接受し，安全を保障し，侵略を未然に防止する。第三の権力にもとづいて，君主または執政官は，犯罪を処罰し，私人間の紛争に判決を下す。私は，この最後者を裁判権（puissance de juger）とよび，もう1つを国家の執行権（puissance executrice）とよぶことにする。
　市民の政治的自由とは，各人が自分の安全についてもつ信頼に由来する平静な気分である。したがって，ひとがこの自由をもつには，政府は市民が他者を恐れなくてよいように形作られなければならない。
　同一人物または同一の権力団体に立法権と執行権が統合されるならば，自由は存在しない。なぜなら，同じ君主または同じ元老院が，専制的な法律を制定し，これを専制的に執行する恐れがあるからである。
　さらに，裁判権が立法権や執行権から分離していない場合にも，自由は存在しない。裁判権が立法権と結合するならば，裁判官が立法者なのだから，市民の生命・自由に関する権力は恣意的なものとなるだろう。裁判権が執行権と結合するならば，裁判官は圧制者の権力をもつことになるだろう。
　同一人物または，高位の人物なり貴族なり人民なりの同一団体が，法律を制定し，公的決定を執行し，犯罪や個人の訴訟を裁断するこの3つの権力を行使することになれば，すべてが失われるだろう」。

　権力の分離は，権力を制限し，濫用を妨げるためには不可欠である。「権力を以って権力を制する」という原則によってのみ，市民の自由は確保される。権力の分離は，権力の抑制を保障する。［立法・裁判・執行という］（組織の）3分割は，自己目的の原理でもなく，合理性にもとづく原理でもなく，国家の現実の単なる表現でもなく，より高次の政治的理念に仕え，究極的には人間に仕えるために樹立されたものなのである。この目標は，国家の諸機関と諸作用が，分離されるのみならず，一定のやり方で互いに秩序づけられることで達成される。すなわち，3つの主要な作用のために3つの別々の機関が存在しなければならない。その際，モンテスキューは，それに加えてそれぞれの権力の内部についても，分離の原理とバランスを要請している。組織の分離のイメージは，作用の分離に投影されることになる。各機関は1つの作用の実施を委ねられ，この作用だけを委ねられる。その場合の理想像は，「主観と客観」ないし「形式と実質」，すなわち組織と作用とが，完全に対称形となることである。

5．19世紀の国法：立法・執行・裁判という形での諸機関および諸高権の分離——連邦国家の問題

　19世紀のドイツ国法には，モンテスキューの諸原理は，はじめは限定的にしか受容されなかった。君主の諸高権という実質的理解が，広範に支持されていた。「国家権力が……作用する公的生活の基本的関係」は，諸高権によって示されている。「しかし，国家権力が……作用する方法すなわち形式は，2種類だけ，つまり立法と行政である」。J．フォン・ヘルトは，「権力の分割と均等配分」をすべて，国家の主権，国家の権力とは「相容れず」，「主権保持者［という発想］とは相容れない」フランス・ドクトリナリズムの発明品とまで称した。

　しかし，もちろんこれは例外的な意見にとどまった。国家意思を表明する諸機関の分離，立法・執行・裁判という形式による実質的諸高権の行使［という考え方］が支配的となった。

　1867年以降は，この諸原則を連邦国家体制に組み入れることが必要となった。これは，ライヒの国法にとっては支配的な課題であった。特定の諸機関への作用の分配と，その法的秩序づけではなく，ライヒとラントの権限という観点からの「統治権」の分配が前面に立つことになった。これについては，もともとはとりわけ連邦参議院という権力混合的構成物が存在した。権力の分割と分離というモンテスキューのドクトリンのテーマは，特殊連邦国家的な作用分立によって背後に押しやられた。もちろんこのことは，立法・行政・裁判という作用が，はっきりとは形成されなかったという意味ではない。ただ，それぞれ特別な機関へのこの3作用の割りふりの仕方が，——裁判権を別とすれば——，理想像とは合致していなかっただけである。立法には国王と両院（1850年プロイセン憲法62条），あるいは連邦参議院と帝国議会（1871年ドイツ帝国憲法5条）が参与し，執行権には「皇帝と連邦参議院の二重支配」が参与するという具合に，複数の機関が参与していても，3作用に区別されるべき国家の活動はまさに存在していたのである。R．トーマが定式化したように，ここに存在したのは，「権力は統合されてはいるが，その下で権力の分離（より正確には作用の分離）が行われ，それが〈三権分立〉のシェーマに従って実行されていたように見える体制」である。

6. ヴァイマル憲法の特殊な混合体制

ヴァイマル憲法は，こうした混合体制をなお完全には解消することができなかった。この憲法は，国民表決（ヴァイマル憲法73条）とライヒ大統領（ヴァイマル憲法25条，41条，47条，50条，53条）を備え，これら以外の権力担当者だけを3作用の分割システムのなかに組み込んでいる。したがって，R．トーマは，この憲法が伝統的な3分割のシェーマを受容しているのか，変形させているのか，どの程度そうなのかを確認するという，簡単とはいえない課題についても語っている。体系の純粋性にこだわるフランス人たちが，ヴァイマル憲法の構造を「難解かつ不明瞭 lourd et embarasse」とよんだのもうなずける。全体として［この憲法には］，機関と作用の対称性を不完全にしか反映していない多層的な抑制と統制が見出される。その原因は，ライヒ参議院（ヴァイマル憲法60条以下）にあったのではなく，議院内閣制の形成の仕方と，議院内閣制に国家元首（ライヒ大統領）が組み込まれている点にあった。カール・シュミットは，実定法の詳細な分析を放棄し，厳格な分離のシェーマとその理論的な帰結の解説で満足しているが，しかし，そこで取り扱われているのは「一定の分離」にすぎず，「具体的な国家の憲法はすべて，政治の諸関係に適応」しなければならないことも，同時に強調した。

7. 基本法におけるこの原理の強化——それを支える基本思想の彫琢

ヴァイマル憲法48条の適用によって促進され，国家社会主義によってほぼ全面的に実現された権力集中制が，第二次世界大戦後，外国の諸憲法をモデルとした権力分離［の採用］へと向かう決定的な配慮を引き起こしたことは想像に難くない。これに加えて，権力統合的な東側の「人民民主主義」からも，答えが得られることになった。したがって，基本法20条2項2文と，これに先行するラントの諸憲法（前掲1）は，権力分立原理の古典的な定式の模倣を試みるものとなった。すなわち，国家権力は，立法，執行権，裁判のそれぞれ「特別の」機関によって行使される。基本法のⅦ章・Ⅷ章・Ⅸ章の表題は，立法・行政・裁判という，これに対応する3つの作用を表示している。基本法は，モンテスキュー理論の理想像に従う憲法と称することができるだろう。しかしながら，現実もまた，それぞれ特別の機関がそれぞれ自分に割りふられた実質的作用を実行しているという意味で，［モンテスキューの理論に］合致しているのだろうか。憲法の文言

の調査結果には,この点で変更を加える必要があることは明らかだ。このような変更を加えることで,必然的にモンテスキューの理念は新たに捉え直され,変造できないその核心部分が把握され,基本法によって構成された自由な・法治国家的・社会国家的・議会制的・連邦制的な民主制の国家への,この原理の組み入れが把握されるのである (Bd.I, § 20 Ⅳ 3)。この民主制は,他の種類の権力集中からも保護されなければならない。この課題が具体的に意味しているのは,権力分立原理を支える基本思想を発展させることである。その際,明らかにお互い排斥しあう2つの認識にも,同時に答えておかなければならない。1つは,A. アレントの「ここには権力分立は存在しない」という認識であり,いま1つは,連邦憲法裁判所の,[権力分立は]「自由で民主的な基本秩序の基本原理」であり,「自由な民主制の本質的諸原則」の1つであり,「基本法を支える組織原理・作用原理」であるという言明だ。この意味で,権力分立原理は,実質的なものと理解された法治国家原理の本質的な構成要素と見なされてきたのである (Bd.I, § 20 Ⅳ 3)。

Ⅱ. 権力の分立から作用の分離へ

1. 権力分立ではなく作用の分離—特定の作用の担い手としての機関のグループ

　上でスケッチした発展の筋道は,国家意思の形成と表明という観点に立って国家を考察する際に,国家理論上および憲法上,2つの基本的な区別があることを明らかにした。つまり,機関に関する考察と作用に関する考察の区別である。権力という表現は不明確であり,この表現によって［機関と作用の］2つを思い浮かべることができる。同じことは pouvoir というフランス語の概念にもあてはまる。国家権力とは,国家が実行する活動と権限の総体,すなわち,まさに国家の作用の総体である (基本法30条)。この理由から,伝統的な権力分立原理を解説する分野には,作用の分割という表題を与えることがより適切である。まず何よりも,モンテスキューの原理の本質的な内容が今日でも生き延びているのは,作用の分配と抑制だからである。これらの作用のそれぞれを実行すべき3つの作用担当者 (機関または機関のグループ) について推定することが可能となるのも,作用からのみである。権力分立原理の政治的な目標が把握できるのは,こうした作

用の分割からのみである。17世紀から今日までの国家の憲法を考察すると，かなり多くの国家機関がつねに存在してきたことがわかる。国家のすべての活動に参与することで，三権分立という枠組みを壊してしまったのが，ロックの場合には国王の一定の留保権，つまり国王大権だったとするならば，のちの時代には，（殊に国民表決を通じて）国民であったり，共和制の国家元首であったりした。基本法によって規定された最上級の国家諸機関を3分割の観点に立って考察することは，これらの最上級諸機関を特定の作用を担う機関グループとしてまとめて取り扱う場合にのみ，意味をもつものとなる。こうした考察が困難なしには不可能なことは，とりわけ連邦参議院（§27）や連邦大統領（§30）といった憲法機関を解説しようとするだけで明らかになる。国家権力の分割は，今日ではすぐれて作用の分割である。作用の分割は，アリストテレスの場合には違うとしても，ロックとモンテスキューの場合には，その理論の出発点であった。このことは，個別的には次のことを意味する。

a） 作用の3分割の経験的な基礎づけ

作用の分割という理念は，まずは経験的に獲得された。すなわち18世紀から19世紀への変わり目頃には，国家による社会生活の形成を高権的諸権の種類（前掲Ⅰ3）に応じて分類することが，ますます実り薄いものであることがはっきりした。高権の種類による分類では，主権［という概念］によって潜在的にはオールマイティとなった国家の全体性を把握することはもはやできなかった。これに対して，アリストテレス，ロック，モンテスキューによって経験的に見出された立法・行政・裁判という抽象的な作用分割は，高権的諸権の体系に対抗してはじめて実現できたものではあるが，はるかに明確なものだった。いずれにせよ作用の分割は，行政作用を重視することで（§41Ⅰ），膨大な国家活動の輪郭を描くこと，少なくとも国家の主要な諸作用の輪郭を描くことができた。こうした国家の諸活動の特徴づけをともなった作用分割は，のちにはつねに一般的に受容されるようになった。作用の分割だけが将来の方向性を指示するものだった。もちろん，3分割理念の支持者が，統治，戦争遂行を含む外交権，［裁判官の］法律審査権を精確に位置づけるのに苦慮したことは，注意しておかなければならない。

b） 先験的あるいは定言的な根拠づけ—批判—国家の3つの基本作用

つづいて，作用分割の「先験的」または「定言的」な根拠づけが意図されるようになった。M．インボーデンは書いている。「質的に異なる３つの国家作用，すなわち，一般的抽象的規範の制定としての法定立，個別事案における非争訟的な規範定立としての法律執行，争いのある法的関係の裁断としての裁判［という３作用］が存在することは，先験的真理と見なすことができる」。しかし，まさにこの想定上は合理的に根拠づけられた作用の３分割は，論理的にはほとんど根拠づけ不可能である。とりわけ，すでにG．イェリネックが強調したように，この３分割は国家の法目的によってのみ方向づけられ，その他の目的をすべて無視しているのだが，法目的に方向づけられた国家活動の作用分割として合理的に想定できるのは，法の定立と法の適用の２分割だけである。じっさい，２分割は，「論理必然的」である。この論理的２分割は，行政と裁判の境界画定について生ずる困難を，すでに予感させるものである。その上，この作用分割は，まさに規範創設でも規範適用でもないような国家活動，つまり，特に統治，計画，国防，および一定の行政活動の作用領域を把握できない。これらの作用を考えれば，３分割をおよそ投げ捨てるか，あるいは別のシステムで置き換えようという要求がもちあがるのも無理はない。しかし，こうした正当な批判にもかかわらず，３分割が基本法上の憲法規範に根拠をもっているからばかりではなく，３作用の定式のうちには，長い歴史的発展のなかで成長してきた，経験的にも合理的にも説得力のある，これまで他のいかなる原理によっても凌駕されたことのない，立憲国家の組織に関する原理が見出されることからも，３分割は堅持されなければならない。この点については，学説・判例に，結果的には広範な一致が存在する。法の定立・（広義の）執行・裁判は，あらゆる国家にとって中心的な作用であり，国家の基本的作用として，事物に従って相互に区別可能なのである。

２．作用の分離と作用担当者の分離—作用の機関への割りふり—実質的作用と形式的作用—作用に適合したシェーマの出発点

上に挙げた３つの（実質的な）作用を分けることが正しいとするならば，それぞれの作用がそれぞれ１つの作用担当者に，つまりそれぞれ１つの機関ないし機関のグループに割りふられることは，「意味ある労働分業」の表現であり，「合理的に動機づけられた組織のシェーマ」の一部である。［作用の］実質的な区別には，それぞれの作用を実行する機関をそれに見合って構成すること，つまり，理

想的な状態としてはそれぞれの実質的作用が，その作用を担当する特別の機関を獲得すべきだという基準にもとづいて，実質的な作用の分割から形式的な機関の分割が導き出されることが対応している。こうして，立法部・執行部・司法部の3機関制が成立する。

しかしながら，この3機関制は，3つの機関だけが存在するという意味で，純粋かつ純一に実現されることはけっしてなかった。この3機関制と重なり合って，機関の複数性が，君主制的，民主制的，連邦制的配慮，その他の政治的配慮のいずれによって根拠づけられたにせよ，つねに維持されつづけた。複数の機関が，立法・執行・裁判という3つの形式的な作用担当者へと概括されたにすぎないのである。

作用の割りふりは，立憲君主制の場合にはほとんど解決不可能な困難に陥った。ひとつの機関がつねにいろいろな作用に参与したので，システムにはつじつまの合わない状況が生じた。したがって，G. イェリネックの次のような認識は正しい。「単一のものである国家権力の意思表示は，ある作用がそれに対応する機関に純粋に分配・実行されるところまでは分割できない。むしろそれぞれの機関に割りふられる作用の種類を決定するのは，どこでも目的適合性の考慮であった。したがって，権力分立の原理が承認されている場合でさえ，……権力の完全で厳格な分離は実行されなかった。これは，型にはまるのを避けようとする意識が強かっただけになおさらであった」。したがって，機関の活動と［3つの］作用とが全面的に一致することは，実現不可能だと考えられた。1つの機関は主として1つの作用を営むべきだという原理で満足しなければならなかった。つまり，モンテスキューの原理は，理想型的に純粋には実現されず，むしろ（実際的に）原則的にのみ実現されたのである。

とはいうものの，2つのことが達成された。1つは，作用の分離および作用担当者の分離であり，いま1つは，機関に対する作用の割りふり原理の発展である。作用に適合的な組織のシェーマのとっかかりが見出された。国家の機関秩序および職秩序の合理的な設営が可能になった。事物に適合した権限秩序の基礎が敷かれた。もちろん，その際，1つの困難は避けられなかった。

すなわち，作用と作用担当者との完全な一致は作り出されなかったので，（典型的な事物的メルクマールによって内容的に規定された）実質的作用と，（個々の機関の任務との関係によって規定された）形式的作用との区別が必要となった。この二元

的考察方法を最初に強調したのは，F．シュミットヘンナーである。立法部・執行部・司法部の意思表示のすべてが，その本質および内容から見て，それぞれ立法・執行・裁判だったわけではない。しかし，立法部・執行部・司法部の意思表示は，それらの実質的権限をもつ作用担当者が発したものであるから，形式から見れば立法・執行・裁判たりえたのである。そのかぎりで，これらの意思表示は，それぞれ形式的な意味では立法・執行・裁判である。なぜなら，それらは立法機関・執行機関・裁判機関の行為だからである。これは単なる用語上の問題ではなく，二重法律概念理論，作用の区分，機関への作用の正しい割りふりにとっても，本質的な帰結をともなった。あるものが法律であるためには，それは立法者として設立された作用担当者から発せられるべきことになる。同様に，行政行為は執行部，裁判行為は裁判所から，発せられるべきものだということになる。

Ⅲ．権力分立原理の基本思想としての権力の制限・権力の統制・合理的な権限の分配

1．モンテスキューの権力制限理念の憲法政策上の基本思想—国家組織の構成原理としての権力分割

「権力を濫用させないためには，ことの性質上，権力を以って権力を制することが必要である」。これがモンテスキューにとっては，彼の権力分立原理からの決定的な帰結であった。「同一人物または，高位の人物なり貴族なり人民なりの同一団体が，この3つの権力を行使することになれば，すべてが失われるだろう」。作用と組織の分配は，権力の分割だけを意図するものではなく，同時に権力の「抑制」「制限」を生じさせることを意図するものでもある。権力の分節化は，必然的に権力の担い手の対抗・抑制・コントロールを生み出し，そして結局のところ，理想状態においては国家の政治的諸力の均衡を生み出すからである。この考え方の背後には，2つの政治的な始原的理念が存在していた。すなわち，「分割して統治せよ divide et impera」［という理念］と「混合政体」（Bd.Ⅰ，§17Ⅰ1，§19Ⅲ8e，§22Ⅰ2b）［の理念］である。権力のこうした抑制とバランスは，モンテスキューの憲法政策的考慮の中心的な要請である。経験的な作用分割，および合理的に把握された作用分割は，1つの政治的目標を得ることになる。すなわち，作用とその担当者は，諸権力がバランスないし平衡の状態を保つことによ

って「制限政府」を保障することができるように，それぞれ割りふられる。この点は，とりわけ以下のような権限ルールによって生み出されることになる。
- 立法部は，もっぱら一般的・抽象的規範の定立を任務とする。
- 執行部は，外交事項の処理，国内の安全保障，「法律が定めた計画の具体化」を任務とする。
- 裁判所は，民事事件と刑事事件の裁判を任務とする。

それぞれの権限のために，それぞれ特別の権力担当者が設置されなければならない。

モンテスキューは，彼の構想が現実のなかでは割引に甘んじなければならないこと，彼の権力担当者たちは共同で働かなければならないこと，彼の理論は立憲国家を動態的な観点からではなく静態的な観点から叙述するものであること，これらの点をよく自覚していた。とはいうものの，彼の理念の基本思想は，1789年8月の人および市民の権利宣言16条において，「権力の分立が規定されていない社会は，およそ憲法をもつとはいえない」という異論の余地のない命題が設けられるほどのインパクトをもった。

こうして権力分立は，国家と市民の基本的な関係を構成する基本権と並んで，国家組織を支える構成原理となった。権力分立は立憲国家を形成する土台に属した。ヨーロッパの立憲的諸憲法と同様，フェデラリスト・ペーパーとアメリカ憲法は，その影響を持続的に受けている。カール・シュミットは，適確にも確認することができた。「したがって，基本権と権力分立は，近代憲法の法治国家的構成要素の本質内容と称される」と。

2．モンテスキューに対するルソーとシェイエスの対抗：人民

政治の現実も，国家の憲法も，モンテスキュー理論の純粋なモデルと一致したことはなかった。その原因は，第一に，複数の権力に参与していた君主のように，無視することがむずかしい政治権力の担い手が存在したことにあり（前掲Ⅰ4，5），第二に，国家の全権なかでも憲法制定権力の担い手としての人民の理論が出現したことにあった。こうして，モンテスキューの法治国家理念の建造物は，J．J．ルソーとE．-J．シェイエスの，人民への権力統合の思想および民主制の諸原理に直面することになった。

Ⅲ. 権力分立原理の基本思想としての権力の制限・権力の統制・合理的な権限の分配

a） ルソー：人民主権のドグマ

ルソーは抽象的・論理的な基準に従って，国家の作用を活動の諸形式として規定した。そしてこのアプローチに立って，国家の作用を人民主権と結びつけた。彼にとっては，人民の主権は「不可譲かつ不可分」であり，人民の意思は最高意思であって，他のすべては人民の委託を受けたものであった。つまり彼の場合には，権力集中の絶対主義が，民主的な衣装をまとって再び現れたのである。この論理のなかには，モンテスキューの権力分立理論の厳しい拒否が内在している。J．J．ルソーにとっては，先験的に正しい「政府の形態」など存在しなかった。正しい政府形態は「立法者の技法」の対象であった。とはいうものの，ルソーには権力を制限しようという考慮が欠けていたと見なすとすれば，それは誤解であろう。ただ，こうした考慮は，人民主権のドグマの背後に退いているにすぎない。

b） シェイエス：人民の基本的権力

モンテスキューの権力分立理論には，人民が占めるべき場所はなかった。この点についてのJ．J．ルソーの非難は正しい。しかしながら，形成されたすべての権力を，形成する権力，puovoir constituant，すなわち，憲法制定権力の帰結であるとしたのは，憲法制定権力の第一の理論家A．シェイエス（『第三身分とは何か』1788年）であった（§25Ⅱ2）。憲法制定権力は，他の諸権力を設営する「基本的権力」であり「大権力」であるとされた。シェイエスの理論は，モンテスキューの理論に不可欠の完成をもたらすものであり，モンテスキューの理論を人民の憲法制定権力と結びつけるものである。この発展のなかには，ルソーの特徴である人民意思の常在性［という考え方］の放棄が存在する。

シェイエス理論の影響によって，フランス革命は，人民主権のドグマと権力分立とのジンテーゼに成功した。「大」権力のほうは憲法によって語られ，国家のためには「小」権力だけが活動する。こうして，立憲国家の基本理念が誕生した。憲法はすべての権力の上に立つ（Bd.Ⅰ，§3Ⅲおよび§25Ⅱ2bβ）。1789年の人および市民の権利宣言16条の原理によれば，すべての権力は憲法によって形成される。諸権力はもはや独自の力ではなく，憲法によって割りふられたそれぞれの権限の枠内で，作用担当者によって行使される。法理論によって提供された権力の分離から作用の分離への変化は，憲法によって後追いされ基礎づけられた。

3．原理の内容：分割および分配，抑制・バランス・統制―有意の権限秩序

「チェック・アンド・バランス」が，権力分立原理の有するより重要な政治的意義を体現しているにもかかわらず，抑制とバランスの意義が過小評価されていることは，分割および分離思考に関するモンテスキュー理論についての多くの誤解の1つである。なかでも，19世紀初頭の［ドイツ諸国の］等族憲法は，並列という意味で相互に厳格に分離された諸権力を示した。その結果，権力分立原理とは，基本思想は維持した上で，それぞれの憲法には一定の割引をして適用されるべき，「政治の技術の原理」なのだという点が誤解されてしまった。この原理の内容は，以下のようなものである。

- 国家の諸作用の分割（分離）と，別々の作用担当者へのそれらの分配（機能的・制度的・人的な作用分離）。
- 以下の目標をともなった機能的・組織的・人的な相互影響・相互依存の形成による，諸作用とその担当者の抑制（結合）。
- 1つの「権力」の優勢と，その帰結であるその権力の濫用を阻止するための，諸作用とその担当者のバランスと統制。作用担当者間の近似的な均衡（平衡）は，実証的にはむしろ，各担当者によって独自に行使される権限を通じて生じるはずのものである。

この国家の三権分立の鋳造は，非常にさまざまなやり方で達成可能である。現代立憲国家は，この原理のきわめて豊かな継続的発展すら示している（後掲V）。権力分立原理は，機械的ないし数学的に分配され割り当てられるべき権力の「諸部分」のシステムと理解されてはならず，権力を制限し自由を確保するという目的のために，国家の基本的な諸作用を区別し，特定の作用担当者にそれらを割りふる法的に規律されたシステムと理解されなければならない。国家権力を分割することが第一次的な目的なのではなく，権限の分配を通じた国家作用の抑制と統制，要するに権限の有効な分配が第一次的な目的なのである。これは，「国家権力の極小化」（M．ヴェーバー）とは何の関係もない。国家権力の統一性は維持されつづけるが，しかしその発現は作用および作用担当者に応じて分割され，権力の制限および統制の観点から，憲法によって詳細に規律された帰属関係に置かれる。したがって，今日では権力分立は，作用の分離，作用の分配，作用の抑制，作用の統制を意味する。すべての要素が，見通すことのできる合理的な権限分配，すなわち作用と組織に適合的な権限分配に仕えるのである。国家という不可視の

法人は，その作用の行使においては認識可能なものとなる。市民は，いかなる作用が，いかなる機関によって，いかなる権限をともなって行使されることが許されるのかを知ることになる。それぞれの作用は，「目的に仕える合理的な事物処理のために」，特別に設けられた担当者に分配される。権力の編成についてのこうした理解は，純粋な実現を意図するものではなく，原則として妥当することだけを意図している。なぜなら，──裁判を別とすれば──諸作用は純粋には分けられず，のちに示すように（§§ 37 ff.），どの作用担当者も重複なしに活動することはできないからである。したがって，理論的で非現実的な作用の純粋性や，政治的には死命を制するある作用の独占は，原則として要請されない。「固有の生活要素」に応じた重点的な作用の分割で十分なのである。

4．国家類型の区別のメルクマールとしての権力分立

国家作用の分離とその割りふり，そしてそれらの抑制とコントロールは，ある国家の構造と性格にとって，本質的な意義をもつ。今日では権限秩序は，現代の国家類型を区別する重要なメルクマールとなった。すなわち，1つは，とりわけ西側の特徴をもつ，権力が分節化された自由で民主的な法治国家であり，いま1つは，権力が集中する「人民民主主義」である。2つの対照的な国家像は，ちょうど議会民主制と評議会民主制の違いがヴァイマル国民会議の議員たちの念頭につねにあったように，基本法の制定に際して，議会評議会の代表者たちの念頭につねにあった。もちろん，作用の分割と統制は，硬直的な原理の適用によって，プロクルステスのベッドに押し込められてはならないものであり，権限の合理的な分配と権力の制限という基本思想は維持しつつ，憲法制定権力によってさまざまなやり方で形成されうるものであることも，また自覚されていた。

Ⅳ．基本法による作用の分配の主要な諸原理

1．基本法 20 条 2 項 2 文

国家の諸作用の編成と作用担当者へのその分配に関するきわめて重要な規定である基本法 20 条 2 項 2 文は，すでにその文言が示しているように，一部は古い権力分立の原則によって特徴づけられ，一部は作用の適切性および機関の適切性に関する新しい理解によって特徴づけられている。これによってこの規定は，ヴ

ァイマル憲法におけるその前身（1条2項，5条）を超えるものとなった。基本法は，「特別の諸機関」によって行使される3つの作用に言及しているだけなので，たしかに，合理的に権力を制限し，統制し，自由を保障する権限の分配という，モンテスキューの原理の最も重要な構成要素は，とくに明示されてはいない。けれども，基本法20条2項2文の基礎には，このモンテスキューの原理の最も重要な構成要素も含まれている。それはいわば，明示的に確認する必要のない，作用分配の内在的根拠である。判例と学説はこの点では一致している。制定史を見ても，議会評議会は，国家社会主義の経験と東ドイツでの展開にもとづいて，基本法20条2項2文に3分割原理を規定することで，自由な基本秩序を危険に陥れる可能性のある一機関への国家権力の集中に対抗しようとしたのである。したがって，とりわけ連邦憲法裁判所が，基本法20条2項2文で確定された諸原理の意義を，まず作用の分離のうちに見出すのではなく，作用の分離のなかに存在している権力の分配，国家支配の抑制，作用相互の統制のうちに見出しているのは正しい。基本法20条2項2文は，完全にモンテスキューの基本思想の意味で，作用の分離，作用の分配，作用の抑制，作用の統制の三権分立を実現しようと意図しているのである。

2．a）　基本法20条2項2文は国民主権と何ら矛盾しない

　この［権力分立の］理念は，「すべての国家権力は国民に由来する」という，基本法20条2項1文の冒頭の規定とは矛盾しない。この規定は，まずはすべての国家権力の起源を表現したものである。国民に還元されえない国家権力，すなわち民主的に正統化されえない国家権力は存在すべきでない，ということである。社会へと結合した人間を指導し，彼らに法的拘束力のある命令を発する権利をもつ唯一の存在である一般意思の「全部留保」，ここではルソーのこの理念が，民主的に正統化された国家権力の形成という意味に変形されている。この国家権力をどのように行使し，この国家権力を誰に分配するかは，第2文が述べている。すなわち，［国家権力は］――選挙と投票を別とすれば（§25 II 1 b）――国民によってではなく，もちろん民主的に正統化されたものではあるが，国家機関によって行使されるのである（Bd. I §18）。

b）　基本法20条2項2文は国家権力の単一性と何ら矛盾しない

さらに，基本法20条2項1文は，「国家権力の単一性」の原則を含む。国家権力が分割されるのではなく，立法・執行権・裁判という特別な作用の観点から，国家権力の「行使」が，特別の機関によって分割されるのである。ここから2つの疑問が生じる。第一は，国家権力とは何を意味するのかという疑問であり，第二は，国家権力の単一性と国家作用の分配とは，いかにして両立するのかという疑問である。

α) 国家権力の概念

国家権力とは，国家の領域内における全権 plenitudo potestatis，始原的で反抗できない支配権としての活動である。国家権力は，「国家の最も国家らしい性質」，国家主権の構成要素として発展し，皇帝の権力と権威 imperium und majestas の概念，ないしは高権の概念（前掲Ⅰ2，3）にますますとって代わるようになった。国家権力は，人民および領土と並んで，国家の本質的メルクマールとなった。国家権力は，絶対主義国家においては原理的に無制約であったが，立憲国家においては憲法によって秩序づけられたもの，すなわち「法的に組織された政治的権力」（H. ヘラー）であり，より正しくは，基本法30条が表現しているように，「国家の諸権限」および「国家の諸任務」の総体である。国家権力は，国家機関の存在と国家作用の実行のうちに現れる。「国家権力は，個々の規律権限の束ではなく，これらの権限を拡張したり制限したりする法的な力も含む」。国家権力は総合的な全権ではあるが，憲法の拘束を受けているので，白紙委任された全権ではない。

β) 国家権力の単一性と国内における作用の分割

「区別可能なすべての部分権力の単一の根源」である国家権力の単一性とは，等族・教会・都市が長期にわたってそう主張していたように，国家権力が国内における権力保持者としての他の諸勢力と分かち合うことが可能なものではないことを意味する。国家権力は，国家の権力でしかありえない。今日では，この点について，ゲマインデに国家権力の独自の部分としての地方権 pouvoir municipal が認められるかどうかの争いがあり（Bd.Ⅰ§12Ⅰ1b，Ⅱ1a），教会に関しても争いがある。こうした単一性が最も顕著に現れるのは，諸外国に対する国家の対外的な行為においてである。ドイツ連邦共和国は，国家権力が重層的に編成されているにもかかわらず——基本法32条3項の特例を別とすれば——統一体として諸外国に対峙している。国内では別である。国内では，国家権力は，まず連

邦とラントに分配される（Bd.Ⅰ§19）。つづいて国家権力は，作用および作用担当者に編成される。国家権力は，特定の分配がなされた「特別の機関」および3つの主要な作用からなる構造物なのである。かくして，Bd.Ⅰ§20 Ⅳ3 cで述べたように，単一の国家権力は，その組織構造と作用秩序においては，垂直的にも水平的にも多層的である。しかしながら，各機関による作用の実行が国家に帰属することによって，国家権力は再び単一のものとなるのである。単一の屋根の下で，組織上・作用上・権限上の多層性が存在する。基本法20条2項2文は，これらの諸要素が，秩序づけられた1つのシステムを形成するという観念を出発点としている。

3．作用の編成と憲法上の3分割：シェーマか原則か

　基本法20条3項と結びついた基本法20条2項2文は，国家権力の行使を，「特別の機関」と作用に編成している。ここでは機関を［すべて］列挙する代わりに，立法・執行権・裁判作用の担当者をあげるにとどめられている。同時に，機関に関するこれまでの解説を一瞥すれば，明らかに複数の機関がそれぞれ1つの作用担当者を形作っていることがわかる。
- 連邦議会と連邦参議院が立法部［を形作り］，
- 連邦政府とそれに従う諸機関ないし諸官庁が執行部［を形作り］，
- 連邦憲法裁判所，連邦の裁判所，各ラントの裁判所が司法部［を形作っている］。

　これらと並んで，連邦大統領・連邦会議・合同委員会・連邦会計検査院・連邦銀行のような，このシェーマにおける帰属が明確ではないその他の諸機関が存在する。これらのうちのいくつかは，複数の作用に参与している。

　作用を叙述する場合にも，3分割のシェーマからの一定の乖離が生ずる。一連の国家活動は，このシェーマに組み入れることが困難だからである。この点はとりわけ，会計検査と計画，さらに一定の観点からは憲法裁判にもあてはまる。

　国家の組織構造および作用構造についての学問的な叙述は，このような問題点に直面したからといって降伏してはならない。諸憲法は，決して厳格なシェーマに忠誠を誓ってはこなかった。しかしながら，ここから，基本法では三権分立は実現されていないとか，いずれにせよごくわずかしか実現されていないという結論を導き出してはならない。三権分立は，シェーマとしてではなく，原則として設定されたものなのである。

IV. 基本法による作用の分配の主要な諸原理　433

a）　基本法と歴史的発展との結びつき

「分節化された」国家権力が立憲国家の古典的な構成要素に属することは、すでに歴史的発展の筋道が示している。この分節化は、さまざまなやり方で行われた。その発展は「バランスの探求の歴史」であり、その核心は「分離のなかでの接触」である。基本法20条2項2文、基本法1条3項・基本法20条3項のような他の諸規定、そして基本法の第Ⅶ章・第Ⅷ章・第Ⅸ章の表題は、この点と結びついている（前掲Ⅰ7）。

b）　基本法ではこの原則は決して厳格には実行されていない――他の諸原理による制約：独自の特徴

しかしながら、［権力分立の］原則は、これまでもおよそ「純粋に実現されることはなかった」ように、［基本法においても］「厳格には実行されていない」。K．ヘッセが的確に述べているように、この原則は「時を超える自然法的妥当性をもつドグマではなく、1つの歴史的な原理なのである」。したがって、この原理だけにもとづく論証はいずれも、憲法のその時々の具体化や、個別の権限秩序および具体的な国家との関連を誤解してしまう危険に陥る。この原理が先験的なもの、または絶対的なものと理解される場合には、つねにこうした誤解が生ずることになる。権力分立の原則は、他の諸原理と組み合わされ、他の諸原理によって制約されている。この点を示すために、まず第一に挙げなければならないのは、議会と政府との特別な関係をともなう議院内閣制の原理（Bd.Ⅰ§22Ⅲ）と、裁判とりわけ憲法裁判のコントロール作用（§44Ⅱ2a）である。これらによって、それ自体も原理的3分割モデルのうちに有意に組み入れられる、諸作用の制約および統制の新たな要素が働くこととなった。最後に、基本法は一連の特殊な規範によって、権力分立の原則にまったく独自の特徴を与えた。それには

‒ いわゆる、純粋に形式的意味の法律（基本法110条、115条、59条2項）、
‒ 予算を超過する法律に対する基本法113条にもとづく連邦政府の拒否権、
‒ 連邦大統領の地位

が含まれる。

基本法に規定された権力分立原理は、いろいろな点で変形されており、独自の特徴をもっている。そこで次の課題はこの点について説明することである（以下4-6）。

4. 作用の秩序原理としての,基本法上の作用の権力分立原理

基本法上の権力分立原理は,作用に関する原理である。国家権力の特定部分が,たとえばかつての国王,等族,または議会のような個々の実在の政治勢力に分配されているのではなく,単一の国家権力が,相互に関連をもつ一定の諸作用に区分され,規範的に割りふられているのである。つまり,基本法上の権力分立原理は,社会学的に解釈されるべき権力分配の原理ではなく,規範的に解釈されるべき作用の分離と帰属の原理なのである。この種の分離と帰属は,経験的に発展してきた合目的的な計画に従っているので,作用の秩序原理とよばれるにふさわしい。国家組織の権限秩序が,作用と作用担当者(機関および機関のグループ)によって可視化されることは,国家組織にとって基本的な意味をもつ。こうした原理は,基底的な「組織原理」ないし権限分配の原理である。国家の権能と任務の多様性は,決して無秩序で恣意的なものであるべきではなく,計画的かつ合目的的に,つまり作用適合的に秩序づけられるべきなのである。

a) 実質的作用としての立法・執行権・裁判

基本法20条3項と結びついた基本法20条2項2文は,立法・執行権・裁判という3つの実質的作用を区別している。これは,古い3分割理論(前掲I)を伝統的な定式で受けつぐものだが,もちろん諸作用の定義は存在しない。これらの作用は,自明のものであって定義を必要としないものだと理解されていたことは明らかである。

α) 排他性をもたない基本的作用

こうした列挙は,第一次的には,国家の活動領域としての諸作用を構成すること,すなわち,組織された作用統一体たる国家が実行し,国家目的の充足のために実行しなければならない任務としての諸作用を構成することを意味する。多数の異質な作業の諸領域に代えて,3つの主要な作用への集中が行われたのである。したがって,[3つの作用を]確定することは,その「排他性」を認めることではない。本質典型的で放棄不能な国家行為の基本的作用が挙げられているにすぎない。とりわけ,「執行権」という概念が選択されたことで,統治,計画,行政,軍事的防衛といったさまざまな(部分)作用を捕捉するのに十分な余地が残されている。基本法への国防基本法制の導入がきっかけとなって,「行政」概念が「執行権」へと改正されたことが(1956年3月19日の[基本法改正]法律 BGBl. I S.

111の文言による基本法1条3項），この方向を明らかに示している。したがって，たとえば「統治権」，「外交権」，「軍事権」，「計画権」，（ゲマインデの）「地方権」，［裁判官による法律の］「審査権」という形で，「第四権」や「第五権」を構成する必要性は存在しない。まして，基本法20条2項が前提としている，国家組織の領域に属する3つの作用と並んで，──たとえば報道機関のような──非国家的現象を第四権として捉えることは，いっそう無益であろう。

　β)　作用の分離

　しかし，基本法20条3項と結びついた基本法20条2項2文は，これらの作用を区別し分離することも要求している。このような分節化に際しては，実質的な基準が尺度となるべきなのか，それとも形式的な基準が尺度となるべきなのかという疑問がある（前掲Ⅱ2）。答えは，それぞれの作用を特定の作用担当者に分配するやり方から，はじめて明らかになる（b）。

　b)　3つに編成された作用担当者（機関のグループ）への分配

　基本法20条2項2文によれば，3つに分離された作用は，その行使のために，これらの作用の担当者たる「特別の機関」に割りふられなければならない。これらの機関が，立法機関・執行機関・裁判機関のまさに3つに編成されなければならないわけである。実質的な3分離には，形式的な（機関ないし主体に関する）3分離が対応するのである。すなわち，機関および人の分離である。つまり，憲法は，作用担当者の恣意的な割りふりを禁止している。しかし，憲法は，これらの作用を実行する機関の数まで，まさに3つの主要機関に限定されることを命じているわけではない。ただし，個々の機関は，それ自体の側もこれらの作用をそれぞれ実行する3つの機関グループに，ふたたびまとめられなければならない。

　α)　実質的作用と形式的作用の一致

　つまり，個々の実質的作用には，それぞれそのために特別に設置された作用担当者（機関ないし機関のグループ）が，原則的には対応する。バイエルン憲法5条は，この点を次のようにきわめて明確に表現している。

　「⑴立法権は，もっぱら国民および国民代表に属する。

　　⑵執行権は，ラント政府とこれに従属する諸執行官庁に帰属する。

　　⑶裁判権は，独立の裁判官によって行使される」。

この作用の分配は，合理的かつ合目的である。特定の諸機関が，その構造およ

び構成の上で、とくにそれらにそれぞれ割りふられた任務のために設置されている。すなわち、議会は立法行為のため、政府とこれに従属する諸官庁は統治行為・行政行為・その他の執行事務のため、裁判所は裁判行為のために、それぞれ設置されている。仮に議会が個別事案の行政的決定や法的紛争の判決を行うことになるとすれば、それはあまりにも作用に不適合であろう。作用と機関の構造とは、互いに対応すべきなのであって、矛盾すべきではない。したがって、[作用の]分配は、機関を同質的に構成することを通じて、原則として実質的作用と形式的作用とが可能なかぎり一致するようなやり方で追求されるべきである。このようなやり方で、作用の分離と機関の分離とが、互いに合理的に結びつくのである。

β) 機関担当者に関する対応関係——兼職禁止と閣僚に関するその破棄

このような[作用との]対応関係は、原則として人のレベルでも貫徹されるべきである。すなわち、機関担当者は、それぞれ1つの作用担当者だけに所属を許されるべきである。この原理は、兼職禁止の準則によって実現される(Bd.Ⅰ§6 Ⅱ5、§10 Ⅱ5 a、§20 Ⅳ3 cα、5 dγ、§24 Ⅰ5)。

しかしながら、この原理は、1つの決定的な点で破棄されている。すなわち、閣僚は議会の議員となることが許される。議院内閣制には、このような人的接合部分が備えつけられており(Bd.Ⅰ§24 Ⅰ5 a)、この人的接合部分は、立法部と、執行部の頂点である政府とが、国家の総手の指導(Bd.Ⅰ§22 Ⅲ4、6)のために結集する「結合された権力」であることを意味する。閣僚の職と議員の地位との結合は、その作用累積的効果が他の統制要因によって緩和されるので、政党国家的民主制においては、(まだ)有害なものとはなっていない。こうした他の要因による緩和がなければ(後掲Ⅴ)、閣僚と議員との結合は、中立を義務づけられ、実際にこの要請に従っている職業官吏制度だけでは対抗することのできない危険な権力集中を含んだことだろう。ここには、とくにW.ヴェーバーが権力分立原理の「変質」について提起した危惧、つまり、権力分立原理は、権力の背後に存在する分立的「政治勢力」によって実現されるのではもはやなく、いわば立法部と執行部とを縦貫して支配する「多数の寡頭制的活動集団および圧力団体」によって実現されているという危惧の根拠の一部が横たわっている。

c) 国家権力の抑制・バランス・統制・緩和

すべての機関グループが、原則としてとくにそれに分配された作用のために設

立されている場合には，モンテスキューにとって決定的だった彼の権力分立理論の要素は，すでにそれによって表現されていることになる。すなわち，国家権力相互の抑制・バランス・統制と，それによって追求される国家権力の緩和である（前掲Ⅰ4b）。連邦憲法裁判所は，この国家権力を緩和するという目的を，基本法の作用秩序の前面に押し出してさえいる。［裁判所によれば］基本法20条2項に定められた基本法上の組織原理の意義は，「政治権力の分割と，3権力相互のかみ合わせ，そしてその結果としての国家権力の緩和である」。国家権力の個別の作用は厳格に分離されるべきではなく，むしろ立法機関・執行機関・司法機関が互いに統制し制限しあうことで，国家権力が緩和され個人の自由が保護されるのである。このバランスと統制のシステムは，憲法の組織規範全体を貫く相互制約・相互接合・相互影響のきわめて複雑微妙な網の目によって達成される。こうした相互制約・相互接合・相互影響は，部分的には作用の相互干渉により（α），部分的には人的な共同決定により（β），また部分的には内部組織的に（γ）実現される。

α）立法と執行に対する複数の機関の参与

たとえば立法には，連邦議会だけが参与しているわけではない。ラント政府の閣僚から構成されている連邦参議院もまた，基本法76条・77条・78条によって，一定のやり方で協働する（Bd.Ⅰ§19Ⅲ8，§27Ⅳ2，§37Ⅲ7）。連邦大統領は，法律を認証し公布する権限をもつ（§30Ⅲ4a）。一定の場合には，連邦政府に拒否権が認められている（基本法113条。これについては§49Ⅳ5d）。さらに，議会は法の定立を独占していない。すなわち，執行部は，法規命令の制定権をもつ（Bd.Ⅰ§20Ⅳ4cおよび§38Ⅲ）。政府は，たとえば予算案の議決，国債発行の授権，政治的条約，防衛事態の確認など一定の統治行為については，議会に助言を与えてきた。連邦の統治は，多くの行政事務について，連邦参議院の同意を必要とする（§27Ⅳ3）。

これに対して，たとえば連邦大統領（§30Ⅲ4a）や連邦財務大臣（§46Ⅳ6d）のような個別の機関は，異議申立権をもつ。

連邦大統領の指令や措置には，基本法58条によって，閣僚の副署を必要とする（§30Ⅱ7bα）。

裁判権，とりわけ憲法裁判権は，国家のすべての権力を，それが立法によって表明されるか執行権によって表明されるかにかかわらず，統制する権限をもって

いる。

　連邦銀行（§35Ⅴ3a）や連邦会計検査院（§34Ⅱ3b）のような一定の制度は，明示的に［他の機関の］影響を免れることとされている。

　　β）他の作用担当者によるある権力の機関担当者の選挙または任命
　ある権力の機関担当者は，他の作用担当者によって，大規模に推薦され，選挙され（場合によってはリコールもされ），任命され，職に補されている。
- 連邦議会の議員は，国民により（基本法38条），
- 連邦首相は，連邦議会および連邦大統領により（基本法63条），
- 連邦大臣は，連邦首相および連邦大統領により（基本法64条1項，69条3項），
- 連邦大統領は，連邦会議により（基本法54条），
- 連邦憲法裁判官は，連邦議会および連邦参議院により（基本法94条1項2文），
- 連邦の最上級裁判所の裁判官は，連邦大臣と裁判官選出委員会とが共同して（基本法95条2項），
- 他の大部分の裁判官は，執行部により［それぞれ選挙ないし任命される］。

　大部分の裁判官を別にすれば，ある職への任命はすべて，一定の任期をかぎって行われる。任期を限定した任命こそ，まさに権力の制限の本質的要素に含まれる（Bd.Ⅰ§18Ⅱ6bα）。

　　γ）権力内部の権力分立
　個々の作用担当者の側もそれ自体がしばしば分節化されているので，「権力内部の権力分立」が存在する。権力内部の権力分立を通じて，［3作用の分割という］「大きな」分割の方針が存続し，その際，ここでまた，バランスと統制という目的が支配している。以下のような下位分割が見出される。
- 執行権は，連邦大統領という機関と（§30Ⅱ7a,b），従属する官庁組織をともなう連邦政府とに分節化されている。
- 政府と大部分の裁判所では，一部は憲法の明示的な要件にもとづいて（基本法62条，94条1項），合議制が実現している。
- 執行権においては，指図を受けない独立の制度が設立されたり（§41Ⅳ10b），自律的な領域が創設されている（Bd.Ⅰ§12Ⅰ）。
- 司法部は，それぞれ特定の法領域の裁判権限をもつ専門裁判所のシステムに編成されている（§33Ⅱ1eβ）。

5. ある作用の核心領域，ある作用の本質内容の保護

　基本法上の組織および権限分配は，厳格でシェーマ的な秩序にもとづくものではない。権力分立は原理的な妥当性だけを要求するのであり，この原理の「本質的内容」に触れるものでなければ，「例外」を認めるのである。変形された権力分立原理は，各作用の「核心領域」を他の作用による侵害や重複から保護する原則と理解されている。存在するのは絶対的な分離ではなく，それぞれの実質的作用を特徴づける活動および権限の重点ないし実質を，各作用担当者に委ねるような分離である。それぞれの実質的作用には，1つの「主要な担当者」が存在しなければならず，主要な担当者にとっては，この実質的作用が「固有の生命要素」なのである。［それぞれの作用の］同一性を基礎づける本質典型的な領域は維持されつづけなければならない。これに対して，周辺領域においては，割引やオーバーラップが存在することがある。

　作用の核心領域テーゼは，それぞれ主要な任務領域の作用担当者が無になることがないかぎり，国家の現実にとって不可欠とされる程度の制約を認める。もちろん，こうした核心領域の保護は絶対的であり，基本法79条3項を考慮すれば，憲法改正法律の立法者も手を触れることができない（Bd. I §5 Ⅳ）。ある作用の核心領域に属する事柄の決定には，当然のことながら憲法改正特別多数が必要である。この点では，制度的保障（Bd. I §12 Ⅱ 3 b）や基本権の本質的内容の場合と同じことがあてはまる。ともあれ，連邦憲法裁判所とともに，若干の解釈指針を立てることは可能である。すなわち：

a)　優位および権力集中の阻止

　いかなる作用も，憲法によって自ら規定されていない「優位」を得てはならない。どの作用も，独自の権限領域を保持しなければならない。したがって，1つの作用担当者に「全面的な」優越を許すような，その作用担当者への権力集中は憲法違反である。権力集中への発展は，作用バランスの均衡システムを危険にさらすことになる。この種の［集中の］歴史的事例は，1933年3月24日の授権法のような，立法部の自己放棄と執行部への法定立の集中化による全権 plein pouvoirs の創設である。立法と法律の執行とが，立法部に統合されることも，同じくこうした優位を意味する。君主制国家に本質典型的だった政治権力を保持する勢力間の均衡を生み出そうとする努力は，1つの作用の優位を阻止するという課

題へと解消された。

b) 議会と政府の優越的秩序と並列的秩序

核心領域の保護は，とりわけ議会と執行権との関係において，一定の役割を演ずる。この2つの権力のあいだには，それらの「相互作用のあり方」がその国家の個性を形成するのだが，議院内閣制にもとづいて，憲法上部分的には明確に決定され，部分的には諸勢力の政治的ゲームに委ねられた，優越的秩序関係と従属的ないし並列的秩序関係が存在する。議会は，立法者としては執行部を拘束し（基本法20条3項），創設機関としては連邦首相を指名し（基本法63条），統制者としては政府に指示を与えるのではなく，単に提案を行うだけである（Bd. I § 22 II 4 d, III 3, 4, § 26 II 3）。逆に政府は，独自に，または議会の提案にもとづいて，計画しイニシアティブをとる（Bd. I § 22 II 4 d, § 40 III 2）。基本法113条によれば，政府は議会が議決する一定の法律への同意権さえもつ。

この相互作用においては，権力の移動はまさにシステム内在的なものであり，しばしば諸国の政治的現実においては，最も極端な形では議会絶対主義か政府独裁となる。どちらも基本法には適合しない。政党国家の特殊な条件のもとでは，そして法律の優位と拘束力のゆえに，議会は他のすべての国家機関よりも——いずれにせよ通常の憲法状態においては——，自分の権限を拡張することを試みてきたし，その危険に陥ってきた。この危険性は，議会留保の極端な拡大に現れている（Bd. I § 20 IV 4 bγ, § 37 I 4 b）。これに対抗して，執行権（政府と行政）の独自性が保持されなければならない。連邦憲法裁判所が「権力分立にもとづく権限分配」の原則から，それぞれの権力に対する制限を導き出しているのは正しいことである。

c) 裁判における厳格な作用分離

裁判［権］に関しては，核心領域テーゼは特別な仕方で機能する。§ 43 I 4で詳しく説明していることだが，この［裁判という］活動が，司法部の核心領域そのものなのである。基本法92条によれば，裁判作用は，裁判所，すなわち裁判官からなる——原則として国家の——機関にしか委ねられてはならない。ある活動が実質的に裁判であることが明らかならば，その活動は，そのために特別に設置された裁判機関に分配されなければならない。その点についてはいかなる例

外も存在しない。したがって,作用の分離と割りあては,この領域については厳格なのである。

6. 権力分立原理への批判と正当化

権力分立原則が核心領域の保護へと縮減されたことで,この原則は,それでもなお憲法理論上正当化されるのか,この原則の境界画定機能・保護機能は,本来他の憲法規範・憲法原理によっても保護できるのではないかという疑問が提起されることになる。[この疑問の提起者によれば]抑制・バランス・緩和といった概念は,次第に空虚な形式の性格を帯びるに至った。立法部と執行部との権力分立は,現実の権力担当者が議会と政府ではなく政党となるにつれて幻想となった。まさに政党国家的議会制民主主義においては,——法律制定のさまざまな場面や,外交政策,内政の広範な諸領域において——,立法部と執行部とのあいだに継続的で統合的な活動が見出され,それによって[外国との]新たな同盟の決定や国家指導が,共同で実施されている。本来的な試合相手はもはや議会と政府ではなく,むしろ新たな戦場は,一方の政府および与党会派と,もう一方の野党とのあいだに出現する (Bd.Ⅰ§23)。[この考え方からすると]結局,実効的なカウンターバランスは,裁判権,とりわけ憲法裁判権しかないことになる (§44 Ⅱ 2, 4)。このような展開を否定するのは非現実的であろう。議院内閣制の叙述に際しても,当該国家機関の検討に際しても,このような展開が[一般に]強調されている。しかしながら,「全能の福祉国家は,このような(権力を抑制し,権力を緩和する権力分立の)カテゴリーを無にする」という結論を導き出すことはできない。

基本法が「権力が分立した権限分配」を要請し,したがって,つねに統合への傾向をもつ全能の国家権力に対する限界を引いているように,作用の分離の原則,作用の抑制の原則,作用の統制の原則は,第一権力[立法権]と第二権力[執行権]とのあいだでも尊重されなければならない。憲法現実にどうしても適合するように憲法を解釈するのではなく,逆に「権力のもつれ合い」になりかねないような権力の過度の混合は解体されなければならず,それぞれの作用に固有の主要な任務がふたたび強く意識されなければならない。したがって,連邦憲法裁判所が,議会制民主主義の原則から,すべての具体的な権限分配を迂回する解釈原則として,他の諸権力に対する議会の優位を導き出すことを拒否しているのは,正

しいことである。「基本法が維持しようと意図している国家権力の分配と調整の具体的な秩序は，民主制原理から誤って導き出された，包括的な議会留保の形をとった権力集中制によって，かいくぐられてはならない」。[権力の] 重点が移動して，ある作用の担当者が，――国家全体から判断して――他の作用担当者を単なる付属物，たとえば議会の委員会としての政府とか政府に喝采を送る機関としての議会，と理解できるほどの優位を獲得する場合にはつねに，許される作用混合の限界が踏み越えられている。[その場合，判断の] 尺度として適切なのは，点的な考察方法ではなくて，傾向的な考察方法である。

　この問題が主に現れたのは，計画，議会留保，緊急事態の規律，軍事的防衛といった厄介な諸点についてである。この問題は，1つの機関の優位を回避するという精神にもとづいて，基本法の憲法規範によって解決されてきた。しかしながら，次の点を確認しておくことが適切である。すなわち，議会は，立法機関としての基本的な任務をもう一度自覚して，行政の細部を規律することをもはや断念しなければならない。同時に議会は，執行権に対する統制の任務を，もう一度議会全体の任務だと考え，それを野党だけに任せてはならない。政府は，公共の利益に立って大所高所から，国家全体を指導つまり決定し指令しなければならず，「政府自身の」諸利益団体に配慮して便益を分配してはならない。そのかぎりで，中心問題は，実定法上の3分割で単純に「処理される」ものではなく，むしろそれ以上に，この3分割を肝に銘じ，深化させることにある。権力分立という構想は，自由で民主的な法治国家を生み出し，形作り，確立した偉大な理念の1つだからである。権力分立の構想は，実在の権力を「規律し制限する」ことを可能にする偉大な成果に属する。権力分立の構想は，市民とその自由のための「政府」を，独裁国家ないし全体主義国家の政府形態から区別する憲法原理の1つなのである。

　共産主義国家の諸憲法において，単なる名目にとどまらない国家権力の分節化が厳しく拒絶され，「国家権力の単一性」が熱心に強調されていることは，国家組織に関するこの秩序原理にどれほど高い法治国家的な価値があるかを知らせてくれる。西洋の自由で多元的な国家，つまり立憲国家の揺籃には，実質的基本秩序としての基本権と，自由を保障する組織原理としての権力分立が存在したことを忘れてはならない。近代立憲国家の出発点としての人および市民の権利宣言16条を，ここでもう一度引用しておこう。「権利の保障が確保されず，権力の分

立が規定されていない社会は、およそ憲法をもつとはいえない」。

V. 権力制限の新たな形態

1. 水平的権力分立理論を補完する必要性

　作用の分割、作用の抑制、作用の統制は、上述の解説によれば、立憲国家を支える組織原理、立憲国家の「偉大なる不変要素」であることがわかった。そしてこれらは基本法に定められた。しかし同時に、この原則が歴史の流れのなかで変化したこと、それどころか色あせてしまう危険性すらあることも明らかになった。このような解体の傾向には抵抗しなければならない。しかし同時に、それぞれの作用の核心領域についてのみ保障された、変形された権力分立原理のシステムが、新たな形式と制度によって支援されなければならないかどうかが、問われなければならない。

　理論は、この点をしばしば取り上げてきた。とりわけK. レーヴェンシュタインは、彼が練り上げた「機関相互間の統制」や「垂直的統制」の概念を通じて、古い権力分立理念が、新たな次元の助けを借りて現代立憲国家の権力集中に抵抗すること、実定憲法にすでに備わっているバランスと統制のシステムの光の下で実り多いものとなりうる法内容によってよみがえること、この点に鋭く注目した。彼のこうした考察に他の論者も続いた。W. ケーギもまた、「古典的な三分割から包括的な権力分立へ」という注目すべき表題の論文で、このような発展に重要な刺激を与えた。これらすべてのテーマは、権力の濫用と自由への危険を阻止する構想、つまり、アリストテレス以来の権力分立理論を貫いてきた理想、古代の国家理論が「混合政体」によって確保されると考えたような、権力の緩和を保障する秩序である。独裁体制の諸経験によって、作用の分離と作用の抑制の伝統的な形式だけでは、権力の危険性を食い止めるためにはもはや十分ではないという洞察が深められた。

　権力分立原理の伝統的な次元は、純粋に「水平的な」制限の効果をもっている。しかしながら、作用担当者間のバランスを、無効にはしないまでも削減するような諸要素が働いている場合には（前掲Ⅳ6）、古い権力制限作用を再建するために、追加的な調整が必要となる。そのようなものの1つが──一定の程度ではあるが──、一方の政府および議会多数派と他方の議会少数派野党とのあいだに成立し

た新しい戦場のうちにある。Bd.Ⅰ§23Ⅲで示したように，もちろんこれだけでは十分ではない。権力分立の伝統的な次元は，補完を必要とする。W．ケーギのことばを借りれば，一方では国家権力を極大化しようとし，他方では国家権力を無政府的に解体しようとする相互に影響しあう傾向によって，20世紀に生じた秩序の課題は，「厳格な権力分立によっても，権力分立の放棄によっても解決できるものではなく，次のような包括的な秩序理念によってのみ解決されるのである。すなわち，権力の分割と権力の結合，分散と集中，多様性と統一性が，権力の正しい管理に対する責任を最適に実現することを試みる1つの全体のなかのモメントであることを，ふたたび鋭く洞察する包括的な秩序理念である」。

2．新たな次元

　権力分立の新たな次元に対しては，「包括的」（W．ケーギ），「垂直的」（K．レーヴェンシュタイン），「政治学的」（W．ステファニ）など，いろいろな名称が与えられ，それらはさらに，時間・社会・決定の観点から，しばしば下位分類されてきた。これらの定式は，自分が体系化した事実を説明するには部分的にしか適合していない。すなわち，「政治学的」という名称は，それがカバーする諸制度は，その存在が現行憲法のうちに見出されるものなのだから，まさに国法上の存在なのだという点を誤解させてしまう。また，「包括的」という概念は，それぞれのカテゴリーは権力を分割したり抑制したりする観点だけを示すものではなく，本質的な点で別の動機をもっていることを隠蔽する危険性をはらんでいる。垂直的権力分立という定式には，まだしも説得力がある。なぜなら，それは，これまで主として説明してきた水平的作用分割を次元的に補完するものだからである。もちろん，垂直的権力分立という定式が包摂できるのは，厳密に理解するならば，国家のさまざまな次元内の同一作用のあいだに現れる交錯だけである。だから「多次元性」という概念を用いるほうがより適切であるように思われる。多次元性の概念は，権力分立原理が，その成り立ちからして決してひとつの次元のなかだけを動くものではなく，たいていの憲法秩序においては，この原理が追求する目的によって，水平的にも垂直的にも，あるいはまったく一般的に共同体を構成する場合にも，さまざまな方向で作用してきたことを，はるかに明確に示すからである。

3. 多次元的権力分立の形成

　権力分立原理は，権力濫用の防止と自由の保護というその基本装備については時代を超えたものであるが，個別の内容形態については時代の制約を受けている。心理的・歴史的経験が印象的に教えているように，いかなる国家形態も，権力が濫用されたり，無能な職務担当者や品位に欠ける職務担当者が権力を行使することを阻止することはできない。しかしながら，憲法的秩序は，こうしたケースを阻止し，もし起こってしまった場合にはそれを可能なかぎり最小限に食い止めるための予防手段を，制度的・機能的・人的に整えることはできる。多次元的な権力バランス・システムは，そのための有力な手段である。以下のテーマは，このシステムの個々の要素を個別的に叙述することではなく，全体としての憲法構造や憲法の個別的な制度と規律が，どの程度こうした役割を演じられるのかを，単に概略的に示すことである。これによって，水平的性質の権力分立理論のうちだけに権力の制限と統制を見出す憲法ドグマーティクが短絡的であることを，新たに示すことになる。第二次世界大戦後の立憲国家には，全体主義ないし独裁の特徴をもつ包括的な権力一元主義による破壊から立憲国家という作品を保護するために，多くのおもりとカウンターバランスが自覚的に組み込まれている。

a） 国家と社会の区別

　作用分配の1つの持続的な要素には，国家と社会の区別がある。この基本的関係が，個別の諸関係においてはどれほど多層的なものであれ，このテーマに関する叙述の多くは，国家と社会の区別を，一般的には，あるいはいずれにせよ本質的には否定しておらず，この区別が自由を保護することでは一致している。自由な秩序は，個人とその集合体の活動領域，すなわち社会の活動領域に対して，国家によって捕捉されない作用の余地が残されることを要請する。社会の領域と国家の領域の境界がいかにして発展してきたのか，そして両者がいかなる範囲を占めるのか，これは長期にわたる歴史の発展プロセスであり，西洋諸国におけるその（目下の）終着点は，（個人主義的な）自由で民主的な社会的法治国家である。国家と社会の区別は，「個人の自由の」（唯一ではないとしても）１つの「条件」（E.-W. ベッケンフェルデ）となった。とりわけ，基本権と法治国家原理が，憲法上の防御壁を供給する。これらは，国家の全権力および全権限に対抗する作用を営む。個人に対しては，全員に妥当する合憲的法律の限界内で，みずからの自律的

決定にもとづいて，原則として自由に活動することが許される自由領域が保障される。

　α）政治的協働権と政党

　けれども，こうした自由領域を，規制を受けないものと理解してはならない。もしそのように理解するならば，この自由領域は，いかなる共同体においても維持されえない自然的自由となってしまうだろう。自由はつねに，法的に秩序づけられ，拘束を受けた自由として存立してきた。秩序は，社会の上に立つ政治的秩序としての国家が供給するのである。したがって個人は，この秩序の形成と内容に影響を与えることに対して，最大級の関心をもつことになる。この目的のために，個人には，民主制原理に内在し，基本権によって保護された政治的協働権が与えられる。この政治的協働権は政党の結成を引き起こす。政党を通じて社会は国家のなかで作用することになり，参加の概念に含まれるような諸現象も新たに生じてくる。その最も顕著な形態が市民運動であった（§41 Ⅲ 5 a）。したがって，国家と社会は相互作用を営んでいる。しかし，E．-W．ベッケンフェルデが正当に強調しているように，こうした相互関係は両者の分離を廃棄するものではない。この分離の存在は，権力を制限するひとつのファクターなのである。

　β）団体

　現代国家においては，もちろん個人はさほど国家権力に対するカウンターバランスとなりうるわけではなく，個人は結合することで，とくに——おおざっぱな概念を用いれば——団体を通じて，国家権力に対するカウンターバランスとなることができる。団体は，社会の自己規律の領域である労働協約の当事者として，職域組織団体，社交団体，スポーツ団体，政策提言団体として，そしてもちろん利益団体として，公的な事柄の処理に決定的に参加する。団体制度に対して批判的な態度をとることはあるかもしれないが（Bd. Ⅰ § 13 Ⅳ 7，§ 18 Ⅲ 1，§ 22 Ⅰ 3 c），国家権力に対するカウンターバランスとしての団体の機能を評価する点では，理論と実務は一致している。国家の任務の潜在的可能性が増大すればするほど，個々の活動分野において，社会の領域に対抗勢力が形成されることがますます重要になる。国家が自分ではまったくできなかったり，いずれにせよよりうまくはできなかったり，通常はより高い行政コストをかけないとできないような事柄は，決して少なくないだろう。

　γ）世論

V. 権力制限の新たな形態　447

　国家と社会の二元性からは，権力を制限する1つの特殊なファクターが形成される。すなわち，世論による国家権力の統制である。この点については，すでにBd.Ⅰ§18Ⅱ6eにおいて，民主制原理の枠内で注目しておいた。世論は，「社会的・政治的領域の現象であって，国家機関の領域の現象ではない」。世論は社会的セクターに属するので，国家機関が世論を無制限に操作することは許されない。世論は，個人，集団，団体，とりわけマス・メディアの多様な意見によって形成されることで，国家権力を透明化し，主としてコントロール・ファクターとして国家機関の意思形成に仕えるべきものである。この統制作用の内部では，新聞・ラジオ・テレビというマス・メディアに優越的な地位が認められる。これを「公共的使命」と言い換えてもかまわない。マス・メディアは，世論の媒体であると同時に世論のファクターでもあり，民主制のために形成されるものである。この任務が，基本法5条1項2文におけるマス・メディアの特別な基本権的保護を正当化する。マス・メディアが，国家外のセクターに位置していることには争いがない。けれども，新聞は私法，放送は公法という，歴史的に成長してきた，あるいは第二次世界大戦後の決定によって成長してきた組織形態が，それ自身もまた権力の分割に必要な要素であって，それ自体として維持されるべきものであるか否かは疑問である。新聞は私法，放送は公法という組織形態は，「ジャーナリズムの権力分立」として各方面から受け入れられてきたが，それは憲法ランクのものではないという見解は正しい。

　δ）公勤務職員の共同決定

　最近では，職員代表についてこれまで保障されてきた範囲（連邦職員代表法75条・76条参照）を超える公勤務職員の共同決定が，国家の領域における社会的勢力の作用の特殊な形態と見なされている。こうした発展の先駆者は学校および大学（Bd.Ⅰ§18Ⅲ2b）と公営企業であり，モデルは大企業における経済的共同決定であった。

　学校・大学の場合には，国家的セクターの特殊領域が問題となっているにもかかわらず，すでに憲法上の疑義が表明されているとすれば，まして完全な民主的責任のもとに置かれている国家と地方自治体の行政領域に対しては，共同決定はまさしく民主制原理に反する「身分的」要素を意味することになるだろうという点が，強調されなければならない。つまり，権力分立は実現されるどころか，まさに隠蔽されてしまうのである。すなわち，大臣からは決定権が奪われてしまう

ので、執行部に関して責任を負う大臣が、もはや責任を果たすことができなくなるであろう。さらに、[こうした共同決定は]基本法33条と合致するかどうかも疑わしい。

b） 垂直的権力分立としての連邦国家秩序

権力分立のもう1つ重要な観点は、連邦国家秩序による権力の分節化である。連邦国家秩序は、同一の国民によって選出されたという正統化基盤にもとづく種々の意思装置が存在することを意味し、したがって垂直的権力分立を意味する。その権力制限作用については、Bd.Ⅰ§19ⅡおよびⅢ8で詳細に解説した。今日では、水平的作用分割よりも、連邦制的分節化のうちにこそ、より強力な権力の抑制および統制を見出すことができるという声が、ますます高まっている。

c） 地方自治、および行政の分権的構成

より弱いものかもしれないがポピュラーな垂直的権力分立の形式は、地方自治制度の設立である。地方自治制度には、法定立、行政、その他の任務充足に関する自律的な決定権の、多かれ少なかれ大きな分野が割りふられている。この場合、どれほど多様な諸制度が問題となるかは、Bd.Ⅰ§12Ⅰにおいて解説した。地方自治の諸制度すべてに共通しているのは、国家を行政の職務から解放するのみならず、同時に国家の権力を制限することである。地方自治は、もちろん固有権の保障ではないが、国家の権力の潜在的な力を抑制する。国家による監督は、この潜在的な力を限定的に復活するものにすぎない。さらに地方自治制度の内部でも、職能的な代表、作用の分割、組織の分節化を通じて、権力の抑制と統制を──限定的にではあるが──実現することができる。

行政の分権的構成は、権力の分節化という観点からみると、まだ初歩的なものにすぎない。たしかに、多様な行政官庁の存在自体が、一般的には権力の極小化を意味しているが、ごくわずかな例外を除いては最上級官庁に指図権が認められている官庁の一般的な階層的構成を考慮するならば、官庁の多様性という要素は、実際にはほとんど効果を発揮していない。

組織の分節的編成には、行政訴訟で主張できるような主観的な法的地位がしばしば結びついている。地方自治の諸制度の場合には、これは自治行政の領域では通常のことである（Bd.Ⅰ§12Ⅱ3b）。もちろん、1つの同一の法主体の内部で

も，個々の官庁間にせよ，固有の権利を備えた機関相互間にせよ，組織内部法的な権利保護は排除されていない。

d）政治指導と官僚行政

垂直的［権力分立の］もっと弱い形態には，執行権の内部における統治と行政との作用分割がある。この両者はたしかに執行部の一部だが，少なくとも行為の様式や決定の構造において，そして——争いがないわけではないが——部分的にはその作用においても，異なっている。この点については，（§39Ⅲおよび§41Ⅲ1aにおいて）作用を取り扱う際にまた戻ってくることにしよう。いずれにせよ，決定の構造による分割線が存在するのが当然であることを強調し，［統治と行政という］この2つの作用のために，政治指導のトップと行政のトップとを別々に設けることを要請する意見がある。これに対しては，議院内閣制に内在する大臣責任の制度（Bd.Ⅰ§22Ⅲ3d，7b，§31Ⅳ5c）が対立している。けれども，一方の政治指導と，他方の官僚行政とのあいだに，分離・抑制・バランスのファクターが存在することは明らかである。こうしたファクターは，制度的には，期間をかぎって任命される閣僚と，原則的には終身で任用される官吏によって，特徴づけられている。この境界線の交点には，いわゆる政治的官僚が位置している。このバランス・システムは，法的には基本法33条が保障し命じている官吏法上の適性原理・業績原理・中立性原理が意図するところである（Bd.Ⅰ§11Ⅳ3）。このシステムには実際にも効用がある。なぜなら，政治の側の革新の圧力が，このシステムによって［官僚］装置の継続性と慣性の力に直面して調整されるからである。公共の利益のためには，政治指導と官僚行政の両者の統合は，当然放棄されるべきではないだろう。

4．国際組織および超国家的組織による権力の制限

国家組織を超える垂直的権力分立の新たな形態を意味しているのは，一方の国際的制度，とくに超国家的制度と，他方の国内組織との権限分配であり，したがって一般国際法の準則を超えた国家権力の感銘深い制限である。基本法は，いろいろな個所で，ドイツ連邦共和国が国際法共同体に拘束されること，そして国際法共同体によって定立された諸準則を尊重することを強調し（Bd.Ⅰ§14），国家の高権を国家間の制度に委譲することを明示的に授権している（基本法24条1項）。

こういう超国家的選択の法的帰結は，国家権力はもはや純粋にドイツの機関によって行使されるのみならず，「統合された」［ヨーロッパ］共同体を通じて，国内領域に拘束力をもつ他の諸国との共同作用によっても行使されるということである（Bd.Ⅰ§15）。これによって，重複的な作用体制が生み出され，権力が強化されることはたしかだが，国家の自足体制が廃棄されることで，この体制は同時に権力制限的にも作用しうる。とりわけ，ヨーロッパ人権委員会・ヨーロッパ人権裁判所・ヨーロッパ共同体裁判所の決定は，権力を抑制し統制する作用を営んでいる（§43Ⅲ3e）。

　もちろん［ヨーロッパ］共同体自体の内部でも，時間をかけて徐々にではあるが，権力分立原則が実現されだしている（Bd.Ⅰ§15Ⅱ6）。

5．決定的な水平的コントロール・ファクターとしての（憲法）裁判権

　権力の制限と統制という観点だけからみると，裁判権，とりわけ憲法裁判権の形式をとった裁判権が，現代立憲国家における決定的な水平的コントロール・ファクターとなった。このことはすでにいろいろな個所で指摘したが，§44において詳細に叙述する。憲法裁判制度は，歴史的発展のなかでは立法部と執行部の活動的権力に対抗する君主制国家形態の「中立権」や共和制国家形態の「憲法の番人」のうちに求められ，見出されてきた作用を，今日に受け継ぐものである。「第三権力」機関による［権力の］統制と緩和を認める決断は，2つの理由から，歴史的に見て首尾一貫しており，立憲国家の観点からみて論理的である。すなわち，第一に，他の権力担当者は憲法保障には役に立たなかったからであり，第二に，法的基本秩序としての憲法は，自らを守るためにひとつの裁判機関を必要とするからである。立憲国家は，憲法と（単純）法律との階層的序列にもとづいている（Bd.Ⅰ§4Ⅰ1a，3a，および§20Ⅳ4bα）。憲法規範と単純法律規範は，別々の権力に由来する。すなわち，一方は憲法制定権力ないし特別多数を要する立法者であり，他方は単純立法者である。このような法秩序の段階構造は，それ自体が権力の分立と抑制の一部分なのである。この規範の段階構造を条件とする憲法の優位の保護は，憲法によって形成されたすべての権力が，憲法を尊重するように統制する憲法裁判権に，最終的には委ねられている。こうして司法部は，「他の諸権力の行き過ぎ」を阻止するという意味で，現実の権力となったのである。司法部は，いわば無，どころではない。［その意味では］モンテスキューは

否定されたわけだが，同時に勝利を収めたのである。

第4章　作用
　第2節　国家の主要作用

§ 44　憲 法 裁 判

Ⅰ．憲法裁判の形態，概念および本質

1．憲法裁判の形態

　憲法裁判は2つの形態で示される：第一のものは，憲法問題に関する専門的かつ排他的な管轄をもつ裁判所を通じて（a），そして第二のものは，他の争訟と並行して，単に付随的にというのではなく，あらゆる裁判の一般的な憲法への拘束を越えて，第一次的に，つまり本案で憲法問題を判断する憲法裁判を通じて（b），である。

　a）　制度的に独立した裁判所
　第一に挙げた形態は「古典的な」憲法裁判といってよい。この形態はなんといってもオーストリアとドイツにその起源をもつ。第二次世界大戦後，この形態はとりわけイタリア，トルコ，ユーゴスラビア，キプロス，ギリシャおよびスペインで採用された。この形態は，特別に憲法の領域に属する法問題について最終的かつ排他的な判決を下す制度的に独立した裁判所を設立するというかたちで示される。この裁判制度によって憲法が直接に司法的に，すなわち法的かつ裁判的に保護される。

　b）　他の法領域についても管轄を有する裁判
　これと対置されるのが，組織的に独立した裁判所によってではなく，憲法問題の判断を委ねられただけの裁判所によって実現される憲法裁判の形態である。憲法上の争訟は，他の法領域に属する法問題と並んで，同じようにその管轄権に属

するのである。憲法裁判のこの形態は，アメリカ合衆国の連邦最高裁判所のモデルに近い。この形態は，とりわけスイスの連邦裁判所，日本の最高裁判所，インドの最高裁判所に見られ，そして異なったかたちではあるがやはり南アメリカ大陸でも見られる。憲法裁判のこのような形態は，憲法争訟事件についてだけ，あるいは少なくとも主として憲法争訟事件について判決を下す，裁判所の特別な裁判機関が設置される場合，古典的憲法裁判制度に近づく。このような制度的に独立していない憲法裁判制度がきわめて多様な形態をもちうることは明白である。1962年のハイデルベルクでのコロキウムで行われた国別報告はこのことを明かに証明した。

c）憲法裁判としての分類の諸前提：主たる任務としての憲法の直接的保護

いわゆる古典的憲法裁判制度は，このモデルの憲法裁判所には憲法領域での法的争訟に関する管轄権が集中するため，他の憲法裁判制度からある程度容易に区別されるのに対して，憲法裁判制度の第二のタイプの場合，区別は非常に困難である。というのも，法治国家においてはあらゆる裁判所が原則としてあらゆる法規範，すなわち憲法をも適用しなければならないのである。裁判所は，直接に憲法が保護すべき法益として現れるがゆえに典型的に憲法裁判に関するものだとわかる権限が付与される場合にのみ憲法裁判所としても理解される。重要なのは権利保護を追求するような訴訟である。というのも，ここでは憲法が判断すべき法的問題の中心にあるからである。したがって憲法は法的争訟の核心を形成せざるを得ない。この意味で，たとえばアメリカ，スイスおよび日本について憲法裁判の存在を認めることができるが，スカンジナビアの国々についてはそれが認められない。

2．憲法裁判の形態

E．フリーゼンハーンは「3つの憲法裁判の基本形態」を示した。すなわち，機関争訟，規範統制および憲法異議である。憲法裁判制度をもつ多くの国が連邦国家であるため，いずれの場合も連邦-ラント間争訟を補足する必要がある。最終的に見逃してはならないのは，最近の憲法裁判制度が多くの場合なおも特別な憲法保障手続を作り出しているため，その結果むしろ5つの基本形態が採用されているということである。

しかし，フリーゼンハーンの分類から見てとくに注目に値するのは，憲法裁判のこれらの基本形態のうちの1つがそれぞれ特定の国家で特徴的なものとなっているという状況である。すなわち，アメリカについては疑いなく法律の（付随的）審査が，スイスについてはスイス連邦憲法113条1項3号の憲法異議［スイス憲法の2000年改正では，憲法異議に関する規定が削除されている］がそれにあたる。フリーゼンハーンはドイツ連邦共和国については機関争訟を挙げる。オーストリアやスイスとは異なり，ドイツでは機関争訟が現在たしかに全面的に保障されているが，最近のイメージは，さまざまな訴訟法上の形態で裁判所に委ねられている規範の合憲性審査の方向へと明らかに移行している。数の面で最も多いのが憲法異議によるものであり，次に裁判官による移送が続き，最後になってようやく憲法機関による申立てによるものとなる。オーストリアについては，今日までなおも連邦-ラント間争訟が前面に出ている。このことは1975年の連邦憲法改正法によって権限が拡大された後には変化するかもしれない。

3．a）　立憲君主制期の政治実務および学説における憲法裁判の裁判機能に対する疑義

少なからず憲法の問題に関する裁判は裁判という機能領域の外にあるものと見られてきた。とりわけ，Th．ジェファーソン，J．マディソン，B．コンスタン，R．M．ラ・フォレットおよびO．フォン・ビスマルクといったどちらかというと政治実務の人間達が，彼らの国家理解および政治理解から憲法裁判の積極的な対立者であった。それどころかジェファーソンは憲法問題について最終的に拘束力ある判決を下す裁判所を「寡頭政治の専制」と考えた。ビスマルクは，1863年にプロイセン議会において，「憲法が侵害されているか否か，という問題に判決を下すことが裁判所に求められる場合，これによって裁判官は立法者の権限を同時に与えられる。裁判官は憲法を正しく解釈し，あるいは実質的に完全なものとする権限をもつのである」と述べた。シェイエスが「憲法裁判所」を要求したにもかかわらず，ナポレオン憲法が憲法の保護を裁判所ではなく第二院，つまり元老院に委ねたのは，これに連なる事柄である。国法学もこのような疑義と疎遠なものではなかった。たとえば，かなり早い時期からすでに，アメリカの連邦最高裁判所は司法的審査権の行使の観点で「立法府の第三院」や，あるいは真正かつ比類なき第二院と形容されていたのである。

b） カール・シュミットにおける司法的性格づけの拒否：裁判の形態をまとった政治

　ヴァイマル共和国の初期に，オーストリアの憲法裁判所（1920年11月10日オーストリア連邦憲法137条以下）にならって，憲法を基準とする規範審査や，ライヒ機関の憲法争訟の権限ならびに一般的な憲法異議審としての機能を承認することで，ライヒ国事裁判所を本当の意味での「憲法の番人」とする主張が増えたとき，カール・シュミットは以下のように述べた：

　「憲法裁判ないし憲法司法は，民事司法，刑事司法あるいは行政裁判とは明らかに異なった意味の裁判ないし司法である。なぜなら『憲法』は，民事上の法的争訟に関する裁判や刑罰ないし行政についての決定といった国家行為の領域ではない。訴訟においては憲法律上の規定の内容も争われるという理由は，この訴訟の裁判を憲法裁判とするには不十分であるし，法律規定に関するほとんどの訴訟において提起されうる解釈問題がこの訴訟を法律裁判とするわけではない」。

　ただし，憲法が裁判所によって「訴訟に際して付随的に」援用されうることを，たとえそれが「司法の付属物にすぎない」としても，シュミットは認めざるを得ない。しかし，「憲法律上の規定の内容およびその正当な適用に関するこのような疑念に対する裁判は，司法の一般的な意味における法的争訟の裁判でも，司法の特別かつ非常に問題ある意味での憲法争訟の裁判でもない」。

　拒否の根拠づけをカール・シュミットは，それ自体そもそも法律ではなく，決断であるという憲法の概念に見出している（Bd.Ⅰ，§3Ⅱ2 a）。これに対して，——カール・シュミットにおいては否定されることであるが——憲法が憲法律，あるいは契約，あるいはさまざまな諸要素の妥協であるならば，それに対しては憲法裁判もあり得ることとなろう。なぜなら，そうであれば構成要件に事実関係を包摂することができる規範が存在することになるからである。しかしカール・シュミットの考えからすればこのことは事実に反するため，憲法裁判では裁判の形態をまとった政治的決断が行われることになる。というのも，「立法あるいは行政を『規律する』憲法律上の規定の内容から立法あるいは行政といった政治的形成行為の内容を導き出すのは，明らかに不可能」だからである。それゆえ憲法律上の規定に対する疑義についての判断は，カール・シュミットにとってはその本質からもはや裁判ではないのである。それにもかかわらずこのような判断を裁

判所に委ねるならば，そこには政治の司法化および司法の政治化が生じ，その際両者は決して両立することはなく，すべてを失うことになるとされる。H．トリーペルも「憲法の本質は憲法裁判の本質と一定程度矛盾する」と述べて認めたとおり，「憲法裁判はそれ自体矛盾である」。

c) 戦後期における懐疑的見解

戦後期には憲法裁判のこうした説明に追従する者はもはやいなくなった。C．F．フォン・ゲルバーがすでに1852年に述べたように，裁判所だけでは憲法を保護しえないという認識を捨て去るべきではなく，加えて，オーストリアの例に見られるように，裁判所による保護はあまりに簡単に排除されうるものであったとはいえ，議会やあるいは大統領による憲法保障によってもたらされた経験は非常に激しく余波を残していたのである。しかしながら，なおカール・シュミットのいくつかの見解は最近の意見にも影響を及ぼしている。たとえば，E．フォルストホフは，1940年の国事裁判もやはり「どんなことがあっても」裁判の「正当化限界の彼岸にあるもの」とみなしたため，連邦憲法裁判所を少なくとも「通常の意味での」裁判所とは見ていない。同じようにW．ヴェーバーは「憲法構造における司法国家的要素のとてつもない拡大」を強調し，憲法生活の司法化に疑義を唱えて反論し，そして同時にとりわけ憲法裁判の領域において「裁判可能なことの限界が越えられて」いないかという問いを提示した。また，H．クリューガーは憲法裁判に際して適用される法規範の特殊性という観点から，憲法裁判が「真正の司法」であると主張することは事態の核心にあるものではないことを適切に示した。H．クリューガーにとっては，「憲法裁判の中心にあるのは，決して司法の軸線とは重なり合わない流動的な軸線である」。なぜなら，「憲法裁判に特有の基準は，厳密な包摂のロジックというより，実り多き解決」だからである。

4．裁判の特殊形態としての憲法裁判

これに対して，きわめて支配的な見解は憲法裁判を裁判と見なしている。憲法裁判を主として行う機関——連邦憲法裁判所およびラントの憲法裁判所——は，独立の裁判官で構成される裁判所である（§32 II 4）。その権限および手続は憲法および法律によって規律されている（後掲IV，V）。それらの裁判所はもっぱら法を基準として裁判を行う（後掲II）。その裁判は最終的な拘束力をもつ（連邦憲

法裁判所法31条)。

　しかし憲法裁判は，司法という機能と並んで独自の章で取り扱われることが求められるようないくつかの特殊性を有している。この特別な問題設定は，すでに憲法機関のなかで連邦憲法裁判所を取り扱った際に明らかになっている。とりわけ憲法機関としての連邦憲法裁判所の性格づけと連邦憲法裁判所裁判官の任命がそれにあたる。それらは政治的な主要機関の活動と密接な関連をもち，国家の政治的営みへの参加の一部である。実際，この政治との結びつきは，憲法裁判の裁判としての性格づけに対する疑いをくり返し引き起こしただけでなく，憲法裁判所の存在に対して実に原理的な疑義を投げかけてきた。しかしこれら2つの疑義は，憲法裁判の理念，本質および機能が異なった方向を示すものであるため，不当なものである。それにもかかわらず，憲法裁判の裁判としての性格づけに有利な一義的な言明が実定法上なされていたということを導き出すために，基本法は憲法裁判を裁判に関する章に置き，基本法92条での憲法裁判を明らかに司法権の領域に含めているということだけを指摘するのはあまりに表面的である。このような解釈は，たとえばイタリア憲法134条以下やオーストリア連邦憲法137条以下といったいくつかの外国憲法で採用されている憲法裁判の独立した章への配置から推論される，憲法裁判は裁判ではなく，「独自の自律的機能，特別な憲法上の性格をもつもの」であり，「伝統的な三権には含まれ得ない」という解釈と同様に説得力に欠ける。根拠づけはより深く検討されねばならない。

　　a）　出発点：憲法の法規範的性格
　憲法裁判とは，裁判手続の中で何が合法であるかを憲法を基準として最終的な拘束力をもって判断を下すことを意味する。合法性の基準となるのは，常に法規範である。法規範はあらゆる裁判と同様に憲法裁判にとっての基礎条件である。憲法はたしかに規範とは異なるものでもあるが，ともかくも第一次的には法であり，国家にとっての法的基本秩序である（Bd. I, §3 Ⅱ 2)。そこで憲法が法規範の体系であるならば，憲法規範の遵守を監視する裁判機関を導入することは論理的なことであり，少なくとも法の帰結に含まれる。その限りで，H．トリーペルが考えたような，「憲法の本質は……一定程度憲法裁判の本質と対立する」というようなことは起こらないのである。反対に，憲法裁判はむしろ立憲主義の理念を実現するものである。立憲主義の理念を通じて憲法の遵守を保障する裁判制度

が存在する。戦後期にこれほど多くの国家が憲法裁判を始めたことの理由もこのことで説明することができる。

b) 取り扱われる法的素材の特性およびその憲法裁判への影響

しかしこの原則的な性格づけをもってしても憲法裁判の特殊性を説明することはできない。この特殊性は主として憲法裁判が適用する法的素材，すなわち憲法に存在しているのである。憲法裁判を特殊な地位に置くのは，憲法の特性である。

α) 政治的なものの法としての憲法

憲法は政治的な行為に関係するものであり，政治的なものの法である。R. スメントが表現したように，政治が「国家がそれ自体やその本質を規定し，かつ貫徹する」領域であるとすれば（Bd. I, §1 V 2 a），憲法はこの領域において基準となる法であり，そのため憲法裁判はある程度この領域について判断を下さねばならない。憲法は，憲法機関の権限，行為形態および制度とその手続メカニズムおよび決定メカニズムを定めている。憲法は，国家の重要な構成原理およびとりわけ基本権に示される，政治的権力に基準と限界を設ける基本的な原理的価値決定を規定するものである。この作用関連は，同時に憲法裁判の対象をも形成する。憲法裁判の特殊性はかなりの部分この法的素材の特性に帰するのである。それゆえ憲法裁判が「政治的裁判」と形容されることも稀ではない。

しかし，この特徴づけには問題がある。それは憲法の性格や憲法を権威的に確定することを要求される裁判の性格を，政治的なものの本質と同じように誤って理解している。法と政治との関係がどれだけ多種多様であるかはすでに示した（Bd. I, §1 V および 2, §4 I 5）。それゆえ，政治的なものに関する裁判が憲法裁判にのみ負わせられることを簡単に述べておくべきであろう。政治的なものはほとんどあらゆる法領域に備わっているのであり，そのことからあらゆる裁判にも含まれうる。政治的なものはこれら両者にとってもともと異質なものではない。明らかに政治的なものは憲法および憲法裁判の判決にとって，通常，特有のものであり，または少なくとも［審査］密度によっては特有のものである。しかしだからといって，純粋な認識獲得や判決発見についての法学的方法が放棄されないならば，憲法も憲法裁判の判決も政治にはならない。換言すれば，裁判と政治とを分離するのは，素材ではなく，決定の基礎づけである。裁判はもっぱら法を基準として判断することである。これに対して，政治的決定は異なるスタンダード

に依拠し，異なる目的を追求し，異なる判断基準に従い，異なる動機づけから生じ，異なる手続によって形成されるものであり，簡単に言えば，異なった構造をもつのである。憲法裁判所による裁判も含む裁判を一貫して特徴づけるのは，さまざまな構造的・機能的な裁判原則である。憲法裁判所も，この方法の違いを常に強調してきた：

　たとえば，基本条約判決では以下のような記述がみられる：憲法裁判所は，「『政治に従事すること』，すなわち憲法によって作り出され，限界づけられた自由な政治的形成の領域に干渉すること」を，自ら放棄している。兵役義務判決における言明も同様のことを述べている。同様にラント憲法裁判所は地方自治体再編法の審査に際して，立法者によって選択された解決を合目的性に基づいて審査する，あるいはそれが最も理性的であるかどうかや最も公正であるかどうかを審査することは，裁判所の管轄事項ではないことを強調した。

　それゆえ，憲法裁判所は「政治的に判決している」というよく行われる判決批判は，このような粗雑な評価によって事態の核心をはずれていると言わざるを得ない。さらに，その他の点で唱えられる政治的裁判官の要求との注目すべき矛盾が浮かび上がってくる（後掲βおよびⅡ２ｂ）。批判は機能内在的にのみ行われるのであり，どこで，どのようなかたちで法学的に誤った論証や解釈が行われたのかを説明すべきである。その意味で裁判がそもそも無謬のものではありえないということは，それが人間の作業である限りは疑いがない。裁判は決して疑いなく正しい判断という意味での最終的結論ではありえず，つねに共同体にとって必要な法的安定という意味での最終の基準となる結論にすぎない。

　β）もちろんこの原則的位置づけがあらゆる問題を解決するわけではない。しかし，これらの問題が原理的な選択肢の中にあるのではなく，とりわけ憲法という，適用されるべき法的素材の特殊性の中にあるということは明らかになる。憲法は，抽象的な規定，一般条項，目的規定，価値を含む決定を他の法領域よりも多くもつ。機能上の理由から，憲法はほとんどディテールを取り扱わないのである。このことは著しい解釈の難しさを引き起こす。解釈とは，憲法においては他の法領域よりもかなり高いレベルで，法の具体化であり，明示的ないし内在的に存在する憲法原理からの法的推論である。解釈のなかではじめて憲法は「その現実における法へと」具体化されるのである。憲法においては解釈問題がある程度

力をもつ。これに対して，その他の裁判権の裁判にとっては，もちろん原理的には憲法裁判所にも妥当する，よく知られた三段論法での古典的解釈が依然として有力である。しかし，法の具体化は法の定立へと機能が転換することを意味するものではない。というのも，裁判官の機能は遅くともO．ビューロウや他の多くの論者以来，もはやモンテスキューが特徴づけたような「法を語る口」では説明されなくなったからである。それに対応して裁判は，かつて権力分立制度のなかで与えられた「いわば無」であるという役割を放棄した（§37および§43 I 1）。法の具体化においては，裁判に創造的な，法形成的な，そして継続形成的な，つまり構築的な要素が当然に生じる。この構築的な要素が政治的であるとされるのかもしれないが，これは所与の法的基準に依拠しているため，立法者や行政の行為とはまったく異なる意味で政治的なのである。構築的要素はつねに法内在的であり，「個別的なもの」にすぎず，一般的に法を創出するものではなく，判決のロジックであって，法創出のロジックではないのである。裁判官は，問題となっている事例のために，そしてそのためだけに，抽象的な法から具体的な法を生み出すのである。法は裁判官によって新たな価値や規範を生み出されてはならず，定められたもののなかで解釈され，裁判され，そして演繹されなければならない。「裁判官王」という形容や最近の「政治的裁判官」，「社会制御者としての裁判官」という形容は，このことを根本において見誤っている。それゆえ，憲法裁判所のあらゆる裁判は実定法の解釈であり続け，その機能にもとづいてたとえば法律を無効と宣言することもできるのである。ここで境界線を保持するということは明らかに，つねに憲法裁判全体の権威が危険にさらされる危ない綱渡りをするということを意味する。なぜなら，誰が監視者を監視するのかということが常に問われるからである。その答えは，最後には裁判官自身，つまりその法意識だけであるとされるほかない。裁判官の尊厳と重圧とは「他の誰も裁判官の味方をせず，裁判官は全く孤立する！」ことだという堂々たる文章はこのことにかかわる。

5．鑑定および規範統制手続の裁判としての性質

いわゆる鑑定手続（a）および規範統制（b）という2つの権限について憲法裁判の裁判としての性質はとくに非難される。

a）鑑定における裁判としての性質の欠如

鑑定意見の報告に関する権限は1956年まで効力を有していた連邦憲法裁判所法97条によって連邦憲法裁判所に認められていた。この規定は連邦議会，連邦参議院，連邦政府全体および連邦大統領個人に，特定の憲法問題についての鑑定意見の報告を求める権限を認めていた。法の鑑定は連邦憲法裁判所の合同部が行なわなければならない。ドイツ法において今日なお法鑑定意見の報告に関する権限を有しているのはブレーメンとニーダーザクセンの国事裁判所である（ブレーメン憲法140条，ブレーメン国事裁判所訴訟法13条3項3文；ニーダーザクセン国事裁判所法41条）。諸外国の裁判所や国際裁判所での状況は異なっている。憲法裁判所による鑑定意見の報告には問題がある。

裁判が，何が合法であるかを中立の機関によって最終的な拘束力をもって判断することだとすれば（Bd. I, § 20 Ⅳ 5 d α および§ 43 Ⅰ 4），裁判をせず，法的見解を説明し，法に関する考え方を検討することは，それとは正反対に鑑定の本質に属する。鑑定は評価はするが，決定はしない。法鑑定は，裁判所によって採用された拘束力をもつ考え方を傍らで支えるものとなる。その効果は論拠としての性質にあり，決定の拘束性にあるものではない。それゆえ，鑑定意見の報告は裁判ではないのである。これに対して鑑定意見が拘束力をもつ場合，その本質からそれはもはや鑑定意見ではない。そのため正当にも連邦憲法裁判所法97条は1956年7月21日の改正法によって削除された。

b）規範統制の裁判としての性質に対する疑義

規範統制は，ある法の規定が，それが規範であることを主張する法秩序のなかで有効なものとされるか否か（形式的有効性統制），あるいは創出ないし受け入れによってそれが規範であることを主張する法秩序の構成部分となったある法の規定が，その内容においてより高位の法の諸規定と一致するか否か（実質的有効性統制）に関する審査，および一般的に拘束力をもつ，または法律的効力をもつ裁判を目的とする裁判手続である。それゆえ重要なのは，ある法の規定から見せかけの有効性を剥奪し，または（その時点の認識水準に基づいて）有効性に関する疑義を除去することである。規範統制という表現は，かつて用いられた「裁判官の審査権限」ないし「裁判官の審査権」の概念に代わるものである。

「裁判官の審査権限」ないし「裁判官の審査権」は当時はせいぜい，裁判官がそれを行使するに際しては常に具体的な事例のために下位の規範を「適用外のもの」とするが，それは無効ではないという結論を導くことができるにとどまる，法の規定の付随的有効性審査であった。したがって裁判官の審査権は常に係争中の事件に付随するものであっ

た。これに対して、基本法に基づく憲法裁判所（および行政裁判所法47条に基づく行政裁判所）の規範統制手続は異なる性質をもつ。基本法100条1項にもとづく手続以外では、規範統制手続は原理的な意味での規範統制として形成されている。規範統制においては、下位法があらゆる点で上位法と一致しているのかが審査される（後掲Ⅳ）。規範統制は、とりわけ裁判の法律的効力（連邦憲法裁判所法31条2項）ないし裁判の一般的拘束力を備えた効力（行政裁判所法47条6項）のゆえに、憲法裁判に関する理解の核心にかかわるものである。その裁判としての性質が疑いをもたれることも少なくない。

　a) 消極的立法としての規範統制

　規範統制は、個別事件における法の形成を行うのではなく、立法者が行うのと同様に、一般的な、事件から切り離された検討を行っているため、立法行為であり裁判ではないということを、最近ではとりわけW．ヘンケが、それ以外には旧来の国法学の議論のみを繰り返す根拠づけによって、強調している。その主要な批判は、憲法の適用に際してはその一般性ゆえに包摂が行われるのではなく「決定」が行われるにすぎないのであって、さらに少なくとも法の無効化のケースにおいては政治的-創造的活動が展開される、ということであった。このことから、少なくとも法を無効化する規範統制の裁判には「消極的立法」という性質が付与されたのである。

　β) 批判的評価：裁判としての性質の特殊性

　この論証は規範統制の明瞭な裁判的要素を見落としている。規範統制の場合にも、法だけを基準として判決が下される。すなわち裁判上の三段論法に基づいて、大前提である規範が解釈され、そしてこの場合はそれ自体規範である「事実関係」がその下に包摂されるのである。したがって規範統制の場合、事実関係が実際の出来事ではなく、法の規定であるという点に特殊性があるのである。このことから規範統制は上位法規定を基準として下位法規定を審査することである。しかし、それにもかかわらず規範統制は、何が合法であるかの排他的に法規定に条件付けられた拘束的な判断でありつづける。規範統制は立法と特徴づけられるような自由な法規定の創造的形成ではない。

　とはいえ、規範統制の場合、憲法裁判で一般的に行われる法の具体化（前掲3 b*β*）が最も顕著であることを見落としてはならない。立法への接近は、この場合明白である。筆者はかつて、R．レズローブにならって、混合的構成（compositum mixtum) について述べたことがあった。その限りで，規範審査的憲法裁判には裁判官による憲法制定の断片，すなわち派生的な憲法制定権力の断片が含まれているのである。そこには憲法の発展および維持の趣旨に沿った憲法の具現化という憲法裁判制度の機能が最も強く現れている。

γ）予防的規範統制の不存在

いくつかのラント憲法と異なり，基本法は予防的規範統制をもたない。基本法93条1項2号および100条1項は「法」ないし「法律」，つまり必ずしも発効していないものではあっても，公布された規範を前提としているのであり（後掲IV 5 a γ），したがってそれらは抑止的規範統制を目的としているのである。

法律の公布前の規範審査は審査の対象の点で十分に明確なものではない。加えて，このような場合には立法機関の形成領域への内容的な干渉の非常に大きな危険がある。これは立法者には個々の点で何が許され，何が許されないかが決められていなければならないため，権力分立原則の維持に関する問題を提起する。この理由から，──限定的なものではあるが──予防的規範統制の導入に関するN. ホルツァーの提案は否定されるべきである。

II. 憲法裁判の機能と意義

1．憲法裁判，憲法，立憲国家：立憲国家の新たな条件

憲法裁判が，憲法問題に関し終局的決定を下す裁判のことであるとするならば，この裁判の中心的対象は憲法である。したがって，国家生活にとっての憲法の意義は，憲法裁判をも規定する。憲法と憲法裁判とはきわめて密接な関係にある。両者の関係に関する最も明快な説明は，W. ケーギの次のような言葉である。「憲法裁判に関する君の立場を述べてみたまえ。そうすれば私は君がどのような憲法概念を抱いているか当ててやろう」。このことを確認した上さらに，次のようなことを付け加えておくべきである。すなわち憲法裁判の存在は，憲法概念を規定するばかりでなく，確定的な国家理解の表現であり，国家機関相互間の関係および国家機関と市民とのあいだの関係の表現でもある。したがって憲法裁判というテーマは，実定憲法上の中心問題であると同時に，自由民主主義型の近代立憲国家およびそこでの国家作用のあり方をめぐって新たに構築されるべき理論の1つの基本的構成部分でもある。なぜなら司法は，包括的権限をもつ，つまり司法権を備える憲法裁判所を通じて，ドイツ史上かつて無かったような仕方で，国

家的意思形成過程へと取り込まれているからである。

　憲法裁判を通じ，憲法は国家と社会の中に不断に実現される。憲法裁判は，立法，統治および行政と並び，国家生活上の一構成要素となっている。それはＲ．スメントのいう，国家の統合因子の１つである。このような仕方で，憲法裁判は国家運営に与かる。憲法裁判を通じて，第三権力は真に国家権力となったのである。

　憲法裁判所が憲法上の機関として位置づけられていることもまた，理由の無いことではない（§32Ⅱ2bδ）。憲法裁判制度を採用したことによって，憲法問題の取扱いに変化がもたらされ，立憲国家に新たな次元が開かれ，立憲国家に新たな条件を加えたのである。それゆえ，憲法裁判制度を有する国家における政治の活動領域と，憲法裁判制度を欠く国家におけるそれは，際然と区別される。こうした認識が今日の国家形態論に対してもたらす意味については，いまだ十分解明されたとはいえない。

２．憲法裁判の中心的使命：憲法の保障，「憲法の番人」——憲法制定権力による憲法裁判所の採用

　憲法裁判が憲法を専門的に扱う目的は，憲法領域における適法性確保にある。憲法裁判は，憲法が遵守されるのを確保することを目的としている。憲法裁判制度の設置は，憲法の保障に仕える。こうした主要目的については争いが無いし，過去においても（後掲Ⅲ）今日においても疑われていない。憲法の遵守［確保という目的］は，およそすべての憲法裁判を特徴づける共通の要素である。そうした意味において，憲法裁判は，Bd.1 §6で述べたように，憲法保障のための諸制度の１つである。憲法裁判は，すべての国家権力に対して終局的拘束力をもって決定付ける効力をもつものであるがゆえに，いまや国家の諸権力の中でも憲法上最も重要なファクターである。こうして憲法裁判は，憲法の不可侵性と拘束性とを担保するための，中心的な権利保障制度となっている。したがって一般的に憲法裁判所に対しては「憲法の番人」たる機能が期待されている。

　この憲法の番人という理念は古くからのものである。すでに19世紀諸ラント憲法の中に「憲法の担保と保障」なる題のついた章立てが見出される。そうした目的のために国事裁判所——ただしそれらは限られた権限しかもたないものではあったが——が置かれることもあった。ドイツおよびイタリアでは，規範としての

憲法が崩壊し，一方では大統領あるいは君主が，また一方では議会が，憲法の番人として機能しなくなってしまった国家社会主義と全体主義の苦痛に満ちた時代を経た後初めて，裁判所という憲法の番人［の導入］に向けて歩み出したのであった。この両国において憲法の番人として憲法裁判所が採用されたのは偶然ではなく，意識的になされたものである。ヘレンキームゼー会議および議会評議会において，ドイツ共産党を除きすべての政党の代表は一致して，憲法の番人として憲法裁判所を設置することに賛成した。「法というものが人間社会の基礎とされる以上，法を実効化するために必要な保障［手段］もまた具備されねばならない。さもなくば，政治的合目的性が至高の原理へと祀り上げられ，法は民族，政府あるいは国家にとって有益なものでなくてはならないという，かつての時代の危険な基本ドグマへと向かうであろう」ということについて疑いを差し挟む者はいない。

こうした信条告白は，国民の憲法制定権力の発露である。憲法によって創設された権力——多くは議会——が名目的には無制限かつ制限不可能な主権を有することを，憲法裁判所に反対するための論拠として持ち出す人々にこそ，このことは尊重されるべきである。憲法制定者として国民は，憲法が遵守されているかどうかのチェックを連邦憲法裁判所に託したのであって，単に，議会による自律が働くであろうということのみを，あげて信用したわけではない。したがって憲法裁判所，議会，政府は，それぞれ特有の任務を負いつつ，等しく憲法によって正統性を与えられた機関である。基本法制定者による［連邦憲法裁判所制度採用］決定に際しては，アメリカ合衆国連邦最高裁判所による規範審査を通じての憲法保持機能と並んで，H. ケルゼンの認識および，1920年オーストリアにおける憲法裁判制度の設置に際しての経験が影響したと思われる。憲法裁判はかくして「法治国の究頂」，立憲主義の理念の完遂へとのぼり詰めたのである。憲法の発展におけるこうした変化の法的政治的意義は，政治的意思形成過程が「規範的な導きの綱に沿って一歩一歩」行われなくてはならないという点にある。憲法規範は全範囲にわたって強制手段を備えるものとなった。国家機関によるすべての活動は，それが憲法に適合しているか否かによって統制可能である。全面的に拡充強化された憲法裁判制度を有する国家は，その存在根拠を，独り政治活動のみにとどまらず，なかんずく国の政治が憲法に適合的であることに置いている。国は絶えず，国を構成している基礎すなわち組織および権能［の問題］へと立ち戻らな

くてはならない。こうした［制憲者による憲法裁判制度採用］決定の政治的効果は，なかんずく，（a）すべての国家権力に対する統制，および（b）政治活動もまた法的に拘束されること，以上二点に表れている。

a）　すべての国家権力に対する統制—裁判所による統制の必要

憲法がすべての国家活動を規律づけ，拘束するものである以上，すべての国家権力が憲法裁判による統制の下に服することになる。裁判所による統制が，最初刑罰権に対して行われ，次いで国の財政活動，さらには行政活動に対しても広げられてきたという，司法権の射程範囲の歴史的発展に鑑みると，これは実に「立憲主義的法治主義の最終到達点」である。憲法裁判によって，立法者および政府もいまや，その活動が憲法に適合しているか否かにつき監視を受けている。したがって憲法裁判は，国家における憲法の優位，憲法の規範的最高位性，憲法の無制約の法的拘束性の帰結である。実体的には憲法のみに拘束される点で，憲法裁判を規定する要因は，憲法によって創造された権力ではなく，国民の憲法制定権力ならびに特別多数で決定を行う憲法改正者である。裁判を通じ憲法を強制することにより，とくに影響を被るのは，憲法裁判制度をもたない立憲国家においては他者からの統制を受けずに広範な自由を認められて来た２つの機関，すなわち議会および政府，なかんずく行政的活動ではなく国家指導的活動を行う場合の後者である（§39Ⅲ2）。まさに立法・統治の両権能に対する統制という点にこそ，憲法裁判の，他の裁判と比較した場合の特色がある（前掲Ⅰ3a）。

1945年以前を顧みればたしかに，それまでのすべての純政治的な，憲法保障のための統制の仕組みが，立憲国家の崩壊を阻止できなかったことがわかる。ここでは国家元首が「憲法の番人」とされたことを想起すれば十分である。

民主制的法治国は，憲法裁判を不要なものとしているわけでなく，逆にそれを必要としている。民主的に正統化された立法者は全能ではない。立法者は憲法による価値決定，すなわち基本権に拘束されている。民主制的立憲国家の確立にともない基本権の矛先が向けられるべきものが無くなったとする考え方は，ルソー的思考範疇とは対照的に民主的正統化を受けた立法者さえも制約する基本権の機能を，正しく理解していない。そうした基本権の機能に対応して，立法者を基本権その他の実体的価値決定へと拘束することを実効化すること，つまり民主的正統性をもつ主権者に対しても憲法を確保することが，現代の憲法裁判の使命なの

である。

　基本法制定以来 30 年以上のあいだに再編されてきた国家のあり方の中で，民主的立法府および立法府の中から構成される政府が統制不能なものとなる虞が無くなったわけではない。むしろ，20 世紀の［原書刊行当時から見て］最近 3 分の 1 の状況の下でまさに，裁判所による統制が存する必要性が理に適ったものであると思わせる十分な理由が見出される。

　議会と政府とを支配する政党は，権力抑制の原則を実効性の無いものにしてしまったわけではないけれども，それを弱めてはいる。議会と政府との対置は，一方に政府および議会多数派，もう一方に，前者を牽制しつつ対峙する議会少数派という新たな対立図式に，とって代わられている（Bd.1 § 23）。憲法が遵守されているか否かが問題となった際，多数派の憲法違反行為を「破棄する」ことができるのは憲法裁判のみである。かくして憲法裁判は，最高の法規範の遵守確保のため不可欠の統制機構となる。同時に憲法裁判は，憲法上保護された法的地位が問題となる限りでは，少数派保護の不可欠の要素である。

　連邦国家においては，連邦とラントとのあいだの権限分配に関しても同様のことが言える。国家への実力と権限の集中を明確に認識するならば，連邦とラントの両者が持つ保障機能の意義はますます大きなものとなる。我々はかなり以前から，介入国家の危険性を認識している。自由主義的社会国家の要請を超えた福祉国家から生じる危険に対し，我々は最近ようやく敏感になった。そうした国家すべてに膨大な量の法的諸要素――法律，政令および個別規定――が随伴する。統治とはすなわち，法の拡大生産である！　したがって法規に対する統制の必要性はますます高まっている。

b）　政治的なるものに関する裁判は政治的裁判ではない―政治活動に対する法的拘束

　以上指摘した憲法裁判の必要性にもかかわらず，憲法裁判に懐疑的な者は，裁判の「政治的」性格を指摘するのが常である。これと同じことを言うために，「裁判官の拒否権」，「裁判官による検閲」，「裁判官による統治」，「代替的立法者」あるいは「第三院」といったきつい言い方がなされることも多い。

　しかしながらこのような批判は，裁判所対議会ないし政府，あるいは法対政治という，機関に着目した，あるいはカテゴリカルな議論図式が働いている点で，

根本的に誤った出発点から発している。憲法裁判が政治に関わる裁判であるという性格を，少なくとも一部もっているのと同じく，憲法とは，政治に関する法である。「憲法争訟は，常に政治的争訟である。ここにこそ，制度全体に関わる問題がある」と，すでにH．トリーペルは考えていた。政治的なるものに関する裁判は政治的裁判，すなわち政治的決断と同じ様式，方法による裁判と等価ではない。すでに詳述したように（前掲Ⅰ３ｂ），憲法裁判は依然として，司法的紛争解決の様式，方法に従った裁判であるにとどまる。憲法裁判において，政治的なるものは，常に法規範という基準により，またそれのみによって評価される。法規範が存しない，あるいは法規範の解釈（具体化）によれば政治部門に対して活動上の裁量が認められる場合にのみ，またそうした場合には常に，憲法裁判は及ぶことがない。これは憲法裁判に対する機能的かつ論理的限界である。

およそ憲法裁判すべてにまつわる根本問題は，民主的正統性を帯びた立法者対民主的統制を離れた裁判所という二項対立でもってそれを把握しようとする限り，解決することはできない。［国家の諸権力のうち］いずれかの権力の絶対化ではなく憲法の唯一至高性という論理に立つ立憲国家が克服せんとしているのは，まさにそうした二項対立そのものなのである。こうした見方の下では，憲法裁判所の規範審査は，原理的に正統である。そうした権限は，憲法評議会が作った法により肯定されている。

3．憲法裁判権の限界とその具体化

問題となりうるのは，各事件において審査基準として援用される憲法上の諸命題から明らかになる限界のみである。そうした点で，憲法上の命題の内容は，すべての憲法裁判所の権限上の限界である。ここで一般的基準を提示することは不可能に近い。たとえば連邦とラントのあいだの，あるいは憲法上の諸機関のあいだの，権限配分に関する規範は，宣言的な形で規定されている基本権［規定］よりはきめ細かく表現されているであろう。さらにこうした基本権［規定］は，目の粗い，一般条項的な，国家の基本構造に関する，あるいは国家目的に関する規定とはまた異なっている。問題をよくわかってもらうには，平等権条項や社会国家要請を例に挙げて，それらの命題の解釈をめぐって相対立する見解を述べる膨大な文献の参照を求めれば足る。いずれにしろ憲法裁判権は——条約同意法律の場合を除き——予防的手続あるいは鑑定意見の提出のような仕方で行使されては

ならない。さもないと憲法裁判は，現行の（憲法上の）法規範に則った形で，事後的統制より余程強力な政治的闘争手段を導き入れることになろう。

憲法裁判は，その権限の限界を画するためさらに，司法の自制という意味合いの慣行を発展させてきた。

　a）　憲法適合的解釈

まず第一に挙げるべきは憲法適合的解釈である。この原則によれば，「もしある法律を合憲であると解釈することが可能である場合には」，その法律を無効としてはならない。「つまりこの原則は，同原則に従って法律を憲法適合的に解釈しうるとの推定につき語っているのみならず，こうした推定の中にあらわれている同原則が，［法律を憲法適合的に解釈しうることが］疑わしい場合にもなお，法律の憲法適合的解釈をなすべき」こと，その際当然のことながら「立法目的を視野に入れ」なければならないということを要請しているのである。ところでアメリカの憲法裁判の古くからの伝統に倣った，この法律の合憲性推定の原則を憲法裁判所は度々，［法律が］無効であることの宣言を回避する目的で，時にはアクロバチックとも言えるやり方で，用いている。そのことは，［法律の］意味の解明に際して立法者側にあまりに多くの利便をここで図っているのではないかという疑問を生じさせている。こうした疑問に対する説明は，憲法裁判所第1法廷1979年1月16日決定による合同部開廷要請（ちなみにこれは憲法裁判所の歴史上2番目の合同部開廷であった）においてもなされているといってよいであろう。

　b）　国際条約の効力の推定

外交権限の領域においては，連邦憲法裁判所は早くから，「条約の有効性の推定」を認めてきた。すなわち，当該条約が憲法の意図した状況に接近しつつあるなら，条約の有効性を推定してきたのである。すでにザール条約判決に以下のような説示が見出される。

「憲法裁判所が国際条約の内容の合憲性を審査する際，そうした条約にはしばしば見られる曖昧で多義的表現について想定可能な解釈のうち，仮に可能なある解釈を採った場合に［条約の内容が憲法の意図するところと］大幅に隔たる結果となってしまうような場合には，そのような解釈の仕方は思考の埒外に置くべきである。［条約の内容が基

本法の意図するところと]かけ離れたものになってしまうような解釈を採る場合には実際基本法は侵害されるという理由からその条約を基本法と適合させることはできないと述べることには，賛同できない。国際条約締結成立に関与したドイツ連邦共和国の政治部門が，基本法に違反するような条約を締結しようとしたわけではないこと，むしろ政治部門は［当該条約が］基本法と適合可能であると判断したであろうこと，さらに基本法に適合した条約の解釈および適用に努めるよう意図しているという推定から出発すべきだというのが原則である。以上のようなわけであるから，解釈というものには幅がある限り，またその幅の枠内で，当該条約についての考慮に値する可能なさまざまな解釈のうちから，基本法に抵触しない解釈を選ばなくてはならない」。

その後の判例は，こうした判例の流れをさらに押し進め，とりわけ基本条約判決では，［条約の］憲法適合性審査においては「政治的形成に対する裁量」を「考慮の外に置いてはならない」ということが明示的に強調されている。こうした判決に関しては，ヨーロッパ共同体法や，いわゆるベルリン問題——そこでは同じく非常に錯綜した国際的インプリケーションが一定の役割を果たした——に対する判決の場合と同じような仕方で，「政治的であるばかりか法律的な火の試練」に裁判所は耐えたのだと，ある人は認めている。こうした判断を，必ずしもすべての政治家が共有するわけではなかろう。しかしながら連邦憲法裁判所は，政治部門に対し他国との交渉において必要とならざるを得ないものを認め，しかも憲法上の要請を無視することの無いような，熟慮に基づく判例を，学問的客観性をもって裏打ちしなくてはならない。

したがって，1874年スイス連邦憲法草案109条のような，憲法裁判所による条約に対する審査を排除する例外条項［を置くこと］は適切ではないように思われる。［憲法裁判所による条約の違憲審査に関して，］このよう排除が多く行われるようになれば，国家間の相互依存がますます強まるにつれて，国際法にますます強度の国内統治権力が与えられてしまうことになるであろう。ちなみに付言すれば，ヨーロッパ共同体法においては，同様に裁判所による包括的統制権が認められている（ヨーロッパ経済共同体条約173条）。この論点に限定して言えば，ドイツ流の裁判権に関する基本的考え方が，フランス‐イギリス的な考え方に抗して，貫徹された。

c）　違憲を宣言するにとどめられること

連邦憲法裁判所はもはや，法律が違憲とされるすべての事案において，法律の

（法的次元における）無効を確認してはおらず，単なる違憲宣言を述べるにとどめ（後掲Ⅴ3gγ），場合によっては，これに加え期限付の将来効を認めてきた。これは，裁判所の判決としては，効力を否定することなく違憲宣言のみ行うオーストリア流の解決法にほぼ近いものである。こうした判決手法は，立法者が平等原則への配慮を怠り，一定のグループに対して違法な仕方で不当な扱いをしたようなケースにおいて要求されることには疑いが無かろう。そうしたケースにおいては，法律が全面的に無効とされるのは適当ではない。その他の事案において［上記のような判決手法が採られる］動機はとりわけ以下のようなものであろう。すなわち，法律上の規律が無効とされ，結果的に無がそれにとって代わるならば，耐え難い法的混乱がもたらされるであろうということである。立法者に対するいわゆる警告判決——そうした判決では，法律の制定改廃が行われるべきであるといった指示をともなう場合が少なくない——がなされるようになったのは，そのような理由からである。こうした判決手法が常に適当であるとは思えない。とくに，怠惰で，度重なる警告を受けた議会自身に対していうまでもなく向けられた，たとえば議員歳費判決のように，警告判決によって，たった一回の具体的事案の中で，「当該法的問題領域全体に対する一挙解決」を図るような場合，そうした判決手法に対しては疑念が湧きあがってくる。立法裁量の限界を画するために，上述のような，法の制定改廃を指示するような判決手法が適当な場合も少なくない。ただしその場合，立法者が自らに向けられた連邦憲法裁判所判決の要求するところにますます近づきつつあることが確かめられていなくてはならないことは当然である。

　　d）　立法者の予測裁量範囲に対する統制は控えるべきである

　［憲法裁判所による］自制のカタログの範囲をあるいはさらに広げ，誤った方向への発展が開始されるに際して，その修正を立法者に対して促す権限が［憲法裁判所に］あるということを当然前提としつつ，［立法者の］予測裁量範囲に対する［連邦憲法裁判所の］統制は限定的なものにとどめるべきであるということを認めても良いかもしれない。しかしながら判例傾向が未だ定まっていない現下においては，［憲法裁判所による自制のカタログに，そうした問題を独立の項目として加えるのは］自制しておくことが適当である。

e) いわゆる政治問題の法理

政治部門，とりわけ立法府との対立［が懸念される場合］においては，アメリカにおける政治問題の法理に倣うべきである，すなわち［当該事案における］問題が，ある一定の仕方で，そうした政治的性格をもつことが証明されたなら，本案に立ち入るのを拒否すべきである，つまり［当該事案の問題が］司法判断に適合的でないことを受け入れるべきであるという，一考に値する意見がある。こうした提言に対しては，以下の二通りの反対理由が対峙する。

α） 一般的かつ輸入可能な規準はアメリカ合衆国連邦最高裁判所の判例の中には見当たらない

アメリカ合衆国連邦最高裁判所の政治問題の法理を分析し，その法理に関する一般的な，具体的事案毎のものにはとどまらない，［個々の事案を超え，あるいはドイツ憲法裁判所の判決に］引用可能な規準を見出そうとする者は必ずや，その期待を裏切られることになろう。アメリカの研究もドイツの研究も，その法理がいかなるものかにつき「確信をもって述べることは絶望的なまでに困難である」とする点では一致している。政治問題の法理とは，概して言えば，アメリカの憲法ドグマーティクにおける多くの法理がそうであるように，学術的分析というよりは実践的運用に基礎づけられている。アメリカ合衆国連邦最高裁判所が［本案問題に］決着をつけたくない場合には，政治問題の法理が持ち出され，同裁判所が［本案問題に］決着をつけようとする場合には，［当該事案への］この法理の採用が否定されるのだと言い切るのは，誇張的ではあるが，まったくの的外れというわけでもない。しかしそうであるとすれば，［裁判所による］政治問題の採否の問題は，まさに最高度の政治問題なのであって，もはや法的問題ではない。この原則の［ドイツへの］受容を支持する者は，まさに裁判の政治化，予測不能の決断主義を支持することになろう。憲法裁判所が政治を統制し過ぎると非難する反対意見は少なくない。けれどもそうした主張は，［憲法裁判所が政治に対する］統制を行わないことが自ずと，［違憲性を疑われる政治的］活動をした者に対して，その行為の合憲性を認定することになる以上，［実は憲法裁判所が政治に対する］統制を行わないこともまた［彼らが非難する，憲法裁判所による政治への過度の介入と］同程度に政治的なものと考えざるを得ないのだということを看過している。

β） 裁判拒否にあたるおそれ

政治問題の法理をドイツの憲法に適合させることは不可能である。憲法裁判権を行使する裁判官はどの事案においても，裁判所に持ち込まれた当該問題に対応する法規範の有無を審査しなくてはならない。この［事案に対応する法規範の有

無という］問題につき，《有る》と答えるのであれば，裁判官はその法規範を適用しなければならない。当該問題があまりに政治的で，政治部門が決定するほうがより相応しいとか，あるいは裁判官は裁判につき責任を引き受けたくないといった理由によって，裁判官が自身の裁判権を否定することは許されない。これらはことごとく裁判拒否に該当する。実際に行われた政治的活動が憲法に抵触しないものとの判示をなし得るのは，［当該政治活動に対応する］規範的準則が存在しない場合のみである。憲法上の審査規範の範囲［が限定されていること］は，裁判所による［政治に対する］統制活動の形成を困難なものにする場合が多かったが，そうしたヨーロッパ大陸法的な裁判法理は，判決を行う義務から裁判所を解放したわけではない。

f) 専門裁判所に対する抑制的統制：憲法

本項目の問題との関連で最後に，概して［連邦憲法裁判所による］専門裁判所に対する統制は自制的であることについても言及しておくべきである。もっとも厳密に言えば，この問題は第三権内部の限界問題に関わるものであるにとどまる。しかしながら，こうした問題につき裁判所が自制に心掛けていることは，［憲法裁判権の］自発的限界づけ［の問題］のもう1つ別の側面を示すものである。

とりわけ裁判に対する憲法異議は，連邦憲法裁判所による専門裁判所の管轄領域への侵害となる危険を孕んでいる。もし仮に専門裁判所の裁判あるいはそこに至る手続が何らかの仕方で基本権にも関わっているからという理由で，憲法裁判所が「上告審」のように，専門裁判所による法の解釈適用を包括的に審査しようとするならば，それは連邦憲法裁判所に特有の使命を正しく理解するものではない。そのようなわけであるから，連邦憲法裁判所による——とくに民事紛争における——［専門裁判所の下した］確定判決に対する審査は，限られた範囲で行われたに過ぎないというのが，確立した判例である。［憲法異議申立人の主張する彼の利益に対する］侵害が［憲法判断の対象として］受理されるのは，専門裁判所が「個別憲法」につき判断を誤った場合に限られてきた。これに対し，［専門裁判所の］裁判が——「通常法」に照らして——客観的に見て欠陥があるというだけでは，憲法［そのもの］が侵害されたとはいえない。むしろ専門裁判所の判決の欠陥の原因として，まさに基本権に対する無配慮がなくてはならない。すなわちそれは，専門裁判所が基本権の意義およびその保障領域に関して根本的に誤

った考え方に基づいている場合，あるいは専門裁判所による法の解釈適用がもはや理解不可能なものと考えられるため，その解釈あるいは適用が事実無根の考慮に基づいているものと結論せざるを得ないような場合である。専門裁判所をその結論に導いた方法が，法発見に際して憲法上存在している枠をはみ出したような場合にも，同じことがいえる。

　こうした出発点については大方の一致があるものの，まさに医療過誤訴訟における立証責任分配に関する裁判は，逆の結論を想定することも可能であることを示している。また，専門裁判所に対して要求される利益衡量——たとえば基本法5条の枠内（「照射効並びに相互作用」）で——に際しても，「個別憲法（spezifisches Verfassungsrecht）」なる定式は，満足な仕分けを導き出すのに必ずしも適当ではない。

　そのため学説において，および萌芽的には連邦憲法裁判所の判例において，事案グループの中で基本権「そのもの」に対する侵害を選り分けることが試みられた。さらには事実関係に関する調査，証拠に対する評価，規範の確認ならびに具体化，適用ならびに包摂といった裁判官の個々の活動に依拠した，より細かい分類も見られる。概して言えば，上級法律審の活動を事実審裁判官の活動と区別するのに用いられるのに類似した構造および議論パターンが形成されてきたように思われる。もっとも，カズイスティックな判断を超える明確な線が，判例の中で明確になったとは言えない。それを見出そうとしても，星の如く散らばる諸事案の数のおびただしいことに直面して，困難に陥らざるを得ないであろう。［もっとも］予め一定の大まかな基準を置くことは不可能ではないだろう。すなわち，その基本権の価値が高ければ高いほど，また通常法に対する基本権の浸透作用を無視した度合いが重篤なものであればあるほど，連邦憲法裁判所はより立ち入った審査をなすべきである。一般の裁判において，上訴がますます制限される傾向にある場合には，また合議体の場合よりも単独裁判官のように［裁判体を構成する裁判官の］数が少ないほうが，［憲法裁判所による専門裁判所の裁判に対する］統制は強められなくてはならないことは当然である。

4．権力の抑制・均衡の要素としての憲法裁判

　§23では，現代の政党国家においては伝統的権力分立構造が機能不全に陥っていること，もっともそれが完全に意義を失ったわけでもないことを述べた。し

かしながら，権力分立構造の旧式化した機能を，権力の分割と抑制の復旧のため最も重要な組織構成原理の1つとして維持するためには，新たな要素が必要となる（§36 V）。ここに憲法裁判が登場しうるのであり，また憲法裁判の中心的意義が［権力の］抑制にあることが明らかとなるのである。憲法裁判によって，国家機能に対する憲法の優位を貫徹することが可能となる。憲法裁判が発揮する効果には，「能動的」な政治権力保持者に対する統制抑止という意味がある。立法府も行政部も，自分の活動の憲法適合性につき審査を受ける［潜在的可能性がある］ことを念頭に置かねばならないため，憲法裁判が存在していることそれ自体，その「牽制艦隊」としての機能によって，一定の権力の抑制均衡が生ずる。憲法実務上，憲法裁判による権力抑制は，連邦制による垂直方向の権力抑止（§19 Ⅲ 1）と並んで，有効な（水平方向の）権力抑制要素であることがわかる。なぜなら憲法裁判所の判決は事前防止的に，あるいは——多くの場合——事後破棄的に働く，つまり法律，条約，政治決断，行政上の諸決定，さらには裁判所の判決までもが憲法に違反する場合には「破棄される」可能性があるからである。しかしながらそのことから，憲法上の諸機関の中での憲法裁判所の「優位」を帰結するのは誤りである。

　そのような［憲法上の諸機関内で，唯一憲法裁判所が優位するかのような］序列づけ［でもって考える発想］は，［原則的には］憲法上の機関すべてが同格に位置づけられており，［憲法上の諸機関のあいだに］優位服従関係が妥当するのは，憲法がそう規定している場合に限られるのだということを看過している。したがって，立憲国家のもとでありうるのは，唯一憲法の「優位」のみなのである。憲法上の機関は，憲法がそれぞれに対して与えた権能のみを，上記のような［権限］分配［上の原理］に従って行使してきた。こうしたことから，憲法上の機関は，それぞれの［分担する］機能領域においてはいずれも最高位にあり，またその帰結として，相互に尊重義務，いわゆる憲法機関忠誠を負うのである。憲法上のすべての機関は，組織次元での相互依存関係，また同時に権能次元での相互依存関係から成る多中心的システムへと抱合されている。だから立法や政府と比較した場合，憲法裁判権には自らイニシアチブをとる権限がとりわけ欠けている。憲法裁判権が活動を開始するのは，［他者からの］申立てに応じる場合のみであるし，審査を求められた国家行為のうち，その憲法絡みの側面のみについてしか判断し得ないという点で，憲法裁判権とは第一次的には，抑制する権力である。

この点に関して，近代国家の根拠は規範ではなく立法と執政にあり，そのため「運命的な偉大なるもの，国家」が自らの「核心的本体」を裁判権へと移行させるなら，その国家は道を誤るというカール・シュミットの確信は失当である。なぜなら国家が憲法裁判を導入しただけで，そうした移行がなされるわけではないからである。国家がこれらの諸権力に対してなしうるのは，精々これらの諸権力をもはや無制約なものとしておくのではなく，憲法という枠の中にとどめるのみであり，そうした大枠の中での［政策］展開は一貫してこれらの諸権力に委ねられている。ただし，憲法を通じての［権力に対する］限界設定および憲法裁判所を通じての［権力活動の］憲法［適合性］の監視は，立憲国家の核心部分を形成している。

5．国政上の意義：法的平和と基盤的コンセンサスの維持——憲法の発展的形成

しかし，そのことから直ちに，そのような［憲法裁判制度を備えた立憲］国家は，［そのような国家体制に対する］いかなる抵抗にも負けないものであると言うことはできない。1932年から33年の時期，ドイツの裁判所は全体主義への行進を押しとどめることができなかったのは確かである。今日のようなレベルの憲法裁判が存在している以上，そのような［全体主義への］歩みは起こらないだろうといった，向こう見ずな主張もなされるかもしれない。あるいは，今日の国家は，憲法の維持のために憲法裁判制度を備えているのであるから，そのような国家があらゆる試練に耐えうることはもはや証明済みであって，［このような今日の国家体制が］崩壊することはありえないと信ずるならば，それもまた同様に危険であろう。しかしながら，このような［憲法裁判制度を備えた今日の］国家の中には，高度な成熟性と法に対する忠誠を見てとることができ，しかもそこには憲法裁判制度が少なからず関わっている。すべての国家権力に対するこうした法の優位，憲法の「至高性」といったものは，政治権力や諸々の中間的権力にとり，必ずしも常に心地良いものではない。またそれらは，多くの（政治的な，あるいはデモ活動の中に見られる）判決批判に象徴されるように，必ずしも何の抵抗も無く受け容れられるとは限らない。だが［そうした判決批判に対する］連邦憲法裁判所の反批判は断固たるものである。「行政権が連邦憲法裁判所において行なわれるべき手続をすり抜けることは，基本法による包括的憲法裁判権の採用とは相容れない」——この一文は一般化して考えるべきだと言って良く，［憲法裁判所に

よる憲法判断を]すり抜けることのみならず，例による仕方で裁判所に圧力が加えられること，そうした圧力を排除する際，他の憲法上の機関が裁判所を見殺しにすることも遺憾ながら少なくなく，あるいは自ら圧力を加えるのに加担することすらあるということを念頭に置いている。憲法裁判制度の有無ばかりでなく，すべての者を拘束する憲法上の基盤的コンセンサスが相当程度維持されているかどうかもまた重要であるということについては，必ずしも常に意識されているわけではない。しかしながら，憲法を過度に拡張解釈すること，あるいは憲法をすり抜けること，要するに「憲法の規範的効力」（K. ヘッセ）を弱めることが何を意味するかは，ヴァイマル共和国の辿った運命を明確に認識する者にとっては，誰の目にも明らかである。いかなる国家も「権力無しで」はいられない。だが権力は法によって正統化される。こうした正統化が，憲法を準則とした裁判にとって重要なのである。憲法裁判がその統制機能を，法に仕えつつ，その機能に合った仕方で果たそうというのであれば，憲法裁判の質および説得力が決定的に重要なものとなって来るであろう。具体的事案における法的平和の復旧ばかりでなく，憲法の中に示された，その社会にとって不可欠の基盤的コンセンサスの維持もまた，憲法裁判の目的なのである。そうしたコンセンサスの維持は，法共同体にとって死活の問題である。それゆえ憲法と憲法裁判とは，さまざまな仕方で，相互関連している。憲法裁判は憲法を具体化現実化する。憲法裁判は憲法に生命を与える。また憲法が——意図されて，あるいは意図に関わり無く——改正が困難な場合にとりわけ（Bd. I, §5 II 3），憲法裁判はとくに憲法の発展形成に与る一要素でもある。

Ⅲ．憲法裁判の歴史的基盤

1．第二次世界大戦後における憲法裁判制度導入ラッシュ

　戦後ドイツ連邦共和国に導入された，包括的権能をもつまでに拡充強化された形での憲法裁判制度（［その権能につき詳しくは］Ⅳにて後述）は，比較的歴史の浅い裁判制度の1つである。と同時にまた，第二次世界大戦後，憲法裁判制度の驚くべき設置ラッシュが開始されている。憲法裁判は，すでに述べたように，国家社会主義や全体主義に見舞われたドイツ，オーストリア，イタリアという諸国家に受け入れられ，あるいは再導入されたにはとどまらない。憲法裁判という型を

継受したのはむしろ，トルコ，ユーゴスラヴィア，キプロス，ギリシャ，スペインといったヨーロッパ諸国であり，さらにオランダやルクセンブルクでは導入を間近に控えている。フランスですら，議会主権［という伝統的建前］から明らかに離脱し，とりわけ 1974 年 10 月 22 日の憲法改正以後，一種の憲法裁判［導入］へと向かう傾向が見て取れる。フランスにおけるそうした動きについては，A. シェイエスが述べた意味での憲法委員会（jurie constitutionnaire）という古き理念がまさに想起される。

2．憲法裁判制度設立の歴史的根源の意義

　専門的に憲法の遵守の確保とその保障に仕える裁判を導入するにあたっての動機はさまざまである。それは国によりそれぞれ異なる。とくに，そしてまさにドイツでは，歴史的動因が少なからぬ役割を演じている。ドイツ人は裁判に特別の信頼を寄せた。「彼らにとっては，自らの権利のために，公権力を相手取って訴訟に訴えることは無意味なものではなく，あるいは最高のことであったかもしれない」と H. トリーペルは見，さらにドイツ法においては裁判権をあらゆる公権力の中でも中核と見る考え方が見られるとしている。彼によれば，裁判官という職は，民主制や議会の発生以前からすでに存在していた。裁判官職は法と同じくらいに古い。にもかかわらず，今日の憲法裁判を中世神聖ローマ帝国における裁判を起源とする発展の延長上にあるものと見ることはできない。U. ショイナーと Th. シーダー［の研究］はあまりにも多くの破綻と矛盾をきたしてはいるものの，神聖ローマ帝国においてはその［帝国統治の］根本に関わる諸々の制定法すなわち憲法に起因する紛争が帝国の裁判所に持ち込まれることはよくあることであったこと，「司法国家の観念」はドイツ人の国家理解において異物的なものではなかったことを気付かせた点では正当である。その限りで，今日のドイツの憲法裁判が［神聖ローマ帝国時代にまで遡る］歴史的淵源につながるものであることは確かである。しかしながら，アメリカ合衆国連邦最高裁判所のもつ強大な裁判権の解明が，母国イギリスにおけるまったく異なった［裁判権をめぐる］観念とは切り離して考えていこうとする意思無くしてはあり得ないのと同じように，今日のドイツにおける憲法裁判の歴史的起源の追求にしても，憲法裁判をめぐる今日的理解への関心無くしては行い得ないであろう。

3．国事裁判との対比における憲法裁判の概念の成立

　憲法裁判という呼称の仕方は比較的新しいものである。オーストリアにおいて憲法裁判所が 1919 年 1 月 25 日法律により，さらにその後 1920 年連邦憲法 137

条以下により設置されたのを受けて，ヴァイマル時代に学問上その言葉が用いられているのが見出されるのが最初である。一方その時代の国家実務では，全ドイツレベルでは新設の，また諸ラントにはもっと早くからすでに導入されていた国事裁判所［という呼称］に合わせて，国事裁判なる名称が用いられた。もっとも，この国事裁判所——この呼称は，バーデン-ヴュルテンベルク，ブレーメン，ヘッセンなど一部ラントにおいて憲法裁判権を表すものとして今日もなお用いられている——が裁いたのは，今日でいう憲法争訟であった。その意味では憲法争訟の概念は［憲法裁判概念］より古い。たとえばH．ツェプフルは1820年5月15日のウィーン最終議定書60条および61条による領邦君主とその等族とのあいだの紛争を指して，憲法争訟という言葉を用いている。

4．a）　帝室裁判所・帝国法院・仲裁裁判所

　［当時］いわゆる本来の意味での国家統治に関わる事件が，さまざまな局面で裁判所の審査を免れることを特別に認められていたことに鑑みれば，帝室裁判所（1495年設置）や帝国法院（1498年）に与えられていた裁判権を憲法裁判権であると見ることには注意が必要である。（侵害を受けた）権利が「私法上の法関係によるものであろうと，あるいは公法上の法関係によるものであろうと，あるいはその権利の侵害が国家権力，立法，執行等の活動によるものであろうと，あるいは私人による活動によるものであろうと」，少なくとも原則的にすべての対象が「司法審査対象事項」とされなくてはならない。だが領邦君主やライヒ等族たちは，当初からしばしば，こうした裁判に服することを拒んだ。彼らの抵抗がより強かったのは帝室裁判所についてであり，帝国法院に対する抵抗が表面に出ることは比較的少なかった。さらに真の意味での「国事訴訟」を扱う重要裁判所［としての機能］は——少なくとも第一審では——「仲裁裁判所」へと移行した。とりわけオスナーブリュック講和条約，1654年最終帝国議会決議，さらには後の選挙協約では，帝国の基本法に起因する紛争が生じた場合，仲裁裁判所への申立てが義務づけられていた。このため，古くは皇帝の国家諮問会議であった帝国法院とは異なり，ライヒ裁判所は民刑事および行政裁判権の大部分を行使したものの，おそらくはこの仲裁裁判を，ライヒ裁判所の活動よりも早い，憲法裁判の先駆として見ることが出来よう。要するに，憲法裁判へとつながる前史が歴史上示されていたにしても，それは漠然としたものであったに過ぎない。

b）　諸侯に対する訴追手続

　さらに中世においては，ハインリヒ獅子公に対する訴訟にあらわれているように，レー

ン法に照らして不実とされた諸侯に対する訴追手続もまた知られていた。もっともそうした手続は，国事裁判というよりは，刑事裁判に属する反逆罪手続に類したものであった。

5．19世紀における決定的動因

憲法裁判［制度導入］に向けた決定的動因は19世紀にもたらされた。それは［具体的には］まずもって次のような展開の中に示されている。
－ 新たな（議会制）憲法の保障，あるいはそうした憲法を同盟が保障すること［というドイツ同盟規約の条項］に基づいて，同盟あるいはそれぞれのラントにおいて憲法争訟のための裁判所手続が創設されたこと，
－ 同盟内の構成各邦間の紛争に対する裁判所による解決，
－ 各邦の公務担当者による侵害に対する憲法の保障（大臣訴追），
－ 憲法侵害がなされた場合における，等族あるいは個々の市民による最上級審への申立て（憲法訴訟あるいは憲法異議）。

1820年5月15日ウィーン最終議定書および1815年6月8日ドイツ同盟規約，さらには初期立憲主義時代における等族的諸邦憲法には，そうした司法による憲法保障を予定している部分が見られる。「本来的意味における近代憲法裁判の起源」をなすのは，これらの諸文書である。もっとも，規範統制——憲法裁判所という唯一の裁判所に集中されてこれが行われるようになるのは概して第二次世界大戦後のことであるが——という考え方が最初に明確に現れてくるのは，19世紀中葉前後のことである。

a）全ドイツ・レベルでの最初の萌芽

W. フォン・フンボルトが起草しウィーン会議に提出された連邦憲法草案において彼が抱いていた，「将来の憲法が連邦裁判所を欠くならば，ドイツの法構造には要石が欠けているとの強い思いは決して払拭されないであろう」との認識は，明確かつ先見の明あるものであった。にもかかわらず，ドイツ同盟規約11条4項およびウィーン最終議定書LX, LXI条，同XVIII条以下に基づく同盟会議が行いえたのは，仲裁ならびに調停のみにとどまった。唯一，当事者合意による仲裁裁判所への申立てのみが，1817年6月16日仲裁法により，（仲裁）裁判所による紛争処理への道を開いていた。こうした状況は1834年における同盟仲裁裁判所の導入まで変わることはなかった。憲法争訟という観念は知られてはいたが，それが本格的な憲法裁判所［の設置］に結実することは

なかった。それは，いくつかの例外は別とすれば，「妥協的決断」に委ねられた。最初に，その§126で，今日のような憲法裁判理解と同様の権能を創設したのは，1849年3月28日に草案が議決されたものの，ついに発効することは無かった，「ドイツ帝国憲法」であった。

　同じく発効することの無かった1849／1850年統一ドイツ憲法もこの点基本的には同じであった（1849年5月28日エルフルト統一ドイツ憲法§124）。1863年9月1日の（挫折に終わった）ドイツ同盟改定規約は「同盟裁判所」に対して裁判権ならびに仲裁裁判権を与えたが（26条以下），［同盟］政府と構成ラント代表とのあいだの争訟を別とすれば（28条4号），真の意味の憲法事案につき［裁判権を］認めたわけではなかった。

b）　各邦における国事裁判

　以上のような次第で，全ドイツレベルにおける憲法裁判所の芽の成長は弱々しいものであった。このため憲法裁判の理念をかなりの程度現実化したのは，とりわけ各邦の国事裁判であった。19世紀前半における立憲主義の画期の中ですべてのドイツ諸ラントに導入された「等族的」諸憲法は，君主制原理と等族原理とのあいだの妥協を図るものであった。また中には，憲法の「保障」という項目の見られる憲法も少なくなかった。憲法の保障に関するこれらの規定には，その時代特有の意味があった。というのも，それらの規定は，憲法に対する専断的侵害あるいは主権者による［憲法の］廃棄から［憲法の］安定を確保しなくてはならなかったからである。憲法保障のための制度には，憲法遵守の宣誓，憲法改正を困難なものにすること，君主の統治活動について大臣が答責を負うことに加えて，大臣訴追があったが，これは多くの場合「国事裁判所」という名称の付けられた1つの裁判所で原則的には行われた。

　こうした［国事］裁判所は，ヴュルテンベルク（1819年9月25日憲法§195）のように，明示的に「裁判所による憲法の保障のために」設置される場合もあった。憲法異議あるいは憲法訴訟を通して——場合によっては王の仲介によって——国事裁判所に申し立てる権利を等族に保障することで，同様の目的を達しようとする憲法もあった。もっともこうした制度が初めて導入されたのは，主に1830年以降の憲法制定の第二のピークにおいてであった。1831年9月4日ザクセン王国憲法は§142において「裁判所による憲法保障は1つの国事裁判所によって担保される」と定め，§153では「憲法のそれぞれの部分の解釈につき疑問が生じた場合に」，裁判を行う権限を同裁判所に対して

与えていた。もっともドイツの覇者プロイセンは，1848年および1850年の憲法においては，そうした裁判所による憲法の保障，さらに1つの裁判所による憲法争訟の解決［というやり方］には与しなかった。

　以上要するに，ドイツ諸邦の国事裁判所が実際上果たした機能は僅かなものにとどまったけれども，そこに認めることができる制度の定着は，後の憲法裁判の開花にとって，軽視すべからざる意義をもつものと言うことが出来よう。

　c）　プロイセン支配下の連邦（ライヒ）レベルでの反動
　しかしながら1860年代以降の展開は，ついいましがた述べた憲法裁判の観念に対して，とくに連邦（ライヒ）レベルにおいて，反動を生じさせた。ここでとりわけ重要なのは，当のプロイセンが諸対立の解決の重点を，政治の次元のみへと移行させたことである。

　　こうした傾向については1863年4月22日プロイセン・ラント議会でビスマルクが述べた以下の言葉が引かれる。彼のこの考え方は，北ドイツ連邦憲法や1871年ドイツ帝国憲法に方向づけを与え，また1919年に至るまでの時代に対し，帝国憲法を通して，ある程度刻印を与えた。「私はプロイセンの裁判官を，法の権威として高く評価するものではあるけれども，裁判所による1つ1つの判決というものが，評決参加者中の多数派の主観的見解によって生み出されかねないものである以上，判決にラントの政治の前途，君主とラント議会とのあいだの，さらにはラント議会両院間の権力配分を委ねて良いとは，政府は信じてはこなかった」。こうした考え方へと彼を向かわせたのはとりわけ，プロイセン予算争議（§45 Ⅲ 2, §49 Ⅲ 1）であっただろう。予算争議の経過の中ですでにビスマルクは国の機関どうしの対立を「力の問題」だとしている。

　北ドイツ連邦憲法76条に倣い，1871年ドイツ帝国憲法76条は，連邦構成諸邦間の争訟，さらには連邦構成諸邦内部の憲法争訟について裁判を行う権限を連邦参議院に与えた。ただし1881年3月14日の法律（RGBl. S. 37）によりハンブルク市政府と同市議会のあいだの争訟［を裁判する権限］が「国事裁判所」としてのライヒ裁判所に与えられていたように，ライヒ法律が何らかの異なった規定をおいている場合はそうした特別のライヒ法律上の規定によるものとされた。いずれにせよライヒの機関相互間の争訟の解決，あるいは規範審査については

［1871年ドイツ帝国憲法では］考慮されていなかった。後者についてはとくに勅令に対する（司法）審査を明文上禁じた1850年プロイセン憲法106条が依然効力を保ち続けていた。別の方向を目指していたドイツ法律家大会による1862年および63年決議は実現されずに終わった。

6．第一次世界大戦後における国事裁判あるいは憲法裁判の諸ラントへの導入 ―ライヒ国事裁判所による全ドイツレベルへの発展―その権限

1918年における帝政の崩壊の後、ほとんどのラントで国事裁判所あるいは憲法裁判所を導入する新憲法が作られた。しかしながら諸ラントにおけるそれら裁判所の権限は、バイエルンの場合を別とすれば、ライヒ国事裁判所の権能と比べると見劣りするものであった。当時の諸ラントにおける国事（憲法）裁判所の権限は、機関争訟、旧来から行われていた大臣訴追、いくつかのラントにおいてはラント憲法に照らして行われる規範統制、さらにバイエルンにおいてはラント憲法上の基本権侵害を理由として行われる憲法異議にとどまった。憲法裁判制度のその後の発展の重心がライヒ・レベルへと移行したことは明らかであった。

旧帝国議会において国事裁判制度導入の提案が幾たびにもわたって退けられた後、1919年のヴァイマル国民会議は国事裁判制度の創設を支持した。［当時］公表されなかった1919年1月3日「ライヒ憲法準備草案」はすでに、その§13において、ドイツの自由都市内部の憲法争訟およびドイツの異なる自由都市間の非私法的争訟については、「ライヒ国事裁判所」が裁判するとしていた。各邦代表委員会による承認を経てライヒ内務大臣により国民会議に提出された1919年2月21日第四次草案は、17条で、ライヒと各邦とのあいだの争訟にも権限を拡大した。国民会議の憲法委員会はこれを強く支持し、本会議ではヴァイマル憲法19条の規定に受け継がれた。国事裁判所に関する1921年7月9日のライヒ法律が発効するまでのあいだ、ヴァイマル憲法172条に従い、暫定的ライヒ国事裁判所が任に当たったが、そこで下された判決はたった2つであった。その後ライヒ国事裁判所法により、ライヒ国事裁判所が設置された。だが、ライヒ国事裁判所はライヒ裁判所に併設され、人的面においても他の裁判所の裁判官により構成されており（国事裁判所法3条）、さらにこれに、事件毎にライヒ議会あるいはライヒ参議院によって選出され、しかも裁判官としての［法律上の専門］能力を必ずしも備えている必要の無い陪席裁判官が加えられた（同法4条）。このような制度

的独立の不徹底,法廷の構成方式の特異性にもかかわらず,国事裁判所が真の意味の憲法裁判所であることは疑う余地が無い。その権能についてはヴァイマル憲法19条,15条3項,18条7項,59条,90条2項,170条2項,181条2項,さらには特別法律が規定を置いていたが,中でもとくに,以下の項目につき裁判するものとされた。

- ラント内部における憲法争訟で,それを処理する裁判所が存在しないとき［ヴァイマル憲法19条］。
- ライヒとラントのあいだの非私法的性質の争訟で,他の裁判所が［その処理の］権限を持たないとき［同条］。
- ライヒの監督権行使による欠陥の指摘をめぐって意見の相違があるとき［15条3項］。
- ライヒ大統領,ライヒ首相,ライヒ大臣が故意または過失によりライヒ憲法あるいはライヒ法律に違反した場合の訴追［59条］。
- ラント憲法上の［ラント機関相互の権限の］配分を理由とするラント内部の憲法争訟。

　国事裁判所は,法律の憲法適合性審査のための規範統制手続,ライヒ機関相互間の機関争訟,自然人あるいは法人が憲法上の権利を侵害された場合の憲法異議については権限をもたなかった。国事裁判所は,これら憲法裁判所として本来ならもつべき権限を欠いてはいたけれども,ヴァイマル憲法所定の［国事裁判所の］権限のカタログは,［戦後の］基本法93条3・4号,99条,61条,87条4項の手本となった。最後に,国事裁判所はその判例によって,重要な憲法上の諸問題を解決したが,それらは戦後の連邦およびラントの憲法裁判制度に対しても依然影響を与えている。「［国事裁判所に関して］ヴァイマル憲法が規定するところは,たしかに不徹底な面があったけれども,すでに構想され,さまざまな領域を包括し,制度として際立った憲法裁判,内的連関が認められ,また憲法の『保障』との関連において定義づけることの出来るような憲法裁判の像が同憲法の規定により描き出された」というU. ショイナーの結論は強く支持しうるものである。［ヴァイマル憲法時代の］国法学もまた,立憲国家における憲法裁判の位置づけおよび機能を解明するまでのレベルにまで達していた。「第三帝国」崩壊後の,憲法制定者による［憲法裁判導入の］明確な決定に向けた基盤は,すでに整っていたのである。

7. オーストリアにおける展開

ドイツにおける憲法裁判制度発展の歴史について十分な概観を得るためには，オーストリアにおける憲法裁判制度の設置についても目を遣ることが必要である。1849年3月4日の押し付け憲法（Allgemeines Reichs-Gesetz- und Regierungsblatt für das Kaiserthum Österreich (öRGBl.) Nr. 150, S. 151 ff.）は§106において，以下のようなさまざまな憲法裁判所的権能をもった「最高帝国裁判所」を予定するものであった。

「Ⅰ．帝国と各州とのあいだの，あるいは州相互間の争訟で，その対象が帝国の立法権の対象とはならない場合に，仲裁裁判所として
Ⅱ．政治的権利の侵害がなされた場合の最終審として
Ⅲ．次の各事件を審査し，最終的に裁断する機関として
　a）大臣および知事に対する訴追に際して
　b）君主あるいは摂政に対する謀反および暗殺がなされた場合，ならびに大逆罪および国家反逆罪事件において」

最高帝国裁判所は「職掌に従い，あるいは訴えを受けて」，上に挙げられた事件を裁いた。

しかしながら1849年憲法は，1851/52年に早くも廃棄され，皇帝の広範囲にわたる制約無き支配が，1867年すなわち制限君主制憲法が公布される時点まで，間に置かれることになった。だが1867年憲法は，広範な憲法裁判所としての権限をもつ帝国裁判所の設置を意図するものであった。

1919年1月25日の法律により，それに代えて，ドイツ系オーストリア憲法裁判所が置かれたが，さらに1920年10月1日オーストリア連邦憲法137条以下により，憲法裁判所は最終的な姿を獲得した。オーストリア憲法裁判所は，当時のライヒ国事裁判所とは異なり，法律および命令に対する規範統制権をもっていた。だがなお同時にまたライヒ国事裁判所と同様，「典型的な」憲法裁判所としての権限を欠いてもいた（前掲6）。したがって，法治国原理を徹底させるためには包括的権限をともなった憲法裁判制度が必要であるというオーストリア憲法の父H.ケルゼンの理想が完全に実現されたわけではなかった。

Ⅳ. 権限および手続の種類

1．［憲法裁判所の権限に関する］基本法による定めと［法律による］その拡張

　連邦憲法裁判所の権限は，僅かな例外を別とすれば，基本法に規定されている。もっとも［同裁判所の］権限のカタログは，基本法93条2項および連邦憲法裁判所法13条15号の定めるところにより通常連邦法律によって，またラント内部の憲法争訟については基本法99条の定めによりラント法律によって，追加可能である。しかしながら，通常法律による連邦憲法裁判所の権限追加を，これまで立法者は控えめにしか行って来なかった（後掲Ⅳ 10）。立法者による［憲法裁判所に対する］権限付与の可能性［を認める基本法および連邦憲法裁判所法上の規定］は限定的に解せねばならない。憲法遵守の確保が憲法裁判の本来の使命であることを忘れてはならない。そうでなくとも，連邦憲法裁判所の負担に配慮し，また憲法上の地位を与えられた裁判所が果たすべき憲法の番人としての機能のために，立法者は慎重となるだろうし，［新たに連邦憲法裁判所の管轄として加える］事項が憲法との親近性を失わぬよう意を用いるであろう。しかしながら［憲法裁判所の］権限を技術的意味における憲法争訟に限定することは，実質的憲法争訟と言えるための基準を確定的に言葉で表すことの困難さをさらに顧慮しなくてはならないことになるので，適当ではない。

2．連邦憲法裁判所の権限範囲

　a）　手続の種類と権限との結びつき―連邦憲法裁判所への出訴の途は包括条項ではなく列挙主義によって開かれている

　連邦憲法裁判所の権限は，他の連邦の裁判権とは対照的だが，ブレーメンを除くラントの憲法裁判所同様，一般条項ではなく，限定列挙［された諸規定］によって個々に開かれている。こうしたいわゆる列挙主義が採られているのは，歴史的に見て憲法裁判が，特定の手続類型を1つ1つ増やすことで発展してきたことに，おそらくは起因しているのであろう。行政裁判権（行政裁判所法40条1項）あるいは民事裁判権（裁判所構成法13条）に関する一般［授権］条項のように，すべての憲法争訟に関する憲法裁判権という一般的権限を基礎づけるようなかたちで出訴の途を与える規定を置くべきだとの声は，たしかに無かったわけではな

いけれども，議会評議会は，［憲法］裁判所の権限を列挙するやり方を採ったのであった。もっともこれら［列挙的諸規定］はきわめて射程の広い規定の仕方をしており，あるいは——憲法異議申立手続の例のように——連邦憲法裁判所によって拡張的に運用されているために，結局［連邦憲法裁判所の］権限のカタログから漏れてしまう憲法問題はほとんど無い。また一般条項を採った場合には，ヴァイマル憲法19条をめぐって議論されたように，「憲法争訟」という困難な概念を積極的に定義づけなくてはならないという，連邦憲法裁判所の権限に関する現行のカタログのもとでは，基本法93条1項4号および同99条ならびに行政裁判所法40条1項をめぐって限定的に生じるに過ぎない問題に直面せざるを得ないことになろう。

したがって連邦憲法裁判所の権限を確定するのに，憲法争訟という概念を解明する必要は基本的には無いのであるが，とくに行政裁判所管轄下の紛争すなわち非憲法的な公法上の紛争の（消極的）境界画定のためには，憲法争訟という概念の解明が重要となる場合がある。というのも，一般的および個別的行政裁判所への出訴の途が与えられるのは，その紛争が非憲法的な公法上のものである場合に限られるからである。これに対して，その紛争が憲法上のそれである場合には，行政裁判所への出訴の途からは除外されることになる。

したがって憲法裁判所への出訴の途が開かれるのは，明示的な裁判権限が存する場合に限られる。同時に［連邦憲法裁判所に裁判］権限が与えられている場合には，［連邦憲法裁判所への］出訴の途が開かれている。

b）　行政裁判所法40条1項第1文所定の非憲法的争訟：対象事項と当事者

行政裁判所法40条1項第1文の「非憲法的」という文言について，この規定が焦点をあわせているのは，当該争訟の憲法的性格，すなわち実質的意味における憲法に属する，憲法上の諸機関のあいだの争訟であると解すべきである。したがって——成文不文の——憲法［上の規範］の内容，解釈および適用をめぐる見解の不一致が問題とされている。これらの問題は，当該争訟の前提問題にとどまらず，その核心とならざるを得ない。したがって1972年10月20日すべてのラントにより締結された「学生の在籍権の授与に関する条約」から生じた紛争は，行政法上の問題に関するものであって，憲法上の問題に関するものではない。なぜなら，その条約の規律は，たとえそれが憲法によって命じられたものであった

Ⅳ. 権限および手続の種類　489

としても, [その実]「欠員部分に関する行政的処置」であるからである。

[「憲法紛争」の] 概念は, 上述のように, 係争の] 対象に着目した制約を受けるが, 同時に紛争当事者に着目した制約をも受ける。つまり [「憲法争訟」の] 当事者は, 憲法上の法関係における権利義務の主体 (議会および政府), すなわち実質的意味の憲法から自らの権利義務を直接引き出しうる権利主体でなくてはならない。だとすれば, 真の意味での憲法紛争が起こりうるのは, 等位 [関係に立つ機関どうしの] 次元に限られるのであって, 市民と国家とのあいだ [の法関係] には, たとえ憲法上の機関が当該法関係の当事者であったとしても, 真の意味での憲法争訟が起こる余地は無い。とくに (連邦憲法裁判所法90条2項から推して) 基本権をめぐる紛争は, 実質的憲法争訟には当たらない。したがって市民と国家とのあいだの法関係は, 原則的には憲法上の法関係とはいえない。また市民が官庁とのあいだの争訟の中で, 基本権やそれ以外の客観的な憲法上の原則の侵害を問題としている場合も, 憲法争訟が起こっているとはいえない。

3．手続の類別に沿った形での権限分類

連邦憲法裁判所に与えられた権限は, さまざまの異なった角度から分類することが可能である。連邦憲法裁判所法13条所定の権限のカタログにおいては, [連邦憲法裁判所の権限の] グループ分けはなされておらず, クリアーな形で整序されたとは言い難い列挙が提示されているに過ぎない。それでも, 紛争当事者, あるいは [紛争の] 共通の目的傾向に着目して分類された以下のような手続類型を認めることは可能である：
- 機関争訟 (4),
- 規範統制手続 (5),
- 連邦争訟 (6),
- 個別的憲法保護手続 (7),
- 選挙および議員資格審査手続 (8),
- 憲法異議手続 (9)。

以下本書では, それらの手続類型の詳細のすべてを扱うのではなく, それらの基本的特質のみ描き得るにとどまる。

4. 機関争訟

　最上級連邦機関相互間の機関争訟手続については，基本法93条1項1号ならびに連邦憲法裁判所法13条5号および同法63条以下によるが，機関争訟手続を連邦レベルでの憲法裁判権の権限の範囲に加えたのは，［現行］基本法が最初である。連邦以外，つまり諸ラントにおいては，機関争訟手続は，立憲主義時代を通じて諸ラントにおいて憲法裁判権が拡充されて以来（前掲Ⅲ5ｂ），ドイツ型憲法裁判の中で古くから認められていたものの1つである（参照ヴァイマル憲法19条）。ヴァイマル憲法19条によれば，ライヒ国事裁判所がライヒの最上級機関相互間のヴァイマル憲法に関する争訟をも裁判することは許されないということが，すでにヴァイマル共和国において問題とされていた。それでも国事裁判所は，憲法争訟の当事者に関してヴァイマル憲法19条を拡張的に解釈し，またヴァイマル憲法の中の諸規範がラント憲法に対する制約となる場合には，それらヴァイマル憲法の中の諸規範を考慮に入れた。当然のことながら当事者は必ず国家機関すなわち国家意思形成者——つまり議会，政府，さらに院内会派および政党——でなくてはならず，国家意思形成の部外者，国家権力への服従者は当事者とはなれなかった。［ヴァイマル憲法時代の国事裁判所の］権限カタログが限定的に定められていたことからすれば［，機関争訟の当事者の範囲を解釈論上広げることは本来］問題だが，ゲマインデや教会，さらには一部その他の公法上の法人が［当事者に］含めて解釈されたことは理解できる。

　ヴァイマル憲法が（「憲法争訟」とか「当事者」といった）分明ならざる規定の仕方をしていたのに対して，基本法上の［機関争訟に関する］権限規定は，次の2点で，より精確な表現方法を採っている。［第一に］当事者となりうるのは，「最高位の連邦諸機関」の他，「この基本法によって，あるいは最高連邦機関内部の活動規程［＝職務規則］の中で，固有の権利を与えられた」もののみである。［第二に］当該争訟は「この基本法の解釈をめぐる」ものでなくてはならず，また上記当事者のあいだで主張されている権利義務は，基本法上の根拠をもつものでなくてはならない。

　この［連邦憲法裁判所の］権限規定が（憲法上の）「機関争訟手続」と呼ばれているのには理由がある。というのは，［その手続の］当事者は，憲法によって秩序づけられた国家意思の形成に直接関わるものでなくてはならず，また当該紛争が憲法解釈をめぐるものでなくてはならないとされているからである。国家はた

しかに公法上の1つの法人ではあるが，その内でさらに幾つも，それぞれ固有の権能をもった諸機関に分かたれる組織体であり，それら諸機関が働くことで初めて国家の意思が生み出されていることをはっきり自覚するなら，そうした争訟手続［が設けられていること］が理解可能となる。これら諸機関の活動は，憲法に拘束されており，また憲法上の法関係の対象である。このことから，機関の活動は，その本質上，裁判所による統制になじむものである。機関の活動に対する客観法的拘束は容易に理解しうる性格のものであるけれども，当該機関が自立的に主張しうるものとしてその機関に付与された独自の権利へと実体法上そして手続法上主観化することは，機関が権利能力を欠くことを強調したり，主観的権利の帰属点としてもっぱら国家のみを考えている限り，困難である。さらに，権限というものが一定の事項範囲について独占的に行使するために付与されたものとみなし得，また権限というものがこうした管轄範囲に関する「規範的自己説明責任」を基礎づけるということを認識することも，ここでは有益である。

こうした前提のもと，1つの同じ権利主体すなわち国家内部の諸機関を，主観的に訴訟を通して主張可能な権利の主体，部分的権利主体として認知することが正当化される。もっともその場合でも，憲法上の機関争訟手続の中でさらにどのような手続が許容されるかという問題は残されるが。

機関争訟手続については，基本法93条1項1号が明瞭な規定を置き，さらにそれを連邦憲法裁判所法63条以下が補っているのであるが，にもかかわらず機関争訟手続をめぐってはなお一連の問題が投げかけられている。

a) 当事者適格：憲法機関とその一部

機関争訟において当事者適格を有するもの，すなわちその固有の権利によりその手続を維持しうる立場にあるものが誰なのかについては，連邦憲法裁判所法63条の列挙するところに尽きているように見えるけれども，［実は］それに尽きるものではない。もし同条が機関争訟の当事者の範囲を最終的に確定するならば，（通常レベルの）立法者によって基本法が最終的に有権解釈されることになるという許されざる帰結をもたらすことも，同条だけからは機関争訟の当事者の範囲が明らかにならない理由である。少なくとも同条に挙げられた憲法上の機関，すなわち連邦大統領，連邦議会，連邦参議院，連邦政府は，憲法争訟の当事者たり得るものである。だが，ここにさらに，基本法上あるいは職務規則により固有の権

利を付与された機関あるいはそうした機関の一部が付加されている。どのような機関がこれに当たるかについては，議論の余地が無いではない。少なくとも基本法93条1項1号に言う「最上級連邦機関」とは，本書［原著］第3章第2節で扱ったすべての憲法機関のことである［ということには争いは無い］。難しいのは，基本法上あるいは最上級連邦機関の職務規則により固有の権利を付与された「他の関係諸機関」の範囲の確定である。いずれにせよ，そこにいう「他の関係諸機関」とは，機関争訟［制度］の目的設定の趣旨からして，憲法上の法関係の当事者でなくてはならない。それらの機関は「国家権力の担い手」として，地位および機能上，最上級連邦諸機関に比肩し得るものでなくてはならない。ともあれ基本法制定者は［機関争訟の］出訴権者の範囲を限定的に考えようとしていた。したがって市民，ゲマインデ，ゲマインデ連合，および労働協約当事者は除かれる。［ヴァイマル憲法下の］ライヒ国事裁判所が判例の流れの中で後に政党を，それが国家の意思形成に参与するものではないにもかかわらず，［機関争訟の当事者に］含めたのは，首尾一貫したものであったとはいえない（Bd. I, §13 Ⅳ 5 c）。連邦銀行および連邦会計検査院が機関争訟の当事者に含まれるかどうかについては，これまでのところ判断が下されていない。それらは最上級連邦機関といえなくもないが，憲法領域への参与機関と見なし得るのは会計検査院のみであろう。

　連邦憲法裁判所法63条によれば，合議制の最上級連邦機関の一部も，職務規則や基本法において固有の権利を付与されている場合には［機関争訟の］当事者となり得る。これに該当するのは，
－ 連邦議会，連邦参議院および連邦会議の議長，合同委員会の委員長，
－ 連邦議会および連邦参議院のすべての委員会，とくに両院協議会，
－ 会派，
－ 個々の議員，
－ 連邦政府の閣僚である。

　憲法上の機関の中にあって票決の際に形成される，その時毎の多数派少数派は，これには該当しない。なぜならそれらは「政治的勢力」に過ぎないからである。たとえば，基本法44条1項，あるいは多くの場合各院規則によって，一定数の少数派に対して基本法上あるいは議事規則上権利が保障されているにもかかわらず，これを多数派が守らない場合は別であるが。

b) 出訴資格

　連邦憲法裁判所法64条によれば，提訴資格者は，「自己または自己の属している機関が，基本法上自己に与えられた権利義務を相手方の措置または不作為によって侵害され，あるいは直接脅かされている」と主張し得るものに限られる。そこにいう「措置」には法律も含まれる。この点で，後掲5で述べる規範統制手続との競合が問題となる。［機関争訟の］提訴者を侵害したり負担を与えている措置または不作為は，紛争当事者間の憲法上の法関係に起因するものでなければならず，しかも基本法上の権利義務に影響を与えるものでなくてはならない。連邦憲法裁判所は紛争解決を行うに際して，当該紛争に関わる憲法上の法関係を明らかにしつつ，憲法上の機関が他の憲法上の機関の権利領域を侵害したか否かを明らかにしなくてはならない。したがって機関争訟とは，憲法上の機関相互間で紛争対象とされている憲法上の権利義務を明らかにするための，憲法裁判所を通じて行われる仕組みなのである。したがって連邦憲法裁判所はまず，当該措置または不作為が基本法上の規定に抵触しているか否かを確認しなくてはならない（連邦憲法裁判法67条1項）。

　しかしながら上述の問題の確認が，基本法上の規定の解釈にとって重要な法的問題と関連している場合，後者の問題についてもまた，連邦憲法裁判所は同一の判決の中で付帯的に判断を下すことが「できる」（［つまりそれを行うか否かは］同裁判所の裁量による）（連邦憲法裁判所法67条3項）。その結果，後に先例として機能する（前提）問題に関する判断が，拘束力をもって下されることになる（連邦憲法裁判所法31条1項）。そうした事例としては次のようなものが想定できよう。連邦議会が可決した法律に対し，同法律が違憲であるとして連邦大統領が認証をしなかったため，連邦議会が［機関争訟を］提訴したとする。連邦憲法裁判所は連邦大統領が法律の［憲法適合性］審査権を有するか否かを確認しなくてはならないが（§30 Ⅲ 4 a），しかも同裁判所は同時に，その法律の合憲性についても付帯的に判断を示すことができる。

5．規範統制手続

　すでに述べたように（前掲Ⅰ5 b），法規範の形式的あるいは実質的妥当性に関して審査し，それにつき一般的拘束力をもつ，すなわち法律の制定改廃と同等の効力をもつ裁判を下すための憲法裁判所による手続のことを，規範統制と呼ぶ。

「規範統制」という呼び方は比較的新しいもので，おそらくはH．P．イプセン［がこの呼称を用いたこと］に遡るであろう。以前は「司法審査権」と呼ばれたが，これは第二次世界大戦以前，ドイツ憲法に関して法政策上あるいは法学上最も盛んに論争されたテーマの1つであった。だが基本法発効以後，すべての法規範の妥当性につき審査を行う権利および義務を裁判官が有していることは，議論の余地のあり得ないところとなっている。裁判官のそうした権利および義務は，法律（Gesetz）と法（Recht）とを区別すべきであるという立場（Bd.Ⅰ, §20 Ⅳ 4 a α）を採る基本法20条3項，ならびに憲法の優位（Bd.Ⅰ, §3 Ⅲ 2 cおよび§4 Ⅰ 3）に由来する。同時にその根本には，立法者の全能［という観念］の廃棄ということがある。基本法100条1項が前提とするのは，そのような審査権限である。

　基本法公布以前には，法律の妥当性に関する裁判官の審査とはすなわち，具体的事案に付随して行われる審査のみを指した。このため［基本法の定める］裁判官による法律の憲法適合性審査権は，あるいは［現在の基本法の定めるところとは］別のものとなっていたかも知れない。したがってヘレンキームゼー草案や議会評議会が，［法律に対する］審査権限はすべての裁判所に与える一方，［法律の］廃棄権限，すなわち一般的拘束力をもって［法律の］無効を確定する権限は憲法裁判所に集中させたのは，もっともなことであった。同時に，これによって議会は，立法権を個々の裁判官全員によって侵害されることから保護されることになる。こうした目的を達するため，連邦憲法裁判所による規範統制手続という制度が，いわゆる抽象的規範統制（a）および，いわゆる具体的規範統制（b）という2つの形で導入された。これらに加えさらに，［国際法上の法規範に対する］いわゆる規範認証（c）および，［旧法令の現行法としての効力に関する］いわゆる規範資格認証（d）という，規範統制類似の二手続がある。これらの名称が最も精確なものというわけではないことは事実だけれども，それらは［定着した用語法としての］市民権を獲得しつつある。

　a）　抽象的規範統制—非対審的手続
　抽象的規範統制については，基本法93条1項2号および13条6号，ならびに連邦憲法裁判所法76条以下に定めが置かれている。抽象的規範統制は，具体的な法的紛争の存在の有無にかかわりなく提起することができるが，提訴権者は限られている。

ヴァイマル憲法13条2項がライヒ仲裁裁判所の設置に至るまでの期間，ライヒおよびラントの中央官庁の申立てにより，ラント法上の規定がライヒ法に適合するか否かを判断する権限を1920年4月8日の法律（RGBl. S. 510），1923年6月23日の財政調整法6条（RGBl. I S. 494）および1920年12月21日（RGBl. S. 2117）の俸給停止法6条以下を通じて，ライヒ裁判所，ライヒ財政裁判所およびライヒ行政裁判所に対して与えていた点で，ヴァイマル憲法13条2項を，限られた意味においてではあるが，［第二次世界大戦後の抽象的規範統制の］範型として見ることが可能である。ラント法に対するライヒ法の優位の確保というヴァイマル憲法13条2項の目的設定を基本法はさらに連邦法内部次元にまで広げ，下位法に対する上位法とりわけ憲法の優位を確保することをも目的としている。

基本法93条1項2号所定の規範統制には，連邦憲法裁判所の憲法の番人としての役割が，徹底して前面に押し出されている。連邦あるいはラントの法規定が形式的にも実質的にも基本法に違反しないよう，また一方で，連邦国家構造から生ずる危険を回避するよう，［基本法］以外の連邦法にラント法が違反しないよう，連邦憲法裁判所は番人をしなくてはならない。つまりは，法秩序の段階構造の維持がかかっているのである（Bd. I, § 4 I 3 a）。すべての下位法に対して上位法に照らした審査が可能であるから，連邦憲法裁判所は連邦法律およびラント法律両者に対する関係で憲法の番人であり，同時にラント法に対する関係で連邦法の番人であり，また同時に法規命令に対する関係では法律の番人でもある。これら法の維持という役割は，安定化機能（法的安定性），すなわち憲法状態に関する終局的解明に資するものである。

　上記最後の目的は，連邦憲法裁判所がもはやすべての事案において違憲の規範を無効とするわけではなく，そうした規範が憲法に違反していることを確認するにとどめ，立法者に対して合憲状態をつくり出すよう促す方向に移行しているために（後掲V 3 gγ），最近ますます明らかになりつつある。同時に立法者に対するこうした「警告」には，どのような立法を行うべきかについて指示が付されていることも多い。［連邦憲法裁判所による］こうした［裁判］実務に対しては批判が無いわけではない。そうした批判の理由としては1つには，無効（裁判所による［無効］宣言判決）という法秩序の段階構造から本来帰結されるべきところから，そうした判決手法は逸脱していること，2つ目に，そうした判決手法は立法者の活動領域を過度に制約する可能性があるということが言われる。［一方こうした批判に対し，］このような［違憲性の確認にとどめる］手続手法に，

少なくとも部分的には確固とした理由があるのは当然である。そうした理由とはすなわち、一部あるいは特定のグループが、平等原則に違反する仕方で、すなわち違憲な仕方で、優遇されていない場合には、そうした判決手法を採らざるを得ないということである。こうした理由は、それ以外の場合においても同様に納得の行くというものではない。しかしながら、違憲の宣言にとどめる判決手法は例外的なものと考えられていたのであるが、まさにそれが広範囲にわたって——とりわけ1973年5月29日連邦憲法裁判所判決により大学の領域において——［違憲とされた下位規範と憲法の］どちらの法が妥当するのかにつき、不確実さを残したのであった。そのため、規範の無効宣言と規範の違憲確認は「同じ働き」をするものであるということを、連邦憲法裁判所自ら確認せざるを得ない結果となったのである。

抽象的規範統制は、機関争訟とは対照的に、両当事者が主観的権利あるいは主観化された客観法をめぐって争う当事者主義的手続ではない。抽象的規範統制は被告無き客観的手続であり、その提起は、上述した保障目的の枠内での包括的規範審査への動因に過ぎない。［抽象的規範統制において］手続全体のあり方を規定する根本要因とは、公益なのである。したがって、もし手続を最後まで継続することが公益に資するのであれば、提訴者による訴えの取下申立てがあっても手続が終了するわけではない。

α）　提訴権者

提訴権者は限定列挙されたもの、すなわち連邦およびラントの政府ならびに連邦議会の1/3の議員に限られる。当手続の客観的性格およびその保障目的に鑑み、各提訴者は、自身に関わる規範ばかりでなく、すべての規範につき審査申立資格がある。注目すべきは、少数派保護として考えることのできる、連邦議会議員の1/3の提訴権である。これはもともと、憲法裁判所および司法に関する委員会における審議の過程で、ドゥ・シャポールージュ博士（CDU）およびW．シュトラウス博士（CDU）両委員の提案により挿入されたものである。この手段が政治上の争いの中で1つの役割を演じもするのは周知のことであるが、このことは［連邦およびラントの政府を含めた本手続の］すべての提訴者についても言えることである。

β）　規範の効力に関する見解の相違と疑義

本手続は徹頭徹尾抽象的であるというわけではない。というのも、基本法93条1項2号は、当該法命題が上位法に「形式的あるいは実質的に適合可能か否か

につき見解の相違あるいは疑義」が存在することを要件としているからである。単に純学理的論争があるというだけでは，そこにいわゆる要件を満たすものではない。法実務の中で，規範の妥当性につき見過ごし難い疑念が存在しなくてはならない。そうした疑念を［抽象的規範統制手続の］提訴機関自身が有している必要はない。そうした疑念は，行政機関や裁判所のなした論争誘発的解釈に起因するものである場合もあり得る。だが，そのような疑念を解消することが提訴機関にとって有意義だと思われる程の重要性は，なくてはならない。こうした［抽象的規範統制手続提起のための］要件に対し連邦憲法裁判所法76条2号は著しく制約を加えている。連邦憲法裁判所法76条2号を基本法94条2項によって正当化することは不可能であり，したがって連邦憲法裁判所法76条2号は無効である。なぜなら連邦憲法裁判所法76条2号は単に手続法上の具体化であるにとどまらず，提訴権そのものを制約しているからである。

　γ）審査対象

　抽象的規範統制の審査対象は「連邦法あるいはラント法」である。それらが法規の形をとるかどうかは問題ではない。つまり法規だと主張されるすべての規範が［抽象的規範］統制の対象とされる。抽象的規範統制の対象として挙げられるのは，
- 憲法規範，
- 形式的および実質的意味の法律，
- 予算法律，起債授権法律，国際条約およびラント間条約に対する変形法律など，純然たる形式的意味の法律，
- 慣習法，
- 形式的意味におけるそれである場合含め，法規命令，
- 団体内部規律，
- おそらくはごく一部の行政規則である。

　当該法規が制定された時点，当該法規が基本法発効以前に創造されたものか，あるいは基本法発効以後に創造されたかは問題ではない。しかしながら［抽象的規範統制の対象とされ得る］法規は現行のものでなくてはならない。つまり施行されてはいなくとも，公布済でなくてはならない。多くのラント憲法とは対照的に，基本法は予防的規範統制を認めていない（前掲Ⅰ5bγ）。1つの例外は，基本法59条2項1文による国際条約に対する同意法律で，これについてはその公

布前に審査をすることができる。そうでないと，憲法裁判所が審査をしても遅きに失したものとなってしまうであろうからである。加えて，憲法違反をしなければ国際法上の義務を遂行することができなくなってしまうという危険もまた回避しなくてはならない。ひとたびそれが施行されてしまうと，当該条約の国際法上の効力を不可逆的に生じさせてしまうという条約同意法律の特殊性から，条約同意法律の場合，その制定に先立って［憲法裁判所による憲法適合性］審査を予定することが正当化されるのである。

　　δ）　審査基準

　［抽象的規範統制手続における］審査基準は「基本法」であり，ラント法に対する審査の際には「連邦法」も審査基準とされる。

　上記規定に言う「基本法」には，成文憲法上の全規範の他,「憲法に先立つ全体像をすでに形成しており，制憲者がそれらを出発点としたが故に，［憲法典上の］個別規定には具体化されなかった」が，それらを「［相互に］結び付け，求心的統合を与えている一般原則ならびに指導理念」もが含まれる。基本法上の個別条文の外部に存する法としては，基本法前文，1条および20条で述べられている超実定法（Bd. I, § 5 I 2 e）のみが問題となりうるであろう。国際法，超国家法あるいは諸ラント憲法は，［抽象的規範統制手続における］審査基準ではない。ラント法に対する審査の場合には，そのラント法はすべての連邦法（Bd. I, § 19 III 7 f）に適合するものでなくてはならない。

　規範統制は包括的に行われ，［提訴権者の］申立ての中で挙げられた（憲）法的論点にはとどまらない。規範抵触の場合には，無効の確認が行われる（連邦憲法裁判所法78条）。当該法律が，部分的には無効であるけれども，その意味内容次第ではその存続を認めることが可能である場合には，部分的無効確認をなすにとどめることもできる。こうした無効の確認は不遡及のものであり，宣言的である（後掲 V 3 gγ）。無効とされた規範に基いて行われた執行行為は，法的安定性確保のため，原則として有効性を保つものとされるが（連邦憲法裁判所法79条），刑事の判決に限っては再審が可能である（連邦憲法裁判所法79条1項）。連邦憲法裁判所法31条1項による既判力および拘束力に加え，同法31条2項は無効宣言に対して法律の効力をも与えている（後掲 V 3 g）。

　　b）　具体的規範統制

具体的規範統制——これまた裁判所への申立てあるいは訴えに名付けられた呼称であるが——については、基本法100条1項および連邦憲法裁判所法13条11号ならびに80条以下に規定されている。この名称は、——抽象的規範統制とは異なり——ある裁判所に具体的な法的紛争が係属していることを条件に提起されるものであるという事情による。基本法100条1項は、裁判所による審査権の問題領域（前掲5）を規定しているが、その意図は、裁判所による審査権を基本的には容認しつつも、同時にまた、規範審査の結果［当該規範が］無効とされ得る場合、［規範審査の］提起先を憲法裁判所に限定することで、裁判所の審査権に対して限定を設けようというものである。そうした、規範に対してその効力を否定するような判決［を行う権限］は、憲法裁判所にのみ与えられるべきものである。この点で、基本法100条1項は、時にこれと同様に［訴えの］提起［先機関］を指定することのある（他の［法分野における］）手続法上の規定と、ある程度の近親性をもっている。規範統制は、その基本法において完成された形態を通して、新たな意義を獲得している。その意義とはすなわち、議会制の下における立法者が制定した法規に対して、どの裁判官もこれを軽視しかねないという事態を防ぐことである。こうした連邦憲法裁判所による解釈をK．A．ベッターマンは、基本法100条1項の諸機能の中で最も本質的かつ政治的に最も重要なものであるとしている。実際には、このような見方は、連邦憲法裁判所の一定の解釈結果をもっともらしく弁護しているに過ぎない。

　基本法100条1項は——同条の第1文および第2文は必ずしも精確な理解が容易な規定の仕方とは言い難いものの——4つのケースを規定している。そのうちの第一のケースはラントの憲法裁判所に持ち込まれるが、残り3つは連邦憲法裁判所に持ち込まれる。［その四者とは］すなわち、

一：形式的かつ［当該ラント］憲法発効以後制定された（後掲γ）ラント法律が、ラント憲法に適合するかどうかについての審査、

二：形式的かつ基本法発効以後制定されたラント法律あるいは形式的かつ基本法発効以後制定された連邦法律が、基本法に適合するかどうかの審査、

三：基本法発効以後導入されたラント憲法上の規定が、基本法に適合するか否か、

四：基本法発効以後導入されたラント憲法上の規定あるいは形式的かつ基本法発効以後制定されたラント法律を、あらゆる種類の連邦法に照らして統制することである。

上記に加えさらに，非形式的な，あるいは［当該ラント］憲法発効前につくられたラント法を審査廃棄する権限を，ラント法によってラント憲法裁判所に排他的に与えることが可能である。

基本法100条1項あるいはラント法は，［規範の憲法抵触問題を］憲法裁判所へ移送することを［憲法裁判所以外の裁判官に］義務づけているわけではない。したがってすべての裁判官が審査権限のみならず，適用拒否権限をももつことになる。これが実際行われているのはとくに，連邦の法規命令と，［連邦基本法あるいはラント］憲法発効前に制定された法の場合である。

以上のようなことから，基本法100条1項は次のように読むべきである。裁判所が（α），［その効力の有無が］裁判の帰趨にとって重要な（β），形式的かつ［連邦基本法あるいはラント］憲法発効以後制定された規定について（γ），上位法に抵触している（δ）と考える場合には，その手続を停止し，［当該規定の上位法への抵触問題を］審査してもらうために，連邦憲法裁判所かラントの憲法裁判所へとその問題を移送しなくてはならない。その場合憲法裁判所の決定は，審査を請求をした裁判所の後の手続を規定する（ε）。

　α）　移送の権限および義務をもつ裁判所

基本法100条1項にいう「裁判所」とは，法宣言行為を主たる権限とし，ただ法律のみに従う裁判官によって構成される，すべての裁判体である。司法補助官，私的な仲裁人，教会裁判所の他，国の法律に根拠を置く職業裁判所あるいは名誉裁判所（§43 III 3 d）は，これには当たらない。どのような形であれ判決を下そうとするなら，その性質上時間的猶予の無い迅速手続の場合のみを例外とすれば，裁判所は原則として審査および移送の対象となる問題を提出しなくてはならない。

　β）　審査対象規範［の効力の有無］が裁判の帰趨にとって重要であること

移送義務が生ずるのは，当該規定の効力の有無が裁判所の裁判にとって決定的である場合，したがって当該規定の効力の有無が「問題である」場合である。［つまり当該規定が］有効であるなら，無効であった場合とは裁判が異なってくるようでなくてはならない。このように［規定の効力の有無の問題が］裁判の帰趨を左右することを，［移送裁判所は］移送理由の中で述べなくてはならない（連邦憲法裁判所法80条2項）［規定の効力の有無の問題が］裁判の帰趨を左右するか否かをめぐっては，それについての移送裁判所の見解が明白に支持不能である，違法である，あるいは一義的に誤りである場合でもない限り，原則的には移送裁

判所の見解によって規定される。その限りで、連邦憲法裁判所の権限は「極端、明白［な誤り］に対する統制」に局限され、したがって同時に専門裁判所に帰属すべき裁量領域は、移送問題を縮減したり拡張したりする権限を手放すこと無く、保たれることとなる。

　γ）公布済で形式的な、しかも［基本法あるいはラントの］憲法発効後に制定された法律

　解釈論上最も困難を生じさせてきたのは、「法律」（［基本法100条1項］1文）および「ラント法」（同2文）の両概念、つまりいわゆる審査および移送の対象の問題である。連邦憲法裁判所はごく初期に［移送されてきた事件において］、1文についても2文についても、移送対象としてはすでに公布された、形式的な、基本法発効後に制定された法律のみが問題となるとの解釈を示すこととなった。［移送対象をめぐる連邦憲法裁判所の］こうした限界づけの仕方に対しては、決して異論が無かったわけではないが、連邦憲法裁判所はこれを確定した判例の中で維持しており、もちろん提起されてきた異論に対して理解を示したこともない。この背景にはおそらく——すでに示唆したように——基本法制定者を含め、基本法上の規律に則った議会制の下の立法者のみが、彼が制定した規範がどの裁判官によっても破棄されてしまいかねないという事態から保護されるに値する、という考えがあるものと思われる。［基本法発効］以前の法形成者、あるいは［基本法の定める議会制的立法手続に拠らない］他の種類の法形成者は、上記のような保護を受けるものではない。これに従えば、以下［の種類の法］は［憲法裁判所への］移送の対象とはならない。

- 慣習法。
- 法規命令および行政規則。
- 自治体の内部規律。
- 憲法上の機関内部の職務規則［(議事規則など)］。
- 労働協約のうちの規範的部分。

　上記とは対照的に、純然たる形式的意味の法律、すなわち条約同意法律あるいは予算法律は、移送対象とされなくてはならない。問題なのは、たしかに基本法の妥当領域で効力をもっているものの、基本法に従っ［て構成され］た法定立機関がその制定に関わっていない、あるいは部分的にしか関わっていない法規が［具体的規範統制のため］移送の対象となるか否かである。こうした問題領域を

表すのに,「ドイツ」法,あるいは「国の」法といった言葉が一般に用いられるが,このような用語法は正確ではない。なぜなら,占領法規や,東ドイツ機関の法までもがドイツ法だからである。占領法規や東ドイツ法がたとえ「ドイツ法」ではあったとしても,それらはいずれも基本法100条1項にもヨーロッパ共同体法にも該当しない。このことを,占領法規については,連邦憲法裁判所の判例が再三確認してきたが,そうした問題と,占領法規が基本法に適合しなくてはならないか否かという,もう1つの——肯定されるべき——問題との関連づけは,[それらの連邦憲法裁判所判例の中では]行われては来なかった。これに対して,二次的共同体法（Bd. I,§15 Ⅲ 2）については,連邦憲法裁判所はそれが［具体的規範統制手続への］移送対象となり得ることを認めてきたが,これに対しては異論が無いわけではない。

　［具体的規範統制手続への移送対象たり得る］法律は「憲法以後」のものでなくてはならない。つまりその法律が,基本法発効以後,すなわち基本法145条2項の定めるところにより1949年5月23日［が経過した翌日］以後に制定されたものでなくてはならない。このことはラントの法律にも当てはまる。ただしラントの立法者の実体法上の権限については,1949年9月7日すなわちドイツ連邦議会が最初に開かれた期日が重要である。なぜなら連邦の立法機関が構成されたのはこの日以後のことだからである。こうしたことを出発点として考えた場合——結論的には——いわゆる旧法については［移送裁判所の］移送義務は完全に排除されなくてはならないはずである。このことは,しかしながら,長い間貫徹されぬままになっているし,その状況は修正されてきたわけでもない。こうした状況は1957年1月17日の［連邦憲法裁判所の］決定に始まり,それ以後も展開されてきた。［そうした連邦憲法裁判所の判例の考え方とは］すなわち,新たな立法者の「意思」の中へと旧法が「受容された」場合,つまり「客観的」基準に照らして「法律に対する具体的追認」が認められる場合に［は旧法に］も基本法以後制定されたのと同じ性質［つまり具体的規範統制による審査対象性］が認められてよい。このことは,法律を（あらためて周知するにとどまらず）新たに公布した場合,旧法を引用する規定をおいた場合,改正および受容の場合についてとくにいえる,というものである。この必ずしも明快とはいえない判例に対しては,多くの批判がなされた。［だが］それらの批判の大部分は矛先を向けるべき対象を失ってしまっている。というのも,ほとんどの旧法は今日では,基本法以後制

定された法へと転換されてしまっているからである。

　基本法100条1項が移送を義務づけているのは規範違反の場合に限られる。つまり同条が念頭に置いているのは法規範どうしの位階関係である（Bd. I, §4 I 3 a）。被審査規範制定の後に上位法（審査基準）が制定されたとしても，上位法と下位法のあいだに特有な衝突があるわけではない。その場合には移送義務はない。このような場合には，ラントの立法者に対して，上位の連邦法（これをラントの立法者は認識することすらできないだろう）への配慮を欠いていると非難することはできない。すなわち裁判官は移送を行う必要はなく，違憲と考えられる法律を，自身の権限により廃棄してよい。

　δ）　審査基準

　連邦憲法裁判所の場合，審査基準は基本法であり，ラント法律を審査する際にはさらに通常連邦法も審査基準とされる。ラントの憲法裁判所の場合，唯一の審査基準は，当該ラントの憲法である。「基本法」にしろ「ラントの憲法」にしろ，憲法段階に位置するすべての諸規範の総体である。ヨーロッパ人権条約およびその追加議定書は，憲法段階に位置する規範とはいえず，通常連邦法に過ぎない（Bd. I, §14 II 5 a）。占領法規およびヨーロッパ共同体法もまた，具体的規範統制の審査基準には数えられない。基本法25条所定の，連邦法に優先する国際法上の一般原則が具体的規範統制手続における審査基準となり得るかどうかについては，争いがある。これまでのところ，連邦憲法裁判所がこの問題について判断を求められたことは無い。この問題については肯定的に答えられるべきであるが，その場合の移送手続に対しては，基本法100条の［1項］ではなく2項（これについてはcにて後述）を適用すべきである。

　基本法100条1項2文で審査基準とされている「連邦法律」とは，慣習法および連邦憲法裁判所が基本法124条および125条によって連邦法とされた基本法発効以前制定された法を含め，連邦機関によって制定されたすべてのランクの（連邦）法（Bd. I, §19 III 7 f）である。したがってここにいう「連邦法律」の概念は，当該法律の属性が問題とされる点では実質的に解されるべきであるし，規範定立者が問題とされている点では形式的に解することができる。

　ε）　手続停止・移送義務

　審査対象と審査基準とのあいだの齟齬につき，［移送］裁判所は上述した意味での確信をもっていなくてはならない。［移送］裁判所は，下位規範が無効であ

るという確たる見解をもっていなくてはならない。単に異論や疑義を抱いているというのみでは十分でない。［下位規範が無効であるという］訴訟当事者の主張があれば必ず移送が可能であるわけではないし，当事者がそのような主張を行うことが移送を行うための必須要件であるわけでもない（連邦憲法裁判所法80条3項）。［当該下位規範の］無効を確信する場合，裁判所は［手続］を「停止し」，連邦憲法裁判所の判断を「求めなくてはならない」。つまり裁判所は連邦憲法裁判所法80条1項および2項に従い，［手続］停止・移送決定を，一定の要件を満たした上で，理由を付して行わなければならない。これを行った後，［移送］裁判所が裁判を下したり，とくに裁判手続を先に進めることは許されない。連邦憲法裁判所が［上位下位規範相互間の］齟齬の問題（連邦憲法裁判所法81条）につき判断を下すまで，［移送］裁判所は待たなくてはならない。移送裁判所の後の事案処理は，［先になされた］連邦憲法裁判所の判断に基づいて行われなくてはならない（連邦憲法裁判所法31条）。もっとも連邦憲法裁判所は，［移送理由で述べられた］法律が憲法に違反しているという主張とは別の点についても判断を下すことができる（連邦憲法裁判所法78条2文を同法82条1項が準用）。また連邦憲法裁判所は，移送されてきた争点につき大雑把に扱うこともできる。

すでに［連邦憲法裁判所による］審査が行われたことのある法律につき再度移送を行うことが許されるのは，限られた状況下においてである。

c）［国際法上の］規範に関する認証手続

規範統制に近接する手続の1つが，基本法100条2項ならびに連邦憲法裁判所法13条12号および同法83条以下所定の，いわゆる規範認証であり，上記各条の定めるところにより，ドイツ法秩序の一部としての国際法上の一般原則の存在，法的性格，効力範囲および拘束力につき連邦憲法裁判所が確認を行うこととされている（Bd. I, § 14 Ⅲ）。基本法の上記規定を理解するためには，基本法の国際法尊重主義の観点から見ることが不可欠であるが（Bd. I, § 14 Ⅰ 2），こうした観点は，裁判所による国際法の適用にとって重大な問題をなげかけている。こうした問題に対する対策が，連邦憲法裁判所への移送である。たしかに基本法100条2項は国際法に関する問題をドイツ国内においては連邦憲法裁判所に独占させ，その結果，他の裁判所による国際法の適用を排除しているわけではない。けれども同項は，国際法上の一般原則の存在および効力範囲をめぐる疑義に対する判断を

連邦憲法裁判所に集中させようとしている。すべての裁判所が国際法に関するそのような疑義につき自ら解決すべきであるというわけではない。そのようなことをすれば，［裁判所によって］判断がまちまちとなってしまうことは避けられないであろうし，国際法を十分に配慮しない結果にでもなれば，国際社会における［ドイツの］威信が失墜してしまう危険があるからであることは言うまでもないからである。基本法25条に対する手続法的補助としての基本法100条2項の意義は，とりわけ，国際法を国内法の中へと編入することから生ずる［国内］立法者の権威とのあいだの軋轢を，やむをえない程度にまで抑えることにある。したがって，国際法上の一般原則の存否および効力範囲につき判断を行う権限は，［その結論が］自明である場合を除き，連邦憲法裁判所のみに与えられるべきであるし，しかもその判断に一般的拘束力および法律的効力を与える場合には，なおさらその権限は唯一連邦憲法裁判所に与えるべきである。同裁判所の［判例による］実際の具体化の中で［国際法上の］規範に関する認証手続は，連邦憲法裁判所法84条の準用指示からも解るとおり，具体的規範統制手続に準拠して行われている。

α） 移送の権限および義務をもつ裁判所

［国際法規範認証に関する］本手続においても，すべての裁判所は移送権限および移送義務をもつ。本手続においても，国際法上の原則が裁判の帰趨にとって重要であることが要求される。本手続についても［連邦憲法裁判所の］判断は法律的効力をもつ（連邦憲法裁判所法31条2項）。本手続についても，［移送裁判所における手続］停止および移送決定は理由を付して行わなくてはならない（連邦憲法裁判所法84条が同80条を準用）。

β） 移送の理由として深刻に受け止めるべき疑義が存すること

だが基本法100条2項による手続においては，法的紛争においてすでに「深刻に受け止めるべき疑義」が存していたことが必要である。こうした疑義は，当該移送裁判所の外部，とりわけ憲法機関，上位裁判所あるいは定評ある国際法学者に存在した場合でも良い。

γ） 移送対象となり得る争点

移送対象となり得る争点につき基本法100条2項および連邦憲法裁判所法83条1項は，その定式化に成功していない。当該問題の移送対象性を左右するのは，国家機関あるいは（「および」ではない）市民を名宛人としている可能性のある国

際法上の原則の「一般性」(Bd. I, §14 II 4 および5)，国際法上の原則の「存在」，最後にその「効力範囲」である。

d）［旧法令上の］規範に関する［現行法としての効力存続］規範認証手続

抽象的および具体的規範統制手続に類似する最後のものは，基本法126条ならびに連邦憲法裁判所法13条14号および86条以下所定の，いわゆる規範認証手続である。同手続がもっぱらの対象としているのは，「旧法」が基本法124条あるいは125条により［現行］連邦法あるいはラント法となったか否かという問題である。争訟において問題とされている必要があるのは，とりわけ［旧法］規範の位階的位置づけであって，その効力が争われている（ことに要件を限定する）必要はない。連邦憲法裁判所法が予定するのは二種類の手続である。1つは，憲法機関の申立てによって作動する抽象的手続であり（連邦憲法裁判所法86条1項)，もう一方は（具体的）法的紛争の中間手続である（同条2項)。裁判所が［連邦憲法裁判所への］移送を行う場合には，基本法100条1項と同様の要件を満たす必要がある。もっとも基本法126条所定の手続において裁判所が移送を行う場合には，法規命令に対する審査を行うことができる。基本法100条2項の定めに準じて，［問題の旧法の効力継続に関する］疑義が［移送］裁判所の内部あるいは外部にあればよい。連邦憲法裁判所は，「法律の全部または一部が連邦領域の全体または特定地域において，連邦法として効力を保ち続けているか否か」につき，法律的効力（連邦憲法裁判所法31条2項）をもって宣告する。

6．連邦争訟

連邦憲法裁判所が同じく管轄権を有している連邦争訟は，「少なくともドイツの法の発展にとっての憲法争訟の原型」と見なされている。実際，ドイツ国家の連邦構造は，憲法裁判の創出にとっての強い刺激となった（前掲III 5)。

a）成立史

このことを明確に表現するのは，1849年帝国憲法草案126条a文，1920年オーストリア連邦憲法およびヴァイマル憲法である。ヴァイマル憲法は，とりわけこの主題にとっての一般規定である19条1項の規定の中で，そしてまた特別規定である13条2項，15条3項，90条，170条2項および171条2項において，ライヒとラントのあいだの

紛争の判断に関するライヒ国事裁判所のさまざまな管轄権を規定している。このことによって，1871年ドイツ帝国憲法とは対照的に，連邦の紛争の裁判による解決についての根拠がつくられたのである。これに対応して，すでに「基本法の創出に関するバイエルンの指導理念」は，「連邦とラントのあいだの意見の相違は，連邦国事裁判所での裁判手続において解決される」ことを規定していた。ヘレンキームゼー草案98条3項は，「連邦とラントのあいだの公法上の紛争に関する」連邦憲法裁判所の裁判権をもって後に続いた。さらにヘレンキームゼー草案44条1項は，連邦とラントのあいだの意見の相違について4つの事例を例示的に挙げていた：
　「1．連邦法の基本法との一致について，
　　2．ラント法の基本法およびその他の連邦法との一致について，
　　3．連邦とラントの相互的な権利および法的義務，とりわけ連邦法および連邦監督の執行に関するものについて，
　　4．連邦とラントのあいだの公法上のその他の法律関係について」。
　この権限付与は，議会評議会で取り上げられ，文言が簡略化された。内容的にはこの諸事例は議論されなかった。ただし，法体系的に，この連邦憲法裁判所の権限に関する規定は「訴訟」の章，つまり後の裁判の章に組み込まれた。

　運営委員会では，第一読会がヴァイマル憲法19条1項に依拠して，連邦憲法裁判所は「他に出訴の途が与えられていない限りにおいて，連邦とラントとのあいだ，異なるラントのあいだ，または一ラント内でのその他の公法上の紛争について」判断するとの表現を承認した（128b条2号）。連邦争訟の個別ケースを入れるという修正の後，最終的に，全般的校訂委員会の提案との関係で，93条3号および4号の現在の文言に行きついた。この文言は，一般条項と特殊事例とを互いに結びつけ（3号），そして受け皿要件を作り出している（4号）。それらは成功したとはいえない。結局それらは，ヴァイマル憲法19条1項がしたように，法技術的に連邦-ラント間争訟を「異なるラントのあいだ」での紛争およびさらには「ラント内」での紛争と結びつけたのである。最後に示した争訟は体系的には機関争訟あるいは規範統制であり，先に挙げた争訟はたしかに連邦国家関係から生じるものではあるが，連邦とラントのあいだの争訟とはいささか異なったものである（後掲b）。

b）全体国家と構成国家とのあいだの紛争と構成国家間の紛争に関する両者の原則的位置関係

すでにE. フリーゼンハーンは，連邦国家に対するヴァイマル憲法の支配のもとでの国事裁判権に関する論考の中で，裁判を「全体国家と構成国家のあいだの法領域と構成国家どうしの法領域」に区別していた。全体国家と構成国家のあいだの関係についての法的な基本関係は，全体国家と構成国家を連邦国家へと構成する連邦憲法からのみ生じる（Bd. Ⅰ§19Ⅰ1）。構成国家どうしの間での関係については，原則として権利主体間で問題となりうるすべての法的関係が想定される。それらは必ずしも最終的に基本法に根ざすものである必要はない。連邦憲法は，構成国家にとっては他のものと並ぶ法秩序の構成要素にすぎない。構成国家が連邦憲法によって制約を受けない場合，構成国家は自由である。その結果，ほかでもない連邦の憲法裁判所が構成国家の裁判上の紛争について処理するということは必然的な事柄ではない。それにもかかわらずこのことが実現されているとすれば，この権限配分は，前者の場合〔全体国家と構成国家の間の関係についての管轄〕が本質的なものと論じられるのに対して，偶然的なものである。言い換えれば，ラント間の争訟は不真正の連邦争訟にすぎない。ここでは連邦はその憲法裁判権を，ラントが憲法上のランクをもつことに敬意を示して，単に一時しのぎ的に行使しているにすぎないのである。その限りで，全体国家の憲法裁判権はヴァイマル憲法19条および基本法93条1項4号に基づいて補充的にのみ行使される，すなわち他に出訴の途が存在しない限りで行使される場合に説得的なものとなる。

これに対して，1849年帝国憲法草案126条c文は，「個々のドイツ諸邦のあいだでのあらゆる種類の政治的および私法的な紛争」はライヒ裁判所の管轄に属するとして，異なった方法をとった。この規定はたしかに主として（「政治的」，「あらゆる種類の」という文言から），ドイツ連邦の連邦会議においてこのような紛争が純粋に政治的に解決されていたことへの回答として理解されるべきである（ウィーン条約XVIII条以下，前掲Ⅲ5a）——その後も1871年ドイツ帝国憲法76条1項を支配していたこの構成は，この点で重大な批判にさらされた（前掲Ⅲ5c）。

国家的任務を履行するための権力を強化するということが連邦国家の理念であるならば（Bd. Ⅰ§19Ⅱ8），連邦の構成国家間での争訟は裁判上の解決可能性を

もたずにいてはならず,連邦の主たる目的は危険にさらされてはならない。それゆえすでに A. ヘーネルは,「構成国家間でのすべての紛争,あらゆる紛争を法に基づいて解決する,統一国家の絶対的な義務」について述べていた。1919 年にはなお議論を引き起こしたが,1948,49 年にはすでに自明のこととなっていたこの考えに,ヴァイマル憲法および基本法は従っている。この発展には,後にヨーロッパ共同体(ヨーロッパ経済共同体条約 170 条,171 条)および西ヨーロッパ連合(1948 年 3 月 17 日ブリュッセル条約 X 条)といった超国家的共同体も加わっているが,国際法共同体はいまだ初歩的段階にあるにとどまる(Bd. I § 19 IV 5 a,§ 15 II)。

c) 基本法上の意義と具体化

基本法 84 条 4 項 2 文,連邦憲法裁判所法 13 条 7 号,68 条と結びついた 93 条 1 項 3 号および連邦憲法裁判所法 13 条 8 号,68 条以下および 71 条以下と結びついた基本法 94 条 1 項 4 号で定められた真正の連邦争訟および不真正の連邦争訟に関する管轄権は,多くの解釈上の難問を無視して論じることはできない。これらの難問は,訴訟当事者が今日では連邦争訟の対審的性格をもたない抽象的規範統制(前掲 5 a)の客観訴訟を選択しがちである理由の 1 つかもしれない。とりわけ,――ほとんどすべての――規範衝突のケースがこの場合にあたる。連邦憲法裁判所によって連邦争訟の手続で判決されたケースは,実際多くはない。1970 年までで,基本法 93 条 1 項 3 号および 84 条 4 項 2 文に基づくものが 13 件,そして基本法 93 条 1 項 4 号に基づくものが 17 件である。しかし,ここで問題となるのは「憲法裁判所の権限の欠缺」なのではなく,「憲法だけでなく,公法一般の解釈論および体系論にとって」重要な,連邦の憲法裁判制度の明確化およびラントの憲法裁判制度ならびに他の裁判制度との境界づけおよびとりわけ連邦国家全体にとって本質的な意義を有する連邦憲法裁判所の権限規定である。

すでに述べたように,基本法 93 条 1 項 3 号および 4 号に基づく管轄権の法技術的な構成は成功していない。体系的には,それぞれの連邦制の本質の観点で以下の分類が考えられる:
- 基本法 84 条 4 項 2 文の場合を例外とする一般条項である 3 号に基づく連邦-ラント間争訟(d)。
- 4 号の第一類型における補足的管轄帰属に基づく連邦-ラント間争訟(e)。

― 他に出訴の途が存在しない限りで，4号の第二類型に基づく異なるラント間の争訟（f）。

連邦政府とラントのあいだでの連邦鉄道法の第8章に関する意見の相違について判断を下す，基本法93条2項および連邦鉄道法52条2項と結びついた連邦憲法裁判所法13条15号に基づく連邦憲法裁判所の管轄権は，e）以下で取り扱う管轄の帰属との関係で論じられる必要がある。

これに対して基本法93条1項4号の第三類型は，体系論的には機関争訟および規範統制手続に属する。ここでは，連邦国家の法関係は直接には関係しておらず，本来は（ラント内部でのみ通用する）ラント憲法が関係している。

d） 基本法93条1項3号に基づく連邦-ラント間争訟

基本法93条1項3号は「連邦とラントの権利・義務に関する意見の相違」についての一般条項的な管轄権規定である。連邦憲法裁判所法13条7号はこれの同語反復となっている。

基本法93条1項3号と連邦憲法裁判所法13条7号は，（「特に」として）2つのすでに一般条項によって包括された連邦-ラント間争訟の特別ケース，つまり「ラントによる連邦法の執行，および連邦監督の行使に際して」意見の相違があるケースをそれぞれ列挙しているが，これは筋が通らないものである。この例示的列挙は，ヴァイマル憲法におけるライヒ監督の意義（Bd.I§19Ⅲ6b）およびこれにもとづいて構成されたヴァイマル憲法15条3項2文のライヒ国事裁判所の管轄権からのみ説明されうる。この2つの特別ケースへの言及は不必要なものであっただろう。

α） 対審手続としての形成

基本法93条1項3号に基づく手続は，連邦-ラント関係から生じる法的地位に関する訴訟手続である。このことは，基本法93条1項2号との対比が示すように（前掲5aβ），「意見の相違」という概念からではなくて，連邦とラントの「権利・義務」に関する争いが扱われねばならないという補足およびとりわけ連邦憲法裁判所法68条に基づいて原告と被告が対立していなければならないということから明らかになる。結局のところ，連邦憲法裁判所法69条は，基本法93条1項1号，連邦憲法裁判所法13条5号および，同様に被告によって侵害された，あるいは直接に脅かされた権利が言及されており，したがって判断のためには具

体的な争いが問題となる64条以下と関係している。これをもって，排他的に主観的権利の侵害がこの訴訟の対象でありうるとはたしかにいえない。たとえば，連邦法の執行や連邦監督の行使に際しての国民に対する（違憲）違法の法適用も考慮しなければならない。こういった客観法に対する違反は，たしかにそれだけでは申立権限を保障するものではないが，連邦憲法裁判所はそれを考慮することができるし，そこに判断の基礎となる憲法問題が存在している限りで，連邦憲法裁判所法69条および67条3文に基づいてこれらを併せて判断を下すことができる。

β）原告および被告：連邦政府とラント政府

連邦憲法裁判所法68条によれば，原告ないし被告となるのは連邦については連邦政府のみであり，ラントについてはラント政府のみである。それらだけが訴訟追行権を有している。この点で裁判所による移送に関する許容条件が問題となる。それ以外については連邦憲法裁判所法69条が64条から67条の機関争訟に関する手続規定（前掲4）を参照するよう指示している。

γ）紛争対象としての憲法関係

争いが生じている権利・義務は憲法にもとづくものでなければならない。このことは基本法93条1項3号の文言から直接に帰結されることではないが，例示的列挙，ヴァイマル憲法19条1項からの歴史的推論および，「その他の」（つまり，3号で示されたもの以外の）「公法上の紛争」が包括されている基本法93条1項4号との関連性から導かれている。したがって原告は被告に対して，「包括的な実体的憲法関係の2つの部分に由来する」彼の権限に属する（固有の）権利を要求しなければならない。これによって連邦憲法裁判所法69条が64条1項を通じて関係する基本法の諸規定が，排他的にではないが優越的に論じられる。とりわけ考慮されるのは，権限規定および連邦忠誠の原則である。基本権が審査基準となりうるかは議論がある。基本法83条以下の領域で例示的に列挙されたケースもここに加えることができる。このとき，基本法84条4項の場合にはまず連邦参議院が判断を下さなければならず，この決定に対しては連邦政府あるいは当事者となっているラント政府が連邦憲法裁判所に1カ月以内に出訴することができる（連邦憲法裁判所法70条）。

その他のすべてのケースにおいては，連邦参議院への申立ては不可能であり，必要でもない。

単純法律上の事柄である私法上あるいは行政法上の法関係は，3号にもとづく訴訟の対象とはされえない。

δ) 規範統制としての連邦争訟

連邦－ラント間争訟の対象が，基本法に反しており原告の憲法上の権利を侵害していると原告が主張する法規範であることもありうる。というのも，問題となる「作為」（連邦憲法裁判所法64条2項）は，法律の公布であってもよいからである。これによって連邦政府およびラント政府は規範審査に関して2つの訴訟方法を選択できる。すなわち，基本法93条1項2号に基づく抽象的規範統制（前掲5a）および連邦争訟手続の2つである。連邦憲法裁判所は確立した判例の中で，2つの訴訟方法は並存しており，部分的に重なり合っているが，互いに排斥しあうものではないと述べている。しかし，この2つの訴訟方法にはまったく同じ訴訟原則が妥当するわけではなく，その結果，たとえば法規範の基本権違反を攻撃するだけの場合において選択権が限定されている。さらに，規範統制は連邦争訟と異なり期間の拘束がない（連邦憲法裁判所法64条3項）。また，立法機関は原告でも被告でもありえないため，連邦－ラント間争訟においては訴訟参加ができない。

e) 基本法93条1項4号第一類型に基づくラント争訟

基本法93条1項4号の第一類型および連邦憲法裁判所法13条8号の第一類型は，連邦憲法裁判所に，「他に出訴の途が与えられていない限りで」，「連邦とラントのあいだのその他の公法上の争訟」についての管轄権を与えている。原告および被告となれるのは，ここでも連邦政府とラント政府だけである（連邦憲法裁判所法71条1項1号）。この手続は，基本法93条1項3号におけるのと同様の前提条件を要求する（前掲d）。このことを示しているのは，「争訟」という概念と並んで，連邦憲法裁判所法71条2項での同法64条3項への言及および同法72条1項の内容である。この手続は，「その他の」という文言を用いる理由となっている基本法93条1項3号との関連性（α）および条件限定的な補充性条項（β）によって決定的に特徴づけられている。

α) 非憲法的争訟

連邦とラントとのあいだのその他の公法上の争訟とは，基本法93条1項3号に該当しないものということである。3号が憲法上の争訟（前掲dγ）を前提と

している以上は，4号に基づく手続には，憲法上の関係に根拠をもたない争訟だけが該当する。これは明らかに憲法領域外の公法上の争訟である。この争訟は，国際法や教会法が性質上除外されるため，たとえば行政裁判所法40条1項に示されるような行政に関する争訟である。この争訟は，とりわけ行政法規上あるいは行政法上の協定から生じる。しかし，まさにこの争訟については，行政裁判所法50条1項1号に基づく連邦行政裁判所の機能的管轄権とともに同法40条1項で訴訟方法が指示されており，条件限定的補充性条項（後掲β）が妥当するため，連邦憲法裁判所の管轄権が排除される。このことから基本法93条1項4号第一類型は，真正の連邦－ラント間争訟にとっては今日意味のないものとなっている。結局のところこれは「理論的な残滓」である。しかし，このことは基本法の制定の際にも，連邦憲法裁判所の制定の際にも予見可能な事柄ではなかった。当時は裁判保障について不可欠な不備の修復が問題となっていたのである。

β）補充性—連邦行政裁判所の管轄権

連邦行政裁判所法50条1項1号は，連邦とラントとのあいだで生じる憲法に根拠をもたない公法上の争訟を連邦行政裁判所の管轄としている。それゆえ，同法40条1項1文における訴訟方法の指示が50条を取り上げているのである。争訟が憲法上のものであるとは，その核心において成文・不文の憲法の内容，解釈および適用に関する意見の相違が問題となっている場合をいう。住宅建設のための連邦資金の配分や水法から生じる問題あるいは学生定員の「不足の配分」が問題での行政法上の権利・義務が問題となっている場合には，連邦行政裁判所が管轄権を有し，したがって他の出訴の途が存在することになるため，連邦憲法裁判所への出訴は補充性条項により許容されないものとして棄却されねばならない。

γ）連邦鉄道法52条2項の特別ケース

連邦鉄道法52条2項により連邦憲法裁判所が管轄権をもつ連邦鉄道とラントとのあいだの紛争も，行政法上の争訟である。というのも，この法律の8章で規定される対象は行政法上の事項であり，権限付与はこれのみにかかわるからである。1971年7月27日判決で未解決のまま残された連邦憲法裁判所の疑問は納得のいくものではない。連邦鉄道法52条2項による管轄権の連邦憲法裁判所への付与は，ヴァイマル憲法170条2項，171条2項，ライヒ国事裁判所法17条2号，3号といった歴史的な先例によって，そして1951年12月13日の連邦鉄道法の公布の際にはまだ連邦行政裁判所が存在していなかったことを理由として説

明される。この争訟は，憲法上，基本法93条2項によってカバーされている。[基本法93条2項に基づく] この権限付与は実質的な憲法上の紛争には限定されない。

f) 基本法93条1項4号第二類型に基づくラント間争訟

基本法93条1項4号第二類型に基づいて，連邦憲法裁判所は，他に出訴の途が与えられていない限りにおいて，「異なるラントのあいだ」でのその他の公法上の争訟について判断する。連邦憲法裁判所法71条1項2号によれば，原告および被告となれるのはラント政府だけである。ここでも，上述の理由から，対審的訴訟方法が問題となる。

しかし，この訴訟の問題性は，とりわけ連邦憲法裁判所に管轄権が付与された訴訟の種類（α）および条件限定的な補充性条項（β）にある。

α) 紛争対象

ラント間争訟の本質には，[管轄権に関する] 合意がなされているのでない限り，ラント裁判所もラント憲法裁判所もこの争訟について裁判権を行使し得ない，ということが含まれる。この紛争が裁判によって解決されるべきであるならば，連邦の裁判所に委ねるのが当然ということになる（前掲b，c）。基本法93条1項4号第二類型は，連邦憲法裁判所法13条8号第二類型と同様に不明確な規定である。「他の公法上の争訟」という言葉は第一類型の場合にだけ意味をもつ。なぜなら，基本法93条1項1号から3号のどこにもラント間争訟についての管轄権は規定されていないからである。したがって，その限りで原理的に，ラント間で生じる憲法上，行政法上の事項に関するあらゆる公法上の争訟が包括されている。連邦は，連邦の安全のために連邦の司法権を行使する。

β) 補充性―連邦行政裁判所の管轄権

決定的な限定は条件限定文から生じる。他の出訴の途が与えられている場合には，連邦憲法裁判所の管轄権は排除される。このような場合は，憲法に根拠をもたない公法上の争訟に関する行政裁判所法40条1項によって生じ，連邦行政裁判所が第一審の管轄権をもつ（行政裁判所法50条1項1号）。このことから，連邦憲法裁判所が管轄権を有するのは，ラント間の憲法上の争訟が問題となっているときだけである。これは基本法93条1項4号第一類型（前掲e）に関する考察如何にかかっている。連邦憲法裁判所および連邦行政裁判所は，まさにこの境界づ

けについてたびたび取り組んできた。

- BVerfGE 3, 267 (277 ff.); 4, 250 (267 ff.)：消滅したリッペとノルトライン−ヴェストファーレンとのあいだでの学校法の施行に関する紛争；どちらの判決でもこの問題は未解決のままとされた。
- BVerfGE 22, 221 (229 ff.)：かつてのコーブルクとバイエルン共和国とのあいだの協約に関する紛争；これは憲法上のものと判断された。
- BVerfGE 31, 371 (377 f.)：レーゲンスブルク連邦鉄道管理局の解体に関する紛争；判決はこの問題について論じなかった。
- BVerfGE 34, 216 (226 f.) および 38, 231 (237) は BVerfGE 22, 221 ff. を確認している。
- BVerfGE 42, 103 (112 ff.)：1972 年 10 月 20 日の大学の在籍権付与についての国家契約に関する紛争；これは行政法上のものと判断された。BVerwGE 50, 124 (129 ff.) および 137 (139) は BVerfGE 42, 103 に従っている。
- BVerfGE 42, 345 (355)：消滅したヴァルデック＝ピルモント共和国とプロイセンとのあいだで結ばれたピルモント温泉での区裁判所の維持についての協約に関する紛争；これは憲法上のものと位置づけられた。
- BVerwGE 9, 50 (52 f.) および 35, 113：連邦水路の性質の問題は，漁業権の存在に即して行政法上の事項である。
- BVerwGE 12, 253 f.：委任行政の領域における責任問題は行政法上の事項である。

これらの多様な境界問題が，複数のラント法間で生じる法律問題がとりわけ錯綜したものと見なされるべきであることを示しているというだけでなく，これらは主として判例および学説によってまず展開されなければならなかった。連邦憲法裁判所の自制の観点からすれば，国際法を借用せずに間に合わせることはできない。

g）基本法 93 条 1 項 4 号第三類型に基づくラント内部の紛争

すでに述べたように（前掲 a）基本法 93 条 1 項 4 号第三類型に基づくラント内部の紛争は，体系論的には連邦争訟ではなく，機関争訟あるいは規範統制である。この争訟は，基本的に，すでに取り扱ったラント間紛争のルールに従う。

7. 憲法保護手続

　[連邦憲法裁判所の] 新たな権限の多くの部分に見られる管轄権の交錯は，憲法保護手続という概念によって最もうまくまとめることのできる手続類型を形成する。この表現は，E. フリーゼンハーンによって述べられた「訴追手続および類似の手続」という分類よりも制度の目的を明確に示している。連邦憲法裁判所が，高位の官職に就いている者や裁判官による憲法の有責的侵害を理由として，あるいは個々人ないしは政治団体の継続的な違憲の行為を理由として，特定の申立権者からの訴えに基づき，政治的営みや行政とは距離を置きながら憲法を保護するために判断を下す訴訟は，憲法保護手続と見なされるべきである。この手続は，それが訴えに基づくという限りで，部分的には抑止的であり，それが禁止訴訟ないしは濫用訴訟として形成されるという限りで，部分的には予防的である。この手続においては，当事者にとって不利な裁判を下すあらゆる場合に，法廷の裁判官の3分の2の多数が要求される（連邦憲法裁判所法15条2項2文）。

　個別的に，連邦のレベルでは以下の管轄権が問題となる。
- 基本法61条，連邦憲法裁判所法13条4号，49条以下に基づく，基本法あるいは他の連邦法に故意に違反したことを理由とする連邦大統領に対する訴追手続（a）。
- 基本法98条2項および5項，連邦憲法裁判所法13条9号，58条以下に基づく，基本法の諸原則またはラントの憲法秩序に違反したことを理由とする連邦裁判官およびラント法を基準としたラントの裁判官の弾劾手続（b）。
- 基本法18条，連邦憲法裁判所法13条1号，36条以下に基づく，自由で民主的な基本秩序と敵対して特定の基本権を濫用したことを理由とする基本権者の基本権喪失手続（c）。
- 基本法21条2項，連邦憲法裁判所法13条2号，43条以下，政党法33条にもとづく，目的および党員の行動からして，自由で民主的な基本秩序を侵害し，あるいは除去し，またはドイツ連邦共和国の存立を危うくする政党に対する禁止手続（d）。

　ラント憲法裁判所の領域においては，憲法保護手続が部分的に重大な進展を見せている。

- ベルリンおよびシュレースヴィヒ−ホルシュタインを除くすべてのラントでの政府の構成員に対する訴追手続。
- いくつかのラントでの議員や会計検査院のメンバーに対する訴追手続。
- 政党だけではなく，選挙人集団およびその他の組織に対する禁止手続ないし選挙追放手続。

この憲法裁判所への権限配分の意義は，一方で，憲法の保護を堅固な民主制のもとで最善のかたちで保障するという点にあるが，他方で，最も権威のある裁判所を介入させることでこれらの手続を法治国家上異論のない方法で解決するという点にもある（Bd.Ⅰ§6）。

  a） 大統領訴追
 基本法は連邦大統領に対する訴追手続だけを定める（基本法61条）。ヴァイマル憲法ではラント憲法を模範として（前掲Ⅲ5bおよび6b），これとともに規定されていた政府の構成員に対する訴追手続（59条）は，［基本法では］継受されなかった。また，基本法の立法者は，このような管轄権を，議員との関係では，以前の法と同様に，ほとんど取り上げなかった。さらに，ヘレンキームゼー会議においてはすでに，連邦政府については議会に対する政治的責任があれば，そして議員については，選挙において定期的にくり返し形成される，国民による直接の委任という由来があれば十分であるとの合意が成り立っていた。
  α） 成立史
 ヴァイマル憲法からの大統領訴追手続の継受は，ライヒ大統領と連邦大統領の立場の違いからすれば（§30Ⅰ4，Ⅱ7），当然のこととは言えない。しかし，ヘレンキームゼー草案はこの手続を85条および98条第一条項において以下のような根拠づけによって規定した。

　「連邦政府が連邦議会に対して責任を負い，それゆえ連邦政府には訴追が規定されなかったのと異なり，連邦大統領は連邦議会に対して責任を負わない。連邦大統領は解任されることもない。しかし，訴追によって，連邦大統領は彼に帰責する権利侵害を理由として，責任をとらされ得るのである。この訴追は通常の裁判所によって行われるべきではなく，通常の刑事裁判所および民事裁判所において国家の刑罰権ないし民事上の賠償請求権を主張する権利とは関わりをもつべきでない」。

議会評議会においては，詳細な議論なしに訴追可能性が堅持された。1953年にはじめてH．フォン・マンゴルトが，基本法58条での連署を通じて連邦大統領は政治的責任を免除されるが，本来的に責任のある連邦首相や連邦大臣が法的には責任を問われないにもかかわらず，連邦大統領はさらに法的な責任を問われることの矛盾を指摘した。明らかに訴追手続の必要性は，不適格な国家元首の退職を可能にする制度を設けるという点にある。O．ケルロイターが考えたように，ここに実際「憲法上のまったく時代遅れな紙の剣」を見るべきか否かは重要ではない。むしろ，任意の辞任を求める世論の影響力およびその圧力からすれば，その必要性が疑われるべきである。

β) 法的性格

訴追手続の法的性格については，さまざまな評価がある。ヘレンキームゼーでの憲法会議ですでに示されたように，この手続は，基本法60条4項での基本法46条2項から4項までの不逮捕特権規定の参照にもかかわらず存在する，連邦大統領の刑事責任や民事責任を取り扱うものではない（§30 II 7bβ）。これは，憲法の保護をそれ以外の場合には責任を問われない公務員に対して及ぼすための手続である。その限りで，これはかつての公務員の国法上の責任の残滓である（前掲III 4 bおよび5 b）。

γ) 訴追提起の前提条件

訴追の提起は，基本法61条，連邦憲法裁判所法49条以下に基づいて，濫用を排除するため，簡単には満たすことのできない条件に結びつけられている。

- 訴訟対象となるのは，基本法または他の連邦法律に対する故意の違反。
- 訴追の請求は，連邦議会および連邦参議院が少なくとも両憲法機関の表決の4分の1をもって行う。
- 訴追の議決は，連邦議会または連邦参議院の3分の2以上の多数によってのみ行われる。
- 訴追可能な期間は，事実を知ったときから3ヵ月。
- 訴追理由の明確化および必要な証拠の指定。

δ) 手続原則

手続は連邦憲法裁判所において刑事訴訟にならって行われる。

- 現在の検察官による告訴準備に相当する予審
- 口頭弁論

- 決定の承認
- 決定

　3分の2の多数によって下される必要のある（連邦憲法裁判所法15条2項2文）有責判決の場合には，連邦憲法裁判所は連邦大統領にその職務の喪失を宣言することができる（しなければならないわけではない）。連邦憲法裁判所は，訴追提起がなされると仮命令により連邦大統領の職務執行を禁止することができる（基本法61条2項2文，連邦憲法裁判所法53条）。

　b）　裁判官の弾劾

　裁判官弾劾手続は，基本法制定者によって対応する伝統なしに設けられたものである。モデルが存在するのは，ブレーメン憲法（138条1項），ヘッセン憲法（127条4項）およびラインラント−プファルツ憲法（132条）といったラント憲法のみである。

　α）　成立史

　議会評議会に社会民主党のＧ．Ａ．ツィンによって提案がなされた。その後，全般的校訂委員会は，憲法裁判所および司法に関する委員会で多数の賛同を得た以下のような文章を作り上げ，第一読会のための運営委員会に提出した。

　　「(1)　裁判官が職務上または職務外で基本法の諸原則またはラントの憲法秩序に違反した場合には，連邦裁判官については連邦憲法裁判所が，ラントの裁判官については憲法争訟を管轄するラントの裁判所が，当該裁判官にその職務の喪失を宣言することができ，同時にその者を転職または退職させるか，罷免させるかを決定することができる。
　　(2)　弾劾の訴えは，連邦裁判官については連邦議会および連邦司法大臣が裁判官選出委員会と一致して，ラントの裁判官についてはラント議会およびラント司法大臣がラントの裁判官選出委員会と一致して提起することができる。さらなるラント法による規定は妨げられない」。

　裁判官弾劾制度は，運営委員会および司法委員会において，その基礎的な権限と方法について詳細に議論された。とりわけ，裁判官の刑法上および懲戒法上の責任への限定についての問題，過失の要求，そしてさらにはこの手続によって裁判官の政治的責任といったものが生じるのかという意見について検討がなされた。

このことによって当然に，裁判官および司法一般の法的地位についてのあらゆる根本問題が表面化した。さらには，ラントの裁判官に関する管轄権の問題も重要となった。最終的には，カナダ，オーストラリアおよびアメリカの憲法におけるモデルとE. シュミットの主張（「政治的な法の歪曲と裁判官弾劾」）を援用して，憲法裁判所での裁判官弾劾を導入することで広範な同意が得られた。妥協的な決断がなされたのは，過失問題についてだけであった。それは，当初現在の基本法98条2項1文の構成要件の中に入れられたが，しかしその後に第2文に移った。「連邦裁判官が，職務の内外において，基本法の諸原則またはラントの憲法秩序に違反したときは，連邦憲法裁判所は，連邦議会あるいは連邦司法大臣の申立てにもとづき，その裁判官がその職を失うことを宣告し，さらに転職せしめられ，あるいは退職せしめられるべきことを決定することができる。故意または重過失による違反の場合には，罷免を宣告することができる」という第三読会において決議された草案は，議会評議会に対する，裁判官団体，弁護士団体および法学・国家学部の諸学部長による重大な異議に直面した。軍司令官も，1949年3月2日の彼のメモの6号において，裁判官の独立に関して問いを投げかけている。この介入は規定の完全な削除の提案をもたらしたが，これは明白な多数によって拒否された。しかしながら，連邦司法大臣の申立権限および職務喪失宣告の削除を目的とした部分的変更がわずかに成果を上げた。最終的に，連邦憲法裁判所の有罪判決には憲法により3分の2の多数が要求されることとなった。

もともとラントの裁判官についてそれぞれの所轄のラント憲法裁判所への訴訟手続が規定されていた場合，基本法98条の5項が第3文においてこの手続をも連邦憲法裁判所に委ねたが，このためには常に対応するラント法上の規定を必要とする。

β） 意義：特別な憲法忠誠義務

基本法98条2項は，在職中の連邦裁判官について，そしてラント法に基づいて（基本法98条5項1文および2文）ラントの裁判官についても，特別な憲法忠誠義務を表現している。このことによって，この規定は，とりわけ基本法33条を根拠としてすべての公務員に一般的に妥当し，したがって現職の裁判官にも妥当する事柄を明確に定めている（Bd. I § 11 Ⅲ 2 d およびⅣ 3 a α）。たとえ基本法98条における憲法忠誠義務の内容が「自由で民主的な基本秩序」ではなく，「基本法の基本原則」および「ラントの憲法的秩序」という言葉で言い表されているとしても，「自由で民主的な基本秩序」の構成要素が意図されているのである。この保護法益の確定によって，ここでは――たとえこれが常に述べられてきたこと

であろうとも——裁判官の特別な「政治的責任」やその独立性の制限が問題とされるのではなく，基本法に基づく憲法上の基本秩序に対するあらゆる国家権力を行使する公務員の当然の責任が問題となっていることが同時に明らかになる。その限りで，弾劾が［裁判官に］帰責する憲法違反についての過失と無関係に行われ，［故意などの］責任は制裁の種類が関係してはじめて意味をもつことの筋が通る（基本法98条2項2文）。言い渡されるのは，他のポストへの配置換えや退職，あるいは故意の場合には罷免（基本法98条2項），そして無罪（連邦憲法裁判所法59条1項）だけである。

γ）手続原則

訴訟法上，連邦裁判官に対する——ラント憲法が異なる規定を置いていない場合に限り，ラントの裁判官に対する——弾劾手続は，本質的に大統領訴追手続に類するものである（連邦憲法裁判所法58条1項，62条）。特殊なのは，裁判官の法的地位に対応して弾劾は常に（刑事）裁判あるいは懲戒裁判の開始を待たなければならないという点に限られる（連邦憲法裁判所法58条2項）。さらに再審手続が可能である（連邦憲法裁判所法61条）。

δ）ラントの裁判官—連邦憲法裁判所の独占的管轄権

ラントの裁判官に対しては，ラント法による弾劾手続が採用されうる（基本法98条5項1文）。バーデン-ヴュルテンブルク（バーデン-ヴュルテンブルク憲法66条2項），ハンブルク（ハンブルク憲法63条3項），ニーダーザクセン（ニーダーザクセン憲法31条［現行では52条］），ノルトライン-ヴェストファーレン（ノルトライン-ヴェストファーレン憲法73条）およびシュレースヴィヒ-ホルシュタイン（シュレースヴィヒ-ホルシュタイン憲法36条2項［現行では43条4項］）のように，これが採用されている場合には連邦裁判官に対する弾劾の規定に「相当」していなければならない（基本法98条5項1文）。このことは，根本的な相違を許さないことを意味している。ブレーメン（ブレーメン憲法138条），ヘッセン（ヘッセン憲法127条4項以下）およびラインラント-プファルツ（ラインラント-プファルツ憲法132条）におけるように，基本法の施行の際にすでに効力を有していたラント憲法が同様に弾劾手続を規定している限りにおいて，それらは変更されない（基本法98条5項2文，連邦憲法裁判所法62条）。したがって，その他の連邦法上の規定の範囲内でさらなる相違が規定される可能性がある。弾劾に関しての決定は，例外なく連邦憲法裁判所で行われる（基本法98条5項3文，連邦憲法裁判所法62条）。連邦憲法裁判

所は，すべての裁判官弾劾手続について独占的管轄権をもつのである。

c）　基本権喪失手続

裁判官弾劾手続と同様に，基本法18条，連邦憲法裁判所法13条1号，36条以下による基本権喪失手続によって，［憲法裁判による憲法の保護の］新たな領域が開かれた。とはいうものの，憲法上の権利および自由の濫用に関する憲法裁判手続を定めてはいないが，ヘッセン憲法17条，146条，ヘッセン国事裁判所法31条以下，45条以下ならびにラインラント-プファルツ憲法133条1項およびザールラント憲法10条に一定のモデルが見られる。これらのラント法上の規定が一度も適用されなかったことを度外視しても，それらは今日——ノルトライン-ヴェストファーレン（ノルトライン-ヴェストファーレン憲法32条，憲法裁判所法13条1号，30条以下）におけるように，それが後憲法的なものである場合にも——基本法の基本権喪失手続によって無効化されている。基本法18条が基本法142条に挙げられているにもかかわらず，この帰結は妨げられない。基本法18条は基本権ではなく，むしろまさにその否定である。それゆえ，基本法31条の一般的衝突準則が妥当する。基本法31条は同一内容のラント憲法の場合にのみ適用が排除される（Bd. Ⅰ§19 Ⅲ 7eγ）。しかし，ラント憲法上の規定は，前提および法的帰結の点で明らかに基本法18条を逸脱しており，とりわけそれらは基本権制約の可能性において著しく広範である。これによって衝突のケースが存在し，このことから基本法18条の基本権喪失手続だけが効力を有する。この憲法保護手続は，Bd. Ⅰ§6 Ⅳで詳しく述べられている。

d）　政党禁止手続

基本法21条2項，連邦憲法裁判所法13条2号，43条以下，政党法32条3項・4項（執行裁判および異議），33条（後継組織）に基づく政党禁止手続もまたいかなる伝統をももたない。わずかに，バイエルン（バイエルン憲法15条，62条，憲法裁判所法2項2号，38条以下），ヘッセン（ヘッセン憲法146条，国事裁判所法36条），ラインラント-プファルツ（ラインラント-プファルツ憲法133条2項，135条1項g，憲法裁判所法2条4号，46条以下）にのみ，モデルが見られる。基本法の施行後，ノルトライン-ヴェストファーレンは，ノルトライン-ヴェストファーレン憲法32条，憲法裁判所法13条1号，30条以下をもってこれらに加わった。しかし，

これらの手続は，選挙からの追放だけを目的としており，政党だけに妥当するものではなかった。これに対して，基本法は，憲法上の条件が存在している場合には政党が禁止される，すなわち完全に政治的活動領域から排除されうることを意図している。基本法 21 条 2 項は，すべての政党に妥当するものであり，当該政党がラントのレベルでのみ活動するものか，それとも連邦レベルでも活動するものであるかは重要ではない。この規定は，ラントの領域にも直接妥当する規定に属するものである (Bd. I § 19 Ⅲ 5 b)。以上を理由に，政党に対するラント法のすべての排除手続および妨害手続は，この規定によって効力を失った。この予防的憲法保護に資する手続についても，Bd. I § 6 Ⅴで詳しく述べた。

8. 選挙審査手続

基本法 41 条 2 項，連邦憲法裁判所法 13 条 3 号，48 条に基づき，連邦憲法裁判所は選挙の効力や，連邦議会議員の議員資格の得喪に関わる連邦議会の決定に対する異議につき判断する。同様の手続はラントの憲法裁判所にも見られる。これらは，かなり以前から憲法裁判所の活動領域に含まれていた。1970 年 2 月 26 日版 (BGBl. I. S. 204) の 1955 年 12 月 23 日の国民発案および国民表決に関する法律 (BGBl. I. S. 835) の 16 条 3 項，32 条 3 項により，この手続は，国民発案・国民表決の際の登録および票決の結果の審査についても準用されることとなった。

異議の目的は，議会選挙の有効性および公共の利益にとって望ましい議会の秩序的な構成を確認することである。基本法 41 条 2 項の「異議」という概念にもかかわらず，そして基本法 93 条 1 項 4 a 号が原則として異議可能な権利に含めていない基本法 38 条の選挙権の侵害があり得るにもかかわらず，ここで問題となっているのは憲法異議手続ではなく，選挙権規定の遵守に関する客観的手続であり，その限りで抽象的規範統制手続に類似したものである。この規定はもっぱら，議会の正しい構成を保障するために定められたものである。それゆえ異議は，主張された権利侵害によって選出されるべき組織体の正当な構成が害されているときにのみ，許容される。連邦憲法裁判所でのこのような集権原理に服する選挙審査手続およびこれに類する議員資格審査手続 (基本法 41 条 1 項 2 文，連邦憲法裁判所法 48 条，選挙審査法 15 条，連邦選挙法 46 条以下) には，このことから，一部は憲法裁判所での手続に関係する，そして一部はこの手続自体に関係する多くの特殊性がある。

a) 連邦議会による選挙審査

連邦憲法裁判所での手続は，（選挙審査法13条に基づく連邦議会内の選挙審査委員会ではなく）連邦議会が基本法41条1項1文により期限内の異議（選挙審査法2条4項）に応じて選挙審査を行った場合にはじめて許容される（Bd. I § 10 Ⅲ 2）。連邦議会によるこの選挙審査についての決定は，選挙および重要な憲法機関の政治的性格にもかかわらず，合法性審査にすぎない。しかし，連邦議会が選挙法の遵守について審査しているとしても，裁判所の条件を満たしていないため，それは判決ではない。

b) 異議申立権を有する者の範囲

連邦議会［における審査］では単純にすべての選挙権者が異議申立権者であるとすれば，連邦憲法裁判所への期間の定めのある異議は，連邦憲法裁判所法48条に基づき以下に挙げる者だけが提起可能である。
- 自己の議員資格が争われている議員
- 連邦議会により異議を却下された選挙権者で，少なくとも100人の選挙権者の支持を得ている者
- 連邦議会の会派（Bd. I，§ 23 I）で，少なくとも法定議員数（§ 29 I 3 c）の10分の1を有するもの
- 連邦議会の少数派で，少なくとも法定議員数の10分の1を有するもの

他の者は，政党や立候補者であっても，除外される。

c) 審査対象および裁判

連邦憲法裁判所は，連邦議会の決定を，連邦議会および連邦憲法裁判所に対する異議提起によって定まった異議申立事実の範囲内での事実上および法律上の正当性について，全面的に審査すべきである。連邦議会の選挙審査手続の対象外となっているものについては，連邦憲法裁判所は考慮してはならない。

異議が許容され，理由があるときには，連邦議会の決定は破棄され，選挙ないし議席獲得の全体的または部分的な無効と，このことから導かれる結論について判断が行われる。ここでは，いわゆる実質的な選挙審査法，すなわち法律上はほとんど規定されていないが，広く慣習法として取り扱われている選挙審査法が妥当する。

9. 憲法異議手続—成立史—機能

　ここまでで述べてきた管轄権（選挙審査異議を除く）に基づいて連邦憲法裁判所に提訴を行うことができるのは，国家機関だけである。したがって「国事訴訟」，すなわち国事裁判制度が，これらの手続の中心にある。

　これと異なっているのは，「個人」ないしゲマインデおよびゲマインデ連合によって提起されうる，基本法93条1項4a号および4b号，連邦憲法裁判所法13条8a号および90条以下に基づく憲法異議の管轄権の場合である。これによって自然人および——基本権の効力の観点においてこれらと同置される——法人（基本法19条3項），そして地方自治体の憲法異議の場合には，ゲマインデおよびゲマインデ連合が，連邦憲法裁判所に訴訟を提起することが可能である。第一の訴訟方法は，基本権の保護，とくに公権力のあらゆる出現形態に対する市民の保護に資する。第二の訴訟方法の場合は，立法者に対して国家組織法上の領域での十分な地方自治の保障を保護することが前面に出る。したがって，基本法93条1項4b号に基づくゲマインデおよびゲマインデ連合の憲法異議を，その性質上，事項的に限定がなされた限定された申立権限をもつ規範統制手続と位置づける（Bd. Ⅰ§12Ⅱ6aおよび後掲b）ことが正当化される。

　それゆえ，保護領域の違いおよび異議対象の性質の違いだけでなく，基本権保護的な「個人の憲法異議」（後掲a）と地方自治体の憲法異議（後掲b）とは明確に区別せざるを得ない。基本法93条1項4b号に基づく法的救済の場合には審査基準が限定的に把握されるという状況，およびラント憲法裁判所への異議提起可能性との競合関係についての異なる準則（一方で連邦憲法裁判所法90条3項；他方で基本法93条1項4b号，連邦憲法裁判所法91条2項）が，両訴訟方法のあいだのこのような区別を必要づける。

　基本法93条1項4a号に基づく憲法異議は，実体的な基本権問題と不可分につながっており，このことからBand Ⅲで体系的・包括的に取り扱われるため，ここでの関連では成立要件，重要な基本的特質および主要な解釈上の基礎ならびに訴訟の諸条件について論じる。

　個人が国家権力に対してその憲法に基礎をもつ権利を貫徹を要求するために行う法的救済についての憲法裁判所の管轄権は，1945年以前はバイエルンの憲法裁判制度（1919年憲法93条）にのみ見られたが，1945年以後は1946年のバイエルン憲法120条，98条4文と並んで，ヘッセンの憲法裁判制度（ヘッセン憲法

131条，国事裁判所法45条以下）およびザールラントの憲法裁判制度（憲法裁判所法7条10号，49条）にも見られた。もちろん，萌芽はすでに神聖ローマ帝国時代の裁判およびとりわけ1849年の帝国憲法草案126ｇ条にあった。モデルは，1920年オーストリア連邦憲法（144条）およびスイス連邦憲法（113条1項3号）［スイス憲法の2000年改正では，憲法異議に関する規定が削除されている］にも見られる。

基本法の制定に際して，当初は，憲法異議を憲法上保障することが多かれ少なかれ当然と考えられていた。すでに，H．ナヴィアスキーの影響を強く受けていた「基本法の制定に関するバイエルンの指導理念」は，憲法異議に1つの章を割いていた：

「すべての連邦国民は，その基本権ないしはこの基本法によって認められた権利を法律あるいは法規命令，または官庁の処分あるいは決定によって侵害されたと信ずる場合，憲法異議を提起できる…」。

さらに，「指導理念」は以下のように述べる：

「憲法異議の権利は，基本法による詳細な規定によって，憲法上の権利の侵害を理由とした憲法異議を連邦裁判所あるいは国事裁判所に提起する権利を根拠づける」。

ヘレンキームゼーでの憲法会議は，第三小委員会での議論の後，この意見に同調し，草案98条8号で以下のような提案を行った：

「連邦憲法裁判所は，以下の事項につき判断する：
　…
　8．この基本権で保障された基本権（…条）の侵害を理由とする異議，」
憲法会議は，このことの根拠について「憲法異議を通じて，基本権ははじめて主観的権利としての完全な性格を獲得する」と述べていた。

議会評議会での審議が進むなかではじめてこの連邦憲法裁判所の権限は削除され，その結果，憲法異議手続はさしあたり単純法律（1951年3月12日の連邦憲法裁判所法90条以下）のランクでのみ導入された。1969年1月29日の基本法改正

(BGBl.IS.97) が，基本法93条1項4 a号（および4 b号）での憲法異議の憲法レベルでの保障をもたらした。これによって，憲法異議は憲法改正を通じてのみ廃止されるものとなった。このことは，いずれにせよ市民の意識の中で憲法異議に高い価値をさらに与えることとなったが，しかし同時に憲法裁判にとっての過剰負担の危険をも高めることともなった。

　この危険要素にもかかわらず，憲法異議の制度を導入することは認められるべきである。憲法異議は，基本権ないし基本権類似の権利の主体に，公権力の措置による権利侵害を連邦憲法裁判所において問責する可能性を開く特別な法的救済である。憲法の番人は基本権の番人の機能を引き受けるのである。それゆえ，憲法異議の制度を憲法上保障することは，単に基本法19条4項に基づく法治国家原理に包摂される裁判的保護（Bd.I§20 IV 5 b）の最終的な帰結であるというだけではない。基本法93条1項4 a号の「公権力」というメルクマールが──基本法19条4項とは異なり──執行権だけではなく，立法権および司法権をも含み，したがって連邦憲法裁判所にはあらゆる国家権力の基本権適合的行動へのコントロール［の役割］が割り振られるということを考慮すれば，基本法93条1項4 a号は基本法19条4項による権利保護請求の可能性をも上回るものである（前掲II2）。

　しかしながら，憲法異議の機能は個人の権利保護効果で完全に説明されるものではない。連邦憲法裁判所による判決実践の結果として，憲法異議によって非国家的な権利主体にも，国家に基本権を考慮することとともに客観的憲法を遵守することを義務づける力が与えられる。もはや憲法に対する違反は，［国事訴訟のように］権限ある国家機関が憲法裁判所による判断に興味を示さないというだけで，サンクションを受けずにいるべきではない。したがって，憲法裁判所は国家機関にのみ頼らなくともよいのである。「憲法異議が存在しなければ，基本権の実現［および基本法2条1項を通じて審査されうる客観的憲法の実現（η）］は，一方で憲法裁判所以外のすべての権威［立法者，政府，行政，司法的裁判組織］の理解と服従に依存し，他方でさまざまな他の憲法裁判所の手続…［4-7］が基本権の解明および貫徹をもたらすことに依存することとなろう」。憲法異議によって，憲法は，日常的に行われる訴訟で示されるだけでなく，決して過小評価されるべきでない「一般的教育効果」で示される，包括的かつ常在的な貫徹力を与えられるのである。このように，憲法異議は憲法裁判所の管轄権の全体システ

ムの中でも特別な意義を与えられる。このことは，この法的救済の成功の確率が低いことを考慮した場合でも，妥当する。重要なのは，——教育効果をも考慮して——この特別な権利保護手段の存在そのものである。憲法異議の複合的機能——基本権上の個人領域の保護および憲法保護の手段——は，この訴訟方法の輪郭をとりわけ正確に示し，それが日常的な法的救済として鈍らされてはならないことを強く求める。連邦憲法裁判所は早い時期から，憲法異議を「特別な法的救済」と述べ，あるいは（通常の）「上告」ではない，とりわけ「超上告」ではないと述べることで，このことを認識してきた。さらに，連邦憲法裁判所は，この法的救済の許容性について広範な制限を設けてきた（後掲 $\alpha, \gamma, \varepsilon$）。他方で，連邦憲法裁判所は審査基準を，基本権だけでなく客観法的憲法原理，とりわけ組織法上の手続原則，さらには実質的な憲法形成的基本決定（法治国家原理）にまで拡張した（後掲 η）。

a）　各人憲法異議—本案判決の前提条件

基本法93条1項4a号，連邦憲法裁判所法13条8a号，90条以下に基づく連邦憲法裁判所への憲法異議は，公権力によってその基本権あるいは基本法20条4項，33条，38条，101条，103条および104条に含まれる権利を侵害されたと主張することで何人でも提起できる。連邦憲法裁判所法は，この基本法で定められた手続規定を，基本法94条2項の立法委託によって根拠づけられたさらなる許容要件に関して補完している。このような方法で，そして連邦憲法裁判所の判例を通じて，部分的に他の裁判制度における要求とは少なからず異なる連邦憲法裁判所への憲法異議に関する本案判決要件のシステムが形成されてきた。ここではそれについて詳細に論じる必要はなく，それゆえ連邦憲法裁判所法の注釈およびBand Ⅲでの詳細な論述を参照する必要があろう。ここでは，一般的な本案判決要件と並ぶ，あるいはそれに代わる憲法異議の特別な許容性要件が問題となる限りで，許容性の骨格の基本構造を示すことで十分である。それらは以下のように区分される：

- 異議申立権者の範囲（α）
- 異議申立ての対象（β）
- 異議申立権限（γ）
- 出訴の完遂（δ）

- 異議申立ての形式性（ε）
- 予備審査手続の実施（ζ）

　最後に，審査基準（η），重要な手続原則（θ），および連邦憲法裁判所の裁判可能性（ι）について若干コメントする。これらの大雑把な論述も，連邦憲法裁判所のすべての管轄権の概観の枠内でこの法的救済の最も重要な基本構造を示すことに資するにすぎない。

　α) 　申立権者の範囲

　申立権者は，基本法93条1項4a号，連邦憲法裁判所法90条1項に基づき，「各人」である。しかしこのことは，この手続規定によりあらゆる任意の権利主体が憲法異議を提起しうるということを意味するものではない。むしろ「各人」とは，基本権あるいは基本法93条1項4a号に列挙された基本権と同等の権利または基本権と同等の権利の実質的主体が異議申立人たりうるということを前提としている。異議申立人は，原則として，本来の基本権者である自然人，および基本法19条3項により基本権がその性質上適用可能な限りにおいて内国の法人である。基本権の享有主体の観点での限界問題は，個々のケースにおいて，国家権力の支配下にある限りで私法上の法人および公法上の法人への基本権付与の決定に際して生じるだけではない。自然人に関する基本権の享有主体性も，いくつかの基本権がドイツ人だけに認められ，外国人には認められず，それによって，個別的基本権が適用されない場合に，一般条項としての基本法2条1項が非ドイツ人にも適用されるのか，適用されるとしてどの程度の範囲まで適用があるのかとの問題が生じるという難点をもたらす。

　β) 　異議申立対象

　憲法異議による異議申立対象は，ドイツの「公権力」のあらゆる行為である。重要なのは，公権力というメルクマールが，間接的な国家行政および自治を含む行政権の（公法上の）個別行為だけでなく，立法権力の産物（法律，法規命令，規則）および司法行為をも含むということである。しかし，とりわけ執行権および司法権の行為については，出訴の完遂の前提が考慮されなければならない（後掲δ）。

　γ) 　異議申立権限

　異議申立権限を有するのは，基本権あるいは基本法20条4項，33条，38条，101条，103条および104条に含まれる権利を侵害されたと主張しうる者である。

憲法異議申立人は，十分に立証された権利侵害を主張しなければならない。さらに異議申立人は，基本権侵害が少なくとも可能性があると見なされる事実関係を申し述べなければならない。この限りで，行政訴訟法42条2項——いわゆる訴権——に発展した諸原則が，補充的に援用される。基本権が現実に侵害されたか否かは，これに対して憲法異議に理由があるかどうかの問題である。異議申立人による申述からすでに異議が根拠づけられない場合，憲法異議は許容されない。自己の名前で他者の基本権を第三者訴訟的に主張することは，憲法異議手続によっては許容されない。

連邦憲法裁判所は，法律に対する異議申立権限につき，特別な条件を確立した。それによると，異議申立権限があるとされるのは，問題となっている行為について異議申立人本人が，現在において，直接に関係している場合だけである。

δ) 出訴の完遂

問題となっている行為に対して出訴の途が存在する場合（連邦憲法裁判所法90条2項）には，基本法94条2項2文，連邦憲法裁判所法90条2項1文に基づき，出訴の途が尽くされた後になってはじめて適法に憲法異議が提起しうることとなる。

行政権および司法権の行為については，出訴の完遂の条件を通じて，高権的な行政行為は裁判所による審査手段を利用した後に，そして裁判行為は審級を尽くした後にはじめて憲法裁判所に異議申立可能となる。したがってその限りで，憲法異議は原則として補充的なものである。これに対して，形式的な法律の場合，議会によって作られた法律に対する審査という憲法上の性格のゆえに，一般の裁判権が原理的な管轄をもつことははじめから問題とならないため，出訴の完遂は考慮されない。

憲法異議の補充性の原則は，憲法の番人としての機能能力を保護するものであり，その限りですでに憲法に基づいている。異議申立人は，それが自己の権利を実現する，唯一残された手段である場合にのみ，連邦憲法裁判所に訴訟を提起することができるのである。一般の裁判権は，とりわけ2つの点で連邦憲法裁判所の過剰負担を防ぐことに寄与する。すなわち，一般の裁判権は，一方で事実関係を処理し，「その」法的領域に特殊な問題を解決し，そして他方で，憲法上の問題を最低限事前に審査することで，連邦憲法裁判所に対して事実上および法的な観点を準備することができるのである。

出訴の途は，法規範に基づくあらゆる審級その他を対象とするものであり，すなわち裁判所への［訴え提起の］途である。いかなる出訴が問題となるかは，一般の裁判権に関する裁判所構成法および裁判所規則が決定している。

しかし例外的に，連邦憲法裁判所は「憲法異議が公共の意義を有する場合，または出訴が指示されると異議申立人が重大かつ不可避な不利益を被る場合には，出訴の途を尽くす前になされた憲法異議についてただちに裁判する」（連邦憲法裁判所法90条2項2文）ことができる。ただし，連邦憲法裁判所は，このいわゆる先決憲法異議の許容条件を非常に狭く理解してきた：
- 異議申立人は出訴の途をとっていなければならず，またはなお出訴の途をとることができなければならない。
- 憲法異議は，多数の人々に関係するものであるか，あるいは多数の類似ケースが問題となる場合にのみ，「公共の意義」を有する。
- 出訴の指示がなされた場合の重大かつ不可避の不利益は，異議申立人がとりわけ苛酷で持続的な侵害を受け，その損害が出訴の途を尽くした後でようやく許容される憲法異議ではもはや適切に調整されない場合に，はじめて肯定される。

ε）異議申立ての形式性

憲法異議の提起は，一般の裁判権への訴えの提起と同様に，特定の形式規定に拘束される：
- 連邦憲法裁判所に対して書面で訴えの提起を行うこと（連邦憲法裁判所法23条1項1文）；提起者と主張の内容が申立てから十分明確に判明しなければならない。
- 侵害された権利および問題となる行為の主張（連邦憲法裁判所法92条）を含めて申立ての理由を付すこと（連邦憲法裁判所法23条1項2文）
- 法律および出訴の途が存在しないその他の高権行為の場合には，1年の出訴期間を遵守し（連邦憲法裁判所法93条2項），それ以外の行為については1ヵ月の出訴期間を遵守すること（連邦憲法裁判所法93条1項）。出訴期間は，法律の施行ないしその他の決定の送達，通知，言渡し，または公告により開始する。これは，期間経過に対して原状回復が存在しない除斥期間である。この期間は不作為には適用されない。

ζ）予備審査手続の導入［現行の連邦憲法裁判所法93 a 条では，このような予備審査手続は規定されていない］

当初は，連邦憲法裁判所は憲法異議に際して——その他のすべての訴訟類型と同様に——，申立ての棄却に関する唯一の方法として，1951年連邦憲法裁判所法24条（全員一致の決定による不適法性または明白な無根拠性を理由とした却下）に基づく手続しか用いることができなかった。多量の憲法異議申立に対する連邦憲法裁判所の負担軽減と憲法の番人としての機能能力確保のために不可欠であった連邦憲法裁判所法への多数の条項追加（§ 32 Ⅱ 2）の後，憲法異議には，連邦憲法裁判所法93 a 条の詳細な手続規定に基づく現在の法的状況により，予備審査手続での裁判の受理が必要となった。所轄の法廷からその任期中に任命された3人の裁判官からなる委員会が憲法異議を事前に審査する。その際，各法廷は複数の委員会を任命することができる。委員会は，憲法異議が不適法である場合，またはその他の理由により十分な訴訟の見通しをもたない場合には，全員一致の決定により憲法異議の受理を拒否することができる。委員会が受理を拒否しなかったということは，法廷が受理したということになる。法廷は，少なくとも2人の裁判官が，憲法問題の解明が裁判に期待される，または裁判の拒否によって異議申立人が重大かつ不可避の不利益を被るとの意見をもっている場合には，憲法異議を受け入れる。委員会または法廷の決定は口頭弁論なしで行われ，理由を付す必要もない。不受理の決定は取消し不可能である。

このドイツの司法の伝統にとって異例の手続を制度化することは，多くの批判を受けた（§ 32 Ⅱ 2 c）。しかし，三人委員会の活動が，基本権への高い配慮や憲法の貫徹力に損害を与えるに至っていないと言うことはできる。

η） 審査基準

基本法93条1項4 a 号からは，連邦憲法裁判所にとっての審査基準が基本権およびそこに列挙された基本権類似の権利だけであるとの印象を受けやすい。この印象は誤りである。すでに初期のいくつかの憲法異議手続において，連邦憲法裁判所は，適法な憲法異議の範囲内において，他の憲法違反が存在するか否かを職権によって審査するとの指摘を行っている。すなわち，憲法異議申立人が明示的にこれ［他の憲法違反］に関する申立てを行っている限りで，裁判所はそれを提起された問題と理解するつもりがあるということである。連邦憲法裁判所は，1957年1月16日のいわゆるエルフェス判決においてはじめて，基本法2条1項を通じて客観的憲法を異議提起可能な基本権侵害の範囲の中に含めるための決定的な一歩を踏み出した。連邦憲法裁判所はこの流れを多くの批判にもかかわらず

確立した判例の中で維持している。この判例によれば，異議を申し立てられた公権力の行為が，たとえば法治国家原理（基本法20条1項），基本法25条または権限規定，とりわけ連邦とラントとのあいだの立法権限の配分に関する規定のような，それ自体は個人的内容をもたない客観的憲法原理に違反している場合にも，基本法2条1項の基本権が侵害される。このような客観的憲法に対する（立法者または裁判所による）違反が存在する場合，［異議を申し立てられた公権力の］行為は基本法2条1項における「限定」文の意味での「憲法適合的な秩序」に含まれず，それゆえに基本法2条1項で保障された一般的行為自由を許されざる方法で制約するものである。これにより基本法2条1項は，その助けを借りて客観的憲法に対する違反が基本権侵害へと転換され，それゆえ，その他の許容条件が考慮されれば，憲法異議手続において連邦憲法裁判所へと提起されることを可能にする，憲法訴訟上の「梃子」となった。したがって基本法2条1項は，いわば「立法を含む国家全体の憲法適合性」に関する基本権となったのである。ともかく，「各人」の憲法異議は，もはや単に基本権保護の制度としてだけではなく，同時に憲法そのものの保護の制度として用いられうる。

　しかしこのことから，あらゆる誤った，単純法律に違反する裁判は，基本法2条1項を通じて基本権侵害と解釈される，との結論が導かれるわけではない。連邦憲法裁判所は，とりわけ裁判に対する憲法異議に際して，連邦憲法裁判所は「超上告審」ではない（前掲9およびⅡ3f）との理由から，審査権限を撤回している。それゆえ，連邦憲法裁判所はあらゆる法律上の誤り（基本法20条2項，97条1項違反を含みうるものでも）を理由として裁判を審査するのではなく，もちろん一般の裁判権による法適用をまったく手つかずのまま放置するわけではないが，「個別憲法」（前掲Ⅱ3f）の侵害に基づいてのみ審査を行うのである。憲法，とりわけ基本権の法システム全体への影響力の観点からすれば，このことは当然である（Bd. Ⅰ§4Ⅲ5および詳しくはBd. Ⅲ）。

　θ）　手続原則

　連邦憲法裁判所法94条1項および2項によれば，憲法異議手続においては，その行為または不作為が異議の対象となっている憲法機関または大臣に意見陳述が認められている。法律が異議の対象となっている場合，立法機関に意見表明の機会が与えられる（連邦憲法裁判所法77条と結びついた94条4項）。裁判に対する憲法異議の場合には，当該裁判によって利益を得た者も意見陳述の機会が与えられ

る（連邦憲法裁判所法94条3項）。憲法機関および大臣は，訴訟に参加することができる（連邦憲法裁判所法94条5項1文）口頭弁論は，連邦憲法裁判所法25条2項の場合とは異なり，開く必要はない（連邦憲法裁判所法94条5項2文）。

　　ι）　裁判所の裁判

　憲法異議に理由がある場合には，下しうる判決文の内容が連邦憲法裁判所法95条によって示されている：

- 侵害された基本権および侵害行為ないし不作為の確認。その際には，連邦憲法裁判所法78条2項を類推適用して，直接には異議を申し立てられていない行為についても確認がなされうる。
- 異議を申し立てられた措置の反復の禁止。
- 異議を申し立てられた裁判（行政行為または裁判行為）の破棄および場合によっては管轄裁判所への差戻し。
- 違憲の法律の無効宣言（ただし，前掲Ⅱ3cおよびⅣ5a，ならびに後掲Ⅴ3gγを参照）。当該法律を根拠に下された裁判については，連邦憲法裁判所法79条を理由として，原則として存続する（前掲Ⅳ5b）。

　裁判の法的効果については，連邦憲法裁判所法31条が定めている（後掲Ⅴ3g）。

　　b）　地方自治体の憲法異議

　地方自治体の憲法異議も［個人の憲法異議と］同様にもともとは単純法律上でのみ規定されたものであった（連邦憲法裁判所法91条）。1969年1月29日の基本法改正法によってはじめて憲法上規定がなされた（基本法93条1項4b号）。地方自治体の憲法異議は，各人の憲法異議とは異なり，重要な特殊性を示すものではない。全体的に見ると，これはむしろ提訴権限について事項的な限定がある規範統制である（前掲9およびBd. Ⅰ§12 Ⅱ 6 d）。

　　α）　異議提起権限

　異議提起権限をもつのは，ゲマインデおよびゲマインデ連合である（Bd. Ⅰ§12 Ⅱ 6 a）。都市国家であるベルリン，ブレーメン（ブレーマーハーフェンは異なるが）およびハンブルクは，ここには含まれない。その限りで，それらの国家的性格が反映しているのである。ゲマインデおよびゲマインデ連合の代理権限は，ラント法上重要な自治体法に基づく。

　地方自治体間の連合（目的連合）は，基本法93条1項4b号，連邦憲法裁判所

法91条の意味でのゲマインデ連合に含まれるべきではない。それらはたしかに地方自治体の公法上の団体ではあるが，地域的な基礎をもつものでも，普遍的な作用領域をもつものでもない。それらはむしろゲマインデおよびゲマインデ連合によって，特定の限られた任務を実現するために結成されるものである。

β) 異議の対象

異議の対象となりうるのは，「法律」のみであり，行政行為や裁判は対象となりえない。この法律は，形式的なものでも実質的なものでもよく，ここには連邦法またはラント法が含まれる。したがって，法規命令も異議の対象として考慮されるし（Bd.Ⅰ§12Ⅱ6b），慣習法も同様に，それが内容的に自治保障を制約する可能性がある場合には，考慮される。これに対して不作為は，国家と地方自治体とのあいだの行政裁判所での手続とは異なり，基本法93条1項4a号との文言の違いを根拠に異議の対象から除外される。

γ) 異議申立権限

侵害された憲法規範として問題となるのは，［基本法93条1項4b号の］文言上，基本法28条のみである。しかし基本法93条1項4b号が同時に自治権の侵害に対する異議に限定していることから，基本法28条1項2文および28条2項に対する違反だけが理由となる。というのも，これらの規定においてのみ自治権が保障されているからである。

たしかに連邦憲法裁判所は，たとえば（恣意禁止という意味での）基本法3条や基本法120条をも審査に含めようとしていた。さらには，適法な地方自治体の憲法異議の審査基準として，「地方自治の憲法上の表象を作り出す」にふさわしいような憲法規定が考慮されるべきこととなる。このことは，とりわけ地方自治の財政制度保障に妥当する（Bd.Ⅰ§12 1b, 7，§47Ⅲ3b）。しかし，さらに法治国家原理やその他の基本的な客観的憲法原理，あるいは権限規定といった憲法規範も審査基準として含まれうる。これに違反する法律は，憲法適合的な（法）秩序には含まれず，それゆえ地方自治を実効的に規律するにふさわしいものとは言えない。

一般的な許容条件の遵守と並んで，異議を申し立てられた規範は，ゲマインデ（ゲマインデ連合）自身に，現在，直接にかかわるものでなければならない。

δ) 補充性

ラント法上の法律が異議を申し立てられている限りで，基本法93条1項4b

号，連邦憲法裁判所法91条2文に基づく地方自治体の憲法異議は補充的なものである。争われている法律がラント法に基づいてラントの憲法裁判所への（憲法）異議ないしは適当な法的救済によって「異議申立て」されうる場合には，地方自治体の憲法異議は行われない。このことは以下のラントに妥当する：

- バーデン-ビュルテンベルクは，バーデン-ビュルテンベルク憲法76条，国事裁判所法8条1項8号，54条に基づいて；
- バイエルンは，バイエルン憲法98条4文，憲法裁判所法53条（住民訴訟）に基づいて；住民訴訟はゲマインデにのみ認められ，ゲマインデ連合には認められないが，それは住民訴訟で主張されうるのが基本権の侵害のみであり，ゲマインデ連合の自治権はこれに含まれないためである。これに対して，バイエルン憲法11条に基づくゲマインデの自治権は，バイエルン憲法裁判所の見解によれば，それがゲマインデに住民訴訟の可能性を付与しているという意味で基本権に類似したものである。
- ブレーメンは，ブレーメン憲法140条に基づいて；
- ノルトライン-ヴェストファーレンは，ノルトライン-ヴェストファーレン憲法75条4号，憲法裁判所法13条8号，50条に基づいて；
- ラインラント-プファルツは，ラインラント-プファルツ憲法130条，135条1項1号，憲法裁判所法23条以下に基づいて；
- ザールラントは，憲法裁判所法7条10号，49条以下に基づいて。

ラントの法律に対する異議の場合は，ヘッセン，ニーダーザクセン，シュレースヴィヒ-ホルシュタインがゲマインデおよびゲマインデ連合について，そしてバイエルンが連邦憲法裁判所への出訴の途を除いてゲマインデ連合についてのみ，認めている。

10. a) その他の管轄事項

基本法93条1項5号に基づいて，連邦憲法裁判所はその他の管轄事項においても判断を行う。これらについては，すでにそれぞれの訴訟類型に関する部分で取り扱った。

さらなる管轄権については，基本法93条2項，連邦憲法裁判所法13条15号に基づいて，連邦法律によって与えられる。ここには従来，以下のものが含まれてきた。

- 連邦鉄道法52条2項での連邦鉄道とラントの関係に関する争い（前掲6eγ）；
- 選挙審査法を適用可能とした1970年2月26日版（BGBl. I S. 204）の1955年12月23日の国民発案および国民表決に関する法律（BGBl. I S. 835）16条3項および32条3項（前掲8）。

b）基本法99条に基づくラントの憲法裁判所としての連邦憲法裁判所

基本法99条，連邦憲法裁判所法13条10号，73条以下75条までに基づき，ラント法を通じて連邦憲法裁判所に「一ラント内部での憲法争訟に関する判断」の権限を付与することができる。この権限付与が行われた場合には，それは基本法93条1項4号に基づく連邦憲法裁判所の管轄権に優越する。基本法99条に基づく権限を行使しているのは，シュレースヴィヒ-ホルシュタイン憲法37条［2006年改正でこの規定に該当していた44条が改正され，シュレースヴィヒ-ホルシュタインにおいても独自のラント憲法裁判所が設置されている］のみである。それは以下のように規定する：

「連邦憲法裁判所は以下の事項につき裁判を行う：
1．ラント議会ないしラント政府の権利・義務，またはラント憲法，ラント議会の議事規則ないしラント政府の職務規則によって固有の権利を与えられた関係者の権利・義務の範囲に関する争訟を理由とするラント憲法の解釈について；
2．ラント政府の申立てまたはラント議会議員の3分の1の申立てに基づく，ラント憲法とラント法の形式的・実質的一致に関する意見の相違ないしは疑義について」。

この規定によって権限が与えられているのは，機関争訟および抽象的規範統制のみである。このことは，連邦憲法裁判所法73条1項での機関争訟への限定にもかかわらず許容される。なぜなら，「憲法争訟」という概念は広く解釈されるからである。この概念は，憲法に基づく権利者が憲法上の疑義をそこで解決させようとするような裁判手続を意味している。ラントの立法者がいかなる範囲で権限を与えようとするかは，立法者の事項である。

連邦憲法裁判所は，基本法99条の場合においては，機関委任の方法で求められた「ラント憲法裁判所」として裁判を行う。判断基準は，これに対応してラント憲法である。しかし，適用されるべき手続法は，連邦憲法裁判所法である（連

邦憲法裁判所法75条)。

V. 連邦憲法裁判所における手続の諸原則

1. a) 連邦憲法裁判所に関する訴訟法の意義

連邦憲法裁判所の訴訟法およびその適用実務については，これまで学説において望まれるような詳しい説明が行われてこなかった。とりわけ訴訟法の概説書では，これについてほとんどまったく触れられていない。例外的に，コンメンタールと並んで，K．エンゲルマン，G．ツェムシュおよびP．ヘーベルレによるモノグラフィーが見受けられるにすぎない。それ以外は，憲法裁判官の忌避や偏頗，あるいは裁判の拘束力および既判力（後掲3 g）といった個別的な問題が注目されてきただけである。

b) 訴訟に関する自律の原則

このような説明の少なさは，連邦憲法裁判所法の規律が，「一般的訴訟規定」と名付けられた第二章においても，第三章における個別的訴訟類型に関する諸規定と同様に不完全なものであるだけに，ますますもって不可思議である。それゆえ，連邦憲法裁判所の初期段階での以下のような確認は驚くようなものではない：「連邦憲法裁判所法は完璧な訴訟準則を含むものではなく，むしろ少数の，絶対不可欠の，憲法裁判所での訴訟の特殊性に見合った諸規定に限定されている。その他の点について連邦憲法裁判所法は，訴訟の目的適合的な形成のための法原則を，その他のドイツの訴訟法を準用することで見出すように裁判所に委任している」。連邦憲法裁判所は，法律の範囲内で「その訴訟に関する新たな法原則」を展開させる権限を有している。このことからは，裁判所自身が明示的に要求しているわけではないものの，裁判所の「手続の自律性」の原則が導き出されることとなった。こういった原則は，そこに裁判所には権限が与えられていないある種の憲法政策が常に見え隠れするため，危険なものと言えよう。かつての大きな権限を有していたライヒ国事裁判所——より法律上の訴訟準則が不十分であった——をモデルとすることは自制される必要があるだろう。せいぜいのところ不完全な制定法の欠陥を補うことであるが許され，かつ必要とされるにすぎない。このことは，大筋で，連邦憲法裁判所の指導原理となっていた。それゆえ，連邦憲

法裁判所は，憲法裁判に関する列挙主義（前掲Ⅳ2）と一致しないことを理由として，許容される訴訟類型を法律［の規定の範囲］を越えて対象的に拡大することを正当にも拒否し，あるいは法律上期限が定められていない申立て権限に準用によって期限をつけることを拒否している。これとは逆に，連邦憲法裁判所法30条2項3文の挿入前の段階で判決に際しての評決関係を公表したことには，問題があった。

c）　憲法訴訟法の独自性に関するテーゼ

これに対して，P．ヘーベルレの見解によれば，「憲法訴訟法は，他の訴訟法と比較して，特別な憲法上のものであり，それゆえ独自のものとして理解されるべきである」。その独自性は，「紛争の解決，利益の調整，多元的な権力分立に資する『憲法に関する事項』の独自性から」生じる。

この憲法訴訟法の独自性および憲法訴訟法の実体的解釈に関するテーゼは，訴訟法とは裁判所による実体法上の法発見が司法機関に機能的な観点で与えられる道筋から逸れないようにするための根本的な留保を含むものであるため，危険なものである。したがって，憲法訴訟法は一般的な訴訟法の範疇に組み込まれるものでなければならない。しかし，一般的な訴訟法理論や他の訴訟法からの法原則のあらゆる援用は，憲法裁判の固有性が考慮される場合にのみ許容されるというのは正しい。

d）　裁判所内部に対する規則の効力

1975年に公布された連邦憲法裁判所規則は，裁判所内部の事務手続にのみかかわるものである（§32 Ⅱ 3 a）。訴訟関与者，すなわち訴訟の「外部の」動きには，この規則は直接の法的効力をもたない。しかし，憲法異議の受理手続の規定に際しては，この境界が常に守られるとは限らない。

2．a）　連邦憲法裁判所法における一般的訴訟規定と特別な訴訟規定の区別

連邦憲法裁判所法は，一般的訴訟規定（17条以下35条まで）と前述した裁判所の個別的な管轄（前掲Ⅳ）に関する特別な訴訟規定とを区別している。後者の諸規定は，その適用範囲について特別法として優先的に基準となるものである。そこに規定がない場合には，すべての訴訟類型に妥当する一般的訴訟規定が用いら

れる。

　b）　一般的訴訟法原則の援用
　特別な訴訟規定も一般的訴訟規定もともに不完全なものである場合には，他の訴訟法および一般的訴訟法原則が用いられる。憲法裁判所での訴訟類型に最も適合し易い訴訟原則をもっているという理由から，まずもって行政裁判所法が補足的に援用されうる。行政裁判所法が民事訴訟法および裁判所構成法を参照している（1737条）ため，それらも補助的に援用されうる。いわゆる訴追手続においては，刑事訴訟法の規定の類推適用が考慮される。最後に，ラント憲法裁判所の訴訟法規定についても，その法的形成がなお不十分なため，早急に調整が必要であり，長期的に連邦憲法裁判所を支えるものとして使われるべきではないものの，これを考慮することは排除されるべきではあるまい。

　3．適用されるべき一般的訴訟規定の主要原則
　特別な訴訟法については，すでにそれぞれの訴訟類型に際して論じた。このことから，ここで必要なのは，憲法裁判の理解にとって重要な限りで，一般的訴訟規定についての補足をすることだけである。

　a）　申立主義および職権主義
　連邦憲法裁判所は，裁判所の性質に対応して（連邦憲法裁判所法23条1項1文），常に申立てにのみ基づいて活動し，職権に基づいては活動を行わない。この申立主義は，訴訟そのものの開始が問題となっている限りで，連邦憲法裁判所法32条に基づく仮命令手続（後掲ｉ）にも妥当する。仮命令が必要であるような事案が係争中である場合には，職権によっても仮命令が下されうる。これは，「公法上の」裁判に妥当する，裁判所が訴訟の主導者であるという職権主義の帰結である。ここで決定的な役割を果たすのは，憲法裁判およびその訴訟類型の中に通常含まれる公的利益である。他の裁判所法において部分的に，または全体的に規定され，または予定されている法的紛争に関する当事者の主導（処分権主義）は，これによって重大な制約を受けている。
　このことから，申立ての取下げはあらゆる場合に訴訟の打切りを必ずしも帰結しない（前掲Ⅳ5ａ）。訴追手続のように，法律において申立ての取下げが明示的

に許容されている場合（連邦憲法裁判所法 52 条，58 条）に限っては，［公的利益と訴訟打切りについての］利益衡量がすでに立法者によって行われている。

これ以外の場合には，訴えを簡単に取り下げることを可能とする行政裁判所法 92 条 1 項 1 文の類推適用が，優越的な公共の利益または関係者の正当な利益が対立しない限りにおいてのみ考慮される。このような利益は，通常，その他の憲法保護手続の場合や抽象的規範統制手続においては存在するが，憲法異議や具体的規範統制の場合にはほとんど存在しない。同様に機関争訟および連邦争訟はそれ［公共の利益など］によって特徴づけられないため，ここには調整の手段が残されていなければならない。

職権主義は，裁判所に申立て［の内容］を判断し，そして場合によっては適切な解釈をする権限を付与している。これによって，特定の訴訟類型が許容されない申立てについて，他の訴訟類型が許容されていると解釈し直すことが認められる。

b） 職権探知主義

証拠調べ（連邦憲法裁判所法 26 条）にも事実の摘示にも職権探知主義，すなわち裁判所は職権により事実関係を調査しなければならず，訴訟関与者の申告に制限されないという考え方が妥当する。

c） 限定的な口頭主義

連邦憲法裁判所法 25 条 1 項に基づく口頭弁論には例外がある。連邦憲法裁判所法 32 条 2 項に基づく仮命令手続および連邦憲法裁判所法 94 条 5 項 2 文に基づく憲法異議手続においては，口頭弁論が放棄されうる。連邦憲法裁判所法 93 a 条 5 項に基づく予備審査手続［現行の連邦憲法裁判所法には規定されていない］および再審申立ての許容に関する手続（連邦憲法裁判所法 61 条 2 項）においては，法律に基づいて口頭弁論が開かれない。

d） 訴訟費用の分担

連邦憲法裁判所での訴訟は，原則として無償である（連邦憲法裁判所法 34 条）。憲法保護手続──政党禁止手続を除く──において申立てに理由がない場合，申立人の弁護費用を含む必要経費は補償される。理由のある憲法異議の場合にも，

同様の方法が採られる。その他の場合には，連邦憲法裁判所は出費の一部または全部を弁済するよう命じることができる。その一方で，不成功に終わった憲法異議や選挙審査異議の場合には，濫用手数料が課される可能性がある。

e）訴訟代理

弁護士強制制度は，連邦憲法裁判所での訴訟には存在しない。しかし，口頭弁論において当事者は，ドイツの裁判所で公認された弁護士またはドイツの大学の法律学の教員に訴訟を代理させなければならない（連邦憲法裁判所法22条1項1文）。立法機関はその議員を，そして連邦，ラントおよびその憲法機関は裁判官となる資格をもつ公務員または上級行政官吏を訴訟代理人とすることもできる（連邦憲法裁判所法22条1項2文および3文）。連邦憲法裁判所は，これ以外の場合に，その他の者が訴訟補助人となることを許可することができる（連邦憲法裁判所法22条1項4文）。

f）裁判官ポストの補充

連邦憲法裁判所は，多くのラントの憲法裁判所と異なり，裁判官の代理に関するルールをもっていない（§32 Ⅲ 1 c）[現行の連邦憲法裁判所法では，19条4項に代理規定が存在する]。これは，裁判官の除斥および忌避にとって深刻な結論を導くものであり，とりわけこのような場合には基本法101条1項2文の法律上の裁判官に関する憲法上の要請が侵害される。

裁判官の除斥および忌避は，裁判所の中立性および独立性を客観的観点でも，提訴者の主観においても保障する上で不可欠の制度である。この問題に裁判所は幾度も取り組んできた。裁判所の秩序ある構成は常に職権によって審査されるべきであるが，規範統制手続においては，客観訴訟であるこの手続には訴訟関与者が存在しないとの理由から，ある裁判官が予断をもって裁判するおそれの原因を作っているか否かという問題は追求される必要がない。しかし，このことは，裁判官が連邦憲法裁判所法18条に基づいて，法律上，裁判官職から除斥される場合には妥当しない。というのも，これは同じく法律上の裁判官［という概念］にかかわる問題だからである。疑いがある場合には，裁判所は単に宣言的に除斥を確認する。これに対して，予断に基づく裁判のおそれを理由とする裁判官の忌避のケースは，それが裁判官自身によって願い出られたものであろうと，訴訟関与

者によって口頭弁論の開始までに申し立てられたものであろうと，裁判所によって，予断の可能性のある裁判官を参加させることなく，設権的効力をともなって決定がなされる。予断をもって裁判をすることについての根拠が裁判所によって確認された場合にのみ，裁判官は除斥される（連邦憲法裁判所法19条）。連邦憲法裁判所法18条の除斥要件が例外なく，婚姻関係，血縁関係，姻戚関係，当該事件での活動といった客観的基準を考えている一方で，連邦憲法裁判所法19条の予断可能性要件の場合は広く主観的効果が全面に出ている。

　α) 連邦憲法裁判所法18条に基づく除斥

　連邦憲法裁判所法18条は，部分的にその他の訴訟法における比較対象となる構成要件と合致している（民事訴訟法41条，刑事訴訟法22条以下）。それゆえ，それらは欠陥を補うために補足的に援用されうる。しかし，あらゆる場合に，憲法裁判官はしばしば政治家または公務員として立法手続に参加を要請されるということが考慮されなければならない。連邦憲法裁判所法18条3項1号は，この状況を，このような関与は除斥の理由とはならないとすることで考慮しており，同様に1970年12月21日の第四次改正法以降は，訴訟にとって重要な法的問題に関する学問的意見の表明も除斥の理由とはならないとしている（連邦憲法裁判所法18条3項2号）。

　F．クネップフルは，この2つの場合をともに問題のあるものと見なしている。すなわち，とりわけ連邦憲法裁判所法18条3項1号では，かつての政党政治への参加に対する広範な寛容が示されている。この論拠は，せいぜいのところかつて議員であった裁判官には妥当するかもしれないが，官庁において法律の成立に関与した裁判官には妥当しないであろう。しかしそれ以外の点については，ここでは選挙機関の基本姿勢と無関係に活動することが要求される（§ 32 Ⅳ 1 a）。

　この立法者による規律は，異なる理由から正当化される。これ［政治関与の許容］に関する規律が欠けていたならば，こと憲法裁判所に関してはその構成の観点から，ほとんどすべての手続において一人または複数の裁判官に除斥問題が生じる結果となろう。裁判所が完全な裁判官構成を実現することはほとんどなくなってしまう。しかし，まさにこの点にこそ，練り上げられ，そしてバランスのとれた憲法裁判所裁判官の選出方法に鑑みて，突出した利益が存在するのである。したがってこの法律上の規律は，この規定に基づく除斥理由は非常に慎重に解されなければならないという基本想定を適切に確認している（後掲*β*）。

β） 連邦憲法裁判所法19条1項に基づく予断による裁判のおそれを理由とする忌避

「予断による裁判のおそれを理由とする」裁判官忌避の制度（連邦憲法裁判所法19条1項）は，まず1966年に，そして後にとりわけ1973年に，政党助成および基本条約をめぐる争いの中で大きな意義を獲得した。

この概念は他の訴訟法にも存在する。このことに対応して，連邦憲法裁判所は［裁判官忌避の］構成要件に関する最初の詳細な意見表明において，実際，訴訟法学上周知の解釈を継受した。すなわち，「それによれば，『裁判官の不偏不党性に対する疑惑を正当化するにふさわしい根拠がある場合に』，予断による裁判のおそれを理由として忌避が行われる（刑事訴訟法24条，民事訴訟法42条を参照）。したがって，裁判官が現実に『偏向的』または『予断を持っている』か否か，あるいは裁判官自身が予断をもっていると考えるか否かは問題とはならない……重要なのはもっぱら，訴訟に参加する者があらゆる事情を理性的に評価した場合に，裁判官の非予断性や客観的立場を疑うような不安をもっているか否かである」。

その後の裁判においてはじめて，憲法裁判所での訴訟においては「新たな裁判官が被忌避者の代わりを務めることはなく，それゆえすべての成功した忌避は必然的に，忌避を行った者については有利なことと見なされるが，相手側にとってはそれとは無関係な裁判官数のさらなる減少を結果としてともない，また数少ない成功した忌避はすでにそれだけで管轄法廷の決定不能性を帰結しうる（連邦憲法裁判所法15条2項1文）」という特殊性が妥当するとの指摘がなされた。ここにはすでに忌避の申立ての成功についての連邦憲法裁判所の裁判を厳格にするとの暗示を見出すこともできる。［裁判官忌避の条件の厳格化に関する］根拠は基本条約に関する訴訟のなかではじめて明らかになった。いまや以下のようなことが結論づけられている。すなわち，連邦憲法裁判所法18条2項および3項に示されるように，法は排除要件について「とりわけ要求の高い基準」を定立しているが，忌避が成功すると，法律上予定された裁判官の選出［の意義］が弱められる。このことは

> 「訴訟の結果にとって意味をもつ多数関係の変更を帰結する。具体的事件において，法廷の裁判官数が満たされている場合には結果として異なった裁判になったと予想されうるような裁判は，世論の中でそれ以外の裁判に対して示される拘束力の承認を一部失

うこととなろう。裁判所は，適切な忌避の申立てによって裁判官数が統制される，あるいは数少ない忌避の成功はすでにそれだけで管轄法廷の決定不能性を帰結する（BVerfGE 32, 288 [291]），という危険に陥る可能性がある。連邦憲法裁判所クラスの裁判所には，そして連邦議会および連邦参議院による特別多数——通常は全員一致——での特別な任命手続で選出される裁判官には，原則として，それ［裁判所・裁判官］らが政治的に激しく議論が行われている訴訟においても先入観なく，かつ客観的に判断を下すことを可能にする内部的な独立性をもち，かつ権利を追求する当事者からの距離を保っているということを前提とする理由がある」。

これによって，忌避の評価における重点の移動が生じる。すなわち，もはや権利追求者の裁判官の中立性に対する期待ではなく，むしろ数的に保護される裁判官ポストを維持することが高い価値をもつ。したがって，予断による裁判のおそれを理由とする忌避の申立ては，厳格な基準を考慮した場合にのみ成果を上げる。裁判官の非予断性や客観的立場に対する単純な疑惑だけでは不十分であり，はっきりした偏向や主張の異常なまでの激しさといった「特別な事情」が必要である。特別な事情の基準は，たしかになお曖昧である。それでも，忌避を困難にするという判例の基本方針は正当である。

立法者は，連邦憲法裁判所法15条2項1文を通じて，2人以上の忌避を不可能とする障壁を設けた。当事者は，この状況においては裁判をいずれにせよ受け入れなければならない。この限界づけを通じて，立法者は，代理規定をもつ他の裁判制度と異なり，非常に狭い範囲でのみ裁判官数の減少が受け入れられることを示した。しかし，予断による裁判のおそれを理由とする忌避の制度をそもそももたないオーストリアの法的状況と異なり，このような規定の余地があるとすれば，このことからは同時に，憲法裁判所裁判官には発言をかなり自制することで忌避から自分自身の身を守る義務が導かれる。

g）　連邦憲法裁判所の裁判の効力

他の訴訟法に対する特殊性は，連邦憲法裁判所の裁判の拘束力の点でも生じる。連邦憲法裁判所法は，67条3文において，法律問題を主文においても取り上げることを許容することで，連邦憲法裁判所に他の裁判所をしのぐ権限を保障している。さらに，連邦憲法裁判所法は，連邦憲法裁判所の裁判に31条に基づく特別な効力を与えている。

α) 実体的既判力

連邦憲法裁判所の裁判には，他の裁判と同様に，実体的既判力が与えられる。

既判力の効果は，3つの観点で限定される。客体の面では，拘束力は訴訟の対象にかかわる法的状況の確認のみにかかわり，主体の面では，訴訟の関係人にのみかかわり，そして時間的には事実状況および法的状況の変化にその限界をもつのである。加えて，既判力の効果は，憲法訴訟にとってはこれまで意義をもたなかったが，再審手続における判決の破棄を留保されている。

β) 連邦憲法裁判所法31条1項に基づく拘束力—主文を直接に支える理由への限定

こうした裁判一般に特有の，訴訟対象に対する裁判の効力を越えて，連邦憲法裁判所法31条1項は，連邦憲法裁判所の裁判は「連邦およびラントの憲法機関，ならびにすべての裁判所および行政庁」を拘束すると定める。この拘束力の意義は，豊富な学問的議論の対象となってきたが，今日まで一般に承認される結論には至っていない。

一致が見られるのは，連邦憲法裁判所法31条1項は，憲法適合的な秩序の中での憲法裁判の特別な機能が正当に評価されるためにも，連邦憲法裁判所による裁判の拘束力を高める意図をもつということについてのみである。31条1項は，連邦憲法裁判所によって下された既判力をもつ裁判へのすべての国家官庁の拘束を要求している。この拘束は2つの方法で達成される。第一に，機関固有の権利にとって裁判が意義を有する諸機関について，主体的な既判力の限界が拡大される。これらの機関からは，その権利に関する憲法争訟における関係人としてすでに判断された問題に関して連邦憲法裁判所の異なる裁判を導き出す可能性が奪われる。第二に，連邦憲法裁判所によって下された裁判をあらゆる活動において拘束的なものとして基礎に置く，すべての憲法機関，裁判所および行政庁を拘束する機関間拘束が存在する。

連邦憲法裁判所法31条1項を通じた既判力の主体の限界の拡大について争いがないとすれば，拘束力が客体の面でどのような広がりをもつのかは曖昧である。連邦憲法裁判所は，その裁判の主文および主文を直接に支える理由にまで拡大している。この判例は異議を唱えられている。主文を直接に支える理由にも［諸機関を］拘束することは，たしかに憲法裁判においてとりわけ意義をもつ安定機能を高いレベルで促進することになるが，同時に正しくない可能性のある憲法に関

する見解の訂正や，憲法の領域における変化への対応の余地を狭めることとなろう。後者の観点から帰結される必要性は，やはり連邦憲法裁判所にも自分自身をこのような拘束力から解放するよう強く求める。このようにして創り出される連邦憲法裁判所の判例原則の変化可能性は，もちろん，憲法生活のあらゆる他の関係人にはこの原則が断固として承認されねばならないということとまず一致し得ない。すなわち，憲法実践もまた，連邦憲法裁判所の判例を継続的に形成させるきっかけとなりうるし，なり得なければならないのである。

　しかし，裁判の主文を直接に支える理由への拘束を認めない者も，裁判にとって重要な法的解釈の顧慮を否定するわけにはいかない。さもなくば，連邦憲法裁判所の権威は崩壊してしまうであろう。上級裁判所が一般的に有する先例拘束力（§37Ⅱ2e）に類似して，連邦憲法裁判所の判例の正しさの推定は承認されなければならない。もちろんこの推定は，よりよい根拠による否定を妨げるものではないが，裁判所においてまず貫徹されなければならない。このアングロサクソン的理論を志向する見解は，連邦憲法裁判所の判例の根拠づけに関する説明において高い柔軟性を認め，憲法を開放的なものとする。しかし，その限りで，先例という性質が主文を直接に支える理由という概念と同様に決して明確なものではないため，疑いも存在する。

　それゆえ，有力説とみなされ，かつとりわけ裁判所がそれに従っているドイツの訴訟法に関する考え方に依存する主文を直接に支える理由という理論のカテゴリーに追従することは，非常に有益である。連邦憲法裁判所のこの見解にとって特別な意義をもつのは，いまだに完全には明らかにされていない，裁判の主文を直接に支える理由の定義にかかわる問題である。それでもなお，裁判を直接に支える理由は裁判の全体的関連の中から突きとめられるべきであり，連邦憲法裁判所法67条3項のケースに該当しない限り，連邦憲法裁判所によっては確実には定められえないということは確認され得る。しかし，いかなる理由が裁判を直接に支えるものであるかについての連邦憲法裁判所の言明の重要性は高く評価されるべきである。とりわけこのことは憲法に関する言明に妥当する。

　γ）　連邦憲法裁判所法31条2項に基づく法律的効力―当初無効―単なる違憲宣言

　基本法94条2項に基づいて，連邦憲法裁判所法31条2項では，連邦憲法裁判所の判決が，規範検証手続および規範認証手続を含む規範統制手続，法律に対す

る憲法異議手続，そして連邦憲法裁判所法95条3項2文の場合において法律的効力をもつと規定する。

　裁判の効力の意義について一致が見られるのは，裁判があらゆる者に対して，すなわち一般的に拘束力をもつという点である。個々の点においては，法律的効力の法的性格について，とりわけ規範統制手続の裁判の作用に関する見解の違いによって引き起こされる不明確性が存在する。

　違憲の法規範に初めから（ex tunc）存在する当初無効（Nichtigkeit ipso iure）に関する伝統的な見方は，近時多くの批判にさらされている。憲法の実質的なランクの高さは否定されるべきではないため，批判者達は論拠としてとりわけ連邦憲法裁判所の却下権限の独占を引き合いに出す。しかし，連邦憲法裁判所が基本法100条1項の具体的規範統制手続について示した，形式的法律および後憲法的法律への却下権限の独占の限定が無視されているというだけでも，このことにはすでに説得力がない（前掲Ⅳ5bγ）。また，［連邦憲法裁判所への］移送義務を違憲の規範についての無効性の効果と一致しない作用として理解することも，適切ではない。この義務は，基本法100条1項の指示によって生じているにすぎない。

　違憲の法規範の当初無効からの逸脱傾向は，連邦憲法裁判所自身の最近の判例にも見られる。かなりの数のケースにおいて連邦憲法裁判所法78条1文で定められた無効宣言の代わりに単なる基本法との不一致が確認されている場合，これによっておそらく無効の法的効果が回避されることとなる。しかし，無効宣言を見合わせることは，違憲とされた法規範の継続的な有効性に法的根拠を与えるものではない。この見方に対応して，連邦憲法裁判所は，不一致宣言の効果を明らかに無効確認の効果と同置してきた。実際，連邦憲法裁判所の裁判には注目に値する理由がある。すなわち，無効宣言は，平等違反とは認められない優遇措置を受けられなかったような異議申立人の目的には適合しないこととなろう。さらに，無効宣言は特定のケースにおいて国家の存立にとって非常に深刻な結果を導く可能性がある（前掲Ⅱ3c）。このような状況を，裁判所は阻止しなければならない。

　当初無効は，必然的に，遡及的に，すなわち違憲性の成立の時点において生じるものであるが，これによって連邦憲法裁判所法79条2項に見られるような，法的安定性のために無効の効果を限定する可能性が閉ざされるわけではない。これに対して，連邦憲法裁判所が無効宣言の有害な効果そのものを考慮して即時の意見表明を見合わせることには，解釈論上，疑義がある。というのも，法は裁判

所にこのような訴訟の形成可能性を認めていないからである。結果として，審査の対象となった規範の継続的な有効性が憲法によって要求されているケースにおいては，判例は同意を得る。その際，現実的な解決は，特別な憲法命令を理由として，明白に推定される違憲性を実体法のレベルで排除するということである。この例外を除いて，違憲の法規範の当然にかつ当初から生じる無効性が堅持されるべきである（Bd. I § 4 I 3 a）。それは宣言的な確認判決として示される。これの法的性格は，その他の連邦憲法裁判所法 31 条 2 項で法律的効力を備えた裁判と同じものである。法律的効力を通じて与えられた一般的拘束力は，主体的な既判力の限界があらゆる者への既判力に拡大したものとして理解されうる。この既判力は，法適用を行うすべての国家機関にとって同時に指導的なものである。

δ）連邦憲法裁判所の自己非拘束

連邦憲法裁判所の自己拘束の範囲については，以下のことが区別されなければならない。

裁判の法律的効力を含む既判力は，連邦憲法裁判所をも拘束する。しかし，この法制度に示される限界が，憲法の範囲内での継続的展開を考慮することを妨げることはない。

連邦憲法裁判所法 31 条 1 項に基づく拘束力には連邦憲法裁判所自身は拘束されず，その結果，後のよりよい見解に基づいてその法的論証を放棄することも可能である。

h）個別意見

1970 年 12 月 21 日の連邦憲法裁判所法改正法律（BGBl. I S. 1765）により，連邦憲法裁判所裁判官は連邦憲法裁判所法 30 条 2 項，連邦憲法裁判所規則 55 条において，裁判の結論および理由づけと異なる意見を表明し，「裁判に付記する」，すなわち公表する機会を保障された（いわゆる個別意見）。反対意見（結論反対）または同意意見（結論賛成だが異なる理由づけによる）の表明に関するこの権限は，盛んに——むしろ盛んすぎるくらいに——用いられている。個別意見はすでにその導入に際して議論があったが，この制度が憲法裁判の機能および権威のためになるかどうかは，依然として疑いのあるところである。

繰り返し強調される積極的な側面——裁判の継続形成，新たな思考の形成またはその明確化——が実際に生じたか否かを問うならば，この見解は現時点ではむ

しろ不十分である。いまだ個別意見が後に多数意見となったことはない。より深刻に見えるのは，裁判所内部の観点と並んで，裁判所外部での不利益である。すなわち，個別意見は判決の説得力および安定作用を弱めている。判決はもはや裁判として影響力をもつのではなく，むしろ多数派と少数派が表明した意見として作用しているのである。

 ⅰ) 仮命令

　連邦憲法裁判所法32条1項は，連邦憲法裁判所に争訟事件において，「重大な不利益を防止するため，急迫する実力行使を阻止するため，またはその他の理由から公共の福祉のために緊急の必要がある場合には」，事態を仮命令によって一時的に規律することを認めている。この制度は，裁判にはかなりの時間がかかることから，権利保護を完全な事実の創出によらないで仮想的につくり出すために，まさに憲法裁判所の手続に不可欠のものである。この制度は少なくとも一時的に権利を保護し，かつ保障することになる。

　この仮の権利保護は，限定された前提と結びつけられており，とりわけ本案を先取りしてはならない。連邦憲法裁判所の確立した判例によれば，仮命令の発付には，それが広い範囲にわたって影響を及ぼすことから，厳格な基準が妥当する必要がある。このことはとりわけ法律の執行停止が要求される場合に妥当する。「原則として，仮命令が出されなかったが，本案における申立てが成果を上げた場合に生じるであろう結果だけが，要求された仮命令が認められたが，本案における申立てには成果が認められるべきでない場合に生じるであろう不利益と比較考量されなければならない」。したがって，裁判所に影響を及ぼすのは，単に本案における成功の見込みだけではない。しかし，仮の権利保護の手続とその後の本案手続を分析すると，通常は成功と不成功とが両手続において対応していることが明らかになる。

　すべての仮命令には期限があるが，3分の2の特別多数によって更新されうる（連邦憲法裁判所法32条5項）。仮命令の発付に関する手続は，連邦憲法裁判所法32条2項ないし6項による。さらに，特別な緊急性がある場合には，3名の裁判官が——もちろん全員一致で——決定を下すことができる（連邦憲法裁判所法32条6項）。

k）　決定の執行

　ヴァイマル憲法19条2項がなおも国事裁判所の判決の執行を憲法の番人たる（同時に訴訟当事者である可能性があったにもかかわらず）ライヒ大統領に委ねていたのに対して，連邦憲法裁判所法35条は裁判所に，裁判を誰が執行するか，そしてどのように執行すべきかを自身で決定する権限を認めている。したがって裁判所は執行の主導者でもあり，裁判の実現に必要な措置を行うことができる。

　この権限は，裁判が遵守されない場合に，特別な意義をもつ。このようなことはこれまで問題となったことはないが，この観点は決して無視されてはならない。その限りで，連邦憲法裁判所法35条は，連邦憲法裁判所の判決にその貫徹を確保するという特別な権限を与えている。さもなくば，最高の法機関は紙の剣をもつにすぎなくなってしまう。従来，連邦憲法裁判所は執行権限をときに行政機関に委ね，あるいはときに自分自身で裁判の貫徹を律しており，その際にはさらに法律上の経過規定を定めている。

事項索引
（五十音順）

あ　行

違憲の憲法規範　verfassungswidrige Verfassungsnorm　　13
違憲宣言　Verfassungswidrigerklärung　　472
移　送　Vorlage　　505
一般条項　Generalklausel　　23, 42, 238, 282, 487
ヴァイマル憲法　Die Weimarer Reichsverfassung　　304, 328

か　行

外交権　auswärtige Gewalt　　350
会　派　Fraktion　　65, 96
過剰侵害禁止　Übermaßverbot　　182, 245
慣習法　Gewohnheitsrecht　　196
鑑定意見　Gutachten　　462
議　員　Abgeordnete　　96, 138
議院内閣制　parlamentarisches Regierungssystem　　97, 301, 304, 305, 316, 328, 362, 366, 436
議　会　Parlament　　300
議会解散　Parlamentsauflösung　　341
議会制民主主義　parlamentarische Demokratie　　66
議会の優位　Suprematie des Parlaments　　299
議会評議会　Parlamentarischer Rat　　258, 370, 519
機関争訟　Organstreit　　96, 490
機関忠誠　Organtreue　　29
犠牲賦課　Aufopferung　　240, 242
規範統制　Normenkontrolle　　461, 463, 493
基本権喪失手続　Grundrechtsaberkennungsverfahren　　522
行政組織　Verwaltungsorganisation　　215
行政手続　Verwaltungsverfahren　　216
行政法　Verwaltungsrecht　　214, 244
行政命令　Verwaltungsverordnung　　211
共同政府　Mitregierung　　355
草の根民主主義運動　basisdemokratische Bewegung　　100
具体的規範統制　konkrete Normenkontrolle　　499
君主制原理　monarchisches Prinzip　　302
形式的意味の憲法　Verfassung im formellen Sinne　　3

形式的法治国家　formeller Rechtsstaat　182
ゲマインデ　Gemeinde　47, 51, 52, 379
兼職禁止　Inkompatibilität　233, 411, 436
建設的不信任投票　konstruktives Mißtrauensvotum　338
憲法異議　Verfassungsbeschwerde　56, 534
憲法改正　Änderung der Verfassung　15
憲法慣習法　Verfassungsgewohnheitsrecht　7
憲法機関　Verfassungsorgan　5, 215, 380, 381, 409, 491
憲法制定権力　pouvoir constituant, verfassunggebende Gewalt　2, 466
憲法忠誠義務　Verfassungstreuepflicht　520
憲法適合的解釈　verfassungskonforme Interpretation　30, 470
憲法典　Verfassungsurkunde　185
憲法の番人　Hüter der Verfassung　465
憲法理論　Verfassungslehre　11, 154
権利保護　Rechtsschutz　42, 228, 238, 449
権力分立　Gewaltenteilung　40, 98, 438, 448
公共性　Öffentlichkeit　312
公共の福祉　öffentliches Wohl　46
公権力　öffentliche Gewalt　529
拘束力　Bindungswirkung　546
合同部　Plenum　392, 406
公用収用　Enteignung　240, 242
国事裁判所　Staatsgericht　484
国法学　Staatsrechtswissenschaft　455
国民主権　Volkssouveränität　124, 135
国家元首　Staatsoberhaupt　306, 360
国家権力　Staatsgewalt, staatliche Gewalt　135, 157, 178, 301, 431, 432, 437, 467
国家と社会　Staat und Gesellschaft　40, 445
国家目標　Staatsziel　18
個別意見　Sondervotum　392, 395, 549
個別憲法　spezifisches Verfassungsrecht　474

さ　行

財政　Finanz　42, 52, 55
裁判官弾劾手続　Richteranklageverfahren　519
裁判組織　Gerichtsorganisation　387
三人委員会　Dreierausschuß　393
自治　Selbstverwaltung　35, 40, 156, 448
自治権　Recht auf Selbstverwaltung　535
執行権　Exekutive　247, 284
実質的意味の憲法　Verfassungsrecht im materiellen Sinne　3

実質的意味の法律　Gesetz im materiellen Sinne　　216
実質的法治国家　materieller Rechtsstaat　　182
司法審査可能性　Justitiabilität　　281
司法の自己抑制　judicial self-restraint　　29
社会国家　Sozialstaat　　252, 257, 272
社会国家原理　sozialstaatliches Prinzip　　183, 289
社会主義国家　sozialistischer Staat　　281
社会的基本権　soziales Grundrecht　　295, 297
社会的正義　soziale Gerechtigkeit　　268, 280
社会的法治国家　sozialer Rechtsstaat　　182, 198, 263, 288
社会扶助　Sozialhilfe　　271
社会保険　Sozialversicherung　　37, 270
自　由　Freiheit　　178, 287, 289
自由権　Freiheitsrecht　　186
自由主義　Liberalismus　　166
自由主義的法治国家　liberaler Rechtsstaat　　183
自由で民主的な基本秩序　freiheitliche demokratische Grundordnung　　60, 103
主観的権利　subjektives Recht　　16, 56
主観的公権　subjektives öffentliches Recht　　296
出訴の途　Rechtsweg　　513, 514, 530
純粋法学　Reine Rechtslehre　　154
消極的立法　negative Gesetzgebung　　463
職務規則　Geschäftsordnung　　215
職権主義　Offizialmaxime　　540
正　義　Gerechtigkeit　　178, 196
政治問題の法理　political-question-Doktrin　　473
政　党　Partei, politische Partei　　67, 71, 73, 74, 83, 97, 98, 157, 306, 314, 316, 318, 324, 354, 446
政党禁止　Parteiverbot　　75, 522
政党資金援助　Parteienfinanzierung　　83, 84
制度的保障　institutionelle Garantie　　17, 44
選挙権　Wahlrecht　　125, 324
選挙審査　Wahlprüfung　　523
先決憲法異議　Vorabverfassungsbeschwerde　　531
全体主義　Totalitarismus　　105
相対的民主制　relative Demokratie　　105
阻止条項　Sperrklausel　　315
措置法律　Maßnahmegesetz　　218
損失補償　Entschädigung　　239

iv　事項索引

　　　た　行

大統領制　Präsidialsystem　309
代　表　Repräsentation　63, 72, 301, 306, 310, 314
地方自治　kommunale Selbstverwaltung　41
（1871 年）帝国憲法　Reichsverfassung　303, 304
帝国法院　Reichshofsrat　480
帝室裁判所　Reichskammergericht　480
党　則　Satzung einer Partei　76
等　族　Stände　302
特別多数　qualifizierte Mehrheit　14, 403
ドグマーティク　Dogmatik　297

　　　な　行

人間の尊厳　Menschenwürde　178, 181

　　　は　行

配分参加権　Teilhaberecht　295, 296
秘密投票　geheime Abstimmung　81
比例性　Verhältnismäßigkeit　245, 250
フェデラリスト　Federalist　64
福祉国家　Wohlfahrtsstaat　261
複数政党制　Mehrparteiensystem　64, 151
不文の憲法　ungeschriebenes Verfassungsrecht　7
分　権　Dezentralisation　36
弁護士強制　Anwaltszwang　542
法解釈学　Hermeneutik　20
法規命令　Rechtsverordnung　208
報　酬　Gehalt　343, 344
法治国家　Rechtsstaatlichkeit　152, 163, 170, 172, 178, 183, 287, 306
法治国家原理　rechtsstaatliches Prinzip　152, 176, 183
法的安定性　Rechtssicherheit　178, 193
法的推論　Rechtsableitung　460
法的平和　Rechtsfrieden　477
法律上の裁判官　gesetzlicher Richter　234
法律的効力　Gesetzeskraft　547
法律による行政の原理　Prinzip der gesetzmäßigen Verwaltung　169
法律の優位　Vorrang des Gesetzes　197, 349
法律の留保　Vorbehalt des Gesetzes　197
補充性条項　Subsidiaritätsklausel　514
補償制度（公法上の）　öffentlich-rechtliches Ersatzleistungssystem　239

事項索引　v

本質性理論　Wesentlichkeitstheorie　206

　　ま　行

マルクス主義　Marxismus　165, 170
民主化　Demokratisierung　158
民主制　Demokratie　42, 76, 79, 120, 121, 123, 131, 133, 145, 149, 151, 152, 154, 156, 159, 184, 301, 308, 309
民主制原理　demokratisches Prinzip　40, 121, 134, 136, 144, 253, 288
民主制相対主義　demokratischer Relativismus

　　や　行

予算法律　Haushaltsgesetz　350
予備審査手続　Vorprüfungsverfahren　532

　　ら　行

立憲国家　Verfassungsstaatlichkeit　181, 465
立憲主義　Konstitutionalismus　166
立　法　Gesetzgebung　419
例外裁判所の禁止　Verbot des Ausnahmegerichts　234
列挙主義　Enumerationsprinzip　487
連邦議会　Bundestag　523
連邦行政裁判所　Bundesverwaltungsgericht　513, 514
連邦国家　Bundesstaat　253, 287, 448, 509
連邦参議院　Bundesrat　361
連邦首相　Bundeskanzler　329, 331, 332, 357
連邦争訟　föderative Streitigkeit　506
連邦大統領　Bundespräsident　332, 360, 408, 517
連邦忠誠　Bundestreue　29
連立協定　Koalitionsabsprache　334
連立政権　Koalitionsregierung　98
六人委員会　Sechser-Ausschuß　392

人名索引
（五十音順）

あ行

アーベントロート（Abendroth），W.　266
アイヒェンベルガー（Eichenberger），K.　184，310
アデナウアー（Adenauer），K.　371
アニョリ（Agnoli），J.　363
アリストテレス（Aristoteles）　120，414，415，416，422，443
アルキビアデス（Alkibiades）　63
アルトジウス（Althusius），J.　120，416
アルント（Arndt），A.　385，404
フォン・アレティン（v. Aretin），J. Chr. Frhr.　166
アレマン（Allemann），F. R.　306
アンシュッツ（Anschütz），G.　166，168
アントニウス（Antonius），M.　63
イェリネック（Jellinek），G.　67，91，381，382，383，423，424
イプセン（Ipsen），H. P.　264，265，494
インボーデン（Imboden），M.　309，310，423
ヴァグナー（Wagner），A.　286，365
ヴァーゲナー（Wagener），F.　43
ヴァッケ（Wacke），G.　95
ヴァッテル（Vattel），E. de　311
ヴィルムス（Willms），G.　108
ウーバー（Uber），G.　28
ヴェーバー（Weber），M.　128，306，326，428
ヴェーバー（Weber），W.　161，258，260，386，436，456
ヴェルナー（Werner），F.　271
ヴェント（Wendt），R.　245
ヴォイクト（Voigt），A.　7
ヴォルフ（Wolff），F.　372

ヴェルカー（Welcker）K. Th.　11，166
ヴォルフ（Wolff），Chr.　416
エームケ（Ehmke），E.　32
エベルハルト（Eberhard），F.　104
エンゲルス（Engels），F.　165，262
エンゲルマン（Engelmann），K.　538
オッセンビュール（Ossenbühl），F.　26
オッパーマン（Oppermann），Th.　307，316
オンクン（Oncken），H.　148

か行

ガイガー（Geiger），W.　402
カイザー（Kaiser），J. H.　271，365
カウフマン（Kaufmann），E.　109，318，338
カッツ（Katz），R.　338
カント（Kant），I.　166，189，253
フォン・ギールケ（v. Gierke），O.　222，253，381，382，384
ギゾー（Guizot），F.　231
キュウスター（Küster），O.　368
フォン・グナイスト（v. Gneist），R.　36，166，167，168，253
クネップフル（Knöpfle），F.　543
クネマイヤー（Knemeyer）F. -L.　58
グラーヴェルト（Grawert），R.　57
グラービッツ（Grabitz），E.　248
クライン（Klein），F.　156，183，194
グラックス兄弟（die Gracchen）　63
クリーレ（Kriele），M.　32，132，160
グリム（Grimm），F. W.　415
クリューガー（Krüger），H.　1，22，23，148，188，279，287，457
クレップファー（Kloepfer），M.　221
グロティウス（Grotius），H.　416

人名索引 vii

ケーギ（Kägi），W.　113, 153, 254, 443, 444, 464
ケットゲン（Köttgen），A.　287
ゲルステンマイアー（Gerstenmaier），K. A.　282
ケルゼン（Kelsen），H.　1, 2, 154, 466, 486
フォン・ゲルバー（v. Gerber），C. F.　457
ケルロイター（Koellreutter），O.　67, 68, 518
コール（Kohl），H.　339
コマジャー（Commager），H. St.　64
コンスタン（Constant），H.-B.　300, 455

さ　行

ザイフェルト（Seifert），K. H.　73, 76, 79, 81, 97
フォン・ザイデル（v. Seydel），M.　303
サヴィニー（v. Savigny），F. C.　21, 26
シーダー（Schieder），Th.　479
ジーモン（Simon），H.　30
シェイエス（Sieyès），E.-J.　426, 455
シェイエス（Sieyès），A.　64, 313, 427, 479
ジェファーソン（Jefferson），Th.　455
フォン・ジムゾン（v. Simson），W.　120
ジャコメッティ（Giacometti），Z.　228
シャトーブリアン（Chateaubriand），F.-R. de　300
シャポールージュ（Chapeaurouge），P. de　496
シューレ（Schüle），A.　158
シュタール（Stahl），F. J.　167, 168, 179, 262, 353
シュタイガー（Steiger），H.　333
フォン・シュタイン（v. Stein），L.　168, 253, 262
フォン・シュタイン（Frhr. v. Stein），K.　36, 37
シュタイン（Stein），E.　147, 352
シュタルク（Starck），Chr.　287, 292

シュトラウス（Strauß），W.　372, 374, 375, 496
シュナイダー（Schneider），P.　28
シュナイダー（Schneider），H.　250, 329
シュミット，カルロ（Schmid, Carlo）132, 259, 260, 371, 373
シュミット，カール（Schmitt, Carl）2, 11, 17, 123, 142, 153, 154, 170, 174, 179, 231, 305, 311, 327, 338, 420, 426, 456, 457, 477
シュミット（Schmidt），R.　67, 68
シュミット（Schmidt），E.　520
シュミットヘンナー（Schmitthenner），F.　425
ショイナー（Scheuner），U.　18, 141, 163, 193, 197, 336, 353, 479, 485
シラー（Schiller），K.　275
シルヴィアス（Sylvius），A.　414, 415
シンドラー（Schindler），D.　262
ズスターヘン（Süsterhenn），A.　371, 372
ステファニ（Steffani），W.　444
スメント（Smend），R.　20, 22, 42, 92, 147, 155, 159, 188, 284, 352, 353, 459, 465
スラ（Sulla），L. C.　63
ゼーボーム（Seebohm），H.-C.　258
ゾーム（Sohm），R.　262

た　行

ダール（Dahls），R. A.　105
ダニエルス（Daniels），W.　71
チャーチル（Churchill），W.　127
ツァッハー（Zacher），H. F.　181, 183, 364
ツィッペリウス（Zippelius），R.　65
ツィン（Zinn），G. A.　372, 375, 519
ツィンメリ（Zimmerli），U.　245
ツェプフル（Zoepfl），H.　416, 480
ツェムシュ（Zembsch），G.　538
ティートマイヤー（Tietmeyer），H.　286

viii　人名索引

ティエール（Thiers), L. A.　301
デーラー（Dehler), Th.　173, 372, 375
デーリンク（Doehring), K.　131, 251
テミストクレス（Themistokles）　142
デューリッヒ（Dürig), G.　107, 155, 187, 194, 228, 293
テルテュリアヌス（Tertullian）　311
トーマ（Thoma), R.　29, 126, 167, 168, 169, 304, 305, 306, 338, 403, 419, 420
トクヴィル（Tocqueville), A. de　119
トマジウス（Thomasius), Chr.　416
トムシャット（Tomuschat), Ch.　8
トリーペル（Triepel), H.　68, 122, 265, 396, 457, 458, 469, 479

　　な　行

ナヴィアスキー（Nawiasky), H.　1, 2, 32, 67, 68, 367, 526
ナウマン（Naumann), Fr.　132, 259

　　は　行

フォン・バイメス（v. Beymes）K.　363
バーデン公マックス（v. Baden), M.　303
バジョット（Bagehot), W.　66, 352
バッホフ（Bachof), O.　13, 265
フォン・パドヴァ（v. Padua), M.　414, 415
バドゥーラ（Badura), P.　358
ハルトヴィッヒ（Hartwich), H.-H.　267
ビスマルク（v. Bismarck), O.　263, 455, 483
ピット（小）（Pitt der Jüngere), W.　300
フォン・ヒッペル（v. Hippel), E.　7, 32
ヒューズ（Hughes), C. E.　25
ビューロウ（Bülow), O.　461
ピュッター（Pütter), J. St　415
フィヒテ（Fichte), J. G.　166
フーバー（Huber), H.　7, 93, 169, 310
プーフェンドルフ（Pufendorf), S.　63, 416
フォルストホフ（Forsthoff), E.　39, 183, 218, 239, 245, 265, 268, 272, 288, 457
ブラ（Bulla), E.　107
ブライス（Bryce), J.　147
フライナー（Fleiner), F.　228
プラシドゥス（Placidus), J. W.　166
ブラックストン（Blackstone), W.　314
ブラント（Brandt), W.　158
フリーゼンハーン（Friesenhahn), E.　297, 317, 318, 348, 356, 403, 454, 455, 508, 516
ブリューメル（Blümel), W.　57
ブリュックナー（Brückner), P.　363
ブリル（Brill), H.-L.　368
ブリンガー（Bullinger), M.　278
ブルマイスター（Burmeister), J.　59
フレンケル（Fraenkel), E.　105, 148, 338, 363
ブロイアー（Breuer), R.　296
プロイス（Preuß), H.　67, 327
ブロックマン（Brockmann), J.　82
フォン・フンボルト（v. Humboldt), W.　166, 481
ヘーゲル（Hegel), G. W. F.　146, 149, 262
ペータース（Peters), H.　106, 156, 171
ペーターゼン（Petersen), J. W.　166
フォン・ベートマン＝ホルヴェーク（v. Bethmann=Hollweg), Th.　303
ヘーネル（Haenel), A.　383, 509
ヘーベルレ（Häberle), P.　32, 297, 538, 539
ベール（Bähr), O.　167, 168, 179, 183, 228, 253
ヘッケル（Heckel), J.　317
ベッケンフェルデ（Böckenförde), E.-W.　446
ヘッセ（Hesse), K.　14, 24, 28, 30, 32, 121, 134, 143, 180, 193, 433, 478
ベッターマン（Bettermann), K. A.　499

人名索引　ix

ヘニス（Hennis), W.　159
ヘラー（Heller), H.　263, 431
ペリクレス（Perikles）　63
ヘルツォーク（Herzog), R.　262, 277, 281, 293, 313
フォン・ヘルト（v. Held), J.　419
ヘルトリンク伯（v. Hertling）　303
ヘルファールト（Herrfahrdt), H.　338
ベレルソン（Berelson), B.　105
ヘロドトス（Herodot）　119
ヘンケ（Henke), W.　463
ホイス（Heuß), Th.　104, 258, 259
ボイムリン（Bäumlin), R.　136, 164
ボーダン（Bodin), J.　414, 415, 416
ホッブス（Hobbes), Th.　416
ホルツァー（Holzer), N.　465
ポンペイウス（Prompejus）　63

ま 行

マイアー（Meyer), H.　352
マイホーファー（Maihofer), W.　28
マイヤー（Meyer), G.　166, 168
マイヤー（Mayer), O.　168, 197, 243, 244, 253, 272
マウンツ（Maunz), Th.　156, 194, 212, 228
マディソン（Madison), J.　455
マルクス（Marx), K.　119, 146, 262
マルチッチ（Marcic), R.　285
マルテンス（Martens), W.　293
フォン・マンゴルト（v. Mangoldt), H.　104, 156, 177, 194, 258, 517
ミュラー（Müller), F.　25
ミュラー（Müller), A. H.　166
メルテン（Merten), D.　25, 172
メンガー（Menger), Chr.-F.　217
メンツェル（Menzel), W.　173, 371
フォン・モール（v. Mohl), R.　166, 171, 253, 262

モンテスキュー（Montesquieu), C.　31, 115, 189, 190, 231, 417, 418, 419, 420, 421, 422, 424, 425, 426, 427, 428, 430, 437, 451, 461

や 行

ヤルライス（Jahrreiß), H.　195

ら 行

ラートブルフ（Radbruch), G.　67, 68, 88, 106, 195, 225
ラーバント（Laband), P.　303
ライスナー（Leisner), W.　129
ライプホルツ（Leibholz), G.　90, 160, 181, 312, 343, 383
ラウファー（Laufer), H.　370, 405
ラサール（Lassalle), F.　262
ラフォレット（La Folette), R. M.　455
リダー（Ridder), H.　158, 266
リンク（Rinck), H.-J.　181, 225, 342
ルイ・フィリップ（Louis Philippe）　300
ルシェヴァイ（Ruscheweyh）　372
ルソー（Rousseaus), J. J.　65, 123, 154, 426, 427, 430, 467
ルップ-フォン・ブリュネック（Rupp-von Brünneck), W.　261
レア（Lehr), R.　258
レーヴェンシュタイン（Loewenstein), K.　306, 327, 443, 444
レーニン（Lenin), W. I.　165
レズローブ（Redslob), R.　304, 463
レンナー（Renner), H.　258
ロエスレル（Roesler), H.　262
ロータース（Roters), W.　57
フォン・ロテック（v. Rotteck), K.　11
ロールズ（Rawls), J.　287
ローレンツ（Lorenz), D.　229
ロック（Locke), J.　189, 417, 422
ロマーノ（Romano), S.　383

〈著者紹介〉

クラウス・シュテルン（Klaus Stern）
　1932 年生まれ
　1961 年　教授資格（ミュンヘン大学）
　1962 年　ベルリン自由大学教授
　1966 年　ケルン大学教授
　1971－1973 年　ケルン大学学長
　1976－2000 年　ノルトライン-ヴェストファーレン州憲法裁判所判事
　現　在　ケルン大学放送法研究所所長
　　　　　ノルトライン-ヴェストファーレン科学アカデミー会員，日本学士院客員

〈編訳者紹介〉

赤 坂 正 浩（あかさか・まさひろ）
　神戸大学大学院法学研究科教授

片 山 智 彦（かたやま・ともひこ）
　福井県立大学学術教養センター准教授

川 又 伸 彦（かわまた・のぶひこ）
　埼玉大学経済学部教授

小 山 　 剛（こやま・ごう）
　慶應義塾大学大学院法務研究科教授

高 田 　 篤（たかだ・あつし）
　大阪大学大学院法学研究科教授

シュテルン　ドイツ憲法 I　総論・統治編
2009 年（平成 21 年）9 月 10 日　初版第 1 刷発行

著　者　　クラウス・シュテルン
　　　　　赤坂正浩・片山智彦
編訳者　　川又伸彦・小山　剛
　　　　　高田　篤
発行者　　今　井　　　貴
　　　　　渡　辺　左　近
発行所　　信山社出版株式会社
　　　　　〒113-0033　東京都文京区本郷 6-2-9-102
　　　　　　　　　電話　03-3818-1019
Printed in Japan　　　　FAX　03-3818-0344

©赤坂正浩，片山智彦，川又伸彦，小山　剛，高田　篤，2009.
　　　　　　印刷・製本／亜細亜印刷・渋谷文泉閣

ISBN 978-4-7972-2698-0　C3332

(本体価格)

ドイツ憲法判例研究会編　編集代表　栗城壽夫・戸波江二・畑尻剛
憲法裁判の国際的発展　　　　　　　　　　7200 円

成城大学法学会編
21世紀における法学と政治学の諸相　　　12800 円

ヨーゼフ・イーゼンゼー著　ドイツ憲法判例研究会編訳
保護義務としての基本権　　　　　　　　12000 円

ペーター・ヘーベルレ著　井上典之編訳
基本権論　　　　　　　　　　　　　　　2800 円

瀧井一博編
シュタイン国家学ノート　　　　　　　　4000 円

———————— 信 山 社 ————————

（本体価格）

ドイツ憲法判例研究会編　編集代表　栗城壽夫・戸波江二・根森健
ドイツの憲法判例（第2版）　　　　　　　　　　　6500円

編集代表　栗城壽夫・戸波江二・石村修　ドイツ憲法判例研究会編
ドイツの憲法判例Ⅱ（第2版）　　　　　　　　　　6200円

編集代表　栗城壽夫・戸波江二・嶋崎健太郎　ドイツ憲法判例研究会編
ドイツの憲法判例Ⅲ　　　　　　　　　　　　　　6800円

編集代表　栗城壽夫・戸波江二・石村修　ドイツ憲法判例研究会編
ドイツの最新憲法判例（1985－1995）　　　　　　6000円

戸波江二・北村泰三・建石真公子・小畑郁・江島晶子編
ヨーロッパ人権裁判所の判例　　　　　　　　　　6800円

高田敏・初宿正典編訳
ドイツ憲法集（第5版）　　　　　　　　　　　　3300円

――――――――　信　山　社　――――――――

(本体価格)

伊藤巳代治遺稿
大日本帝国憲法衍義　　　　　　　　　　　　　　60000 円

磯部四郎著
大日本帝國憲法〔昭和 22 年〕註繹　　　　　　　50000 円

一木喜徳郎著
日本法令予算論　　　　　　　　　　　　　　　　27961 円

小林宏・島善高編著
明治皇室典範〔昭和 22 年〕(上)(下)　　35922 円　45000 円

芦部信喜・高見勝利編著
皇室典範〔昭和 22 年〕　　　　　　　　　　　　36893 円

芦部信喜・高見勝利編著
皇室経済法　　　　　　　　　　　　　　　　　　48544 円

大石眞編著
議院法〔昭和 22 年〕　　　　　　　　　　　　　40777 円

──────── 信山社 ────────

(本体価格)

小嶋和司著
憲法概説　　　　　　　　　　　　　　　6400円

小嶋和司著
日本財政制度の比較法史的研究　　　　　12000円

大石眞・高見勝利・長尾龍一編
憲法史の面白さ　　　　　　　　　　　　2900円

大石眞著
憲法史と憲法解釈　　　　　　　　　　　2600円

野中俊彦著
選挙法の研究　　　　　　　　　　　　　10000円

福井康佐著
国民投票制　　　　　　　　　　　　　　8500円

ローレンス・W・ビーア　ジョン・M・マキ著　浅沼澄訳
天皇神話から民主主義へ　　　　　　　　3200円

――――――――― 信山社 ―――――――――

	（本体価格）
棟居快行著 人権論の新構成〔新装版〕	8800 円
棟居快行著 憲法学再論	10000 円
赤坂正浩著 立憲国家と憲法変遷	12800 円
井上典之著 司法的人権救済論	8800 円
鈴木秀美著 放送の自由	9000 円
神橋一彦著 行政訴訟と権利論〔新装版〕	8800 円
新井誠・高作正博・玉蟲由樹・真鶴俊喜著 憲法学の基礎理論	2900 円

―――― 信 山 社 ――――